中国人民大学研究报告系列

中国档案事业发展报告

2022

ANNUAL REPORT ON DEVELOPMENT OF ARCHIVAL UNDERTAKING IN CHINA（2022）

中国人民大学档案事业发展研究中心　著

中国人民大学出版社
·北京·

本报告编委会

总序

陈雨露

当前中国的各类研究报告层出不穷，种类繁多，写法各异，成百舸争流、各领风骚之势。中国人民大学经过精心组织、整合设计，隆重推出由人大学者协同编撰的“研究报告系列”。这一系列主要是应用对策型研究报告，集中推出的本意在于，直面重大社会现实问题，开展动态分析和评估预测，建言献策于咨政与学术。

“学术领先，内容原创，关注时事，咨政助企”是中国人民大学“研究报告系列”的基本定位与功能。研究报告是一种科研成果载体，它承载了人大学者立足创新，致力于建设学术高地和咨询智库的学术责任和社会关怀；研究报告是一种研究模式，它以相关领域指标和统计数据为基础，评估现状，预测未来，推动人文社会科学研究成果的转化应用；研究报告还是一种学术品牌，它持续聚焦经济社会发展中的热点、焦点和重大战略问题，以扎实有力的研究成果服务于党和政府以及企业的计划、决策，服务于专门领域的研究，并以其专题性、周期性和翔实性赢得读者的识别与关注。

中国人民大学推出“研究报告系列”，有自己的学术积淀和学术思考。我校素以人文社会科学见长，注重学术研究咨政育人、服务社会的作用，曾陆续推出若干有影响力的研究报告。譬如自 2002 年始，我们组织跨学科课题组研究编写的《中国经济发展研究报告》、《中国社会发展研究报告》、《中国人文社会科学发展研究报告》，紧密联系和真实反映我国经济、社会和人文社会科学发展领域的重大现实问题，十年不辍，近年又推出《中国法律发展报告》等，与前三种合称为“四大报告”。此外还有一些散在的不同学科的专题研究报告，也连续多年在学界和社会上形成了一定的影响。这些研究报告都是观察分析、评估预测政治经济、社会文化等领域重大问题的专题研究，其中既有客观数据和事例，又有深度分析和战略预测，兼具实证性、前瞻性和学术性。我们把这些研究报告整合起来，与人民大学出版资源相结合，再做新的策划、征集、遴选，形成了这个“研究报告系列”，以期放大规模效应，扩展社会服务功能。这个系列是开放的，未来会依情势有所增减，使其动态成长。

中国人民大学推出“研究报告系列”，还具有关注学科建设、强化育人功能、推进协同创新等多重意义。作为连续性出版物，研究报告可以成为本学科学者展示、交流学术成果的平台。编写一部好的研究报告，通常需要集结力量，精诚携手，合作者随报告之连续而成为稳定团队，亦可增益学科实力。研究报告立足于丰厚素材，常常动员学生参与，可使他们在系统研究中得到学术训练，增长才干。此外，面向社会实践的研究报告必然要与政府、企业保持密切联系，关注社会的状况与需要，从而带动高校与行业企业、政府、学界以及国外科研机构之间的深度合作，收“协同创新”之效。

为适应信息化、数字化、网络化的发展趋势，中国人民大学的“研究报告系列”在出版纸质版本的同时将开发相应的文献数据库，形成丰富的数字资源，借助知识管理工具实现信息关联和知识挖掘，方便网络查询和跨专题检索，为广大读者提供方便适用的增值服务。

中国人民大学的“研究报告系列”是我们在整合科研力量，促进成果转化方面的新探索，我们将紧扣时代脉搏，敏锐捕捉经济社会发展的重点、热点、焦点问题，力争使每一种研究报告和整个系列都成为精品，都适应读者需要，从而铸造高质量的学术品牌、形成核心学术价值，更好地担当学术服务社会的职责。

前言

习近平总书记指出："档案工作存史资政育人，是一项利国利民、惠及千秋万代的崇高事业。"尤其是，我国正处在中华民族伟大复兴战略全局和世界百年未有之大变局同步交织、相互激荡的战略基点，实现中华民族伟大复兴进入关键阶段，世界大变局加速变化。在此背景下，档案作为核心信息资源和独特历史文化遗产的价值日益凸显，档案工作对党和国家各项事业的基础性、支撑性作用更加突出，档案事业发展处于战略机遇期，同时也面临严峻挑战。实现档案事业高质量发展，对于适应国家治理体系和治理能力现代化要求、促进国民经济和社会发展、满足人民群众对美好生活的向往都具有十分重要的意义。

2021年5月31日，中共中央办公厅、国务院办公厅联合印发《"十四五"全国档案事业发展规划》(简称《规划》)。《规划》提出，要"依托高等学校、科研机构等筹建若干个档案事业发展战略智库……为档案事业创新发展提供学理支持和决策咨询"。为贯彻落实《规划》精神，打造中国特色新型档案智库，更好地为党和国家档案事业发展提供智力支撑，中国人民大学决定成立档案事业发展研究中心，并于2021年10月16日在北京举办了"中国人民大学档案事业发展研究中心成立大会暨首届中国档案事业发展论坛"。来自全国各地高校档案院系、省市档案馆、知名企事业单位档案部门的400余人线下或线上参加了会议。

中国人民大学档案事业发展研究中心是依托于中国人民大学信息资源管理学院(档案学院)的学术机构。中心定位为档案学理论创新的研究基地、档案事业发展政策研究的高端智库、档案科技赋能的研发中心、档案政产学研用合作的交流平台。目标是打造最具贡献力的中国特色新型档案智库。

档案事业发展研究中心的一项重要工作即出版《中国档案事业发展报告》蓝皮书。近些年，全国其他各行各业的研究机构纷纷推出民间性、学术性的本行业发展报告蓝皮书。这些蓝皮书回顾行业发展历史、调查行业发展现状、总结经验和成绩、剖析问题和原因、提出改进建议、展望未来趋势，为党和国家、行业主管部门制定政策、进行决策，各地区各单位促进事业发展、提升工作水平提供了充分的数据支撑、理论指导、方向指引。而遗憾的是，我国档案领域却一直缺乏这样一本蓝皮书。因此，档案事业发展研究中心自成立之日起，就将编制发布“档案事业蓝皮书”——《中国档案事业发展报告》作为己任，以期为我国档案事业发展作出智力贡献。

《中国档案事业发展报告（2022）》是我国档案领域的首部蓝皮书。本报告于2022年出版，而实际上是针对2021年我国档案事业发展各方面情况进行分析、研究。2021年是我国档案事业发展的一个“大年”：1月1日，新修订的《中华人民共和国档案法》正式实施，为档案事业健康发展筑牢了法理根基；5月31日，中共中央办公厅、国务院办公厅印发《“十四五”全国档案事业发展规划》，对未来五年档案事业发展进行了总体谋划、部署；7月6日，习近平总书记对档案工作作出重要批示，全国档案工作者倍受鼓舞；2021年恰逢建党百年，全国上下认真开展党史学习教育。档案作为百年光辉党史的原始记录，蕴藏着我们党“从哪里来”的精神密码，绘制出我们党“走向何方”的精神路标，成为党史学习教育中最为生动的教材。四个节点，四件大事，从法律保障到行动指南，从认识高度到实践深度，档案事业发展成绩斐然、勃发生机。凡益之道，与时偕行。回顾、总结2021年我国档案事业发展成绩和特点，展望未来我国档案事业发展趋势和方向，对于促进我国档案事业高质量发展具有重要意义。

作为首部蓝皮书，且考虑到2021年是“十四五”规划开局之年，本报告在一些地方对2021年之前尤其是“十三五”时期的档案事业发展情况也进行了概述。我们计划今后每年都针对前一年档案事业发展情况发布一本蓝皮书。每年蓝皮书除了固定的总报告之外，下设若干子报告，子报告的主题将视上一年档案事业热点和重点的不同而灵活调整。

本报告由包括中国人民大学在内的17家单位的65名研究人员共同完成，通过电话、网络、问卷、实地对全国各地众多档案部门进行调查，也采访了众多领导、专家。同时，冯惠玲、付华、张斌、邓小军、柴德华、丁德胜、蔡盈芳、安小米、王英玮、乔健、张昌山、金波、陈永生、吴建华等对本书提出了诸多非常宝贵的意见和建议，使我们受益匪浅。在此，谨向上述单位、人士表示衷心的感谢。

本报告受到中国人民大学2019年度“中央高校建设世界一流大学（学科）和特色发展引导专项资金”支持。中国人民大学出版社编辑盛杰、徐德霞、郦益、黄超、汤慧芸为本书出版付出了辛勤劳动。在此，一并表示诚挚的谢意。

由于是首次编制我国档案事业发展报告，经验欠缺、时间仓促，加上新冠肺炎疫情导致实地调研难以开展，本书还存在诸多不足。例如，一手的、专门的调研数据较少，未考虑子报告的覆盖面、系统性、颗粒度和体例一致性，许多思想观点有待商榷。欢迎档案同人批评指正，我们将不断改进提高。联系邮箱：xyj@ruc.edu.cn。

岁月的长河，翻滚着昨日辉煌的浪涛；时代的琴弦，弹奏出今朝奋进的旋律。中国人民大学档案事业发展研究中心将与全国档案工作者携手共进、奋勇拼搏，为建设档案强国作出更大贡献。

中国人民大学档案事业发展研究中心主任　徐拥军

2022 年 2 月 15 日

目 录

总报告

专题报告

行业报告

附 录

总 报 告

迈向新征途　开创新局面

——2021 年中国档案事业发展报告

徐拥军[1,2]　闫静[3]　张臻[4]　龙家庆[2]　郭若涵[2]

1. 中国人民大学档案事业发展研究中心，北京　100872

2. 中国人民大学信息资源管理学院，北京　100872

3. 山东大学历史文化学院，济南　250199

4. 北京电子科技学院，北京　102627

摘　要： 2021 年是中国共产党成立 100 周年、“十四五”规划开局之年，也是中国档案事业发展史上极为重要的一年。这一年，中国档案事业全面发展，取得了可喜的成绩：档案治理体系建设稳中求进，档案治理效能大幅提升；档案资源体系建设稳中求变，档案资源结构不断优化；档案利用体系建设稳中求新，档案赋能社会效果日益明显；档案安全体系建设拾级而上，档案安全保障进一步夯实；档案信息化建设全面提升，数字转型迈出坚实步伐；档案科技创新取得突破，智力支撑作用开始凸显；档案人才培养不断优化，人才评价机制更加科学；档案对外交流合作有序推进，国际影响力持续提升。当前，我国档案事业发展仍存在一定问题，主要表现在：档案治理体系面临“局馆协作—法规标准—档案监管”三重挑战；档案利用体系面对“开放审核—利用服务—宣传教育”三重压力；档案信息化的“理念—法规—业务—服务”四维格局亟待完善；档案人才队伍的“教育—供需—学科—晋升”四重困境亟待突破。为促进我国档案事业高质量发展，建议采取如下对策措施：以提升档案治理效能为前提，持续推进档案治理现代化；以创新档案利用体系建设为关键，不断提升档案馆利用服务能力；以“档案信息化强基工程”为重点，充分释放档案信息化潜能；以“人才强档工程”为抓手，有效激发档案人才队伍活力。

关键词： 中国档案事业；档案法治建设；档案“十四五”规划；建党百年

作者简介： 徐拥军，博士，教授，研究方向为档案学基础理论、档案事业，电子邮箱 xyj@ruc. edu. cn；闫静，博士，副教授，研究方向为档案学基础理论、档案学史；张臻，博士，讲师，研究方向为档案学基础理论、保密管理；龙家庆，博士研究生，研究方向为档案学基础理论、数字人文；郭若涵，博士研究生，研究方向为档案学基础理论、文化遗产。

2021年是中国共产党成立100周年、“十四五”规划开局之年，也是中国档案事业发展史上极为重要的一年。1月1日，新修订的《中华人民共和国档案法》(简称《档案法》)正式实施，为新时代档案事业高质量发展提供了强有力的法律保障。5月31日，中共中央办公厅、国务院办公厅联合印发《“十四五”全国档案事业发展规划》，擘画了未来五年档案事业发展蓝图，为档案事业高质量发展提供了科学的行动指南。7月6日，习近平总书记在中国第一历史档案馆新馆开馆之际，对档案工作作出重要批示，为新时代档案事业高质量发展提供了根本遵循。2021年恰逢建党百年，全国各地档案部门开展了丰富多彩的纪念活动，深入挖掘红色档案资源，以档案赋能党史学习教育，弘扬光荣传统、赓续红色血脉。在上述重要时间节点，重要法规政策的实行、重要指示的发布，从法律保障到规划指引、从认识高度到实践深度均对中国档案事业发展产生了深远影响：一方面提供了极佳的政策环境和发展机遇，另一方面提出了全新的要求和挑战。站在“两个一百年”历史交汇点上，我国档案事业处于继续夯实基础、加快转型升级的战略关键期，未来我国档案事业在走向依法治理、走向开放、走向现代化等方面的新步伐与新举措备受期待。

一、2021年中国档案事业发展的成绩与特点

2021年，我国档案事业取得了重大发展，成绩斐然，勃发生机。下文按照《“十四五”全国档案事业发展规划》确定的发展目标和主要任务，从档案治理体系建设、档案资源体系建设、档案利用体系建设、档案安全体系建设、档案信息化建设、档案科技创新、档案人才培养、档案对外交流合作等八个方面对2021年我国档案事业发展的总体状况进行概述。其中涉及的部分内容还将在各个子报告中详细阐述。

(一)档案治理体系建设稳中求进，档案治理效能大幅提升

1. 档案法规标准逐渐走向体系化，重点领域标准供给取得进展

新《档案法》颁布、施行以来，档案法规标准建设以新《档案法》为核心，逐渐向体系化发展，形成了相对完备的档案法规标准体系，并呈现出全局性规划、体系化建设、专业性提升、翔实化研制、适时性修订、创新性突破的发展趋势。

一是新《档案法》正式实施。2021年1月1日新《档案法》的正式实施，开启

了我国依法治档新篇章。这是自1987年《档案法》颁布至今，继1996年、2016年两次修正后的首次大规模修订。新《档案法》在原来27条的基础上增加至53条，同时新增了“档案信息化建设”和“监督检查”2章，可谓大刀阔斧的修订。新《档案法》体现了时代性、人民性、开放性、创新性的特点①，其治理效能与旧法相比也有了显著提升。随着新《档案法》的正式实施，我国档案工作法治化水平将大幅提高，全社会档案意识进一步增强。

二是档案法规标准建设不断跟进。以新《档案法》实施为契机，2021年我国的档案法规制度和标准规范建设逐步走向完备。2021年国家档案局和地方各级档案部门纷纷认真对照新《档案法》，梳理现行档案行政法规、规章和规范性文件；及时跟进《档案法》实施办法的修订工作，适时启动各项相关档案行政法规、规章和规范性文件的立改废工作，致力于构建系统完备、科学规范、可操作性强的档案法规体系。② 在法规制度建设方面，2021年国家档案局有序推进新《档案法》配套法规制度的立改废工作，重点推进《档案法》实施办法修订工作，协调推进档案开放利用、电子档案管理、档案鉴定销毁、产权变动时档案转让等新《档案法》明确要求的配套规定制发工作。③ 2021年《重大活动和突发事件档案管理办法》（国家档案局令第16号）、《国有企业资产与产权变动档案处置办法》（国家档案局令第17号）等部门规章的正式实施，为重大活动和突发事件档案管理、国有企业资产与产权变动档案处置提供了有力保障。在标准规范建设方面，2021年国家档案局完善档案标准体系，优化标准供给侧结构，加大电子档案、科研档案、医疗健康档案、档案资源共享服务、档案安全保护及风险防控、数字档案馆（室）建设等重点领域标准供给；成立全国信息与文献标准化技术委员会档案（文件）分会，统筹推进档案国家标准的立项和研制，实质性参与国际标准修订，提升话语权和影响力。④ 据不完全统计，2021年正式实施的档案标准规范11项（见表1）。尤其是在电子档案管理、数字档案馆建设、档案管理设备等重点领域档案标准的正式实施，为这些领域档案事业发展提供了有力的标准供给。2021年12月31日，国家市场监督管理总局、国家标准化管理委员会联合发布了两项国家标准（国际标准采标转化，2022年7月正式实施）——《信息与文献　文件（档案）管理　概念与原则》（GB/T

① 徐拥军．新修订《中华人民共和国档案法》的特点［J］．中国档案，2020（7）：26-27.

② 张利民．学习贯彻重要批示 高标准做好首都档案工作［EB/OL］．（2021-10-08）［2021-10-21］．http://www.zgdazxw. com.cn/news/2021-10/08/content_325875.htm.

③ 杜梅．擘画蓝图 厉行法治 推动档案事业高质量发展——2021年国家档案局中央档案馆政策法规研究司工作要点［J］．中国档案，2021（2）：24.

④ 同③.

26162—2021/ISO 15489－1：2016）和《信息与文献　文件（档案）管理体系　实施指南》（GB/T 41207—2021/ISO 30302：2015），从整体上阐明了机构文件档案管理的主要工作内容，明确了文件档案管理的基本原则，并以独立成章的方式集中阐述了“文件管理原则”，为我国电子文件、电子档案管理工作的深化发展提供了规范。此外，各地档案部门在 2021 年也及时跟进新《档案法》的新规定与新要求，出台了地方性法规和标准，以期针对性指导当地的档案事业发展，如《上海市档案条例》（沪档发〔2021〕）、《广东省交通运输厅关于铁路建设项目档案管理的办法》（粤交〔2021〕9 号）、《杭州市退役军人人事档案管理办法》（杭退役军人局发〔2021〕80 号）等。目前，我国已基本形成以 1 部《档案法》、2 部行政法规、23 部部门规章、60 部规范性文件为主体内容的档案法规制度体系，由国家档案局归口管理的 6 项国家标准、92 项行业标准为主体内容的档案标准规范体系。

表 1　2021 年正式实施的档案标准规范一览

类型	标题	发文字号或标准号	实施时间	部门
国家标准	党政机关电子公文归档规范	GB/T 39362—2020	2021 年 6 月 1 日	国家档案局
国家标准	电子档案管理系统通用功能要求	GB/T 39784—2021	2021 年 10 月 1 日	国家档案局
行业标准	流动人员人事档案安全管理规范	LD/T 04—2020	2021 年 1 月 1 日	人力资源和社会保障部
行业标准	电子商务企业诚信档案评价规范	SB/T 11227—2021	2021 年 5 月 1 日	商务部电子商务司
行业标准	社会保险业务档案元数据规范	LD/T 03—2021	2021 年 8 月 1 日	人力资源和社会保障部
行业标准	财产保险业务档案管理规范	DA/T 86—2021	2021 年 10 月 1 日	国家档案局
行业标准	档案馆空调系统设计规范	DA/T 87—2021	2021 年 10 月 1 日	国家档案局
行业标准	产品数据管理（PDM）系统电子文件归档与电子档案管理规范	DA/T 88—2021	2021 年 10 月 1 日	国家档案局
行业标准	公务电子邮件归档管理规则	DA/T 32—2021	2021 年 10 月 1 日	国家档案局
行业标准	档案级可录类光盘 CD-R、DVD-R、DVD+R 技术要求和应用规范	DA/T 38—2021	2021 年 10 月 1 日	国家档案局
行业标准	档案馆高压细水雾灭火系统技术规范	DA/T 45—2021	2021 年 10 月 1 日	国家档案局

2. 档案执法和普法力度不断加强，档案法规实施机制日益健全

一是以新《档案法》实施为契机，全国进一步加强档案执法检查力度，增加检查频次，提升档案执法效能。新《档案法》与旧《档案法》相比较，各项权利更为明确，职责也更为清晰，加之其高层次的法律竞争力和明显的强制力有利于促进档案治理效能的提升。这也预示着《档案法》的治理效能从“软法”逐渐转向“硬法”。由此可见，增强档案法施行效力、提升档案执法效能成为新《档案法》正式实施以来的主要着力点。其中，强化档案执法检查是提升档案法施行效力与执法效能的主要标志。新《档案法》第六章“监督检查”规定：档案主管部门依照法律、行政法规有关档案管理的规定，可以对档案馆和机关、团体、企业事业单位以及其他组织档案工作的六个方面情况进行检查。与之相对应的档案执法检查是法律规定的档案主管部门的一项基本权利与义务，是促进各级各单位档案工作规范化的有效保障，也是赋能档案与档案工作参与提升国家治理体系与治理能力现代化的强大动力。[①] 因此，在新《档案法》正式实施的背景下，加强档案执法检查力度，增加检查频次，提升档案执法效能便成为《档案法》贯彻实施的主要发展要求与发展方向。2021年，国家档案局经济科技档案业务指导司就根据新《档案法》和《档案工作检查办法》（档发〔2020〕5号），通过随机抽样对中国电力建设集团公司、国家电力投资集团公司等10家中央企业进行档案工作检查。

二是制定实施档案“八五”普法规划，增强全社会档案法治意识。2021年6月，中共中央、国务院转发了《中央宣传部、司法部关于开展法治宣传教育的第八个五年规划（2021—2025年）》。“八五”普法规划的主要目标是，到2025年，公民法治素养和社会治理法治化水平显著提升，全民普法工作体系更加健全，公民对法律法规的知晓度、法治精神的认同度、法治实践的参与度显著提高，全社会尊法学法守法用法的自觉性和主动性显著增强。[②] 为积极响应国家普法工作方针政策，在新《档案法》实施之际，做好档案“八五”普法规划就显得尤为必要与重要。究其原因，推动档案普法是普及档案法律法规知识，提升全社会法律素养和档案意识的重要方式。为此，全国各级档案部门应积极行动起来，制订和实施全国档案“八五”普法规划，深入学习、宣传习近平法治思想，让学习成果真正入脑入心、走深

① 葛春丽．新《档案法》实施背景下档案执法策略研究［J］．档案管理，2021（5）：59－60.

② 中共中央 国务院转发《中央宣传部、司法部关于开展法治宣传教育的第八个五年规划（2021—2025年）》［EB/OL］.（2021－06－15）［2021－10－21］．http：//www.gov.cn/zhengce/2021-06/15/content_5618254.htm.

走实；推动普法工作守正创新、提质增效、全面发展，营造良好法治环境[①]；强化档案普法力度，以丰富多样的形式和措施加强档案宣传教育，推动档案法治宣传进机关、进学校、进企业、进社区、进农村，提升全社会档案法治意识[②]。《中国档案》连续刊发多篇文章对新《档案法》进行各个层面的解读，如《扛起党管档案工作主责　打响档案法宣贯总体战》[③]《强化档案宣传　彰显国家态度——对新修订〈档案法〉中档案宣传有关内容的思考》[④]《以新的档案法为根本遵循　谱写明清档案事业新篇章》[⑤]等。各地档案部门也把学习宣传贯彻新《档案法》作为落实习近平总书记关于档案工作的重要指示、凸显档案价值作用、扩大档案工作影响、增强社会档案意识、提升档案部门形象的重要抓手。例如，上海市档案局（馆）将宣传贯彻新《档案法》列入重点推进，组织局（馆）全体人员深入学习贯彻档案法，要求各部门逐条对照法律条文，认真梳理各项业务，补齐工作短板，加快工作落实，并以此为契机加快《上海市档案条例》贯彻实施情况调研进度，推动调研成果转化，启动培训工作。[⑥]重庆市档案局统筹协调、层层发动全市各级各部门开展了重点突出、形式多样、内容丰富的学习宣传贯彻工作，让学好用好新《档案法》在全市蔚然成风。[⑦]许多机关团体、企事业单位的档案部门也围绕宣传贯彻新《档案法》，举办了一系列培训、讲座。这些举措为依法治理档案事业创造了良好的社会环境。

3. 档案监督指导手段有所创新，档案治理精细化程度不断提高

一是应用“互联网＋档案行政监管”新模式，数字赋能档案行政监管走向规范化、精准化、智能化。[⑧]“互联网＋监管”是有中国特色的治理概念，它是由互联网催生、利用信息技术和互联网平台的监管新形态。2021 年我国“互联网＋档案行政监管”还处于系统初建阶段。一方面，聚焦档案监管事项目录清单建设，旨在明确监管对象、监管行为、监管投诉举报方式等。例如，浙江省档案监管事项目录清

① 国家档案局政策法规司．强基固本推进档案治理体系建设［N］．中国档案报，2021-08-26（1）．

② 张利民．学习贯彻重要批示 高标准做好首都档案工作［EB/OL］．（2021-10-08）［2021-10-21］．http://www.zgdazxw.com.cn/news/2021-10/08/content_325875.htm.

③ 胡文苑，周峰林．扛起党管档案工作主责 打响档案法宣贯总体战［J］．中国档案，2021（2）：36-37.

④ 胡荣华．强化档案宣传 彰显国家态度——对新修订《档案法》中档案宣传有关内容的思考［J］．中国档案，2021（1）：42-43.

⑤ 田呈彬．以新的档案法为根本遵循 谱写明清档案事业新篇章［J］．中国档案，2021（3）：36-37.

⑥ 忻思佳．上海 重点推进档案法宣贯工作［N］．中国档案报，2020-07-13（1）．

⑦ 黄娟．多措并举 分级联动——重庆推动新修订的《档案法》学习宣贯走深走实［J］．中国档案，2021（4）：24-25.

⑧ 黄璜，成照根．“互联网＋监管”：政策演变与模式划分［J］．电子政务，2019（7）：68-78.

单为“事项名称＋监管对象”两级结构，具体事项划分为行政检查和行政处罚两类。此外，杭州市档案部门还运用“一体化档案智慧平台”功能，在业务督导平台运营方面取得初步成效，着重理清重点目录，围绕每年重点任务实行动态管理，如为新冠肺炎疫情专题建档和政务服务电子数据归档。① 另一方面，构建档案监管分类分级管理系统，打造智能监管平台。例如，杭州市开展市域一体化数字档案智慧服务平台建设工作，重点突出监管职能通过平台建设、系统分类、清单化管理的“互联网＋档案行政监管”实现路径。②

二是加强对档案服务企业的规范和引导，促进档案服务企业健康有序发展。《“十四五”全国档案事业发展规划》提出“进一步加强对非国有企业、社会服务机构档案业务指导，引导档案服务企业健康有序发展”，这从目标层面为加强档案服务外包行业监管指明方向。在此背景下，继 DA/T 68—2020《档案服务外包工作规范》的第 1、2、3 部分正式实施之后，《档案服务外包工作规范第 4 部分：档案整理服务》等行业标准，也将在新的五年规划内颁布实施。上述政策规范的相继出台，将进一步引导规范档案服务企业健康发展。此外，社会服务机构的自建自理能力有所提升。2021 年 11 月 5 日，我国副省级市第一家档案行业协会——广州市档案协会成立，标志着行业协会在联系档案服务企业，结合行业规范职能，配合档案主管部门，搭建交流平台、孵化行业精英、促进行业发展中的职能逐步完善。③

三是开展综合档案馆网站绩效评估，提升档案网站建设水平。《“十四五”全国档案事业发展规划》明确提出要“开展副省级以上综合档案馆网站及移动服务端绩效评估工作。优化副省级以上综合档案馆业务建设评价机制，进一步推动业务建设评价向市县两级综合档案馆延伸”。在此背景下，国家档案局科技信息化司委托中国人民大学信息资源管理学院开展了 2021 年度全国 46 个副省级市及以上综合档案馆网站建设绩效评估工作，以期全面了解我国档案网站建设现状，把握档案网站发展方向，促进档案网站科学建设、规范管理。评估分为 3 个一级指标、13 个二级指标、38 个三级指标并赋予了相应权重比例。评估按照优秀（80 分及以上）、良好（70～79 分）、合格（60～69 分）与待提升（60 分以下）四个等级划分，最终得出评估结果（见表 2）。评估表明全国 46 个副省级市及以上综合档案馆网站建设在检索查档功能、网站辅助业务建设功能等方面相较于 2020 年度有所提升，但在用户

① 毛贤广，姚静，陆建春．“互联网＋档案行政监管”的实施现状与推进策略［J］．档案学通讯，2021（4）：45－51.

② 同①.

③ 广州市档案行业协会正式成立，将推动广州档案事业高质量发展［EB/OL］．（2021－11－05）［2021－11－15］．https：//www.sohu.com/a/499445960_161795.

体验、互动交流等方面仍有待加强。①

表2　46个副省级市及以上综合档案馆网站建设绩效评估等级数量统计

	优秀	良好	合格	待提升
综合评估	2	8	18	18
资源服务	5	13	8	20
业务建设	8	17	10	11
网站设计	0	7	12	27

(二)档案资源体系建设稳中求变,档案资源结构不断优化

2021年恰逢"两个一百年"的历史交汇点。这一年,中国共产党迎来百年诞辰,脱贫攻坚圆满收官,乡村振兴接力续航,北京冬奥有序筹备,新冠肺炎疫情席卷全球,自然灾害频发……这是最具发展机遇也是最具挑战的时代。而在这一系列重大活动和突发事件的应对过程中都会产生和利用档案。全国各地档案部门围绕这些重大活动和突发事件加强了档案资源体系建设。

1. 档案收集和馆藏档案资源结构优化取得突破

一是加强红色档案资源建设。2021年正值建党百年,红色档案的历史价值与时代意涵进一步凸显。档案部门和档案工作者在深入学习、贯彻习近平总书记对档案工作重要批示的基础上,积极推动红色档案的收集与征集,取得了显著成效。尤其是为讲好党史故事,各地档案部门纷纷通过多渠道收集、抢救和保护散存于社会的红色档案资源。一些档案部门通过发布红色档案征集通告,以捐赠、寄存、复制、收购等多种方式向社会广泛征集反映党在革命、建设、改革过程中的重大事件和重要精神的文献、图片、奖章、证书、日记、信件、报纸等各类档案材料。例如,福建省泉州市档案局、档案馆联合中共福建省泉州市委组织部开展红色档案专项征集采风活动,走访全市各级重要革命纪念馆(碑)、陈列馆(室)、革命旧址、著名革命人物故居等收集红色档案资料,综合运用电视、广播、报纸、新媒体等各种渠道发布《"红色档案"征集令》,面向社会征集有关泉州的红色档案资料。② 一些档案部门通过寻访红色人物,走访革命遗迹、旧址、革命纪念馆等,采集口述史,收集红色档案资源。例如,浙江省丽水市景宁县档案馆邀请13位老革命战士

---

① 详见子报告《2021年度我国副省级市及以上档案网站建设评估报告》。

② 杨义嘉.泉州市档案馆完成全市43个革命遗址红色档案专项征集 [EB/OL].(2021-05-20)[2021-11-01]. http://www.zgdazxw.com.cn/news/2021-05/20/content_320297.htm.

讲述自身革命经历，录制口述视频，同时建立百岁女民兵唱红歌等 11 个红色系列口述档案，采集 44 名“三老”（老交通员、老游击队员、老共产党员）人员档案。[①]

二是加强“四重”档案资源建设。2021 年各级各类档案馆加强重点领域档案、重大活动档案、重大项目档案、重大事件档案资源建设，为社会保存珍贵记忆，为国家积累重要信息资源。例如，浙江省档案部门圆满完成 G20 杭州峰会、世界互联网大会、庆祝改革开放 40 周年、庆祝新中国成立 70 周年等重大活动档案服务保障任务，建立 G20 杭州峰会影像专题数据库[②]；河南省郑州市档案馆围绕中国金鸡百花电影节、中国（郑州）黄河文化月、黄帝故里拜祖大典等重大活动或重大事件实施档案管理全程跟踪服务。

尤其值得一提的是，2021 年档案部门在北京冬奥会档案、疫情防控档案、扶贫攻坚档案资源建设方面取得了较为突出的成绩。北京市档案馆作为世界上首个“双奥之馆”，现已收集双奥档案共 34.43 万卷，包括 2008 年北京奥运会申办档案 0.2 万卷、筹办至举办期间的档案 33.67 万卷，2022 年北京冬奥会申办档案 0.56 万卷。在北京冬奥会周期内，北京市档案馆选派 27 名业务骨干到冬奥组委会各工作机构和场馆从事档案收集、整理工作。张家口市档案馆已接收冬奥会申办阶段文书档案 52 盒 1 604 件、43 册图书资料、约 500 GB 容量的音频及照片档案，已接收冬奥会筹办阶段照片档案 5 万余张，文书档案、实物档案、图书、资料 4 000 多件（册），涉及北京冬奥会的各部门档案接收工作正在有序推进。[③]

脱贫攻坚档案与疫情防控档案是以习近平同志为核心的党中央带领全国各族人民坚决打赢脱贫攻坚和疫情防控阻击战的真实记录。做好这两类档案的归集工作，对记录新时代伟大奋斗历史具有重大意义，管好用好这两类档案也是对新时代档案工作的重要要求。因此，这两类档案的收集被《“十四五”全国档案事业发展规划》列入“新时代新成就国家记忆工程”。2020 年底，全国脱贫攻坚工作圆满收官。围绕脱贫攻坚，全国各级档案部门及时开展相关档案的接收工作。截至 2021 年底，全国脱贫攻坚档案已完成全面验收，移交进相关的地区档案馆。如江苏全省市县级国家综合档案馆截至 2021 年 12 月底，已归集脱贫攻坚档案目录数据 1 809 451 条、

① 潘玲玲．景宁县档案馆：挖掘“红色革命”档案 弘扬景宁红色文化［EB/OL］．（2021－09－13）［2021－10－29］．http：//www.zgdazxw.com.cn/news/2021－09/13/content_325095.htm.

② 浙江省档案事业发展“十四五”规划经省委办公厅厅务会议审议通过［N］．中国档案报，2021－04－01（1）．

③ 根据作者 2022 年调研所获资料。

实体档案250多万件，以及部分音像档案、原生电子档案和数字化副本[①]；广东省有脱贫攻坚任务的14个市76个县741个镇2 277个村，截至2021年11月底共收集整理县、镇、村、户4级各类脱贫攻坚档案356.6万件（卷），目前已全部移交各地县级综合档案馆[②]；云南省截至2021年底也全面完成脱贫攻坚档案专项接收进馆工作，省内各级综合档案馆共接收脱贫攻坚文书档案376.7万件、项目档案32.2万卷、建档立卡贫困户档案191万卷、照片44.9万张、录音录像10万余分钟[③]。2021年在全球疫情进一步恶化、防控形势异常严峻的情况下，我国的疫情防控工作取得了良好的效果，涌现了一大批防疫先进人物和先进事件，并积累了丰富的防疫抗疫经验。为进一步更好地推广防疫抗疫经验、学习先进人物和先进事迹，全国各地档案部门充分利用档案完整齐备、真实可靠、图文并茂的优势，发挥档案资政、存史、育人的作用，多举措强化疫情防抗档案工作。

例如，湖北省档案馆共收集42 320幅包括援鄂医疗队员肖像照、工作照等在内的珍贵图片，为做好疫情防控工作建档及日后发挥档案资政作用打下了坚实基础[④]；山东省淄博市档案馆面向社会各界征集抗击新冠肺炎疫情防控工作档案资料，接收2020年度疫情防控档案，包括文书档案2 112件，实物档案4件，录像光盘1张，档案数据光盘2张，检索工具10套，以及大事记、全宗指南等参考工具[⑤]。这些珍贵档案全面反映了广大干部群众抗击疫情、加快恢复生产生活秩序的真实历程和生动场景，对今后历史研究、经验借鉴、宣传教育具有十分重要的意义。

三是加强特色档案资源建设。2021年，全国各地档案馆积极开展地方特色档案资源库建设，在丰富馆藏资源的同时，进一步履行留存地方记忆的职责。例如，内蒙古自治区档案馆征集“三千孤儿入内蒙”口述史料[⑥]；甘肃省档案馆在建馆60周年之际先后征集到126幅优秀书法作品汇编成册，并在陈独秀先生140周年诞辰

---

① 周彤．江苏全面完成脱贫攻坚档案和疫情防控档案归集工作［EB/OL］．（2022－01－28）［2022－02－05］．http：//www.zgdazxw.com.cn/news/2022－01/28/content_329538.htm.

② 彭万里．广东 全面完成脱贫攻坚档案归集工作［EB/OL］．（2021－12－27）［2022－02－05］．http：//www.zgdazxw. com.cn/news/2021－12/27/content_328992.htm.

③ 邓琳．云南 脱贫攻坚档案和疫情防控档案进馆［EB/OL］．（2022－01－28）［2022－02－05］．http：//www.zgdazxw. com.cn/news/2022－01/28/content_330164.htm.

④ 【档案解密】湖北省档案馆：抗疫档案里的白衣战士［EB/OL］．（2020－06－29）［2021－12－09］．http://www.hbwmw.gov.cn/wmywtj/202006/t20200629_161650.shtml.

⑤ 淄博市档案馆接收疫情防控档案进馆［EB/OL］．（2021－09－30）［2022－01－11］．http：//dag.shandong.gov.cn/articles/8967636/202110/5a53424e－5582－432b－999b－b4b221e2eb16.shtml.

⑥ 包头市档案馆．包头市档案馆征集“三千孤儿入内蒙”口述历史声像资料入馆［EB/OL］．（2021－07－19）［2021－12－09］．http：//www.zgdazxw.com.cn/news/2021－07/19/content_322977.htm.

纪念日之际征集到《敬告青年》瓷板画一幅[①]；江苏省扬州市档案馆工作人员多次拜访扬州雕版印刷技艺省级代表性传承人李江民大师，并成功征集到大师亲自制作的 13 件雕版印刷精品档案[②]；山东省青岛市档案馆采用“征集非遗档案＋非遗传承人讲述”的方式，助力地域非物质文化遗产的传承和保护[③]；等等。

2. 档案资源数字转型稳步推进，“增量电子化”试点取得进展

新《档案法》提出“电子档案应当来源可靠、程序规范、要素合规”，为电子档案单套制管理提供了原则要求和法律保障，也为档案资源数字转型提供了方向指引和法理支撑。在这一法律背景下，2021 年成为档案资源数字转型的关键之年。

一是档案资源数字转型创造新成绩。2021 年，各级各类档案部门以优先推进“增量电子化”为导向，在政务服务、经济建设、社会管理领域全面推动电子文件归档工作；加速“存量数字化”进程，提升数字化工作效果的同时确保数据质量；加强新型档案资源建设，开展业务数据、公务电子邮件、网页信息、社交媒体等收集归档工作。如 2021 年 12 月，上海“一网通办”政务服务平台电子文件单套归档试点工作通过国家档案局、国务院办公厅电子政务办公室、国家电子文件管理部际联席会议办公室联合组织的验收。该试点项目基于电子印章平台，应用数字签名等技术，实现归档数据从收集、整理、封装、固化、检测到登记入库的全过程管理，以及“一网通办”电子文件归档的规范化、标准化和全流程电子化。[④] 江西省档案馆于 2021 年共完成 78 个全宗 4.56 万卷纸质档案数字化，形成纸质档案数字化副本 456 万页；接收 70.56 万件数字副本，3 万余件电子档案；馆藏档案已数字化率为 64.1％，应数字化率为 82％，较 2020 年分别增加 7.9％、8.1％。[⑤] 承德市档案馆近 10 年来以“小步快跑”的姿态，不停开展馆藏档案数字化工作。截至 2021 年底，形成档案全文扫描数据 1 260 万幅，目录数据 114.12 万条。新中国成立后文书档案数字化率为 94％，声像、纸质照片档案数字化率为 100％。[⑥]

① 李函梦．甘肃省档案馆 档案征集工作成效显著［EB/OL］．（2021－01－12）［2021－12－09］．http：//www. zgdazxw. com. cn/news/2021－01/12/content_316314. htm.

② 彭伟．扬州雕版印刷非遗档案入藏扬州市档案馆［EB/OL］．（2021－12－13）［2021－12－15］．http：//www. zgdazxw. com. cn/news/2021－12/13/content_328277. htm.

③ 袁沐霖．青岛市城阳区档案馆：保护非遗档案 传承历史文脉［EB/OL］．（2021－09－15）［2021－12－09］．http：//www. zgdazxw. com. cn/news/2021－09/15/content_325093. htm.

④ 刘璐，王玮．上海“一网通办”政务服务平台电子文件单套归档试点通过国家验收［EB/OL］．（2021－12－17）［2022－02－10］．http：//www. zgdazxw. com. cn/news/2021－12/17/content_328704. htm.

⑤ 山西档案．回顾 2021！展望 2022！［EB/OL］．（2022－01－18）［2022－02－14］．https：//www. sohu. com/a/517388419_121106994.

⑥ 马静蕊，韩婧．承德市档案馆在河北率先建成国家级数字档案馆［EB/OL］．（2021－12－16）［2022－02－10］．http：//www. zgdazxw. com. cn/news/2021－12/16/content_328590. htm.

二是电子发票电子化报销、入账、归档试点工作全面推进。2021 年 2 月，国家档案局、财政部、商务部、国家税务总局联合印发《关于进一步扩大增值税电子发票电子化报销、入账、归档试点工作的通知》（档办发〔2021〕1 号），经过筛选审核，正式确定各省、自治区、直辖市、计划单列市试点单位 484 家，各中央企业和有关单位试点单位 92 家，合计 576 家作为试点单位。① 这预示着电子发票电子化报销、入账、归档试点工作在全国全面铺开，电子发票应用推广取得关键性进展。电子发票归档工作顺利推进也充分印证了档案资源服务经济发展大局的重要价值，2021 年 3 月，中共中央办公厅、国务院办公厅印发《关于进一步深化税收征管改革的意见》，正式将电子发票归档工作写入中央文件。

三是企业电子文件归档和电子档案管理试点工作取得新进展。据统计，2021 年 24 家试点单位完成企业电子文件归档和电子档案管理试点工作，28 家试点单位完成企业数字档案馆（室）建设试点工作并通过验收，取得了良好成效并产生了良好示范效应。通过验收的试点单位实现了 CAPP、PDM、ERP、财务系统、运营业务系统、电子邮件系统、供应链管理系统、CAD 设计文件、安全生产调度、勘测设计管理等 20 类共计 71 个企业主营业务系统的电子文件归档和电子档案管理。②此外，大批企业和工程建设项目业主单位在单套制改革过程中积累了诸多宝贵经验。如国泰君安推行的“综合理财管理平台业务电子档案单套制管理”③，广东省交通运输厅主持的深中通道大型建设项目构建的统一技术数据平台④，华润电力内黄风电建设项目中依托电子签章与区块链技术的全流程电子数据管控系统⑤，等等。

（三）档案利用体系建设稳中求新，档案赋能社会效果日益明显

1. 档案开放水平有所提高，档案开放呈向好趋势

档案开放是档案利用体系建设的主要内容，不仅是《“十四五”全国档案事业发展规划》强调的一项重点工作，也是档案事业高质量发展的一项关键基础业务。新《档案法》将档案封闭期由原来的 30 年缩短至 25 年，有关经济、教育、科技、

① 电子发票电子化报销入账归档试点工作在全国全面铺开［EB/OL］.（2021－06－28）［2021－12－11］. https://www.saac.gov.cn/daj/yaow/202106/918b95fde0dd446bb28c5c342ac5898f.shtml.

② 企业电子文件归档和电子档案管理试点工作圆满收官［EB/OL］.（2021－10－25）［2021－11－07］. https://www.saac.gov.cn/daj/yaow/202110/19e15a1fb74847efa059c6b02b8471e5.shtml.

③ 聚焦行业先进经验 创新电子档案管理——第十一届“中国电子文件管理论坛”综述［J］. 北京档案，2020（12）：4－5.

④ 燕鹏，舒忠梅. 基于 BIM 技术的大型建设项目电子档案协同管理［J］. 北京档案，2021（7）：31－33.

⑤ 蒋术. 数字档案馆建设探索与实践——以中国华能为例［J］. 北京档案，2021（12）：30－33.

文化等类档案可以少于25年向社会开放，并明确档案开放审核制度，要求做好档案开放与政府信息公开的衔接。这为进一步做好档案开放工作提供了法律保障。近年来，虽然档案开放一直是档案部门的难中之难，但也取得了一定的进展。2021年8月，国家档案局公布的统计报告数据显示，2020年全国各级综合档案馆的开放档案共14 584.5万卷、件，其中，新中国成立前档案2 806.3万卷、件，新中国成立后档案11 778.2万卷、件。① 2021年4月至5月，山东大学“档案开放具体办法”研究课题组通过问卷调研全国各级综合档案馆档案开放基本情况②，结果显示，接受调研的24个省级档案馆、40个市级档案馆和82个县级档案馆的开放比例主要集中于20%以下，而在已开放的档案中，中华人民共和国成立之前的历史档案开放比例较高（见表3、表4、表5）。尽管全国档案开放比例仍普遍偏低，但部分地区的档案开放比例随着数字化水平大幅度提升与档案鉴定智能化技术的应用也有所提高，如上海市档案馆、南京市档案馆、济南市档案馆的档案开放比例均保持在60%以上。随着新《档案法》对档案开放提出更高要求，档案开放在未来势必会不断呈向好趋势发展。

表3　省级档案馆档案开放比例数据

24个省级档案馆接受调研		
档案开放比例	数量（个）	占本层级档案馆总数比例（%）
90%以上	0	0
80%～89%	1	4.17
70%～79%	2	8.33
60%～69%	1	4.17
50%～59%	5	20.83
40%～49%	1	4.17
30%～39%	2	8.33
20%～29%	3	12.50
10%～19%	7	29.17
10%以下	2	8.33

① 2020年度全国档案主管部门和档案馆基本情况摘要（三）[EB/OL].（2021-08-06）[2021-12-11]. https://www.saac.gov.cn/daj/zhdt/202108/6eaf713bece94d3d939559f881c50713.shtml.

② 统计数据来自山东大学闫静《档案开放具体办法研究》报告，系内部资料，未公开发表。

表 4 市级档案馆档案开放比例数据

40 个市级档案馆接受调研		
档案开放比例	数量（个）	占本层级档案馆总数比例（%）
90%及以上	1	2.5
80%～89%	1	2.5
70%～79%	1	2.5
60%～69%	0	0
50%～59%	2	5
40%～49%	3	7.5
30%～39%	0	0
20%～29%	3	7.5
10%～19%	8	20
10%以下	21	52.5

表 5 县级档案馆档案开放比例数据

82 个县级档案馆接受调研		
档案开放比例	数量（个）	占本层级档案馆总数比例（%）
90%及以上	6	7.32
80%～89%	8	9.76
70%～79%	5	6.10
60%～69%	4	4.88
50%～59%	2	2.44
40%～49%	3	3.66
30%～39%	7	8.54
20%～29%	3	3.66
10%～19%	12	14.63
10%以下	32	39.02

2. 档案利用更加便捷，档案赋能社会更加显著

一是扩大档案开放范围，简化查档手续。一方面，各级综合档案馆依据新《档案法》与《政府信息公开条例》，进一步拓展与细化档案开放的领域，尤其针对婚姻档案、土地档案等民生档案的开放作出了很多有意义的探索，进一步保障公众利用档案的权利。另一方面，各级综合档案馆进一步简化查档手续、优化服务方式，在各地“一网通办”“一站式服务”理念指导下，档案查阅与政府机构业务流程相

对接，部分综合档案馆的查档服务已经纳入政府“一网通办”平台，实现了“一站式服务”目标。例如，浙江省瑞安市档案馆持续优化查档窗口建设，完善查询中心办事流程和布局，简化查档利用手续，为全市经济建设、编史修志、机关查考、调解纠纷、核实工龄、工作调动、户口迁移等方面提供了大量翔实的第一手资料①；山东省莱州市畅通跨馆联动，在烟台市范围内畅通档案利用跨区域服务，与烟台市及各区市档案馆开展“现场通办”查档服务，真正实现“一馆受理、全市通办”②；广州荔湾区档案馆自“异地查档、跨馆服务”推行以来，接待市民档案咨询和利用约3 200人（次），民生档案利用量占比72%，利用档案资料2 916卷（件）、照片147张、图书389册，复印资料1万余页，档案公共服务满意率达100%③。

二是构建多种服务平台，扩展多种查档方式。各地综合档案馆积极利用门户网站、社交媒体等平台开展档案信息服务，通过构建查档系统、专题档案数据库等方式为公众带来不同于实体档案利用的体验。例如，河北省档案馆搭建了红色档案异地查询平台④，浙江省档案馆加快推进档案数据共享中心的建设⑤，山东省档案馆依托威海市域档案馆际共享平台实现区级档案跨馆查档利用服务⑥，北京朝阳区档案馆建成重要档案查阅利用应急系统⑦，等等。

三是档案利用服务能力提升，档案赋能社会成效显著。其一，在档案资政服务方面，档案服务中心大局意识与能力不断提升。我国档案事业始终紧紧围绕“为党管档、为国守史、为民服务”的职责与使命服务中心大局。2021年，档案工作在庆祝中国共产党成立100周年、筹备2022年北京冬奥会冬残奥会、助力脱贫攻坚收官、维护和促进民族团结进步、建设丝绸之路经济带核心区等方面都发挥了重要作用，档案工作资政能力持续提升。其二，在档案公共服务方面，档案服务社会各项事业发展和人民生活需求成效增强。2021年，全国各级综合档案馆平均接待查档

---

① 黄益光，阮呈芳：“三部曲”奏响党史学习教育最强音［EB/OL］.（2021-08-30）［2022-02-10］. http://www.zgdazxw. com. cn/news/2021-08/30/content_324669. htm.

② 郝雅静．莱州市档案馆：党建引领档案事业高质量发展［EB/OL］.（2021-09-15）［2022-02-10］. http://www.zgdazxw. com. cn/news/2021-09/15/content_325092. htm.

③ 彭子寒．广州荔湾区档案馆婚姻登记档案实现异地跨馆利用［EB/OL］.（2022-01-05）［2022-02-10］. http://www. zgdazxw. com. cn/news/2022-01/05/content_329328. htm.

④ 潘淑淳，尚宏雁．河北 搭建红色档案异地查询平台［EB/OL］.（2021-09-03）［2022-02-10］. http://www. zgdazxw. com. cn/news/2021-09/03/content_324903. htm.

⑤ 李军，张方舟．浙江省档案馆 加快推进档案数据共享中心建设［EB/OL］.（2021-03-19）［2022-02-10］. http://www. zgdazxw. com. cn/news/2021-03/19/content_318509. htm.

⑥ 于宁．山东威海市档案馆打造示范数字档案馆 助力“数字威海”建设［EB/OL］.（2021-05-21）［2022-02-10］. http://www. zgdazxw. com. cn/news/2021-05/21/content_320952. htm.

⑦ 罗希．北京朝阳区档案馆建成重要档案查阅利用应急系统［EB/OL］.（2020-12-25）［2022-02-10］. http://www. zgdazxw. com. cn/news/2020-12/25/content_315781. htm.

人次、提供档案数量、档案展览接待观展人次再创新高，各级各类档案部门编辑出版档案编研成果斐然。例如，北京市平谷区档案馆 2021 年度共接待查档群众 14 183 人次，提供利用档案 32 566 卷（件），出具各种档案证明 4 834 个，较去年同期分别增长 38%、40%和 15%。[①] 浙江省宁波慈溪市档案馆 2021 年全年共查阅 13 758 人次，调阅档案 46 755 卷次，复制 106 320 页，摘录 182 页，其中民生档案查阅 10 207 人次，工作考查 3 551 人次。[②] 山东省内各级档案部门抓住建党百年契机，推出档案展览 140 个，吸引 48 万余人次参观，与去年 16 万人次相比，参观人次呈翻倍式增长。[③] 其三，在档案育人服务方面，主动作为更显成果。一方面，全国各地档案部门通过特色档案文化宣讲、多主题多形式的档案展览、举办档案编研成果发布会等，积极开展社会主义文化教育；另一方面，全国各地档案部门深入挖掘档案资源，充分利用建党百年的契机，主动服务党史学习教育、党建党宣工作。

3. 档案开发力度不断加大，档案价值挖掘不断深入

一是围绕庆祝建党百年、党史学习教育，深入挖掘红色档案资源。突出表现在以下几个方面：其一，通过多维度展览，传播红色档案文化。全国各地档案部门围绕“档案话百年”这一主题，深入挖掘档案资源，通过线上线下渠道，拓宽宣传路径，创新展览形式，打造一系列红色档案精品主题展览。例如，由中央档案馆和新华通讯社举办的“百年恰是风华正茂”主题档案文献展自开展以来，已有 350 多家中央和国家机关单位、首都各界 3 万余人到现场参观，20 多个省区市同步举办该展，全国有近百万人参观了展览。[④] 北京市档案馆相继推出“播火——李大钊革命活动档案史料展”“破晓——中国共产党北平党组织活动”“红色寻根　革命圣地——庆祝中国共产党成立 100 周年油画展”“赏邮票学党史”四大主题展览。广东省档案馆借助触电新闻、广东档案微信公众号平台，推出“最燃档案·百年风华”云展览，以 100 张图文海报，展示了一系列发生在广东及周边地区的重大事件。[⑤]

---

① 平谷区档案馆 2021 年档案利用成效显著［EB/OL］．（2022－01－25）［2022－02－05］．http：//news.sohu.com/a/519033301_121123839.

② 慈溪市档案馆 2021 年度全年查阅统计［EB/OL］．（2022－01－14）［2022－02－05］．https：//www.nbdaj.gov.cn/cxda/fw/cytjsj/202201/t20220114_42744.shtml.

③ 从红色档案回顾百年党史，山东红色档案展览一年接待 48 万余人次！［EB/OL］．（2021－12－28）［2022－02－05］．https：//baijiahao.baidu.com/s?id=1720392464395988859&wfr=spider&for=pc.

④ 在京召开的“百年恰是风华正茂”主题档案文献展参观人数近百万［EB/OL］．（2022－02－26）［2022－02－28］．http：//k.sina.com.cn/article_2345597047_8bcef87702001a0yc.html?sudaref=www.baidu.com&display=0&retcode=0.

⑤ 广东档案．第 14 个国际档案日：看档案中的百年党史［EB/OL］．（2021－06－08）［2021－10－28］．https://mp.weixin.qq.com/s/gYC90kB_9iKoS7fpx8xu-A.

重庆市档案馆和四川省档案馆联合主办的“‘印记100’——川渝地区档案馆馆藏中国共产党红色珍档展”，分为“百年初心　矢志不渝”“百年奋斗　步履坚实”“百年征程　成就辉煌”3个单元，共展出川渝两地68家各级各类档案馆的130件（组）红色珍档，深刻反映了在党的领导下，川渝各地各族人民勇往直前的奋斗历程，让观众通过档案感受到革命先辈和英烈青春的身影、坚毅的目光和豪迈的步伐。[①] 广东省东莞市档案馆联合中共东莞办公室等单位联合主办“光辉历程——庆祝中国共产党成立100周年东莞党史档案文献展”VR展览，运用VR技术，全景式再现东莞百年党史征程。[②] 这些丰富多彩的展览增强了党史的真实性和生动性、感染力和冲击力。其二，通过多样化编研，丰富红色教育素材。各级综合档案馆集中推出了一大批优秀编研成果，为党史学习教育提供了丰富的一手素材。例如，中央档案馆编辑出版重大题材读物《100个档案故事讲述党的历史》，聚焦党史上的重大事件、重要会议、重要人物，以100个鲜活生动的档案故事反映中国共产党波澜壮阔的历史。[③] 北京市档案馆编辑出版“中国共产党北京（平）党组织活动纪实”丛书[④]，上海市宝山区档案馆推出《宝山记忆》[⑤]，芜湖市档案馆联合党史部门出版《红色芜湖》《中国共产党芜湖百年大事记》系列红色图书[⑥]，中山、珠海、江门三地档案部门合作出版革命历史档案编研著作《红色珠中江》[⑦]。一系列红色档案编研成果及档案资源深刻蕴藏着我们党“从哪里来”的精神密码，绘制出我们党“走向何方”的精神路标，成为党史学习教育中最为生动的教材。其三，通过多媒介呈现，展现百年党史风貌。各地档案部门深入挖掘档案中的党史元素，聚焦红色人物、革命事件、革命精神等，运用新媒体技术、VR技术，依托电视、微博、微信、网站等平台，推出档案微视频、纪录片等一系列档案影视精品。例如，在2021年中国共产党建党百年之际，中央档案馆联合中央人民广播电视总台新闻新媒体中心，隆重推出百集微纪录片《红色档案——走进中央档案馆》，精选中央档案馆大

---

① 川渝档案馆红色珍档展在渝开展：红色故事宣讲大赛宣讲百年红色故事［EB/OL］.（2021－06－19）［2022－02－04］. http：//cq. people. com. cn/n2/2021/0619/c367698－34783814. html.

② “光辉历程——庆祝中国共产党成立100周年东莞党史档案文献展”VR展馆上线［EB/OL］.（2021－07－08）［2021－10－28］. https：//dgds. sun0769. com/detail. asp？id＝4217.

③《100个档案故事讲述党的历史》［EB/OL］.（2022－02－15）［2022－02－28］. https：//finance. sina. com. cn/jjxw/2022－02－15/doc-ikyamrna0790129. shtml.

④ 北京市档案馆．“档案话百年” 北京市档案馆2021年国际档案日系列活动庆祝建党百年［EB/OL］.（2021－06－07）［2021－11－05］. https：//www. bjma. gov. cn/bjma/302368/360655/360673/361766/index. html.

⑤ 赵荣发，李清瑶．上海宝山区 档案编研成果《宝山记忆》出版［N］. 中国档案报，2021－05－24.

⑥ 张照军．安徽芜湖市档案馆推出专项活动 推进党史学习教育［N］. 中国档案报，2021－05－20.

⑦ 王欣琳，陈琳琳．诵红色档案 话辉煌百年：中山市档案馆开展6·9国际档案日系列活动［EB/OL］.（2021－06－10）［2021－11－05］. http：//wenmingzs. zsnews. cn/Article/view/cateid/176/id/60984. html.

量馆藏珍贵档案，生动讲述档案背后的人物和故事，从多个角度呈现中国共产党始终秉承的初心和使命。[①] 江苏省档案馆联合江苏省广播电视总台，拍摄 25 集档案纪实类全媒体系列电视片《红色珍档》，展现了中国共产党在江苏大地的浴血奋战史、艰苦创业史、改革创新史。山东省档案馆联合山东省委宣传部推出《光耀齐鲁——100 位优秀共产党员的故事》百集微纪录片，讲述齐鲁儿女可歌可泣的英勇事迹和锐意进取的革命精神。又如上海市档案馆打造多媒体党史学习室，以及毛泽东在江西瑞金沙洲坝为当地百姓挖的红军井造景等 3 处复原景观，设计多媒体互动展项 10 余项，实现红色档案可看、可听、可阅读。[②] 除了以影像形式讲述档案背后的故事，一些档案馆还借助情景剧、小品、朗诵、歌舞等群众喜闻乐见的形式演绎红色档案背后的故事，让公众真实感受历史的温度。例如，浙江省档案馆推出"百年恰是风华正茂——档案里的初心故事"的红色档案故事场景演出，以情景朗诵、歌曲联唱、小品、情景剧、穿越时空的对话、讲述等多种文艺形式，结合视频采访、现场访谈，再现了档案所在的历史空间和人物故事。[③] 其四，通过多元化合作，增强党史宣传效能。档案馆通过与政府部门、媒体、图书馆、博物馆、学校等机构合作，取长补短，协同共进，推进档案文化宣传的社会化，增强党史文化的传播力和影响力。例如，北京市档案馆与北京广播电视台签订战略合作协议，借助主流媒体平台持续形成宣传热点。[④] 江苏省盐城市档案局、档案馆联合盐都区档案馆、亭湖区档案馆、市城建档案馆及市中级人民法院等单位，共同举办"6・9"国际档案日宣传活动。[⑤] 山东威海市档案局联合市住房城乡建设局、市交通运输局、市文化和旅游局、中国移动威海分公司，在市域地标性建筑的户外投影设备、图书馆和群艺馆等大型文化公共场所 LED 屏以及市内所有公交车和出租车的移动平台、交通场站电子大屏幕上滚动播放档案宣传标语，并向 50 万本地移动手机用户推送国际档案日主题宣传短信。[⑥] 其五，通过多举措推进，助力学校思政教育。为实现红色档案教化育人的功能，各地档案馆通过"档案＋展览""档案＋讲座""档案＋媒体""档

---

① 百集微纪录 走进中央档案馆：红色档案［EB/OL］．［2022-02-28］．https：//www.saac.gov.cn/daj/hongsedangan/hsda.shtml.

② 档案春秋．节日里的党史教育："红色珍档见证中国共产党百年奋斗之路"档案展在市档案馆新馆开展［EB/OL］．（2021-09-26）［2021-11-03］．https：//mp.weixin.qq.com/s/5ynZWTns3VR8oBUNe4nZoA.

③ 百年潮涌映初心——浙江省档案馆"档案宣传年"活动纪实［J］．浙江档案，2021（6）：10-11.

④ 李花，常万龙．喜迎建党百年讲好党的故事——北京市 2021 年国际档案日系列活动综述［J］．北京档案，2021（7）：4-5，7.

⑤ 江苏各地国际档案日系列宣传活动精彩纷呈［J］．档案与建设，2020（6）：93-94.

⑥ 李佳，等．红色档案话说党史 精彩活动引人注目：各地开展形式多样的国际档案日宣传活动［N］．中国档案报，2021-06-28（2）.

案十项目”等多种措施，推进红色档案进校园，培养广大学生“知史爱党、知史爱国”的信仰和情怀。例如，江西省档案馆先后与华东交通大学、南昌大学等4所高校签订协议，共建党史与思政教育基地。① 山东省档案馆面向青少年学生推出“在档案馆里上一堂思想政治课”主题活动，通过知识讲座、展览、多媒体展示等活动形式引导青少年爱党、爱国、爱社会主义。② 中国人民大学充分发挥档案专业特色，推进党史学习教育，档案学院专门打造了吴玉章课程思政名师工作室——“数字记忆”工作室，依托“数字记忆”厚重人才成长支持计划和“北京记忆”项目，通过查档案资料、听档案故事、看档案展览，开展现场互动式、体验式教学，推动“四史”学习教育进课堂、进教材、进头脑。③

二是围绕社会焦点事件、结合特色馆藏资料，创新档案编研内容和形式。2021年，各级各类档案馆围绕社会焦点事件，结合自身特色馆藏资源，出版或制作了多部极具社会深意与文化影响力的编研成果。从选题内容来看，编研成果主题以地方记忆居多，尤其是利用建党百年的契机，出版了20余部关于党史、建党百年的编研成果。此外，还有诸如关于地方脱贫攻坚战、抗美援朝老兵、抗击新冠肺炎疫情等方面的编研成果。从成果形式来看，编研成果包括纪录片、短视频、图书、画册、大事记等，其中图书出版类编研成果居多，视频类，包括纪录片、短视频等影音类档案编研成果数量也逐渐增多。从创新方式来看，档案文化创意产品开发正逐渐成为各级综合档案馆亲民近民的新手段。例如，四川省档案馆在2021年全省档案馆与文化建设研讨会上，发布了首批档案文创系列产品，展示了富含档案元素的文创U盘、书灯、拼图、台历等创意产品，以此引领全省档案馆加强档案文化创意产品开发。④ 苏州中国丝绸档案馆通过苏州市财政市立项目形式申请了近200万元，编著出版了国内首款档案知识普及型解谜书《第七档案室》，同时在即将建成的馆中开发设计了同名主题密室，这种文化创意形式在全国档案部门都属于首创。⑤

三是围绕世界记忆项目、中国档案文献遗产工程，推进档案文献遗产资源开

① 吴丛．峥嵘岁月铸丰碑 红色基因永传承——江西省档案馆国家重点档案保护与开发项目“红旗漫卷江西——革命历史档案文献展”纪实［J］．中国档案，2021（5）：32-33．

② 刘一枞，张茜．用好红色档案资源 讲好百年党史故事：省档案馆深入开展“国际档案日”系列宣传活动［J］．山东档案，2021（3）：5-6．

③ 韩曙光，杨文．发挥档案专业特色 推进党史学习教育——中国人民大学档案学院党史学习教育纪实［N］．中国档案报，2021-04-15（3）．

④ U盘、书灯、拼图……四川省档案馆发布首批文创系列产品［EB/OL］．（2021-09-18）［2022-02-04］．https：//cbgc.scol.com.cn/news/2081183．

⑤ 谈隽．文创“火”起来，别“冷”了档案馆［EB/OL］．（2021-08-16）［2022-02-04］．http：//www.rmzxb.com.cn/c/2021-08-16/2931667.shtml．

发。2021 年，联合国教科文组织出台新版《世界记忆项目总方针》，开启新一轮《世界记忆名录》申报与评审工作。这一国际文献遗产项目的“重启”，得到国内档案部门及馆藏机构的支持和响应。以此为契机，从全国到地方的档案文献遗产工程纷纷启动，针对文献遗产的“连续性”开发不断深化。例如，2021 年 3 月 8 日，福建省档案馆组织入选《世界记忆名录》的侨批档案参加联合国教科文组织驻曼谷办事处举办的“历史中的女性”（Women in History）线上展览，并在 3 月 9 日亚太地区“共建和平”［Together for Peace（T4P）］网络研讨会上进行宣传。① 2021 年 5 月 26 日，徐拥军、王玉珏通过中国人民大学首都发展与战略研究院《首都咨政》（2021 年第 37 期，总第 213 期）向北京市委市政府提交《关于推动北京奥运档案申报〈世界记忆名录〉的建议》，获中央领导、北京市委主要领导同志和北京冬奥组委领导批示，“积极推动奥运档案申报《世界记忆名录》”被写入北京市委办公厅、北京市政府办公厅联合发布的《北京市档案事业发展“十四五”规划》。2021 年 7 月 27 日，黔南布依族苗族自治州召开水书申遗交流暨学术研讨会，旨在深入挖掘入选《中国档案文献遗产名录》《国家珍贵古籍名录》和《国家级非物质文化遗产名录》的“水书文献和水书习俗”所蕴含的深厚文化内涵②；2021 年 10 月 28 日，由国家档案局组织编写、南京出版社出版的《世界记忆名录——南京大屠杀档案（全 20 册）》荣获第五届“中国出版政府奖”（中国新闻出版领域最高奖）③。

（四）档案安全体系建设拾级而上，档案安全保障进一步夯实

2021 年全国各级各类档案部门以总体国家安全观为指导，坚持底线思维，将档案安全作为档案工作重中之重，采取多种措施推进档案安全体系建设。

1. 档案馆库建设与管理进一步加强

许多地方出台的“十四五”档案事业发展规划中将档案馆建设列为未来五年的重要工作之一。例如，北京市计划建成 15 个区档案馆新馆；江西省计划建设 4 个市级档案馆新馆、71 个县级综合档案馆；广西壮族自治区计划建设 5 个市级综合档案馆、55 个县级综合档案馆；云南省计划新建 41 个县级档案馆，建成 3 个州（市）级、65 个县级档案馆新馆；陕西省计划建成投用 3 个市级综合国家档案馆新馆库、

---

① 侨批档案亮相联合国教科文组织驻曼谷办事处举办的“历史中的女性”线上展览［EB/OL］.（2021-03-10）［2021-12-05］. http：//www.fj-archives.org.cn/dazw/bsdt/202103/t20210310_294719.htm.

② 韩延洁．我州召开水书申遗交流暨学术研讨会［EB/OL］.（2021-07-28）［2021-12-05］. http：//www.qnz.com.cn/news/qiannan/79370.html.

③ 《世界记忆名录——南京大屠杀档案（全 20 册）》获中国出版政府奖［EB/OL］.（2021-10-28）［2021-12-05］. https：//www.saac.gov.cn/daj/yaow/202110/91e44d862f5b4cc1a292db6f0ea823c4.shtml.

4个县级国家综合档案馆新馆库，46个县级档案馆建设取得阶段性进展；甘肃省计划建设省档案馆、6个市级档案馆、18个县级档案馆。此外，根据各级综合档案馆发布的新闻报道，档案基础设施建设的成绩主要集中在档案库房基础条件的改善上，如对档案库房进行加固与设备更新、对珍藏档案库房进行建设等。各地档案部门还进一步加强了档案馆安全管理，贯彻落实责任安全制，通过现代信息技术构建档案馆库房的智能化管理体系，如甘肃省档案馆改变常规的“人查人”查岗方式，建立了电子巡更系统，保障档案库房24小时全程监控。①

2. 珍贵档案修复与保护力度进一步加大

各级综合档案馆持续推进珍贵档案修复与保护工作，借助最新的设备与手段对破损的珍贵档案进行修复，并进一步提升对历史档案载体保护的级别，制定多样化的档案保护方案。例如，山西省档案馆启动了修复珍贵家谱工作②，湖南省档案馆对《湖南邮区舆图》进行抢救修复③，内蒙古自治区包头市档案馆抢救修复草原确权档案④。此外，各级综合档案馆围绕突发自然灾害下的档案安全保护开展了一系列工作，例如，制定应急管理预案、对档案库房进行加固与整修、对档案装具与相关硬件设备进行升级等。特别是2021年5—8月，我国中东部地区遭遇了百年一遇的洪涝灾害，很多档案馆专门针对档案库房防洪防涝防潮工作进行了部署与档案抢救。

3. 档案数字资源安全管理能力进一步提升

随着《中华人民共和国数据安全法》的施行，包括档案部门在内的各类机构纷纷规范对各类数据的处理流程，以保障数据安全，在促进数据开发利用的同时，保护组织和个人的合法权益，维护国家主权、安全和发展利益。为坚守档案安全防线，2021年档案部门努力提升档案数字资源安全管理能力。一是档案安全防范体系建设得到加强，档案实体和信息安全得到进一步保障。2021年，全国各省市档案部门持续推进馆库基础设施建设，硬件设施得到普遍改造或升级，档案安全防范体系建设更加完备。如山西省档案馆在2021年高度重视馆库安全建设和消防安保

① 张岚．甘肃省档案馆电子巡更系统正式投入使用［EB/OL］．［2021－03－31］（2021－12－17）．http：//www.cngsda.net/gjdt/39746.jhtml.

② 杨铭．践行初心担使命 为民办事获好评［EB/OL］．（2021－06－17）［2021－12－17］．http：//www.sxsdaj.gov.cn/xxgk/dtyw/gzdt/202106/t20210617_210735.html.

③ 湖南省档案局．民国时期《湖南邮区舆图》的抢救修复［EB/OL］．（2021－07－30）［2021－12－30］．http://sdaj.hunan. gov.cn/sdaj/jdal/202107/t20210730_21304452.html.

④ 刘晶，王志强．内蒙古包头市档案馆抢救修复草原确权档案［EB/OL］．（2021－09－14）［2021－12－14］．http：//www.zgdazxw.com.cn/news/2021－09/14/content_325258.htm.

工作，高质量开展馆内信息系统、网络、设备的运维工作，并与贵州省档案馆签订异地备份协议，将其作为省档案馆第三家异地备份单位。[①] 二是档案安全管理制度和工作机制不断健全。2021 年，全国各省市档案部门逐步完善档案安全管理制度和工作机制，档案应急机制、重要档案异地备份机制、档案库房安全管理、信息安全存储等相关制度与措施更加健全。三是档案安全风险评估管控能力不断提高。2021 年，全国各省市档案部门不断推进档案安全风险评估工作，加大档案安全风险排查工作力度，不断提升档案实体安全和信息安全保障能力，全面落实安全隐患排查整治常态化机制，进一步筑牢档案安全防线。例如，福州市档案局对各县级综合档案馆的档案安全工作进行实地检查，建立评价细则和指标项，对组织保障、专项经费落实、馆库基础设施建设及档案安全管理等进行评估考核，促使其不断健全风险防控机制，严格执行档案安全管理制度。[②]

(五) 档案信息化建设全面提升，数字转型迈出坚实步伐

2021 年，我国档案信息化建设全面提升，从发展保障机制建立、电子文件归档与电子档案移交接收、数字档案馆（室）建设、档案信息资源平台建设等方面为档案工作的数字转型奠定了基础。

1. 档案信息化发展融入各地政府数字转型战略

为推动档案信息化建设再上新台阶，《“十四五”全国档案事业发展规划》遵循“顶层设计＋全流程提升”的思路，首先从宏观角度对完善档案信息化保障机制提出了任务建议，然后从业务流程视角分别对电子文件归档和电子档案移交接收、数字档案馆（室）建设、档案信息资源共享利用三方面工作进行了重点部署。在国家政策的推动下，各级政府及档案机构开始探讨政府数字转型过程中政务电子文件归档与电子档案管理的有效路径。例如，河南省人民政府印发《河南省数字政府建设总体规划（2020—2022）》，其中“建立电子档案管理系统”作为统一共享支撑体系中的一项重要内容被明确纳入数字政府规划。[③] 广东省档案局则与广东省政务服务数据管理局联合印发了《广东省统一申办受理平台与部门档案管理系统对接规范》等系列文件，进一步提升了广东政务服务质量，推动政务服务便民化。[④] 大连市政府办公室印发了《大连市政务服务“一网通办”电子文件归档和电子档案管理办法

---

① 高位谋划推动档案工作出成效：山西省档案馆工作纪实［N］. 中国档案报，2022－02－11.

② 福州提升县级综合档案馆业务建设水平［N］. 中国档案报，2022－01－17.

③ 河南电子档案管理纳入“数字政府”建设［N］. 中国档案报，2021－01－11.

④ 广东规范政务服务事项电子文件归档管理［N］. 中国档案报，2021－07－23.

(试行)》，规定了各级档案主管部门、电子政务项目审批部门、信息化工作机构、国家综合档案馆及政务服务机构的职责分工，规定了电子文件和电子档案在形成、收集、整理、保存、利用、移交、接收等方面的具体标准，为加快“数字大连”和智慧政府建设提供了制度保障。① 济南市政府在编制和实施“十四五”数字泉城规划时，明确提出要积极探索“区块链＋”“电子档案＋”等应用场景的标准创新，这是济南市首次将电子档案列入五年发展规划，也标志着济南档案信息化建设步入高速发展阶段。②

2. 电子档案管理法律标准日渐完善

2021年在电子档案管理方面的进展主要体现在相关法律和标准逐渐完善，为后续全面推进“单套制”及数字转型奠定了法理基础。在法律层面，新《档案法》增设“档案信息化建设”专章，第一次从法律的角度对档案信息化建设作出全面系统的规定，明确了电子档案的合法要件、地位和作用、安全管理要求，为新时代电子档案管理适应“数字转型”这一全球大趋势、服务国家治理体系和治理能力现代化、留存数字时代记忆指明了方向。新《档案法》第三十七条明确规定了电子档案的法定身份、法律效力与合法地位来自三个核心要件，即“电子档案应当来源可靠、程序规范、要素合规”。这是对电子档案形成和管理要求的高度凝练，具有深厚的理论基础、实践基础和规范基础。除了《档案法》之外，在标准规范层面，2021年，一些与电子文件管理相关的国家标准与行业标准陆续出台。国家标准《电子文件管理能力体系　第1部分：通用要求》(GB/T 39755.1—2021) 和《电子文件管理能力体系　第2部分：评估规范》(GB/T 39755.2—2021)，对机构开展电子文件管理应具备的组织运作、文件管控、信息服务和技术实现能力等进行了规范；《电子档案管理系统通用功能要求》(GB/T 39784—2021)，对电子档案管理系统应具备的必要功能和可选功能作了规定。档案行业标准则包括《产品数据管理(PDM) 系统电子文件归档与电子档案管理规范》(DA/T 88—2021)、《公务电子邮件归档管理规则》(DA/T 32—2021)、《财产保险业务档案管理规范》(DA/T 86—2021) 等。

3. 数字档案馆(室)建设成为档案信息化建设主要抓手

2021年，多个综合档案馆先后通过了国家“十四五”首批“国家级数字档案馆”的验收，为综合档案馆全面提升管理水平和服务质量奠定了基础。例如，河北

① 大连市印发《办法》规范“一网通办”电子文件归档与电子档案管理 [N]. 中国档案报，2021-03-05.
② 济南“电子档案＋”纳入“十四五”数字泉城规划 [N]. 中国档案报，2021-03-15.

省承德市档案馆连续10年实施“数字转型”战略，于2021年通过了“十四五”全国首批全省首家“国家级数字档案馆”系统测评，走出了一条经济欠发达地区档案信息化建设之路。[①] 陕西省宝鸡市档案馆于2019年将“智慧档案”项目确定为信息化建设十大应用项目之一，建成县区政务网档案共享利用系统，于2021年顺利通过国家级数字档案馆测试，为全面实现电子档案接收和远程查档的目标奠定了坚实基础。[②] 浙江省嘉兴市海盐县立足打造智慧档案体系，先后投入1 200多万元进行数字档案馆、馆室一体化、电子阅览室、电子文件统一管理平台等档案信息化系统软硬件基础建设和馆藏档案数字转化工作，于2021年成功创建国家级数字档案馆，走出了一条县级档案馆利用科技力量探索部门数字档案室资源共建共享的路径。[③] 此外，从2021年各地出台的“十四五”档案事业发展规划来看（见表6），数字档案馆（室）建设仍是未来五年档案信息化建设的核心任务。例如，北京市计划至少建成20家高水平数字档案室，16个区完成数字档案馆建设项目立项工作，至少5个区建成高水平数字档案馆；辽宁省计划建成10家高水平数字档案馆、10家高水平数字档案室；上海市计划建成50家市级数字档案室；江苏省计划全省114家综合档案馆全部完成数字档案馆建设；浙江省计划90%的综合档案馆建成国家级数字档案馆，县（市、区）以上机关和国有企事业单位90%建成省级规范化数字档案室；江西省计划省档案馆建成全国示范数字档案馆，50%的市级档案馆和30%的县级档案馆建成数字档案馆，20%的省直机关档案室建成数字档案室，建成1～2家全国示范数字档案馆。

表6　各地“十四五”档案事业发展规划中数字档案馆（室）建设计划

省（自治区、直辖市）	数字档案馆	数字档案室
北京市	16个区完成数字档案馆建设项目立项工作，至少5个区建成高水平数字档案馆	至少建成20家高水平数字档案室
辽宁省	10家高水平数字档案馆	10家高水平数字档案室
上海市	/	50家市级数字档案室
江苏省	全省114家综合档案馆全部完成数字档案馆建设	/

① 承德市档案馆跻身“十四五”首批“国家级数字档案馆”[EB/OL].（2021-12-11）[2022-02-04]. https://new. qq. com/omn/20211211/20211211A07I9900. html.

② 陕西宝鸡 国家级数字档案馆系统通过测试[EB/OL].（2021-11-09）[2022-02-04]. https://www. saac. gov. cn/daj/c100270/202111/ebb32680c1a648a3831b0183e5bbea94. shtml.

③ 海盐县档案馆获批国家级数字档案馆[EB/OL].（2021-03-24）[2022-02-04]. http://www. jiaxing. gov. cn/art/2021/3/24/art_1578785_59183294. html.

续表

<table>
<tr><th>省（自治区、直辖市）</th><th>数字档案馆</th><th>数字档案室</th></tr>
<tr><td>浙江省</td><td>90%的综合档案馆建成国家级数字档案馆</td><td>县（市、区）以上机关和国有企事业单位90%建成省级规范化数字档案室</td></tr>
<tr><td>福建省</td><td>2家全国示范数字档案馆（室）</td><td>10家省级立档单位数字档案室</td></tr>
<tr><td>江西省</td><td>50%的市级档案馆和30%的县级档案馆建成数字档案馆；建成1～2家全国示范数字档案馆</td><td>20%的省直机关档案室建成数字档案室</td></tr>
<tr><td>山东省</td><td>完成4家企业集团数字档案馆（室）建设试点，新增12家高水平数字档案馆</td><td>新增4家高水平机关数字档案室</td></tr>
<tr><td>湖北省</td><td>30%县级综合档案馆通过省级数字档案馆测试</td><td>各级有移交进馆任务的单位30%以上完成省级数字档案室创建</td></tr>
<tr><td>湖南省</td><td colspan="2">5家数字档案馆（室）</td></tr>
<tr><td>广西壮族自治区</td><td colspan="2">5个以上国家示范数字档案馆（室），10个以上国家级数字档案馆（室），20个以上自治区级数字档案馆（室）</td></tr>
<tr><td rowspan="2">云南省</td><td>10个以上高水平的数字档案馆</td><td>5个以上高水平数字档案室</td></tr>
<tr><td colspan="2">2个以上企业集团数字档案馆（室）建设试点</td></tr>
<tr><td>陕西省</td><td>省、市综合档案馆和30%的县级档案馆、专门档案馆、企事业单位档案馆建成数字档案馆；3个档案馆建成国家示范数字档案馆</td><td>10%的省级立档单位完成数字档案室建设，创建3个全国示范数字档案室</td></tr>
</table>

4. 档案资源共享平台建设成为新亮点

2021年我国各级档案资源（尤其是民生档案资源）共享平台相继建立或持续建设，档案资源共享规模、质量和服务水平同步提升，档案信息资源共享联动机制不断完善。在国家层面，国家档案局已初步建成“全国档案查询利用服务平台”，并于2021年5月起与各地平台对接，共同推进全国档案数字资源共享利用工作，最终实现全国范围内档案查询“一网通办”。[①] 在地方层面，各地区积极制定档案信息资源共享平台建设战略，实现档案资源跨地区、跨层级共享建设，“市内共享平台”“省内共享平台”“跨省共享平台”相继建成运行并取得良好成效。如宁波市档

① 陆国强．推动档案事业在高质量发展轨道上迈出坚实步伐——在2020年全国档案局长馆长会议上的报告［J］．中国档案，2021（1）：19－25．

案馆于2021年对接国家档案共享平台建设，推进市域数字档案管理服务一体化平台建设，全面落实档案服务事项“网上办”“掌上办”“无证件办”等举措，服务好长三角一体化国家战略、宁波大都市区建设要求和基层档案治理实践，向公共服务一体化深化。[①] 广西壮族自治区档案馆自2021年在开展“我为群众办实事”实践活动中，着力推进全自治区档案信息资源共享平台建设，进一步扩大“异地查档、跨馆服务”范围，逐渐实现区、市、县三级综合档案馆档案查询“一网通办”，其中实施的“婚姻登记档案数据共建共享”项目，将全区128个婚姻登记点接入共享平台，实现“就近查档、异地出证”，让群众查阅婚姻档案不再“两头跑”。[②] 京津冀三地档案部门锚定民生，在开展档案信息资源共享服务基础上，不断扩容“朋友圈”，大力推进三地民生档案服务跨省共享平台建设，编制跨馆查档服务指南，签署跨馆查档出证互认服务协议，为就近查档、跨馆出证提供保障，跑出了协同发展加速度。[③]

（六）档案科技创新取得突破，智力支撑作用开始凸显

1. 档案科技创新立项持续走高，档案发明专利成果丰硕

国家档案局档案科技项目立项是我国档案技术应用及创新发展的重要风向标，体现了国家对档案技术发展的需求和导向。2021年国家档案局共进行了125项科技项目立项，通过项目化方式推进我国档案科技创新。如图1所示，在业务领域，2021年国家档案局科技项目立项主要包括档案资源开发、档案保护（包含档案修复、纸张保护等）、数字档案馆、档案数据、智能鉴定、长期保存、开放审核、档案资源共享、档案数据治理、单套制管理等；在技术应用方面，2021年科技立项主要应用了人工智能、知识图谱、区块链、自然语言处理、深度学习、资源可视化等新兴技术。

发明专利是一个领域技术发展的重要体现，也体现了整个社会对该领域的技术需求和关注点。2021年我国共发布1 557项档案领域发明专利，如图2所示，主要分为三类：第一类是有关纸质档案管理设备设施的发明专利，包括新型档案柜及其部件、新型档案盒、档案袋的发明；第二类是有关档案管理信息系统的发明专利，

---

① 宁波市档案馆2021年工作要点［EB/OL］.（2021-04-26）［2022-02-04］. https://www.nbdaj.gov.cn/zw/jhzj/202104/t20210426_34332.shtml.

② 赖志荣. 广西综合档案馆档案查询逐步实现“一网通办”［EB/OL］.（2021-12-31）［2022-02-04］. https://baijiahao.baidu.com/s?id=1720614926966752385&wfr=spider&for=pc.

③ 李瑞环. 跑出协同发展加速度：档案工作服务京津冀一体化协同发展纪实［N］. 中国档案报，2021-07-19（1）.

包括档案管理系统、档案数据库、档案数据处理技术的发明；第三类是有关数字档案管理硬件的发明专利，如数字档案存储介质、档案管理服务器和处理器的发明。相比于国家档案局科技立项的主题，档案科技专利的主题更加分散，所解决的问题更加面向实际管理场景。[①]

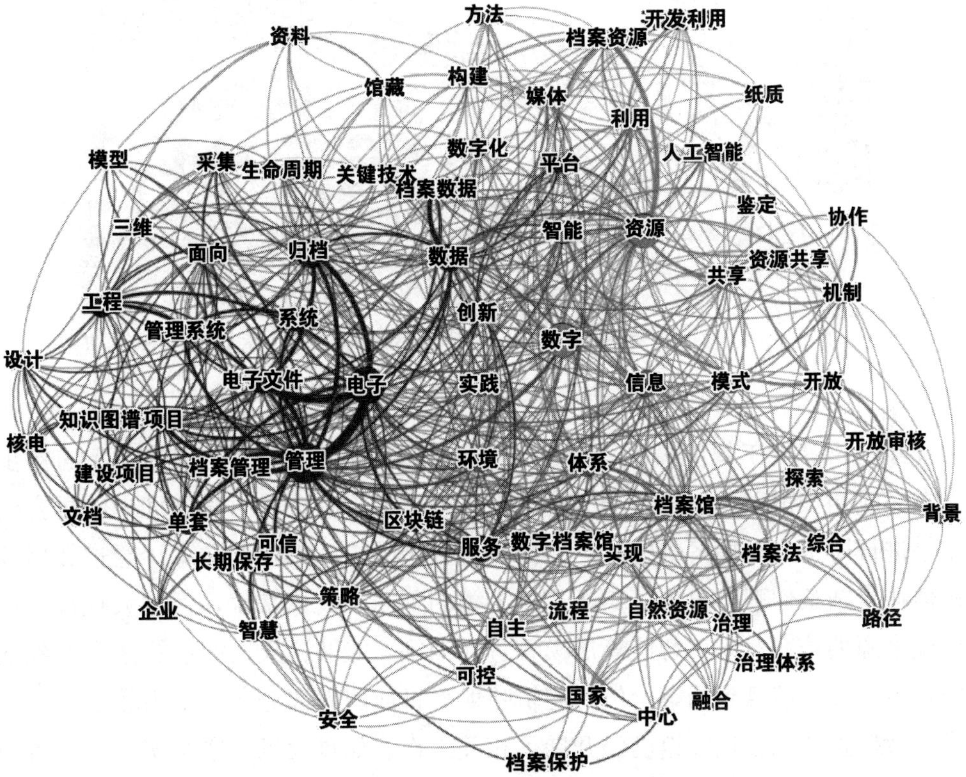

图 1　2021 年国家档案局科技立项主题关系

2. 重点科研任务攻关初显成效，人工智能技术崭露头角

2021 年人工智能技术开始逐渐应用于档案文本识别和档案价值鉴定领域，以辅助档案内容信息深度开发和档案信息资源共享利用。目前，人工智能技术在档案印刷体扫描件和手写体档案扫描件识别上均有了一定的应用实践。对于印刷体档案扫描件，人工智能及相关技术可以有效地对光学字符识别后的初步结果进行矫正，使结果更加准确。[②] 在印刷体档案内容识别上，人工智能技术的应用已经较为广泛，部分头部企业已经形成了产品化的技术服务。对于手写体档案扫描件，通过如深度

① 详见子报告《2021 年我国档案技术应用及创新发展报告》。

② 祝成．人工智能技术在档案数据化工作中的应用分析［J］．中国档案，2021（4）：64－65．

图 2　2021 年档案发明专利主题词分析

卷积神经网络等人工智能模型对字符进行分析和判断，从而实现对文字的初步识别。在完成初步识别后，进一步通过人工智能技术中的自然语言处理中的语言模型对结果进行矫正。在档案价值鉴定方面，主要借助于人工智能技术让经过数据训练的机器在复杂条件下作出接近甚至超过人类的判断。具体来说，通过大规模的特定主题或来源的档案对人工智能算法模型进行训练，能够让人工智能算法学习到从档案内容、来源等信息到档案价值的逻辑映射。目前国内部分研发实力较强的企业或技术能力较强的综合档案馆已经开展了相关工作。如科大讯飞联合实验室平台通过研发智慧档案整体解决方案，在“口述史征集的新模式”“智能语音档案著录”“音视频数字档案检索利用”等领域取得重要成果，在档案的收集、管理、存储、使用四个环节全面提质增效，让人工智能为新时代的“史官”赋能，让沉睡的“旧书简”重焕生机。①

（七）档案人才培养不断优化，人才评价机制更加科学

1. 档案高等教育进一步改革与发展

在档案高等教育领域，全国档案院系在专业布局、师资队伍建设、课程建设、教材建设、教学改革创新、学生培养、教育特色等方面均取得显著成绩。截至 2021

① 张弓．档案实务｜人工智能已经上升为国家战略！如何与档案结合、助飞档案现代化？[EB/OL].（2019－05－23）[2022－01－11]. https://www.sohu.com/a/315873834_734807.

年，全国35所开设档案学专业的高校中，已有中国人民大学、云南大学、湘潭大学、上海大学、黑龙江大学、苏州大学、吉林大学、南京大学、中山大学、郑州航空工业管理学院10所高校的档案学专业入选国家级一流本科专业建设点，北京联合大学、福建师范大学、南昌大学、安徽大学、广西民族大学、郑州大学、郑州航空工业管理学院、辽宁大学、四川大学、天津师范大学10所高校的档案学专业入选省级一流本科专业建设点。全国档案学专业教师人数达393人，副高级以上教师占比71.25%。高端的学科建设平台和高水平的师资队伍为档案学高等人才的培养奠定了坚实基础。在教材出版和教改立项方面，2021年共有8所高校出版档案学教材16部，主要集中在档案管理学、文书学、档案学概论、档案法学、档案学课程思政建设等主题的教材革新；2021年档案学专业教育教学改革项目获得立项57项，主要集中于档案学新文科建设、档案学专业课程思政建设、数字时代档案学专业课程体系建设与人才培养模式创新等三大主题，契合了国家新文科建设、课程思政建设、数字中国建设的政策话语导向。2021年档案学专业在读学生本科、硕士、博士的人数依次为5 101人、1 203人、150人；档案学专业招收本科生1 079人、硕士生457人、博士生50人。2021年档案学专业毕业生1 637人，32所高校本科毕业生1 256人（浙江大学、国防大学、山西大学、西藏民族大学、华中师范大学2021年无本科毕业生），31所高校硕士毕业生361人（北京联合大学、贵州师范学院、韩山师范学院、呼和浩特民族学院、辽宁科技学院、盐城师范学院2021年无硕士毕业生），7所高校博士毕业生20人（中国人民大学9人、武汉大学3人、南京大学3人、吉林大学2人、国防大学1人、中山大学1人、浙江大学1人）。中国已经建成了当今世界上规模最大、体系最完整的现代化档案教育体系，在国际档案界具有重要影响力。①

2. 档案人才评价机制逐渐走向科学化与规范化

2020年人力资源和社会保障部、国家档案局发布《关于深化档案专业人员职称制度改革的指导意见》，旨在遵循档案专业人员成长规律，建立以科学评价为核心、以有效激励为目的、符合档案职业发展特点的科学化、规范化、社会化的档案专业人员职称制度，为建设高素质的档案干部队伍提供制度保障。改革后的档案专业人员职称制度相较以往有如下特点：一是评价标准更加完善，强调以德为先，突出业绩贡献并实行分类评价，尤其是针对“工匠型”和“学术型”人员设定不同标准；二是创新评价机制，强调评价方式的多元化、职称评价渠道的顺畅化，并科学

① 详见子报告《2021年中国档案高等教育发展报告》。

界定、合理下放档案系列职称评审权限；三是以职称评价促人才培养，力争二者有机结合。档案专业人员职称制度改革一年多来，全国各省（自治区、直辖市）档案部门会同同级人力资源和社会保障部门积极贯彻落实，并出台具体办法，如北京市出台《北京市深化档案专业人员职称制度改革实施办法》（京人社事业发〔2021〕15号）、辽宁省出台《关于深化档案专业人员职称制度改革的实施意见》（辽人社发〔2021〕9号）等。其他各地也在2021年度档案系列职称评审工作中，进一步落实了《关于深化档案专业人员职称制度改革的指导意见》，切实做好档案专业人才晋升工作，为本地档案事业转型发展、高质量发展提供人才支持和智力支撑。

(八) 档案对外交流合作有序推进，国际影响力持续提升

1. 围绕国家总体外交战略，积极拓展双边和多边交流合作

2021年档案外事工作围绕国家总体外交战略，积极主动作为，主动融入党和国家工作大局。2021年，国家档案局在机构改革中设立交流合作司，这一重大举措是在新形势、新任务、新要求、新常态下作出的重要部署，充分体现了党和国家对加强档案国际交流的重视，具有特殊的意义。交流合作司的主要职责包括：积极扩大国家档案局对外合作的领域和范围，努力推进与各国档案文献机构和相关国际组织建立双边和多边合作机制，实施联合国教科文组织世界记忆项目，在中俄人文合作大框架下积极开展档案领域合作，征集散失境外珍贵历史档案等。目前，国家档案局已经与韩国、蒙古、伊朗、葡萄牙、立陶宛、捷克、保加利亚等20多个国家的档案部门签署了双边档案交流合作协议，多个政府间文化协议中也写入了档案交流合作的内容。

近年来，国家档案局通过交换档案复制件、举办专题档案展览、出版档案汇编、开展档案学术研讨、网络宣传等形式与许多国家的档案部门和相关国际组织开展了多种合作。例如，与俄罗斯、土耳其、西班牙等10多个国家档案部门合作，在联合国教科文组织总部举办“锦瑟万里，虹贯东西——‘丝绸之路’历史档案文献展”。组织申报《南京大屠杀档案》、甲骨文和《侨批档案》等13份文献遗产入选《世界记忆名录》。通过中俄档案合作分委员会机制，从俄罗斯征集开国大典彩色影像资料。这些活动主动服务党和国家的政治和外交大局，在国内外引起强烈反响，取得了很好的社会效益。此外，2021年12月，中国河南省和乌拉圭档案管理视频培训会议举行，这是继6月河南省档案馆与乌拉圭国家图书馆举行档案管理经验交流视频会以来，二者在档案领域的第二次合作交流。中国人民大学徐拥军教授、钱毅教授和河南省档案馆副馆长李宝玲研究馆员向乌拉圭档案同行授课。由此

可见，档案已经成为对外交流合作的重要媒介，为提升中华文化的感召力和国际影响力，塑造中国良好形象发挥着不可替代的积极作用。①

2. 积极参与联合国教科文组织世界记忆项目，逐渐发挥引领作用

2021年，正值联合国教科文组织出台新版《世界记忆项目总方针》《世界记忆项目国际咨询委员会章程》，也恰逢《“十四五”全国档案事业发展规划》出台，其中“档案文献遗产影响力提升工程”被写入专栏7，成为未来五年档案工作的重要方向之一。在国家档案局的领导下，世界记忆项目中国国家委员会积极发挥引领作用。

一是搭建中外合作与交流平台，交流档案文献遗产保护经验。为发挥中国在世界记忆项目中的引领作用，2021年9月7日，国家档案局和教科文组织世界记忆项目联合举办“新冠肺炎疫情和后疫情时期加强非洲记忆机构适应能力”线上国际研讨会。会议上中方介绍了其有效推进疫情防控档案科学管理的举措和做法，为突发公共卫生事件档案科学管理和共享利用提供了值得借鉴的中国方案，为提升非洲记忆机构在新冠肺炎疫情和后疫情时期的适应能力建设贡献中国力量。②

二是开通世界记忆项目中国国家委员会网站，宣传世界记忆项目。2021年4月30日，下设于国家档案局官网的教科文组织世界记忆项目中国国家委员会网站正式上线，旨在全面呈现我国档案文献遗产的申报、管理、保护、学术研究与开发利用情况，积极传播、推广中华优秀文化遗产。

三是推进世界记忆项目学术中心建设，开展遗产研究与传播。2021年6月，福建省档案馆和晋江市档案馆联合在晋江梧林侨批馆设立的“世界记忆项目福建学术中心实践基地”，成为福建省侨批文化宣传推广示范点。苏州市工商档案管理中心、世界记忆项目苏州学术中心联合武汉大学信息管理学院师生团队，共同编写《传承人类记忆遗产——联合国教科文组织世界记忆项目研究》。2021年11月25日，世界记忆项目苏州学术中心应邀参加了世界记忆项目科特迪瓦学术中心战略规划研讨会，分享苏州学术中心的基本情况、实践路径，并总结提出对世界记忆项目的一些建议。③ 这一年，中国在世界记忆项目和文献遗产项目中的“参与者”角色不断深

① 王红敏．深入学习贯彻重要批示精神 努力开创档案国际交流合作新局面［N］．中国档案报，2021-11-14（1）．

② 国家档案局和联合国教科文组织共同举办“新冠肺炎疫情和后疫情时期加强非洲记忆机构适应能力”线上国际研讨会［EB/OL］．（2021-09-10）［2021-12-05］．https：//www.saac.gov.cn/daj/lhgjk/202109/b4e4e87c681043209c248f57444a3ce9.shtml．

③ 苏州市工商档案管理中心．苏州学术中心参加科特迪瓦学术中心战略规划研讨会［EB/OL］．（2021-11-30）［2021-12-05］．https：//mp.weixin.qq.com/s/oRRYaskDL4DInopZw3dc3g．

入，并逐步展现出“引领者”的姿态。

二、2021 年中国档案事业发展的主要问题

2021 年中国档案事业发展虽然取得了诸多成绩，呈现出不少亮点，但是也存在一些问题，面临严峻挑战，主要表现在以下四个方面。

(一) 档案治理体系：面临“局馆协作—法规标准—档案监管”三重挑战

《“十四五”全国档案事业发展规划》提出“全面推进档案治理体系和档案资源体系、档案利用体系、档案安全体系建设”。这是在 2014 年《关于加强和改进新形势下档案工作的意见》提出的“三个体系”（覆盖人民群众的档案资源体系、方便人民群众的档案利用体系、确保档案安全保密的档案安全体系）的基础上新列“档案治理体系”，从而发展为“四个体系”。“四个体系”是对“三个体系”的继承和创新。档案治理体系在“四个体系”中具有首位作用，是推动档案事业高质量发展的基本动力和重要保障。但是，目前我国档案治理体系建设还存在诸多挑战。

1. 档案局馆分工协作关系仍有待完善

“健全档案管理体制机制”是推进档案治理体系建设的首要任务。2018 年党政机构改革后，地方各级档案机构普遍由档案局馆合一改为局馆分设，档案行政管理职能划入党委办公厅（室），档案馆成为隶属于党委或党委办公厅（室）的事业单位。总体上看，改革后的地方档案机构在机构设置上实现了政事分离，档案局和档案馆的职责定位更加清晰。浙江、福建等地在领导体制上探索创新，建立了局馆协作联动机制。但是，面对新形势，怎样进一步完善档案局和档案馆的关系，如何充分发挥党管档案工作的体制优势，依然面临不少问题。

第一，从人员数量上看，“局小馆大”的情况十分普遍。根据国家档案局政策法规司公布的《2020 年度全国档案主管部门和档案馆基本情况摘要（一）》，我国各级档案主管部门和综合档案馆共有专职人员 40 946 人①；根据国家统计局编的 2021 年《中国统计年鉴》，我国 3 341 个综合档案馆共有专职人员 35 028 人②。据此推算，我国 2 494 个各级档案主管部门的专职人员总数为 5 918 人，平均每个馆

① 2020 年度全国档案主管部门和档案馆基本情况摘要（一）[EB/OL].（2021 - 08 - 06）[2021 - 12 - 05]. https://www.saac.gov.cn/daj/zhdt/202108/a9369544b1a6412994774ea0e5866881.shtml.

② 国家统计局.2021：中国统计年鉴：23 - 11 档案馆机构和人员情况 [EB/OL].[2021 - 12 - 05]. http://www.stats.gov.cn/tjsj/ndsj/2021/indexch.htm.

的专职人员数量为10.48人，平均每个局的专职人员数量则只有2.37人。从省级档案机构的编制看，档案馆中人员编制最多的是天津市档案馆（天津市地方志编修委员会办公室），有267人（其中参公编制252人、事业编制15人），人员数量最少的青海省档案馆人数为33人（其中参公编制27人、事业编制6人）。而编制数量较多的北京市档案局为41个行政编制，编制数量较少的江西、湖南、广西档案局都只有5个行政编制。①

第二，从专业素质上看，档案局和档案馆的队伍呈现“局弱馆强”的特点。据国家档案局统计，截至2020年底，各级档案主管部门和综合档案馆共有专职人员40 946人。其中，研究生学历（包括博士、硕士、研究生班）3 480人，仅占总人数的8.50%；本科学历（含双学士）27 049人，占总人数的66.06%；大学专科及以下学历10 417人，占总人数比例高达25.44%。各学历层次人员中具有档案专业程度的6 657人，仅占总人数的16.26%。② 而机构改革后，从原档案局馆转入党委办公厅的工作人员较少，甚至许多地方没有一人随档案行政管理职能的划转而转隶。即便在转入了少量工作人员的地方，这些工作人员也常常被派去支援其他紧急任务和重要工作。比如，改革后的哈尔滨市档案局是由哈尔滨市委办公厅的4名工作人员组成，档案馆暂时没有人员转入，档案局全部为新人，不熟悉档案业务流程。③ 因此，相比人员专业技能较强的档案馆，人员数量少、专业技能弱的档案局，要全面履行新《档案法》规定的各项行政管理职能时，难免面临“小马拉大车”的困境。

第三，从职能履行看，档案机构一定程度上存在“局虚馆实”的隐忧。调查发现，28个省级地区由党委办公厅挂牌档案局，14个副省级城市中有12个由党委办公厅挂牌档案局，省以下层面档案局为党委办公室挂牌的情况则更为普遍，且有的地区并未任命档案局长。④ 在这种情况下，档案局事实上成为党委办公厅（室）内设部门，而非独立建制机构，这在一定程度上削弱了档案局作为主管部门的主体地位。尤其是，党委办公厅（室）作为党委的综合部门，在党和国家机构体系中处于核心、枢纽位置，涉及面广、任务庞杂、工作繁重。在党委办公厅（室）中，由于

---

① 国家档案局中央档案馆．中国档案年鉴2020［M］．北京：中国文史出版社，2021：27－32.

② 2020年度全国档案主管部门和档案馆基本情况摘要（一）［EB/OL］．（2021－08－06）［2021－12－05］．https：//www.saac.gov.cn/daj/zhdt/202108/a9369544b1a6412994774ea0e5866881.shtml.

③ 陈海玉，万小玥，赵冉，等．机构改革后地方档案馆资源整合特点及思路探究［J］．档案与建设，2019（11）：20－23.

④ 张臻．档案部门与保密部门的关系——以党政机构职能体系建设为背景的分析［J］．浙江档案，2020（11）：23－26.

档案工作不属于“急难险阻”的任务，忙起来就会顾不上，容易出现“档案局长只挂名不过问”的现象。① 而各地区的档案馆则普遍为党委或党委办公厅（室）直属事业单位，且由于人员配备、工作基础等，其履职能力和实际承担的职能较档案局都更“实”，档案局的行政管理职能可能会被弱化，实践中在档案局馆关系上可能出现档案局行政执法“缺位”或档案馆“越位”的隐患或弊端。

2. 档案部门与数据管理部门的关系亟待厘清

目前，北京等13个省（自治区、直辖市）设立了行政机关性质的数据管理部门，另外还有天津等5省（自治区、直辖市）设立了事业单位性质的数据管理部门，如表7所示。尽管数据管理部门设立的主要目的之一是打破“信息孤岛”、消除“信息烟囱”、促进信息共享，但从传统的档案部门与新型的数据管理部门之间的职能关系看，可能会导致档案馆馆藏历史信息和政务部门现行信息相分割的两个新的“信息孤岛”。②

表7　省级政府数据管理部门设置情况

序号	省、自治区、直辖市	机构名称	隶属机构	机构性质
1	北京	北京市经济和信息化局（北京市无线电管理局、北京市大数据管理局、北京市国防科学技术工业办公室）	市政府	组成部门
2	吉林	吉林省政务服务和数字化建设局（省软环境建设办公室）	省政府	直属机构
3	辽宁	辽宁省营商环境建设局（省大数据管理局）（加挂辽宁省政务服务管理办公室牌子）	省政府	直属机构
4	浙江	浙江省大数据发展管理局	省政府办公厅	部门管理机构
5	安徽	安徽省数据资源管理局（省政务服务管理局）	省政府	直属机构
6	福建	数字福建建设领导小组办公室（省大数据管理局）	省发改委	部门管理机构
7	山东	山东省大数据局	省政府	直属机构
8	河南	河南省大数据管理局	省政府办公厅	部门管理机构

① 徐拥军．机构改革后档案工作面临的问题与对策［J］．档案学通讯，2019（5）：101－103.

② 徐拥军，张臻，任琼辉．国家大数据战略背景下档案部门与数据管理部门的职能关系［J］．图书情报工作，2019（18）：9.

续表

序号	省、自治区、直辖市	机构名称	隶属机构	机构性质
9	广东	广东省政务服务数据管理局	省政府办公厅	部门管理机构
10	广西	广西壮族自治区大数据发展局（中国-东盟信息港建设办公室、政务服务监督管理办公室）	自治区政府	直属机构
11	重庆	重庆市大数据应用发展管理局	市政府	直属机构
12	贵州	贵州省大数据发展管理局	省政府	工作部门
13	陕西	陕西省工业和信息化厅（省政务数据服务局）和陕西省大数据管理与服务中心	省政府/省工信厅	组成部门/事业单位
14	天津	天津市大数据管理中心	市委网信办	事业单位
15	河北	河北省信息资源管理中心（河北省大数据中心）	省工业和信息化厅	事业单位
16	内蒙古	内蒙古自治区大数据发展管理局	自治区政府	事业单位
17	上海	上海市大数据中心	市政府办公厅	事业单位
18	江西	江西省信息中心（省大数据中心）	省发改委	事业单位

一是两类机构的管理对象存在交叉。从各省（自治区、直辖市）政务信息资源管理制度看，关于政务信息资源的术语有政务数据、政务数据资源、政务信息、公共数据和公共信息资源等5种，多数地方未明确档案部门和数据管理部门两类机构管理对象的关系。广东和福建等少数地方虽明确了两者的关系，但对其界定也不同。广东将“电子档案”视为“政务数据资源”的子集；而根据《福建数字档案共享管理办法》的官方解读，“政务信息是档案的前身，档案是政务信息的归宿”。

二是两类机构在政务信息资源归档和开放等方面的职责划分不明。据不完全调查，目前仅浙江和广东分别将“公共数据、电子文件”和“政务数据资源”纳入归档范围并明确两类机构的职责，只有广东和福建明确了档案资源与政务信息资源共享体系的关系。此外，各省（自治区、直辖市）数据开放工作主管部门也不尽一致，有数据管理部门主管、工业和信息化部门主管、发展改革部门主管等不同情况。这些部门与政府信息公开部门、档案（开放利用）部门的职责划分也有待进一步明确。

三是大数据和政务信息资源管理协调机制中缺乏档案部门。在国家发改委等43个部门组成的“促进大数据发展部际联席会议”成员单位中，没有档案部门。在各地有关大数据和政务信息资源管理的协调议事机制中，绝大多数由数据管理部门牵头，却鲜有档案部门的身影，仅浙江、广东和上海等地档案部门参与政务信息资源归档工作。而且，除天津市大数据管理中心隶属市委网信办外，其他 17 个省（自治区、直辖市）的数据管理机构都隶属政府系统，而其档案局和档案馆都隶属（或归口）党委系统。对于分属党、政两大系统的档案部门和数据管理部门，两者密切沟通和高效协作的工作机制尚待建立。

3. 档案法规标准的体系化建设有待强化

第一，档案法规体系内容完整性和系统性有待提升。2019 年，国家档案局按照《国务院办公厅关于加强行政规范性文件制定和监督管理工作的通知》（国办发〔2018〕37 号）要求，曾开展过一次集中清理工作，并在国家档案局官网公布。经清理，现行有效规范性文件共 59 件，废止失效规范性文件共 56 件。自上一轮清理后，新增一些部门规章和规范性文件，详见表 8。同时，国家档案局正抓紧出台《档案执法监督检查工作暂行办法》《档案行政处罚程序暂行规定》，尤其要协调推进档案开放利用、电子档案管理、档案鉴定销毁、产权变动时档案转让等新法明确要求的配套规定制发工作。[①]

表 8　新增部门规章和规范性文件

颁布年份	分类	名称
2021	部门规章	《国有企业资产与产权变动档案处置办法》
2021	部门规章	《乡镇档案工作办法》
2021	部门规章	《重大活动和突发事件档案管理办法》
2020	部门规章	《科学技术研究档案管理规定》
2019	规范性文件	《全国档案事业统计调查制度》

由上可见，国家档案局不断扩充部门规章、规范性文件供给，以覆盖各领域各类档案、各个关键业务环节，但也存在一些问题：一者，从时效性来看，存在滞后于社会需求的情况，如《机关档案工作条例》《科学技术档案工作条例》两部行政法规分别是 1983 年和 1980 年制定的。二者，从操作性看，多数规定较为原则化、概念性，如新《档案法》第十二条规定的“档案工作责任制”、第十三条规定的“对国家和社会具有保存价值”过于笼统，可操作性较差。三者，从系统性来看，规制依据、规制主体、规制手段和规制对象等要素的不同，使得档案法规体系内部衔接之处仍有提升空间，难以在各行业、各领域产生普遍的行为约束力。例如，在

① 杜梅．擘画蓝图 厉行法治 推动档案事业高质量发展——2021 年国家档案局中央档案馆政策法规研究司工作要点［J］．中国档案，2021（2）：24．

规制档案犯罪的行刑实体性衔接上仍存在不顺畅的问题，《档案法》与《中华人民共和国刑法》之间在客体、对象、主体以及法律后果等方面存在衔接缺失，刑法的处罚范围和档案犯罪刑罚的规定等对档案犯罪的行刑实体性衔接有待加强。①

第二，档案标准体系功能配置不够、发展不平衡、结构不尽合理。一者，从标准修订和更新年限来看，截至2021年7月，在92部档案行业标准中，2001年之前颁布的有23部，占比为25.00%，2001年至2015年间颁布的有25部，占比约为27.17%，合计占比达52.17%，意味着还有一些行业标准的修订工作需提上议程。不过国家档案局近年正在加紧档案行业标准体系建设，2021年11月开展的"自2015年以来档案行业标准清理情况"，显示正在修订14项、废止10项、研制（不含修改单）35项。二者，从标准影响程度而言，根据《中华人民共和国标准化法》，国家标准的适用优先级是高于行业标准的，影响范围也比行业标准更广。2020年国家档案局推动5项行业标准转化为国家标准，同样在2021年立项中，由中国商飞上海飞机设计研究院、国家档案局经济科技档案业务指导司共同申报的《开放档案信息系统（OAIS）参考模型》（属于国际标准等同采标项目），将直接申报国家标准立项。三者，从国家标准研制参与或采纳情况来看，国际标准采标率有待提升，采标进程有所滞后。2021年，国家档案局继续组织协调我国专家参与ISO/TC46/SC11（国际标准化组织信息与文献技术委员会档案与文件分技术委员会）标准研制和审议工作，在线参加ISO/TC46第48届年会。但是，由于国际标准不完全适应我国具体档案工作实际，因而采纳率低；同时，也反映出我国通用标准建设还滞后于世界先进水平。

4. 档案行政监管效能有待提升

第一，档案行政监管人员严重不足。由于机构编制等原因，各级档案主管部门普遍没有设置档案行政监督专责机构，档案行政执法人员普遍很少。总的来看，地市级档案主管部门的人员紧缺问题相对突出，区县级档案主管部门的人员紧缺问题比地市级更为突出。省级党委办公厅（档案局）只设置档案监督管理处、档案业务指导处等一两个处室的情况较多；地市层面由党委办公厅挂牌档案局并内设一个处室承担行政监督职能的情况比较多。如广东省各市在市委办公厅（室）设立一个处（科）负责档案行政管理工作，大多配备3～4人。② 在区县层面，大部分没有成立档案执法专责机构。广西壮族自治区的125个区县档案主管部门中，除24个成立

① 仝其宪．论我国档案犯罪的行刑实体性衔接［J］．档案学通讯，2017（1）：99-104.

② 黄宏达．机构改革后加强和改进档案管理工作专题调研报告［J］．中国档案，2020（1）：58-59.

了档案法制机构外，大部分是由业务指导科（股）行使执法检查职权。[①] 广东省各区县多为一两个人。同一人身兼数职的现象十分普遍，有的还与密码、保密等部门合署办公。

第二，档案行政监管任务日趋繁重。随着我国进入新的历史时期，档案作为重要信息资源和独特历史文化遗产，价值日益凸显，档案工作对党和国家各项事业的基础性、支撑性作用更加突出，档案事业从“国家模式”到“社会模式”的趋势更加明显、维度更加多元。[②] 各类组织和个人形成的档案种类更加多样、数量更加庞大、价值更加多元。在治理视域下，档案治理主体越来越多，档案资源结构更加多元，档案服务更加社会化。因此，档案行政监管涉及的范围更宽，涉及的领域更广，涉及的对象更多。如列入北京市档案局监管范围的市直机关、团体、国有企事业单位近200家，杭州市档案局亦有99家，还不包括数以万计的非国有企业、社会组织。可见监管任务颇为繁重。而且，新《档案法》对档案安全监管提出了新的更高要求，再加上近年来档案服务企业的快速增加，档案行政监管的任务更加繁重。

第三，档案行政监管方式和手段亟待创新。除了监管人员少和监管任务重的矛盾之外，还存在监管方式创新不足的短板。例如，2018年，李克强总理在国务院常务会议提出建设国家“互联网＋监管”系统以来，我国档案领域的互联网＋监管的方法和手段创新尚处于初期发展阶段，仍面临许多监管障碍。[③] 在中央层面，并未建立单独的“互联网＋档案行政监管”系统，而是依托于全国性的政务服务平台开展（见表9）。从地方层面看，仅有北京、浙江、河南、湖南、四川、广西6个省级行政区划建有面向公众开放的“互联网＋监管”系统，且基本都设有档案行政监管板块（见表10）。总体上看，我国档案行政监管还缺少智能、高效与便捷的数字技术有效支持，档案行政监管方式有待创新。

表9　中央层面“互联网＋档案行政监管”情况

依托平台	档案行政监管内容	建设主体
国务院“互联网＋督查”平台	暂无	国务院办公厅
国务院“互联网＋督查”小程序	暂无	国务院办公厅
国家“互联网＋监管”系统	汇集数据中	国务院办公厅机关服务中心

---

① 蒋宏灵，冯华．广西依法治档问题研究［J］．中国档案，2019（10）：74－75.

② 徐拥军，李孟秋．再论档案事业从“国家模式”走向“社会模式”［J］．档案管理，2020（3）：5－9.

③ 毛贤广，姚静，陆建春．“互联网＋档案行政监管”的实施现状与推进策略［J］．档案学通讯，2021（4）：45－51.

表 10　地方层面“互联网＋档案行政监管”情况

省（自治区、直辖市）	建设主体	依托平台	档案行政监管内容
北京	北京市政务服务管理局	北京“互联网＋监管”系统	建设市档案监管事项目录清单（4 项）
浙江	浙江省人民政府办公厅	浙江“互联网＋监管”服务门户、“掌上执法”App	建设省档案局监管事项目录清单（2 类，15 项）
河南	河南省大数据管理局	河南“互联网＋监管”系统	建设省档案局监管事项目录清单（28 项）
湖南	湖南省市场监督管理局	湖南“互联网＋监管”系统	没有档案专栏
四川	四川省人民政府办公厅	四川“互联网＋监管”平台	建设省档案局监管事项目录清单（13 项）
广西	广西壮族自治区大数据发展局	广西“互联网＋监管”系统	建设“互联网＋监管”事项目录清单（暂无数据）

（二）档案利用体系：面对“开放审核—利用服务—宣传教育”三重压力

1. 档案馆开放审核压力巨大

新《档案法》将档案封闭期由 30 年缩减至 25 年，增量的馆藏档案开放审核由档案馆会同档案形成单位或者移交单位共同负责。实际上增加了档案馆开放审核的任务量，面临着存量和增量档案开放鉴定的双重压力。第一，当前档案开放比例并不理想。从国家档案局 2021 年发布的统计数据来看，2020 年度全国各级综合档案馆的开放档案共 14 584.5 万卷、件，其中，新中国成立前档案 2 806.3 万卷、件，新中国成立后档案 11 778.2 万卷、件。但从表 3、4、5 中来看，所调查的省、市、县三级档案馆的档案开放比例较低，特别是县级档案馆开放比例更低。第二，开放档案主体拓展导致更多的档案馆参与开放审核业务。新《档案法》第二十七条将开放审核主体修改为“县级以上各级档案馆”，同时增加了“国家鼓励和支持其他档案馆向社会开放档案”的规定。第三，可提前开放档案门类增加。新《档案法》第二十七条表述为“经济、教育、科技、文化等类档案”，增加了教育类档案。第四，档案开放审核专业人才匮乏，人员构成不稳定，特别是地方档案馆工作人员缺乏相应的业务素养和研究能力，对档案开放审核工作的新发展、新变化、新要求准备不足。如实践工作者所说，“档案形成（保管）单位‘从零开始’的难度显而易见”①。

① 曾毅．档案开放审核协同机制研究——基于新修订档案法的视角［J］．浙江档案，2021（8）：26－28.

同时，开放审核与保密工作之间存在现实矛盾。如何处理好这二者的关系，一直是档案工作中的一个难题，加之受信息化手段影响，在开放审核中处理保密问题愈显突出。我国尚缺乏档案开放免责机制，因而档案人员怕因开放档案而犯错误，导致档案开放进度缓慢。新《档案法》在“法律责任”中追加“不按规定向社会开放、提供利用档案的，将由档案主管部门、有关机关对直接负责的主管人员和其他直接责任人员依法给予处分”的相关条款，意味着综合档案馆急需在短期内高强度地完成1995年以前档案的开放审核工作。这就更加迫切地要求转变当前档案开放审核工作只“问责”而无“免责”的现状。当前档案界对该问题的处理尚未提出可行之策，后续可能导致档案开放或档案工作日常业务的既定目标难以实现。

2. 档案利用服务能力有待提升

虽然档案开放思想已经有所进步，但档案利用服务意识仍有局限，“被动服务”“封闭利用”现象仍然较严重。第一，利用服务内容和形式单一。档案开放范围和数量有限，导致档案馆难以满足社会各方面的多元需求。当前利用服务形式主要是档案展览和档案编研，2020年度全国各级综合档案馆举办档案展览2 618个、接待501.9万人次参观展览，全国各级综合档案馆编研档案资料，公开出版780种，44 900.0万字①，但在利用服务创新上略显乏力。档案多样化开发方式不够，还需善用档案文化创意开发、数字人文理念，不断融入智慧化、智能化应用程序，嵌入知识化服务技术。第二，各类机构的内外协同不足。各级各类档案馆之间，档案馆与图书馆、博物馆、纪念馆等相关机构之间的联合协作协同不足，社会力量参与还不够。自1949年以来，我国图书馆、博物馆、档案馆三个领域除了中国第一历史档案馆和故宫博物院在1951—1980年30年间有过两段时间的协作交集外，其他融合较少。② 第三，档案信息化服务水平亟待提升，表现为档案信息服务意识和动力不足、数字转型过程缓慢。截至2020年底，通过省级及以上档案主管部门认证的数字档案馆323个③，但在“网上查档、线上用档、跨区域跨机构远程异地用档”的协同共享服务方面还有待改善，仍需加强与各区域、行业和学科的联结④。

---

① 国家档案局政策法规司.2020年度全国档案主管部门和档案馆基本情况摘要（三）[EB/OL]. [2022-02-12]. https: //www. saac. gov. cn/daj/zhdt/202108/6eaf713bece94d3d939559f881c50713. shtml.

② 朱学芳.立足国情的图书馆、博物馆、档案馆数字化服务融合研究[J]. 情报理论与实践，2021，44(11)：1-7，52.

③ 国家档案局政策法规司.2020年度全国档案主管部门和档案馆基本情况摘要（二）[EB/OL]. [2022-02-12]. https: //www. saac. gov. cn/daj/zhdt/202108/6262a796fdc3487d93bfa7005acfe2ae. shtml.

④ 杨智勇，谢雨欣.基于协同理论的档案信息服务模式研究[J]. 档案管理，2022(1)：25-29.

3. 档案馆服务民生方式有待拓展

当前档案馆已从“故纸堆”转化为“资料库”，但离“群众服务站”目标仍有差距。许多档案馆在服务广大人民群众方面停留在“档案展览”层面，尚未提供更加丰富多样的民生服务。以水利工程档案为例，它关乎百姓财产利益和移民生活等，但停留在保障简单的收集管理和被动式的提供利用层面。又如婚姻登记档案，它关乎买卖房产、固定资产转移、信贷服务、离婚、复婚、再婚等多项民生活动，特别在进行刑事诉讼时它能发挥重要作用，不过在实践过程中存在“没有一套有效统一的系统来进行综合性的管理”的问题，由此造成档案部门服务民生能力欠缺。① 可喜的是，浙江省各级民政部门以“最多跑一次”改革为统领，在完善婚姻登记信息系统和统一工作标准、建设电子证照库和推进数据共享、实现档案共建共享和提升服务质量方面做出了一定成绩。② 实际上，我国民生档案数量较大，其中潜在的民生服务需求与日俱增，如不能及时提供与之匹配的服务，必会影响档案馆的整体服务能力和民众满意度。

需要明确的是，档案部门开展民生服务并非一蹴而就，首先需要做好前期的档案收集整理和数据库建设工作。例如，浙江省湖州市档案馆藏从2012年的13万余卷（件）增长到2016年的37万余卷（件），总量增长了185%，特别是解决了有关婚姻、公证、出生医学证明、移民等重要民生档案的进馆难题，馆藏民生档案数量大幅度增加，已建立民生档案专题数据库26个。③ 完整的档案收集是服务广大人民群众的基础，然而很多地区并没有建立这样系统的档案数据库。档案民生服务高质量发展的瓶颈还在于缺乏创新的服务手段。以江苏省常州市民生档案远程利用为例，由于缺失远程利用平台，现场窗口接待利用仍占95%以上；不过，借上海、江苏、浙江、安徽“三省一市”档案部门签订《开展民生档案“异地查档、便民服务”工作合作协议》之机，使用长三角“异地查档、便民服务”平台，能够提升档案部门服务民生的水平。④

（三）档案信息化：“理念—法规—业务—服务”四维格局亟待完善

1. 跟随式与被动式的档案信息化建设理念亟待转变

档案信息化建设是跟随社会信息化进程发展起来的，如今越发被裹挟在数字洪

① 傅俊．打造现代化婚姻档案管理服务体系的实践分析［J］．浙江档案，2019（7）：19．

② 同①．

③ 张楼岩．做好“四主”建设 提升档案公共服务水平［J］．中国档案，2018（3）：32－33．

④ 张步东．实现“一网通查”服务民生需求——常州市建设民生档案共建共享利用平台路径分析［J］．档案与建设，2021（2）：45－47．

流之中。随着新兴信息技术、数据管理迅猛发展，档案信息化建设日感“吃力”。“模拟态”向“数字态”的跨越尚未走稳，“数据态”建设又已匆忙着手。“十三五”时期，我国共建成41家全国示范数字档案馆和89家国家级数字档案馆①，但其功能系统是否能够适应大数据时代对档案工作提出的新型要求仍有待检验。以全国性档案信息资源共享平台——“中国开放档案共享平台”为例，其作为“十二五”时期的标志性工程，如今却已无法访问。而且，部分法规标准基于传统手工经验和实体档案管理理念进行设计和规定，后续不适用性愈加显现。例如《数码照片归档与管理规范》（DA/T 50—2014）中关于数码照片的“分类与排列”仍沿用传统思维，按“保管期限—年度—照片组”分类，照片中人物、事件、背景信息的关联性被弱化，不利于后续开发利用。社会信息化是一个持续变化的过程，如何以前瞻思维进行档案信息化建设以适应整体环境，同时避免重复建设、资源浪费、连接断层等现象是亟待思考的问题。

2. 针对电子档案管理的专门性且高效力法规亟待制定

政策可对行为进行规制与约束。当前，随着档案信息化建设愈加深入，实践中凸显的问题亦不断增多。新《档案法》增加“档案信息化建设”专章，在档案领域“最高法”中对其给予充分关注。这既是新《档案法》对档案信息化建设现实问题的积极回应，又是对完善档案信息化法规体系的迫切呼唤。近年来，尽管我国档案信息化建设相关规章、规范性文件数量明显增多，但始终缺少一部针对电子档案管理的专门性且高效力法规。

国家档案法规体系是以《档案法》为核心，由符合《中华人民共和国立法法》规定的若干有关档案工作的法律、行政法规、地方性法规和规章构成的相互联系、相互协调的统一体。② 档案信息化法规体系内含于整个档案法规体系之中，构成其中一个重要的子体系。然而，从纵向来看，现有对档案信息化建设做出约束的法规并未在档案法律、档案行政法规（党内法规和军事法规）、地方性档案法规、档案规章四大层级中合理分布。其中，现有3部档案行政法规尤其缺少对档案信息化建设进行规制的内容，尽管《档案法实施办法》或多或少有所提及，但根据新《档案法》第三十七条的规定“电子档案管理办法由国家档案主管部门会同有关部门制定”，一部针对电子档案管理的专门性且高效力法规亟待制定。当前，我国已先后

① 全国数字档案馆建设推进会要求全方位高质量加速推进数字档案馆建设[EB/OL].（2021-12-06）[2022-01-24]. https://www.saac.gov.cn/daj/yaow/202112/9208e8951b444af2a1989b32efa8aaae.shtml.

② 国家档案法规体系方案[EB/OL].（2019-05-08）[2021-11-20]. http://www.acas.ac.cn/fgbz/gjzcfg/gfxwj/201905/t20190508_4548174.html.

发布《电子档案移交与接收办法》等规范性文件。可在借鉴其立法经验、评估其法制效果的基础上整合相关法规资源，出台《电子档案管理办法》。《电子档案管理办法》包括三个关键着力点：一是关注电子档案本身，明确其定义、效力等基本要素；二是关注电子档案管理活动，规定其总体原则及不同业务环节具体要求；三是关注电子档案管理过程中的关键关联因素，如电子档案管理系统等对电子档案管理产生必要支持的工具。[①] 从横向来看，档案信息化建设内部涉及档案资源数字化、档案网站、数字档案馆建设等诸多方面，但现有档案法规仅对其少部分做出规范，相关法规内容广度与深度亦有待增加；档案信息化建设外部还涉及与网络安全、数据安全、个人信息保护等方面法规的关系，亟待明确这些法规之间的关系与边界。作为统筹引领档案信息化法规体系建设的核心遵从，《电子档案管理办法》的出台势在必行。

3. 在保证电子化与数字化质量基础上的数据化转型亟待实现

增量档案电子化与存量档案数字化一直是档案信息资源建设的两大方向。《电子文件归档与电子档案管理规范》（GB/T 18894—2016）是增量档案电子化的重要依据，涉及“电子文件的收集、整理、归档与电子档案的编目、处置与管理”等方面。这在一定程度上为增量档案电子化提供方向指引与操作依据。然而，当前增量档案电子化总体上未能达到该规范要求，且问题逐渐凸显：基于档案管理域视角，业务系统数量众多且纷杂，导致档案部门在针对业务系统电子文件归档的需求分析、指导监督与评价等方面压力过大；业务系统数据形成情况的复杂性与模拟态、数字态、数据态文档态别的多样性，导致归档范围划分、归档策略制定困难较大。基于前端业务域视角，业务部门工作人员归档意识淡薄、数据共享意识不足、参与意愿较弱等问题突出。基于信息技术域视角，档案部门与信息化部门权责界定不清。[②]

另外，存量档案数字化质量难以保证的问题较突出。根据某企业发布的《2021年档案数字化后的质量检测行业报告》，其2021年服务检测的8 000万张/幅影像中，图像明暗度合格率仅为77%，图像曝光合格率也仅为80%。[③] 当前，“万物互联”“万物智能”的大数据时代已经到来。电子化与数字化更高阶的形态是数据化。

① 郭若涵．新《档案法》背景下我国档案法规体系建设［D］．北京：中国人民大学，2021.

② 吴志杰，王强．组织机构视角下的业务系统电子文件归档：问题、理念与策略框架［J］．档案学通讯，2020（4）：79－86.

③ 档案数字化成果普遍不达标，合格率仅77%，严重影响社会运行效率［EB/OL］．（2021－11－16）［2021－11－28］．https：//www.163.com/dy/article/GOUKJA860552Q0IC.html.

随着业务数据化和数据业务化趋势的不断加强，各单位档案资源建设已经很难脱离数据管理的整体框架，这就需要对电子档案与业务数据之间本身的、管理的、部门的关系进行深入探讨。尤其在国家层面，基于文件档案管理视角的高质量数据战略、重视数据资产作用的电子政务规划与着眼于文件档案数据态管理的信息化顶层设计等亟待落实与完善。

4. “以用户为导向”的档案利用与共享平台亟待完善

档案在线利用与共享平台是档案信息化服务的主要渠道，具有馆藏展示、数字展览、资讯传递与公众互动等功能。2021 年，山东大学历史文化学院课题组通过人工检索浏览、网络爬取等方法，根据所搭建的指标对我国 31 个省份档案网站、微信、微博进行了数据采集，并对此展开分析，发现“用户导向不突出”是其核心问题。具体表现为：一方面，利用服务形式较为单一，模式相对固化。例如，仅提供“线下到馆查档流程”信息依旧无法满足社会公众跨时空、跨地域的查档需求；目录检索方式使得用户无法从全文中掌握所需信息；互动性交流渠道的缺失导致服务机构无法获取到精准的公众需求。另一方面，网络利用平台后期管理维护不到位。多数微信公众号存在着设计简单、发文量少、更新慢、维护不及时等问题，部分网站因技术受限或长期不维护，网上展览、音视频等栏目内容已经无法打开。这些都导致用户体验感直线下降。①

(四) 档案人才队伍:“教育—供需—学科—晋升”四重困境亟待突破

《“十四五”全国档案事业发展规划》提出“档案人才队伍建设取得新发展”的要求，并从“档案人才培养激励和教育培训机制”“人才评价体系”“档案队伍结构”等方面提出高期望。② 人才培养是一个连续性过程，高等教育位于供给侧一端，把握“人才输出口”；实践工作位于需求侧一方，占位“人才输入口”。如何协调供给侧与需求侧两端之间的矛盾，并理顺每端内部之间的关系一直是困扰档案专业人才培养的核心问题。

1. 档案高等教育专业面临“以弱补强”与“刻板认知”的窘境

长久以来，档案学专业作为小众专业而存在。因在一众热门学科中话语权的微弱，许多高校档案学专业面临被合并或撤销的困境。从某种程度上讲，“双一流”

① 详见子报告《2021 年我国档案资源开发利用报告》。

② 中办国办印发《“十四五”全国档案事业发展规划》[EB/OL].(2021-06-09)[2021-11-08]. https://www.saac.gov.cn/daj/toutiao/202106/ecca2de5bce44a0eb55c890762868683.shtml.

建设过程中的不当认识与错误做法使得档案学专业被严重挤压。对“论文”“项目”“人才”数量的过度强调是档案学专业被撤销或合并至其他“主流”“热门”“优势”学科的重要原因。2016年，浙江某大学主动撤销图书情报与档案管理一级学科硕士点；同是2016年，云南某大学为扶持民族学而主动撤销档案学专业博士点；2021年，山东某大学主动撤销档案学硕士点，将其合并进历史学。① 知名院校档案学专业的艰难处境在某种程度反映了当前档案高等教育发展面临的重重阻碍。

与此同时，招生困境成为近年来档案专业人才培养的瓶颈。如，《光明日报》报道：“近年来，档案学硕士招生规模相对稳定，但在大类招生形势下，本科招生难度增加。尽管这些年毕业生就业率是100%，但‘干档案就是埋头故纸堆’等刻板认知，仍然是家长、学生在选择本科专业时无法逾越的鸿沟。”② 因此，转变家长与学生的刻板认知，真正释放并展现档案学专业的魅力，以激发学生选择档案学专业的兴趣，是有效缓解档案高等教育之困、充实并扩大档案学专业力量的重要途径。

2. 档案领域人才供需存在数量与质量“双失衡”的困境

档案高等教育作为档案专业人才培养的主阵地，其所处困境在一定程度上造成了整个档案领域人才供需矛盾的激化。

一方面，档案高等教育培养的人才数量与档案实践领域所需的人才数量之间出现巨大缺口。“十三五”期间，38所高校共培养档案学专业学生9 596人（本科生7 911人、硕士生1 548人、博士生137人）。而全国共有各级档案主管部门2 949个、各级各类档案馆4 233个。这意味着，这些单位每个单位五年才有1.34名档案学专业毕业生供给。③ 而除这些单位之外，全国还有数以千万计的党政机关、企事业单位和其他组织的档案室或档案岗位，也急需档案人才。在“前程无忧”招聘网站上，仅2021年5月份，便发布了超过150条档案岗位招聘信息。④ 这在一定程度上反映了社会对档案专业人才的高需求度。

另一方面，档案专业人才的知识结构、技能掌握与经验储备难以满足众多档案部门对人才的期望与要求，人才质量供需矛盾突出。尤其是在数字时代背景下，档

① 徐拥军，李孟秋．“十四五”时期档案高等教育发展之策［J］．北京档案，2021（10）：24－26.

② 王昊魁，王珽．如何让档案人才不再“小众”“稀缺”［N］．光明日报，2021－11－11（7）.

③ 徐拥军，李孟秋．“十四五”时期档案高等教育发展之策［J］．北京档案，2021（10）：24－26.

④ 前程无忧．档案招聘、求职［EB/OL］．［2021－06－26］．https：//search.51job.com/list/000000,000000,0000,00,9,99,%25E6%25A1%25A3%25E6%25A1%2588%25E7%25AE%25A1%25E7%2590%2586,2,22.html?lang=c&postchannel=0000&workyear=99&cotype=99&degreefrom=99&jobterm=99&companysize=99&ord_field=0&dibiaoid=0&line=&welfare=.

案信息化建设如火如荼，精通档案业务全流程且有一定信息技术、组织管理知识储备的复合型人才高度紧缺。四川省成都市档案馆馆长刘淑华指出："档案系统如何实现与行业业务系统的对接，如何确保档案数据收、管、用的全流程安全等，这些都对档案人才提出更高要求，但这类人才很紧缺。"① 除此之外，在档案工作"大有可为"的年代，档案文化创意服务、档案中外人文交流、档案与数字人文等方面急速发展，亦需要具有相应知识的复合型人才的加入。

3. 一级学科更名可能进一步冲击档案学专业

国务院学位委员会、教育部《学位授予和人才培养学科目录》（2018 年版）在"管理学"学科门类下，设"图书情报与档案管理"一级学科。该一级学科之下，传统设有图书馆学、情报学、档案学 3 个二级学科，一些高校还自设信息资源管理、编辑出版等二级学科。

2021 年底，国务院学位委员会印发《关于对〈博士、硕士学位授予和人才培养学科专业目录〉及其管理办法征求意见的函》。在"图书情报与档案管理"一级学科评议组专家的建议下，拟将"图书情报与档案管理"一级学科更名为"信息资源管理"一级学科。据知情人士透露，国务院学位委员会图书情报与档案管理学科评议组讨论时提出，该一级学科之下将在原来图书馆学、情报学、档案学二级学科的基础上，新增信息分析、数据科学、公共文化服务、古籍保护等二级学科，变成共计 11 个二级学科。此外，设有图书情报硕士专业学位，但没有与档案相关的硕士专业学位。如此一来，档案学专业将面临较大冲击：一方面，一级学科中找不到"档案"字眼，档案学将被弱化。另一方面，"档案学"二级学科原为"图书情报与档案管理"一级学科之下的 1/3，现在变为 1/11。原来，各高校为壮大"图书情报与档案管理"一级学科，图书馆学、情报学、档案学 3 个二级学科都不可或缺。现在，变为 11 个二级学科后，各高校难以也无必要同时建设所有 11 个二级学科，而是选择性发展若干个二级学科，"档案学"就可能成为被舍弃的二级学科。这样，档案学将被进一步边缘化。

4. 档案专业人员晋升难逃"苛刻标准"与"片面评价"

2020 年，《人力资源社会保障部 国家档案局关于深化档案专业人员职称制度改革的指导意见》（人社部发〔2020〕20 号）发布，提出从"完善评价标准""创新评价机制""促进职称评价与人才培养使用相结合""加强职称评审监督和服务"等方

① 王昊魁，王珊．如何让档案人才不再"小众""稀缺"［N］．光明日报，2021－11－11（7）．

面加强档案专业人员职称制度建设。[①] 但是，部分省市现有职称参评条件中对参评人员所学专业和已有职称要求过于苛刻，如要求“本专业或相近专业”毕业，已有职称必须是档案系列职称且须具备规定的从业年限，这易使档案事业发展急需的信息、计算机、法律等领域人才望而却步，应适当放宽这些限制条件。[②] 此外，许多地方体制外单位的档案人员参评职称的渠道还没有完全通畅，而参照公务员管理的综合档案馆工作人员又不能参评职称，使得参评档案职称的人员被限制在一个很小的范围内。

此外，档案人才评价体系有待优化。“工匠型”与“学术型”档案人员应使用不同的评价体系，前者重实操，后者重研究。“笼统”且“不加区分”评价不利于发挥档案工作人员的特长与技能。对于“工匠型”档案人员，评价标准过于笼统。对于“学术型”档案人员，“唯项目”“唯论文”倾向仍然较严重。而国内档案学核心期刊很少，仅有2本；获得国家级科研项目的机会也少。[③] 且由于档案学领域的国际期刊不是SSCI期刊，国内诸多评价体系对此并不认可，导致众多学者国际发文的积极性大受影响。

三、促进中国档案事业高质量发展的对策建议

针对上述问题，遵循档案事业发展客观规律，借鉴国内外有益探索经验，为促进我国档案事业高质量发展，建议采取如下对策措施。

（一）以提升档案治理效能为前提，持续推进档案治理现代化

1. 理顺档案局馆关系

理顺档案局馆关系是完善档案工作组织管理体系的重要内容，是全面推进档案治理体系建设的关键任务。为加快提升档案治理效能、开创档案治理现代化新局面，建议采取以下措施。

第一，制定协作事项清单，为局馆协同提供制度依据。例如，2020年，安徽省在2019年出台的《省档案局、省档案馆工作衔接方案（试行）》基础上，制定了《安徽省档案局、安徽省档案馆联席会议制度（试行）》《安徽省档案局、安徽省档

① 人力资源社会保障部 国家档案局关于深化档案专业人员职称制度改革的指导意见［EB/OL］.（2020-04-23）［2021-11-25］. https://www.saac.gov.cn/daj/tzgg/202004/0fa809785abb4c8492d9e6338f93d8b3.shtml.

② 毛章勇．我国档案专业人员职称制度变迁：历程、规律与趋势［J］. 档案学通讯，2021（3）：40-45.

③ 王昊魁，王琎．如何让档案人才不再“小众”“稀缺”［N］. 光明日报，2021-11-11（7）.

案馆重要工作协同参与制度（试行）》《安徽省档案局、安徽省档案馆重要事项通报制度（试行）》，为局馆联席会议制度、重要工作协同参与制度、重要事项通报制度提供了规范。[①] 再如，重庆市坚持统筹协调、分工不分家的原则，制定了档案局馆协作事项清单，明确“档案业务指导、档案法治工作、档案开发利用、规范标准拟制、档案人才培养、畅通沟通渠道”6个方面17项具体协作事项，以推动建立全市档案工作“一盘棋”的工作机制。[②] 这些值得借鉴。

第二，完善信息沟通机制，为局馆协同提供信息支撑。例如，为确保档案局馆分设后首都档案工作顺畅高效开展，北京市档案局和北京市档案馆决定建立局馆三级沟通协商机制：一是局长馆长联席会议。对全市档案工作中全局性、战略性问题和重点工作进行研究谋划和安排部署。二是局馆重要专项工作会议。由市档案局局级领导或市档案馆馆领导主持，直接召集局馆相关处室，对重要专项工作进行研究部署。三是局馆处室协商会议。局馆工作关联处室及时沟通情况、对接工作、明确任务。[③] 实践中，可借鉴北京市的做法，推动树立档案局馆工作“一盘棋”思想，强化档案局馆“一家亲”理念，为档案工作“一起干”提供信息支撑。

第三，因地制宜，探索灵活多样的局馆协同方式。针对档案局馆分设后局的人员力量不足、局馆工作运行机制不够通畅的问题，浙江、福建等地采取档案局长馆长“一肩挑”并由一名党委副秘书长或办公厅负责同志兼任局馆长的做法，实践证明效果比较好。[④] 对于市县等基层，各地应结合地区机构设置、人员编制、干部配备等实际，加强与相关部门沟通，积极探索联合监督指导、借调抽人、职能委托[⑤]等方式，充分发挥党管档案工作体制优势，推进局馆工作既分工又合作、相互促进。

2. 强化档案部门与数据管理部门协同

厘清传统的档案部门与新兴的数据管理部门的职能关系，加强两者协调合作，是科学推动国家信息资源统筹管理的重要基础，是更好地实施国家大数据战略的基本保障。[⑥] 为推进改革后档案主管部门和数据管理部门的优化协同高效，变“各自

---

① 安徽 推动局馆协同工作机制有效运行［N］. 中国档案报，2020-05-18（1）.

② 汪静．重庆 积极探索机构改革后局馆协作模式［N］. 中国档案报，2019-10-10（1）.

③ 李花，李政烨．北京建立市档案局档案馆三级沟通协商机制［J］. 北京档案，2019（12）：4.

④ 陆国强．推动档案事业在高质量发展轨道上迈出坚实步伐——在2020年全国档案局长馆长会议上的报告［J］. 中国档案，2021（1）：19-25.

⑤ 陈忠海，刘东斌，吴雁平．机构改革背景下档案局馆协同机制探讨［J］. 档案学通讯，2021（4）：4-9.

⑥ 徐拥军，张臻，任琼辉．国家大数据战略背景下档案部门与数据管理部门的职能关系［J］. 图书情报工作，2019，63（18）：5-13.

为政”为“协同作战”，结合两者分别隶属党委系统和政府系统的实际，建议采取如下措施。

一是尽快将档案部门纳入促进大数据发展协调议事机构。中共中央办公厅、国务院办公厅印发的《“十四五”全国档案事业发展规划》明确提出，“推动档案全面纳入国家大数据战略，在国家相关政策和重大举措中强化电子档案管理要求，实现对国家和社会具有长久保存价值的数据归口各级各类档案馆集中管理”。国家和地方各级应积极推动将档案部门纳入本级大数据发展协调议事机构，统筹考虑对档案、信息、数据等资源管理的需求，推动信息资源的共建共享。

二是建立健全档案部门与数据管理部门协商机制。从组织法定化进程看，我国档案部门职能、权限的法定化已经有了一定基础。但数据管理部门是信息化发展进入一定阶段后才开始出现，特别是国家大数据战略进入实施阶段后，其数量才骤然增加。目前，我国大数据行政管理职能的内涵与外延有待厘清①，职能分工上与档案部门和网络安全、信息化等部门间存在一些交叉。在完善档案局馆建设的同时，应加强与数据管理部门（包括履行事业单位职能的大数据管理中心等）的沟通，统筹谋划和研究完善政务服务数据归档机制，强化对政务数据的全生命周期管理，加强对档案安全、数据安全的全程监管。

三是研究探索档案部门与数据管理部门合署或合设试点。档案部门与大数据部门在信息治理框架下的协同是国际社会的趋势。例如，美国形成了数据开放、信息公开（自由）、个人隐私保护、电子政务、信息安全和信息资源管理六大领域，以及管理与预算办公室、联邦CIO委员会、科技政策办公室、司法部信息政策办公室、国家档案和文件署（NARA）、商务部等核心或重要机构参与的政府数据治理体系；又如，澳大利亚通过制定以政府信息资产为核心的政府信息治理框架，形成了总理内阁部、政府信息管理办公室、国家档案馆等部门以及跨部门大数据工作组参与的信息治理体系。结合我国当前实践，建议适时开展档案部门和数据管理部门合署办公或合并设立的试点，探索建立优化协同高效的政务信息资源管理职能体系。另外，应加强对国家信息资源管理体制机制的政策研究，明确档案部门、数据管理部门、文件管理部门、政府信息公开部门、保密部门、信息化部门、图书馆和博物馆等国家信息资源管理有关部门的定位和作用，推动形成结构更加合理、运行更为高效的国家信息资源管理体系。

---

① 张克．省级大数据局的机构设置与职能配置：基于新一轮机构改革的实证分析［J］．电子政务，2019（6）：113－120．

3. 完善档案法规标准体系

“法律是治国之重器，良法是善治之前提”。2021 年是新《档案法》的实施之年。《“十四五”全国档案事业发展规划》将“档案制度规范建设工程”列为第一个专栏，提出“法规制度”和“标准规范”两大子工程。一方面，应做好新《档案法》配套法规、规章、行政规范性文件的“立改废释”工作。国家档案局官网“法规标准库”宜及时更新数据，国家档案局政策法规司可继续与《中国档案》杂志社合作每期刊登一篇法规标准解读文章。应重点推进《档案法实施条例》修订工作，推动新《档案法》的落地实施；及时修订、清理与现实需要不相适应的法规、规章和行政规范性文件；推进重点领域的法规供给，如档案开放审核、档案信息化建设、档案定密解密、档案隐私规范、档案移交处置等。另一方面，需要制定和优化能够匹配业务工作的档案标准体系。2021 年国家档案局政策法规司制定“档案工作标准体系方案”和“档案标准化工作指南”，均已形成初步草稿，正在征求意见和修改完善中。应依托全国档案工作标准化技术委员会，梳理国家档案局归口管理的 6 项国家标准和 92 项行业标准，及时制定、修订和优化档案标准体系，委托中国标准出版社加快《档案工作标准汇编》编辑出版。应按照中共中央、国务院在 2021 年联合印发的《国家标准化发展纲要》的要求，加大电子档案、科研档案、项目档案、医疗健康档案、数字档案馆（室）等重点领域的档案标准供给。应提高档案标准的国内外影响力，积极联络全国信息与文献标准化技术委员会，依托 2021 年新成立的全国信息与文献标准化技术委员会档案（文件）分委员会，提高档案标准在文献与信息类标准中的影响力，实质性参与国际档案标准的制定修订工作。

4. 加大档案执法工作力度

“徒法不足以自行”，唯有通过严格执法才能从“良法”走向“善治”。2021 年 8 月国家档案局机构改革，将政策法规司原有的“法规督查处”拆分为“法规标准处”和“执法督查处”，细化专项工作，这有助于提高国家层面的档案执法力度，对法定职责进行监督检查，依法严肃查处违法违规行为。为做到档案执法有章可循，国家档案局正在抓紧修订《档案执法监督检查工作暂行办法》《档案行政处罚程序暂行规定》，从而提高执法水平。在深化档案领域“放管服”改革的同时，需要做好执法全过程管理，提高档案政务职权运行规范化水平。地方层面，绝大多数省（自治区、直辖市）将档案局的行政职能划归党委办公厅，党委办公厅加挂档案局的牌子。党委办公厅可定期以档案局的名义研究、部署档案行政管理工作，常态化举档案局的牌子开展档案执法工作。此外，创新综合执法也有所裨益，如档案主管部门可与诸如保密主管部门、网络和信息化主管部门等有机配合，进行综合执法，提高档案执法水平。

5. 加强重点领域的档案行政监管

推进档案治理现代化进程中，档案监管面临机构改革后档案主管部门力量不足的问题，以及新《档案法》要求加强档案行政监管的压力。《“十四五”全国档案事业发展规划》指出，围绕促进区域协调发展、乡村振兴战略、创新驱动发展战略、国防建设等重点领域工程加强监管，同时探索“互联网＋监管”等创新方式。可见，未来通过积极探索档案行政监管模式，创新档案行政监管方式，加强重点领域的档案行政监管，进而提高监管力度和成效是解决档案监管工作所面临困难的重要举措。

相对而言，我国党政机关、事业单位和国有企业的档案工作比较规范，档案主管部门、行业主管部门对上述单位档案工作也投入了较大的监管力量，进一步提升了这些单位的档案工作水平。对于党政机关、事业单位和国有企业，应当继续依照档案法规要求，对其档案管理体制、组织机构、运行模式和人财物保障等进行全方面严格监管。但是，我国对于企业境外档案工作、非国有企业档案工作、破产关闭企业档案处置以及档案出境活动等的监管还存在短板，这既是档案监管工作的难点，也是亟待解决的要点，更是未来档案监管工作的重点。

一是针对企业境外档案工作的监管。档案主管部门、行业主管部门以及企业境内总部档案机构应加强对企业境外档案工作的监管，落实《档案法》、《关于加强驻外机构和境外企业档案工作的意见》（档函〔2005〕205 号）、《关于进一步加强中央企业档案工作的意见》（档发〔2009〕6 号）、《企业境外档案管理办法》（档发〔2018〕13 号）等对企业境外档案工作的要求。

二是针对非国有企业档案工作的监管。新《档案法》第二十二条对非国有企业、社会服务机构等单位形成的重要档案管理作出规定。对其开展监管，关乎着国家历史和民族记忆的承载，更关系国家和社会的整体利益。开展针对非国有企业档案工作的监管需要重点解决三个问题：其一，国家档案局应会同有关部门制定非国有企业“对国家和社会具有重要保存价值或者应当保密的”档案清单或目录，为对其监管提供针对性的依据；其二，各级档案主管部门及行业主管部门应依据新《档案法》等，明确针对非国有企业档案工作监管的具体内容和方式，使监管更具透明度和可信度；其三，针对非国有企业涉及行业广泛、数量众多等特点，须按照一定的标准，对非国有企业进行分级分类监管。例如，对上市企业、互联网巨头企业、名优特企业、涉及国计民生的企业、涉及国家秘密的企业等，分级分类确定监管的重点，缩小监管对象的范围，提高监管的效果。

三是针对破产关闭企业档案处置的监管。目前我国对于国有企业破产关闭时档案处置工作的规定已经较为完善，如《国有企业资产与产权变动档案处置办法》（国家档案局令第17号）替代1998年3月的《国有企业资产与产权变动档案处置暂行办法》（档发字〔1998〕6号），并于2021年11月1日正式实施。而非国有企业在破产关闭时，其档案究竟该如何处置，目前国家层面并没有制定相关规定，地方层面进行了一些探索，如2021年浙江省发布《浙江省退出市场非国有企业档案处置指引（试行）》。非国有企业的性质决定了其关闭破产时档案处置涉及主体多元、权属关系复杂，对其监管难度更大。

四是针对档案出境活动的监管。对档案出境活动进行监管，是新《档案法》强调的重点。证监会、保密局、档案局在2009年出台的《关于加强在境外发行证券与上市相关保密和档案管理工作的规定》（〔2009〕29号），也在一定程度上为企业档案出境工作提供了指引。但是，由于监管相关规定的可执行性不强、对违法行为的处罚不足等原因，实践中仍存在因档案非法出境导致的安全隐患，亟待强化监管。2021年7月6日我国首次以中共中央办公厅、国务院办公厅的名义对资本市场提出要求，出台了《关于依法从严打击证券违法活动的意见》，要求规范企业档案出境和涉密信息管理。可见，加强对档案出境活动的监管，是当前档案行政监管的重点，档案主管部门、行业主管部门、海关等须建立有效的协同监管机制，创新监管形式，确保档案出境合法合规，切实维护国家安全。

（二）以创新档案利用体系建设为关键，不断提升档案馆利用服务能力

1. 加快营造档案开放思想

档案馆由封闭、半封闭逐步走向开放，进而促进公共档案馆的产生与发展，是近现代档案馆进入高级阶段的表征。政治民主化进程、民本文化的普及、档案馆自身发展的需要等是档案馆开放的深层次原因。[①] 新《档案法》在保障公民档案利用权利方面具有很大的进步意义，是我国档案法治的一座里程碑。新《档案法》第五条在“一切国家机关、武装力量、政党、团体、企业事业单位和公民都有保护档案的义务”的基础上，增加了“享有依法利用档案的权利”的表述。相比原《档案法》只强调保护档案的义务，新《档案法》则将保护档案的义务和利用档案的权利置于同等重要的地位。这是自中华人民共和国成立以来对公民档案利用权利最明

① 冯惠玲．开放：公共档案馆的发展之路［J］．档案学通讯，2004（4）：10－14.

确、最直接、最有力的规定，体现了我国法治和档案事业的进步，也是档案开放思想的法治支撑。[①] 档案馆的开放应该是全方位的。扩大档案开放需要法规制度、业务流程、技术方法、用户培育等多方面因素的协调作用，更需要档案工作者的观念突破。例如，山东省青岛市不断探索档案开放路径，将2002年以来机关新形成的电子档案全部由形成单位进行开放度标注，其中可公开档案通过电子文件中心实现了机关之间的共享，使得档案利用群体呈现多元化，档案利用目的也逐渐多样化[②]；浙江省宁波市将新《档案法》内容列入全市公务员学法用法考试、任职前培训测试题目，将档案开放列入档案管理岗位培训课程及考试内容，增强档案部门、机关单位档案工作人员档案法治意识[③]。

2. 推进档案开放审核的协同

第一，加强档案开放制度和政府信息公开制度、国家秘密解密制度、工作秘密管理制度、数据开放制度等相关制度间的协同。从我国当前实践看，档案、政府信息、国家秘密、工作秘密和数据等概念的边界很难达成高度共识，存在形式也多有交叉重叠。为统筹做好档案开放审核和相关工作，应统筹考虑上述各领域制度的定位，加强相关制度的衔接。

第二，加强档案馆、档案形成单位或者移交单位（保管单位）等相关主体间的协同。新《档案法》对馆藏档案和尚未移交机关档案的开放审核责任主体作了不同的规定：前者由档案馆会同档案形成单位或者移交单位共同负责，后者由档案形成单位或者保管单位负责。为尽量保持档案向档案馆移交前后的审核标准的统一和审核结果的一致，共同应对档案开放审核工作“存量积压多”“增量增加快”等挑战，应加强上述各责任主体间的工作沟通和协作，推动档案开放审核工作的高效协同。

第三，加强档案主管部门、保密行政管理部门、政府信息公开工作主管部门、数据开放主管部门等相关部门间的协同。新《档案法》规定了“维护档案完整与安全，便于社会各方面的利用”等原则，明确了“不按规定向社会开放档案”的法律责任以及档案安全监管等要求。与此类似，《中华人民共和国保守国家秘密法》《中华人民共和国政府信息公开条例》《中华人民共和国数据安全法》等相关法律法规也提出了相关监管要求。为科学促进各类信息资源合理利用，维护信息的安全保密，上述主管部门应加强沟通、密切配合，统筹实施行政执法监督，有序推进档案

---

① 徐拥军．新修订《中华人民共和国档案法》的特点［J］．中国档案，2020（7）：26－27．

② 青岛市档案局馆．不断探索档案开放鉴定的新路径［EB/OL］．（2016－11－21）［2022－02－12］．https://www.saac.gov.cn/daj/c100302/201611/23ecbb8570134609bf6c57263166373f.shtml.

③ 任腾飞．宁波推进依法治档能力建设［N］．中国档案报，2022－02－20（2）．

解密与开放、信息公开和数据开放。

3. 建立开放审核免责机制

为解决“规避风险而不作为”问题，我国应探索构建档案开放审核免责机制。长期以来，档案开放审核工作都是综合档案馆工作的业务短板，这主要是由于综合档案馆工作人员怕承担责任——档案开放利用存在风险，为了规避风险，档案馆往往会趋向于保守，选择延长封闭期。导致这一问题的重要原因在于，强调“问责”而无“免责”的制度安排。实际上，免责是一种积极的激励方式，是对主动作为、创新作为者的责任减轻或免除。

我国应遵从相关法律法规，借鉴立法、司法、行政领域免责机制的成功经验，从实体性规定、程序性规定、配套措施等层面推进档案开放审核免责机制构建：一是细化免责的实体性规定，包括确认免责基本要素、细化免责政策与条款、界定免责边界与限度；二是序化免责的程序性规定，规范的免责程序包括申请、审核、认定、公示、备案；三是健全免责的配套措施，包括完善行政问责制度、完善干部考核任免制度、建立社会舆论引导机制、建立第三方评估机制。

4. 发挥档案文化宣传教育功能

随着我国全面建成小康社会，人民群众的精神文化生活需求更加凸显。开发档案资源、满足文化需求成为档案服务工作的重点之一。可汲取 2021 年纪念建党百年过程中红色档案教育的经验，继续挖掘档案，推进“四史”学习教育。应加强疫情防控档案、脱贫攻坚档案的宣传教育。例如，江苏省档案馆为 2 813 名支援湖北抗疫一线的医护人员建立一人一档数据库，举办了 3 场抗疫档案捐赠仪式，并推出大型全媒体档案宣传产品《战疫·苏史记》。[①] 又如，国家电网公司把脱贫攻坚档案工作纳入精准扶贫整体工作部署，收集涉及电网建设项目、定点帮扶、光伏扶贫接网、消费扶贫等多个方面的扶贫档案，利用国际档案日等时间节点，通过主题展板、云展览、线上答题等多种形式开展宣传，特别是国网湖北电力组织开展的以“档案见证·‘电’亮扶贫路——见证小康路、聚焦扶贫决胜期”为主题的扶贫专题档案展，展现了国家电网公司（包括原国家电力公司时期）连续 25 年对湖北“三县一区”开展定点扶贫的艰辛历程，可谓是国家扶贫档案工作的典型缩影。[②]

---

① 江苏为 2813 名援鄂医护建档留名［EB/OL］.（2021 - 12 - 27）［2022 - 01 - 27］. https://cj.sina.com.cn/articles/view/1301904252/m4d997b7c03300xbor.

② 周峰.全力守护脱贫攻坚伟大实践的历史记忆——国家电网公司脱贫攻坚档案工作综述［N］. 中国档案报，2022 - 02 - 10（1）.

（三）以“档案信息化强基工程”为重点，充分释放档案信息化潜能

《“十四五”全国档案事业发展规划》提出实施“档案信息化强基工程”。未来应以“档案信息化强基工程”为重点，从健全档案信息化法规标准体系、优化档案数字资源建设、促进档案线上利用与共享、提升档案信息化保障条件等方面着手，推动档案信息化建设更上新台阶。

1. 转变被动发展思路，以主动与前瞻的思维开展档案信息化建设工作

档案信息化建设需兼顾坚守与突破。一方面，如何在日新月异的数字世界中保持自身特色，不至于被其他工作吞并、埋没与取代，是档案信息化建设应考虑的关键问题。理性回归至档案、档案工作与档案事业本身，始终以此为核心，发现、识别其前端与后端、内在与外在问题，基于此寻找应对之策，并预判潜在机遇与挑战才是突破之道。例如，电子档案的长期保存、数字环境下的档案著录等比起诸多新技术的盲目引进更接近于档案信息化建设的关键问题。另一方面，时刻注意周遭环境变化，对新事物、新动态始终保持灵敏的感知度，“融入社会但不迷失于社会”。档案治理思维强调多元主体参与，这同样适用于档案信息化建设。对于政府电子文件的协同管理，应“利用多元化、参与式、互动式的‘整体政府’思维代替单一、固化、分散的‘部门思维’”[①]。另外，尽量抛弃传统的实体档案管理思维，在档案信息化建设时不只对其进行简单套用与移植，而是遵循信息化客观规律和发展趋势，以前瞻思维，大胆革新档案管理模式和方法。

2. 加快《电子档案管理办法》制定，兼顾其他法规标准的“立改废释”

制定《电子档案管理办法》势在必行。一方面，应围绕新《档案法》“档案信息化建设”专章内容，针对“电子档案效力”“电子档案四性保证”“数字档案馆建设”“档案数字资源建设”等问题进行深入和细化研究，争取使《电子档案管理办法》内容兼具广度与深度；另一方面，注意协调与档案信息化建设相关的其他法律法规的关系，亦是《电子档案管理办法》制定过程中需要关注的问题。例如，随着《中华人民共和国数据安全法》《中华人民共和国个人信息保护法》等的出台，如何实现电子档案管理与数据管理的协调、如何处理电子档案管理中的隐私保护问题等都是有待考虑的重点。

在制定《电子档案管理办法》的同时，应兼顾其他法规标准的“立改废释”。档案信息化标准作为具有实操性的规则与范本，与《电子档案管理办法》的宏观视

① 白文琳，安小米．政府电子文件协同管理：美国经验及其启示［J］．档案学通讯，2020（4）：103－112.

野相呼应，可从微观处着手致力于解决具体的实践问题。坚持“从实践中来到实践中去”的原则，建设一个涵盖面广、实操性强的档案信息化标准体系是未来努力的方向之一。在标准类型方面，鼓励多主体参与，推动档案信息化建设在国家标准、行业标准、团体标准、地方标准等“全面开花”；在标准内容方面，重点关注“信息服务标准”“信息保障标准”与“应用类标准”，尽快弥补目前档案信息化建设标准体系的空白与缺失之处。

3. 严把档案数字资源“质量关”，探索档案数据治理之道

增量档案电子化与存量档案数字化依旧是档案信息化建设，尤其是档案数字资源建设的重要内容。在增量档案电子化方面，做好业务系统电子文件归档是题中应有之义。首先，明确“归档为常态、不归档为例外”的基本原则，以“分类、分步推进”为指导思想，以“跨部门归档协同”为运行机制，以技术供给与“三纳入”制度为保障条件，有序推进业务系统电子文件归档是实现增量档案电子化的重要步骤。① 在此基础上，“电子文件应归尽归，电子档案应收尽收”将有望进一步实现。在存量档案数字化方面，推进数量与质量“两手抓”，通过外包、监理等方式提高档案数字化效率是大势所趋。《档案服务外包工作规范　第 2 部分：档案数字化服务》(DA/T 68.2—2020)，主要从“发包方工作规范”“承包方工作规范”“信用评价与质量监督”等方面对档案数字化服务外包工作做出规范与约束。② 以此为依据，规范外包行为，监督实践程序，是把控档案数字化质量的重要关口。针对当前档案服务外包行业出现的流程不规范、质量不合格等问题，适时制定并出台《档案服务外包项目监理工作规范》，从监理工作总则、实施模型、支撑要素、主要阶段的目标与内容等方面进行约束，以从规范标准的层面上严把档案数字化等服务外包的“质量关”。③ 在此基础上，紧跟大数据的时代步伐，培育档案数据治理思维是档案信息化建设实现数据化转型的关键。强调在更加离散的数据态环境下，通过流程协同和战略规划，维护各方主体对档案数据及其聚合体的长期信任，是档案数据治理的核心要义。④

① 吴志杰，王强．组织机构视角下的业务系统电子文件归档：问题、理念与策略框架 [J]. 档案学通讯，2020 (4)：79-86.

② 档案服务外包工作规范 第 2 部分：档案数字化服务 [EB/OL]. (2020-05-28) [2021-12-04]. https://www.saac.gov.cn/daj/hybz/202005/cce9c156ea7141f6b6f311d7cdc1dd24.shtml.

③ 徐拥军，李孟秋．关于制定《档案服务外包项目监理工作规范》的设想 [J]. 档案与建设，2022 (3)：4-7.

④ 杨茜茜．概念、内容与定位：我国档案数据治理研究的理论坐标 [J]. 档案学研究，2021 (6)：28-34.

4. 以“用户至上”思维和先进技术，促进档案在线利用与共享

第一，提高用户对档案网站的体验感和满意度。档案网站是公众利用档案最便捷的渠道，档案数据库是公众利用档案最重要的平台。通过由目录检索优化为全文检索，由简单检索方式升级为高级检索方式，由平面展览演变为立体展览，由单一利用扩充至多形式利用等，可大幅提升公众对档案网站的体验感和满意度。应积极将新兴信息技术应用于档案利用服务。例如，美国利用虚拟现实技术实现月球漫步的新闻昭示NASA以原始照片档案为基础借助虚拟现实技术呈现的登月体验服务，从服务对象、方式和主体三方面表现出虚拟现实技术在档案馆叙事表达方面的特点。[①②] 我国在不断推进存量档案数字化、增量档案电子化工作的同时，不少档案馆已建设专门档案全文数据库和民生档案、照片、实物、音视频档案数据库，全面实现海量档案数据的快速检索，使老百姓的“旧凭证”变成方便人民利用的“活资源”。例如，江苏省昆山市档案馆以创建江苏省5A级数字档案馆为目标，积极推进智慧档案馆项目建设，完成档案综合信息管理系统、馆室一体化系统等14个子系统部署并进入试运行阶段。[③]

第二，加快跨区域跨机构的共享利用。打破不同区域、不同机构界限，以公众利益为出发点，以用户需求为导向，加快档案资源共享利用步伐。一方面，建议尽快恢复并优化“中国开放档案共享平台”运行，打造历史档案资源开放共享典范样本。另一方面，鼓励围绕不同类型、不同主题档案资源的全国性、区域间或部门间线上共享服务平台的建设，着重关注数据共享与交互中心、数据处理中心、数据云存储中心和数据运维中心四大模块建设[④]，广泛推进档案共享实践。例如，2021年，自天津市民生档案信息馆际“一站式”服务平台开通以来，先后与各区16家档案馆，北京、河北、上海浦东、杭州、济南等5家外省市档案馆，共计21家档案馆共建了民生档案利用服务机制，实现了本市全域及跨部分区域民生档案共享。[⑤]

（四）以“人才强档工程”为抓手，有效激发档案人才队伍活力

《“十四五”全国档案事业发展规划》提出“加快推进档案人才培养，提升档案

① 黄霄羽，展晓鸣．国外档案服务创新的亮点——应用VR（虚拟现实）技术［J］．北京档案，2018（3）：40－43.

② 龙家庆，牟胜男．跨媒体叙事嵌入档案馆公众教育的动力诠释与推广策略［J］．山西档案，2020（5）：62－71.

③ 陈勇．提升档案文化公共服务水平［J］．中国档案，2018（12）：32－33.

④ 卞咸杰．大数据时代档案信息资源共享平台构建的目标定位与实现［J］．档案管理，2020（5）：75－76.

⑤ 天津市全域及跨部分区域民生档案实现共享［EB/OL］．（2021－03－13）［2022－02－15］．http：//www.gov-cn.vpn.sdnu.edu.cn/xinwen/2021－03/13/content_5592768.htm.

智力支撑能力”。应基于“平台建设”与“梯队建设”两个维度，围绕“人才强档工程”建设，破解长期积弊形成的“人才困境”，为档案工作提供充足的人才支撑。

1. 积极沟通，寻求对档案高等教育的政策与资源支持

档案高等教育是培养档案专业人才的“主阵地”，守好这“第一道关卡”至关重要。如前所述，档案学专业生存困境与招生困境构成当前档案高等教育的两大主要困境。各级档案部门应通过多方沟通协调，积极争取来自党委、政府、教育主管部门、社会力量等的政策与资源支持。一是争取将加快档案高等教育发展列入相应的国民经济与社会发展等方面的规划之中；二是将档案学专业布点覆盖所有省份，当前尚有 9 个省份未开设档案学专业；三是尽快开设档案管理专业硕士教育点，落实《“十四五”全国档案事业发展规划》提出的“开展档案管理专业学位研究生教育”要求；四是借鉴国家保密局与高校共建保密学院的成功经验，鼓励各级档案主管部门与高校合作共建档案学院；五是设立档案奖学金和奖教奖。

通过主动的发声、积极的倡导，以趣味形式引入，转变以往沉闷的招生策略，重点介绍档案学专业独特的魅力之处与广阔的就业前景，辅以数据、图表甚或是“真正的档案”等材料支撑，试图扭转家长与学生对档案专业“深埋故纸堆”的浅显认知，吸引学生乐于走进档案学。同时，寻求政策支持与资源倾斜，保证一定数量的招聘岗位面向档案学毕业生，以此部分解除家长与学生的“后顾之忧”。

2. 加大供给，提高档案专业人才数量与质量

档案人才供需失衡是阻碍档案事业发展的桎梏。如上所述，档案学高等教育规模过小导致档案人才数量不足，难以满足社会需求。需通过增设档案学高校、开设档案管理专业硕士教育点、建立人才培养基地等举措，改善档案人才培养资源与条件，为扩大招生规模、增加档案人才数量做好基础准备。与此同时，通过档案专业课程与教学改革，引入关于历史学、社会学、计算机技术、数字人文等有助于促进档案实践的知识讲授，培养精通档案信息化建设、档案文化创意服务等领域的多样复合型人才也至关重要。另外，档案实践部门亦是优化档案人才知识结构的“主力军”，深入推进档案继续教育发展势在必行。2019 年，国家档案局与人力资源和社会保障部发布《档案专业人员继续教育规定》，对档案专业人员继续教育的总体原则、管理体制、内容方式、管理评估、监督检查等作了明确要求。[①] 通过理论与实践相结合的多样化教学内容，优化档案人员的知识结构，以走出档案人才供需失衡

① 国家档案局 人力资源和社会保障部发布《档案专业人员继续教育规定》［EB/OL］.（2019-03-13）［2021-12-05］. https：//www.saac.gov.cn/daj/jygzdt/201903/ab22851e92e24d219abc6e8138cac643.shtml.

困境。另外，搭建高校与实践部门的合作平台，以人才培养基地为主要形式，前者为后者提供精品课堂、讲座、专家咨询等，后者为前者提供师生调研、实习机会等，实现以“人才培养”为导向的互通有无、共促发展。

3. 优化路径，促进档案人员职业生涯规划

档案人员职业生涯的畅通有赖于多因素共同作用。一是深化档案专业人员职称制度改革。深入剖析当前档案专业职称制度的难点与痛点，并“对症下药”地对其进行调整与改革。二是优化档案专业人员评价体系。针对“工匠型”与“学术型”档案专业人员采取不同的评价指标与方法，分门别类、各有侧重。三是制定激励机制。通过评选各级档案领军人才、档案专家、档案工匠等称号，并给予相应的物质待遇与精神奖励，激发档案人员的工作积极性与职业认同感。

当前，中国档案事业发展正面临巨大机遇与挑战。乘着新修订《档案法》及《“十四五”全国档案事业发展规划》出台的东风，在深化已有成绩基础上进一步调整方向、补齐短板、创新发展，向内服务国家治理、向外引领国际潮流，是未来中国档案事业发展的必由之路。

专题报告

省级区域档案事业发展“十四五”规划分析报告*

王彦妍[1,2]　嘎拉森[1]　刘思良[1]

1. 中国人民大学信息资源管理学院，北京　100872

2. 中国人民大学档案事业发展研究中心，北京　100872

摘　要：2021年是“十四五”开局之年，继中共中央办公厅、国务院办公厅印发《“十四五”全国档案事业发展规划》之后，全国各省（自治区、直辖市）陆续发布地方“十四五”档案事业发展规划。本报告采用定性和定量相结合的分析方法，从规划出台背景、出台情况、“十三五”时期各地档案事业发展成效、“十四五”时期各地档案事业发展目标、“十四五”时期各地重点工作等各方面对各地规划文本进行全面深入分析，对比、归纳、总结各地档案事业发展的现状和未来发展方向，发现各地“十四五”规划整体体现了“全国《规划》引领，结合地方要求”“明确具体任务，细化落实措施”“地域特色鲜明，形成区域联动”“加大开发力度，注重品牌建设”“事业进展不一，工作各有侧重”“宣传档案工作，建立舆论保障”六大特点。

关键词：档案事业发展；“十四五”规划；省级区域

作者简介：王彦妍，博士，讲师，研究方向为信息检索、信息分析、用户行为，电子邮箱 yanyanwangruc@ruc.edu.cn；嘎拉森，博士研究生，研究方向为档案学基础理论，电子文件管理；刘思良，本科生，研究方向为信息分析。

一、引　言

2021年5月，中共中央办公厅、国务院办公厅印发《“十四五”全国档案事业发展规划》（简称《规划》）。这是我国制定和实施档案事业发展五年规划以来首次以两办名义印发档案事业发展规划，充分体现了党和国家对档案事业的高度重视。全国《规划》贯彻落实党的十九届五中全会精神，围绕《中华人民共和国国民经济

---

* 本报告所用数据均出自各省（自治区、直辖市）“十四五”档案事业发展规划，为行文叙述方便，正文中不再一一标注，可参考文后所附参考文献。

和社会发展第十四个五年规划和 2035 年远景目标纲要》要求，以高质量发展为主题，明确提出了“十四五”时期我国档案工作发展的主要目标与行动路线，同时清晰展望了到 2035 年的远景目标。

自《档案事业发展“七五”计划（1983—1990）》发布以来，我国在每个时期都会制定出台档案事业发展规划，以期不断提升档案事业发展水平，加强档案部门服务各项建设事业的能力，促进档案事业与经济社会协调发展。截至“十三五”时期，我国档案工作服务中心大局精准有力，档案法治建设取得重要成果，档案资源更加丰富多样，档案公共服务能力持续提升，档案信息化建设加快发展，档案安全保护继续加强，档案人才队伍建设取得进步，档案对外交流日益深化，双边和多边合作不断拓展。我国档案事业正朝着高质量发展，适应国家治理体系和治理能力现代化要求的能力不断加强。

多年以来，规划的体例基本固定为由“发展环境”“总体要求”“主要任务”和“保障措施”四个方面构成。其中“发展环境”主要是对上一阶段档案工作发展成效与下一阶段面临的形势和挑战进行分析、总结。“总体要求”部分主要明确规划制定的指导思想、工作原则及发展目标。“主要任务”部分是规划的重点内容，一般会在发展目标基础上进一步展开，对档案事业发展的各项任务进行细致规划。“保障措施”则提出保障规划顺利实施的措施建议。

随着全国《规划》的发布，除港澳台地区外，我国 31 个省、自治区、直辖市陆续出台了本地区的“十四五”档案事业发展规划（简称“各地规划”）。各地规划回顾了“十三五”期间本地区档案事业发展的成效，并着重对“十四五”时期的档案事业发展进行了展望和规划，部署了具体任务与专项工作。通过分析各地规划内容，既可了解各地当前档案事业发展状况，也可知悉其未来的发展方向和工作开展方式，更可通过对各地情况的综合分析，呈现出整个国家档案事业发展的全貌。为此，本报告采取定性分析和定量分析方法相结合的方式，对各地规划文本进行深入分析，力图以分析结果反映全国、各区域以及各省（自治区、直辖市）的档案事业发展现状，探析未来的前进道路。需要说明的是，由于各地规划中所统计的数据指标存在较大出入，如指标项不同、统计口径不同等，故本报告只对其中部分可比数据进行省域间横向比较。

本报告基于对各地规划的分析结果撰写。第一节为引言，介绍分析报告撰写的背景、目的和意义；第二节对截至 2022 年 1 月 31 日的各地档案事业“十四五”规划出台情况进行梳理；第三节根据对各地规划中“发展环境”部分的分析，概括总结各地“十三五”时期档案事业发展的成效，反映各地“十四五”时期的发展基础；第四节主要通过对各地规划中“总体要求”部分的分析，提取出各地“十四五”时期的发展目标和发展指标；第五节基于对各地规划全文，特别是“主要任务”部分的分析，在第四节的基础上，进一步明确各地“十四五”时期为实现相应发展目标、达到相应发展指标而确定的重点和特色工作，以及相应的措施、手段；第六节根据前5节中对各地规划内容的分析，总结归纳出各地规划的整体特点，反映各地档案事业“十四五”规划的内容特征。

另外需要说明的是，由于文中大量内容涉及各地规划中的统计数据、详细内容，为使文章简洁易读，仅在文末统一标出参考文献，正文中涉及各地规划内容不做重复标引。

二、各地档案事业“十四五”规划出台情况一览

历年各地规划出台情况显示，在每个时期的全国《规划》出台后，除港澳台外，我国其余31个省（自治区、直辖市）都会相应出台当地的规划。根据笔者线上和线下检索的结果，截至2022年1月31日，全国31个省（自治区、直辖市）中已有26个省（自治区、直辖市）出台本地区“十四五”档案事业发展规划，其中21个省（自治区、直辖市）公开发布规划全文，详细内容见表1。

表1 全国各省（自治区、直辖市）“十四五”档案事业发展规划出台情况一览

序号	省（自治区、直辖市）	标题	出台时间	印发单位	主体内容
1	北京市	北京市“十四五”时期档案事业发展规划	2021年9月15日	中共北京市委办公厅、市政府办公厅	由发展环境、总体要求、主要任务、重点项目、保障措施5个部分组成，包含1个发展总目标、6个分目标、25项重点内容、8个重点项目、3项保障措施
2	天津市	“十四五”时期天津市档案事业发展规划	—	中共天津市委办公厅、市政府办公厅	明确了“十四五”时期开展天津档案工作的发展环境、总体要求、主要任务、保障措施，包含7个方面的主要任务、6项重点工程
3	河北省	“十四五”河北省档案事业发展规划	2021年7月18日	中共河北省委办公厅、省政府办公厅	明确了“十四五”时期河北省档案事业发展的总体目标、发展指标、6个方面主要任务、23项重点任务和5个方面的保障要求
4	山西省	山西省档案事业发展“十四五”规划	2021年10月	中共山西省委办公厅、省政府办公厅	由发展环境、总体要求、主要任务及保障措施4个部分组成，围绕7个方面提出21项主要任务

续表

序号	省（自治区、直辖市）	标题	出台时间	印发单位	主体内容
5	辽宁省	“十四五”辽宁省档案事业发展规划	2021年9月28日	辽宁省档案局	围绕发展目标提出了6项工作原则和6个方面20项重点任务，主要任务即推进“四个体系”建设，强化信息化建设、人才培养和科技创新
6	黑龙江省	“十四五”黑龙江省档案事业发展规划	2021年8月19日	中共黑龙江省委办公厅、省政府办公厅	提出“十四五”期间档案事业发展的总体要求、主要任务和保障措施，明确“十四五”期间全省档案部门实施的“八项工程”
7	上海市	上海市档案事业发展“十四五”规划	2021年8月4日	上海市档案局	明确“十四五”时期上海档案事业发展总体目标、基本原则、重要举措和主要内容，包含7项主要任务
8	江苏省	江苏省“十四五”档案事业发展规划	2021年8月25日	中共江苏省委办公厅、省政府办公厅	由发展环境、总体要求、发展目标及保障措施4个部分组成，包含6项发展目标、23项重点任务和6个专栏
9	浙江省	浙江省档案事业发展“十四五”规划	2021年3月26日	浙江省发展和改革委员会、省档案局	明确“十四五”期间浙江档案事业发展的总体思路、发展目标、主要任务和保障措施，全面回答未来五年档案工作“目标是什么”“做什么”“怎么保障”等问题，提出6项发展目标和7项主要任务，并设定了30余项指标
10	安徽省	“十四五”安徽省档案事业发展规划	2021年11月27日	中共安徽省委办公厅、省政府办公厅	由总体要求、主要任务及保障措施3个部分组成，包含7项发展目标、24项重点任务和6个专栏
11	福建省	福建省“十四五”档案事业发展规划	2021年10月	福建省档案局、福建省发展和改革委员会	围绕6个方面提出23项重点任务，聚焦解决全省档案事业发展重难点问题，设置8个专栏，明确开展重点档案抢救和保护开发、《福建省抗日战争档案汇编》编纂等重点工程项目
12	江西省	“十四五”江西省档案事业发展规划	2021年10月22日	中共江西省委办公厅、省政府办公厅	明确了“十四五”时期江西档案事业发展的总体要求、主要任务和保障措施

续表

序号	省（自治区、直辖市）	标题	出台时间	印发单位	主体内容
13	山东省	“十四五”山东省档案事业发展规划	2021年10月	山东省档案局	提出了“十四五”时期全省档案事业发展的总体目标和主要任务，主要任务包括“一个定位、四个体系、两大支撑、六项工程”，并从组织领导、经费保障、检查评估等方面提出了保障措施
14	河南省	“十四五”河南省档案事业发展规划	—	中共河南省委办公厅、省政府办公厅	围绕7个方面提出了27项重点任务，紧贴“四个体系”建设发展主线，紧扣高质量发展主题，提出6个重点工程
15	湖北省	“十四五”湖北省档案事业发展规划	2021年8月19日	中共湖北省委办公厅、省政府办公厅	明确了“十四五”期间湖北档案事业发展的指导思想、工作原则、发展目标和保障措施，从7个方面部署了“十四五”时期23项重点工作任务，提出湖北省档案事业7个重点工程
16	湖南省	“十四五”湖南省档案事业发展规划	2021年8月	中共湖南省委办公厅、省政府办公厅	明确了“十四五”时期湖南档案事业发展的总体要求、主要任务和保障措施
17	广西壮族自治区	广西档案事业发展“十四五”规划	2021年9月	中共广西壮族自治区党委办公厅、自治区政府办公厅	明确了“十四五”期间档案事业发展的总体要求、发展目标、8项主要任务、23个重点任务、7个特色工程专栏和保障措施
18	海南省	海南省档案事业发展“十四五”规划	2021年8月30日	中共海南省委办公厅、省政府办公厅	由总体要求、主要任务、保障措施3个部分组成，包含6项主要任务、21项重点任务、5个专栏和4个方面的保障要求
19	重庆市	“十四五”重庆市档案事业发展规划	2021年12月	中共重庆市委办公厅、市政府办公厅	由发展环境、总体要求、主要任务、保障措施4个部分组成，围绕6个方面提出了20项具体任务和6个重点工程

续表

序号	省（自治区、直辖市）	标题	出台时间	印发单位	主体内容
20	四川省	四川省档案事业发展“十四五”规划	2021年9月	中共四川省委办公厅、省政府办公厅	围绕四个“好”、两个“服务”的目标任务，从8个方面提出25项重点任务，全面推进档案事业“四个体系”建设，设置8个专栏，明确档案制度规范建设工程、馆库建设工程、档案信息化强基工程、人才强档工程等可量化实施的重点工程项目
21	贵州省	贵州省档案事业发展“十四五”规划	2021年11月23日	中共贵州省委办公厅、省政府办公厅	由发展环境、总体要求、主要任务、保障措施4个部分组成，围绕6个方面提出了21项主要任务
22	云南省	“十四五”云南省档案事业发展规划	2021年10月	中共云南省委办公厅、省政府办公厅	由发展环境、总体要求、主要任务、保障措施4个部分组成，明确了“十四五”时期云南省档案事业发展的总体目标、5个基本原则、发展指标、5个方面的主要任务和6个方面的保障要求
23	陕西省	陕西省档案事业发展“十四五”规划（2021—2025）	2021年3月18日	中共陕西省委办公厅	明确“十四五”期间陕西档案事业发展的总体要求、主要任务和保障措施，包含7个方面、31项重点任务和4个方面的保障要求
24	甘肃省	“十四五”甘肃省档案事业发展规划	2021年8月	中共甘肃省委办公厅、省政府办公厅	明确了“十四五”期间档案事业发展的总体要求、发展目标、6项主要任务、23个重点任务、6个重点建设工程和保障措施
25	宁夏回族自治区	宁夏回族自治区档案事业发展“十四五”规划	2021年8月	中共宁夏回族自治区党委办公厅、自治区政府办公厅	明确“十四五”期间宁夏档案事业发展的总体思路、发展目标、主要任务和保障措施，围绕6个方面提出了19项重点任务
26	新疆维吾尔自治区	“十四五”新疆维吾尔自治区档案事业发展规划	2021年9月29日	新疆维吾尔自治区党委办公厅、自治区政府办公厅	明确了“十四五”期间档案事业发展的总体要求、发展目标、7项主要任务、22个重点任务和保障措施

梳理结果显示，各地规划印发部门存在差异，大部分地区由当地党委办公厅、政府办公厅印发，而辽宁省、山东省、上海市由当地档案局印发，浙江省、福建省

则由当地发改委、档案局印发。在主体内容上，各地规划基本与全国《规划》保持一致，包含发展环境、总体要求、主要任务、保障措施4个部分，在具体的任务方面则因各地区档案事业发展现状与需求不同而各有侧重。

三、各地“十三五”时期档案事业发展成效

如引言中所述，本节通过对各地规划中“发展环境”部分的分析，对“十三五”期间各地档案事业发展成效进行定量分析和总结比较。

(一) 档案资源更加丰富

总体而言，“十三五”期间各地档案资源较“十二五”时期更加丰富多样，档案接收工作效果显著。各地规划数据显示，甘肃省接收档案75.4万卷、201.8万余件，江苏省接收档案1 195.27万卷、1 834.74万件，陕西省接收档案264.281 6万卷、832.851 3万件，上海市接收120万卷（件）；新疆维吾尔自治区馆藏档案达859万卷、1 104万件，福建省馆藏档案达3 554万卷（件），上海市馆藏档案达1 900万余卷（件）；贵州省各级国家综合档案馆馆藏总量较“十二五”增长2 653%；湖北省各级综合档案馆馆藏档案总量达2 600万余卷（件）。其中江苏省接收档案数量、福建省馆藏资源数量巨大，贵州省馆藏总量增长迅速，资源建设成效显著。

在档案资源数字化方面，各地工作进度虽参差不齐，但总体看来处于稳步推进中。就国家综合档案馆馆藏永久档案数字化率而言，甘肃省总体达到58%，新疆维吾尔自治区达到卷级36.4%、件级51.5%，陕西省市级、县级数字化率分别达到80%和50%以上。就形成的数字化成果而言，新疆维吾尔自治区形成275万卷、505万件、122 T，辽宁形成1 405.8万卷、637.5万件、445 658 GB，云南省形成4.6亿页，广西壮族自治区形成2亿页，江苏省形成1 202.88 T，湖北省形成超4亿画幅。

(二) 档案服务能力提升

各地档案服务能力在“十三五”时期持续提升。各省（自治区、直辖市）进一步加强档案开放鉴定工作，为档案服务和档案资源的开发利用奠定了坚实基础。图1展示了北京市等11省（自治区、直辖市）在“十三五”时期的档案开放情况，其中江苏省的开放鉴定工作尤为突出，达到了1 246万余卷。同时，各地档案馆（室）积极为用户提供便利的档案查阅利用服务。如图2所示，在15省（自治区、

直辖市）中贵州省在服务人次上一骑绝尘，山东省、福建省、辽宁省在提供档案查阅数量方面较为突出。此外，其他地区虽未在规划中明确提及档案开放和利用数量，但均对本地区档案开放、利用工作作出了肯定的自我评价。

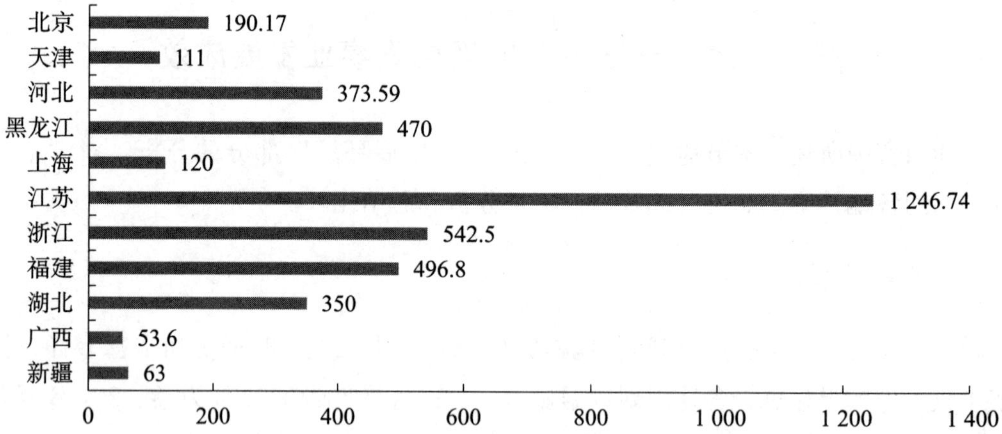

图 1　“十三五”期间部分地区档案开放情况（万卷）

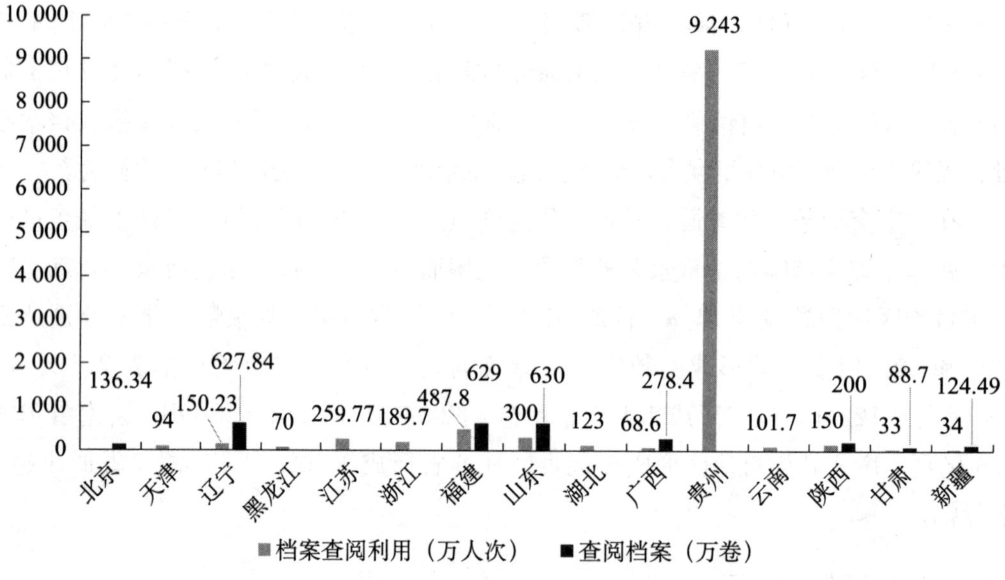

图 2　“十三五”期间部分地区档案查阅利用情况

（三）档案开发形式多样

“十三五”时期各地区通过多种多样的形式对档案进行开发利用，包括档案编研、举办档案展览等传统形式，也包括拍摄专题片、开发文化产品、开办专栏等创新形式。图 3 展示了北京市等 11 个省（自治区、直辖市）的档案编研情况，可见各地档案编研工作取得了丰硕的成果，尤其是浙江省出版了 1 151 种/部书籍图册资料。与此同时，各省结合重点领域、重大活动、重大事件、重大项目举办档案展览、接待参观。如图 4 所示，14 个省（自治区、直辖市）在规划中统计了举办展览、接待参观的情况，其中山东省和湖北省分别举办了 1 595 和 1 200 场展览，贵州省接待约 2 272 万人次参观，体现了对档案开发利用的充分重视。此外，各地结合自身特色，采用适合的方法对档案进行创新开发，如云南省开发档案文化产品 50 余种，甘肃省拍摄档案专题片 10 余部，天津面向中小学生推出“档案思政小课堂”，均体现了新时代档案工作的创新性。

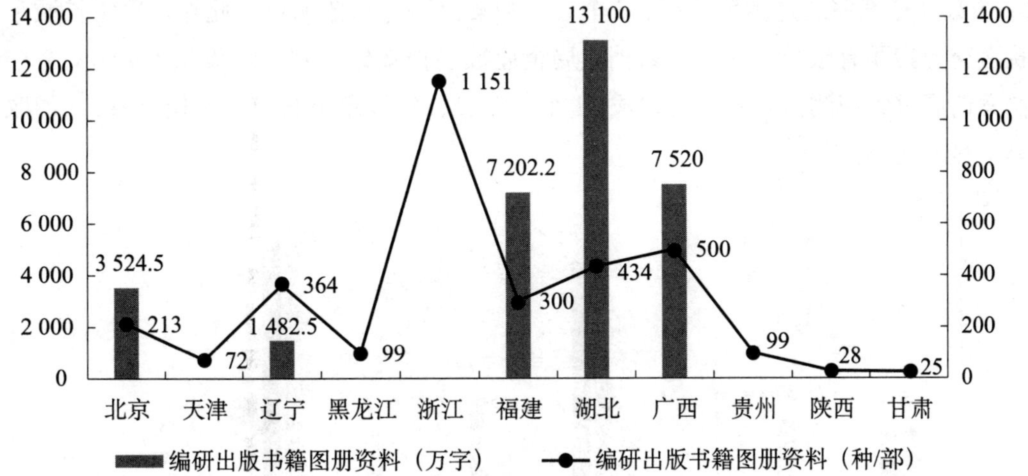

图 3　“十三五”期间部分地区档案编研出版情况

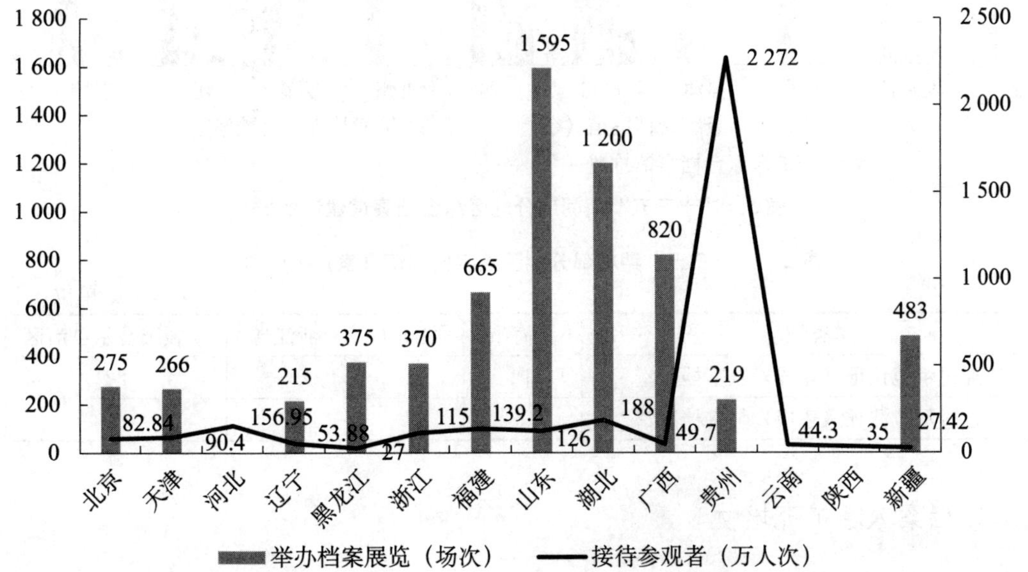

图 4　“十三五”期间部分地区档案展览情况

(四) 档案馆库持续建设

档案馆库在软硬件方面的建设都有一定进展。在档案馆建设方面，云南省和湖北省的建设成果较为突出，在“十三五”期间云南省新建/扩建市级综合档案馆 3 个，县级综合档案馆 106 个，湖北省新建/扩建市级综合档案馆 10 个，县级综合档案馆 83 个（见图 5）。甘肃省等其他 7 个省（自治区、直辖市）也在过去一个时期进行了卓有成效的档案馆库建设。此外，各地区也在同步进行数字档案馆（室）建设（见表 2），其中浙江省有 39 个数字档案馆通过示范测评，新疆维吾尔自治区有 22 个数字档案室通过示范认证、6 个数字档案馆通过示范测评。此外，贵州省城市轨道交通集团有限公司通过国家档案局企业数字档案馆（室）建设试点验收，2 个档案馆通过省级测试，湖北省建成 11 个国家级、省级示范数字档案馆（室），均取得了显著成果。

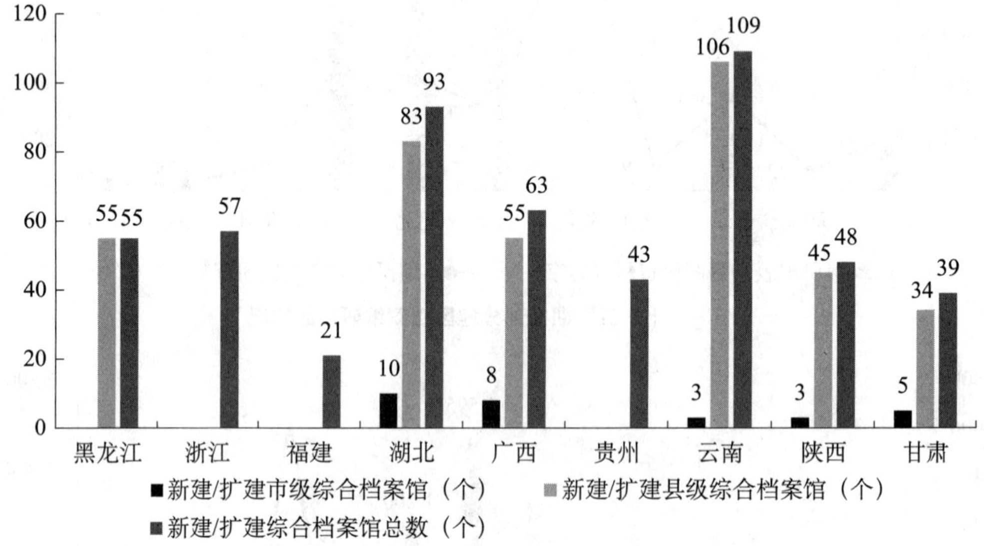

图 5　“十三五”期间部分地区综合档案馆建设情况

表 2　“十三五”期间部分地区数字档案馆（室）建设情况

单位：个

类型	上海市	江苏省	浙江省	新疆维吾尔自治区
通过示范认证（建成）数字档案室	12	3	—	22
通过示范测评（建成）数字档案馆	—	7	39	6

(五) 档案人才扩充培优

在档案人才队伍不断扩充的过程中，各地档案管理部门和机构通过培训不断提升档案队伍素质和能力，培养优秀的档案人才。各地规划显示，新疆维吾尔自治区组织各类档案业务培训 579 期、培训 4.3 万余人次，广西壮族自治区组织各类档案业务培训 1 600 余期、培训 12 万余人次，陕西省组织各类档案业务培训 800 余期、培训 3 万余人次，辽宁组织各类档案业务培训约 200 次，云南省共培训 17 万余人次，天津市累计培训 1.4 万人次，可见各地档案系统对于人才持续培养的重视。

通过不断培优档案人才，各地档案系统工作人员在职称评聘、业务评价、荣誉表彰等方面均取得了一定成绩（见表 3）。其中辽宁入选全国档案专家 7 人、全国档案领军人物 2 人，云南省入选全国档案专家 3 人，福建省入选全国档案专家、全国档案领军人物各 2 人，浙江省入选全国档案专家 4 人，湖北省入选全国档案专家 5 人。此外，多省（自治区、直辖市）档案部门、机构获得先进集体，个人获得“档案工匠”等称号。

表 3 “十三五”期间部分地区人才培养情况

地区	人才培养情况
辽宁	新增档案研究馆员 59 人、副研究馆员 213 人，一批先进集体和先进工作者受到表彰。
浙江省	新增研究馆员 18 人、副研究馆员 430 人，初中级职称 2 579 人。
福建省	评选全省首届“档案专家”32 名、“档案工匠”48 名，一批档案系统先进集体、先进工作者受到表彰。
湖北省	70 个先进集体、101 名先进工作者获国家级、省级表彰，810 人获得档案职称。
广西壮族自治区	62 个先进集体、71 名先进工作者受到表彰奖励。
陕西省	39 个先进集体、88 个先进个人受到表彰。
新疆维吾尔自治区	累计 407 人通过档案专业技术职称评审，2 个先进集体、1 名先进个人受到国家人力资源和社会保障部、国家档案局表彰。

根据对各地规划中“十三五”时期档案事业发展成效的量化分析可见，在过去五年中各地在档案资源建设、服务提供、开发利用、馆库建设、人才培养等多方面都有着长足的进展，并获得了一定成绩。但各地档案事业发展仍存在不充分之处，区域之间发展不均衡、建设侧重点不同、获得成效差异大的情况较为明显。

四、各地“十四五”时期档案事业发展目标

各地规划对标全国《规划》，结合自身发展现状与需求，从不同方面提出了本

地区“十四五”时期档案事业发展的主要任务，并针对部分任务给出了相应的量化指标。本节内容对各地“十四五”时期档案事业发展的目标进行了定量和定性分析。

(一) 总体目标

总体而言，由于各地档案事业建设基础以及当前所处的发展阶段不同，其在规划文本中所制定的“发展目标”也有所差别。大部分省（自治区、直辖市）在规划中都明确了到2025年和2035年的发展目标。根据对所收集的21个省（自治区、直辖市）规划中“发展目标”部分的文本分析，本报告将各地区到2025年的发展总体目标分为三个层次。

1. 全面发展，服务当地建设

基本上所有地区都在“十四五”时期的发展目标中提到档案工作要“依法治理、走向开放、走向现代化”，与新时代中国特色社会主义事业相适应，助力当地的经济和社会建设，与全国《规划》中的目标相一致，这也是国家对各地“十四五”时期档案事业发展的基本要求。此外，部分省（自治区、直辖市）对目标进行了细化，确立了档案治理、档案资源建设、档案利用服务、档案信息化、档案安全等方面的目标。其中黑龙江省特别提出要“档案资源建设质量、档案利用服务水平、档案治理效能和管理现代化程度达到全国平均水平”，贵州省提出到2025年“达到全国中等水平”，可见两省在档案工作方面虽然基础较其他地区薄弱，但将在“十四五”时期发力追赶。

2. 全国领先，建成档案强省

在完成基本目标的基础上，多省（自治区、直辖市）将在“十四五”期间提升档案事业发展质量，其中湖南省、山东省、江苏省、浙江省提出要在“十四五”时期建成档案强省，海南省力求达到全国先进水平，上海市力争成为“排头兵、先行者”和“全国档案工作现代化建设引领区”。结合“十三五”时期的发展成效可见，这些地区在档案事业建设上有着良好的基础，这也给了当地档案部门在“十四五”时期继续建设的坚实信心。同时，良好的发展将不断增强当地档案部门和工作人员的坚定信念，促进该地区档案事业持续发展，实现全国领先。而值得注意的是，黑龙江省将在“十四五”期间达到“全国平均水平”的基础上实现“档案强省”的目标，可见该省在未来五年档案事业发展建设方面的决心。

3. 差异突破，发挥省域特色

在常规的档案工作之外，云南省、北京市、海南省、河北省、浙江省等地区将档案事业发展结合当地经济、社会、文化等方面的特别要求，提升档案工作地域特色，实现差异化突破。这些地区的省域特色一方面与当地定位有关，如北京市的“首善标准”要求，海南省“海南自由贸易港建设”催生的档案工作要求；另一方面与当地的地域特征相关，如云南省的“民族团结进步示范区、生态文明建设排头兵、面向南亚东南亚辐射中心”工作要求等。

在对各地区2035年建设目标进行文本分析和对比之后发现，各地目标均为在2025年目标的基础上实现进一步提升，且不同地区的目标之间仍存在一定差别。黑龙江省、山东省、云南省、湖北省、安徽省、天津市、广西壮族自治区力争进入“全国一流”或“全国前列”，其中黑龙江省希望在此基础上实现“世界先进”的目标。北京市、上海市、浙江省作为档案事业发展较为先进的地区，不仅在未来的发展中力求继续保持“全国领先”，还将迈入“国际一流”，并成为国家“展示社会主义现代化档案事业建设成就的重要窗口”。

（二）发展指标

针对具体的档案工作，各地制定了相应的发展指标。档案资源建设方面，各地在馆藏量、归档率方面制定了目标。到“十四五”时期末，甘肃省省档案馆馆藏数量比“十三五”时期末增长35%，市县国家综合档案馆增长30%，机关、企事业单位、乡村档案馆（室）归档率达到100%；安徽省各级综合档案馆馆藏总量较“十三五”时期增长40%；江西省全省综合档案馆馆藏总量力争达到2 000万卷；云南省全省综合档案馆馆藏档案总量较“十三五”末翻一番；福建省省档案馆馆藏档案数量突破100万卷；山东省全省综合档案馆馆藏档案数量增长45%以上；湖北省全省各级档案馆馆藏总量达到3 400万卷（件），比“十三五”时期末增长30%。

各地区对档案数字化率也提出了具体的量化指标，具体情况如表4所示。所有地区的各项数字化率指标都确定为60%及以上，反映出我国档案数字化整体基础较好，可以在“十四五”时期达到较高的数字化水平。其中北京市、海南省、山东省三地区的数字化率指标较高，都在90%及以上，可见三地对于“十四五”期间档案数字化工作的重视，也侧面反映了三地在档案数字化方面的工作基础较为扎实。甘肃省对市级、县级国家综合档案馆数字化率的要求指标是60%，省属企业单位数字化率指标为60%；广西壮族自治区对省直机关档案数字化率和省属企业单位数字化率的要求指标皆为60%。可见两省在部分档案机构的数字化工作上还有前进的空间。此外，湖北省也在规划中明确，到“十四五”时期末，全省各级档案馆应数字化档案数字化率达到90%。

表 4 “十四五”期间部分地区数字化率指标

单位:%

地区	省级国家综合档案馆数字化率	市级国家综合档案馆数字化率	县级国家综合档案馆数字化率	省直机关档案数字化率	省属企业单位数字化率
北京市	90	90	—	—	—
天津市	80	100	—	80	70
河北省	80	80	80	—	—
辽宁省	80	80	80	90	—
黑龙江省	100	100	80	80	90
上海市	80	80	80	80	80
江苏省	90	90	90	80	—
安徽省	80	80	80	—	—
福建省	80	80	80	100	—
江西省	80	80	80	—	—
山东省	90	90	90	90	90
湖南省	80	80	80	80	90
广西壮族自治区	80	80	80	60	60
海南省	100	100	100	100	90
贵州省	80	80	80	—	—
云南省	80	80	80	—	—
甘肃省	80	60	60	70	60
新疆维吾尔自治区	80	80	80	80	90

档案信息化建设目标方面，各省推进数字档案馆（室）建设。湖南省计划新增5家数字档案馆（室）；江西省计划省档案馆建成全国示范数字档案馆，50%的市级档案馆和30%的县级档案馆建成数字档案馆，20%的省直机关档案室建成数字档案室，建成1到2家全国示范数字档案馆；辽宁省计划建成10家高水平数字档案馆、10家高水平数字档案室；云南省计划建成10个以上高水平数字档案馆、5个以上高水平数字档案室，完成2个以上企业集团数字档案馆（室）建设试点；福建省计划建成2家全国示范数字档案馆（室），完成10家省级立档单位数字档案室创建；北京市计划至少建成20家高水平数字档案室，16个区完成数字档案馆建设项目立项工作，至少5个区建成高水平数字档案馆；广西壮族自治区计划建成5个以

上国家示范数字档案馆（室）、10个以上国家级数字档案馆（室）、20个以上自治区级数字档案馆（室）；江苏省计划全省114家综合档案馆全部完成数字档案馆建设；陕西省计划省、市综合档案馆和30％的县级档案馆、专门档案馆、企事业单位档案馆建成数字档案馆，10个档案馆通过国家数字档案馆系统测试，3个档案馆建成国家示范数字档案馆，10％的省级立档单位完成数字档案室建设，创建3个全国示范数字档案室；上海市计划建成50家市级数字档案室；浙江省计划90％的综合档案馆建成国家级数字档案馆，县（市、区）以上机关和国有企事业单位90％建成省级规范化数字档案室；河北省30％县级综合档案馆通过省级数字档案馆测试，各级有移交进馆任务的单位30％以上完成省级数字档案室创建；山东省计划新增4家高水平机关数字档案室，完成4家企业集团数字档案馆（室）建设试点，新增12家高水平数字档案馆；天津市计划各级综合档案馆全部达到数字档案馆建设标准，市档案馆和50％的区档案馆建成高水平数字档案馆，新增20家数字档案室；安徽省计划建成10家省级示范数字档案室，省档案馆、16个市级综合档案馆、40％以上的县级综合档案馆建成高水平数字档案馆；湖北省计划新增50家示范数字档案室、50家数字档案馆。

档案安全体系建设方面，“十四五”期间，甘肃省计划建设省档案馆、6个市级档案馆、18个县级档案馆；江西省计划进行4个市级档案馆新馆建设或老馆改建、71个县级综合档案馆建设；云南省计划新建41个县级档案馆，建成3个州（市）级、65个县级档案馆新馆；北京市计划建成15个区档案馆新馆；安徽省计划新建或改扩建41个国家综合档案馆；广西壮族自治区计划建设5个市级综合档案馆、55个县级综合档案馆；陕西省计划建成投用3个市级综合国家档案馆新馆库、45个县级国家综合档案馆新馆库，46个县级档案馆建设取得阶段性进展；贵州省计划完成省档案馆新馆（一期）和37个县（市、区）档案馆新馆建设；湖北省计划建成13个州（市）档案馆新馆。

人才培养方面，部分地区规划中列出了清晰的工作目标（见表5），其他地区虽未列明量化指标，但也强调了人才工作的重要性并说明了人才培养的方式。数据显示，各地培养的档案人才主要分为档案专家、中青年业务骨干和档案工匠三类。北京市将着重培养国家级档案专家，浙江省、天津市将同时培养国家级、省（市）级档案专家，其他地区则着重培养省级专家，包括档案储备专家。江苏省和浙江省将同时培养国家级、省级档案工匠，其他地区则注重培养省级档案工匠。各地人才培养目标体现出对档案理论和实践人才的重视，也体现了对档案人才梯队建设的重视。

表 5 “十四五”期间部分地区人才培养指标

地区	人才培养指标
北京市	建成一支 5 名左右国家级档案专家、10 名左右国家级档案储备专家、20 名左右国家级档案中青年业务骨干组成的人才队伍。
天津市	建成一支 5 名左右国家级档案专家、100 名左右市级档案专家组成的专家队伍，培育 10 名左右国家级中青年档案业务骨干、80 名左右市级中青年档案业务骨干。
黑龙江省	建成一支 50 名左右的省级档案专家队伍、50 名左右的省级档案专家储备队伍、100 名左右的中青年档案业务骨干队伍，培育 100 名左右的档案工匠队伍。
江苏省	争取培育 30 名国家级档案工匠、100 名省级档案工匠。
浙江省	建成一支 5 名左右国家级档案专家、10 名左右国家档案储备专家、120 名左右省级档案专家组成的队伍。建成一支 15 名左右国家级中青年档案业务骨干人才、60 名左右省级中青年业务骨干组成的人才队伍。争取培育国家级档案工匠 20 名左右、省级档案工匠 40 名左右。
安徽省	分 6 个领域建设全省档案专家库，从全省档案系统中评选出省级专家 50 名左右，市厅级专家 200 名左右；打造一支 50 名左右的全省档案工匠队伍。
福建省	建成一支 60 名左右的省档案专家队伍和 70 名左右的省档案工匠队伍。
湖北省	建成一支拥有 10 名国家级专家、110 名档案专家、500 名业务骨干的人才队伍。
广西壮族自治区	争取培育 100 名左右自治区级档案工匠队伍。
云南省	全省档案专家库建设完成率达 100%。
陕西省	建成一支 100 人左右的档案专家队伍，选拔 100 名优秀中青年档案业务后备人才。

通过以上对各地 2025 年和 2035 年发展目标的分析可见，各地在制定发展目标时首先遵循全国《规划》的发展目标、要求和精神，并根据当地社会、经济、文化和档案事业的发展状况和目标提出适应当地发展情况的更为具体的目标。各地不同的具体目标一方面反映出档案事业在区域间的发展不均衡，这是因为各地工作基础、重视程度、经济社会发展的总体情况不同；另一方面也反映出档案工作是一项需要与当地特点相结合的工作，与当地的地域、文化、行业发展的特点息息相关。

五、各地“十四五”规划重点和特色工作

本节采用词频统计和文本分析方法对各地规划文本进行深入分析。通过定量的词频统计获得各地规划中的高频词及其词频，可以探知该地区的工作重点。在此基础上通过定性的文本分析对各地的工作重点进行分析、对比，并对各地重点工作中

具有地域、区域特色的内容进行梳理，进一步归纳总结出完成相应工作的方法和措施。

（一）各地重点工作总体情况

通过对各地规划进行词频统计，附录1呈现了目前公布全文的21个省（自治区、直辖市）“十四五”档案事业发展规划词频统计的结果，表格中包含各地规划中出现频率最高的50个词。通过对各地“十四五”档案事业发展规划词频统计结果的分析和对比可见，各地普遍对档案馆建设（相关词语“档案馆”“建设”等）、档案资源建设（相关词语“档案”“资源”等）、档案安全保障（相关词语“档案”“安全”等）、档案服务利用（相关词语“档案”“服务”“利用”等）、档案开放（相关词语“档案”“开放”等）、档案数字化（相关词语“档案”“数字化”“数字”“电子”“技术”等）、档案信息化（相关词语“档案”“信息化”“信息”“技术”等）、档案治理（相关词语“档案”“体系”“制度”“治理”等）、档案人才培养（相关词语“档案”“人才”等）工作高度重视，这也反映出各地在规划“十四五”时期档案工作时始终贯彻国家《规划》总体的精神和要求。

具体分析各地规划中对于各项工作的重视程度，通过对各省（自治区、直辖市）出现最频繁的15个词进行分析和总结，从内容角度得到各地在重点工作中最为重视的工作内容，进而通过横向对比发现不同地区“十四五”时期的档案工作着力点。

分析结果表明，所有地区都对档案馆建设、档案安全保障、档案资源建设、档案服务利用给予了较高的重视。新疆维吾尔自治区、云南省两地对于档案安全保障尤为重视，推测与其所处的地理位置，以及当地的历史、文化、民族特点有关。在档案资源建设方面，尤为重视档案资源的数字化。江苏省和海南省对于档案资源建设工作最为关注，其中江苏省还同样关注档案信息化工作。甘肃省、江西省、新疆维吾尔自治区、云南省、北京市、海南省、福建省对于档案开发利用也非常重视。相较其他地区而言，湖南省、海南省、上海市和福建省4个地区还有各自较为特别的工作重点，其中湖南省重视档案制度建设，海南省关注档案人才培养，上海市聚焦档案开放，福建省着力档案文化建设。

（二）各地重点工作简要梳理

1. 完善治理体系，出台和落实档案规章制度

完善档案治理体系是各地“十四五”时期的重点工作之一。各地在“十三五”

时期基本都出台了当地的档案管理条例和相关办法、规范等规章制度，且计划在“十四五”时期进一步修订并继续贯彻落实，同时部分地区也将对当前的规章制度体系进行查缺补漏，出台新的规章制度。如江西省计划修订《江西省档案管理条例》，制定江西省党政机关电子文件归档和电子档案管理办法、江西省开发区档案管理办法，修订《江西省档案服务机构备案办法》《江西省档案工作规范化管理办法》《江西省市县级综合档案馆业务建设评价办法》《江西省重点建设项目档案管理暂行办法》等；福建省出台《福建省数字档案共享管理办法》，并推进侨批档案保护与利用办法立法进程；安徽省修订《安徽省档案征集办法》规范档案征集工作，制定《安徽省档案执法检查办法》《安徽省档案违法行为挂牌督办办法》等执法文件从而加强档案执法工作。

2. 丰富档案资源，加强开发利用和成果推广

各地在未来五年将继续加强档案资源建设，扩大档案接收，丰富档案资源，加强存量档案数字化和增量档案电子化，并以更加多样的技术手段、方式方法对档案资源进行开发利用。

总体而言，各地将加强红色档案资源建设，支持“四史教育”，特别是甘肃省、湖南省、江西省、上海市等拥有深厚红色历史的地区都将对红色资源进行深入挖掘，通过编辑出版图书资料、拍摄纪录片、开办展览等方式传承红色基因，践行红色教育。继续进行乡村振兴档案、疫情档案、民生档案等的规范管理工作，建立相应的专题数据库，江苏省将修订《文书档案文件级目录数据库结构与数据交换格式》等地方标准保障档案数据库建设。加强重大活动、重要庆典、突发事件档案资源收集和管理，如江西省的世界 VR 产业大会，陕西省的丝博会、欧亚经济论坛，上海市的中国国际进口博览会、世界顶尖科学家论坛、世界人工智能大会等大型活动和会议所产生的档案。

在不断开发利用档案资源的基础上，各地将形成一系列具有地方特色的精品档案成果，创建档案品牌，以更加新颖、灵活、为大众所接受的方式进行大力推广，充分发挥档案存史、资政、育人的作用。如海南省将围绕自由贸易港建设周年等重要时间节点，通过展览陈列、新媒体发布、影像制作等方式，推出档案文化精品；陕西省将利用新技术、新平台，构建陕西省档案融媒体宣传矩阵，建立公众参与档案文化活动积分制、奖励制，打造全民参与式档案馆，持续打造多元档案文化品牌；福建省以档案工作全方位助力侨批文化品牌巩固和提升。

3. 建设升级档案馆（室），注重档案安全和信息化

基于本节的文本分析和第六节中的量化指标统计可见，各地仍然将档案馆

（室）的建设放在重要位置，不仅关注当前硬件设施的优化升级，如新建或扩建档案馆（室）、建立档案保护中心、建设档案资源备份中心等，也包括应用新的信息技术（甘肃省、福建省），从而强化档案实体和信息安全保护，尤其是提升数字资源的安全性（甘肃省、海南省、云南省、黑龙江省等）。同时通过出台档案安全管理制度（如《陕西省档案安全管理制度》），建立档案安全保卫、监控管理、应急防控措施（甘肃省、安徽省），完善安全考核机制（江西省），对相关人员进行档案安全教育（甘肃省），形成完善的档案安全保障机制（江西省、湖南省、新疆维吾尔自治区等）。

4. 培养档案人才，全面提升档案队伍专业能力

各地将采用多种途径培养档案理论和实践人才，充实档案人才梯队，全面提升档案队伍的专业能力。各地将通过建立档案专家库收集档案人才信息，深入了解当地档案人才结构，从而制定相应的培养方案（湖南省、辽宁省）。以出台和落实相关规定（甘肃《档案专业人员继续教育规定》），共享档案教学资源和开展线上线下培训（甘肃省、新疆维吾尔自治区、北京市、陕西省、河北省）等方式加强档案专业人员继续教育。以科研促业务，推动教育主管部门、高等院校加强档案相关学科建设（浙江省），鼓励档案工作人员参与项目评审、课题研究、学术交流（河北省），探索实施档案科研“揭榜挂帅”制度（北京市），激发档案科研活力。完善人才培养机制，通过职称制度改革提升职称含金量（河北省、山东省），通过先进集体、先进工作者评选表彰（河北省），以及开展档案业务技能比武（湖南省）等活动激发档案队伍活力，形成比学赶超的良好氛围。

（三）各地“十四五”规划特色工作

档案工作是当地政治、经济、文化、社会等各方面发展的重要支撑和保障，档案工作的内容也需要在一定程度上适应当地各方面发展的需要，同时当地在各项建设和发展中所呈现出的特点、特色也相应地会在档案工作中有所体现，各地规划中也反映了这一点。附录 2 梳理了“十四五”期间各地规划中提及的具有特色的档案工作。

通过附录 2 可见，各地特色档案工作与其城市发展和战略定位、经济社会建设要求、历史文化、地理环境、档案事业发展现状和需求等因素相关。如北京市“四个中心”建设，黑龙江省、辽宁省“五大安全”，江西省内陆开放型经济试验区建设，以及新疆维吾尔自治区丝绸之路经济带核心区、向西开放桥头堡等重点领域的档案监管反映了城市发展和战略定位上的要求。云南省打造世界一流“三张牌”、

重塑云南支柱产业新优势，海南自由贸易港建设等重点领域的档案监管和档案资源建设主要目的是适应和支持当地的经济社会建设。甘肃省、湖南省、江西省等地区的红色档案资源建设，北京市的老字号传承创新、非遗文化传承档案资源建设，福建省侨批档案收集整理，黑龙江省中俄档案交流合作等工作是因当地的历史文化特点而产生的。海南省的热带特色高效农业重点工程档案工作，江西省国家生态文明试验区建设、“五河一湖一江”保护治理档案工作，陕西省的黄河流域生态保护和高质量发展领域档案工作，上海市长三角生态绿色一体化发展示范区档案工作，与当地的地理自然环境密不可分。北京市计划建设纸质档案抢救修复、珍贵档案仿真复制等7个分中心，湖南省计划打造“智慧档案”，江苏省计划采用机器人技术实现立体可视化巡防等相关工作，主要是基于当地档案工作自身的需求。

通过梳理也可以发现，部分地区的特色工作存在相互重叠之处。如黑龙江省、辽宁省对“五大安全”领域，甘肃省、黑龙江省、新疆维吾尔自治区、云南省等地对“一带一路”领域，上海市、安徽省对长三角一体化发展，云南省、江苏省、浙江省、上海市等地对长江经济发展带相关工作等进行档案监管，黄河流域九省民生档案跨馆查询、东北地区三省四市档案资源共建共享、鄂湘赣区域协调发展等重点档案资源建设和利用工作。档案工作内容和目标的一致性为各地开展跨区域协同合作提供了可能性，同时跨区域协同也会助力各地档案工作的经验交流、资源共享、技术互通，从而提升地区档案工作效能，促进档案事业区域均衡发展。

六、各地“十四五”规划整体特点

根据前面5节的分析，笔者总结各地“十四五”时期的档案事业发展规划主要有以下特点。

(一) 全国《规划》引领，结合地方要求

通过对全国《规划》和各地规划文本的对比发现，各地规划文本在体例和内容上由全国《规划》引领。与全国《规划》相一致，各地规划文本主要围绕发展环境、总体要求、主要任务、保障措施四大部分的内容展开。在指导思想、基本原则、发展目标和主要任务方面，各地规划文本延续全国《规划》的精神，体现了国家档案局对各地档案工作的统领作用。

在贯彻中央精神，遵循全国《规划》引领的基础上，各地规划结合地方在政

治、经济、文化、社会等各方面的要求，以及档案工作本身的建设需求，对档案工作进行了具体要求。体现在规划文本中，各地规划的制定都以当地的《国民经济和社会发展第十四个五年规划和二〇三五年远景目标纲要》为依据，力求以档案事业支撑当地社会主义现代化建设。此外，各地在发展目标和相应量化指标的确定，以及重点领域和重点工作方面存在差异，体现了地方对档案工作的具体要求。

（二）明确具体任务，细化落实措施

相比全国《规划》，各地规划更加注重目标如何达成和措施的贯彻落实，对任务的描述更为明确和具体。如在规划中列举“十四五”期间的重要工程、重点工作、重大活动及相应的档案工作要求（如档案监管、资源建设、安全保障等），以及在规划中明确提出需要制定的具体政策法规、需要征集的档案资源类型及采用的征集手段、需要应用于档案安全保障的技术等，为“十四五”期间具体工作的落实奠定基础。但通过各地间的横向对比也能发现，各地在目标、任务、落实措施等方面的细化程度各有不同，具体细化的内容也有较大差别。

（三）地域特色鲜明，形成区域联动

各地规划中所提及的重点领域、重点工作、重大项目、重要活动等工作呈现出鲜明的地域特色，能够充分反映当地在城市发展和战略定位、经济社会建设要求、历史文化、地理环境、档案事业发展现状和需求等方面的特点，体现了档案事业对当地各项工作的支持和支撑作用，以及档案工作的社会和文化属性。

与此同时，部分地区在重点领域、重大项目等工作中存在交叉、重叠的部分，尤其在档案资源共建共享方面，长久以来形成了系统的机制，在“十三五”时期也获得了较为显著的成效。在“十四五”时期，存在关联目标和工作的地区可以考虑展开区域联动，出台相关政策，形成长效的跨区域协同合作机制。

（四）加大开发力度，注重品牌建设

在档案资源开发利用方面，各地在“十三五”时期推出了一批档案精品成果，包括图书资料、展览、影视作品、档案资源平台（如微信公众号）等，也进行了相应的宣传推广。在拥有较为充足档案资源的基础上，“十四五”时期各地将继续加大档案资源的开发力度，以更加先进的技术手段和更加多样的形式开发档案资源。同时，“十四五”时期各地普遍开始关注档案资源和成果的利用问题，力求在最大程度上发挥档案的价值。具体表现在各地都更为重视档案开发成果的品牌建设，如

海南省和湖南省都提出要打造、推出“海南省品牌”“湘湖品牌”的档案精品，陕西省计划持续打造多元档案文化品牌。

（五）事业进展不一，工作各有侧重

从各地“十三五”期间档案事业发展成效和“十四五”时期的发展目标及相应指标的对比结果可见，各地档案事业发展进程不一，存在区域间发展不平衡的问题。部分地区当前的主要目标是促进档案事业的全面发展，注重实现档案在收、管、存、用等方面的不断优化和完善。部分地区在档案事业发展到一定水平后，通过对标档案事业发展较为先进的地区，进一步升级档案工作，推出精品成果，达到全国领先甚至国际一流的水平。此外，不少地区在做好常规档案工作的同时，也着眼于强化档案工作的地方特色，在档案资源建设、成果开发、品牌宣传等方面谋求差异化发展，形成竞争优势。

针对常规档案工作，各地规划也各有侧重。除档案馆（室）建设、档案安全保障、档案资源建设、档案服务等各地普遍重视的工作内容之外，各地的重点工作也有所不同，如新疆维吾尔自治区和云南省两地重视档案安全保障，江苏省重视档案信息化，上海市重视档案开放。这一方面是由于当地各项档案工作发展不均衡、不充分，需要对部分工作进行补足；另一方面是由于各地经济、社会发展对档案工作提出的需求存在差异。

（六）宣传档案工作，建立舆论保障

各地规划尤为重视档案工作的宣传和档案事业发展的舆论保障。这一方面反映出各地政府部门、企事业单位及民众当前对档案工作的认识还不够深入，重视程度还不够，因此需要通过加大宣传力度，提升对于档案价值和档案工作重要性的认识；另一方面也反映出当前档案部门和机构在舆论宣传方面存在不足，因此需要在“十四五”时期制定切实有效的措施，为档案事业发展保驾护航。令人欣喜的是，各地档案部门已经认识到舆论和宣传的重要性，并将其作为重要的保障措施加以强调，同时部分地区还在规划文本的“主要任务”部分提及了档案制度规范、开发成果和品牌的宣传、推广工作（黑龙江省、新疆维吾尔自治区、陕西省等）。由此可见在“十四五”时期各地档案工作的宣传力度将会加大，这将提升各级部门、机构和民众对于档案和档案工作的认识，从而促进档案事业的长久发展。

参考文献

［1］中办国办印发《“十四五”全国档案事业发展规划》.（2021－06－08）［2021－12－30］. https://www.saac.gov.cn/daj/yaow/202106/899650c1b1ec4c0e9ad3c2ca7310eca4.shtml.

［2］中共北京市委办公厅 北京市人民政府办公厅印发《北京市“十四五”时期档案事业发展规划》［EB/OL］.（2021－09－15）［2021－12－19］. http://www.bjma.gov.cn/bjma/resource/cms/article/313717/362636/2021091517035292999.wps.

［3］“十四五”时期天津市档案事业发展规划［EB/OL］.（2021－12－23）［2021－12－29］. https://www.tjdag.gov.cn/zh_tjdag/gwxx/tzgg/details/1640250378086.html.

［4］上海市档案局关于印发《上海市档案事业发展“十四五”规划》的通知［EB/OL］.（2021－08－04）［2021－12－10］. https://www.archives.sh.cn/ggl/202108/t20210826_45282.html.

［5］《四川省档案事业发展“十四五”规划》以省委办公厅省政府办公厅名义正式印发［EB/OL］.（2021－09－30）［2021－12－13］. http://daj.cngy.gov.cn/New/Detail/20210930095318849.html.

［6］《“十四五”黑龙江省档案事业发展规划》印发［EB/OL］.（2021－10－11）［2021－12－10］. https://www.saac.gov.cn/daj/c100194/202110/4396a19464e84a09998d61dba67bce58.shtml.

［7］山西省档案事业发展“十四五”规划［EB/OL］.（2021－12－10）［2022－01－10］. http://www.shanxi.gov.cn/zw/zfwj/swygwj/202112/t20211210_947521.shtml.

［8］省发展改革委 省档案局关于印发《浙江省档案事业发展“十四五”规划》的通知［EB/OL］.（2021－03－26）［2021－12－11］. https://www.zj.gov.cn/art/2021/6/24/art_1229540815_4671280.html.

［9］江苏省“十四五”档案事业发展规划［EB/OL］.（2021－08－25）［2021－12－10］. http://www.dajs.gov.cn/art/2021/9/10/art_16_57693.html.

［10］福建省档案局 福建省发展和改革委员会印发《福建省“十四五”档案事业发展规划》［EB/OL］.（2021－11－03）［2021－12－17］. http://www.fj-archives.org.cn/dazw/bsdt/202111/t20211103_295443.htm.

［11］《“十四五”江西省档案事业发展规划》印发［EB/OL］.（2021－09－13）［2021－12－13］. http://www.jxdag.gov.cn/id_4028ec817b0b27af017bf7833a171797/news.shtml.

［12］马秀贞.《“十四五”山东省档案事业发展规划》印发［N］. 中国档案报，2021－10－18（1）.

［13］鲁紫裕.《“十四五”河南省档案事业发展规划》印发［N］. 中国档案报，2021－11－11（1）.

［14］省委办公厅、省政府办公厅印发《“十四五”湖南省档案事业发展规划》［EB/OL］.（2021－08－13）［2021－12－11］. http://www.hunan.gov.cn/hnyw/zwdt/202108/t20210813_20321331.html.

[15] 中共海南省委办公厅 海南省人民政府办公厅关于印发《海南省档案事业发展“十四五”规划》的通知 [EB/OL]. (2021 - 09 - 07) [2021 - 12 - 11]. https://www.hainan.gov.cn/hainan/swygwj/202109/fced21be019e4b8fa9855f2de48c80fa.shtml.

[16] 省委办公厅、省政府办公厅印发《“十四五”云南省档案事业发展规划》[EB/OL]. (2021 - 10 - 16) [2021 - 12 - 11]. http://www.yn.gov.cn/zwgk/zcwj/swwj/202110/t20211016_229341.html.

[17] 陕西省档案事业发展“十四五”规划 (2021—2025) [EB/OL]. (2021 - 08 - 26) [2021 - 12 - 11]. http://www.chinaarchives.cn/home/category/detail/id/36199.html.

[18] 省委办公厅 省政府办公厅印发《“十四五”甘肃省档案事业发展规划》[EB/OL]. (2021 - 09 - 02) [2021 - 12 - 11]. http://www.gansu.gov.cn/gsszf/c100002/c100999/202109/1796461.shtml.

[19] 广西档案事业发展“十四五”规划 [EB/OL]. (2021 - 10 - 22) [2021 - 12 - 13]. http://www.gxzf.gov.cn/zwgk/fzgh/zxgh/t10507396.shtml.

[20]《宁夏回族自治区档案事业发展“十四五”规划》印发 [EB/OL]. (2021 - 09 - 02) [2021 - 12 - 13]. https://www.saac.gov.cn/daj/c100282/202109/a216076f8ecc47978bb9f876b5d7559d.shtml.

[21] 自治区党委办公厅自治区人民政府办公厅印发“十四五”新疆维吾尔自治区档案事业发展规划 [EB/OL]. (2021 - 10 - 15) [2021 - 12 - 13]. http://www.xinjiang.gov.cn/xinjiang/c112288/202202/69bccff3687341e98ee16f722bf496db.shtml.

[22] 湖北省委办公厅、省政府办公厅 印发《“十四五”湖北省档案事业发展规划》[EB/OL]. (2022 - 01 - 04) [2022 - 02 - 14]. http://www.hbda.gov.cn/info/4137.jspx.

[23]《“十四五”辽宁省档案事业发展规划》印发 [EB/OL]. (2021 - 10 - 25) [2021 - 12 - 13]. https://www.saac.gov.cn/daj/c100186/202110/29b9c147879e4720b606cdeca8b9ecd6.shtml.

[24]《“十四五”重庆市档案事业发展规划》印发 [EB/OL]. (2021 - 12 - 14) [2021 - 12 - 28]. https://www.saac.gov.cn/daj/c100250/202112/781eb5d31e4b407b8014b62788add354.shtml.

[25] 中共贵州省委办公厅 贵州省人民政府办公厅印发《贵州省档案事业发展“十四五”规划》[EB/OL]. (2021 - 11 - 23) [2021 - 12 - 28]. http://www.gzdafzxx.cn/xwzx/xyyw/202111/t20211123%5F71771239.html.

[26] 中共安徽省委办公厅安徽省人民政府办公厅关于印发《“十四五”安徽省档案事业发展规划》的通知 [EB/OL]. (2021 - 11 - 27) [2021 - 12 - 13]. http://www.ahnews.com.cn/zhengwu/pc/con/2022-01/13/2696_497446.html.

[27] 中共河北省办公厅，省政府办公厅．“十四五”河北省档案事业发展规划 [Z]. 2021 - 07 - 18.

附录1　各地“十四五”档案事业发展规划词频统计

北京市		天津市		河北省		辽宁省		黑龙江省		上海市	
词语	词频	词语	词频	词语	词频	词语	词频	词语	词频	词语	词频
档案	413	档案	354	档案	372	档案	265	档案	443	档案	385
工作	102	工作	68	工作	109	工作	66	工作	122	工作	106
建设	73	建设	65	建设	59	建设	52	建设	58	建设	72
档案馆	70	档案馆	54	档案馆	55	档案馆	46	管理	55	档案馆	66
服务	64	管理	47	服务	47	资源	43	档案馆	53	服务	59
发展	53	安全	43	加强	45	加强	41	安全	48	上海	51
加强	52	资源	38	管理	41	发展	36	发展	48	开展	48
管理	43	加强	34	推进	41	安全	34	服务	47	管理	44
利用	43	服务	32	发展	40	推进	34	加强	44	发展	43
推进	42	推进	32	电子	35	服务	32	电子	40	国家	38
电子	39	发展	31	安全	34	国家	32	推进	39	加强	38
资源	36	电子	30	资源	34	管理	30	资源	39	积极	33
数字	35	提升	30	开展	33	电子	29	机制	36	安全	30
安全	33	利用	29	推动	31	综合	28	数字	32	开放	30
实现	33	机制	26	综合	30	机制	25	提升	32	社会	30
社会	32	数字	25	数字	29	数字	24	推动	30	资源	28
国家	30	信息	24	全省	28	各级	23	信息	29	提升	27
机制	30	体系	23	机制	27	信息	23	国家	28	文化	27
全市	30	天津	20	重大	27	建立	21	实施	28	电子	24
提升	29	开放	19	体系	26	利用	20	开展	27	数字	24
人才	26	能力	19	归档	25	体系	20	利用	27	推进	24
体系	26	推动	19	建立	25	开展	19	全面	27	重要	24
重大	26	完善	19	提升	25	事业	19	事业	27	利用	22
保护	25	开展	18	文件	25	提升	19	建立	25	事业	21
全面	25	全面	18	信息	25	全面	18	水平	25	部门	20
推动	24	信息化	18	利用	24	治理	18	治理	25	国际	20
文件	24	各级	17	社会	22	全省	17	归档	24	落实	20
信息	24	教育	17	事业	22	规划	16	加快	24	强化	20
系统	23	人才	16	部门	21	人才	16	企业	24	人民	19
北京	22	水平	16	能力	21	社会	16	重要	24	治理	19
单位	22	制度	16	完善	21	完善	16	创新	23	城市	18

续表

北京市		天津市		河北省		辽宁省		黑龙江省		上海市	
词语	词频	词语	词频	词语	词频	词语	词频	词语	词频	词语	词频
规划	22	规划	15	制度	21	能力	15	全省	23	人才	18
活动	22	建立	15	规划	20	推动	15	社会	23	数字化	17
实施	22	企业	15	开放	20	辽宁	14	完善	23	信息	17
事业	22	治理	15	信息化	20	指导	14	文件	23	单位	16
制度	22	健全	14	机关	19	重点	14	信息化	23	各级	16
保障	21	落实	14	监督	19	作用	14	落实	22	进一步	16
信息化	21	强化	14	企业	19	更加	13	人才	22	能力	16
中心	21	文件	14	全面	19	坚持	13	制度	22	推动	16
更加	20	系统	14	水平	19	文件	13	更加	21	实施	15
建立	19	业务	14	组织	19	部门	12	开放	21	现代化	15
创新	18	更加	13	更加	18	创新	12	提高	21	专业	15
技术	18	培养	13	系统	18	开放	12	贯彻	20	综合	15
建成	18	全市	13	政治	18	落实	12	力度	20	规划	14
开放	18	国家	12	单位	17	水平	12	能力	20	历史	14
能力	18	社会	12	共享	17	信息化	12	体系	20	深入	14
项目	18	深化	12	国家	17	归档	11	指导	20	作用	14
预期	18	数字化	12	教育	17	科技	11	黑龙江	19	发挥	13
指导	18	项目	12	培训	17	系统	11	重大	19	贯彻	13
治理	18	政治	12	指导	17	监督	10	重点	19	全国	13
江苏省		浙江省		安徽省		福建省		江西省		山东省	
词语	词频	词语	词频	词语	词频	词语	词频	词语	词频	词语	词频
档案	376	档案	500	档案	298	档案	368	档案	223	档案	351
工作	86	工作	150	档案馆	80	工作	87	工作	65	工作	77
建设	65	建设	80	工作	75	建设	65	建设	52	档案馆	53
资源	51	档案馆	72	建设	52	档案馆	63	档案馆	37	建设	47
档案馆	49	服务	70	服务	47	管理	42	加强	33	安全	46
发展	45	安全	57	管理	35	安全	39	管理	24	服务	34
安全	42	发展	47	发展	34	利用	38	安全	23	发展	32
管理	42	推进	46	加强	31	数字	37	服务	22	加强	31
服务	41	国家	42	安全	29	发展	36	利用	22	推进	31
数字	30	资源	41	资源	28	服务	36	推进	22	资源	31

续表

江苏省		浙江省		安徽省		福建省		江西省		山东省	
词语	词频	词语	词频	词语	词频	词语	词频	词语	词频	词语	词频
推进	30	制度	40	提升	23	资源	34	资源	22	开展	26
加强	27	管理	39	利用	22	推进	32	各级	20	各级	24
信息	27	加强	39	推进	22	文化	31	业务	20	全省	23
电子	26	数字	38	信息	22	加强	30	发展	19	管理	22
机制	25	全面	36	机制	21	电子	29	推动	18	建立	22
实现	25	体系	34	各级	20	建立	26	信息	18	利用	22
国家	24	机制	32	社会	20	信息	26	综合	18	体系	21
江苏	24	推动	32	电子	19	各级	25	企业	17	机制	20
系统	24	建立	31	信息化	19	机制	25	电子	15	实施	19
制度	24	重要	31	综合	19	提升	24	规划	15	数字	19
开展	23	综合	30	国家	18	社会	23	机制	15	综合	19
全省	23	实施	29	人才	18	体系	22	建立	15	全面	17
创新	22	社会	28	重大	18	保护	21	数字	15	开放	16
领域	22	实现	28	开放	17	全省	21	活动	14	人才	16
提升	22	业务	28	数字	17	开展	20	实施	14	要求	16
完善	22	数据	27	创新	16	开放	19	提升	14	业务	16
利用	21	开展	26	开展	16	系统	19	指导	14	电子	15
人才	21	利用	26	科技	16	综合	19	制度	14	山东	15
重要	21	数字化	26	重点	16	共享	18	江西	13	系统	15
社会	20	全省	25	保护	15	项目	18	社会	13	更加	14
重大	20	浙江	25	加大	15	中心	18	信息化	13	社会	14
事业	19	治理	25	建立	15	业务	17	机关	12	推动	14
信息化	19	开放	24	教育	15	依法	17	精神	12	依法	14
业务	19	完善	24	指导	15	制度	17	开放	12	制度	14
重点	19	基层	23	鼓励	14	国家	16	重点	12	治理	14
技术	18	建成	23	完善	14	平台	16	监督	11	全国	13
建立	18	系统	23	文件	14	全面	16	开展	11	事业	13
全面	18	部门	22	系统	14	推动	16	体系	11	重要	13
体系	18	改革	22	规范	13	完善	16	完善	11	部门	12
推动	18	全国	22	监督	13	落实	15	做好	11	行政	12
开放	17	人才	22	开发	13	实施	15	共享	10	健全	12

续表

江苏省		浙江省		安徽省		福建省		江西省		山东省	
词语	词频	词语	词频	词语	词频	词语	词频	词语	词频	词语	词频
文件	17	应用	22	力度	13	研究	15	江西省	10	能力	12
质量	17	组织	21	推动	13	福建省	14	全省	10	评估	12
各级	16	电子	20	项目	13	加大	14	文件	10	信息化	12
更加	16	更加	20	组织	13	开发	14	修订	10	保护	11
能力	16	规范	20	归档	12	更加	13	组织	10	工程	11
平台	16	中心	20	规划	12	归档	13	鼓励	9	规划	11
政治	16	规划	19	活动	12	规划	13	红色	9	加快	11
归档	15	技术	19	能力	12	合作	13	平台	9	力度	11
规范	15	文化	19	企业	12	技术	13	收集	9	落实	11
湖北省		湖南省		广西壮族自治区		海南省		贵州省		云南省	
词语	词频	词语	词频	词语	词频	词语	词频	词语	词频	词语	词频
档案	314	档案	227	档案	374	档案	341	档案	301	档案	389
工作	79	工作	49	工作	105	建设	73	工作	82	工作	115
档案馆	72	建设	37	建设	61	工作	65	档案馆	48	建设	58
建设	67	档案馆	33	档案馆	56	档案馆	50	建设	45	发展	50
发展	41	服务	27	服务	49	资源	43	加强	39	加强	45
加强	37	加强	27	推进	45	安全	38	国家	38	安全	42
服务	36	发展	26	安全	42	管理	37	发展	37	档案馆	42
全省	33	安全	24	国家	41	电子	35	安全	36	服务	41
资源	33	推进	24	发展	40	加强	33	服务	28	推进	38
湖北	30	管理	22	加强	40	机制	30	管理	27	管理	34
建立	30	建立	21	资源	36	推进	30	资源	26	国家	33
各级	28	资源	20	管理	34	各级	27	电子	25	资源	31
安全	26	制度	19	各级	32	人才	26	推进	24	机制	29
数字	26	各级	17	机制	32	发展	25	数字	23	利用	28
推进	26	开展	17	广西	31	利用	25	综合	23	自治区	26
电子	23	社会	17	综合	31	综合	25	各级	22	社会	24
机制	23	国家	16	电子	30	国家	24	机制	20	事业	24
建成	22	机制	15	利用	29	建立	23	提升	20	电子	23
开展	22	信息	15	推动	28	服务	22	建立	18	体系	23
中心	21	利用	14	数字	27	海南	22	开放	18	信息化	23

续表

湖北省		湖南省		广西壮族自治区		海南省		贵州省		云南省	
词语	词频	词语	词频	词语	词频	词语	词频	词语	词频	词语	词频
国家	20	实施	14	更加	24	文件	22	全省	18	提升	22
保护	19	规划	13	归档	24	全省	21	事业	18	建立	21
管理	19	开放	13	信息	24	单位	20	社会	17	能力	21
体系	19	事业	13	建立	23	开展	20	信息化	17	推动	21
支持	18	数字	13	全区	23	信息	20	健全	16	综合	21
文化	17	体系	12	提升	23	开放	19	利用	16	部门	20
系统	17	推动	12	开放	22	完善	19	推动	16	各级	20
重点	17	电子	11	开展	22	体系	18	更加	15	开放	20
开放	16	企业	11	完善	22	制度	18	水平	15	重点	20
数据	16	全省	11	制度	22	全面	17	制度	15	完善	19
文献	16	支持	11	社会	21	数字	17	贵州	14	治理	19
党	15	治理	11	文件	21	规划	16	体系	14	重大	19
工程	15	重大	11	单位	20	健全	16	治理	14	开展	18
利用	15	重点	11	体系	20	推动	16	人才	13	新疆	18
实施	15	重要	11	人才	19	文化	16	完善	13	信息	18
事业	15	综合	11	信息化	19	重点	16	信息	13	党	17
推动	15	活动	10	规划	18	企业	15	指导	13	行政	17
创新	14	接收	10	加大	18	社会	15	创新	12	教育	17
归档	13	强化	10	规范	17	水平	15	归档	12	领导	17
规划	13	人才	10	教育	17	信息化	15	开展	12	业务	17
业务	13	实现	10	事业	17	监督	14	能力	12	重要	17
治理	13	提升	10	治理	17	教育	14	实施	12	更加	16
人才	12	文件	10	重大	17	指导	14	文件	12	活动	16
社会	12	要求	10	监督	16	归档	13	重要	12	培训	16
实现	12	单位	9	健全	16	贸易	13	保障	11	全面	16
信息化	12	归档	9	科技	16	能力	13	规划	11	数字	16
更加	11	规范	9	共享	15	提升	13	加大	11	依法	16
鼓励	11	监管	9	力度	15	自由港	13	监督	11	归档	15
贯彻	11	科技	9	能力	14	海南省	12	全面	11	坚持	15
科技	11	落实	9	全面	14	机关	12	实现	11	企业	15

续表

陕西省		甘肃省		新疆维吾尔自治区	
词语	词频	词语	词频	词语	词频
档案	347	档案	351	档案	389
工作	83	工作	94	工作	115
档案馆	62	建设	49	建设	58
建设	56	加强	47	发展	50
发展	49	档案馆	46	加强	45
服务	48	管理	46	安全	42
安全	47	发展	40	档案馆	42
管理	45	安全	39	服务	41
推进	38	资源	39	推进	38
资源	35	推进	36	管理	34
体系	34	服务	35	国家	33
数字	32	电子	32	资源	31
建立	30	社会	30	机制	29
加强	28	提升	30	利用	28
全面	28	利用	29	自治区	26
机制	25	体系	27	社会	24
信息	25	信息	27	事业	24
国家	24	开展	26	电子	23
全省	22	机制	24	体系	23
事业	22	各级	23	信息化	23
完成	22	完善	23	提升	22
完善	22	建立	22	建立	21
业务	22	数字	22	能力	21
开展	21	国家	21	推动	21
能力	21	人才	21	综合	21
推动	20	更加	20	部门	20
治理	20	落实	20	各级	20
综合	20	事业	19	开放	20
教育	19	文件	19	重点	20
企业	19	规划	18	完善	19
提升	19	科技	18	治理	19
落实	18	全面	18	重大	19

续表

陕西省		甘肃省		新疆维吾尔自治区	
词语	词频	词语	词频	词语	词频
社会	18	全省	18	开展	18
执法	18	指导	18	新疆	18
电子	17	单位	17	信息	18
活动	17	加快	17	党	17
利用	17	能力	17	行政	17
实现	17	推动	16	教育	17
项目	17	信息化	16	领导	17
信息化	17	制度	16	业务	17
重大	17	创新	15	重要	17
组织	17	归档	15	更加	16
单位	16	健全	15	活动	16
各级	16	接收	15	培训	16
规范	16	开放	15	全面	16
培训	16	水平	15	数字	16
重要	16	系统	15	依法	16
创新	15	治理	15	归档	15
积极	15	综合	14	坚持	15
技术	15	监督	13	企业	15

附录2 “十四五”期间各地特色档案工作

地区	类型	特色工作内容
北京市	档案治理	京津冀协同发展、北京城市副中心建设等重点工作
	档案监管	2022年北京冬奥会冬残奥会筹办举办档案、“两区”“三平台”档案、重点园区档案等重点工作，中国国际服务贸易交易会、中关村论坛、金融街论坛等重大活动档案，新一轮百万亩造林绿化工程、创建国家森林城市、生态涵养区生态保护等工作档案
	资源建设	2022年北京冬奥会冬残奥会筹办举办、“一核一城三带两区”档案收集
		拓展档案资源收集范围，为国家为世界留存北京方案、北京标准、北京智慧
	档案服务	为政治中心、文化中心、国际交往中心、国际科技创新中心做好档案服务保障
	开发利用	“一核一城三带两区”、历史文化名城保护、老城整体保护、中轴线申遗、“三条文化带”建设、老字号传承创新、非遗文化传承、“三山五园”保护等档案开发
		开展“北京记忆工程”、北京方言保护等活动
		积极贯彻落实《京津冀协同发展规划纲要》
	档案技术	第五代移动通信（5G）、大数据、云计算、人工智能和区块链等新技术应用
		建设纸质档案抢救修复、珍贵档案仿真复制等7个分中心
	人才培养	档案“131工程”
		探索实施档案科研“揭榜挂帅”制度
		建设以“北京市档案教育培训网”为基础的全国有影响力的在线教育平台
天津市	档案治理	完善京津冀档案工作协同机制
	档案监管	“一基地三区”建设，“津城”“滨城”双城发展格局构建，“871”重大生态建设工程等重点工作档案监管
	资源建设	开展天津重要历史人物和事件、企业“老字号”、大运河文化、名镇名村等特色档案抢救和保护工作
		天津城市记忆工程
		建设全市档案信息资源综合管理平台、档案电子数据长期可信保存系统
	开发利用	编辑出版《中共天津历史档案选编》《近代中国北方航运中心档案选编》《近代名人信札》《天津档案与历史》等
		提升改造天津城市记忆展，举办“百年恰是风华正茂”主题档案文献展、“天津红色革命遗址网络展”等

续表

地区	类型	特色工作内容
辽宁省	档案监管	老工业基地决策部署、“五大安全”、优化营商环境、“一圈一带两区”布局、国资国企改革、非公有制经济发展等重点领域
	资源建设	明清、民国、革命历史档案目录中心建设
		满语、满文资源，清代档案资源
		东北地区三省四市档案资源共建共享工程
	开发利用	新时代辽宁工业文化研究和传承，助力做好结构调整“三篇大文章”
		建设辽宁红色档案微平台
黑龙江省	档案监管	“五大安全”领域重大工程档案
	资源建设	征集、保护在俄党史档案资料
	开发利用	历史研究、工业遗产保护、历史文化遗产传承、“一带一路”与跨文化交流资源，在俄党史档案资料
	对外交流	打造中俄档案交流合作重要窗口，落实《2021—2025 年中俄档案合作分委会工作大纲》涉及黑龙江省的具体任务
上海市	档案治理	长三角生态绿色一体化发展示范区档案工作协同发展机制
	档案监管	中国国际进口博览会、世界顶尖科学家论坛、世界人工智能大会、世界技能大赛等重大活动、重要会议、重要工作的档案监管
	档案服务	为“四大功能”“五个中心”建设、浦东新区社会主义现代化建设引领区、虹桥国际开放枢纽和“五大新城”建设等提供档案服务
	资源建设	“掌上档案馆”建设
		建立珍贵红色档案名录
		申报“中国档案文献遗产”，评选“上海市档案文献遗产”
	开发利用	打造“红色记忆”档案文化品牌，综合运用展览出版、舞台影视制作、新媒体传播等方式，打造“城市记忆”“跟着档案看上海”系列档案历史文化品牌
		编辑出版《人民的城市——上海城市治理档案文献汇编》大型史料丛书
	档案技术	市档案馆加大“一屏观全馆”“一屏管全馆”等场景应用建设，积极探索智慧库房、智能讲解等
		档案全文检索投入实际应用
		探索虚拟现实（VR）、增强现实（AR）等现代科技在档案展览展示中的应用
	对外交流	利用国际档案理事会及其东亚分会、城市及地区档案馆执委会、友好城市等平台进行对外交流
	人才培养	实施“档案百人专才”计划、“档案百人工匠”计划，培育全行业“金手指”工匠

续表

地区	类型	特色工作内容
江苏省	资源建设	“一带一路”建设、长江经济带发展、长三角区域一体化发展、大运河文化带建设等档案资料收集
		“纪录小康”、非物质文化遗产等口述史料采集
	开发利用	开发“百村万户”江苏乡村记忆口述历史档案资源
		落实长三角地区档案工作协同合作事项
	档案技术	研发集自主定位导航、多传感器融合、智能控制等多种技术于一体的综合巡逻机器人，实现立体可视化巡防
浙江省	档案监管	长三角区域一体化发展、长江经济带发展、中国（浙江）自由贸易试验区、海洋经济发展示范区建设等重点工作
		杭州亚运会、杭州亚残运会、2023 年“八八战略”实施 20 周年等重大活动
	资源建设	“三个地”和“重要窗口”档案资源建设工程
		省档案馆建成省档案数据共享中心
	开发利用	开通“查档直通车”，推进档案馆（室）数字资源共享利用
		“千村档案”资源开发利用
		打造《记忆浙江》、“档案＋”等系列档案文化品牌
	档案技术	探索利用 AI 技术辅助档案开放审核
安徽省	档案监管	“三地一区”建设、长三角一体化发展等重点领域
		世界制造业大会、长三角地区主要领导座谈会等重大活动、重要会议
	资源建设	加强徽州文书、皖籍院士、新徽商领军英才、皖籍英烈英模等档案征集工作
	开发利用	编辑出版《红色档案见证初心使命》，联合制作电视系列片《百年皖事》，续编《昔档今读》
		举办“百年恰是风华正茂”主题档案文献展、“建党百年初心如磐——长三角红色档案珍品展”、“安徽记忆——馆藏档案珍品展”“庆祝建党一百周年百家艺术档案展览”、脱贫攻坚伟大成就展、抗击新冠肺炎疫情斗争展等
	档案技术	加快大数据、云计算、区块链等新技术在档案信息共享利用、档案安全保管保护等领域的应用，探索文字识别、语音语义识别、图像识别、视频分析等人工智能技术与档案管理的深度融合
	人才培养	实施安徽省档案人才建设“152”计划

续表

地区	类型	特色工作内容
福建省	档案监管	海峡两岸融合发展等重点领域
		推动省地方标准《党政机关电子公文归档一体化管理技术规范》（DB35/T 1916—2020）落地见效
	资源建设	涉侨、涉台档案资源建设
		深入挖掘海丝文化、朱子文化、闽南文化、客家文化、妈祖文化、闽都文化，开展“迁台记忆”档案文献整理与研究
	开发利用	侨批档案、涉台档案、红色档案、客家档案、畲族档案等具有地方特色档案开发
	对外交流	加强海峡两岸档案交流合作中心建设，深化海峡论坛“闽台关系档案图片展览”系列活动，通过举办海峡两岸档案学术论坛、档案文献展览、档案业务研讨等形式加强交流
		发挥世界记忆项目福建学术中心国际交流平台作用
		巩固和落实与新加坡国家文物局等签署的合作协议，拓展与海丝沿线国家和地区档案馆、图书馆、博物馆等文献遗产保管单位的交流合作
江西省	档案监管	江西内陆开放型经济试验区建设、国家生态文明试验区建设、赣南等原中央苏区振兴发展、“五河一湖一江”保护治理等重点领域
	资源建设	世界VR产业大会、中国航空产业大会暨南昌飞行大会、世界赣商大会、十六届省运会、全省旅游发展大会、景德镇国际陶瓷博览会、中国樟树药交会、汤显祖国际戏剧节等大型活动档案收集管理
		非物质文化遗产、民俗民风、名人名胜、名镇名村、名优特产等具有地方特色档案收集征集
		井冈山精神、苏区精神、长征精神、八一精神、安源精神、方志敏精神、甘祖昌精神、血防精神、抗洪精神等相关档案资料的收集征集，鼓励开展抗日战争、解放战争、抗美援朝战争等重大历史亲历者口述历史采集
	开发利用	围绕中央革命根据地创建暨中华苏维埃共和国成立90周年等重要时间节点、重大纪念活动开发档案资源
湖北省	档案治理	鄂湘赣区域协调发展机制，深化三省档案部门合作
	档案监管	中部地区崛起、长江经济带发展、“襄十随神”“宜荆荆恩”城市群协同发展等重点领域
	资源建设	鄂豫皖、湘鄂西、湘鄂赣革命根据地等红色档案资源收集
		炎帝神农文化、楚文化、武当文化、土家文化等特色档案资源建设
		光谷档案馆、水利档案馆、桥梁档案馆、建筑档案馆等一批特色档案馆建设
		建设“抗击新冠肺炎疫情”“长江大保护”“开国将帅”等9个档案专题数据库，中部省域治理样板区等重点项目档案数据库
		宜昌、荆州等地围绕渔民上岸和化工搬迁等领域开展沿江岸线乡村（社区）生态文明专题建档工作
		新时代湖北记忆工程
	开发利用	与地方联合开发海关档案、汉冶萍公司档案等历史档案
		举办“湖北红色档案文献展”“英雄湖北大型档案文献展”等系列专题展览
	人才培养	建立档案科研项目数据库

续表

地区	类型	特色工作内容
湖南省	开发利用	编辑出版《党和国家领导人与湖南档案选录》《红色家庭档案》系列丛书，合作拍摄《档案里的红色潇湘故事》电视专题片，各市州档案馆编辑出版本地馆藏红色档案汇编（地区篇）
	档案技术	打造“智慧档案”，融入数字经济、数字社会、数字政府建设
广西壮族自治区	资源建设	非物质文化遗产档案、少数民族档案、优秀传统文化档案征集
	开发利用	与越南、老挝等国家合作编研、展览项目落地
	对外交流	与东盟国家的档案交流合作，推动签署双边档案合作协议
		巩固深化与越南、老挝等国家在档案领域的合作成果
		参与国际档案理事会东亚地区分会等国际组织的交流活动
海南省	档案监管	海南自由贸易港建设等重点领域，智慧海南重大项目、“五网”基础设施重大工程、热带特色高效农业重点工程、文化强省重点工程、重大生态保护项目等重要工程
	资源建设	农垦历史档案资料、海南省情地情和琼剧、黎锦、苗绣、崖州民歌的收集
		琼崖革命历史文化、环保、旅游文化、黎苗文化、生态资源、海洋文化、华侨文化、特色小城镇规划、历史文化名城、民间文化、历史名人、非物质文化遗产、海南老字号等档案资料收集
	开发利用	编研出版海南省档案馆指南、张云逸在统战中的特殊贡献、党和国家领导视察海南专题画册
		落实《海南省档案远程利用管理暂行办法》，依托“海南省档案信息资源共享利用平台”，建立全省跨区域档案信息资源共享利用机制
贵州省	档案监管	生态文明贵阳国际论坛、中国国际大数据产业博览会等重大活动，经开区、高新区、工业园区、新区、综合保税区等各类功能区和开放开发平台档案监管
	资源建设	新时代贵州“黄金十年”和“四新”“四化”奋斗历程档案
	开发利用	以贵州红色文化、生态文化、民族文化、历史文化、“三线”文化等为依托的档案精品文化工程
	人才培养	强化乡村振兴档案人才培养
云南省	档案监管	“一带一路”建设、长江经济带发展、成渝地区双城经济圈建设、粤港澳大湾区建设、打造世界一流“三张牌”、重塑云南支柱产业新优势、培育壮大新兴产业等重点领域和中心工作
陕西省	档案监管	“一带一路”、黄河流域生态保护和高质量发展、十四运会和残特奥会、西安国家中心城市、陕西自贸区、陕北能源化工基地等重点领域
	资源建设	丝博会、欧亚经济论坛、杨凌农高会、黄帝陵祭祀、十四运会和残特奥会等重大活动采集归档
	开发利用	推进黄河流域九省民生档案跨馆查询，实现跨地区跨部门资源共建共享

续表

地区	类型	特色工作内容
甘肃省	档案监管	“一带一路”、生态文明建设、黄河流域生态保护和高质量发展等重点领域档案工作
	资源建设	陕甘边区、西路军档案资料资源建设
	开发利用	梳理整合晚清至1978年间黄河流域甘肃段非涉密档案，编撰出版《甘肃省馆藏祁连山及黄河生态环境档案文献类编》系列丛书
新疆维吾尔自治区	档案监管	丝绸之路经济带核心区、向西开放桥头堡、“三基地一通道”建设等重点领域
	资源建设	自治区经济发展、社会治理、历史变迁面貌等档案的收集
		非物质文化遗产、名优产品、历史遗迹等文字材料、照片、声像和实物档案收集
		涉及群众合法权益、基层党建、人居环境整治、历史文化建筑、家风家训族谱等档案的收集

2021年中国综合档案馆建设调研报告

任越[1]　魏莹莹[1]　刘泽禹[1]　王婉蓉[1]　王迎[1]　闫香羽[1]

1. 黑龙江大学信息管理学院，哈尔滨　150080

摘　要： 国家综合档案馆是我国档案事业发展的核心动力。2021年，全国各级各类综合档案馆一方面围绕《“十四五”全国档案事业发展规划》和新修订的《中华人民共和国档案法》平稳开展常态化工作，另一方面扩展档案信息化与馆藏资源建设的外延，在数字档案馆建设、档案数字化、档案编研成果方面硕果累累。报告通过对中国档案资讯网发布的全国各地综合档案馆工作动态和各省级档案门户网站发布的各类新闻报道的统计与梳理，总结了2021年全国各级各地综合档案馆在资源体系建设、利用体系建设、安全保障体系建设方面的现状，突出了我国综合档案馆建设所取得的成绩与工作亮点，指出存在的问题，并从五个方面提出2022年我国综合档案馆建设的方向及策略。

关键词： 综合档案馆；档案信息化；档案收集；档案利用服务

作者简介： 任越，博士，教授，研究方向为档案学基础理论，电子邮箱renyue81@163. com；魏莹莹，硕士研究生，研究方向为档案学基础理论；刘泽禹，硕士研究生，研究方向为档案学基础理论；王婉蓉，硕士研究生，研究方向为档案学基础理论；王迎，硕士研究生，研究方向为档案学基础理论；闫香羽，硕士研究生，研究方向为档案学基础理论。

2021年是我国“十四五”时期的开局之年。这一年全国档案事业经历机构改革之后进入平稳发展新周期。在2020年新修订的《中华人民共和国档案法》（简称新《档案法》）的推动下，加上2021年中国共产党建党百年时代背景的烘托，我国各级各地综合档案馆通过面向社会征集各种反映时代发展与社会主题的档案文献，开展系列主题文化活动，举办系列建党百年主题展览，在丰富馆藏资源的同时，进一步加快馆藏档案数字化、数据化的工作进度，综合档案馆建设呈现出稳步推进、和谐发展的态势。

一、2021 年我国综合档案馆建设现状

为全面掌握我国各级各地综合档案馆建设的现状，课题组首先通过网络调研的方式对 2020 年 12 月到 2021 年 11 月末中国档案资讯网“各地状态”栏目下发布的新闻和各省级综合档案馆门户网站发布的各地综合档案馆的工作动态进行了全面梳理，从 1 680 篇工作状况报道中剔除综合档案馆内部管理活动报道，对共计 995 篇报道进行了分析。课题组将关于综合档案馆工作的新闻报道分为档案接收与征集、档案宣传、档案编研成果、档案提供利用、档案馆安全管理、档案馆藏建设和社会服务七大类，其中档案接收与征集类 195 篇，档案宣传类 265 篇，档案编研成果类 88 篇，档案提供利用类 108 篇，档案馆安全管理类 118 篇，档案馆藏建设类 129 篇，社会服务类 92 篇（见图 1）。与此同时，课题组分成 3 个小组围绕档案馆藏建设、档案提供利用、档案馆安全管理等方面对部分综合档案馆工作人员进行了实地与网络访谈，对我国综合档案馆 2021 年工作开展的情况进行整体把握。

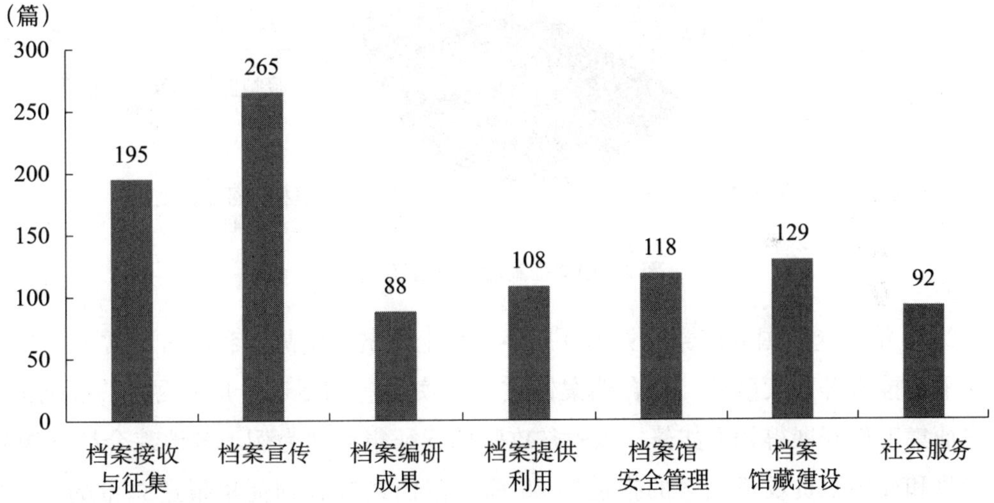

图 1　综合档案馆工作新闻报道的分布

鉴于访谈资料无法对我国综合档案馆工作开展的整体状况进行可视化呈现，课题组将着重对网络调研的新闻报道进行数据汇总与梳理，而后在分析综合档案馆建设存在的问题时，着重引述访谈整理分析的结果。通过对上述七大类新闻报道的内容进行整理与分析，课题组将 2021 年我国各级各地综合档案馆建设现状分为以下几个方面进行表述。

（一）综合档案馆资源体系建设现状

1. 档案收集工作

2021 年，全国各级各地综合档案馆积极开展档案接收与征集工作，尤其在贯彻落实《重大活动和突发事件档案管理办法》过程中，综合档案馆注重对重大活动和突发事件档案的收集力度，并结合地方特色文化类型，持续开展地方特色档案的收集。据课题组统计，全国各级各地综合档案馆共开展了 195 次档案征集活动，其中党史档案征集活动占征集活动总数的 23%，脱贫攻坚档案征集活动占征集活动总数的 14%，疫情防控档案征集活动占征集活动总数的 12%，地方特色档案征集活动占征集活动总数的 9%（见图 2）。

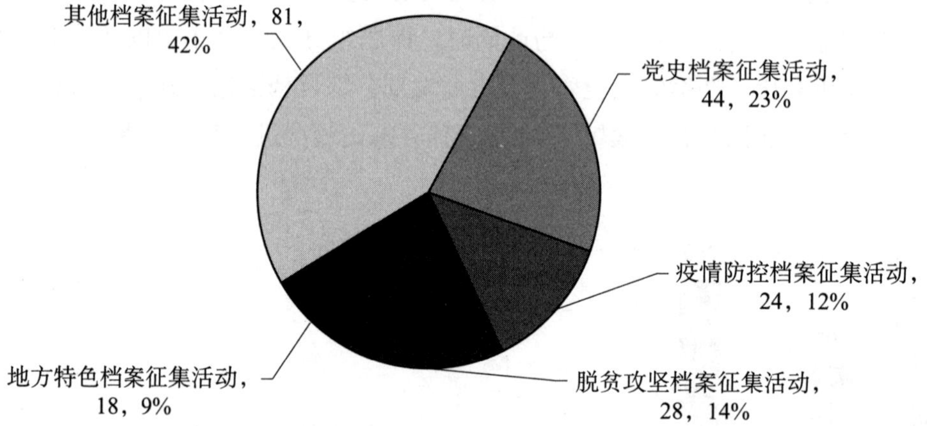

图 2　档案征集活动类型及占比

2021 年恰逢中国共产党建党 100 周年，加上脱贫攻坚战胜利收官、常态化防疫工作平稳推进等重大事件，综合档案馆贯彻落实“应归尽归、应收尽收”的原则，档案征集工作开展得如火如荼。以脱贫攻坚档案征集活动为例，各地综合档案馆发布接收和征集脱贫攻坚档案的报道共 28 篇，占档案接收和征集报道总量的 14%。按照档案接收地域划分，西南地区档案占比 30%，华东地区档案占比 25%，华南地区档案占比 20%，西北地区和华中地区档案均占 10%，东北地区档案占比 5%（见图 3）。上述数据体现出当地综合档案馆对脱贫攻坚工作中形成的各类档案的重视。

随着新冠肺炎疫情进入常态化防控阶段，全国各级各地综合档案馆着手对 2020 年抗击新冠肺炎疫情工作形成的有关文本、影像、网络信息进行全面收集。如广西壮族自治区河池市档案局明确规定，各地综合档案馆要高质量做好疫情防控档案收

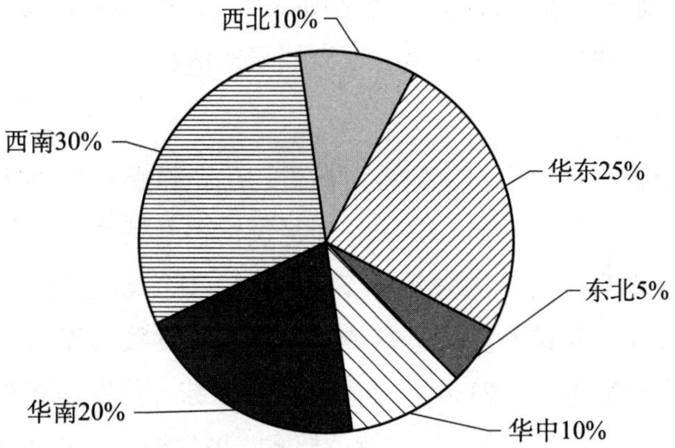

图3　脱贫攻坚档案接收地域分布

集工作，全面了解、及时跟进档案归集工作，整体把握档案归集工作进度，并就档案归集工作的重点、难点问题开展现场答疑[①]；福建省宁德市档案馆抽调业务骨干深入疫情防控工作临时机构及成员单位，以及县（市、区）、乡镇、村，实地调研疫情防控档案归集工作情况[②]。

此外，围绕地方特色档案资源建设，全国各级各地综合档案馆出台各种方案开展地方特色档案资源库的建设，在丰富馆藏资源的同时，进一步履行综合档案馆留存地方社会记忆的职责。如内蒙古自治区档案馆征集“三千孤儿入内蒙”口述史料[③]；山东省青岛市采用“征集非遗档案＋非遗传承人讲述”的方式，助力地域非物质文化遗产的传承和保护[④]；甘肃省档案馆在建馆60周年之时先后征集到126幅优秀书法作品且汇编成册，并在陈独秀先生诞辰140周年纪念日之际征集到《敬告青年》瓷板画一幅[⑤]；江苏省扬州市档案馆工作人员多次拜访扬州雕版印刷技艺省级代表性传承人李江民大师，并成功征集到大师亲自制作的13件雕版印刷精品档案[⑥]；

① 吴锡刚，韦俞妃．确保高质量完成“两类档案”归集任务［EB/OL］．(2021-12-13)［2022-02-14］．http：//www.zgdazxw.com.cn/news/2021-12/13/content_328384.htm.

② 刘小菲．福建宁德扎实做好疫情防控档案归集工作［EB/OL］．(2021-12-09)［2022-02-14］．http://www.zgdazxw.com.cn/news/2021-12/09/content_328382.htm.

③ 包头市档案馆．包头市档案馆征集“三千孤儿入内蒙”口述历史声像资料入馆［EB/OL］．(2021-07-19)［2022-02-14］．http：//www.zgdazxw.com.cn/news/2021-07/19/content_322977.htm.

④ 袁沐霖．青岛市城阳区档案馆：保护非遗档案 传承历史文脉［EB/OL］．(2021-09-15)［2022-02-14］．http：//www.zgdazxw.com.cn/news/2021-09/15/content_325093.htm.

⑤ 李函梦．甘肃省档案馆 档案征集工作成效显著［EB/OL］．(2021-01-12)［2022-02-14］．http：//www.zgdazxw.com.cn/news/2021-01/12/content_316314.htm.

⑥ 彭伟．扬州雕版印刷非遗档案入藏扬州市档案馆［EB/OL］．(2021-12-13)［2022-02-14］．http：//www.zgdazxw.com.cn/news/2021-12/13/content_328277.htm.

安徽省含山县[①]、浙江省景宁县[②]、江苏省如皋市[③]、四川省米易县[④]等地方综合档案馆均开展了面向当地公众征集族谱、家谱档案的活动。

2. 馆藏资源整合

馆藏资源建设是提升综合档案馆资源质量、优化馆藏的重要手段。综合档案馆的馆藏资源建设体现在两个方面：其一，立足进馆档案资源的规划与把控，以公众需求为导向，进一步明确与扩充进馆档案的类别；其二，立足已有馆藏档案资源，以专题和内容为导向，对馆藏资源进行整合，通过开发数据库和档案展示平台的方式面向公众提供利用服务。2021年，全国各级各地综合档案馆积极开展馆藏资源建设工作，重点针对机关文书档案、地方特色档案、民生档案、重大活动和突发事件档案等档案类别进行档案资源建设。据课题组统计数据来看，中国档案资讯网中涉及馆藏资源建设的报道共55条，内容所涉档案各类别的数量及比例，如图4所示。

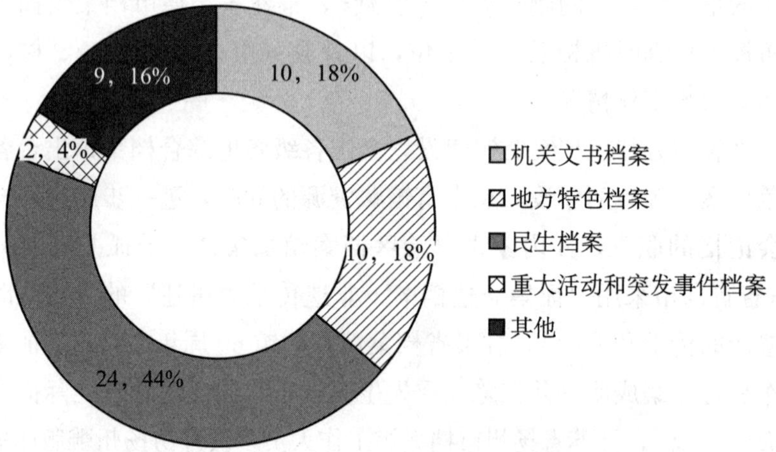

图4　馆藏资源建设报道所涉档案各类别的数量及比例

其中，民生档案在馆藏资源建设中占比最大，为44%；其次是机关文书档案和地方特色档案，占比均为18%；占比最小的是重大活动和突发事件档案，仅占总量的4%。可见，民生档案仍然是综合档案馆馆藏资源建设的重点，机关文书档案是

① 代海燕．含山县档案馆接收第一套族谱档案——《率甫支游氏族谱》[EB/OL]．(2021-02-04) [2022-02-14]．http://www.zgdazxw.com.cn/news/2021-02/04/content_316884.htm.

② 严敏．景宁县高演村两委向县档案馆捐赠民国时期家谱 [EB/OL]．(2021-04-25) [2022-02-14]．http://www.zgdazxw.com.cn/news/2021-04/25/content_319923.htm.

③ 如皋市档案馆．《如皋冯氏宗谱》入藏如皋市档案馆 [EB/OL]．(2021-04-26) [2022-02-14]．http://www.zgdazxw.com.cn/news/2021-04/26/content_320021.htm.

④ 刘武会．四川米易县档案馆征集族谱家谱档案 [EB/OL]．(2021-08-17) [2022-02-14]．http://www.zgdazxw.com.cn/news/2021-08/17/content_324272.htm.

馆藏资源建设的基础，地方特色档案与重大活动和突发事件档案是近些年来综合档案馆馆藏资源建设的热点。尤其是新冠肺炎疫情防控档案、脱贫攻坚档案、红色档案、地方文化档案、文化遗产档案等热点档案类别成为综合档案馆馆藏资源建设的特色与创新。

与此同时，全国各级各地综合档案馆注重开展专题档案数据库与主题档案展示平台的建设。2021年，全国各级各地综合档案馆发布了18条有关专题档案数据库建设的工作动态，课题组根据专题档案数据库的内容进行了梳理，如图5所示。

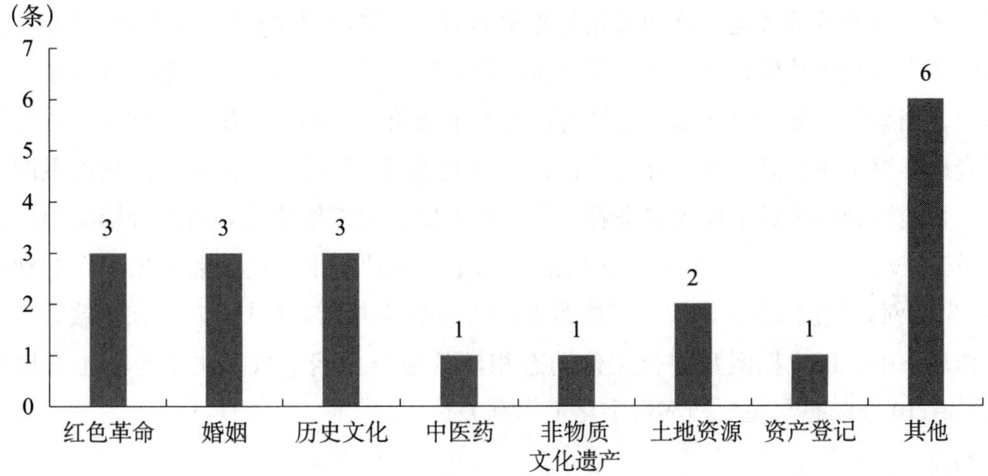

图5　我国各级各地综合档案馆专题数据库建设主题分布

由图5所示，全国各级各地综合档案馆着手建设的专题档案数据库以红色革命、婚姻、历史文化等主题居多，其次是土地资源相关的专题档案数据库，也有关于中医药、非物质文化遗产和资产登记方面的专题档案数据库。根据各地综合档案馆的报道，上述这些专题档案数据库已经基本建成，并面向社会开放。如四川省成都市档案馆依托全市电子档案在线管理平台探索建立了红色档案编研专题数据库①；广西壮族自治区宾阳县档案馆提出建设历史图片资源数据库的方案，并初步完成了图片的采集、分类与建库工作②；福建省泉州市档案馆开展的“乡村记忆文化”项目采用规范建档、编史修志、保护史迹、建设特色记忆文化展示馆等措施，建成150多个特色记忆文化专题数据库③。专题数据库的建设使综合档案馆的馆藏资源

① 张锦．成都市档案馆建立红色档案编研专题数据库［EB/OL］．（2021-12-03）［2022-02-14］．http://www.zgdazxw.com.cn/news/2021-12/03/content_328180.htm.

② 梁干．宾阳县国家档案馆加速推进历史图片资源数据库建设［EB/OL］．（2021-02-07）［2022-02-14］．http://www.zgdazxw.com.cn/news/2021-02/07/content_313812.htm.

③ 杨义嘉，郭喜忠．泉州市：为50个“乡村记忆文化”示范点授牌［EB/OL］．（2021-11-29）［2022-02-14］．http://www.zgdazxw.com.cn/news/2021-11/29/content_327654.htm.

分类更加细化，通过对专题档案的梳理，可为后续设计与之相关的档案文化活动提供主题与资源基础。

3. 档案信息化建设

档案信息化是进入21世纪以来我国档案事业发展的中心任务之一，多年来全国各级各地综合档案馆始终将档案信息化、数字化、网络化作为档案工作现代化的三个标志性工程。随着档案信息化工程不断推进，省级综合档案馆的档案数字化工作已趋于完成，市县一级综合档案馆的数字化工作也进入建设的中后期阶段。近十年以来，我国各级各地综合档案馆的馆藏数量呈不断上升趋势（见图6）。2010年国家综合档案馆共保存档案3.2万亿卷，较上年增长了4 109.4万卷；2015年，国家综合档案馆馆藏数量达5.8万亿卷，较上年增长了5 171.4万卷；2020年，国家综合档案馆馆藏数量达9.1万亿卷；2021年已超10万亿卷。据中国档案资讯网发布的各地综合档案馆工作动态来看，有关档案信息化工作的动态占综合档案馆馆藏建设工作动态总量的42.64%。在档案信息化工作动态中，馆藏数字化工作的动态占82%，数字化档案备份和电子档案工作的动态各占9%（见图7）。在馆藏数字化工作动态中，民生档案数字化工作动态相较其他类型档案数字化工作动态占比更高，有10条动态与民生档案数字化工作有关。

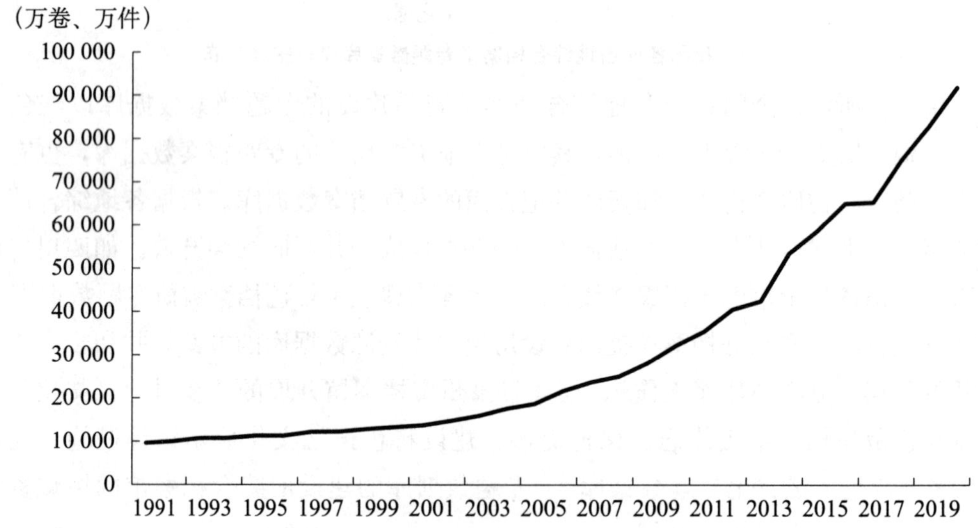

图6 历年国家综合档案馆馆藏数量统计

2021年，我国各级各地综合档案馆围绕档案信息化开展的工作主要集中在各地数字档案馆、智能档案馆、智慧档案馆的建设与探索上。如表1所示，在中国档案资讯网发布的关于综合档案馆信息化工作的报道，主要集中在数字档案馆、档案信息资源平台、智慧档案馆等的建设工作上。这也说明我国各级各地综合档案馆在

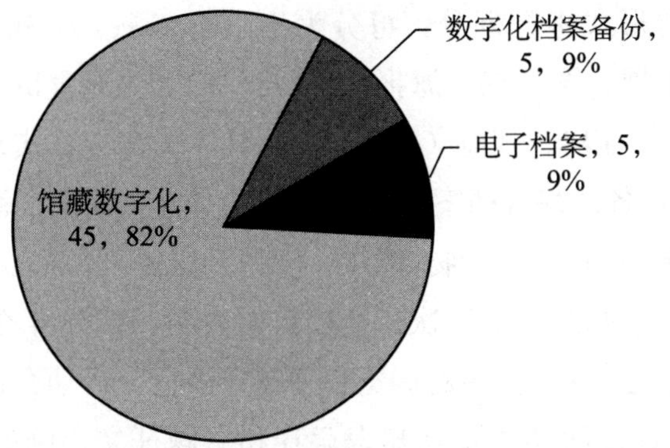

图 7　我国各级各地综合档案馆档案信息化工作动态分布

档案信息化工程告一段落后，将着手对依托于数字档案的各种新型档案馆建设问题进行探索。如上海市出台的《上海市档案条例》提出“明确建设数字档案馆、数字档案室要建立完善档案数字资源检测、备份、迁移、恢复工作机制”①；浙江省温岭市档案馆开展数字档案馆系统故障排除应急演练②；四川省成都市档案馆将 2021 年作为推进数字档案馆提档升级年，全面提高馆内自身基础业务建设③；北京市海淀区档案馆召开智能库房项目竣工验收会议，智能库房一体化管理系统正式落地④。

表 1　有关我国各级各地综合档案馆信息化工作报道的分布

单位：条

主题	智能库房	档案信息资源平台	安全智能档案馆	数字档案馆	智慧档案馆	智能设备
数量	4	12	1	12	4	4

（二）综合档案馆档案利用体系建设现状

1. 档案宣传工作

档案宣传是综合档案馆对外推广并介绍档案资源、档案工作与档案工作人员的重要途径，也是吸引公众关注档案工作、参与档案馆组织的各种文化活动、了解与熟悉珍贵馆藏资源的手段之一。2021 年，关于全国各级各地综合档案馆开展档案宣传工作的报道多达 265 篇，占工作动态报道总量的 26.4%。课题组对检出的 265

① 忻思佳．《上海市档案条例》修订并颁布［EB/OL］．（2021－11－29）［2022－02－14］．http：//www.zgdazxw.com.cn/news/2021－11/29/content_327977.htm.

② 李婧婧，李静．温岭市档案馆开展数字档案馆系统故障排除应急演练［EB/OL］．（2021－11－18）［2022－02－14］．http：//www.zgdazxw.com.cn/news/2021－11/18/content_327168.htm.

③ 郝蕾．成都积极推进数字档案馆提档升级［EB/OL］．（2021－08－10）［2022－02－14］．http：//www.zgdazxw.com.cn/news/2021－08/10/content_323959.htm.

④ 刘鑫．北京海淀区档案馆智能档案库房一体化管理系统正式落地［EB/OL］．（2021－11－23）［2022－02－14］．http：//www.zgdazxw.com.cn/news/2021－11/23/content_327799.htm.

篇报道根据档案宣传形式进行划分，可分为出版物（书、微视频、纪录片）、主题展览（文物展、文献展、图片展、海报、宣传报等）、主题宣讲、主题征文、借助多媒体平台、知识竞赛、演出、其他（并没有展示具体的宣传方式）八类，共涉及活动330次。如图8所示，各地综合档案馆举办主题展览共149次，举办主题宣讲71次，出版宣传画册、手册、指南等出版物37次，借助多媒体平台举办活动34次，举办各种主题的知识竞赛、征文活动共27次。上述数据表明，2021年全国各级各地综合档案馆的宣传工作主要集中在举办主题展览和主题宣讲上，活动合计220次，占活动总量的2/3。新出现的宣传活动主要有知识竞赛和主题征文。例如，综合档案馆利用“6・9国际档案日”开展主题宣讲活动，配合举办新《档案法》、档案业务知识竞赛，借助建党百年主题开展一系列的征文活动。这些活动均受到公众的普遍欢迎，公众积极参与其中。此外，综合档案馆还利用微信公众号、政府门户网站、短视频平台等社交媒体对档案馆开展的各种社会文化活动进行宣传报道，取得了不错的社会反响。

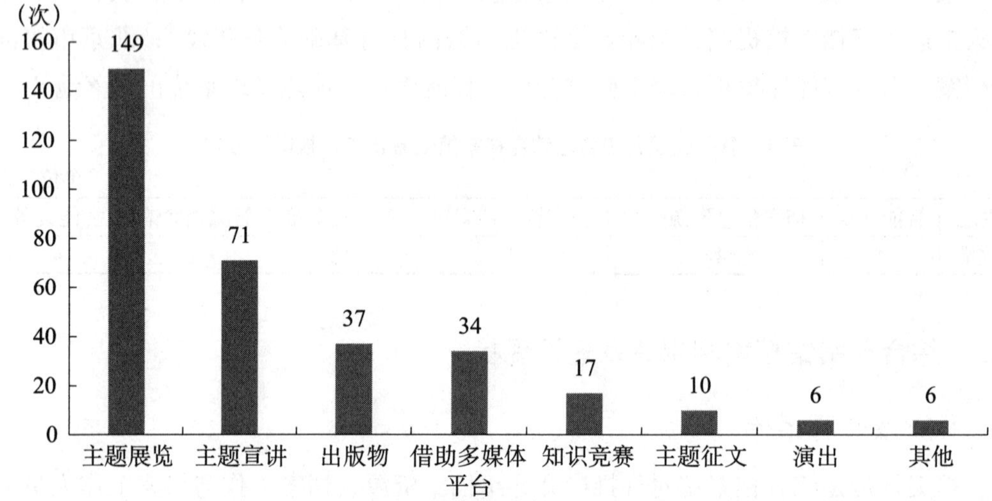

图8 档案不同宣传方式活动数量统计

课题组根据档案宣传工作内容对档案宣传主题进行了梳理。如表2所示，2021年我国各级各地综合档案馆开展的档案宣传工作，主题有9个：建党100周年、红色档案、国际档案日、档案法、档案进校园、档案服务、档案事业与档案文化、疫情防控、家庭档案。

表2 2021年我国各级各地综合档案馆档案宣传工作主题及其数量

单位：个

主题	建党100周年	红色档案	国际档案日	档案法	档案进校园	档案服务	档案事业与档案文化	疫情防控	家庭档案
数量	91	49	17	16	16	14	9	5	3

由表2可见，建党100周年与红色档案宣传主题数量遥遥领先，两个主题数量共占档案宣传工作报道总数的60%以上，可以看出2021年我国档案宣传工作的核心任务是回顾中国共产党建党历程与传播红色精神。同时，各地档案馆围绕2021年国际档案日主题“档案话百年”开展了一系列的宣传工作。如上海、江苏、浙江、安徽三省一市档案局、档案馆联合主办“建党百年 初心如磐——长三角红色档案珍品展”[①]；广州潮州市举办“看潮40年——致敬经济特区建立四十周年档案展”，通过潮绣、潮瓷、潮雕等工艺美术品展示了当地深厚的历史文化底蕴[②]；山东省淄博市档案馆、广东省珠海市档案馆均举办了“百年恰是风华正茂”主题档案文献展[③]。

2. 档案利用服务工作

新《档案法》第二十八条规定：档案馆应当通过其网站或者其他方式定期公布开放档案的目录，不断完善利用规则，创新服务形式，强化服务功能，提高服务水平，积极为档案提供利用创造条件，简化手续，提供便利。2021年，我国各级各地综合档案馆本着“为民服务”的原则持续开展各种便民档案利用服务工作。课题组对中国档案资讯网中报道的有关各级各地综合档案馆利用服务工作的内容进行梳理，整理出了报道中涉及较多的档案类型，如表3所示。

表3 档案提供利用的档案类型分布

单位：种

档案类型	民生档案	历史文化档案	干部人事档案	破产改制企业档案
数量	69	18	10	6

从表3的统计结果来看，有关我国各级各类综合档案馆档案利用服务工作的报道中，关联最多的档案类型是民生档案，占比约67%，足以见得各地公众对民生档案的关注。民生档案中利用较多的，如婚姻档案、公证档案、土地档案等都是涉及公众切身利益的档案。为此，各地综合档案馆也陆续出台了多项涉及民生档案利用的举措。如四川省巴中市档案馆与重庆市江北区档案馆、巴中市区县档案馆建立跨

① 周云锋，杨坚，朱万悦．江苏“长三角红色档案珍品展”成为热门“打卡地”[EB/OL]．(2021-11-02)[2022-02-14]．http：//www.zgdazxw.com.cn/news/2021-11/02/content_327014.htm.

② 叶姗佳，谢翼阳．广东省潮州市委宣传部主办、潮州市档案馆承办“看潮40年——致敬经济特区建立四十周年档案展”开展[EB/OL]．(2021-01-12)[2022-02-14]．http：//www.zgdazxw.com.cn/news/2021-01/12/content_316318.htm.

③ 高倩．“百年恰是风华正茂”主题档案文献展走进淄博市档案馆[EB/OL]．(2021-12-14)[2022-02-14]．http：//www.zgdazxw.com.cn/news/2021-12/14/content_328206.htm.

馆查档合作，签订了《民生档案跨馆利用服务工作协议书》①；山东省荣成市档案馆引进档案自助查询机，将馆藏 1987 年至 2015 年的 15.6 万件婚姻档案全部进行数字化，并将数字化成果全部导入局域网以及档案一体化平台②；浙江省温州市龙湾区档案部门开发了远程自助查档出证系统，将婚姻、出生证明、低保、再生育、房产、社保、学籍等 9 大类重要民生档案与个人信息精确捆绑，在虚拟档案室上提供 Web Service 接口，与“瓯 e 办”便民服务系统无缝对接，推动相关数据在全市实现共享③。

根据课题组对综合档案馆提供利用服务方式的调研，2021 年全国各级各地综合档案馆为利用者提供服务的方式主要分为线上、线下和线上线下相结合三种。因受新冠肺炎疫情反复的影响，加上各地防疫政策调整，各地综合档案馆根据不同情况与防疫政策的要求，为公众设计并提供便捷的档案利用服务方式。如图 9 所示，为在疫情期间更好地面向公众开展档案服务，各地综合档案馆提供档案利用的服务方式以线上居多，主要提供线上咨询和电话咨询两种档案查询方式，并提供档案材料邮寄、出具电子档案证明等服务。另外，一些综合档案馆利用微信公众号、小程序等社交媒体设计预约查档和咨询的窗口，方便公众通过微信公众号、小程序进行预约，并通过微信传输、电子邮箱邮递等服务方式实现档案“零接触”服务。部分档案馆还通过数据共享平台和馆际联动等渠道提供跨馆查询、异地查询等远程查询服务。如天津市综合档案馆开设“在家查档案”功能，用户能实时获取档案馆近期发布的档案信息④；湖北省宜昌市档案馆对档案查阅终端进行升级换代，为终端加装身份证阅读器，实现信息登记、在线查档一体化，档案利用者不再需要手工登记，只需出示身份证即可完成查档登记手续并受权利用⑤；黄河流域 9 省（区）59 个市（州、盟）档案馆参与的《黄河流域城市档案馆民生档案跨馆利用服务工作协议》自 2021 年 12 月 1 日起正式生效，该协议的生效将成为黄河流域城市档案馆战略合作机制的首个具体成果，构建起为民、便民、惠民的黄河流域跨馆档案利用服

① 莫述荣．巴中市档案馆推行便民查档三项服务［EB/OL］．（2021－11－25）［2022－02－14］．http：//www.zgdazxw.com.cn/news/2021－11/25/content_327890.htm.

② 刘炜．山东荣成市档案馆实现婚姻档案查询快速办结［EB/OL］．（2021－11－05）［2022－02－16］．http：//www.zgdazxw.com.cn/news/2021－11/05/content_327215.htm.

③ 林元佳，方强．以数字化改革撬动资源集成 推动档案资政惠民再升级［EB/OL］．（2021－04－06）［2022－02－16］．http：//www.zgdazxw.com.cn/news/2021－04/06/content_319151.htm.

④ 李颖．天津“惠民政策查阅”小程序上线［EB/OL］．（2021－07－23）［2022－02－16］．http：//www.zgdazxw.com.cn/news/2021－07/23/content_323328.htm.

⑤ 李家字，李星．湖北宜昌市档案馆：减流程减手续减时长 为利用服务提质增效［EB/OL］．（2021－11－09）［2022－02－16］．http：//www.zgdazxw.com.cn/news/2021－11/09/content_327293.htm.

务体系①。

从整体来看，全国各级各地档案馆能够根据各地工作条件与社会需求设计和开展满足公众需求的档案利用服务，在新冠肺炎疫情反复的情况下，不停工不停业，依靠线上服务平台坚持为公众提供档案利用服务，这充分体现出综合档案馆作为社会服务窗口型机构所应具备的“为民服务”基本理念，也为综合档案馆树立了良好的社会形象，促使综合档案馆围绕搞好社会服务探索更多、更方便快捷的利用服务方式。

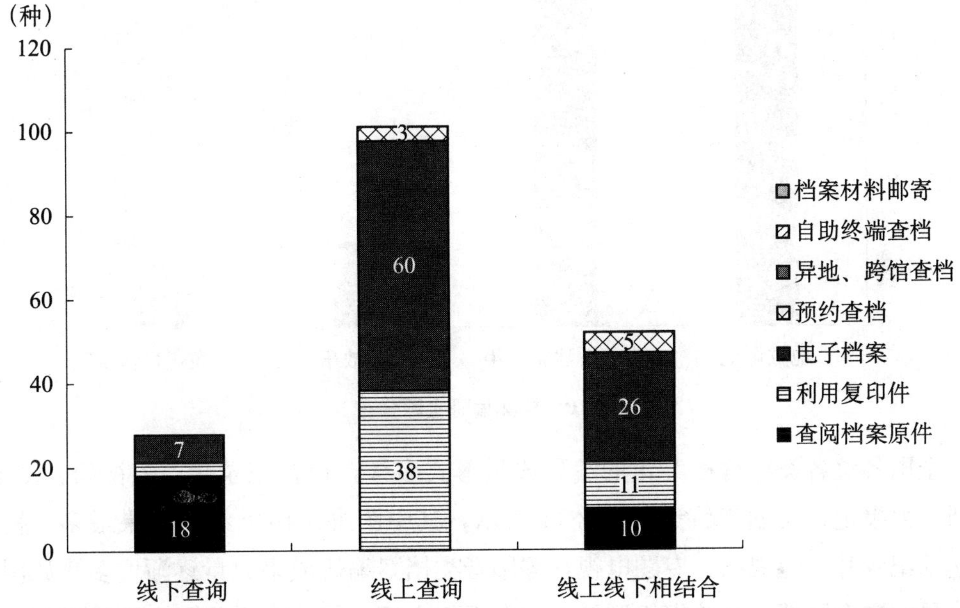

图9　提供档案利用服务的方式

3. 档案编研工作

档案编研工作是综合档案馆将馆内高质量的馆藏资源以主题或专题的形式进行二次加工，并通过实体或虚拟出版物的形式对外发布的活动。多年来，全国各级各地综合档案馆始终将档案编研工作作为向公众推广优质馆藏资源的重要方式，也纷纷推出了很多优质的档案编研成果。2021年，全国各级各地综合档案馆根据2020—2021年国内社会焦点事件，结合各自优质馆藏资源，出版或制作了多种极具社会深意与文化影响力的编研成果。课题组梳理了在中国档案资讯网发布的各地

① 徐晓雷，张呈柱．黄河流域59家档案馆民生档案实现跨馆利用［EB/OL］．（2021-12-09）［2022-02-16］．http：//www.zgdazxw.com.cn/news/2021-12/09/content_328381.htm.

综合档案馆出版或制作的档案编研成果内容，总结出其涉及的主题类型。编研成果主题以地方记忆最多（28种）；依托建党百年的契机，出版了20余部关于党史、建党百年的编研成果；此外还有诸如抗美援朝老兵故事、抗击新冠肺炎疫情等方面的编研成果（见图10）。

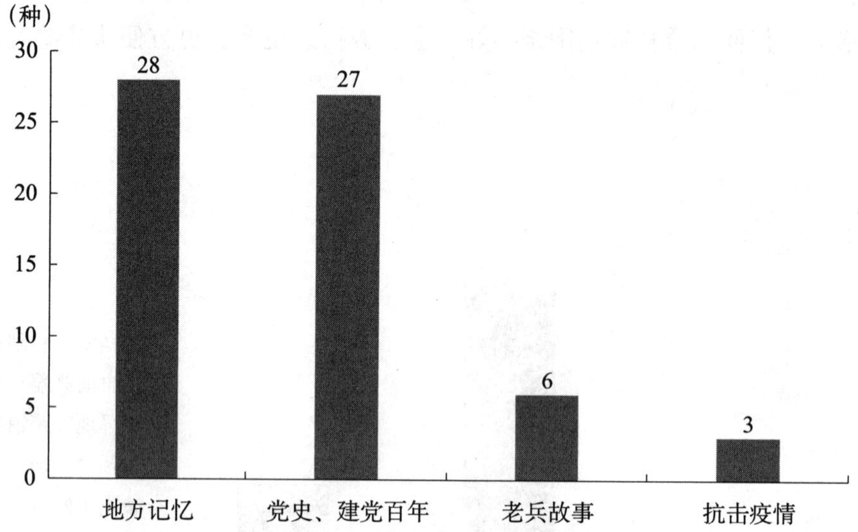

图10　档案编研主题分布

全国各级各类综合档案馆的编研成果形式多样，包括纪录片、短视频、图书、画册、大事记、文创产品等。如图11所示，其中图书出版类编研成果最多，视频类包括纪录片、短视频、专题电视片等影音类档案编研成果数量逐渐增多。如国家档案局面向全国档案系统组织开展了“凝百年之辉，筑兰台之梦”主题微视频征集活动①；湖北省武汉市档案馆联合其他部门在全市农村收集武汉市全面建成小康社会的档案资料，制作了《档案见证小康路——武汉乡村美丽蝶变》乡村方言档案纪录片，并在学习强国等平台进行了广泛宣传②；浙江省档案馆与浙江电视台新闻频道联合推出大型文化类专题片《跟着档案去旅行》，用公众感兴趣的方式去感受档案文化③。

① 李瑞环．传好脱贫攻坚“接力棒”谱写乡村振兴新篇章［EB/OL］．（2021-10-18）［2022-02-16］．http://www.zgdazxw.com.cn/news/2021-10/18/content_326332.htm.

② 李欢．武汉 方言档案纪录片展现乡村美丽蝶变［EB/OL］．（2021-01-05）［2022-02-16］．http://www.zgdazxw.com.cn/news/2021-01/05/content_316098.htm.

③ 周峰林．坚持守正创新 推动档案宣传提质增效［EB/OL］．（2021-10-25）［2022-02-16］．http://www.zgdazxw.com.cn/news/2021-10/25/content_326565.htm.

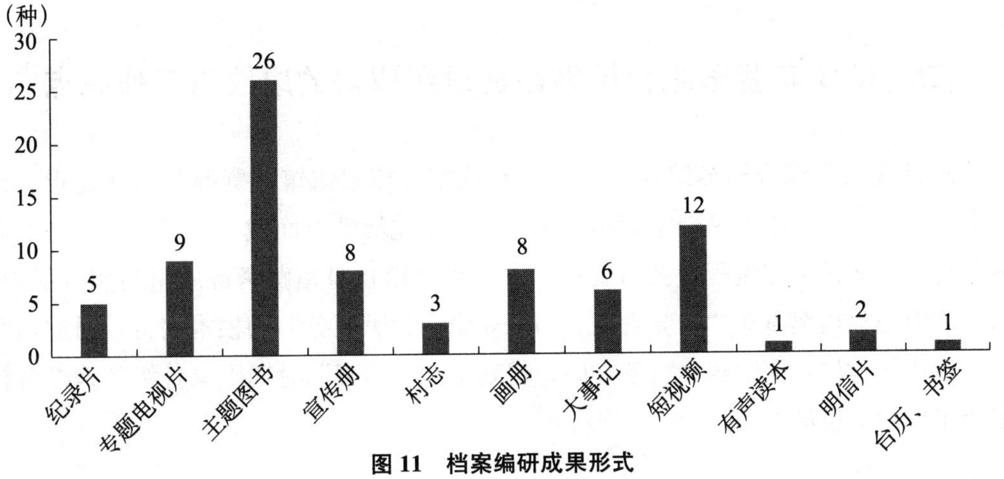

图11 档案编研成果形式

(三) 综合档案馆安全保障体系建设现状

综合档案馆安全保障体系建设主要包括档案库房安全建设、档案实体安全建设和档案信息安全建设三个方面。2021年全国各级各地综合档案馆采取多种措施，维护与保障档案库房的环境与条件，采取有效手段修复珍贵档案材料，对档案馆门户网站、所建数据库等网络平台进行安全检查与日常安全防范，体现出档案馆安全保障体系建设始终是综合档案馆工作的核心任务之一。据课题组统计，中国档案资讯网发布的各类工作动态中，内容涉及馆室建设与馆藏建设的有227条，其中关于档案馆安全保障体系建设的报道有69条，如表4所示。

表4 2021年我国各级各地综合档案馆安全保障体系建设工作分布

单位：条

档案安全建设	档案库房安全建设	档案实体安全建设	档案信息安全建设
数量	52	12	5

各地综合档案馆围绕突发自然灾害下的档案安全保护工作开展了一系列活动。如制定综合档案馆应急管理预案、对档案库房进行加固与整修、对档案装具与相关硬件设备进行升级等，特别是2021年5—8月，我国中东部地区遭遇了百年一遇的洪涝灾害，很多地方档案馆专门针对档案库房防洪防涝防潮工作进行了部署与档案抢救。如表5所示，各地档案馆关于防洪防涝主题的工作动态占比较高，表现出2021年档案馆库房安全建设工作重心在于档案库房的防洪防涝。

表5 2021年我国各级各地综合档案馆库房安全建设工作分布

单位：条

重大活动或突发事件	消防	洪涝	雨雪冰冻	防盗	台风	其他
数量	5	13	1	1	2	1

二、2021 年我国综合档案馆建设所取得的成绩与工作亮点

2021 年我国综合档案馆在档案接收与征集、档案馆馆藏资源与馆库建设、馆藏资源数字化、开展便民档案利用服务与开展文化活动方面做了大量工作。一方面通过规范档案馆工作流程与技术要求，提升档案馆自身馆藏资源质量与服务能力；另一方面凸显档案事业“为党管档、为国守史、为民服务”的根本宗旨，通过档案管理现代化建设，探索档案服务方向，规划了“十四五”时期国家各级各地综合档案馆工作的新格局。

（一）围绕新《档案法》与“十四五”规划制定工作任务，突出档案治理体系建设新思路

2021 年 1 月 1 日，新修订的《档案法》正式实施，标志着我国档案事业发展进入新阶段；2021 年 5 月 31 日，中共中央办公厅、国务院办公厅印发了《“十四五”全国档案事业发展规划》（简称《规划》），为今后五年我国档案事业发展确定了发展目标与工作任务。新《档案法》与《规划》这两部关乎我国档案事业发展的法律规划的出台为未来五年我国档案事业指明了方向，规划了路线与任务。各级各地综合档案馆围绕学习新《档案法》开展各种学习与贯彻新法的活动，围绕《规划》提出的发展目标与主要工作任务，结合各地档案事业的发展现状，通过召开座谈会、研讨会的方式制定了未来五年各地综合档案馆的工作任务。新《档案法》和《规划》中多次提到“推进国家治理体系和治理能力现代化”“提高档案治理能力和水平”，围绕新《档案法》开展的各地“十四五”规划制定工作也凸显了各地综合档案馆提高档案治理能力、构建新时期档案治理体系的新思路与新方法。

（二）重视有关国家和社会重大事件、地方特色资源档案的收集，强化国家档案资源体系建设

地方特色资源档案是综合档案馆馆藏特色的主要体现，围绕地方特色资源开展面向社会的征集活动是各级各地综合档案馆的常态化工作。2021 年，各级各地综合档案馆围绕国家和社会重大事件、地方特色资源开展了一系列档案征集工作，在丰富档案馆藏资源的同时，也为国家档案资源体系建设提供源源不断的资源支持。一方面，综合档案馆围绕国家和社会重大事件与国家核心工作开展档案的收集工作。2021 年，抗击新冠肺炎疫情、脱贫攻坚和中国共产党建党百年成为全年国家

社会生活的主旋律，各级各地综合档案馆围绕上述几大主题开展档案收集工作。如浙江省开展“建党百年‘物印初心’征集令：我们身边的党建文物”的档案征集活动[①]；甘肃省档案馆与退役军人事务厅联合举行庆祝建党100周年“初心见证·红心向党”党史资料暨书画作品捐赠活动[②]；四川省成都市脱贫攻坚工作和新冠肺炎疫情防控工作形成的文书档案、声像档案通过质量验收，连同目录一并移交至市档案馆[③]。据课题组初步统计，2021年关于抗击新冠肺炎疫情、脱贫攻坚和建党100周年的档案收集工作的报道占接收与征集报道总数的34%，在档案宣传部分，关于党和红色精神的宣传报道更是占了档案宣传报道总数的52%，足以见得我国各地综合档案馆能够围绕国家和社会重大事件开展针对性的档案收集工作，体现出综合档案馆对国家政治、经济、文化与社会活动的高度敏感性与重视程度。这些具有地方特色与时代感的档案资源极大地丰富了综合档案馆的馆藏资源，也为地方留存了独特的社会记忆。另一方面，综合档案馆围绕少数民族、非物质文化遗产等极具地方特色的文化实体开展点对点的信息采集与档案收集工作。如广西壮族自治区南宁市档案馆围绕国家非物质文化遗产壮语山歌开展了面向社会的信息采集，南宁市档案馆召集多个部门历时6个月，深入8个县区、40多个乡镇和社区采集摄录壮语山歌，摄制时长超过60个小时。[④]

（三）简化档案利用程序，面向公众开展多元化的档案信息服务

近些年来，我国各级各地综合档案馆在档案利用体系建设工作中设计了很多贴近公众生活的档案利用服务方式，通过简化档案利用程序，开发多样化档案利用服务平台，使档案利用服务工作越来越得到社会公众的认可。2021年，我国各级各地综合档案馆进一步简化各种类型档案的查档流程，一方面依据新《档案法》与《政府信息公开条例》，进一步扩展与细化档案开放的范围，尤其针对婚姻档案、土地档案等民生档案的开放做出了很多有意义的探索，进一步保障公众利用档案的权利；另一方面综合档案馆简化查档手续、优化服务方式，在各地出台的“一网通办”“一站式服务”的政策推动下，档案查档与政府机构业务流程相对接，部分综

① 阮发俊．浙江省档案馆 挖掘红色档案资源服务党史学习教育［EB/OL］．（2021-04-13）［2022-02-16］．http：//www.zgdazxw.com.cn/news/2021-04/13/content_319518.htm.

② 陈政．甘肃省档案馆、甘肃省退役军人事务厅联合举行庆祝建党100周年“初心见证·红心向党”党史资料暨书画作品捐赠仪式［EB/OL］．（2021-04-12）［2022-02-16］．http：//www.cngsda.net/gjdt/39916.jhtml.

③ 周爱武．成都脱贫攻坚和疫情防控档案移交进馆［EB/OL］．（2021-07-26）［2022-02-16］．https：//www.saac.gov.cn/daj/c100342/202107/c023455f64fa4eb79f6eabe736003ae4.shtml.

④ 粟盛民．南宁市档案馆参与壮语山歌档案抢救性采集保护［EB/OL］．（2021-07-13）［2022-02-16］．http：//www.zgdazxw.com.cn/news/2021-07/13/content_322843.htm.

合档案馆的查档服务已被纳入政府“一网通办”平台，实现了“一站式服务”的目标。与此同时，各地综合档案馆还利用门户网站、社交媒体等互联网媒介开展档案信息服务，通过创建查档数据库、专题档案网络平台等为公众呈现出不同于实体档案利用的体验。如浙江省综合档案馆加快推进档案数据共享中心的建设①，北京市朝阳区档案馆建成重要档案查阅利用应急系统②，河北省综合档案馆搭建了红色档案异地查询平台③，重庆市档案馆、四川省档案馆推行民生档案跨馆利用服务④，河北省唐山市档案馆主动推出婚姻档案跨馆异地利用服务⑤，山东省档案馆依托威海市域档案馆际共享平台实现区级档案跨馆查档利用服务⑥等。

(四) 结合国家重大活动开展特色编研，打造国家档案文化品牌

2021 年全国各级各地综合档案馆陆续推出了多部反映抗击新冠肺炎疫情的档案编研成果，记录在抗击新冠肺炎疫情期间国家各行各业所表现出的坚强、隐忍与付出的艰辛，为全国人民打赢抗击新冠肺炎疫情战役留下了值得回忆的记录，如浙江省综合档案馆撰写的《战“疫”日记》⑦。同时，2021 年也是国家脱贫攻坚战的收官之年，各级各地综合档案馆一方面整理脱贫攻坚过程中的点滴记录，另一方面举办各种类型的展览，向公众宣传国家各条战线脱贫攻坚的曲折历程与胜利果实，带动了整个社会对参与脱贫攻坚战的工作人员的认知与感激。此外，结合中国共产党建党百年这一特殊纪念活动，各级各地综合档案馆利用纪录片、专题短视频、微视频等形式展现了中国共产党带领当地人民谋发展、谋幸福的艰苦奋斗历程，如《铁血破重围　壮举挽危澜——解码中央红军长征起始前后的历史记忆》⑧《信念的

---

① 李军，张方舟．浙江省档案馆 加快推进档案数据共享中心建设［EB/OL］.（2021－03－19）［2022－02－16］. http：//www.zgdazxw.com.cn/news/2021－03/19/content_318509.htm.

② 罗希．北京朝阳区档案馆建成重要档案查阅利用应急系统［EB/OL］.（2020－12－25）［2022－02－16］. http：//www.zgdazxw.com.cn/news/2020－12/25/content_315781.htm.

③ 潘淑淳，尚宏雁．河北搭建红色档案异地查询平台［EB/OL］.（2021－09－03）［2022－02－18］. http：//www.zgdazxw.com.cn/news/2021－09/03/content_324903.htm.

④ 于巧巧．川渝两地开启民生档案跨馆利用服务［EB/OL］.（2020－12－14）［2022－02－18］. http：//www.zgdazxw.com.cn/news/2020－12/14/content_315225.htm.

⑤ 马泽钰．河北唐山市档案馆深化婚姻档案跨馆异地利用服务［EB/OL］.（2021－06－08）［2022－02－18］. http：//www.zgdazxw.com.cn/news/2021－06/08/content_321689.htm.

⑥ 于宁．山东威海市档案馆打造示范数字档案馆 助力“数字威海”建设［EB/OL］.（2021－05－21）［2022－02－18］. http：//www.zgdazxw.com.cn/news/2021－05/21/content_320952.htm.

⑦ 陈慧瑛．浙江省档案馆《战“疫”日记》发行［EB/OL］.（2021－09－10）［2022－02－18］. http：//www.zgdazxw.com.cn/news/2021－09/10/content_325144.htm.

⑧ 何兆光．推进档案文化建设 彰显档案独特价值［EB/OL］.（2021－03－30）［2022－02－18］. http：//www.zgdazxw.com.cn/news/2021－03/30/content_318979.htm.

力量——滨州百年红色印记》[①]《百年征程 共襄盛世》[②] 等优秀出版物与微视频。综合档案馆通过编研特色档案与组织开展各种形式的档案宣传工作，将静态的、独立的档案实体转化为动态的、可关联的档案群体，不仅反映了对社会事件与国家活动主题的重视，还彰显了综合档案馆作为爱国主义教育基地的职责之所在，在呈现综合档案馆馆藏独特文化底蕴的同时，为打造综合档案馆的地方文化名片助力。

（五）综合档案馆基础设施更加完备，档案修复与保护工作持续推进

2021年，各级各地综合档案馆在档案安全保障体系建设方面开展了很多工作：一方面，通过改造与完善现有档案馆基础设施，构建更安全的档案保管环境；另一方面，始终重视对重点保护档案的监控、修复与保护工作。具体表现在以下几个方面：其一，完善档案馆库房规划与建设。在各级各地综合档案馆发布的新闻报道中，围绕档案馆基础设施建设的文章主要集中在档案馆库房基础条件的改善上，如对档案馆库房进行加固与设备更新、开展珍藏档案库房的建设等。其二，完善档案馆库房管理制度。建立各种工作规范保障档案馆库房安全，贯彻并落实责任安全制，通过现代信息手段与工具构建档案馆库房的智能化管理体系。如甘肃省档案馆改变常规的“人查人”查岗方式，建立了电子巡更系统，保障档案馆库房24小时全程监控。[③] 其三，持续推进破损档案、珍贵档案的修复工作。借助最新的修复设备与修复手段对档案进行修复，进一步提升对历史档案载体的保护级别，并制定多样化的档案保护方案。如山西省档案馆启动了修复珍贵家谱工作[④]，湖南省档案馆对《湖南邮区舆图》进行抢救修复[⑤]，内蒙古自治区包头市档案馆抢救修复草原确权档案[⑥]。档案馆库房的安全管理与珍贵档案的抢救性修复是保证档案物理安全的重要措施，各级各地综合档案馆能够根据自身工作条件维护档案馆库房，并积极采取措施保护历史档案，充分反映出综合档案馆对馆藏档案资源安全的重视，也体现

① 山东省档案馆．《信念的力量》结集出版［EB/OL］．（2021-09-23）［2022-02-18］．http：//dag.shandong.gov.cn/articles/8967636/202109/a6c229f1-a599-425f-9f2b-7a8b07c7adf3.shtml.

② 王力明，丁刘涛．湖北襄阳市襄州区档案馆向遵义会议纪念馆捐赠编研资料［EB/OL］．（2021-11-23）［2022-02-18］．http：//www.zgdazxw.com.cn/news/2021-11/23/content_327808.htm.

③ 张岚．甘肃省档案馆电子巡更系统正式投入使用［EB/OL］．（2021-03-31）［2022-02-18］．http：//www.cngsda.net/gjdt/39746.jhtml.

④ 杨铭．践行初心担使命 为民办事获好评［EB/OL］．（2021-06-17）［2022-02-18］．http：//www.sxsdaj.gov.cn/xxgk/dtyw/gzdt/202106/t20210617_210735.html.

⑤ 湖南省档案局．民国时期《湖南邮区舆图》的抢救修复［EB/OL］．（2021-07-30）［2022-02-18］．http://sdaj.hunan.gov.cn/sdaj/jdal/202107/t20210730_21304452.html.

⑥ 刘晶，王志强．内蒙古包头市档案馆抢救修复草原确权档案［EB/OL］．（2021-09-14）［2022-02-18］．http：//www.zgdazxw.com.cn/news/2021-09/14/content_325258.htm.

出综合档案馆的责任担当。

(六) 档案数字化规模扩大，积极探索新技术与档案工作的融合

2021年，全国各级各地综合档案馆在完成馆藏存量档案数字化的基础上，进一步拓展档案数字化的范围，并积极探索新技术在档案馆藏资源建设与开发中的应用。一方面，综合档案馆持续推进馆藏资源数字化建设。据课题组不完全统计，我国省级综合档案馆馆藏资源数字化工作大部分处于收尾阶段，县市以及综合档案馆正处于循序推进馆藏资源数字化工作阶段。从宏观推进速度来看，在“十四五”期间，我国各级各地综合档案馆能够完成存量档案数字化的工作。另一方面，围绕数字化后档案资源与未来电子文件的增量，各级各地综合档案馆开始探索利用新一代信息技术对馆藏数字档案资源进行融入与再开发。如浙江省仙居县利用数字技术赋能古村落保护①，山东省菏泽市档案馆完成区块链档案安全管理系统建设②、济南市档案馆探索并实践了“电子档案＋”“区块链＋”“量子技术＋”等信息技术在各类档案工作场景中的应用③等。

三、2021年我国综合档案馆建设中存在的问题

(一) 档案局馆分治增加了综合档案馆业务工作开展难度

2018年末，我国施行了近三十年的局馆合一的档案行政管理机制，随着国家新一轮机构改革的调整而转变为档案局与档案馆分开，成为各自独立的状态。档案局馆分开而治的两年多，综合档案馆工作开展受到了很大的限制。课题组通过对部分地方综合档案馆工作人员的调研与座谈发现，档案局馆分开后，档案局多数划归到地区党委办公厅下作为处级局，另有小部分划归其他厅局级单位，作为其内设机构，如划归大数据局、信息办等。机构改革后，各地档案局仅保留为数不多的办事人员，很多档案局的一般业务工作因为人数不足而无法按时开展，原属于档案局的业务活动要么停办，要么由档案馆或其他机构承办。其中影响最大的是地方综合档

① 张光剑．浙江仙居数字技术赋能古村落保护［EB/OL］．（2020－12－08）［2022－02－18］．http：//www.zgdazxw.com.cn/news/2020－12/08/content_315091.htm.

② 山东省档案馆．菏泽市档案馆完成区块链档案安全管理系统研发［EB/OL］．（2021－08－13）［2022－02－18］．http：//dag.shandong.gov.cn/articles/8967636/202108/ae20badf－de9b－44f6－b2b9－bec9b9cfcb2f.shtml.

③ 温娟莉，季翔．济南“电子档案＋”纳入“十四五”数字泉城规划［EB/OL］．（2021－03－17）［2022－02－18］．http：//www.zgdazxw.com.cn/news/2021－03/17/content_318455.htm.

案馆的业务指导工作，因为档案局人手有限，难以对地方综合档案馆开展定期的业务指导工作，有些地方综合档案馆甚至已连续三年未接受过上级档案行政管理部门的业务指导，更不用说其他企事业单位的档案机构了。近些年来，国家档案局围绕基层档案工作规范性与标准化问题陆续制定了一系列相关制度、规范与标准，对这些制度、规范、标准的解读与落实成为基层档案工作规范化与标准化的保障，但基层综合档案馆对政策解读不准确，落实规范与标准存在理解误区，急需上级档案行政管理机构的支援与指导。因此，国家档案局需要对我国各级各地档案行政管理机构的人员配备进行综合统计，结合各地档案工作实际，对地方档案业务指导工作的开展、人员构成、指导内容与形式、指导周期与指导规范等问题进行调整，构建依托地方综合档案馆的基层档案业务指导工作方案；建议将档案执法检查与档案业务指导相分离，加大档案业务指导的频度与实施范围，进一步保障基层综合档案馆工作的稳步推进与规范发展。此外，各级各地综合档案馆的档案收集工作需要与归档机构建立良好的沟通机制，以保证入馆档案的及时、标准与完整。以往局馆合一体制下，综合档案馆接收各归档机构的档案借助档案局的行政影响力，能够保质保量完成，但机构改革后，各基层归档机构缺少了常规的档案业务指导，加上综合档案馆例行的档案接收工作缺少了档案局的护航，综合档案馆在档案接收这项初始性工作上面临着困难。

（二）档案开放鉴定工作开展困难重重

档案开放鉴定工作是综合档案馆在档案提供利用服务工作中保障档案信息安全的有效措施。最近几年来，围绕档案开放鉴定的权属与责任问题，档案学界与档案实践界均展开了讨论与研究。课题组通过对部分综合档案馆工作人员的调研与座谈，认为当前我国档案开放鉴定工作的开展面临重重困难，主要表现在缺乏档案开放鉴定的标准，出现归档机构与综合档案馆相互推诿、害怕承担责任的现象。目前，国家尚未出台档案开放鉴定规范与相关责任认定细则，但档案开放工作却需要按照《政府信息公开条例》的要求予以开放。然而，哪些档案需要开放，哪些档案限制开放或不开放，无论是《档案法》，还是《政府信息公开条例》都没有比较明确的表述，国家档案局也尚未出台关于档案开放鉴定的细则。由此导致归档部门将档案开放鉴定工作推给综合档案馆，综合档案馆要求归档部门做好档案划限后再向综合档案馆移交，双方无法准确定位在档案开放鉴定工作中的权责归属问题，都怕承担因错误划定档案开放范围而引发社会问题的责任，从而导致档案开放鉴定工作犹如“一块烫手的山芋”传来传去，延误了档案开放的时机，造成机构之间的矛盾与摩擦。因此，国家档案局需要对档案开放鉴定工作具体开展的细节内容进行梳理，出台《档案开放鉴定工作规范与实施细则》，进一步明确综合档案馆档案开放鉴定的操作规程、开放范围（细则）、权责归属、考核评价等内容，并设立档案开放鉴定工作典型案例库，为全国各级各地综合档案馆提供参考样例，逐步将档案鉴定工作程序化、规范化、标准化，保证档案开放的时机与使用效果。

（三）综合档案馆文化资源开发产品的社会反响不高

分析 2021 年我国各级各地综合档案馆开展的档案文化活动可以发现，其主题设计比较丰富，利用档案进行宣传的效果十分突出，但单纯依靠展览、出版档案编研成果的形式开发与宣传档案信息资源，显然无法形成较大规模的社会文化效应，自然难以引发社会公众的共鸣。课题组通过对 2021 年全国各级各地综合档案馆开展的档案文化活动与开放档案资源的报道进行梳理发现，综合档案馆文化资源开发的样式比较单一，主要集中在依托档案馆自身的档案资源，开展主题各异的档案展览活动。从报道来看，到馆参观的人数并没有明确报道，但从前后两天当地报纸与网络媒体的声量及公众讨论量来看，档案展览的活动报道仅在展览当天会有媒体跟进。课题组认为综合档案馆举办的展览活动存在以下问题：一是没有像博物馆或图书馆那样开展大规模的媒体宣传活动；二是主题设计与公众的生活及实地体验兴趣点存在差距，吸引公众到馆参观的能力有限，而依托移动互联网和社交媒体开展的档案文化资源开发与展示活动碎片化痕迹比较明显，缺乏明确的规划，主题内容与实地展览相差无几，难以吸引网民的关注。此外，多地综合档案馆开发的档案文创产品虽设计样式新颖、独特，但创意因素比较少，中规中矩，社会反响不高。因此，课题组认为综合档案馆文化资源的开发一方面需要立足馆藏资源，开展馆藏资源的深度挖掘，构建综合档案馆精品馆藏资源体系，打造档案馆高端档案文化资源品牌；另一方面需要拓展档案收集范围，围绕公众喜闻乐见的、社会公众关注的、引发公众情感共鸣的主题开展档案收集工作，融入创意与故事化的叙事机制，打造档案馆社会文化品牌。

（四）综合档案馆在后档案信息化时期的业务规划不够明晰

最近十年来，我国各级各地综合档案馆陆续完成了各馆实体档案的数字化工作，我国档案行业持续了二十余年的档案信息化工作中难度最大的一项工作趋于收官。但从近些年各地综合档案馆在档案信息化工作上的后续规划目标来看，如何规划实体档案数字化后的使用，如何借助大数据技术完成实体档案数字化向数据化的转换等方面，缺少宏观与微观的规划和方向。主要表现在以下几个方面：其一，档案信息化建设过于偏重技术工具的建设与更新，弱化对信息化后档案信息内容的处理与规划。从2021年关于全国各级各地综合档案馆信息化工作的报道来看，大部分综合档案馆的信息化工作围绕维护信息化设备、搭建档案信息化平台、建设数字档案馆等展开，而围绕数字档案内容开发与规划的工作尚不够充分，仅在相关工作规划与报道中有所体现，且实质性的规划目标不够明确。其二，对庞大的数字档案资源缺少具体的整合与开发方案。随着各级各地综合档案馆的档案信息化工作逐渐收尾，面对如此庞大的档案信息资源，大部分综合档案馆显得有些手足无措，如何处理这些数字档案，是像其他实体档案那样继续保持其原有形式，还是对其进行重新整合，各地综合档案馆的做法不尽一致，很难形成资源的合围与互享。其三，综合档案馆的门户网站建设门面大于实质内容，网站的信息传递功能相对较弱。随着近些年来网站功能的拓展与档案信息化水平的提升，档案网站已不局限于单一信息发布与文化宣传的功能，而成为集档案管理、展示、查询与服务于一体的多功能交流平台。但大部分综合档案馆网站提供的可公开获取的档案资源仍十分有限，目前仅有几个省级档案网站能够提供部分档案的全文查找与获取的服务，其他网站只提供档案目录检索服务。网站发布的信息大部分与档案行政管理相关，而能够供社会公众使用的档案信息资源却相对较少，而且档案资源之间缺少必要的联系，如知识点链接、相关文献链接、关键词数据库等辅助性信息获取工具尚未建设或功能不全。此外，省级综合档案馆门户网站在文化传播与互动服务方面业务模块相对丰富，公众互动频率较高，而市、地级综合档案馆网站首页质量较高，但拓展业务模块相对欠缺，且公众互动服务功能不健全，网站功能大打折扣。

四、2022年我国综合档案馆建设的方向及策略

（一）进一步开展与相关机构的协同合作，渐进式提升基层档案治理水平

《规划》中指出："增强各级档案主管部门统筹谋划和指导协调能力，增进局馆协同，加强基层档案机构履职能力建设。科学规划档案馆设置和布局，明确职责，理顺关系。加强部门协同、区域协同、行业协同，鼓励、引导、规范社会力量参与档案事务。"上述规划目标为目前我国档案局馆机构改革后各自职权归属与合作关系做出了很好的诠释。面对基层归档部门因缺乏常规业务指导而导致综合档案馆入馆档案规范程度下降的问题，综合档案馆一方面通过与所属档案主管部门的协同，合作开展年度归档机构的执法检查与业务指导，或在档案局授权下成立地方档案业

务指导巡回组，定期面向归档机构开展业务指导。各个归档机构的档案规范化与标准化是保证综合档案馆馆藏质量与工作效能的关键因素，综合档案馆不能一味地靠归档时的指导或浪费大量人力与时间重新整理不规范的入馆档案，这极有可能演变为一种恶性循环。由此，档案执法检查与业务指导工作不能因为局馆分开而被搁置，综合档案馆不仅要呼吁档案行政主管机构持续开展此项工作，更要将其作为基层档案治理能力提升的重要方式，提请档案行政主管机构将其写入地方档案工作规范之中。另一方面，综合档案馆可与各地档案学会合作共同开办档案管理业务培训，以常规、专题、轮训等培训形式作为业务指导的补充形式，以此提高基层档案员对最新归档要求与业务规范的熟识程度，提升基层档案机构的治理水平。

（二）持续推行法规标准体系建设，突出重大活动和突发事件档案的收集工作

综合档案馆馆藏资源的丰富程度与优化程度是衡量档案馆整体信息服务能力与水平的重要指标。推行入馆档案标准化、规范化建设应是各级各地综合档案馆的常态化工作任务。2022 年，全国各级各地综合档案馆将持续推进入馆档案资源的规范化与标准化工作，并根据国家档案局出台的各种类型档案管理的标准与规范进一步拓展档案管理的标准化范围，特别是基层档案馆的入馆档案规范化值得进一步强化，以保证规范、标准的档案资源为今后档案资源开发提供支撑。如浙江省嘉兴市秀洲区委、区政府联合出台《秀洲区村级档案标准化建设实施方案》，计划用两年时间分 3 个阶段，全覆盖、高质量地完成全区 144 个村（社区）档案标准化建设工作。[①] 此外，在档案开放鉴定方面，在目前国家尚未出台档案开放鉴定标准的情况下，综合档案馆应当在新《档案法》与《政府信息公开条例》基础上，论证并出台档案开放鉴定的基本原则与规范，通过与归档机构协商、沟通，共同确定归档机构档案开放的认定问题。档案开放鉴定关乎档案信息内容安全与档案信息公开范围的认定，在双向问题的牵引下，综合档案馆与归档机构更应当协商达成开放的最大公约数，以保证档案信息内容安全，明确各自开放鉴定权责，有理有据地完成档案开放鉴定工作。

与此同时，在馆藏资源来源的广泛性与类型多样性方面，综合档案馆要打出档案收集的组合拳，即以常规档案收集范围为主，加大对地方特色档案的收集力度，同时兼顾其他文本材料的甄别、采集与入馆管理，特别是像家谱、书稿、信件这样

① 陈莎莎．浙江嘉兴秀洲区村级档案标准化建设见实效［EB/OL］．(2021－04－07)［2022－02－18］．http：//www.zgdazxw. com.cn/news/2021－04/07/content_319242.htm.

极具内容特色的文本材料，更应注重收集。如广西壮族自治区梧州市出台的《关于进一步做好农村集体产权制度改革问题整改工作的通知》，要求 2022 年各地突出抓好整改工作资料的归档管理。① 此外，依据《重大活动和突发事件档案管理办法》的要求，关注并做好各地重大活动和突发事件档案的收集与管理。2020 年新冠肺炎疫情蔓延期间，火神山与雷神山医院之所以能够短期内完成建设，一定程度上得益于“非典”期间北京市小汤山医院的全套建设工程档案。这也促使综合档案馆在面临重大活动和突发事件时更加关注档案收集与管理问题。如河北省档案局发布了《关于进一步做好 2022 年冬奥会和冬残奥会（张家口赛区）档案工作的实施方案》，要求提前部署 2022 年冬奥会和冬残奥会（张家口赛区）的档案收集与管理工作。②

（三）稳步推进档案信息化建设，构建区域型档案信息共享平台

我国档案信息化建设虽已开展二十余年，但该工程与国家信息科技发展与时俱进，并随着相关信息技术与信息处理方法的更新换代而呈现出多元化的发展趋势。2021 年，我国各级各地综合档案馆持续推进档案信息化建设，在档案数字化、档案数据化、档案网络化存储与共享方面日臻完善。2022 年，综合档案馆要继续将档案信息化建设作为核心任务，并要对后档案信息化时代档案信息的开发与共享规划路线与设计开发方案。一方面，各级各地综合档案馆需要对数字化的档案规划后续开发路线，通过数字化转数据化的处理，为档案信息资源的关联与大数据分析提供基础；另一方面，对数字形式的档案资源进行有效开发，使这些数字档案资源能够借助其独特的载体优势发挥更大的价值。目前，一些地方综合档案馆将档案管理模块嵌入当地在线行政服务流程中，打造“一网通办”“一站式”新型档案管理与利用服务方式，将档案来源渠道从线下转变为线上，并借助云存储技术实现生成电子文件的快速存储与归档。如山东威海环翠区档案馆以“归档零纸件”为目标，计划打造档案信息一体化智能平台，实现档案移交接收、档案数据长久保存、智能档案室管理一键完成。③ 一些地方综合档案馆计划构建区域性、专题性档案信息共享平台，将分散保存在各地综合档案馆的档案以专题的形式进行数字整合，通过打造互联互通的平台，实现档案信息资源的跨区域、跨省域的共享与使用。如江苏省如

---

① 刘德．广西梧州抓好农村集体产权制度改革资料归档管理［EB/OL］．（2021－12－21）［2022－02－18］．http：//www．zgdazxw．com．cn/news/2021－12/21/content_328809．htm．

② 王琳，孙卓．河北部署冬奥会和冬残奥会（张家口赛区）档案工作［EB/OL］．（2021－12－09）［2022－02－20］．http：//www．zgdazxw．com．cn/news/2021－12/09/content_328372．htm．

③ 苗晟惠．数字赋能推动档案事业发展［EB/OL］．（2021－12－21）［2022－02－20］．http：//www．zgdazxw．com．cn/news/2021－12/21/content_328812．htm．

皋市档案馆与江苏华夏电影胶片修复技术有限公司共同承担的“红色声像档案数据库建设及开发利用研究”项目，旨在通过红色声像档案数据库建设及开发利用研究，建立声像档案基础数据库，建立红色声像档案素材库，高效制作系列红色短片，建设远程访问查询平台，建成声像档案细分数据库。[①]

(四) 开展多样化档案利用服务，开发档案信息资源，深入探索智慧档案馆建设理论与技术

综合档案馆是档案利用服务的重要窗口，围绕档案利用服务工作，全国各级各地综合档案馆借助门户网站、社交媒体、线上服务平台等灵活便捷的工具，设计并实施了多样化的档案利用服务。2022 年，全国各级各地综合档案馆在档案利用服务与开发档案信息资源方面，主要可从以下几个方面展开：第一，综合运用大数据的数据挖掘技术，结合现代多媒体技术，借鉴国外档案信息资源开发的经验，开展档案文化创意产品的研发和基于档案数据资源的知识服务。如结合各地综合档案馆所存的历史档案与地方特色档案，制作适合社会推广的读物、音像制品和文化创意产品，在中小学课堂传播与使用。国家档案局编写的《100 个档案故事讲述党的历史》一书，以习近平总书记有关重要讲话为线索，聚焦党史上的重大事件、重要会议、重要人物，选取从新民主主义革命时期到改革开放初期的珍贵历史档案，讲述中国共产党人坚守初心使命的历史，生动揭示我们党不断走向胜利的制胜密码。[②]同时，综合档案馆还可以开发建设面向公众开放的历史档案知识数据库，通过知识挖掘与数据关联技术让历史档案中隐藏的知识集成化与系统化。第二，做好档案数据的分析与关联工作，打造档案数据智库。特别是针对各省经济发展、民生保障、社会文化等方面的政策文件、经济指标与情报资料的数据汇总与分析，可为各省社会治理与文化战略提供基础数据支撑。各省正处于产业结构转型与经济发展的关键时期，各行业对经济数据、政策文件与制度规范的需求较高，特别是系统性与关联性的核心数据群是行业决策与规划的关键依据，因而打造各地综合档案馆智库是大数据背景下各省档案信息资源利用工作的主要发力点，也是未来各地档案馆面向政府与行业单位开展档案利用服务的重要方向。第三，各级各地档案馆在档案信息资源开发与利用工作中要积极与社会其他相关机构合作，如文化部门、图书馆、博物

① 吴红梅．如皋市一项目列入江苏省档案科技重点项目计划［EB/OL］．(2021－12－20)［2022－02－20］．http：//www. zgdazxw. com. cn/news/2021－12/20/content_328608. htm.

② 国家档案局．《100 个档案故事讲述党的历史》正式出版发售［EB/OL］．(2021－09－22)［2022－02－20］．http：//www. zgdazxw. com. cn/news/2021－09/22/content_325315. htm.

馆等机构，在档案信息资源开发选题、数据整理与利用服务方面强强联手，合作进行数字档案编研与推送服务。第四，各级各地档案馆要积极参与到社会各行业的数字资源采集与整理工作中，如加入传统村落保护、城市文化遗产建档、地方方言保护等文化工程中，发挥综合档案馆在档案信息数据敏感度、信息整理规范方面的优势，拓展数字档案信息资源开发新思路。第五，进一步强化各级各地综合档案馆门户网站在档案信息服务与社会文化推广方面的功能。一方面，拓展档案机构门户网站的信息服务功能，通过挂接可面向公众开放的档案全文数据库与目录数据库，深度挖掘与设计门户网站的档案服务方式；另一方面，增强档案机构门户网站在社会文化推广与数据推送方面的功能，通过网站互动平台与开展基于全媒体的档案知识和数据推送服务，实现档案机构档案信息服务与利用社会化。

“十三五”时期，我国建成了一批以档案数字资源为核心、以安全管理为保障、以便捷利用为目标的数字档案馆，共建成41家全国示范数字档案馆和89家国家级数字档案馆。2021年，多地综合档案馆先后通过了国家“十四五”首批“国家级数字档案馆”的验收，为综合档案馆全面提升服务质量与管理水平奠定了基础。从现有综合档案馆的发展规划与工作目标来看，数字档案馆建设在2022年依然是综合档案馆信息化建设的核心任务，目前多地出台的档案事业“十四五”规划，都将数字档案馆建设纳入规划之中。如辽宁省政府办公厅印发《辽宁省“十四五”数字政府发展规划》，指出辽宁省计划建设数字档案管理系统，推动省档案馆开展电子档案长期安全保存管理试点及数字档案馆创建。①《“十四五”全国档案事业发展规划》中也提出要高标准推进数字档案馆（室）建设，加快推进档案信息资源共享。2022年，国家层面将继续推进全国示范数字档案馆与国家级数字档案馆的建设与结项验收，力争在未来几年内构建跨省域与行业的数字档案资源共享平台；各地综合档案馆将围绕数字档案馆建设的技术指标，在综合考量档案馆馆藏规模、利用范围、投入成本、技术要求等要素后，陆续启动数字档案馆基础资源建设与外围技术框架搭建，为接下来数字档案馆工程全面展开助力。智慧档案馆是继数字档案馆之后，档案行业提出的一种迎合未来社会潮流的新型档案馆样态。计算机技术尤其是VR、AR和MR等技术的发展，可以使人与信息交互的界面从纸质档案转变为被包裹的感知环境，对知识的获取来自原始的知觉而无须转化为语言。智慧档案馆可结合“沉浸式”理念，汇聚文字、声音、图片、视频等，对档案资源进行立体还原，在

① 袁晓智．辽宁电子档案管理纳入省数字政府发展规划［EB/OL］．（2021-12-14）［2022-02-20］．http：//www.zgdazxw.com.cn/news/2021-12/14/content_328532.htm.

提供档案利用服务时可借助智能化技术对档案信息服务进行准确、个性化的开发，构建一个高度智能化的档案信息服务体系，确保每一位用户都能得到真切有效的帮助。同时，智慧档案馆可以利用人工智能等技术来构建智能化的、高度关联的、无缝隙的新型系统，使公众在获得档案信息的同时也能够发现其中蕴藏的知识以及获取知识创新的方法。2022 年，全国各级各地综合档案馆在继续数字档案馆建设的同时，将持续探索智慧档案馆建设的理论与方法，并将智慧档案馆建设列为未来一段时间档案信息化工作的重要任务。如湖南省委网信办、省发改委印发《湖南省“十四五”信息化发展规划》，将“加快建设数字档案馆”“智慧档案”等写入其中。[①]

(五) 灵活应用社交媒体，将社交媒体打造为与公众交流的重要窗口

社交媒体是信息时代社会公众参与社会实践，并获取信息的主要载体。针对以满足公众档案信息需求为目标的档案工作，借助社交媒体开展公共服务已成为综合档案馆未来的主要形式。如上海市金山区档案馆通过加强与高校、科研机构、媒体平台合作，围绕“上海湾区”城市品牌建设，开设了微信公众号和视频号“金山记忆”，连续 4 年位居全国档案微信公众号年度排行前列。[②] 我国档案行业目前尚未出台统一的行业利用社交媒体开展服务的整体规划与行为规范，这也使得国内档案类社交媒体的建设与信息内容相对随意，各级各类社交媒体的信息发布与服务方式各不相同，缺乏联动机制，从而导致档案类社交媒体样式同质化比较严重。由此，国家档案机构出台指导全国各级各地综合档案馆社交媒体规划与建设的行动指南尤为迫切。行动指南应进一步明确综合档案馆社交媒体的任务与功能，规划社交媒体应用的阶段性目标，规范社交媒体发布信息内容的范围与样式，以目标为导向整体推进综合档案馆社交媒体在公众中的应用。各级各地综合档案馆也要把各种社交媒体与档案利用服务结合起来，改变以往将社交媒体作为档案馆新闻发布平台的定位，利用不同社交媒体的特点设计与开发不同类型的服务内容，借助我国强大的移动互联网用户基础，扩大综合档案馆在社会中的影响力，形成规模文化效应。

2021 年，我国各级各地综合档案馆在档案收集、资源建设、利用服务、档案保护、馆库建设等方面做到了“稳步有序、协同合作、兼容并蓄、张弛有度”。“稳

---

① 吴珮嘉．湖南“智慧档案”写入省“十四五”信息化发展规划［EB/OL］．［2021－12－21］．http：//www.zgdazxw.com.cn/news/2021－12/21/content_328822.htm.

② 俞惠锋．助力“上海湾区”城市品牌建设［EB/OL］．［2021－12－21］．http：//www.zgdazxw.com.cn/news/2021－12/21/content_328814.htm.

步有序”突出综合档案馆常态化工作按部就班开展，在档案接收入馆、馆库安全管理、档案保护与档案信息化工作方面保持平稳推进；“协同合作”彰显综合档案馆在资源建设方面广纳馆外资源，与档案资源供应方、资源建设方构建良好的合作关系，推动综合档案馆特色档案的进馆与开发；“兼容并蓄”强调综合档案馆在重大活动和突发事件中档案管理的责任担当；“张弛有度”则更显综合档案馆在档案信息化建设与新技术应用上的冷静与创新。2022 年，我国各级各地综合档案馆将在持续稳步开展常态化工作之余，将工作焦点投放到“十四五”规划所设定的任务指标的完成上，特别在入馆档案标准化建设、档案信息化成果开发、设计多样化档案利用服务方式、灵活应用档案社交媒体与数字档案馆建设方面将有更多的突破与成绩。

2021 年中国档案法规标准建设发展报告

周林兴[1]　崔云萍[1]　徐承来[1]

1. 上海大学文化遗产与信息管理学院，上海　200444

摘　要： 档案法规标准建设对档案工作与档案事业发展具有重要的指导与推动作用。自《档案法》颁布施行以来，档案法规标准建设以档案法为根本，逐渐向体系化方向发展，形成相对完备的档案法律体系。2021 年档案法规标准建设取得一定的成果与进展，逐步呈现出全局性规划、适时性修订、体系化建设、专业性强化、创新性突破的发展趋势。但依然存在些许问题，如总体滞后于社会发展实践需求、档案专家参与程度略显不足、内外协调性和衔接性较薄弱、地方档案法规标准缺乏创新、档案利用法律救济制度依然缺位等，最后遵循中国档案法规标准建设内在规律，对其未来发展趋势作出展望。

关键词： 档案法；档案法规；档案标准；救济制度

作者简介： 周林兴，博士，教授，研究方向为档案学基础理论、档案数据治理、档案信息化服务，电子邮箱 zlx5555@163. com；崔云萍，硕士研究生，研究方向为档案学基础理论；徐承来，硕士研究生，研究方向为档案学基础理论、档案法规政策。

法，国之利器也。档案法规标准建设是全面贯彻落实依法治国战略的重要举措，是档案事业发展的基石，实施依法治档的重要标杆。其完善与发展逐步将国家组织、机构和个人的档案活动全面纳入依法治档的体系中①，推进档案工作业务环节的有效运转，增强档案治理效能，服务国家战略发展大局。

一、2021 年档案法规标准发展情况

数字技术的广泛应用全面影响档案工作，数字转型与档案治理现代化成为重要发展趋向。正值中国共产党建党百年，秉持百年初心与奋进使命，加快贯彻落实新

① 徐拥军．“十四五”时期档案治理体系建设的内涵解析［J］. 档案与建设，2021（6）：15－16，29.

修订的《中华人民共和国档案法》（简称新《档案法》）与《“十四五”全国档案事业发展规划》是新时期档案事业发展的应有之义，这要求进一步完善档案法治建设，健全档案法治体系，全面推进依法治档，以有效指导和规范档案工作实践，高效推进档案工作数字化转型，保障中国档案事业高质量发展。

（一）2021年档案法规标准建设成就

2021年档案法治建设取得一定的进展（见表1），为档案事业发展提供坚实保障，尤其是新《档案法》的完善与颁布“对国家其他各项工作、活动、事件、管理、经营都能起到凭证记录支撑和业务连续保障作用”①，其在2021年的施行意味着档案法治发展迈向新的阶段。总体而言，档案法规标准建设呈现出全局性规划、适时性修订、体系化建设、专业性强化、创新性突破的发展趋势。

表1　2021年颁布、实施的档案法规标准一览

类型	名称	发文字号或标准号	颁布时间	实施日期	部门
法律	《中华人民共和国档案法》	中华人民共和国主席令第47号	2020年6月20日	2021年1月1日	全国人大常委会
档案规章	《重大活动和突发事件档案管理办法》	国家档案局令第16号	2020年12月12日	2021年6月1日	国家档案局
档案规章	《国有企业资产与产权变动档案处置办法》	国家档案局令第17号	2021年8月30日	2021年11月1日	国家档案局
档案规章	《乡镇档案工作办法》	国家档案局令第18号	2021年9月22日	2022年1月1日	国家档案局
档案法规	《军队档案馆馆藏档案利用暂行规定》	/	2021年9月26日	2021年10月1日	中央军委办公厅
地方法规	《广东省交通运输厅关于铁路建设项目档案管理的办法》	粤交〔2021〕10号	2021年7月31日	2021年9月1日	广东省交通运输厅
地方法规	《杭州市退役军人人事档案管理办法》	杭退役军人局发〔2021〕80号	2021年8月17日	2021年10月1日	杭州市退役军人事务局

① 徐拥军，熊文景．国家治理现代化视角下新《档案法》立法理念的转变［J］．中南大学学报（社会科学版），2021，27（1）：112-119．

续表

类型	名称	发文字号或标准号	颁布时间	实施日期	部门
地方法规	《上海市档案条例》	上海市人大常委会公告〔15 届〕第 87 号	2021 年 10 月 28 日	2021 年 12 月 1 日	上海市人大常委会
国家标准	《电子档案管理系统通用功能要求》	GB/T 39784—2021	2021 年 3 月 9 日	2021 年 10 月 1 日	国家市场监督管理总局、国家标准化管理委员会
国家标准	《信息与文献　文件（档案）管理　概念与原则》	GB/T 26162—2021	2021 年 12 月 31 日	2022 年 7 月 1 日	国家市场监督管理总局、国家标准化管理委员会
国家标准	《信息与文献　文件（档案）管理体系　实施指南》	GB/T 41207—2021	2021 年 12 月 31 日	2022 年 7 月 1 日	国家市场监督管理总局、国家标准化管理委员会
行业标准	《财产保险业务档案管理规范》	DA/T 86—2021	2021 年 5 月 26 日	2021 年 10 月 1 日	国家档案局
行业标准	《档案馆空调系统设计规范》	DA/T 87—2021	2021 年 5 月 26 日	2021 年 10 月 1 日	国家档案局
行业标准	《产品数据管理（PDM）系统电子文件归档与电子档案管理规范》	DA/T 88—2021	2021 年 5 月 26 日	2021 年 10 月 1 日	国家档案局
行业标准	《公务电子邮件归档管理规则》	DA/T 32—2021	2021 年 5 月 26 日	2021 年 10 月 1 日	国家档案局
行业标准	《档案级可录类光盘 CD-R、DVD-R、DVD+R 技术要求和应用规范》	DA/T 38—2021	2021 年 5 月 26 日	2021 年 10 月 1 日	国家档案局
行业标准	《档案馆高压细水雾灭火系统技术规范》	DA/T 45—2021	2021 年 5 月 26 日	2021 年 10 月 1 日	国家档案局
行业标准	《绿色档案馆建筑评价标准》	DA/T 76—2019	2019 年 3 月 4 日	2019 年 9 月 1 日	国家档案局
行业标准	《流动人员人事档案安全管理规范》	LD/T 04—2020	2020 年 11 月 16 日	2021 年 1 月 1 日	人力资源和社会保障部

续表

类型	名称	发文字号或标准号	颁布时间	实施日期	部门
行业标准	《社会保险业务档案元数据规范》	LD/T 03—2021	2021年6月24日	2021年8月1日	人力资源和社会保障部
行业标准	《电子商务企业诚信档案评价规范》	SB/T 11227—2021	2021年1月6日	2021年5月1日	商务部

(二) 2021年档案法规标准发展特点

1. 全局性规划，以国家战略布局为导向

档案法规标准建设以全面贯彻习近平新时代中国特色社会主义思想和党的十九大关于“深化依法治国实践”为中心路线，以建设中国特色社会主义法治体系为指导，以宪法为根本，立足时代发展环境与档案工作实际，进行研制规划。如新《档案法》修订即以党的十八届三中全会《关于全面深化改革若干重大问题的决定》、四中全会《关于全面推进依法治国若干重大问题的决定》精神和中办、国办《关于加强和改进新形势下档案工作的意见》（中办发〔2014〕15号）为指导，考量《档案法》的定位、功能、作用等，确立契合实际的修改范围①，始终坚持党对档案工作的领导，履行为党管档、为国守史、为民服务的档案担当，满足新时代国家发展需要、社会多元需求。《电子档案管理系统通用功能要求》（GB/T 39784—2021）围绕新《档案法》及其相关法规的指导原则，依据信息化发展、国家治理体系与治理水平现代化战略部署、数字中国和法治国家建设战略目标等立法环境，研制并出台实施，以强化档案工作规范，提升新时期电子档案管理及利用效率，服务国家重大战略需求，体现出服从国家大局、与时俱进等特性。

2. 适时性修订，紧跟经济社会发展现实

立足国家发展现状与社会变化情况，加紧启动相关档案法规的修订工作，适时出台档案管理办法，以更好地适应信息化时代要求，开展档案利用服务工作，增强其对社会各项事业建设发展的支撑作用。国家档案局根据2019年爆发的重大突发公共事件以及近年来频繁爆发的城市公共安全事件，出台《重大活动和突发事件档案管理办法》，加强对重大活动和突发事件档案的科学管理。《乡镇档案工作办法》以乡村振兴战略及农业农村工作实际为背景，主要以新《档案法》、《档案法实施办

① 王岚．国家治理视角下《档案法》修改的思路与思考［J］．档案学研究，2015（1）：41-48.

法》为遵循，针对专门且具体的乡镇档案工作修订并出台档案管理办法，极大推动乡镇档案管理与能力建设。另外，按照新《档案法》的相关配套制度建设要求，综合考虑解决企业档案工作中存在的一些突出问题，国家档案局有序推进《企业档案管理规定》(档发〔2002〕5号) 修订工作，用以规范信息化转型时期的企业档案工作。① 同时，为深入贯彻落实新《档案法》，根据《水利档案工作规定》等相关法规制度，于2021年修改《水利档案工作规范化管理综合评估办法》(办档〔2013〕56号)，促使档案工作更加规范，更好地服务水利事业。

3. 体系化建设，形成有效衔接协同体系

自新《档案法》颁布施行以来，档案法规标准建设逐渐向体系化发展。新《档案法》与其他法规标准一起构成相对完备的档案法律体系。即在全国范围内逐步构建起由符合《中华人民共和国立法法》规定的若干有关档案工作的法律、行政法规、地方性法规和规章所构成的相互联系、相互协调的档案法律体系。② 自新修订的《档案法》颁布，更是需要以《档案法》为本，注重档案法规之间的协调与衔接，着力推进配套档案法规标准的制定与全国范围的执法监督，加快地方规章或规范性文件等的立改废工作，促进中央和地方档案工作建设发展规范协调，加强普遍性规范与地域性特色的有机结合，实现由上而下的管理与由下自上的贯彻落实，推进档案事业全局性发展。国家档案局依据新《档案法》、《会计档案管理办法》、《企业境外档案管理办法》等规定，并遵从《中华人民共和国公司法》《中华人民共和国外商投资法》等企业相关法律法规与《中华人民共和国企业国有资产法》等国有资产监督管理法律法规，修订出台《国有企业资产与产权变动档案处置办法》，提高其实用性与前瞻性。③《上海市档案条例》是新《档案法》颁布施行以来，全国范围内第一部全面修订完成的关于档案工作的地方性法规，它强调档案信息化建设与档案开放利用工作，努力把“档案库”变成“思想库”。这是基于地方档案工作发展现状与特色，对新《档案法》的贯彻落实。

4. 专业性强化，提升档案法规的可操作性

档案法规标准愈发关注专门行业领域的档案工作规范，强调档案业务开展的专业性与科学性。为提供契合实际、行之有效的档案管理、开发与利用指导，切实发

① 张晶晶．国家档案局组织召开《企业档案管理规定》修订讨论会［N］．中国档案报，2021-06-21 (1).

② 陈忠海．依法治档所依之“法”是什么？——是《档案法》还是与档案、档案工作有关的一切法律、法规和规章［J］．档案管理，2011 (3)：10-14.

③《国有企业资产与产权变动档案处置办法》正式发布 国家档案局有关负责人答记者问［N］．中国档案报，2021-09-27 (1).

挥档案价值，服务社会主义现代化国家建设，档案法规建设更加细致化、详尽化，由小处着手，构建档案工作高质量发展大格局。《信息与文献　文件（档案）管理　概念与原则》（GB/T 26162—2021）和《信息与文献　文件（档案）管理体系　实施指南》（GB/T 41207—2021）两项国家标准已正式发布，适用范围更广，对各类业务和技术环境下文件（档案）管理和构建完善文件（档案）管理体系具有重要的规范作用。国家档案局于 2021 年先后发布《财产保险业务档案管理规范》（DA/T 86—2021）、《档案馆空调系统设计规范》（DA/T 87—2021）、《产品数据管理（PDM）系统电子文件归档与电子档案管理规范》（DA/T 88—2021）、《公务电子邮件归档管理规则》（DA/T 32—2021）、《档案级可录类光盘 CD-R、DVD-R、DVD+R技术要求和应用规范》（DA/T 38—2021）、《档案馆高压细水雾灭火系统技术规范》（DA/T 45—2021）等 6 项标准及《绿色档案馆建筑评价标准》（DA/T 76—2019）修改单[①]，明确其适用范围，细化落实新形势下档案管理与工作规范，强化档案具体业务、档案方法指导专业化建设。另外，杭州市退役军人事务局印发《杭州市退役军人人事档案管理办法》（杭退役军人局发〔2021〕80 号），致力于提升退役军人人事档案管理工作水平，推动该市退役军人人事档案管理工作科学化、规范化、数字化、系统化。[②] 广东省交通运输厅为规范本省铁路建设项目的档案管理工作，结合本省铁路建设管理实际情况，制定并印发《广东省交通运输厅关于铁路建设项目档案管理的办法》（粤交〔2021〕10 号），充分发挥档案在项目建设、运行和管理等方面的作用。[③]

5. 创新性突破，延伸档案管理规范触角

随着档案工作对国家建设与社会发展的支撑作用日益明显，档案管理效率与利用价值越发得到重视，这就需要推动社会多个行业领域的档案法规标准建设，以提高档案服务能力。主要由行业部门牵头制定或单独制发规范性文件，如中央军委办公厅印发《军队档案馆馆藏档案利用暂行规定》，该规定自 2021 年 10 月 1 日起施行，着眼充分发挥档案价值作用，有力服务备战打仗和军队建设，是首次对军队档

① 国家档案局关于发布《财产保险业务档案管理规范》等 7 项行业标准（含修改单）的通知［EB/OL］.（2021－09－28）［2021－10－25］. https：//www. saac. gov. cn/daj/tzgg/202109/2cb93d96a74a4125954 e4da59ac29349. shtml.

② 杭州市退役军人事务局．关于印发《杭州市退役军人人事档案管理办法》的通知［EB/OL］.（2021－09－03）［2021－10－23］. http：//www. hangzhou. gov. cn/art/2021/9/3/art_1229063383_1744217. html.

③ 广东省交通运输厅关于印发铁路建设项目档案管理办法的通知［EB/OL］.（2021－08－15）［2021－10－25］. http：//www. gd. gov. cn/zwgk/gongbao/2021/22/content/post_3476443. html.

案馆馆藏档案利用工作作出系统规范。[①] 人力资源和社会保障部发布《社会保险业务档案元数据规范》(LD/T 03—2021),保障社会保险业务类电子档案的真实、完整;另外还出台《流动人员人事档案安全管理规范》(LD/T 04—2020),确保流动人员人事档案安全与可查可利用。商务部针对电子商务新业态,起草并发布《电子商务企业诚信档案评价规范》(SB/T 11227—2021),指导电子商务企业、信用服务机构、行业协会及相关社会组织等依照统一的标准,建立、评价并不断完善电子商务企业诚信档案。[②] 值得一提的是,中国首次担任国际标准化组织信息与文献技术委员会档案/文件管理分技术委员会(ISO/TC 46/SC 11)工作组召集方,牵头制定并发布《信息与文献　文件管理　核心概念与术语》(Information and Documentation—Records Management—Core Concepts and Vocabulary; ISO 30300: 2020),在参与国际标准制定工作方面实现了较大的突破。

二、档案法规标准建设现存问题

尽管2021年我国档案法规标准建设取得了一些成果和进展,但依然存在些许问题,如总体滞后于社会发展实践需求、档案专家参与程度略显不足、内外协调性和衔接性较薄弱、地方档案法规标准缺乏创新、档案利用法律救济制度依然缺位等问题,制约着档案法规标准体系的健全和发展。

(一)总体滞后于社会发展实践需求

总体而言,目前我国档案法规标准建设依然滞后于社会发展实践需求。国家档案法规层面,虽然2021年新《档案法》正式开始实施,《档案法实施办法》也在积极讨论修订中,但《机关档案工作条例》《科学技术档案工作条例》两部对机关档案管理和科技档案管理工作具有重要现实指导意义的行政法规依然分别沿用1983年和1980年的版本,无论是从时间还是内容上看已明显滞后于时代发展。如《机关档案工作条例》(厅发〔1983〕64号)第二十一条:“机关档案部门保管的档案,是现行档案,主要供本机关和上级主管机关使用,不属于开放范围。”不仅与文件生命周期理论相违,还反映出一种狭隘的内部利用思想。《科学技术档案工作条例》

① 李晶.中央军委办公厅印发《军队档案馆馆藏档案利用暂行规定》[EB/OL].(2021-09-27)[2021-10-23]. http://www.mod.gov.cn/topnews/2021-09/27/content_4895613.htm? isappinstalled=0.

② 商务部发布《电子商务企业诚信档案评价规范》行业标准[EB/OL].(2021-02-08)[2021-10-22]. http://www.mofcom.gov.cn/article/zwgk/zcfb/202102/20210203037648.shtml.

第十三条："科技档案部门应当及时地提供科技档案为科研、生产、基建等各项工作服务，并编制必要的检索工具和参考资料。借阅和复制科技档案要有一定的批准手续。"虽意识到科技档案对外提供利用的重要性，但提供利用形式仍较为简单，仅有"借阅"和"复制"两种，无法高效满足人民群众日益增长的档案开放利用需求。国家档案局颁布的《机关档案管理规定》(2018)和《科学技术研究档案管理规定》(2020)虽能在一定程度弥补上述两部行政法规的内容缺陷，但考虑到其作为部门规章的性质，并不具备与行政法规相当的法律效力，难以在各行业、各领域产生普遍的行为约束力，因此最终实施效果还有待实践检验。根据国家档案局网站"档案政策法规库"数据调研结果，除上述两部部门规章外，其余30部部门规章均为2017年12月22日之前颁布，其中2010年之前颁布的部门规章占比约为66.7%，2000年之前颁布的部门规章占比达40%，如《国家重点建设项目档案管理登记办法》(1997)、《各级国家档案馆开放档案办法》(1991)等，而在"作废政策法规"一栏中却并未将这些陈旧的部门规章列入其中。为更好地贯彻落实新《档案法》，推动档案工作紧跟社会发展实践需求，此类部门规章亟待修订或废止。

地方档案法规亦逐渐与新时代档案管理不相适应，呈现出明显的滞后性特征。据有关学者统计，我国66部档案管理地方法规中有9部超过15年未修订，占比为13.63%；有33部超过10年未修订，占比达50%，部分长期未修订的"高龄法规"，不仅与新《档案法》相关精神和规定不一致，更难以适宜新时代档案管理工作的需要和实际。① 档案标准规范方面亦是如此。14部档案国家标准中仅有4部为2020至2021年间颁布（见表2），除《电子文件归档与电子档案管理规范》(GB/T 18894—2016)外，其余均为2015年之前颁布，占比高达64%；92部现行档案行业标准中，2001年之前颁布的有23部，占比为25.00%，2001年至2015年间颁布的有25部，占比约为27.17%，合计占比达52.17%，这意味着过半现行档案行业标准仍然沿用6年前的版本。经过6年时间，档案工作早已发生深刻变化。随着高速存储技术的发展、RDF四星级数据格式以及档案数据的出现，如今的CAD电子文件光盘存储和档案机读可供支持格式早已不可与6年乃至10年前相提并论，档案标准规范的滞后性可见一斑。

---

① 姚明．我国档案管理地方立法研究——基于66部地方性法规的实证分析［J］．档案学研究，2019（3）：68－73.

表 2　档案国家标准颁布、实施情况

序号	名称	标准号	颁布日期	实施日期
1	《电子档案管理系统通用功能要求》	GB/T 39784—2021	2021 年 3 月 9 日	2021 年 10 月 1 日
2	《信息与文献　文件（档案）管理　概念与原则》	GB/T 26162—2021	2021 年 12 月 31 日	2022 年 7 月 1 日
3	《信息与文献　文件（档案）管理体系　实施指南》	GB/T 41207—2021	2021 年 12 月 31 日	2022 年 7 月 1 日
4	《党政机关电子公文归档规范》	GB/T 39362—2020	2020 年 11 月 19 日	2021 年 6 月 1 日
5	《文书档案案卷格式》	GB/T 9705—2008	2008 年 11 月 13 日	2009 年 5 月 1 日
6	《照片档案管理规范》	GB/T 11821—2002	2002 年 12 月 4 日	2003 年 5 月 1 日
7	《科学技术档案案卷构成的一般要求》	GB/T 11822—2008	2008 年 11 月 13 日	2009 年 5 月 1 日
8	《全宗单》	GB/T 13967—2008	2008 年 11 月 13 日	2009 年 5 月 1 日
9	《档案分类标引规则》	GB/T 15418—2009	2009 年 9 月 30 日	2010 年 2 月 1 日
10	《CAD 电子文件光盘存储、归档与档案管理要求　第一部分：电子文件归档与档案管理》	GB/T 17678.1—1999	1999 年 2 月 26 日	1999 年 10 月 1 日
11	《电子文件归档与电子档案管理规范》	GB/T 18894—2016	2016 年 8 月 29 日	2017 年 3 月 1 日
12	《中国档案机读目录格式》	GB/T 20163—2006	2006 年 3 月 15 日	2006 年 10 月 1 日
13	《信息与文献　文件管理　第 1 部分：通则》	GB/T 26162.1—2010	2011 年 1 月 14 日	2011 年 6 月 1 日
14	《信息与文献　文件管理过程　文件元数据　第 1 部分：原则》	GB/T 26163.1—2010	2011 年 1 月 14 日	2011 年 6 月 1 日

（二）内外协调性和衔接性较薄弱

由于各类型、各地区档案法规和标准规范的立法程序、参与主体存在较大差异，当前我国档案法规标准建设内部协调性和外部衔接性仍较为薄弱，主要表现在以下几方面：首先，档案法规体系内部、档案法规与上位法之间存在矛盾冲突。如虽已颁布更具先进性的《机关档案管理规定》，却并未及时废止《机关档案工作条例》，而两者在机关档案利用方面所体现的思想和具体规定存在明显差异。前者较为狭隘，后者则相对开放；前者仅将密级作为利用权限、范围和利用手续的划分依据，较为片面和呆板；后者则增设“内容”和“利用方式”两大划分依据，更为科学和灵活。再如《唐山市档案工作管理办法》第十二条的规定，在违背其上位法《河北省档案工作条例》的同时，也违反了《立法法》第七十二条的规定。[①] 其次，国家标准和行业标准建设步调不协调。2019年至2021年颁布、2020年至2021年正式实施的档案行业标准有18部（见表3），2019年至2021年颁布、2020年至2021年正式实施的档案国家标准仅有《党政机关电子公文归档规范》（GB/T 39362—2020）、《电子档案管理系统通用功能要求》（GB/T 39784—2021）等4部。而根据《中华人民共和国标准化法》，国家标准的适用优先级是高于行业标准的，影响范围也比行业标准更广。虽不苛求档案国家标准出台速度与行业标准完全相同，但若想真正促进档案行业的标准化发展，应将更多资源和精力投入国家标准的研制，保持两者建设步调协调统一，不宜差距过大。再次，国际标准采标率较低，采标工作滞后。据统计，国际标准化组织信息与文献技术委员会档案/文件分技术委员会（ISO/TC 46/SC 11）已发布19项标准，但我国档案国家标准中采纳的仅有2项（见表4），国际标准采标率仅为10.5%，与《国家标准化发展纲要》要求“国家标准与国际标准关键技术指标的一致性程度大幅提升，国际标准转化率达到85%以上”[②] 相距甚远。而另外3项国家标准所采纳的国际标准皆已更新，未能及时跟进修改完善，这意味着档案/文件管理国际标准在我国的推广应用存在一定的滞后性，反映出我国档案领域标准国际化发展具有相当大的提升空间，亟须重视采标工作效率。然而，由于缺少具备外语交流能力、档案专业知识与技术知识且精通国际标准制定规则的专家，缺乏可持续的人才筹备和行动支持，我国档案领域参与国际标准制定工作推进缓慢，影响档案标准建设水平的提升及其国际化发展。最后，档案法规与其他相关法律之间的衔接性有待提高。如在大数据发展背景下，为充分贯彻落实国家总体安全观，近年来陆续出台《中华人民共和国网络安全法》《中华人民共和国密码法》《中华人民共和国数据安全法》《中华人民共和国个人信息保护法》等保障国家信息与数据安全的法律，逐步重视公民个人隐私。档案工作过程中涉及的信息、数据安全与之关联性较强，新《档案法》虽然提出有关数据安全的规定与要求，但尚未明确并更新与之相衔接的规范细则，安全理念未能落到实处，影响新《档案法》及其配套法规的保障效力与引导作用，对于指导和规制档案工作实

① 姚明．我国档案管理地方立法研究——基于66部地方性法规的实证分析［J］．档案学研究，2019（3）：68－73.

② 中共中央 国务院印发《国家标准化发展纲要》［EB/OL］．（2021－10－10）［2022－02－27］．http：//www.news.cn/politics/zywj/2021-10/10/c_1127943309.htm.

践存在一定制约。

表3　2019—2021年档案行业标准颁布、实施情况

序号	名称	标准号	颁布日期	实施日期
1	《档案馆高压细水雾灭火系统技术规范》	DA/T 45—2021	2021年5月26日	2021年10月1日
2	《档案级可录类光盘CD-R、DVD-R、DVD+R技术要求和应用规范》	DA/T 38—2021	2021年5月26日	2021年10月1日
3	《公务电子邮件归档管理规则》	DA/T 32—2021	2021年5月26日	2021年10月1日
4	《产品数据管理(PDM)系统电子文件归档与电子档案管理规范》	DA/T 88—2021	2021年5月26日	2021年10月1日
5	《档案馆空调系统设计规范》	DA/T 87—2021	2021年5月26日	2021年10月1日
6	《财产保险业务档案管理规范》	DA/T 86—2021	2021年5月26日	2021年10月1日
7	《档案服务外包工作规范　第3部分：档案管理咨询服务》	DA/T 68.3—2020	2020年5月18日	2020年6月1日
8	《档案服务外包工作规范　第1部分：总则》	DA/T 68.1—2020	2020年5月18日	2020年6月1日
9	《档案服务外包工作规范　第2部分：档案数字化服务》	DA/T 68.2—2020	2020年5月18日	2020年6月1日
10	《政务服务事项电子文件归档规范》	DA/T 85—2019	2019年12月16日	2020年5月1日
11	《档案馆应急管理规范》	DA/T 84—2019	2019年12月16日	2020年5月1日
12	《档案数据存储用LTO磁带应用规范》	DA/T 83—2019	2019年12月16日	2020年5月1日
13	《基于文档型非关系型数据库的档案数据存储规范》	DA/T 82—2019	2019年12月16日	2020年5月1日
14	《档案库房空气质量检测技术规范》	DA/T 81—2019	2019年12月16日	2020年5月1日
15	《政府网站网页归档指南》	DA/T 80—2019	2019年12月16日	2020年5月1日
16	《证券业务档案管理规范》	DA/T 79—2019	2019年12月16日	2020年5月1日
17	《录音录像档案管理规范》	DA/T 78—2019	2019年12月16日	2020年5月1日
18	《纸质档案数字复制件光学字符识别(OCR)工作规范》	DA/T 77—2019	2019年12月16日	2020年5月1日

表 4　档案国家标准采标情况

序号	名称	标准号	颁布日期	采用的国际标准	注
1	《信息与文献　文件（档案）管理　概念与原则》	GB/T 26162—2021	2021 年 12 月 31 日	ISO 15489-1：2016	—
2	《信息与文献　文件（档案）管理体系　实施指南》	GB/T 41207—2021	2021 年 12 月 31 日	ISO 30302：2015	—
3	《信息与文献　文件管理体系　基础与术语》	GB/T 34110—2017	2017 年 7 月 31 日	ISO 30300：2011	已更新为 ISO 30300：2020
4	《信息与文献　文件管理体系　要求》	GB/T 34112—2017	2017 年 7 月 31 日	ISO 30301：2011	已更新为 ISO 30301：2019
5	《信息与文献　文件管理过程　文件元数据　第 1 部分：原则》	GB/T 26163.1—2010	2011 年 1 月 14 日	ISO 23081-1：2006	已更新为 ISO 23081-1：2017

（三）地方档案法规标准缺乏创新

当前我国地方档案法规标准同质化现象较为严重，法规标准设立宗旨、结构体例、具体内容缺乏创新。首先，思想境界偏低，未充分与地方需求和国家战略相结合。现行 31 部档案管理地方性法规立法目的既未明确体现服务“国家治理体系和治理能力现代化”或“社会主义现代化强国建设”的战略要求，也未对地方档案管理特殊需求做出积极回应，对地方档案法规标准设立目的的认识大多停留在笼统的“服务经济社会发展”层面。如在上述 31 部地方档案管理法规中，有 26 部在立法目的上的表述为“加强档案管理、保护和利用，服务经济社会发展”，占比高达 83.9%。① 其次，结构体例模板化，存在过度借鉴和生搬硬套。以章节体例作为基本架构的省级档案管理法规有 23 部，约占法规总数的 75%，其中采用六章体例（即总则、档案机构及其职责、档案管理、档案的公布与利用、法律责任、附则）的有 17 部，此类法规的章节设置基本相似，有的甚至完全一致；采用七章体例的有 5 部，此类法规在六章基础上增设“档案收集”章节；采用八章体例的仅有 1 部，即《某省档案管理条例》（2018），其在七章基础上创设“保障措施”章节，对档案管理的经费保障和专业人员保障、档案馆基本建设等内容做了针对性规定。②

① 娄晓阳．我国档案管理地方立法的可操作性研究——基于 31 部省级地方性法规的文本分析［J］．档案学通讯，2021（3）：90-97.

② 同①.

最后，具体内容重复明显，直接沿用上位法比重偏高。地方立法适用条款引用上位法有关规定一般以不超过法律文本总字数的20%为宜。[①] 有学者曾对部分地方档案法规引用上位法情况进行调研，结果显示，《某市实施〈档案法〉办法》40项条款中有16项与《档案法》和《档案法实施办法》相同或基本相同，重复内容约占40%。[②]

(四) 档案利用法律救济制度依然缺位

现阶段档案法规标准建设正处于新旧交替的过渡期，档案利用救济思维法律体现不足，配套法规标准、政策措施尚未跟进，档案利用法律救济制度依然存在缺位的情况。首先，档案利用救济思维法律体现不足，制约救济意识传导和制度建构上限。尽管新《档案法》第二十八条增设“投诉”这一救济途径，规定公民可向档案主管部门投诉不按规定开放利用的综合档案馆，接到投诉的档案主管部门应及时调查处理并将处理结果告知投诉人，并于第六章“监督检查”和第七章“法律责任”中初步确立公民利用档案权利的救济监督制度，但仍应看到现有的救济途径依然过于单一，对救济过程中的程序性要求以及具体细节鲜有涉及，如：档案主管部门未及时调查或公民对档案主管部门处理结果不服情况下，能够寻求的其他救济途径有哪些；公民以综合档案馆为被告提起行政诉讼，法院是否应将综合档案馆列为适格被告；可受理投诉的档案主管部门级别以及公民投诉的最短处理期限是多少；等等。[③] 对这些情况规定不明，势必对救济意识的纵向传导和救济制度的横向构建造成影响。其次，档案利用救济配套法规标准、政策措施尚待进一步跟进，行政救济和司法救济效果不佳。行政救济方面，现有法规条文依然强调从档案利用制度、利用效果等方面改进档案利用工作，如《机关档案管理规定》中“建立健全档案利用制度，根据档案的密级、内容和利用方式，规定不同的利用权限、范围和审批手续”，《档案馆工作通则》中“档案馆应及时、准确地掌握档案和资料的利用效果，不断改进利用工作”，等等。这些条款并未充分体现对公民档案利用权利的保障，也未明确机关档案利用权利救济途径究竟为投诉还是举报，抑或是两者都可，在何种情境下公民可向档案主管部门提起行政复议亦未做出具体规定。若仅仅依靠《档案法》寥寥数条的条款规定而不在法规标准层面对其进行适当拓展和延伸，公民档案利用权利遭到侵犯时仍将难以得到及时、全面、有力的行政救济。司法救济方面，

① 李林．中国立法权限划分［EB/OL］．(2003-11-06)［2021-11-03］．http：//www.locallaw.gov.cn/dflfw/Desktop.aspx?PATH=dflfw/sy/xxll&Gid=59d989fc-50d1-4ba5-bfb4-d122f4134b1a&Tid=Cms_Info.

② 马素萍．《行政许可法》施行后地方档案立法空间研究［J］．档案学通讯，2006(5)：35-38.

③ 连志英，古楠珂，周晗．我国公民利用档案权利救济制度之完善［J］．档案学通讯，2021(3)：71-77.

由于国家法律并未明确规定综合档案馆在档案开放利用过程中所实施的行为是行政法意义上的行政行为，使得综合档案馆究竟是否应当被列为行政诉讼案件的适格被告存疑，给法院受理案件和认定案情造成不便。加之受《最高人民法院关于审理政府信息公开行政案件若干问题的决定》第七条“政府信息由被告的档案机构或者档案工作人员保管的，适用《中华人民共和国政府信息公开条例》的规定”影响，机关档案利用司法救济大多援引《政府信息公开条例》作为法律依据，这种“借道而行”的做法一定程度上破坏了档案利用司法救济的完整性和专业性。

（五）档案专家参与程度略显不足

我国档案法规标准建设过程中，档案专家参与程度依然有提升的空间。2017年12月22日，新修订《行政法规制定程序条例》颁布，首次明确规定：“起草专业性较强的行政法规，起草部门可以吸收相关领域的专家参与起草工作，或者委托有关专家、教学科研单位、社会组织起草。”相较于2001版《行政法规制定程序条例》第十二条“起草行政法规，应当深入调查研究，总结实践经验，广泛听取有关机关、组织和公民的意见”，修订后更加突出专家学者在专业性较强的行政法规出台过程中的“智库”作用。而根据上文调研结果可知，除新《档案法》、《科学技术研究档案管理规定》和《机关档案管理规定》以及正在修订的《档案法实施办法》等外，其余行政法规和部门规章均于该时间节点前颁布，这意味着其在起草过程中并未充分听取采纳专家意见或经过专家论证，档案法规制定过程专家学者参与程度依然略显不足。而多数地方档案法规的制定时间较为久远，当时的档案法规主要由地方人大法制工作委员会制定，或由行政机关的相关职能部门起草，送交地方人大审查并通过①，其制定过程同样缺少档案专家参与，致使其欠缺一定的专业性和前瞻性，难以科学指导和有效规范未来一定时期内的档案工作实践，进而导致档案法规频繁修订的尴尬局面，如《重庆市实施〈中华人民共和国档案法〉办法》在1998年出台后分别于2001年、2002年、2004年、2005年、2010年、2019年进行修正，修订次数多达6次。②

三、档案法规标准建设未来展望

全面推进“依法治档”，切实提升档案治理效能，是档案法规标准体系构建的

① 王琦．新《档案法》实施背景下档案法规体系建设的困境与出路［J］．档案与建设，2021（1）：12－17．

② 娄晓阳．我国档案管理地方立法的可操作性研究——基于31部省级地方性法规的文本分析［J］．档案学通讯，2021（3）：90－97．

最终目标。未来应继续以新《档案法》为核心，深入推进档案法规标准建设，增强其科学性、体系性和创新性，夯实档案法规标准建设落脚点。

(一) 以新《档案法》为统领，明确档案法规标准建设方向

习近平总书记高度关切立法的时代性问题，曾多次强调“法律要随着实践发展而发展”[①]“形式在发展，时代在前进，法律体系必须随着时代和实践发展而不断发展”[②]。新《档案法》作为中国档案事业发展和依法治档的最新成果，就档案工作中的党政关系、公民档案利用权利、档案工作人才培养和队伍建设以及档案信息化建设[③]等当前我国档案工作亟待解决的各类问题做出积极回应，将“三个走向”蕴于字里行间，符合时代发展和社会进步要求。未来较长一段时期内也应以新《档案法》为统领，进一步明确档案法规标准建设方向。首先，坚持党对档案法规标准建设的绝对领导。时刻牢记“档案为谁管”“档案由谁管”两大关键命题，从指导理念上确保档案法治工作不偏航、不错行。[④] 将党对档案工作的要求和期盼深刻融入档案法规标准建设之中，赋予档案法规标准更高的思想内核和价值追求。其次，坚持“为人民服务”的建设宗旨。切实保障公民依法享有平等利用档案的权利，督促各级各类档案机构提供优质、高效的档案公共服务，满足人民群众日益增长的档案利用需求是档案法规标准出台的根本意义之所在。只有坚持“为人民服务”的建设宗旨，加强互动交流和线上、线下反馈，积极听取民众对档案法规标准建设的意见建议，才能最大限度激发档案法规标准的治理效能，确保档案法规标准保持持久、旺盛的“生命力”。再次，坚持相关配套法规制度的衔接。应遵从新《档案法》的立法精神内核，以修订原则与主要内容为指导，必须加快《档案法实施办法》等配套法规制度的制订、修改进程，依实际情况做出更为细化精确的规定，推进其与新《档案法》的有效衔接，确保全国各地档案系统有序贯彻落实。最后，坚持“不抵触”“不重复”和“不越权”原则。[⑤] 不与《宪法》《立法法》等国家法律相抵触，不与《档案法》《档案法实施办法》等上位法相重复，在地方立法权限范围内制定档案法规、标准规范。在遵循上述四条原则上，针对国家档案法规、标准规范还未

---

① 习近平关于全面依法治国论述摘编［G］. 北京：中央文献出版社，2015：43.

② 习近平．在庆祝全国人民代表大会成立 60 周年大会上的讲话（2015 年 9 月 5 日）［G］. 北京：人民出版社，2014：9.

③ 王琦．新《档案法》实施背景下档案法规体系建设的困境与出路［J］. 档案与建设，2021（1）：12 - 17.

④ 郭若涵，徐拥军．新《档案法》实施背景下我国档案法规体系建设要求［J］. 北京档案，2021（5）：11 - 14.

⑤ 李林．中国立法权限划分［EB/OL］.（2003 - 11 - 06）［2021 - 11 - 03］. http：//www.locallaw.gov.cn/dflfw/Desktop.aspx?PATH=dflfw/sy/xxll&Gid=59d989fc-50d1-4ba5-bfb4-d122f4134b1a&Tid=Cms_Info.

涉及的有关事项，地方档案法规标准建设可积极进行有益探索和尝试。

(二) 优化整体结构和内容衔接，增强档案法规标准建设体系性

保持档案法规标准体系内部的和谐统一与外部的有效衔接，对于新《档案法》的贯彻落实至关重要。未来应继续优化整体结构和内容衔接，增强档案法规标准建设体系性。首先，建立档案法规标准自动更新机制。以各级档案主管部门为中心，成立档案法规标准清查小组，及时清理落后于时代发展的档案法规、标准规范，将其放入“作废政策法规”和“失效标准”中并发布公告予以对外公示，及时废止与上位法相抵触的地方档案法规或责令其做出修订。其次，对档案法规章节体例做出明确规定。新《档案法》在旧法基础上增设“档案信息化建设”和“监督检查”两章内容，地方档案法规也应紧跟新《档案法》修订方向。为此，可在即将修订颁布的《档案法实施办法》中明确规定：“地方档案法规章节体例设置应与新《档案法》保持基本一致，章节数量不得少于新《档案法》章节数量。”如此，既能保持地方档案法规涉及档案管理业务环节的全面性，又能加强新《档案法》与地方档案法规的内容衔接，还能为地方档案法规创新留有施展空间。再次，建立国家标准和行业标准协调机制。及时沟通国家标准和行业标准研制信息，科学分配两类标准研制资源，协调国家标准和行业标准出台步调。另外，加快推进采标立项及其相关工作。紧跟档案/文件管理国际标准发展与更新情况，及时制定档案领域国家标准国际化发展规划，建立专项工作人才筹备与培养长效机制，为参与国际标准制定工作、提升采标率、促进国家标准国际化发展提供有效指导与强力支撑。最后，加强与现行法律法规的配合衔接。进一步剖析新颁布数据安全相关法律与新修订行政法等现行法律的立法定位与内容细则，结合档案领域实践进展，探讨档案存储、解密、开放、利用等过程中牵涉的法制要求，修订并完善与其相关联的档案法规标准，推进新《档案法》及其相关配套法规与现行法律法规相协调，增强档案法规标准体系的适用性与实用性，推动构筑内部结构合理、与外密切衔接的档案法治体系，落实依法治档战略。

(三) 坚持地域特色和问题导向，激发档案法规标准建设创新性

基于社会实践的科学创新是档案法规标准永葆生命力的关键，其核心在于积极服务国家发展战略的同时因地制宜，以有效解决实际问题为“立法”“制标”基本导向，凸显地方特色和人文关怀。首先，提高地方档案立法要求，将“地方特色”作为衡量地方档案法规标准质量的重要标准。地方特色是地方立法的本质属性，缺

乏地方特色的地方档案立法将失去其存在的必要。[①] 严格把关地方档案立法、标准出台各个环节，详细审查档案法规标准草案内容，规定地方档案法规标准草案重复率上限，或对基本照搬、照抄国家档案法规标准的地方档案法规标准不予审议和通过，倒逼地方档案法规标准实事求是对国家档案法规标准有关条款进行细化和延伸。其次，深入地方档案工作基层，广泛听取一线档案工作者和当地人民群众的意见、建议，充分掌握地方档案工作的实际情况。既要全面了解地方档案工作的概况特点、相对优势，也要及时总结其在发展过程中亟待解决的难点、痛点，进而分清地方档案法规标准制定的轻、重、缓、急，科学规划地方档案法规标准主攻方向和内容配比，提升地方档案立法的针对性和适用性。最后，以现实问题为导向，提升档案法规标准可操作性和可执行力。围绕现实问题制定对应的法规条款和标准规范，在涉及档案收集、整理、保管、利用等具体环节和档案工作各参与主体责任义务时尽量减少原则性表述，丰富该类法规条款适用场景、程序要求和实施细节，确保档案法规标准易于被贯彻执行，进而充分、高效发挥自身作用，避免沦为假、大、空的摆设条款。

（四）健全档案利用救济制度，夯实档案法规标准建设落脚点

没有救济就没有权利。[②] 未来还应不断健全档案利用救济制度，丰富行政救济手段，明确司法救济形式，夯实档案法规标准建设落脚点。首先，丰富行政救济手段，增补“举报”“行政复议”作为档案利用行政救济合法途径。此处的“举报”是指公民有权向档案主管部门检举综合档案馆或机关档案室工作人员在提供档案利用过程中的违法违纪行为，“行政复议”则是指公民对档案主管部门作出的投诉、举报处理意见不服的，或投诉、举报处理期限届满，档案主管部门未做出处理意见的，或公民认为其利用档案的合法权利受到严重侵犯的，可向上一级档案主管部门提起行政复议。考虑到公民利用档案权利与获取政府信息权利性质相似[③]，可参照《政府信息公开条例》第五十一条出台规定，在即将修订颁布的《档案法实施办法》中增设具体条款，如：“公民、法人或者其他组织在利用档案过程中认为综合档案馆或机关档案室侵犯其档案利用合法权益的，可向同级档案行政管理部门投诉、举报，同级档案行政管理部门在接到投诉、举报后须在规定期限内对有关事件进行深入调查并给予其书面答复，也可依法直接向上一级档案行政管理部门申请行政复

① 张立君．地方档案立法如何体现地方特色［J］．中国档案，2005（5）：22－23.

② 蒋冠．政府信息公开背景下档案管理制度优化探析［J］．档案学研究，2009（6）：44－46.

③ 连志英，古楠珂，周貽．我国公民利用档案权利救济制度之完善［J］．档案学通讯，2021（3）：71－77.

议。”其次，明确司法救济形式，细化行政诉讼对象和场景。将综合档案馆明确列为档案利用有关行政诉讼案件的适格被告，规定档案利用司法救济应遵从国家档案法律、行政法规有关规定而非《政府信息公开条例》，并根据公民档案利用权利受损和行政救济处理情况对公民有权提起行政诉讼的场景进行分类说明，如：“一、公民如认为综合档案馆有关行为侵犯其档案利用权，可直接以综合档案馆为被告提起行政诉讼；二、公民向同级档案行政管理部门投诉、举报或提起行政复议，同级档案行政管理部门在法定期限内未回复处理结果或复议决定的，公民可以综合档案馆或同级档案行政管理部门为被告提起行政诉讼；三、公民向上一级档案行政管理部门提起行政复议，上一级档案行政管理部门维持同级档案行政管理部门处理决定，公民仍不服的，可以综合档案馆、同级档案行政管理部门和上一级档案行政管理部门为共同被告提起行政诉讼。”

（五）建立档案专家论证机制，提升档案法规标准建设科学性

《“十四五”全国档案事业发展规划》人才强档工程提出要“建立梯队合理的档案人才队伍，建成一支150名左右的国家级档案专家队伍、300名左右的国家级档案专家储备队伍”。档案专家作为档案智库的领军力量，对我国档案法规标准建设起着重要的智力支撑作用。未来应建立档案专家论证机制，提升档案法规标准建设科学性。首先，继续去除档案专家准入不合理限制。提升档案法规标准研制主体专业程度，将更多档案专家纳入法规起草过程中，优化档案法规标准章节体例和具体内容。其次，开展法规标准颁布事前论证和事中补充。组织国家级档案专家全面评估档案法规标准的科学性和可行性，准确研判其在推行过程中可能面临的现实阻碍，并结合实际情况在正式出台前进行积极修正和补充，避免颁布后因内容不健全而频繁修改。最后，优化档案专家绩效考核制度。鼓励档案专家对新出台档案法规标准的实施效果进行深入调研，撰写考察纪要和资政报告，及时反馈国家档案法规标准落实及地方档案法规标准建设情况，将其纳入国家级档案专家绩效考核和档案专家储备人才评选额外加分指标，并对优秀反馈成果予以精神和物质奖励。

2021 年中国档案资源体系建设发展报告

加小双[1,2]　姚静[1]　冯佳芪[1]　贠疆鹏[1]

1. 中国人民大学信息资源管理学院

2. 中国人民大学档案事业发展研究中心，北京　100872

摘　要：档案资源体系建设是档案开发利用的前提，关系到档案事业的持续发展。以网络调查法、内容分析法和案例分析法为主要研究方法，对我国档案资源体系建设的重要意义和历史成绩进行梳理和总结。首先，在明确档案资源体系建设的重要意义和历史成绩的基础上，重点阐述 2021 年档案资源体系的建设概况与主要特征，包括档案资源体系建设法规政策环境优化、数字档案资源体系建设取得重大进展、档案资源共享平台成为新亮点、红色档案资源体系建设赋能党史教育、“四重”档案资源体系建设全面推进等；其次，提出我国当前档案资源体系建设的不平衡、不充分、范围有限等问题；最后，提出针对性的对策建议，包括多举措推动我国档案资源体系均衡发展、重点推进增量数字档案资源体系建设、有序开展档案信息资源共享平台建设。

关键词：档案资源；数字档案资源；专题档案；共享平台

作者简介：加小双，博士，副教授，研究方向为档案学基础理论、数字档案资源建设、档案与数字人文，电子邮箱 jiaxs1219@sina.com；姚静，博士研究生，研究方向为档案学基础理论；冯佳芪，硕士研究生，研究方向为档案学基础理论；贠疆鹏，硕士研究生，研究方向为档案学基础理论。

作为国家各项工作和人民群众各方面情况的真实记录，档案一直以来都被视为促进国家各项事业科学发展、维护国家及人民群众根本利益的基础性、战略性资源，始终得到党和政府的高度重视。档案资源体系建设是档案工作永恒的主题，是一项需要长期坚持并顺应时代发展而不断调整的系统工程，关系到档案事业的高质量发展和持续发展。如何顺应时代和社会需求，加强档案资源体系建设，充分赋能档案资源社会服务，一直以来都是档案工作的核心任务。不同历史时期档案资源体系建设的主要任务不尽相同、各有侧重，2021 年《“十四五”全国档案事业发展规划》(简称《“十四五”规划》)[①] 指出,“十四五”时期,档案作为重要信息资源和独特历史文化遗产的价值日益凸显,并明确要求档案资源体系建设迈出新步伐,促使档案资源覆盖面更加广泛、内容更加丰富、形式更加多样、结构更加优化,促进档案“应归尽归、应收尽收”有效落实。

2021年既是“十四五”的开局之年,也是建设档案强国新征程的开启之年,还是档案资源数字转型工作的关键之年,在这重要的历史交汇点上总结经验、谋划未来具有重要战略意义。本报告以档案资源体系建设为研究对象,立足“十三五”期间取得的建设成就,聚焦2021年的创新举措与核心特征,以网络调查法、内容分析法和案例分析法为主要研究方法,梳理总结我国档案资源体系建设的重要意义和历史成绩,重点阐述2021年档案资源体系建设的概况与特征,并在对现存问题进行分析的基础上提出针对性对策建议。需要说明的是,由于时间限制,全面的统计调查难以展开,本报告将以“鹰眼视角”观察调查数据呈现的变化,力图让读者既能认知我国档案资源体系建设整体的宏大图景,又能看到当下档案资源体系建设案例中的生动细节。

一、档案资源体系建设概述

(一)档案资源体系建设的重要意义

对档案领域而言,档案资源体系建设是档案工作的基础,是档案事业的重要组成部分,是决定档案事业高质量发展和持续发展的基础要素,是一切档案开发、利用和服务的前提,档案资源的规模和质量某种程度上直接决定了档案部门在社会上的地位和影响力。对国家建设而言,档案资源体系建设是促进先进生产力发展,进行社会主义现代化建设的信息保障;是促进先进文化建设,加强社会主义精神文明的基础工作。《“十四五”规划》明确要求紧紧围绕统筹推进“五位一体”总体布局和协调推进“四个全面”战略布局来推进档案资源体系建设。对社会发展而言,随着我国全面建成小康社会,群众对信息资源的利用需求延伸到更深层次的领域,档案资源体系建设是维护广大人民群众根本利益,满足人民群众日益增长的档案利用需求的重要途径,对于提高办事效率、保障公民权利、构建个人与集体记忆,以及了解过去、记录现在、指导未来具有重要意义。对人类记忆而言,档案承载历史,

① 中办国办印发《“十四五”全国档案事业发展规划》[EB/OL]. (2021-06-08) [2021-12-08]. https://www.saac.gov.cn/daj/yaow/202106/899650c1b1ec4c0e9ad3c2ca7310eca4.shtml.

也见证历史。档案资源记录着人类的历史与文明，承载着国家、民族和社会的集体记忆，是人类文化遗产的重要构成部分，对于人类文明的传承具有重要意义。见图 1。

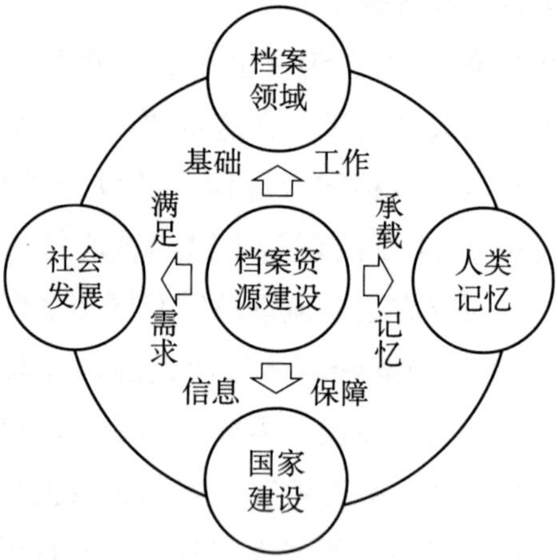

图 1　档案资源体系建设意义框架

（二）档案资源体系建设的历史成绩

近年来，我国各级档案部门遵照《档案法》及有关规定，加大档案资源接收、征集与数字转型工作力度，我国档案资源的数量规模、内容质量、结构比例都在不断提升和优化，档案资源体系建设成效日益显著。以最新的“十三五”时期建设为例，总结概述我国档案资源体系建设成果如下：

一是档案资源数量持续增长。在“应收尽收、应归尽归”[①] 政策指引下，全国档案馆馆藏数量逐年上升，“十三五”时期较“十二五”时期末增长 38.9%。[②] 统计数据显示，截至 2020 年底，全国各级综合档案馆馆藏档案 91 789.8 万卷、件，照片档案 2 401.0 万张，录音磁带、录像磁带、影片档案 112.1 万盘，馆藏电子档案 1 387.5TB。[③]

二是档案资源内容更加丰富。“十三五”时期档案资源更加丰富多样，重点领域、重大活动、重大事件、重大项目建档工作卓有成效，档案资源内容结构更加

① 中共中央办公厅 国务院办公厅印发《关于加强和改进新形势下档案工作的意见》[EB/OL]. (2014-05-04) [2021-11-05]. https://www.saac.gov.cn/daj/xxgk/201405/1d90cb6f5efd42c0b81f1f76d7253085.shtml.

② 中办国办印发《“十四五”全国档案事业发展规划》[EB/OL]. (2021-06-09) [2021-11-08]. https://www.saac.gov.cn/daj/toutiao/202106/ecca2de5bce44a0eb55c890762868683.shtml.

③ 国家档案局政策法规司. 2020 年度全国档案主管部门和档案馆基本情况摘要（二）[EB/OL]. (2021-08-06) [2021-11-05]. https://www.saac.gov.cn/daj/zhdt/202108/6262a796fdc3487d93bfa7005acfe2ae.shtml.

合理。

三是档案资源结构不断优化。档案征集工作是丰富档案资源、优化馆藏结构的有效途径。“十三五”时期各省市档案馆面向社会大力开展档案征集工作，据统计，2020年度全国各级综合档案馆共征集档案91.7万卷、件，照片档案25.6万张，录音磁带、录像磁带、影片档案0.4万盘[①]，名人档案、抗疫档案、红色档案、非遗档案、侨批档案、少数民族档案等众多珍贵特色档案得到有效保护，档案资源覆盖面不断扩大。

四是档案资源数字转型稳步推进。在数字档案馆建设上，“十三五”时期，我国建成一批以档案数字资源为核心、安全管理为保障、便捷利用为目标的数字档案馆，包括41家全国示范数字档案馆和89家国家级数字档案馆。[②] 在馆藏档案数字化方面，截至2020年底，全国各级综合档案馆馆藏档案91 789.8万卷、件，其中馆藏档案数字化成果为19 588.5TB[③]，中央和国家机关传统载体档案数字化率达到80%，中央企业总部传统载体档案数字化率达到90%，全国县级以上综合档案馆应数字化档案数字化率达到80%[④]。

总体来看，我国档案资源体系建设是一项持续稳步推进的基础性工作，经过多年的持续努力，我国档案资源的结构、规模和质量都得到提升和优化，在精准服务中心大局、融入国家战略发展上成效显著，在庆祝改革开放40周年、新中国成立70周年等重大活动以及脱贫攻坚、新冠肺炎疫情防控、党内主题教育等工作中发挥了积极作用，资政能力不断提升，现已形成具有中国特色的档案资源体系建设实践。

二、2021年我国档案资源体系建设特征

（一）档案资源体系建设法规政策环境优化

档案资源体系建设离不开法规政策环境的支持。2021年我国档案资源体系建设相关法规政策工作取得重大进展，新《档案法》、《“十四五”规划》等一系列法

① 国家档案局政策法规司．2020年度全国档案主管部门和档案馆基本情况摘要（二）[EB/OL]．(2021-08-06)[2021-11-05]．https://www.saac.gov.cn/daj/zhdt/202108/6262a796fdc3487d93bfa7005acfe2ae.shtml.

② 崔珍珍．全国数字档案馆建设推进会要求 全方位高质量加速推进数字档案馆建设[EB/OL]．(2021-12-06)[2021-12-08]．https://www.saac.gov.cn/daj/yaow/202112/9208e8951b444af2a1989b32efa8aaae.shtml.

③ 同①.

④ 中办国办印发《“十四五”全国档案事业发展规划》[EB/OL]．(2021-06-09)[2021-11-08]．https://www.saac.gov.cn/daj/toutiao/202106/ecca2de5bce44a0eb55c890762868683.shtml.

规政策的颁布和实施均在宏观层面对档案资源体系建设工作的优化升级进行了顶层设计。

一方面，新《档案法》对档案资源体系建设做出新指示。新《档案法》明确档案工作实行“统一领导、分级管理”原则，规定了从中央到地方各级档案机构的职责，以及与档案工作相关的各类机关、企事业单位和社会组织的档案管理要求。同时，新《档案法》也对档案资源体系建设数字转型提出了新要求，如“鼓励和支持档案馆和机关、团体、企业事业单位以及其他组织推进传统载体档案数字化”“有条件的档案馆应当建设数字档案馆”“推进档案信息资源共享服务平台，推动档案数字资源跨区域、跨部门共享利用”。

另一方面，《“十四五”规划》对档案资源体系建设做出新规划。2021 年发布《“十四五”规划》[①]，明确“档案资源体系”在推动档案事业高质量发展中的基础性地位，并提出“坚持人民立场”“以人民为中心的发展思想”等工作原则，用于“建设好覆盖人民群众的档案资源体系”，确保“档案资源覆盖面更加广泛、内容更加丰富、形式更加多样、结构更加优化，档案‘应归尽归、应收尽收’有效落实”。《“十四五”规划》还对档案资源体系建设结构提出了明确要求，要加快档案资源数字转型，逐步建立以档案数字资源为主导的档案资源体系，在“十三五”数字化成果的基础上，继续做好“存量数字化”工作，使中央和国家机关传统载体档案数字化率达到 80%，中央企业总部传统载体档案数字化率达到 90%，全国县级以上综合档案馆档案数字化率达到 80%。此外，《“十四五”规划》还明确指出“加快全面数字转型和智能升级”，大力推进“增量电子化”，促进各类电子文件应归尽归，电子档案应收尽收，要求市地级以上国家档案馆全部具备电子档案接收能力，电子档案在档案资源体系中的占比要有明显提升。

（二）数字档案资源体系建设取得重大进展

随着信息化时代的到来，档案工作面临着从传统载体管理向数字管理转型升级的巨大挑战。[②] 以往我国数字档案资源体系建设主要聚焦于馆藏数字化，即对模拟态的档案资源进行数字化处理，避免其因为年久老化、利用不便等原因导致价值无法得到有效发挥。随着信息技术的迅猛发展以及国家各层面数字转型的持续推进，

---

① 中办国办印发《“十四五”全国档案事业发展规划》[EB/OL]. (2021 - 06 - 09) [2021 - 11 - 08]. https://www.saac.gov.cn/daj/toutiao/202106/ecca2de5bce44a0eb55c890762868683.shtml.

② 陆国强．推动档案事业在高质量发展轨道上迈出坚实步伐——在 2020 年全国档案局长馆长会议上的报告[J]. 四川档案，2021 (1)：10.

电子文件日益成为信息记录、传输、交换、利用与共享的主流方式，也成为国家档案资源的重要组成部分，“增量电子化”的要求越来越迫切。新《档案法》中的“电子档案应当来源可靠、程序规范、要素合规”“电子档案与传统载体档案具有同等效力”等要求，为电子文件单套制保存和电子档案单轨制管理提供了法律支持并提出了相应的原则要求。2021年是档案资源数字转型工作的关键之年，代表着我国数字档案资源建设进入攻坚阶段，其所取得的建设成绩可概述为以下两个方面：

一方面，各地方综合档案馆档案资源数字转型开创新成绩。以上海市为例，截至2021年9月，上海市各区综合档案馆档案数字化率普遍达到95%以上，数字档案馆建成率达75%；主动对接市大数据中心和“一网通办”各相关单位，加强公共数据归集和电子档案管理应用，已有18家政务管理和服务单位实现“一网通办”事项电子文件归档管理；持续开展档案数字资源建设，市档案馆完成近一半馆藏存量纸质档案扫描任务，数字化成果达1.65亿幅，案卷和文件级目录1 600万余条，并开始实施纸质档案和相关数字化副本同步接收进馆。①

另一方面，档案资源体系建设数字转型试点工作稳步推进，不断取得新进展。试点单位的成果通过验收，不仅标志着档案资源数字转型在技术层面已经可以实现，还代表着在更广泛范围内推广电子文件单套归档和电子档案单套管理指日可待。

首先，电子文件单套归档和电子档案单套管理首批试点单位②相继通过验收。例如，2021年12月，南京市建邺区办公自动化系统通过电子印章元数据采集、组件和元数据上链、病毒检测、四性检测、档案溯源等功能，用最新信息技术手段保障电子公文自形成、处理到归档、移交的全过程的真实性、完整性、安全性和可用性。③ 首批试点单位验收工作的不断推进，为“电子文件单套归档和电子档案单套管理”的推广应用奠定了基础。

其次，企业电子文件归档和电子档案管理试点工作取得新进展。国家档案局持续推进企业电子文件单套归档和电子档案单轨管理试点、企业数字档案馆（室）建设试点工作。2021年，24家试点单位完成企业电子文件归档和电子档案管理试点工作，28家试点单位完成企业数字档案馆（室）建设试点工作并通过验收，产生

① 康勇．上海档案数字化转型发展成效显著［EB/OL］.（2021－09－02）［2021－12－11］. https://www.saac.gov.cn/daj/c100198/202109/72ca4e2e95134efbbfebe7f03fb2494e.shtml.

② 2020年3月，国家档案局、国务院办公厅电子政务办公室和国家电子文件管理部际联席会议办公室联合发布《关于开展电子文件单套归档和电子档案单套管理试点工作的通知》。

③ 刘璐，许建智．国家档案局验收首批单套制试点项目［EB/OL］.（2021－12－02）［2021－12－11］. https://www.saac.gov.cn/daj/c100202/202112/9b774df9a9194676b775080171240072.shtml.

了良好示范效应。通过验收的试点单位实现了 CAPP、PDM、ERP、财务系统、运营业务系统、电子邮件系统、供应链管理系统、CAD 设计文件、安全生产调度、勘测设计管理等 20 类共计 71 个企业主营业务系统的电子文件归档和电子档案管理。[①] 例如，中交集团通过数字档案馆试点，不仅档案数据资源总量增加，管理质量和结构不断优化，并且预计每年可节省成本约 4 000 多万元。[②] 再如，航天科技集团五院总体设计部传统载体档案数字化率达到 100%，为用户在线利用提供便利，实现电子文件归档后，大量减少了人工操作环节，归档时间同比下降约 48%。[③]

最后，电子发票电子化报销入账归档试点工作全面推进。自 2019 年国家档案局会同相关部门开展电子发票电子化报销、入账、归档试点工作以来，已有 21 家试点单位分两批于 2020 年 1 月和 12 月通过验收，成为示范单位，取得了良好效果。2021 年 2 月，国家档案局、财政部、商务部、国家税务总局联合印发《关于进一步扩大增值税电子发票电子化报销、入账、归档试点工作的通知》，经过筛选审核，正式确定各省、自治区、直辖市、计划单列市试点单位 484 家，各中央企业和有关单位试点单位 92 家，合计 576 家作为试点单位[④]，这预示着电子发票电子化报销、入账、归档试点工作在全国全面铺开，电子发票应用推广取得关键性进展。电子发票归档工作顺利推进也充分印证了档案资源服务经济发展大局的重要价值。2021 年 3 月，中共中央办公厅、国务院办公厅印发《关于进一步深化税收征管改革的意见》，正式将电子发票归档工作写入中央文件。

(三) 档案资源共享平台成为新亮点

档案信息资源共享平台是基于互联网技术，整合了采集、审核、存储、发布、共享利用功能的软硬件集合。[⑤] 档案馆借助共享平台存储并对外提供档案信息资源，有助于推进档案信息资源跨层级、跨地区、跨部门共享利用，满足社会各主体对档案信息资源检索和利用的需求。新《档案法》第四十一条规定："国家推进档案信息资源共享服务平台建设，推动档案数字资源跨区域、跨部门共享利用。"《"十四

---

① 车昊珈．企业电子文件归档和电子档案管理试点工作圆满收官［EB/OL］.（2021－10－25）［2021－11－07］. https：//www.saac.gov.cn/daj/yaow/202110/19e15a1fb74847efa059c6b02b8471e5.shtml.

② 中交集团通过企业数字档案馆（室）建设试点验收［EB/OL］.（2021－02－07）［2021－11－07］. https://www.saac.gov.cn/daj/qydagz/202102/8da6ac71adfe47618aac488553d1ce54.shtml.

③ 航天科技集团五院总体设计部通过企业数字档案馆（室）建设试点验收［EB/OL］.（2020－10－14）［2021－11－07］. https：//www.saac.gov.cn/daj/qydagz/202010/7dd1d8171e0746edaeff6831651aa53d.shtml.

④ 蔡盈芳，车昊珈．电子发票电子化报销入账归档试点工作在全国全面铺开［EB/OL］.（2021－06－28）［2021－12－11］. https：//www.saac.gov.cn/daj/yaow/202106/918b95fde0dd446bb28c5c342ac5898f.shtml.

⑤ 王烁．大数据时代档案信息资源共享平台建设研究［J］. 图书情报导刊，2016，1（12）：117－121.

五”规划》更是明确提出：“从国家、地区多层面一体推进档案信息共享利用工作，建设以全国档案查询利用服务平台为支撑、档案查询‘一网通办’的全国档案信息共享利用体系。”这些都为档案信息资源共建共享平台建设指明了实现路径。2021年各省（自治区、直辖市）综合档案馆在国家政策的支持和引导下，开展了不同程度的档案信息化建设工作，档案资源（集中体现为民生档案资源）共享平台相继建立或持续建设，档案资源共享规模、质量和服务水平同步提升，档案信息资源共享联动机制不断完善。

在国家层面，国家档案局已初步建成“全国档案查询利用服务平台”，并于2021年5月起与各地平台对接，共同推进全国档案数字资源共享利用工作，最终实现全国范围内档案查询“一网通办”。①

在地方层面，各地区积极制定档案信息资源共享平台建设战略，实现档案资源跨地区、跨层级共享，“市内共享平台”“省内共享平台”“省际共享平台”相继建成运行并取得良好成效。在市内共享平台方面，典型案例如：湖州市档案局积极打造湖州市数字档案资源共享平台，目前该共享平台包括婚姻、土地、山林、知青、精减下放、房产等16个专题档案数据库，共享条目250万多条、原文90多万件。②在省内共享平台方面，典型案例如：河北省档案馆牵头联合省内174个综合档案馆，于2021年10月15日启动省内民生类档案异地跨馆查询利用服务，实现河北省内民生类档案信息资源共享。③ 在省际共享平台方面，典型案例如：2020年，长三角民生档案跨区域一体化在线查档平台正式上线，实现长三角地区345家综合档案馆民生档案利用跨省“一网通办”，这是全国首个跨省域的档案查询利用平台④；2021年7月，北京市通州区档案馆与河北省廊坊市三河、大厂、香河三县市档案馆签订《民生档案异地跨馆利用服务工作协议书》，共同打造“信息多跑路、群众少跑腿”的民生档案利用服务体系⑤；2021年12月1日，黄河流域9省（自治区）59家市（州、盟）档案馆战略合作成果《黄河流域城市档案馆民生档案跨馆利用服务

---

① 陆国强．推动档案事业在高质量发展轨道上迈出坚实步伐——在2020年全国档案局长馆长会议上的报告[J]．中国档案，2021（1）：19-25.

② 黄丹．主动作为 推动档案工作服务基层社会治理［EB/OL］．（2021-04-23）［2021-11-23］．http：//www.zgdazxw.com.cn/news/2021-04/23/content_319963.htm.

③ 潘淑淳，张雅兰．河北175家综合档案馆实现民生档案异地查询［EB/OL］．（2021-11-05）［2021-11-05］．http：//www.zgdazxw.com.cn/news/2021-11/05/content_327210.htm.

④ 黄珍珍，周峰林．长三角民生档案跨区域一体化在线查档平台正式上线［EB/OL］．（2020-10-23）［2021-12-13］．https：//zj.zjol.com.cn/news.html?id=1548182.

⑤ 梁鋆．北京通州区档案馆与“北三县”签订跨馆利用服务协议［EB/OL］．（2021-07-14）［2021-12-11］．https：//www.saac.gov.cn/daj/c100166/202107/2ff9a111fdef43048b7a21c2f32c81da.shtml.

工作协议》正式生效，59 个签约城市的档案利用者均可通过所在城市档案馆“一站式”查阅任意签约城市档案馆的馆藏民生档案①。

在政府部门层面，档案信息跨部门共享不断迈出新步伐。例如，2021 年 7 月，北京市档案馆依托“北京市民生档案跨馆利用系统”，整合北京市馆和 16 个区档案馆馆藏婚姻登记档案信息资源，实现了 497 万条婚姻登记档案目录、2 400 多万页原文档案信息在线检索、查询、浏览和打印，推动全市 16 个婚姻登记处对 17 个国家综合档案馆馆藏婚姻登记档案信息的网络共享利用，真正实现了群众办事“最多跑一次”的目标。② 不少地区还将跨部门共享明确列入规划，如《浙江省档案事业发展“十四五”规划》(简称《浙江省“十四五规划”》)将加快区域档案信息资源共享服务平台建设作为主要任务之一，提出“到 2023 年底，省档案馆建成省档案数据共享中心，各市、县（市、区）建成互联互通的区域数字档案管理服务一体化平台”的目标，以推进档案数字资源跨部门、跨层级、跨区域共享利用。③

(四) 红色档案资源建设赋能党史教育

“红色档案”特指在新民主主义革命时期，由中国共产党领导的机关、组织和个人在各种对敌斗争和政治活动中所形成的具有保存价值的文字、图表、音像及其他各种形式和载体的历史记录。④ 红色档案资源作为国家精神文明建设的重要资源，具有历史凭证价值、教育文化价值和经济价值等多重价值，可以在传承优秀中华文化、弘扬民族精神、激励群众奋斗、进行爱国主义教育、构建和谐社会等过程中发挥重大作用。⑤ 2021 年是中国共产党成立 100 周年。2021 年 7 月 6 日，习近平总书记作出重要批示，特别要求要把蕴含党的初心使命的红色档案保管好、利用好，把新时代党领导人民推进实现中华民族伟大复兴的奋斗历史记录好、留存好，更好地服务党和国家工作大局、服务人民群众。⑥ 2021 年 11 月，党史学习教育领导小组办公室、国家档案局印发《关于做好党史学习教育文件材料收集归档工作的通知》，

---

① 徐晓雷，张呈柱．黄河流域 59 家档案馆民生档案实现跨馆利用 [EB/OL]．(2021-12-10) [2021-12-11]．https：//www.saac.gov.cn/daj/c100222/202112/fc311fdc03be40659846db883872e998.shtml.

② 白巍，尹哲．北京 婚姻登记档案信息实现跨部门共享 [EB/OL]．(2021-07-28) [2021-12-11]．https://www.saac.gov.cn/daj/c100166/202107/f2dab88dd39340eaad5d6829e8ccfd9b.shtml.

③《浙江省档案事业发展“十四五”规划》解读 [EB/OL]．(2021-04-28) [2022-02-08]．http：//www.zjda.gov.cn/art/2021/4/28/art_1378498_58922961.html.

④ 黄明嫚．红色档案资源立体化开发研究 [J]．兰台世界，2010 (8)：40-41.

⑤ 申灿，李瑶．红色档案信息资源的开发利用研究 [J]．档案管理，2021 (4)：17-18.

⑥ 国家档案局印发《通知》要求认真学习贯彻习近平总书记对档案工作重要批示．(2021-07-29) [2021-12-11]．https：//chinaarchives.cn/home/category/detail/id/35725.html.

对做好党史学习教育期间文件材料的收集归档工作作出部署，要求把做好党史学习教育文件材料的收集、归档工作作为一项重要任务抓紧抓好。[①] 作为积极响应，2021年，我国各级档案机构都在不同层面加强了红色档案资源体系建设。

首先，加强对红色档案的征集和保护。例如，巴中市档案馆于2010年出台《关于抢救征集“红色资源”建立“红色档案”的通知》与《巴中市健在老红军口述史料管理办法》，财政部门每年安排9万元用作“红色资源”征集经费，并成立“红色档案”抢救征集领导小组，从经济和法律维度确保“红色档案”的安全保管和有效利用，给全国各地档案馆起了示范作用[②]；无锡市档案馆举行“红色收藏档案资料捐赠仪式”，16位收藏家现场捐赠了25件珍贵档案资料[③]；北京市档案馆开展“老党员讲党史”口述档案采集工作，截至2021年11月，共形成视频素材2 659分钟，整理文字材料约20.1万字，制作宣传片1部，精编个人视频每人1套，拍摄工作照近900张[④]。

其次，大力推进红色档案数字化建设。例如，广西壮族自治区档案馆构建“互联网+档建”模式：一方面，根据广西红色档案资源体系建设情况的需求，设立专门负责红色档案资源体系建设的常设部门；另一方面，建立共享云盘，供各机构上传红色档案，并由常设部门将各方档案加以集中和整合。[⑤] 红色档案资源体系建设为后续的开发利用奠定了良好基础，从而有利于丰富党史学习教育和“四史”宣传教育的内容。

最后，通过档案展览赋能党史教育。2021年3月26日，国家档案局发布关于印发《2021年全国档案宣传工作要点》的通知，把用活红色档案资源，讲好党的百年故事，积极主动服务全党党史学习教育大局作为工作重点。对此，产生了许多利用档案展览赋能党史教育的生动实践。例如，在2021年中国共产党建党百年之际，中央档案馆联合中央人民广播电视总台新闻新媒体中心，隆重推出百集微纪录片《红色档案——走进中央档案馆》，精选中央档案馆大量馆藏珍贵档案，生动讲述档案背后的人物和故事，从多个角度呈现中国共产党始终秉承的初心和使命，包

---

① 党史学习教育领导小组办公室、国家档案局印发《通知》要求做好党史学习教育文件材料收集归档工作.（2021-11-04）[2021-12-11]. https://www.saac.gov.cn/daj/yaow/202111/9b93079b0bea463 99ab9831fdf25d89e.shtml.

② 巴中市档案局. 抢救“红色资源”服务巴中经济社会发展 [J]. 四川档案，2010（5）：4-5.

③ 魏菊仙. 长三角地区第二届红色收藏精品展在无锡市档案馆开幕 [J]. 档案与建设，2011（6）：39.

④ 俞兆娜. 北京“老党员讲党史”口述档案采集结硕果.（2021-11-08）[2021-12-11]. https://www.saac.gov.cn/daj/c100166/202111/adbeed598d1043a5893a1a5dc2ac50ff.shtml.

⑤ 郑慧，刘心怡，杨秀翠. 广西红色档案资源体系建设研究 [J]. 山西档案，2021（5）：110-117.

括家书、家风、永远在路上等多个角度的红色档案专题[①]；国家档案局网站在线举办了与党史相关的档案资源展览，如中苏关系档案展、党的群众路线档案展览等[②]。

(五)“四重”档案资源体系建设全面推进

重点领域、重大活动、重大项目、重大事件建档工作一直是我国档案资源体系建设的重点，也是实现我国档案资源丰富性、多样性和全面性的重要举措。新《档案法》提出：“档案馆应当加强对突发事件应对活动相关档案的研究整理和开发利用，为突发事件应对活动提供文献参考和决策支持。”《重大活动和突发事件档案管理办法》对重大活动和突发事件档案资源体系建设提出具体要求。《“十四五”规划》也提出，加强国家重大发展战略和地方中心工作等重点领域档案收集工作，着力全方位收集反映党史、新中国史、改革开放史、社会主义发展史的档案材料，促进珍贵档案国内外征集工作，并提出加强关系国家安全、国计民生、公共服务、新兴产业等重点行业档案收集工作，健全重大活动、突发事件应对活动档案工作机制，着力健全重特大事件应急处置档案管理机制。在上述背景下，2021 年，“四重”档案资源体系建设得到全面推进，具体表现如下：

在重点领域方面，国家重点档案基础体系建设项目和国家重点档案专题保护开发项目得到重点关注。其中，国家重点档案基础体系建设工作重点为以推进党的重要档案文献目录集中管理为方向，集中对革命历史档案和建国后党领导社会主义建设时期重大历史事件相关档案进行系统排查和采集。国家重点专题保护开发项目包含重大专题保护开发任务和重点专题保护开发任务。重大专题保护开发任务主要围绕建党百年专题档案开发、抗战档案汇编、中国档案文献遗产推介、外文档案整理和翻译等内容组织申报，由国家档案局牵头组织实施。重点专题保护开发任务主要围绕“四史”教育、边疆治理、工业遗产保护、历史文化遗产传承、“一带一路”与跨文化交流等方向组织申报，2021 年的重点专题保护开发任务申报工作以项目储备为主。[③] 在地区层面，一些具有地方发展特色的重点领域档案得到高度关注。例如，2021 年 11 月，浙江省印发《关于开展高质量建设共同富裕示范区档案、数字化改革档案和实施碳达峰碳中和行动档案接收、归集工作的指导意见》，规定了“三类档案”接收、归集的范围和形式，并要求各级“三类档案”的形成、保管单

---

① 百集微纪录片《红色档案——走进中央档案馆》[EB/OL]. [2021 - 12 - 09]. https://www.saac.gov.cn/daj/hongsedangan/hsda.shtml.

② 专题热点：档案展览 [EB/OL]. [2021 - 12 - 07]. https://www.saac.gov.cn/daj/dazl/lmlist.shtml.

③ 2021 年国家重点档案保护与开发工程项目申报工作正式启动 [EB/OL]. (2021 - 02 - 18) [2021 - 12 - 30]. https://www.saac.gov.cn/daj/ywgzdt/202102/bbd0a2e516514518a3740b9b80d20573.shtml.

位于2023年6月底前将2022年12月31日以前形成的、包含所有保管期限的“三类档案”目录、数据移交至同级国家综合档案馆。全省各级国家综合档案馆将于2023年12月底前形成“三类档案”专题数据库。①

在重大活动方面，各级档案馆依托自身优势，紧跟区域内的重大活动开展档案资源体系征集以及专题数据库建设。例如，浙江省档案部门圆满完成G20杭州峰会、世界互联网大会、庆祝改革开放40周年、庆祝新中国成立70周年等重大活动档案服务保障任务，建立G20杭州峰会影像专题数据库②；郑州市档案馆围绕中国金鸡百花电影节、中国（郑州）黄河文化月、黄帝故里拜祖大典等重大活动或重大事件实施档案管理全程跟踪服务③。2021年12月，河北省档案局向全省各涉奥单位发布《关于进一步做好2022年冬奥会和冬残奥会（张家口赛区）档案工作的实施方案》，要求将涉奥档案工作纳入冬奥会整体工作同部署、同推进、同落实，冬奥会工作推进到哪里，档案工作就延伸到哪里。④ 重大活动档案资源体系建设不仅有效保存了社会记忆，还为科学决策提供了有力支持。

在重大项目方面，一系列项目开展验收工作。“十三五”期间，国家档案局围绕党和国家工作大局，利用国家重点档案专项资金，组织实施了一系列重大专题开发项目。截至2021年底，多数项目已进入收尾阶段，有的项目已经全面完成。重大专题开发项目普遍呈现政治性强、实施周期长、资金投入大的特点。为确保项目实施成效，按照国家档案局办公室《国家重点档案保护与开发项目管理细则（试行）》相关规定，印发了《关于开展国家重点档案重大专题开发项目验收工作的通知》，指出在2021年集中组织开展项目验收工作。⑤ 例如，中国海洋档案馆先后两次组织所属13个单位于2000年及以前形成的档案的进馆工作，实现10多个海洋重大项目档案的集中统一管理，在国家实施重大项目档案管理方面发挥了示范作用。⑥

---

① 张方舟．浙江 开展“三类档案”专题数据库建设［EB/OL］．(2021-11-29)［2021-12-11］．https://www.saac.gov.cn/daj/c100206/202111/c878c7a7101546a89f343a630209f5cb.shtml.

② 李波．浙江省档案事业发展“十四五”规划经省委办公厅厅务会议审议通过［N］．中国档案报，2021-04-01 (1).

③ 郑州市档案馆围绕重大活动实施跟踪服务［EB/OL］．(2021-04-08)［2021-12-08］．http://da.zhengzhou.gov.cn/gzdt/4920512.jhtml.

④ 王琳，孙卓．河北部署冬奥会和冬残奥会（张家口赛区）档案工作［EB/OL］．(2021-12-09)［2021-12-11］．https://www.saac.gov.cn/daj/c100174/202112/b8fc1c43cc374f018f6fd7edca20d201.shtml.

⑤ 国家档案局组织开展国家重点档案重大专题开发项目验收工作［EB/OL］．(2021-02-20)［2021-12-30］．https://www.saac.gov.cn/daj/ywgzdt/202102/4eb7e3053fa144c9850cfe621d2d5cec.shtml.

⑥ 薛惠芬．百年长廊里的蓝色画卷［EB/OL］．(2021-09-23)［2021-11-23］．http://www.zgdazxw.com.cn/culture/2021-09/23/content_325542.htm.

在重大事件方面，2021年突出体现为疫情防控档案资源体系建设。例如，湖北省档案馆征集了大量抗疫档案，包括42 320幅援鄂医疗队员肖像照、工作照等珍贵图片，还有信件等[①]；江苏省率先开展“为英雄建档，让英雄留名”活动，为2 813名援鄂医护人员一人一档留下最美逆行记录[②]；天津市委办公厅（市档案局）扎实做好“两类档案”归集工作，截至2021年8月，市、区两级综合档案馆累计接收脱贫攻坚档案6.3万件、疫情防控档案15万件，全市“两类档案”归集工作任务提前完成[③]；广州市档案馆拍摄2 000多张有关新冠肺炎疫情防控工作的照片，为做好疫情防控工作建档及日后发挥档案资政作用打下坚实基础[④]；上海市档案局将建设疫情防控、脱贫攻坚等专题档案数据库，并明确将世界顶尖科学家论坛、世界人工智能大会、世界技能大赛等重大活动的档案收集纳入其档案事业“十四五”规划中。

三、我国档案资源体系建设现存问题

（一）档案资源体系建设发展不平衡

我国档案资源体系经过多年建设，在整体数量、内容、结构上都实现了突破式的发展，但这其中也积累了结构性的发展不平衡问题，这种“不平衡”集中体现为地区间档案资源建设发展不平衡，即西北地区档案资源建设在数量和数字转型上要明显落后于东南沿海地区。区域发展不平衡是一个长期存在的基本现实，比较各地区“十三五”档案事业发展总结，发现在资源建设数量方面，虽然全国各地馆藏数量和增速都有所提升，但区域间不平衡性十分显著。

一方面，东南沿海省份档案资源建设发展数量和增速明显高于西北地区。比如，江苏省全省各级综合档案馆接收各类档案1 195.27万卷、1 834.74万件，接收电子档案和数字化副本1 202.88T。[⑤] 浙江省各级各类档案馆馆藏档案4 274.4万卷

---

① 周志兵，王涛，黄敏．湖北省档案馆：抗疫档案里的白衣战士［EB/OL］．(2020－06－29)［2021－12－09］．http：//www.hbwmw.gov.cn/wmywtj/202006/t20200629_161650.shtml.

② 杨根平．同心奋进 聚力创新 努力推动全省档案事业发展走在前列——在2021年全省档案局长馆长会议上的报告［EB/OL］．(2021－06－24)［2021－11－24］．http：//www.dajs.gov.cn/art/2021/6/24/art_83_56400.html.

③ 胡荣华．记录好留存好新时代伟大奋斗历史——天津市做好脱贫攻坚档案和疫情防控档案归集工作纪实［N］．中国档案报，2021－11－15 (3).

④ 李林，张光明．广州市档案馆 拍摄记录市防疫工作领导小组防控工作［EB/OL］．(2020－02－24)［2021－11－16］．https：//www.saac.gov.cn/daj/c100338/202002/fec5a10fdb4548649efee9e8b71cdc63.shtml.

⑤ 中共江苏省委办公厅，江苏省人民政府办公厅．江苏省“十四五”档案事业发展规划［EB/OL］．(2022－02－08)［2021－09－10］．http：//www.dajs.gov.cn/art/2021/9/10/art_16_57693.html.

(件)。[①] 然而，甘肃省全省各级档案馆仅接收档案 75.4 万多卷、201.8 万多件。[②] 陕西省各级综合档案馆接收档案 264.281 6 万卷、832.851 3 万件。[③] 新疆维吾尔自治区“十三五”规划后馆藏纸质档案总量仅达 859 万卷、1 104 万件。[④]

另一方面，在档案资源数字转型上，东南沿海省份档案资源建设数字转型明显快和优于西北地区。例如，浙江省各市县数字档案馆（室）实现全覆盖，国家级数字档案馆和全国示范数字档案馆数量位居各省区市第一。其省档案馆成功创建全国示范数字档案馆，系首个通过全国测试的省级档案馆。[⑤] 福建省档案信息化建设步伐加快，分别建成全国示范数字档案馆、国家级数字档案馆、全国示范数字档案室各 1 家。[⑥] 上海市 12 个区档案馆通过国家档案局组织的“示范级”和“国家级”数字档案馆测评。[⑦] 然而，甘肃省省市县三级国家综合档案馆馆藏永久档案数字化率仅达到 58%。[⑧] 陕西省省数字档案馆项目全面启动实施并完成了一期建设，6 个市数字档案馆建设初见成效，但仅西安市数字档案馆成为全国示范数字档案馆。[⑨] 新疆维吾尔自治区完成数字化档案 275 万卷、505 万件，存储数据 122T，案卷级档案数字化率 36.4%，文件级档案数字化率 51.5%。[⑩]

(二) 档案资源数字转型建设不充分

当前人类社会已经从最初的信息数字化过渡到业务数字化，并逐渐走向数字转型。数字转型是目前数字化发展的新阶段，意味着数字化已经扩展到产业和业务的各方面，最终促进整个社会的转型发展。在这个背景下，档案资源体系建设数字转型符合数字转型的国家战略，适应人类社会进入数字记忆的时代背景，但是目前我

① 浙江省发展和改革委员会，浙江省档案局．浙江省档案事业发展“十四五”规划 [EB/OL].（2021－05－06）[2022－02－08]. https://www.zjdapx.com/article/129.

② 省委办公厅省政府办公厅印发《“十四五”甘肃省档案事业发展规划》[EB/OL].（2021－09－21）[2022－02－08]. http://www.gansu.gov.cn/gsszf/c100002/c100999/202109/1796461.shtml.

③ 陕西省委办公厅．陕西省档案事业发展“十四五”规划（2021—2025）[EB/OL].（2021－09－29）[2022－02－08]. https://da.sust.edu.cn/info/1171/3049.htm.

④ 自治区党委办公厅自治区人民政府办公厅印发“十四五”新疆维吾尔自治区档案事业发展规划 [EB/OL].（2021－10－14）[2022－02－11]. http://nynct.xinjiang.gov.cn/nynct/xjncr/202112/1a32fee0d79140f181299e805c9a0025.shtml.

⑤ 同①.

⑥ 福建省档案局 福建省发展和改革委员会印发《福建省“十四五”档案事业发展规划》[EB/OL].（2021－11－03）[2022－02－08]. http://www.fj-archives.org.cn/dazw/bsdt/202111/t20211103_295443.htm.

⑦ 上海市档案局．上海市档案事业发展“十四五”规划 [EB/OL].（2021－09－03）[2022－02－08]. http://www.dajs.gov.cn/art/2021/9/3/art_81_57600.html.

⑧ 同②.

⑨ 同③.

⑩ 同④.

国档案资源数字转型建设依然存在着不充分的问题，具体表现为：数字转型的建设重点仍然聚焦于信息数字化层面的馆藏数字化，而在业务数字化层面以及全面的数字转型上存在滞后。《“十四五”规划》指出：“新一代信息技术广泛应用，档案工作环境、对象、内容发生巨大变化，迫切要求创新档案工作理念、方法、模式，加快全面数字转型和智能升级。”《浙江“十四五”规划》[①] 中也提到“档案工作现代化与全省数字化改革的新要求相比还存在差距”，“迫切要求档案工作加快数字赋能，统筹运用数字化技术、数字化思维、数字化认知推动档案工作全方位、系统性、重塑性变革，率先实现整体智治”。需要说明的是，档案资源数字转型的建设水平在很大程度上依赖于前端业务的数字转型推进情况，并且并非所有的档案资源（如涉及信息安全和公民隐私的档案）都适合或者都需要进行数字转型，这要求档案主管部门在制定档案资源数字转型规划或者政策时，应坚持实事求是、具体问题具体分析的基本原则，避免出现“一刀切”或者为了追求数字转型的资源建设效益而违背档案资源建设基本原则和规律的现象。

（三）档案信息资源共享范围较为有限

满足社会各主体对档案信息资源检索和利用的需求是档案资源体系建设的最终目标，这个目标的达成需要建立在档案信息资源充分共享的基础上。目前我国在各层面都有了档案资源共享平台建设的良好实践，获得了社会公众的普遍认可，也大大提升了档案机构的服务能力。但是，现有的档案资源共享平台建设范围较为有限，具体表现在以下三个方面：

首先，在建设范围上，开展档案信息资源共享平台建设实践的地区较为有限，这与当地的档案资源建设水平密切相关。

其次，在共享资源上，在开展档案资源共享平台建设的实践中，其资源范畴往往集中在婚姻档案、知青档案等民生档案门类上，在更广泛的资源范围内开展档案资源共享较为有限。

最后，参与档案资源共享平台建设的主体也较为有限，往往并不能覆盖区域内的全部档案机构。同时，跨部门档案信息资源共享较为少见，未能将档案信息资源放在群众办事“最多跑一次”整体目标框架下进行规划。

---

① 省发展改革委 省档案局关于印发《浙江省档案事业发展“十四五”规划》的通知［EB/OL］.（2021-06-24）［2022-02-08］. http://www.zj.gov.cn/art/2021/6/24/art_1229540815_4671280.html.

四、我国档案资源体系建设的对策建议

为推动我国档案资源覆盖面更加广泛、内容更加丰富、形式更加多样、结构更加优化，同时也促使我国档案资源体系建设更加紧密围绕统筹推进“五位一体”总体布局和协调推进“四个全面”战略布局，实现高质量发展，特提出以下对策建议。

（一）多举措推动我国档案资源体系均衡发展

首先，做好国有档案普查工作，摸清国有档案资源家底。开展国有档案资源普查，基本摸清国有档案资源家底，这也是我国档案“十四五规划”的明确要求。这种资源普查工作非常必要，一方面有利于从整体上和总量上把握我国国有档案资源建设情况，另一方面也有利于从地区上和格局上把握我国不同地区国有档案资源建设情况，便于把握地区间建设差距，特别是在档案资源建设的数字转型上。

其次，建立档案资源体系建设评价标准，促进针对性提升。建议由国家档案局牵头，各高校、科研机构、行业代表等多元主体参与，制定档案资源体系建设评价标准，形成统一的评价内容、评价方法规范。这种统一标准的建立一方面有利于从动态上把握各地区档案资源体系建设情况，便于从国家层面加强监督管理，进行顶层统筹设计；另一方面，有利于各地区针对性发现本地区档案资源体系建设的特色、问题，进而制定针对性的改进措施。

最后，强化协同发展战略，促进区域间交流与合作。针对我国突出存在的地区间发展不平衡问题，一方面，国家档案局应该从顶层制定相应的协同发展战略，比如可以优化试点单位的空间设置，以资源促发展。试点单位是优势政策资源，也会衍生领先一步的发展空间。国家档案局在开展相关试点工作时，也应该充分考虑不同地区发展重点和实际需要，统筹区域布局，重点向发展困难地区倾斜，以优惠政策空间推动落后地区档案资源建设向前发展。另一方面，各地区档案机构也应该强化交流与合作，比如可以区域间的档案资源共享平台建设为契机，以优势地区档案机构的技术优势、资源优势带动落后地区的档案资源数字化建设；也可以建立档案机构内部的知识管理机制，促进先进经验共享。

（二）重点推进增量数字档案资源体系建设

在数字转型的大背景下，要实现经济数字化形成新供给、生活数字化满足新需

求、治理数字化优化新环境，都需要档案资源的数字转型作为支撑。随着电子文件法律凭证障碍扫清，电子文件归档和电子档案保存、归集、共享利用等领域的技术标准渐成体系，未来我国仍需把数字档案资源体系建设作为重点任务予以推进。

首先，国家档案主管机构应该将“电子文件应归尽归，电子档案应收尽收”作为我国档案资源体系建设的基础目标，继续深入和扩大推进电子文件单套归档和电子档案单轨管理试点工作。

其次，各级档案部门要将增量数字档案资源体系建设作为我国档案资源体系建设数字转型的核心任务，大力推进“增量电子化”，并加快推进对重要档案数字化成果进行文字识别和语音识别。

最后，各级档案部门在推进增量数字档案资源建设时，要突破传统电子文件单套归档的限制，推进各种数字资源（如社交媒体、电子邮件等）的建档工作，进而推动我国建成结构上以电子档案为主导的数字档案资源体系。

（三）有序开展档案信息资源共享平台建设

档案信息资源共享平台建设是新时代档案事业高质量发展的主要任务之一，它是实现档案资源高质量利用服务的重要保障。

首先，扩大共享平台建设范围。档案数字化工作是档案信息资源共享的基础，各地要加快档案数字转型，提高档案数字化率，并强化档案数据化建设，以数字化带动档案信息资源整合，为档案资源共享利用提供信息支撑和数据保障。此外，档案信息资源建设离不开基础设施的支撑，加大电子数据库、检索系统、人才资源和硬件设施的投入，有利于档案资源的整合和有效利用。

其次，拓宽档案资源共享类别。我国已经在民生档案信息的共享利用上形成了许多最佳实践和典型经验，未来档案机构需要进一步丰富和细化可共享的档案信息资源类别，各地应对馆藏档案的密级、保管期限、档案类别、利用对象等开展细致研究，明确对不同类别、不同内容的档案信息采取不同的共享范围和共享方式，在更广泛的资源范围内开展档案资源共享，为各行各业提供便利。

最后，扩大档案资源共享规模。从长远来看，要真正实现群众办事“最多跑一次”整体目标，关键要打破部门壁垒。在档案资源共享体系的建设过程中，这就需要地方政府部门强化信息治理的顶层设计，将区域内的档案机构纳入信息治理体系，真正消除信息孤岛，充分实现数据赋能。当然，对于档案领域而言，这对档案开放、档案鉴定、档案信息安全保护等业务工作提出了新要求和新挑战。

2021 年中国档案资源开发利用调研报告

曲春梅[1]　何紫璇[1]　王彦之[1]　刘晓雨[1]　王汶晖[1]　王溶琨[1]　郭晓瑜[1]

1. 山东大学历史文化学院，济南　250100

摘　要： 提高综合档案馆公共服务能力，深入推进档案利用体系建设，充分实现档案对国家和社会的价值，是“十四五”时期我国档案事业发展的主要任务之一。近年来，我国各级综合档案馆在开放档案、利用档案文件及资料、政府信息公开查阅、档案展览、档案编研等方面都取得了新的进展。报告以国家档案局统计数据，各省级档案馆和部分市级档案馆在档案展览、编研出版、视频制作、文创开发、在线利用等方面的调研数据，以及全国经济科技档案资源开发利用优秀案例为数据来源，通过人工浏览、网络爬取、微词云、SPSS、高频词分析等方法获取和分析相关数据，梳理了我国档案资源开发利用的基本情况。2021 年我国档案信息资源利用表现出注重红色档案资源的挖掘与编研，注重运用虚拟现实等新技术，注重多方合作开展档案开发利用，注重经济效益、社会效益和文化效益三效合一等主要特点，同时也存在档案在线查询功能不够完善、利用平台后期管理维护不到位、利用服务模式相对固化、档案内容挖掘深度不足等问题。档案部门未来应继续优化档案利用环境、增强在线平台互动功能、深度挖掘档案资源的知识内涵，进一步提升档案馆的公共服务能力，改善档案利用服务效果，提高档案文化传播能力。

关键词： 档案开发利用；档案展览；档案编研；档案文创；红色档案；知识服务

作者简介： 曲春梅，博士，教授，研究方向为档案学基础理论、信息服务，电子邮箱 mayqu@sdu. edu. cn；何紫璇，硕士研究生，研究方向为档案学基础理论、数字人文；王彦之，硕士研究生，研究方向为档案学基础理论；刘晓雨，硕士研究生，研究方向为档案学基础理论、信息服务；王汶晖，硕士研究生，研究方向为档案学基础理论、信息服务；王溶琨，硕士研究生，研究方向为档案学基础理论、信息服务；郭晓瑜，硕士研究生，研究方向为档案学基础理论。

档案是重要的信息资源和独特的历史文化遗产，档案资源开发利用是档案工作的重要内容，也是档案价值得以实现的重要途径。随着信息技术的快速发展以及档案信息化程度的不断加深，我国档案资源开发利用的力度也在不断加强，以满足人民群众日益增长的档案信息和档案文化需求。2021年1月1日起施行的新《中华人民共和国档案法》(简称《档案法》)对档案的开放利用作出新规定，将档案封闭期由原来的30年缩短至25年，其中有关经济、教育、科技、文化等方面的档案，可以少于25年向社会开放，并明确档案开放鉴定制度，要求做好档案开放与政府信息公开的衔接。《档案法》还明确提出，档案馆应当通过其网站或者其他方式定期公布开放档案的目录，不断完善利用规则，创新服务形式，强化服务功能，提高服务水平，积极为档案的利用创造条件，简化手续，提供便利。《档案法》鼓励各级各类档案馆通过开展专题展览、公益讲座、媒体宣传等活动，积极开发利用馆藏档案进行爱国主义、集体主义、中国特色社会主义教育，传承发展中华优秀传统文化，继承革命文化，发展社会主义先进文化，增强文化自信，弘扬社会主义核心价值观。《"十四五"全国档案事业发展规划》将"深入推进档案利用体系建设，充分实现档案对国家和社会的价值"作为"十四五"时期我国档案事业发展的主要任务之一。这些法律政策的出台，为进一步做好档案资源开发利用体系建设、提升档案馆公共服务能力提供了法律保障和政策指引。

一、数据来源

本报告的数据来源主要包括以下四个方面。

一是国家档案局公布的全国档案资源开发利用统计数据。课题组主要从2021年6月中共中央办公厅、国务院办公厅印发的《"十四五"全国档案事业发展规划》和2021年8月国家档案局公布的《2020年度全国档案主管部门和档案馆基本情况摘要》中获取我国各级综合档案馆在开放档案、利用档案文件及资料、政府信息公开查阅、档案展览、档案编研等方面的统计数据。

二是国家档案局、省级档案馆和部分市级档案馆在档案展览、编研出版、视频制作、文创开发等方面的调研数据。课题组首先采用人工浏览的方式，从档案馆网站、微信公众号、中国档案报等平台搜集有关2021年度档案展览、编研出版、视频制作、文创开发的活动信息，在此基础上选取长沙、广州、杭州、合肥、南昌、南京、青岛、沈阳、苏州、武汉、西安等11个市级档案馆和31个省级档案馆作为研究样本，对42个样本档案馆2021年度开展的相关档案资源开发利用情况进行网络调研，共得到89个展览、41种图书、553个视频（含微电影）、12种文创产品。同时，课题组将国家档案局在2020年9月至2021年3月面向全国档案系统组织开展的“凝百年之辉，筑兰台之梦”主题微视频征集活动[①]中评选出的 200 部入围作品也纳入档案视频研究样本。

三是国内 31 个省级档案网站和档案微信平台开展的在线档案利用调研数据。档案网站、档案微信平台等作为档案馆服务内容和形式上的延伸，在提供档案资讯、在线查询、档案文化、档案教育服务等方面发挥着越来越重要的作用。课题组通过人工检索浏览、网络爬取等方法，按照搭建指标对 31 个省级档案网站和微信平台[②]进行数据采集和分析，并将采集时间限定在 2022 年 1 月 11 日至 15 日之间，以期获得对 2021 年度各省级档案网站、微信平台开展档案利用服务的整体认识。

四是国家档案局评选出的经济科技档案资源开发利用优秀案例。2021 年 6 月，国家档案局面向全国征集一批经济科技档案资源开发利用案例，征集范围是近 5 年在本地区、本行业、本系统的企业档案、农业农村档案、建设项目档案、科研档案或其他科技档案资源开发利用工作中具有创新性和典型性并取得显著效果及影响的案例，重点征集通过经济科技档案资源开发利用展现中国共产党领导下取得辉煌成就的案例。[③] 本次活动共评选出各类优秀案例 166 个，这些优秀案例是我国经济科技档案信息资源开发利用成果的一次集中体现。课题组以 166 个“2021 年度全国经济科技档案资源开发利用案例”作为研究样本，对经济科技档案资源开发利用方面的经验和特色进行分析。

二、2021 年档案资源开发利用基本情况、主要特点及存在问题

（一）2021 年档案资源开发利用的基本情况

1. 全国各级综合档案馆档案资源开发利用概况

近年来，我国各级综合档案馆在开放档案、利用档案文件及资料、政府信息公开查阅、档案展览、档案编研等方面都取得了新的进展。2016 年至 2019 年，我国各级综合档案馆接待利用 2 755.9 万人次，出版编研资料 3 014 种、13.9 亿字，举办档案展览 12 870 个，接待参观 2 545.2 万人次；档案跨区域跨部门查阅利用积极

① 凝百年之辉 筑兰台之梦 建党 100 周年档案系统主题微视频作品展播［EB/OL］.［2022 - 01 - 20］. https://www.saac.gov.cn/daj/jdbndaxtwsp/ztmb.shtml.

② 课题组同时对微博平台进行了检索浏览，共获得 12 个省份的档案馆微博账号信息，在对其 2021 年度的微博发文数、转评赞及粉丝数进行统计后发现，这些档案微博账号的月均发文数、月均转评赞数均不足 10，其中 4 个账号月均发文数为 0，故本次调研未将微博平台档案利用情况统计在内。

③ 国家档案局办公室关于征集 2021 年度经济科技档案资源开发利用案例的通知［EB/OL］.（2021 - 06 - 29）［2021 - 12 - 26］. https://www.saac.gov.cn/daj/tzgg/202106/6a80823d6faf4d90b1a55164057faa47.shtml.

推进，档案惠民助农服务更加便捷。[①] 2021 年 8 月国家档案局公布的统计报告数据显示，2020 年全国各级综合档案馆的开放档案共 14 584.5 万卷、件，其中，新中国成立前档案 2 806.3 万卷、件，新中国成立后档案 11 778.2 万卷、件；全国各级综合档案馆接待利用者 647.2 万人次，提供利用档案 2 064.4 万卷、件；接待政府公开信息利用者 14.1 万人次，提供政府公开信息 22.8 万件；接待资料利用者 19.1 万人次，提供利用资料 39.8 万册。截至 2020 年底，全国各级综合档案馆政府信息公开查阅场所 2 379 个。其中，中央级 1 个，省（区、市）级 30 个，副省级 18 个，地（市、州、盟）级 358 个，县（区、旗、市）级 1 972 个。全国各级综合档案馆爱国主义教育基地 1 734 个。其中，中央级 2 个，省（区、市）级 28 个，副省级 13 个，地（市、州、盟）级 293 个，县（区、旗、市）级 1 398 个。全国各级综合档案馆举办档案展览 2 618 个，接待 501.9 万人次参观展览。全国各级综合档案馆编研档案资料，公开出版 780 种，44 900 万字；内部参考 1 328 种，16 335.1 万字。[②]

2. 档案展览基本情况

课题组对所获取的 89 个档案展览的标题和主题词进行了词频分析，以更好地了解各省市举办档案展览的基本情况。首先利用“微词云”对档案展览标题进行了分词及可视化展示，剔除“档案”“档案馆”及地名等出现次数多但无特殊意义的词语后，词云图显示档案展览标题出现频率最高的三个词分别为百年、中国共产党、红色（如图 1 所示）。

图 1 档案展览主题词词云

① 中办国办印发《“十四五”全国档案事业发展规划》[EB/OL].（2021 - 06 - 08）[2021 - 10 - 21]. https://www.saac.gov.cn/daj/yaow/202106/899650c1b1ec4c0e9ad3c2ca7310eca4.shtml.

② 2020 年度全国档案主管部门和档案馆基本情况摘要 [EB/OL].（2021 - 08 - 06）[2021 - 10 - 21]. https://www.saac.gov.cn/daj/zhdt/202108/6eaf713bece94d3d939559f881c50713.shtml.

同时对档案展览主题词进行人工提取和词频分析，结果显示排名前10的主题词分别是红色档案、地方历史、革命事件、中国共产党、革命人物、人文文化、城市发展、档案工作、抗日战争、历史档案、重大历史事件（见表1）。根据标题词云图以及主题词的频数可以看出，在建党百年的时代背景下，各省市的档案展览多着眼于从馆藏档案中挖掘重要人物、重要事件，将地方特色与地方文化融入红色档案的开发利用之中。

表1　档案展览主题词频数统计

主题词	词频	主题词	词频
红色档案	60	城市发展	5
地方历史	38	档案工作	4
革命事件	38	抗日战争	4
中国共产党	34	历史档案	3
革命人物	28	重大历史事件	3
人文文化	15		

在展览形式上主要以传统的图文展览为主，也有不少档案馆采用新技术、新设备举办了形式更为新颖的档案展览。例如，在沈阳市档案馆举办的“百年历程·兰台印记”档案史料展中，参观者可通过U形投影幕布与雾屏无缝切换观看档案文史视频，展览还设置数字档案查询屏、立体照片显示装置、画剧屏、大型沉浸式投影屏幕、二维码影音互动等设备，将现代科技与档案文化充分结合。[①] 浙江省档案馆综合运用图片、视频、档案文献、文字、模型、实物、多媒体、裸眼3D等展陈方式，成功举办了“百年潮涌——浙江省庆祝中国共产党成立100周年大型展览”。[②] 档案网站、档案微信平台的线上展览多依托线下展览开展。调研数据显示，31个省级档案馆全部在其档案网站提供了线上展览，12个省份在其微信平台向公众提供档案展览。线上图文展览通常是将文书档案、照片档案等配合文字讲解以图片的形式供用户浏览，还有部分档案网站是将线下展板进行数字化扫描后提供线上展览。与传统的图文展览相比，近几年档案网站陆续推出的3D展览在表现形式上更加生动活泼。目前有14个省级档案网站提供了3D展览，用户可以通过点击鼠标在档案馆虚拟场景中游走，观看档案展览内容。例如，吉林省档案信息网将3D展览配合语音讲解，让用户有身临其境之感。有4个省级微信平台采用VR全景展览

① 赵乃林．沈阳举办“百年历程·兰台印记”档案史料展［N］．辽宁日报，2021-09-03（12）．

② 百年潮涌映初心——浙江省档案馆“档案宣传年”活动纪实［EB/OL］．（2021-07-26）［2022-01-28］．http：//daj. lishui. gov. cn/art/2021/7/26/art_1229395863_4526. html.

形式，为公众带来沉浸式观展体验。

3. 档案编研出版基本情况

档案编研是采用整合汇编或是研究编纂的形式对馆藏档案内容进行加工与制作，通过出版图书等形式向公众提供利用，是档案馆主动向社会提供服务的一种形式。课题组对获取的 41 种图书的编研内容进行主题词的人工提取和词频分析，结果显示排名前 10 的主题词分别是地方历史、红色档案、革命事件、城市发展、人文文化、中国共产党、地方史志、历史档案、地方文化、革命人物（见表 2）。与档案展览相似，2021 年档案编研的主题也以红色档案、地方历史为主，强调对地方历史事件、历史人物的挖掘。地方史志仍是档案编研的重点。例如，天津市档案馆在整理档案资料基础上开展地方志编纂工作，出版了《天津市志》五本重要分志，对地方历史进行了系统梳理。城市发展、文化旅游、非物质文化遗产等编研主题则体现了档案开发利用对传统文化和人文价值的关注，有助于中华优秀传统文化的传承发扬。

表 2　档案编研主题词词频统计

主题词	词频	主题词	词频
地方历史	20	中国共产党	7
红色档案	14	地方史志	6
革命事件	11	历史档案	5
城市发展	8	地方文化	5
人文文化	8	革命人物	5

档案编研成果仍以传统的图文档案汇编为主，也有新型的纸数融合出版物。例如，陕西省档案馆历时 6 年 9 个月完成了全省方言语音建档工作，并在此基础上出版了《陕西方言集成》系列丛书。该丛书以市为编纂单位，共计 10 卷、1 000 多万字，收录方言音频 120G（读者扫码可听），建立了内容完备、体系健全的方言语音档案数据库，是一部既能读又能听的方言工具书，对保护陕西地区的方言及以方言为载体的陕西地域文化具有重要意义。①

4. 档案视频制作基本情况

档案视频能够通过影像、图片、音频相结合的方式生动展示档案内容，是讲述

① 母家亮．语音建档工作全面完成 建立 310G 音频数据库 出版《陕西方言集成》系列丛书［N］．陕西日报，2021-11-14（2）．

档案故事的常用方法。课题组从 42 个样本档案馆共获得 62 部档案视频作品[1]，计 553 个视频。将国家档案局“凝百年之辉，筑兰台之梦”主题微视频征集活动评选的 200 部入围作品纳入研究样本，去掉重复视频，共得到 249 部视频作品，计 740 个视频。参照国家档案局主题微视频征集活动中的五类内容进行分类，所统计的 2021 年样本档案视频中共有档案故事类 89 部、档案工作类 46 部、建设项目类 42 部、脱贫攻坚类 36 部、防疫抗疫类 36 部（见图 2）。

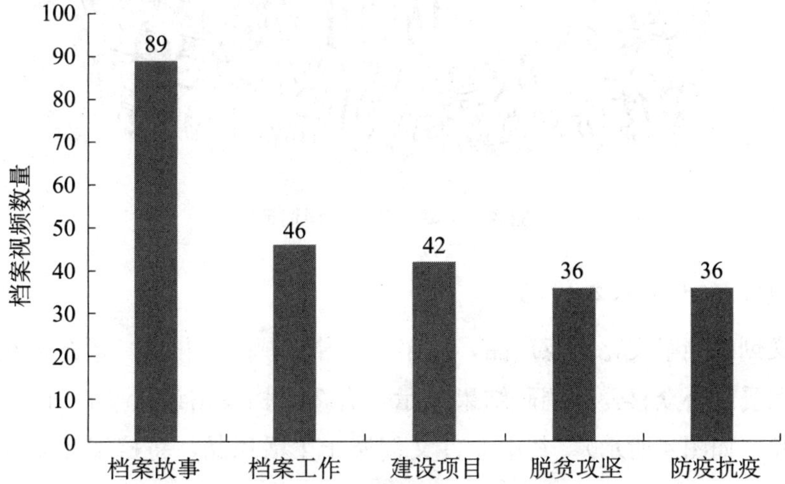

图 2　档案视频内容分类统计

利用“微词云”对 249 部档案视频的标题进行分词和可视化显示，排名前 10 的高频词分别是见证、记忆、扶贫、红色、纪实、脱贫、百年、故事、初心、档案馆（见图 3）。

这些档案视频从表现形式上大致可以分为专题片、故事片、宣传片、微电影四大类。其中专题片 119 部，多聚焦红色档案、脱贫攻坚、抗击疫情等主题，通过一集或多集视频内容真实再现历史事件和人民奋斗实践；故事片 98 部，主要以故事形式讲述档案中记录的具体历史事件或人物，如长辛店铁路工人运动、天津抗日英雄包森等；宣传片 31 部，主要展现档案工作的具体内容，突出档案人的初心使命；由于样本数量及统计途径所限，2021 年度只统计到青岛市档案馆制作的 1 部名为《回声》的微电影，该片以中共一大先驱邓恩铭在青岛开展工人运动为主题，对馆藏档案内容进行艺术加工，重现其坚守初心使命的革命故事和崇高精神。

---

① 部分档案视频作品为系列片，即同一系列包含同一标题的多个视频。课题组在统计分析时将使用同一标题的系列作品视为一部作品。

图 3　档案视频主题词词云

5. 档案文创开发基本情况

档案文创即档案文化创意产品，近年来这种新颖的文化服务形式因更贴近公众日常生活而受到公众喜爱。调研结果显示，有 7 个档案馆设计共计开发了 12 件档案文创产品（如图 4 所示），其中 6 件文创属于生活用品，将档案元素和理念融入生活用品的设计中，使美感、实用性、档案内容三者并存，如四川省档案馆设计的富含档案元素的 U 盘、台灯等，广州市档案馆以大型花岗岩浮雕《凤凰之光》为灵感设计的口罩。5 件文创属于音乐剧、戏剧等舞台剧，以档案人物或故事为原型，进行艺术加工呈现在舞台上，让公众在艺术欣赏过程中体会档案内容和红色故事。例如，上海市档案馆推出的音乐剧《忠诚》以上世纪守护“中央文库”的多位地下工作者为原型，讲述了他们在白色恐怖中秘密保护保存数万份党中央核心机密文档的故事。[①] 1 件文创属于美术设计的海报作品，是苏州市档案馆设计的 12 幅以“忆燃情岁月，还看档案！红色档案话百年”为主题的海报，这些海报被张贴在人民路公交候车厅中，并将“红色档案”系列短片、音频内容等资源制作成二维码嵌入海报，真正将档案文创内容融入公众的日常生活，公众在等车途中便可以收看海报背后的档案故事或进行互动交流。[②] 此外，苏州中国丝绸档案馆编著的《第七档案室》是目前国内首套以档案馆为主题的解谜书，集“思”“玩”“学”“教”于一

① 档案春秋．守护“一号机密”的他们，我们始终铭记：原创音乐剧《忠诚》在沪首演［EB/OL］.（2021-07-10）［2022-01-27］. https：//mp. weixin. qq. com/s/ERTkZkuuXQ277w77GNcCuQ.

② 十二个档案主题海报亮相人民路［EB/OL］.（2021-06-30）［2022-01-27］. http：//www. daj. suzhou. gov. cn/detail/131252. html.

体，将档案知识融入沉浸式书本中，使读者在进行自主探索、获得解谜乐趣的同时，也能感受到档案事业的发展变迁。为配合这本解谜书的首发活动，苏州中国丝绸档案馆还设计了以“第七档案室”为主题的实景轻解谜，受到社会好评。① 从整体情况来看，档案文创开发覆盖度偏低，但产品质量都普遍较高，很好地体现了档案文创的艺术性、趣味性和有用性的有机融合，起到了不错的宣传效果。

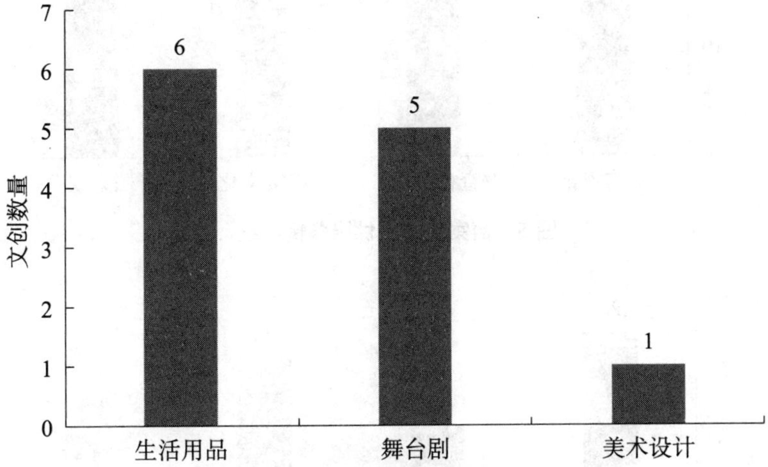

图 4　档案文创类型及数量统计

6. 档案在线利用服务基本情况

档案网站、档案微信平台等作为档案馆服务内容和形式上的延伸，在档案信息服务方面发挥着越来越重要的作用。课题组对 31 个省级档案网站和 31 个省级档案馆微信公众号（浙江省有 2 个，新疆维吾尔自治区微信公众号未搜索到）提供的机构资讯服务、在线查询服务、档案文化服务、档案教育服务等服务内容进行了调研。调研结果显示（见图 5），有 31 个省级档案网站提供机构资讯服务，29 个档案网站提供查档利用服务，31 个档案网站提供档案文化服务，18 个档案网站提供档案教育服务。对微信平台的调研结果显示（如图 6 所示），有 28 个省级综合档案馆微信公众号提供机构资讯服务，21 个公众号提供查档利用服务，26 个公众号通过提供档案展览、设置历史文化栏目等形式提供档案文化服务，6 个公众号通过设置档案知识栏目提供档案教育服务。

（1）机构资讯服务。机构资讯是档案网站向公众展示的第一道内容，也是档案网站信息服务的基础性内容，所以各省级档案网站普遍提供机构资讯服务，且各馆

① 绘本《苏州》首发 解谜书《第七档案室》亮相［EB/OL］.（2021－07－08）［2022－01－27］. https：//www. suzhou. gov. cn/szsrmzf/szyw/202107/3d0792d89abc416eaf4a3fe38160d626. shtml.

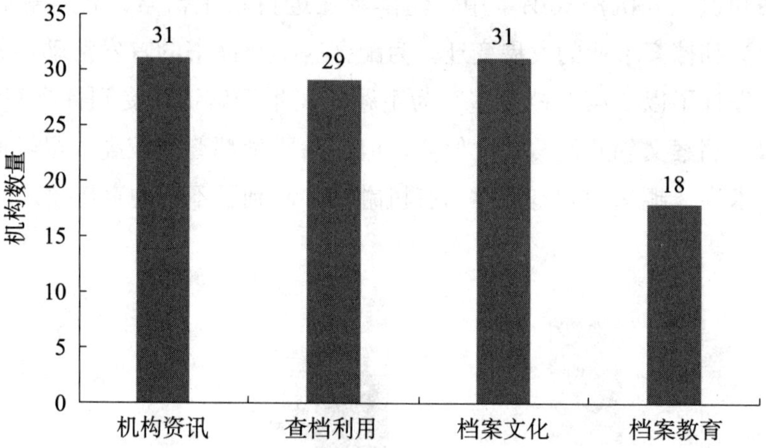

图 5　档案网站提供服务情况统计

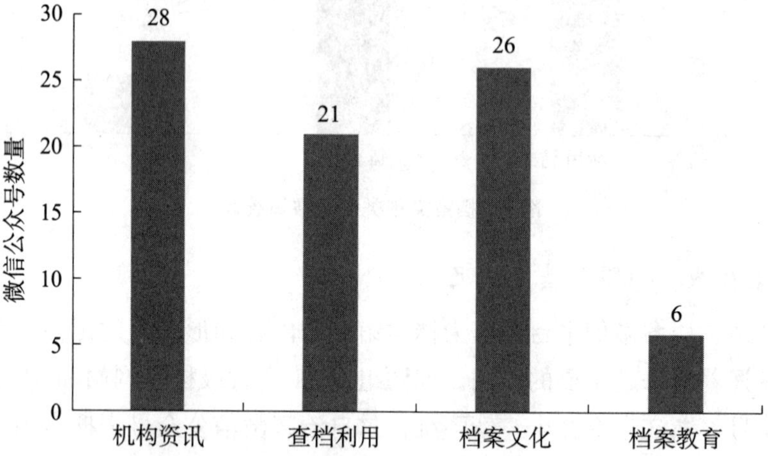

图 6　档案微信公众号提供服务情况统计

提供的服务类型和内容相差不大。调研结果显示（见图 7），有 30 个省级档案网站设置了机构简介，提供档案机构的设置情况、主要职责、馆址信息、联系方式等信息。29 个档案网站设置了馆藏信息介绍，主要采取两种方式：一是综合馆藏介绍，对档案内容、时间跨度、数量、保管库房等情况进行综合介绍；二是按历史时期进行馆藏介绍，即按照“清代”“民国时期”“建国后”等不同时期分别介绍馆藏全宗和内容情况。31 个档案网站全部设置政策法规栏目，介绍相关的档案法律、规章制度、法规等。31 个档案网站也全部设置业务动态栏目，提供档案局（馆）相关的业务动态和各类活动通知。27 个档案网站设置公众留言互动栏目，主要包括咨询留言、建言献策、网上调查和领导信箱四大类，其中有 16 个档案网站公开了互动留言栏目的内容，如浙江省档案网站的专家答疑栏目公开了 16 565 条信息，江苏省、福建省档案网站的留言栏目还可以对留言主题进行检索，方便用户找到相关问题的答复。在微信平台，有27个公众号提供了工作动态，10个公众号提供了局馆概况，4个公众号提供了公众留言互动栏目，21个公众号提供了官网链接。总的来说，各省级档案馆普遍重视档案机构基本信息的在线传递，从机构简介到业务动态，从馆藏信息到政策法规，为用户提供全面丰富的机构资讯，留言互动功能的设置更是加强了档案网络平台依据用户个性化需求提供相关资讯和内容的能力。

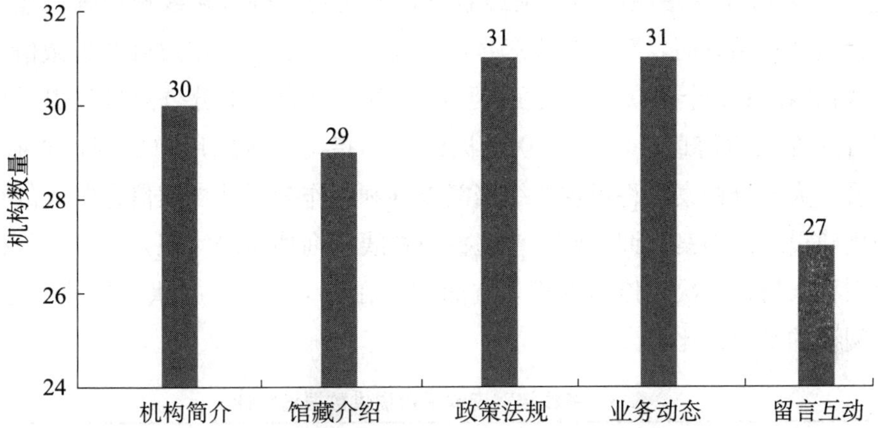

图7　提供各类机构资讯服务的省级档案网站数量统计

（2）在线查询服务。从各档案网站提供在线查询服务的内容来看，主要分为在线档案查询服务和政府信息公开查询两大类。在线档案查询服务方面，有26个省级档案网站开通了在线档案查询平台，课题组调研期间实际查询测试显示，其中20个网站查档平台可用，11个网站提供部分可开放档案的全文阅览服务；部分档案网站在线查询平台提供可查询档案全部目录，部分档案网站在馆藏介绍中对在线开放档案数量进行了说明。课题组对提供开放档案数量的网站作了数据量的统计（如表3所示），其中有的网站提供了较为丰富的开放档案目录和全文目录，如天津档案方志网提供总目录115万余条、全文目录29万余条；山东档案信息网提供文书档案目录218 440条、红色档案目录633条。在检索方式上，18个网站提供了关键字检索；12个网站提供了分类检索功能，如天津档案方志网开放目录下分设“婚姻”“文娱”等20个主题，能够为用户提供更具针对性的查询服务；9个网站根据馆藏特色档案设置了专题档案目录数据库，如福建档案信息网根据馆藏特色整理编制了民国时期的灾害防治、抗战、公务员管理、行政区划、地政、人口、气象、名胜古迹、河流整治以及老福建（建国后）等38个专题档案目录数据库，另外还专门设置了“黄埔军校同学录”“馆藏家族谱”两个特色目录数据库，并根据目录数据库不同特点设置不同的检索方式，“黄埔军校同学录”可按“姓名”“籍贯”和“学期”进行检索，“馆藏家族谱”可按“姓”以及“家谱目录”进行检索，为用户提供灵活多样、有针对性的检索方式，方便用户的查询利用。在检索层次上，有19个档案网站提供文件级检索，8个档案网站提供案卷级检索。在检索结果方面，平台检索后的结果通常以列表的形式呈现，并提供档案的题名、责任者、形成时间等信息，部分档案馆提供更为详细的储存地点、保管期限、全宗号、文件编号等信息。此外，有15个网站提供网上预约服务，方便用户进行在线预约查档登记。在微信平台查档利用方面，有7个公众号提供在线查档服务，用户可通过微信平台满足远程查档需求；5个公众号提供在线预约服务，其余大部分公众号只提供传统的电话或者邮件预约信息；16个公众号提供查档指南，帮助用户更好地查找档案。总的来看，大部分档案馆将提供在线档案查询利用作为网站档案信息服务的重要内容，积极建设线上档案查询平台，普遍重视在线查询功能的实现，但各省份档案网络平台在检索级别层次、检索方式等方面还存在较大差距，提供个性化专题检索、可全文阅读的平台占比不高。

表3　在线档案查询平台提供数据量统计

省份	网站名称	网址	数据量
安徽	安徽省档案馆	https：//www.ahsdag.org.cn/	文件级目录153 612条
北京	北京市档案信息网	http：//www.bjma.gov.cn/	文件级目录近80万条 全文近180万页
重庆	重庆档案信息网	http：//jda.cq.gov.cn/	文件级目录49条
福建	福建档案信息网	http：//www.fj-archives.org.cn/	文件级目录30 113条 专题档案目录59 135条
广东	广东省档案馆	https：//www.da.gd.gov.cn/	文件级目录157 612条
广西	广西档案信息网	http：//www.gxdag.org.cn/	文件级目录3 698条
河南	河南档案信息网	http：//www.hada.gov.cn/	文件级目录191 595条
黑龙江	黑龙江档案信息网	http：//www.hljdaj.gov.cn/	文件级目录1 881条
湖北	湖北档案信息网	http：//www.hbda.gov.cn/	文件级目录131 040条 专题档案目录15 924条 全文目录12 747条
江西	江西档案信息网	http：//www.jxdag.gov.cn/	文件级目录129 563条 案卷级目录91 008条
辽宁	辽宁省档案馆 （辽宁省工业文化发展中心）	http：//www.lnsdag.org.cn/	文件级目录1 189 890条

续表

省份	网站名称	网址	数据量
内蒙古	内蒙古档案	http：//www. archives. nm. cn/	文件级目录 19 759 条
宁夏	宁夏档案服务网	http：//www. nxda. org. cn/	文件级目录 59 621 条
山东	山东档案信息网	http：//dag. shandong. gov. cn/	文本档案目录 218 440 条 红色档案目录 633 条
上海	上海档案信息网	https：//www. archives. sh. cn	文件级目录 1 144 240 条
四川	四川档案	http：//www. scsdaj. gov. cn/	文件级目录 114 872 条
天津	天津档案方志网	https：//www. tjdag. gov. cn/	总目录 115 万余条 全文目录 29 万余条
浙江	浙江档案	http：//www. zjda. gov. cn/	文件级目录 98 293 条 特色专题目录 183 265 条
	浙江档案服务网	http：//www. zjdafw. gov. cn/	文件级目录 68 960 条

在政府公开信息查询方面，有 19 个档案网站设置政府信息公开栏目，主要采用两种方式提供政府公开信息查询服务，一是链接当地的政府网站相关界面，另一种是网站自建政府公开信息查询平台。由于政府网站提供的政府公开信息服务数据量较大，信息整合度高，相关的检索方式、检索级别也更加成熟，所以多数档案网站选择链接政府网站的方式提供政府公开信息查询。目前有 14 个网站选择链接政府网站，10 个网站采取自建平台方式，有 4 个网站同时提供这两种政府公开信息查询服务方式。

（3）档案文化服务。档案蕴含着丰富的地方历史文化与人文精神，档案文化服务是各地档案馆挖掘地方特色馆藏内涵、呈现地方文化精神的重要部分。目前各省级档案网站提供的档案文化服务主要有档案展览、档案故事、地方信息、影音视频、学术资源等几种类型。调研数据显示（见图 8），31 个档案网站全部提供网上展览。26 个网站设置档案故事栏目，为用户提供依据档案史料进行文字加工和内容整合后的历史故事。18 个网站提供与当地名人、城市新旧风光、城市历史相关的地方信息服务。26 个网站为用户提供电视节目、新闻报道以及影视作品、微电影等音视频资料播映。15 个档案网站提供档案学术资源服务，为用户提供档案业务文章或是摘录杂志、报纸上的相关研究成果。在微信平台，有 13 个公众号提供档案展览，17 个公众号提供馆藏展示，24 个公众号设置历史文化栏目，为公众提供档案文化服务。总的来说，在线档案文化服务类型较为多样，但服务形式相对较为传统，新颖的档案服务形式所占比重较小。

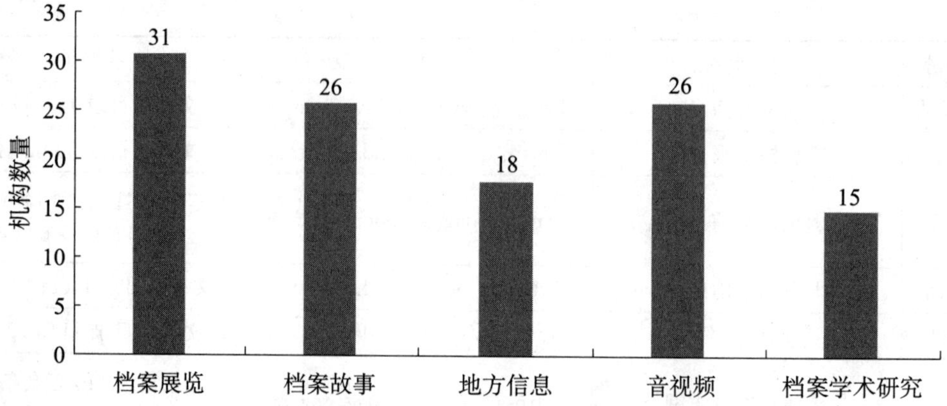

图 8 提供各类档案文化服务的省级档案网站数量统计

(4) 档案教育服务。目前档案网站提供的档案教育服务主要包括档案知识、职业培训和青少年教育三个方面。调研结果显示(见图 9),有 14 个档案网站设置了档案知识相关栏目,主要面向档案工作者介绍与档案工作相关的业务知识或者面向公众提供档案科普内容,方便不同需求的用户阅读学习。8 个档案网站设置了职业培训栏目或开通了档案教育培训网,提供系统的职业培训内容。只有北京、上海两市的档案网站设置了与青少年教育相关的内容,但整体资源相对匮乏。在微信平台,只有 6 个公众号设置了档案知识栏目。总的来说,在线档案教育服务无论种类、形式和内容都较为缺乏,整体水平不高。

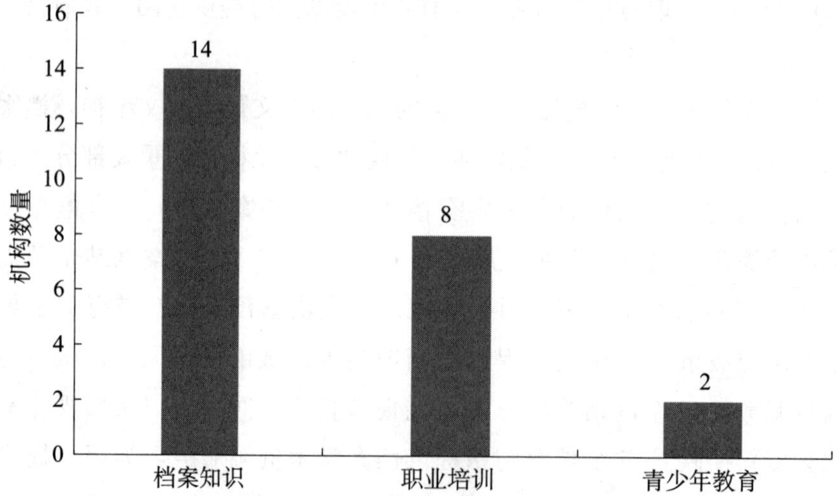

图 9 提供各类档案教育服务的省级档案网站数量统计

7. 经济科技档案资源开发利用基本情况

课题组选取 2021 年 12 月国家档案局评选出的 166 个全国经济科技档案资源开

发利用优秀案例作为分析样本，采用 SPSS、高频词分析等方法，对经济科技档案资源开发利用优秀案例的行业分布、区域分布和高频词分布等情况进行分析，以期获得高水平经济科技档案资源开发利用的基本情况。

统计结果显示，2021 年优秀案例行业分布广泛，其中优秀案例占比最高的行业为电力、热力、燃气及水生产和供应业，有优秀案例 52 项，占总数的 31.33%；其次为科学研究和技术服务业，占比 15.06%；再次为交通运输、仓储和邮政业，占比 10.24%；采矿、金融、制造、建筑等行业分布基本持平，分别占 5%左右；农、林、牧、渔业，水利、环境和公共设施管理业，批发和零售业，卫生和社会工作占比较少，各只有 2 项优秀案例，分别占 1.20%（见图 10）。从行业分布的整体情况来看，经济科技档案资源开发利用水平较高的企业相对集中在国有大型企业居多的公用事业及高科技行业领域，这些领域内的企业依托长期规范的档案管理工作基础和较为充足的资金支持，重视发挥企业档案的价值作用，积极开展档案资源开发利用工作，取得了良好效果。

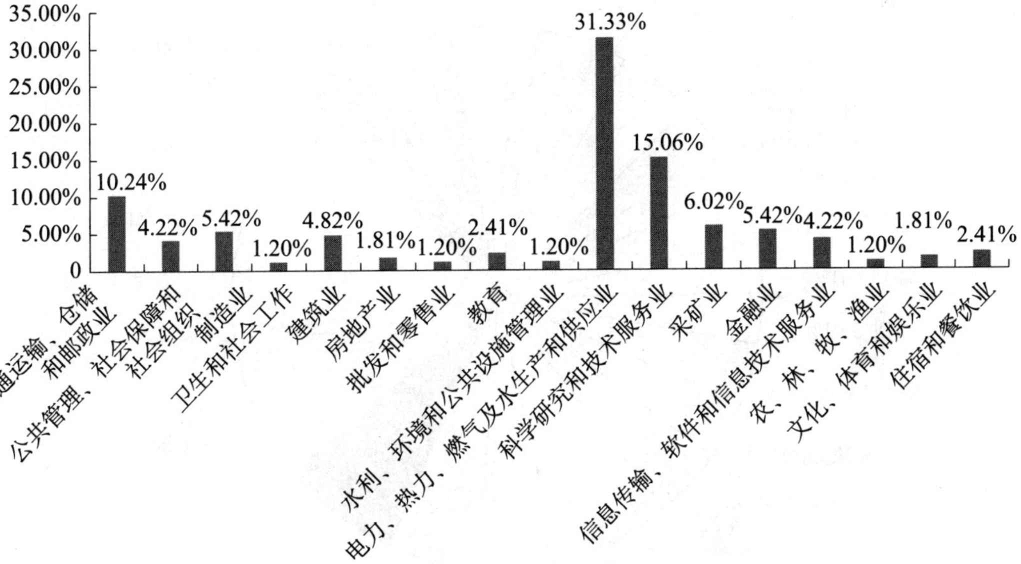

图 10　2021 年度经济科技档案资源开发利用优秀案例行业分布

在区域分布上，优秀案例的地域分布遍及全国的 30 个省级行政区，并有涉及新加坡、印度尼西亚案例各 1 项。北京优秀案例占比为 15.06%，以显著优势占据第一；江苏位列其后，占比 9.04%；浙江、广东占比数量相同，占比均为 7.23%，位列第三；山东省优秀案例占比为 5.42%，位列第五；上海、四川两省市优秀案例占比分别为 4.82%和 4.22%；天津、黑龙江、陕西等省优秀案例占比处于 3.61%

到 1.81％之间，位居中游；广西、山西、湖南三省优秀案例各有 2 项，各占 1.20％；海南、贵州、江西、澳门等地各有 1 项，各占 0.60％（见图 11）。从优秀案例区域分布的整体情况来看，经济科技档案资源开发利用的水平呈现出较为明显的区域差异。华东地区的整体水平较高，西南地区的开发利用水平则相对偏低。北京因其独特的区位优势，优秀案例大多是国家级、跨区域的项目，经济科技档案资源开发利用的整体水平明显较高，其辐射效应也更为显著，档案资源的开发多集中于科研、航空航天等高精尖项目档案，利用重点放在档案对于社会记忆的构建、优秀文化精神的传承等方面。江苏、浙江、广东三地则注重挖掘企业文化资源与区位特色资源，档案宣传形式灵活多样，同时注重档案数字化、信息化、智慧化方面的建设，将档案资源开发利用与助力企业建设和地方经济社会发展有机融合。

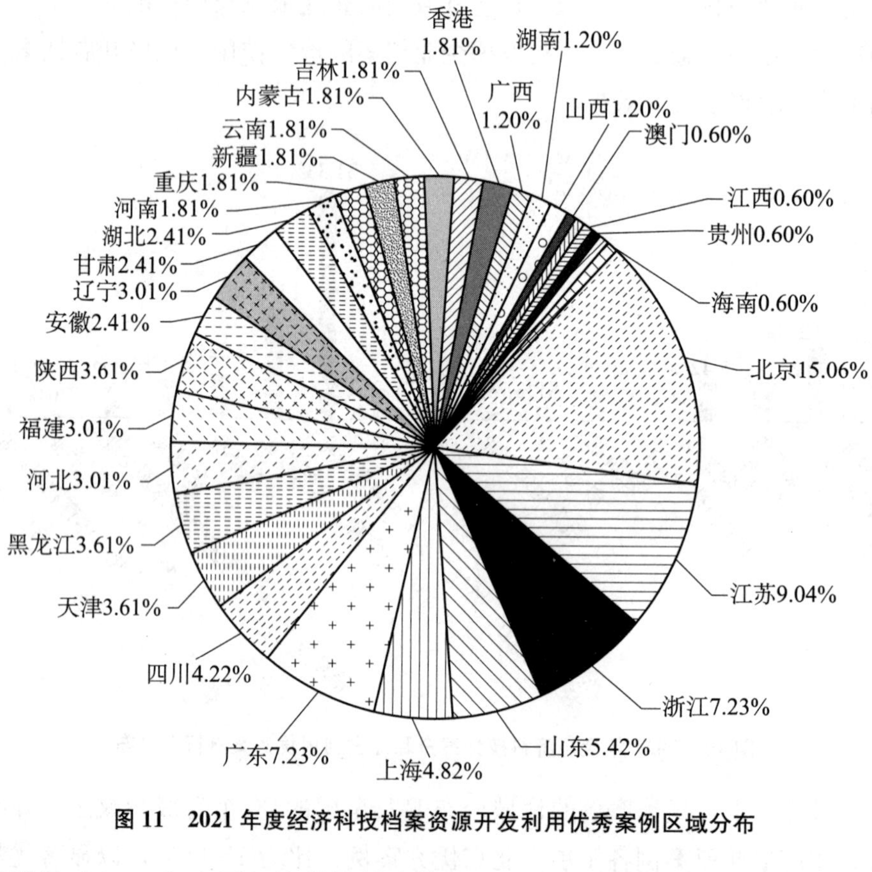

图 11　2021 年度经济科技档案资源开发利用优秀案例区域分布

课题组对 2021 年全国经济科技档案资源开发利用案例进行了关键词的人工提取和词频分析，将频数大于 1 且有实际意义的关键词按出现频次进行排名，排名由高到低依次为档案管理、档案服务、电子档案、档案资源、档案展览、红色档案、电力档案、科技档案、企业档案、项目档案、科研档案等。为进一步观察词频分布的焦点，课题组利用“微词云”进行可视化展示（见图12）。结合对案例内容的解读可以发现，近年来对经济科技档案资源的开发利用受到普遍重视，开发单位更加强调在对档案资源进行充分整合和深入挖掘的基础上提供利用服务，并通过对档案资源的优化管理来提升档案服务水平，从而更好地发挥档案价值。电子档案资源成为开发利用的主要对象，档案展览仍是开发利用的主要形式之一，红色档案资源开发成为焦点，档案价值发挥作用领域涉及乡村振兴、脱贫攻坚、基层治理等国家重大战略问题，数字化、智能化、信息化成为经济科技档案资源开发利用的重要途径和手段。在档案资源开发利用形式上，开发单位通常综合运用研发档案管理系统、参与文化建设项目、举办展览、出版图书、拍摄纪录片和微视频等多种形式，深度挖掘经济科技档案资源，形成独具特色的档案资源开发利用成果。

图12　2021年全国经济科技档案资源开发利用案例高频关键词词云

（二）2021年档案资源开发利用的主要特点

1. 注重红色档案资源的挖掘与编研

在建党百年的时代背景下，各地档案部门都非常重视红色档案资源的挖掘整理与开发利用，普遍开展了红色档案主题的档案展览、编研出版、影视作品展播等活动。从获取的信息来看，档案部门在红色档案资源开发利用活动的主题选择和内容设计等方面，特别强调地方特色与红色档案资源的融合，结合档案内容选取具有重要意义的主题、事件、人物等，开展档案资源开发与利用服务。例如，上海市档案馆开展的“红色金融交响曲——上海金融战线革命斗争史料展”以独特的红色金融史视角讲述中国共产党人在金融领域守护好党的“钱袋子”的奋斗历程。[①] 云南省

① 薛宁薇，曹磊．在党的诞生地，追寻百年红色金融印记：“红色金融交响曲”主题展今日开展［EB/OL］.（2021－06－28）［2022－01－28］. https：//mp. weixin. qq. com/s/n99csdp-UmwBFGTATVo8tg.

档案馆推出红色主题原创环境戏剧《红色档案室之一触即发》，由观众和专业演员互动配合不断推进剧情、完成内容，让观众沉浸式体验革命故事。该项目推出后，先后有数十个党支部的青年党员代表等前来观看和体验，成为党史学习教育热门项目。[①] 四川省档案馆以馆藏《关于重庆组织破坏经过和狱中情形的报告》为原型设计文创拼图。网络平台档案资源开发利用同样体现了这一特点。例如，江西档案信息网的网上展厅专门设置了红色革命主题，重点推出“红旗漫卷江西——革命历史档案文献展（3D）”“彪炳史册的伟大壮举——纪念八一南昌起义 90 周年历史图片展”两个展览。“红旗漫卷江西”精选江西省档案馆以及省内部分市、县档案馆馆藏的 420 余件珍贵革命历史档案，利用多媒体技术、场景还原、实物展示等手段，生动再现了江西人民在中国共产党领导下取得革命胜利的历史。[②] 陕西档案信息网推出“三秦珍档·红色记忆”系列纪录片，讲述陕西大地上体现红色精神的革命故事与人物事迹。[③] 上海档案馆微信公众号“档案春秋”推出了讲述建党功臣王会悟故事的推文《她是〈1921〉的见证者，也是中共“一大”唯一女性参与者》[④]，推文发布后即成为热点推文，受到公众的喜爱和欢迎。在对红色档案资源进行开发过程中，各地普遍结合当地特色，挖掘当地的革命历史档案资源，对从事革命运动的过程、事迹、人物、故事整合开发，利用档案讲述地方红色档案故事，突出地方特色，赓续红色血脉。

在 2021 年 12 月公布的全国经济科技档案资源优秀案例评选结果中，大连万达集团股份有限公司（北京总部）报送的《活化红色历史档案，铸造“延安红街”品牌，弘扬爱党爱国精神——万达集团档案部门利用党史档案资源助力企业发展》等 5 个案例被确定为庆祝建党百年特别案例，凸显了经济科技领域对红色档案资源开发利用的重视。其中，大连万达集团以延安党史丰富的档案资源为基础，在档案管理系统中建立了“延安红街”档案专题库，并建成大型红色主题文化旅游项目“延安红街”，在助力企业发展的同时，活化了红色历史档案，弘扬了爱党爱国精神。[⑤] 国家电网有限公司为庆祝建党百年举办了档案展览，展览以时间为脉络，生动讲述

① 云南打造首个红色主题环境戏剧 沉浸式体验让党史学习教育“活起来”［EB/OL］.（2021-12-30）［2022-01-28］. https://baijiahao.baidu.com/s?id=1720556548079790849&wfr=spider&for=pc.

② 红旗漫卷江西——革命历史档案文献展（3D）［EB/OL］.［2021-12-02］. http://www.jxdag.gov.cn:8088/jxshare/web/pages/MemoryOfJiangXi/index.html.

③ 视频荟萃［EB/OL］.［2022-06-21］. http://daj.shaanxi.gov.cn/Article?cid=74.

④ 孔海珠．她是《1921》的见证者，也是中共“一大”唯一女性参与者［EB/OL］.（2021-07-13）［2021-12-02］. https://mp.weixin.qq.com/s/f6NhC8DK3BJNyb3nL7a0zQ.

⑤ 小欣．同方鼎欣助力万达集团打造“延安红街”项目荣获国家档案局特等奖［EB/OL］.（2021-12-27）［2022-01-06］. http://stock.10jqka.com.cn/20211227/c635447942.shtml.

了电力工业在党的领导下从烽火硝烟中艰难起步到新时代实现世界引领的辉煌历程，诠释了电力工业在服务党和国家工作中的重要性，增强了公司加快高质量发展的使命感和责任感。[①] 中国船舶技术档案馆作为国家船舶军工行业专业档案馆，存有成套、系统的“长江”舰图纸资料。在“长江”纪念舰复建过程中，中国船舶技术档案馆先后向江南造船厂提供原始图纸资料43张，助力“长江”舰复建工作，复建的“长江”舰顺利驻泊中国人民解放军海军博物馆，档案人用实际行动诠释了怎样用档案讲好红色故事，留存红色记忆，传承革命精神。[②]

2. 注重运用虚拟现实等新技术提升展览效果

现代科技的发展为拓展档案利用服务新形式提供了新的空间，部分档案部门在档案展览等项目设计上也更加注重受众的参与感与体验感，提升了档案利用效果。虚拟现实技术即VR技术，是指通过数字三维对档案内容进行模型构建，制作形成数字媒体动画。[③] 调研数据显示，有14个省份在档案网站利用VR技术开设了3D展览。浙江档案网站的“生死大营救——浙江民众救助‘杜立特行动’飞行员”3D展览借助720°VR全景技术，将一段跨越76年的中美情谊搬进网络空间[④]，用户可以浏览整个展厅的陈设，并可以通过点击放大镜按钮查看展品的具体内容，获得沉浸式观展体验。此外，网站还专门开设了互动展厅，设置与展览内容有关的互动小游戏，开通互动留言板。有的省级档案馆微信平台上的3D展览还通过添加语音讲解、3D裸眼视频、在线评论等手段，增强线上参观者的现场感与参与度。浙江省档案馆微信平台上的3D展览“百年潮涌——浙江省庆祝中国共产党成立100周年大型展览”设置了在线评论，用户可以在线上观展的同时，实时发表自己对展览内容的感想以及建议、期望等，评论经后台审核后便可以弹幕形式为他人所见，增强了线上展览的趣味性和互动感，对年轻人群体有特别的吸引力。档案馆利用虚拟现实等新技术创新档案展览形式，使展览内容提供与形式展示相得益彰，给用户带来沉浸式体验，全方位提升观展体验。

在经济科技档案资源开发利用领域，有部分企业开始探索人工智能与档案工作的结合，创新档案开发利用。例如，中国金茂控股集团有限公司借助AI智能化开

---

① 黄峰．国网公司党组书记、董事长辛保安强调 从党的伟大历史中汲取奋进力量［EB/OL］．(2021-07-01)［2022-01-06］．http：//www.zgdazxw.com.cn/news/2021-07/01/content_322501.htm.

② 董亮亮，冯思茗．中国船舶技术档案馆档案利用成果获评国家档案局庆祝建党百年特别案例［EB/OL］．(2021-12-24)［2022-01-30］．http：//www.csic76.com/xwzx/xwdt/2021122401.html.

③ 王小伟．数字媒体技术在档案展览中应用的前景展望［J］．浙江档案，2019 (4)：60-61.

④《生死大营救——浙江民众救助“杜立特行动”飞行员》全景网上展厅上线［EB/OL］．［2022-01-07］．https：//town.zjol.com.cn/zthd/201811/t20181115_8754340.shtml.

发相关声像系统，向建党百年献礼。[①] 福清核电有限公司开展机器人技术在文档管理中的应用研究，尝试对企业文档进行智能化管理。[②] 尽管这些应用研究还处于初步探索阶段，但目前所取得的初步成果已经显示出数字化、智能化技术在档案领域应用的前景。

3. 注重多方合作开展档案开发利用

档案馆在档案资源开发利用过程中与国家机关、相关专业机构和组织展开充分合作，可以使档案利用服务项目在选题策划、内容设计、主题排列上更加科学化和专业化。调研结果显示，各地档案部门普遍注重与相关部门进行合作，取得了良好效果。例如，山西省档案馆与国家税务总局、山西省税务局合作，共同举办了“山西红色税收展”，全方位、全景式展示了山西红色税收的历史经验和事件历程。[③] 江苏省档案馆和江苏省政府扶贫工作办公室联合编著了《江苏省决战决胜脱贫攻坚档案图册》，以图文形式全面完整地展现了江苏省脱贫攻坚的社会实践历程。[④] 档案视频的制作则多与媒体单位、平台进行合作，增强视频的欣赏性和宣传力度。例如，河北省档案馆和河北日报报业集团联合推出了33集系列微纪录片《红色档案印初心》。[⑤] 档案馆之间的合作，可以实现馆藏档案的共享交流，更系统完整地揭示事件经过和历史经验。例如，上海、江苏、浙江、安徽三省一市档案局、档案馆联合主办的“建党百年 初心如磐——长三角红色档案珍品展”在长三角区域内形成良好的资源联动，体现了档案开发工作互通有无的优势，有助于推进长三角地区档案工作一体化高质量发展。四川与重庆两省市档案馆合作推出的“印记100”——川渝地区档案馆馆藏红色珍档云宣讲专栏，精选川渝地区档案馆馆藏珍贵档案，生动讲述了档案背后的人物和故事。[⑥] 广州市国家档案馆与广州大学的大学生创新训练项

---

① 2021年度经济科技档案资源开发利用入围案例（76个）[EB/OL]. [2022-01-07]. https://www.saac.gov.cn/daj/tzgg/202112/edd0e85a2e8d4de1ac089bc10679b68f/files/2aa152f362cd45dc90ed8dc8cae4a210.pdf.

② 2021年度经济科技档案资源开发利用二类案例（27个）[EB/OL]. [2022-01-07]. https://www.saac.gov.cn/daj/tzgg/202112/edd0e85a2e8d4de1ac089bc10679b68f/files/a30f0d877d5e4468977bfd6a3785fb18.pdf.

③ 柳杨．山西省档案馆与国家税务总局山西省税务局共同举办的“山西红色税收展”开展[EB/OL].（2021-07-01）[2022-06-21]. http://www.sxsdaj.gov.cn/xxgk/dtyw/gzdt/2021/art_ofdod543a2b44b2f9e3a79f1cd0767a6.html.

④《江苏省决战决胜脱贫攻坚档案图册》[EB/OL].（2021-06-17）[2022-01-28]. http://www.dajs.gov.cn/art/2021/6/17/art_267_60021.html.

⑤ 冀小兰．用档案讲党史丨系列微纪录片《红色档案印初心》启封发布！[EB/OL].（2021-05-01）[2022-01-28]. https://mp.weixin.qq.com/s/jKQGqo-gUDKmDwAItbzJOw.

⑥ 红色珍档云宣讲[EB/OL]. [2022-01-28]. http://jda.cq.gov.cn/ztzl/yj100/sp.

目组合作，从唐大禧先生的浮雕作品中寻找灵感，设计了档案文创口罩。[①] 档案部门与多机构展开合作联手开展档案资源开发利用活动，可以更好地实现优势互补，在有效提升档案开发利用效率和效果的同时，还能够增强档案宣传的力度。

4. 注重经济效益、社会效益和文化效益的三效合一

经济效益、社会效益和文化效益的三效合一在经济科技档案资源开发利用中体现最为显著。通过对经济科技档案资源开发利用优秀案例的分析可以看出，开发单位特别注重通过对档案资源的开发利用，为企业、社会和公众创造新的价值。例如，中广核工程有限公司结合虚拟仿真技术对核电工程档案数据及相关参数信息进行深加工，形成了一系列专题汇编报告，为核电设计工作有序推进提供了重要的参考资料，同时也提升了档案信息资源开发利用水平，创造了可观的经济效益。[②] 清华大学通过对10兆瓦高温气冷实验堆档案进行有效的开发利用，发明了10兆瓦高温气冷堆直接氦气循环发电装置，成为世界上第一个将模块化高温气冷堆与气体透平直接循环相结合的试验装置，获得国际认可。[③] 国网江苏省电力有限公司、国网南通供电公司在抗击2021年“4·30”南通风雹灾害的过程中，充分发挥省级电网企业档案信息资源共享中心的作用，有效助力应急抢修工作，保护了人民的生命财产安全，维护了社会秩序的稳定。[④] 经济科技档案资源开发利用不仅为所在单位或地区创造了较好的经济效益，也产生了良好的社会效益和文化效益，档案价值得以充分彰显和有效实现。

（三）2021年档案资源开发利用存在的问题

1. 档案在线查询功能不够完善

从调研结果来看，大多数档案馆的档案在线查询服务水平还停留在基础阶段，档案信息内容的细颗粒处理、多层次的全文检索以及更精准的高级检索服务尚未实现。有6个省级档案网站的在线查档平台暂无可利用内容或是平台仍在建设中；有内容的平台也存在提供的档案数据量不足或不能直接显示全部数据量等问题；有的档案网站提供的查档服务仅是介绍线下到馆查档的流程，没有线上查询平台的功能

---

① 广州市国家档案馆推出档案文创口罩［EB/OL］.（2021-06-09）［2022-01-28］. http://www.gzdaj.gov.cn/jdjs/shsq/content/post_216414.html.

② 许建兵. 核电工程设计档案数据资源开发工作实践［J］. 兰台内外，2019（23）：2.

③ 李大庆. 10兆瓦高温气冷实验堆：“一个真实的神话”［EB/OL］.（2006-01-13）［2022-01-06］. https://www.tsinghua.edu.cn/info/1953/76283.html.

④ 蔡忠豪，陈雅男. 逆风而行 打响保电攻坚战——国网南通供电公司“4·30”风雹灾害抢险保电工作侧记［J］. 中国电业，2021（5）：52-53.

介绍以及具体使用、检索方法的服务指南等。档案微信平台上也存在同样的问题。有的微信平台虽然设置了查档利用服务功能，但其中大部分微信公众号实际上无法提供在线查档服务，或显示该功能还在建设中，又或者因设置简单无法满足用户需求；有的微信公众号虽然在查档利用菜单中设置了在线预约功能，但只是提供传统的档案馆联系电话或邮件预约的信息，并未真正实现在线预约功能。档案网站和微信平台在检索级别、提供数据量、全文阅读方面仍有很大提升空间，档案查询功能有待进一步完善。

2. 利用平台后期管理维护不到位

调研结果显示，省级档案馆虽然认识到微信平台在提供档案信息服务和档案宣传上存在的优势，普遍开通了微信公众号，但有相当一部分微信公众号的后期管理维护工作不到位，缺少制度化、建设性的维护管理，既会影响用户的使用感受，也会降低用户的服务满意度。部分公众号存在着设计简单、发文量少、更新慢、维护不及时等问题，有的公众号只简单设置了菜单栏目，其内容全部显示处于在建状态；有的仅完成简单功能的设置，对于功能更新、链接维护等的后期保障工作不到位，菜单设置的功能有页面不存在情况，有的只能通过链接网站查找，但链接有时并不稳定；有的甚至是“空壳子”，仅建立了账号，不存在任何内容，表明公众号建成后没有做任何的后期建设与维护。档案网站同样存在后期的管理维护问题。调研发现，可能是受技术受限、时间久远等因素影响，部分省级档案网站的网上展览、音视频等栏目内容已经无法打开。档案馆应做好在线利用门户的长期建设规划，及时跟进，做好后期的管理和维护工作，保证档案信息利用服务的质量和效果。

3. 利用服务模式相对固化

在提供利用服务的整体思路上，大部分档案馆表现相对保守，在利用服务形式、内容呈现方式等方面基本以传统形式为主，一定程度上影响了档案利用服务的效果。有很多档案网站在档案文化栏目的名称设置上大同小异，多以“档案文化”“网上展厅”命名，内容偏格式化、复述性强。部分档案馆的档案展览将地方特色文化和突出事迹套用在相似的主题模块和时间框架下，表现形式与标题设置上缺乏新意，不能很好地引起公众兴趣。虽然有近半数省级档案网站设置了 3D 展览模块，使档案资源的展示效果有了生动的变化，但 VR 等新技术的使用未能很好地突破传统服务理念的限制，档案展览在叙事内容和叙事方式上仍相对传统，信息传递以单向输出为主，较少考虑用户体验及用户互动需求，导致用户黏合度降低，使得本该是展示性最强、最能吸引公众目光的项目无法有效达到预期效果。省级档案馆微信公众号在服务形式上也存在相似的问题，档案展览、查档利用、公众互动等项目的功能建设与任务目标不匹配，不能有效地提供相关服务内容。

4. 档案内容挖掘深度不足

从总体情况来看，档案馆对档案内容的挖掘深度还不够，有创意的档案文化精品和特色服务项目不够丰富。调研发现，现有的档案编研成果仍以档案汇编等一次编研成果为主，仅有14%的样本档案馆有文创产品开发，有特色的档案文创和数字档案编研产品仍处于起步阶段，档案资源开发利用的理念和手段都亟待提升。线上平台提供的内容也大多以专题汇总形式呈现，像档案故事这样的叙事性栏目总体设置较少，且更新较为缓慢，音视频栏目内容数量也偏少。微信推文多以工作动态、馆藏展示、历史文化类为主，内容较为单薄，且推送频率、原创性不高，缺乏特色，公众吸引力不够，无法实现微信平台档案信息服务的目的以及宣传效应，影响平台的服务效果。大多数档案馆在挖掘档案内容方面还存在过于宏观、相对粗糙的问题，在细节处理、深度挖掘、生动叙事等方面还需继续下功夫。

三、档案资源开发利用未来发展趋势展望

提高综合档案馆公共服务能力，深入推进档案利用体系建设，充分实现档案对国家和社会的价值，是"十四五"时期我国档案事业发展的主要任务之一。各级各类档案馆应在优化档案利用环境、深度挖掘档案文化内涵、增加公众互动参与等方面持续发力，满足社会公众的利用需求，提高用户满意度。

（一）优化档案利用环境，进一步提升档案馆公共服务能力

随着社会进步以及信息技术的发展，公众在线查档需求呈持续增长态势，这必将对档案馆的公共服务能力提出更高的要求。《"十四五"全国档案事业发展规划》明确提出，到2025年档案利用服务要达到新水平，实现"以人民为中心的档案服务理念深入人心，档案开放力度明显加大、共享程度显著提高、利用手段更加便捷，档案资政服务、公共服务、文化教育能力明显提升"[①]。将档案在线利用平台改造升级建设纳入档案馆工作发展规划，不断优化档案利用环境，提升档案馆的公共

① 中办国办印发《"十四五"全国档案事业发展规划》[EB/OL].（2021-06-08）[2021-12-27]. https://www.saac.gov.cn/daj/yaow/202106/899650c1b1ec4c0e9ad3c2ca7310eca4.shtml.

服务能力，有效满足人民群众的档案利用需求，将是未来一段时间档案工作的重点。

完善在线查询功能，增加开放数字档案资源，是提高检索效率、提升服务质量、满足用户利用需求的基本保障。随着在线查档需求量的增长和档案数字资源建设的推进，各级综合档案馆应进一步改善档案网站在线预约查档服务功能，并根据用户需求对馆藏内容进行科学调整和整体规划；优化服务指南或是查档平台的使用说明、帮助，为用户提供检索方法、平台功能等信息，提升用户查档的体验感；提高档案网站文件级检索能力，对档案进行更精细的内容标引，提高用户的查准率、查全率；逐步增加在线开放档案资源数量，对开放档案提供全文检索，建设检索功能更齐全、使用体验更舒适、数据量更丰富的在线查阅平台，不断优化档案利用环境。调研结果显示，有部分省级档案网站已经建立起全省档案目录中心、省级档案查询利用平台等省级档案查询中心或利用平台，未来可通过跨省联动进一步推进异地查档功能在全国范围内的推广与实现，提高在线查询的便利程度与普惠程度，不断提升档案馆公共服务能力。

(二) 增强在线平台互动功能，进一步改善档案利用服务效果

档案网站、微信平台为档案馆与社会公众之间搭建起了一座沟通的桥梁。要真正发挥桥梁作用，就要坚持以人为本，关注和重视用户需求，为用户提供更快捷、更贴心的服务内容，提升用户满意度。公众利用需求的个性化与多样化要求档案利用服务的预见性、精准性与高效性。档案馆可通过不断完善和优化档案信息服务交互平台建设，为不同用户的不同档案利用需求提供精准服务，以实时互动、有效沟通来充分满足档案用户的个性化需求。① 留言咨询栏目是网站、微信平台获取档案用户利用需求的最直接渠道。档案网站在布局设计上可将留言、讨论等互动栏目放置在档案网站醒目位置，方便用户及时提出问题及反馈意见。微信平台作为社交媒体的组成部分，具有得天独厚的参与性、平民性与对话性，这些优势强化了档案馆公共服务的自发性和主动性。② 改善微信平台留言咨询、建议反馈等功能的菜单设计，简化操作程序，充分发挥社交媒体与公众接触面广、对话便捷的优势。在条件允许的情况下可采用智能问答机器人等新技术手段为用户提供 24 小时智能咨询服务，以实时交互、个性化解答来实现更快速、更精准的互动效果。

---

① 王成兴，许炎．档案信息服务交互平台建设初探［J］．北京档案，2019（2）：7－10.

② 魏扣，李子林，张嘉禾．国外档案馆应用社交媒体开展公共服务实践及其启示［J］．档案学通讯，2018（2）：81－86.

在网站、微信平台上提供各类档案文化、档案教育活动也是增强与公众互动的重要途径。充分挖掘特色馆藏资源，以贴近公众文化需求、社会需求的主题吸引公众关注度，如根据地域典型人物、典型事件、特色活动等推出主题展览与公众参与活动，让档案资源建设成果真正走近公众。创新档案利用服务形式，推出更多公众参与度高的文化服务项目，如档案游戏、文创制作等，增强档案利用的休闲性、趣味性与互动性。条件成熟的情况下可考虑采用新颖技术，提供更新颖的互动服务。档案部门可通过档案众包等方式吸引公众主动参与到档案资源建设、档案文化交流、档案价值释放的过程中，以利用服务需求驱动档案资源建设和档案利用平台建设，让公众从资源服务被动接收者转变为资源内容主动建设者，通过双向共建提高用户的参与度，真正实现档案资源平台的共建共享。

（三）深度挖掘档案资源知识内涵，进一步提高档案文化传播能力

档案利用向知识服务发展的趋势，已成为档案界的共识。[①] 目前基于“两微一端”的档案服务仍以文本、图像、音视频等信息级模式为主，如何进一步挖掘档案资源的知识内涵并转变资源服务方式，是档案“两微一端”服务转型面临的关键问题。[②] 单一维度的档案内容展示已经不能满足用户精细化、多维度的档案利用需求，基于内容的知识服务正在成为档案资源开发利用的大趋势。档案部门可在数据挖掘、本体构建等数据技术的应用下形成细颗粒、可分析的深层次数据内容，利用数据化技术实现对文本的分析和知识提取，在查档平台为公众提供自然语言检索方式和更精准的检索结果，并可以根据用户需求提供档案比对、个性化推荐等更系统、更加个性化的档案知识服务。将知识服务思想融入学术研究、社会教育、档案休闲服务、档案知识宣传普及等更多场景，打破固有的档案图文展示、故事描述等文化产品模式以及简单的档案浅层内容展现形式，利用知识图谱、文本关联等技术实现档案内容之间的重组和关联，将知识服务内容融入档案网站、微信平台的学习资源和教育模块，利用 VR、AR、GIS 等技术增强文化传播的场景感和公众参与度，不断提高档案服务内容质量，提供多维度深层次的档案知识服务，增强档案文化传播能力。

① 夏天，钱毅．面向知识服务的档案数据语义化重组［J］．档案学研究，2021（2）：36－44.

② 牛力，高晨翔，韩小汀．模式与机制：知识工程视点下的档案知识服务研究［J］．档案学研究，2021（2）：96－103.

四、结　语

将档案资源保存好、利用好是档案工作的根本任务所在。档案资源开发利用是实现档案价值、发挥档案作用的重要途径，各级各类档案馆应继续推进档案资源的数字化、数据化建设，提升档案数字资源库建设质量，保障档案数字资源的安全和有效利用，更加注重大数据技术、新媒体技术的推广与应用，变“重藏轻用”为“藏用并重”，建设质量高、覆盖广的档案查询利用平台，利用新技术创新服务形式，深度挖掘档案资源的价值内涵，形成更多内容丰富、形式新颖、更具社会影响力的档案开发利用成果，强化服务功能，提高服务水平，切实推动档案开放与利用，为国家各项事业发展提供支持和便利，更好地发挥档案对社会经济与文化发展的重要作用。

2021 年中国电子文件管理发展报告

祁天娇[1,2]

1. 中国人民大学信息资源管理学院，北京　100872

2. 中国人民大学档案事业发展研究中心，北京　100872

摘　要：“十三五”时期，我国电子文件管理工作取得积极进展，呈现出法治化进程不断加快、规范化建设不断完善、行业化应用不断深化、社会化服务不断拓展的整体向好趋势，但仍然存在一些问题和挑战。2021 年是“十四五”的开局之年，电子文件管理在法律法规建设、标准规范体系建设等方面又有了快速发展，政务电子文件管理、企业电子文件管理和综合档案馆电子档案管理，都在实践过程中积累了更多经验。2021 年我国关于电子文件管理的理论研究更多关注新技术背景下专业电子文件管理的精细化问题。当前，我国电子文件管理仍然存在电子文件理念转变不积极、电子档案管理制度不健全、电子档案管理系统不完善、电子档案开发利用不精细等问题，亟须未来更多针对这些痛点的电子文件管理实践与理论探索。

关键词：电子文件；电子档案；十四五；报告；趋势

作者简介：祁天娇，博士，讲师、师资博士后，研究方向为电子文件管理与文档数据化，电子邮箱 qtjjoy@163.com。

2021 年是“十四五”的开局之年，是新《档案法》实施后电子文件“单套制”管理的启动年，也是解决“十三五”期间电子文件管理未尽事宜，顺利实现电子文件管理从双套、双轨向单套、单轨转型过渡的关键年。经过“十三五”期间电子文件管理制度规范的快速建设以及服务应用的不断深化，我国电子文件管理领域的治理能力、资源建设、业务规范、行业支持与技术支撑等各方面都有了长足的进步。在此基础上，2021 年我国电子文件管理在实践与理论上又有了新的突破与发展，为“十四五”期间电子文件管理的转型与创新奠定了良好基础。

一、“十三五”时期我国电子文件管理发展概述

“十三五”时期，我国电子文件管理工作取得积极进展，完成了《全国档案事

业发展“十三五”规划纲要》《国家电子文件管理“十三五”规划》等重要规划中提出的电子文件管理发展任务，包括提升电子文件管理能力、加强电子文件资源管理、规范业务电子文件管理、促进凭证电子文件应用和强化电子文件管理支撑等，在加快电子文件管理法治化进程、推动电子文件管理规范化建设、助力电子文件管理行业化应用以及促进电子文件管理社会化服务等方面取得了重要成果。

(一) 法治化进程不断加快

“十三五”期间，我国电子文件管理领域法治化水平不断提高。自 2016 年以来，我国电子文件管理相关政策共发布 96 件，呈现出电子文件法律效力与法定地位不断确立的整体趋势。①

具体来讲，自 2016 年《全国档案事业发展“十三五”规划纲要》(档发〔2016〕4 号) 出台，并提出在有条件的部门开展电子档案单套单轨制管理试点以来，我国电子文件管理正式进入探索“单轨”“单套”的新时代。同年，国务院印发《“十三五”国家信息化规划》(国发〔2016〕73 号)，将完善电子文件管理服务设施、加强国家电子文件管理、促进电子文件规范应用等内容明确纳入国家信息化战略，以顶层规划推动电子文件单轨制、单套制快速落地。2018 年，国家档案局修改并发布《电子公文归档管理暂行办法》(国家档案局令第 14 号)，明确了“符合国家有关规定要求的电子公文可以仅以电子形式归档”，并对电子公文归档、电子档案管理以及“四性”保障等问题提出总体要求。这是国家档案局第一次以正式规定的方式进行电子文件单套归档的政策探索。

作为电子文件管理领域的专门规划，《国家电子文件管理“十三五”规划》提出到 2020 年健全电子文件管理体制、机制、法规制度和确立电子文件证据法律地位以及行政效力的目标与要求。电子政务、电子商务等领域也纷纷出台包含电子文件管理内容的相关政策。例如，《国务院关于加快推进“互联网+政务服务”工作的指导意见》(国发〔2016〕55 号)、商务部联合中央网信办和发改委印发的《电子商务“十三五”发展规划》和《国务院关于在线政务服务的若干规定》(国令第 716 号) 等，都对推动电子证照、电子公文、电子签章等的规范化应用提出具体要求。为推动确立电子文件的合法地位与法律效力得到认可，《中华人民共和国公司登记管理条例》(国令第 666 号)、《质检总局“互联网+政务服务”工作方案》(国质检

① 童新海. 电子文件管理“十三五”回顾和“十四五”展望［C]. 第十届中国电子文件管理论坛，2020(11).

办〔2017〕116号）以及中办、国办印发的《关于深入推进审批服务便民化的指导意见》等系列政策，都相继在具体领域明确了电子文件与纸质文件具有同等法律效力。

2020年新修订的《中华人民共和国档案法》（简称新《档案法》）新增档案信息化专章，从国家法律层面明确了电子档案与传统载体档案具有同等效力，并可以直接以电子形式作为凭证使用。以此为标志，我国电子文件管理的法治化步入新的更高阶段。在新《档案法》的推动下，关于电子文件管理的地方法规和部门规章相继出台，电子文件法规体系初步形成。

（二）规范化建设不断完善

“十三五”期间，我国电子文件管理标准规范体系的框架性建设基本完成。自2016年以来，电子文件管理基础类、对象类、过程类、系统类、监督检查类和应用领域类国家或行业标准已经出台70余项，其中基础通用类标准为各行业领域与机构组织的电子文件归档与电子档案管理提供了最基础的规范指南。

具体来讲，2016年《电子文件归档与电子档案管理规范》（GB/T 18894—2016）规定了公务活动中电子文件的收集、整理、归档与电子档案的编目、管理与处置的一般方法；2016年《电子文件存储与交换格式　版式文档》（GB/T 33190—2016）即OFD（Open Fixed-Layout Document），是我国自主研发的版式格式标准，是我国电子文件领域在文档格式自主可控方面取得的行业共识；2016年《党政机关电子印章应用管理规范》（GB/T 33481—2016）明确了加盖在电子公文上的电子印章应具有实物印章一致的外观；2017年《信息与文献　文件管理体系　基础与术语》（GB/T 34110—2017/ISO 30300：2011）为电子文件的“四性”保障与管理体系建设提供了基础的术语界定与概念约束；2020年《信息安全技术　安全电子签章密码技术规范》（GB/T 38540—2020）和《信息安全技术　电子文件密码应用指南》（GB/T 38541—2020）则为电子文件中的电子签章和密码技术应用提供了基本规范。

在这些通用规范的指导下，我国电子文件的凭证化应用进一步加强，信息资源之间的互联互通与共享进一步实现。以此为依据，“十三五”期间，电子合同、党政机关电子公文、电子证照等重点领域的应用标准不断扩展，例如2016年的《党政机关电子公文格式规范》（GB/T 33476—2016）、2018年的《电子证照　元数据规范》（GB/T 36903—2018）、2019年的《政务服务事项电子文件归档规范》（DA/T 85—2019）等。相应地，部门配套工程规范也相继出台，例如2019年的《国家

政务服务平台　电子证照》(C0134—2019 至 C0143—2019）和《全国一体化在线政务服务平台　电子证照》(C0201—2019 至 C0204—2019）等。

(三）行业化应用不断深化

“十三五”期间，企业档案管理的一系列制度出台助推了电子文件管理的行业化应用。例如，2015 年国家档案局印发的《金融企业业务档案管理规定》带动了金融业务档案规范化管理；2016 年财政部与国家档案局修订实施的《会计档案管理办法》(中华人民共和国财政部 国家档案局令第 79 号）推动了电子文件单套制归档在会计领域首先获得突破；2020 年国家档案局与科技部联合发布的《科学技术研究档案管理规定》(国家档案局 中华人民共和国科学技术部令第 15 号）助推了科研档案与科学数据的协同管理。2019 年，国家档案局印发《关于在深化国有企业改革中加强档案工作的意见》，对在深化国有企业改革中如何加强档案工作提出了一系列要求。同时，有关企业电子文件和档案管理的标准体系完善，进一步促进了企业实际工作的发展。国家档案局 2015 年印发的《企业电子文件归档和电子档案管理指南》(档办发〔2015〕4 号)、2017 年印发的《企业数字档案馆（室）建设指南》(档办发〔2017〕2 号）都有力地指导了企业电子文件归档与电子档案管理工作。

“十三五”期间，电子文件管理法规、规范与技术的快速发展，使得电子文件的服务效能日趋强化，对于行业发展的支撑作用日益凸显。电子证照在“互联网+政务服务”中得到了广泛应用，各地区各部门通过统一数据和文件格式实现了互联互通和互信互任，精简了审批过程和审批材料，优化了审批流程，支撑了“放管服”改革，极大地改善了我国营商环境。电子合同则在教育扶贫中发挥了重要作用。自 2016 年 7 月至 2020 年 11 月，国开行助学贷款电子合同共办理贷款 1 356.6 万笔，涉及金额 985.85 亿元，累计资助贫困学生 715.3 万人。[①] 电子发票、电子保单等数字经济业务凭证，则真实记录了经济活动，降低了社会交易成本，在促进数字经济发展的同时，也为加强数字化监管、维护市场经济秩序提供了有力抓手。同样，电子报销凭证在公务差旅管理中，确保了审批中可定位、审批后可追溯，助力实现差旅行为全程电子化管理，打通了国库支付的最后一公里，汇聚形成财政大数据，为助力经济发展提供了有力抓手。以电子公文、电子邮件、电子档案为代表的

① 童新海．电子文件管理“十三五”回顾和“十四五”展望［C]．第十届中国电子文件管理论坛，2020(11).

电子文件在政务部门中得到广泛应用，有力地支撑了各级政务部门日常办公履职活动。

(四) 社会化服务不断拓展

“十三五”期间，电子文件管理的重要性与必要性在全社会得到更广泛的共识，社会影响力不断扩大。首先，电子文件的概念已经取得共识，电子文件在数据资源中的基础地位得到确立，电子文件被认为是国家最重要的战略信息资源，是国家信息化战略的重要组成部分，也是国家治理的一项基础性工作。其次，在对电子文件价值与电子文件管理意义的充分认知基础上，目前电子文件管理已经初步形成“政、产、学、研、用”多领域、多机构充分互动的良好局面。这种以跨行业、跨机构合作为桥梁的电子文件管理社会互动，需要以明确的业务需求为驱动，以科学的管理理论为基础，以规范的领域标准为引领，以前沿的产业技术为支撑，以严谨的管理流程为约束。同时，这种社会互动又倒逼电子文件管理面向业务需求，不断完善管理理论、行业标准和管理流程与方法，并推动电子文件管理领域走出行业限制，更加积极地寻求与产业的互动合作。

除了与产业行业的充分协同交流，“十三五”期间国家层面也在大力地推动电子文件管理宣传培训，培养更多的电子文件管理专家和从业人员。例如，2019年，由国家电子文件管理部际联席会议办公室组织编写、人民出版社出版的《国家电子文件管理知识与政策干部读本》正式出版发行，围绕“什么是电子文件、怎么管电子文件、怎么用电子文件”等问题介绍了电子文件及其管理的相关基础知识，以及国家电子文件管理工作、电子文件应用案例等内容，帮助国家各级领导干部和广大公务员学习电子文件管理知识与法规政策、加强电子文件管理工作和电子文件应用等。[①] 再例如，2019年，国家档案局首次参加数字中国建设峰会并支持举办电子政务分论坛，围绕“新时代的电子政务：开放　服务　创新”主题与最高人民法院、广东省人民政府以及腾讯、华为等公司进行了充分交流，同时还举办了档案信息化成就展览和档案信息化论坛，与众多专家学者就电子政务下的档案管理方向、电子档案“四性”检测、电子证照应用、企业电子文件归档与电子档案管理、会计档案电子化管理试点等热点难点问题展开了研讨。[②]

① 《国家电子文件管理知识与政策干部读本》出版发行［EB/OL］.（2019-01-04）［2021-11-21］. http://www.gov.cn/xinwen/2019-01/04/content_5354933.htm.

② 杨太阳．国家档案局首次参加数字中国建设峰会 2019年全国档案信息化论坛在峰会期间举办［N］. 中国档案报，2019-05-16（1）.

经过“十三五”期间国家、地方、行业与机构各层面的合作推动，电子文件管理取得了斐然成就，从法律法规和行业标准层面确认接受了从双轨、双套向单轨、单套过渡的历史使命。但就如何过渡、如何解决过渡期间复杂而具体的理论与实践问题，如何进一步从档案领域内部的转型走向档案与数据的更广泛协同管理，电子文件管理领域在“十四五”期间还将面临更大挑战。

二、2021 年我国电子文件管理实践新进展

2021 年是我国电子文件管理从“十三五”步入“十四五”的关键之年。2021 年中办、国办印发《“十四五”全国档案事业发展规划》（简称“十四五”规划），持续对电子文件归档、移交等制度建设与贯彻落实提出要求，为新时期电子文件管理的实践发展指明了方向。[①]“十四五”规划明确将“增量电子化”列入档案资源数字转型核心任务，指出要促进各类电子文件应归尽归，电子档案应收尽收。这将成为“十四五”期间全国各类综合档案馆开展馆藏资源建设工作的核心目标。不仅如此，“十四五”规划还专门指出要加强电子文件归档和电子档案移交接收，并要求贯彻落实相关制度规范与系统建设，解决相关技术问题与行业难点。这为“十四五”期间机构层面业务环境中的电子文件管理进一步指明了方向。

（一）电子文件法律法规建设取得新突破

2021 年 1 月 1 日，新《档案法》正式实施，这是新中国档案事业发展与档案法治建设进程中的一个重要里程碑，也是新时期档案治理体系建设与治理能力现代化的重要体现。新《档案法》第一次从法律的角度对档案信息化建设作出全面系统的规定，明确规定了电子档案的合法要件、地位和作用、安全管理要求，为新时代电子档案管理适应“数字转型”这一全球性大趋势、服务国家治理体系和治理能力现代化、留存好数字时代的记忆指明了方向。[②] 新《档案法》第三十七条明确规定了电子档案的法定身份、法律效力与合法地位来自三个核心要件，即“电子档案应当来源可靠、程序规范、要素合规”。这是对国内外电子档案形成和管理要求的高度凝练，具有深厚的理论基础、实践基础和规范基础。其中，“来源可靠”中的“来源”是一个综合性概念，包括责任者、活动、时间和系统等多个方面的来源，“来

---

① 李海涛，徐亚婷．近 20 年我国电子文件管理政策现状及对策研究——基于《“十四五”全国档案事业发展规划》及相关政策［J］．山西档案，2021（4）：95－111.

② 仇伟海．新修订档案法对电子档案管理提出新要求［J］．浙江档案，2020（10）：10－11.

源可靠”是指电子档案由经过授权和确认的法定形成者，在既定的业务活动中、在特定的时间、在安全可靠的系统环境中形成。“来源可靠”是电子文件成为电子档案的首要前提。“程序规范”中的“程序”是指电子档案形成、归档、保存和利用服务当中的操作步骤。“程序规范”是指电子文件生成办理的过程要遵循一定的制度规范要求，符合国家相关法规标准的规定。“程序规范”是在变化的环境当中电子档案凭证能力的基本保障。“要素合规”的“要素”包括内容、结构、背景、外观以及其他管理性或功能性要素等。“要素合规”是指电子档案构成要素合乎规范。①

（二）电子文件标准规范体系实现新扩展

2021年，电子文件管理相关国家标准与行业规范继续完善，针对电子文件归档与电子档案管理当前尚未解决的一些通用问题进行了规范化探索。国家标准主要有：国家市场检查管理总局和国家标准化管理委员会联合发布《电子文件管理能力体系　第1部分：通用要求》（GB/T 39755.1—2021）和《电子文件管理能力体系　第2部分：评估规范》（GB/T 39755.2—2021），对机构开展电子文件管理应具备的组织运作、文件管控、信息服务和技术实现能力等进行了规范；同期还发布了《电子档案管理系统通用功能要求》（GB/T 39784—2021），对电子档案管理系统应具备的必需功能和可选功能进行了详细规范。行业标准则包括：《产品数据管理（PDM）系统电子文件归档与电子档案管理规范》（DA/T 88—2021）、《公务电子邮件归档管理规则》（DA/T 32—2021）、《财产保险业务档案管理规范》（DA/T 86—2021）等。

（三）电子文件归档与电子档案管理探索新模式

2021年，在新《档案法》与“十四五”规划的推动下，业务环境中的电子文件归档与电子档案管理成为机构电子文件管理的核心命题。2021年5月国家档案局发布《产品数据管理（PDM）系统电子文件归档与电子档案管理规范》（DA/T 88—2021）（简称《规范》），为企业产品数据管理（PDM）系统中形成的电子文件归档与电子档案管理工作提供了方法论指导。产品数据管理（PDM）系统是当前我国企业信息化实施的重点，也是企业产生数据最大的系统之一，是企业的核心信息资源，也是企业档案部门最重要的管理对象。《规范》从归档范围和保管期限、电子

① 刘越男．新档案法中电子档案的法定要求［N］．中国档案报，2020-08-06（1）．

文件组件、归档要求、归档接口四个方面对 PDM 系统中的电子文件归档提出了具体要求，同时也从电子档案整理、存储、保管、利用、统计和鉴定处置等方面对归档后的电子档案管理进一步明确了要求。① 在《规范》的推动下，很多企业开始制定电子文件归档与电子档案管理办法，明确机构内部电子文件的形成、积累、鉴定、归档以及电子档案管理的职能分工与业务要求，以保证归档电子文件与电子档案的一致性，保证电子档案的真实性、安全性、完整性与可用性。

建设项目电子文件归档与电子档案管理对于国家安全战略实施至关重要。2021 年 10 月国家档案局组织开展第三批建设项目电子文件归档和电子档案管理试点工作，要求各试点单位依据《建设项目电子文件归档和电子档案管理暂行办法》（档发〔2016〕11 号）探索可复制、可推广的建设项目电子文件归档和电子档案管理方案。新一批试点工作需完成五大核心任务：建立以电子文件归档和电子档案管理规范化、科学化管理为核心，相关单位和人员权责明确，覆盖从建设项目电子文件"形成、流转、归档"到电子档案"移交、保管、利用"等的全流程管理制度体系；研究建设项目电子文件归档和电子档案管理中存储格式、元数据、电子签名、封装和备份等关键技术方案，提出保证电子文件真实性、完整性、可用性和安全性的解决方案；研究建设项目电子文件归档范围、保管期限和电子档案分类体系，提出项目档案仅以电子文件形式保存的实现方案；研究具有可操作性的建设项目电子文件归档和电子档案管理系统功能需求，提出适合项目管理需要的电子文件归档和电子档案管理系统建设方案；研究基于大数据、云计算、人工智能等的建设项目电子档案数据挖掘，提出电子档案更好服务项目建设、运行和管理的利用方法。这也基本反映出，当前机构电子文件归档与电子档案管理的新模式探索，离不开五大核心问题的解决，即电子文件归档与电子档案管理的制度体系设计问题、"四性"保障问题、单套制管理问题、系统建设问题和增值利用问题。

(四) 政务电子文件管理纳入新规划

政府数字化转型、建设数字政府，是当前我国政府治理的重要命题，政府政务需要主动适应数字化时代趋势，运用数字技术对施政理念、方式、流程、手段、工具进行全方位、系统性、重塑性变革，推动政府治理体系和治理能力现代化。而电子文件管理将贯穿政府数字化转型与政务数字变革的全过程。2019 年 12 月 16 日，

---

① 许成伟，王木亮.《产品数据管理（PDM）系统电子文件归档与电子档案管理规范》解读 [J]. 中国档案，2021 (10)：38 - 39.

国家档案局发布《政务服务事项电子文件归档规范》(DA/T 85—2019)，其中总则第4.1.2条规定："符合国家有关规定要求的政务服务事项电子文件应以电子形式归档。除法律、法规另有规定外，不再归档对应纸质材料。"政务服务电子文件单轨制趋势日益明显。为对党政机关开展相关业务过程中的电子公文进行规范化归档，《党政机关电子公文归档规范》(GB/T 39362—2020)于2021年6月1日正式实施，规定了党政机关电子公文归档的总则、归档流程、归档元数据、归档数据组织和归档格式等，是我国党政机关开展电子文件归档工作、对电子公文系统产生的电子公文进行处理的基础性规范，也是其他机关和企事业单位开展电子公文归档处理工作的参照标准。

在国家政策与标准的推动下，各级政府与档案机构开始联合探讨政府数字转型过程中，政务电子文件归档与电子档案管理的有效路径。例如，河南省人民政府印发《河南省数字政府建设总体规划(2020—2022)》，其中"建立电子档案管理系统"作为统一共享支撑体系中的一项重要内容被明确纳入数字政府规划。以此为契机，河南省档案馆拟把电子档案管理系统作为数字档案馆建设的重点内容进行集中开发，并细化配套的电子档案管理制度，以求进一步融入数字政府建设。① 广东省档案局则与广东省政务服务数据管理局联合印发《广东省政务服务事项电子文件归档和电子档案管理办法》《广东数字政府政务服务事项电子文件归档和电子档案技术规范》《广东省统一申办受理平台与部门档案管理系统对接规范》等系列文件，进一步提升了广东政务服务质量，推动政务服务便民化。② 济南市政府在编制和实施"十四五"数字泉城规划时，明确提出要积极探索"区块链+""电子档案+"等应用场景的标准创新，这是济南市首次将电子档案列入五年发展规划，也标志着济南档案信息化建设步入高速发展阶段。③ 大连市政府办公室印发《大连市政务服务"一网通办"电子文件归档和电子档案管理办法(试行)》，规定了各级档案主管部门、电子政务项目审批部门、信息化工作机构、国家综合档案馆及政务服务机构的职责分工，规定了电子文件和电子档案在形成、收集、整理、保存、利用、移交、接收等方面的具体标准，为加快"数字大连"和智慧政府建设提供了制度保障。④

① 李珂．河南 电子档案管理纳入"数字政府"建设[N]．中国档案报，2021-01-11(1)．

② 广东 规范政务服务事项电子文件归档管理[N]．中国档案报，2021-07-22(1)．

③ 济南 "电子档案+"纳入"十四五"数字泉城规划[N]．中国档案报，2021-03-15(2)．

④ 杨晨岑，张子泉．大连市印发《办法》规范"一网通办"电子文件归档与电子档案管理[N]．中国档案报，2021-03-04(2)．

(五)企业电子文件管理拓展新场景

2021年，企业电子文件与电子档案管理发展进一步提速。5月发布的《产品数据管理(PDM)系统电子文件归档与电子档案管理规范》(DA/T 88—2021)为企业产品数据管理(Product Data Management，PDM)系统产生的电子文件归档和电子档案管理工作提供了详细指南。同时，《公务电子邮件归档管理规则》(DA/T 32—2021)代替旧版(DA/T 32—2005)，为企业业务过程中公务电子邮件的归档管理工作提供了新的指引。以上两个规范解决了当前企业难度最大且最为重点的两个电子文件归档技术难题。

同时，企业电子文件管理试点和示范一直是推动实际工作进步的有效手段，且试点和示范的领域选择体现了企业电子文件管理实践场景的不断拓展。自2016年开始，国家档案局持续推进企业电子文件归档和电子档案管理试点，旨在推进企业业务系统电子文件归档，更好地发挥电子档案在企业优化业务流程、建立电子凭证、实施可信交易等方面的作用，从而加快培育电子商务成为经济新动力，配合国家大数据、“互联网+”行动计划实施，进一步健全电子商务发展体系、促进国家经济发展。2021年10月，“十三五”期间企业电子文件归档和电子档案试点共计48家试点单位全部完成试点任务。通过验收的48家试点单位实现了CAPP、PDM、ERP、财务系统、运营业务系统、电子邮件系统、供应链管理系统、CAD设计文件、安全生产调度、勘测设计管理等20类共计71个企业主营业务系统的电子文件归档和电子档案管理，解决了一大批企业主营业务信息系统的归档难题，有效推进了试点单位档案信息化水平，同时为档案行业培养锻炼出了一支具备较高水平的档案信息化复合型人才队伍。① 作为成果总结与经验分享，国家档案局组织出版了《企业电子文件归档和电子档案管理试点案例集》，并将进一步开展成果推广与转化工作，推进企业档案信息化和电子档案管理纵深、全面发展。

(六)综合档案馆电子档案管理尝试一站式

2021年，在“十四五”规划与新《档案法》的双重推动下，为适应好业务前端的数字转型并有效保存单轨制归档的电子档案，全国各级各地方综合档案馆都在积极推动电子档案的移交接收与集成管理。例如，厦门市档案馆在意识到已有数字档案平台无法应对日趋增多的电子文件入关需求和检测要求后，新建信息采集和数字

① 车昊珈．企业电子文件归档和电子档案管理试点工作圆满收官[N]．中国档案报，2021-10-25(1)．

档案移交接收平台，将立档单位与档案馆无缝衔接，实现对电子档案采集、整理、移交、保管等环节的“一站式”管理。[①] 福州市档案局则计划在现有数字档案馆基础上，推进建设“福州市电子档案管理中心项目”，预计在“十四五”时期建成覆盖市、县（区）两级的数字档案室系统、数字档案馆系统、档案在线监督指导系统、档案共享和利用系统，实现对全市电子档案的在线移交接收和档案数字资源长期保存，以及档案数字资源的有效整合和分层次多渠道的共享利用。[②] 成都市档案馆的电子档案在线管理平台经过建设验收，搭建起覆盖全市市级单位的电子文件归档模块或档案室的电子档案在线管理平台，实现了对各单位的OA系统和各类业务系统产生的电子文件归档收集以及馆藏各类电子档案的规范管理，并按照相关标准实现电子档案从各立档单位向档案馆移交。[③]

三、2021年我国电子文件管理理论新进展

（一）基于国家项目的分析

2021年，全国哲学社会科学工作办公室针对图情档领域共发布80条课题指南，其中新《档案法》、档案数据管理、政府数据管理、电子档案“单套制”、区块链技术等成为当年档案领域的热点“题眼”。在2021年立项的国家社科基金一般项目、青年项目和西部项目中，分别有1项电子文件归档和电子档案管理相关课题，包括苏州大学“电子档案‘单套制’管理实行条件与技术研究”（一般项目）、中山大学“电子档案归档的中国特色研究”（青年项目）、闽南师范大学“‘区块链＋’在医联体电子医疗文档管理中的应用研究”（西部项目）。

2021年2月，国家档案局发布2021年国家档案局科技项目立项工作通知，在当时发布的立项选题指南中，电子文件归档和电子档案管理是四大选题方向之一，要求项目内容围绕来源可靠、程序规范、要素合规的电子文件归档系统实现，电子档案可信管理的技术方法，资助可控环境下电子文件归档与电子档案管理等多个方面开展研究。其中，来源可靠、程序规范、要素合规的电子文件归档系统实现研究更是被设定为重点项目选题。在当年6月公布的立项项目名单中，涉及电子文件归档和电子档案管理的项目占立项总数近一半之多。立项项目的研究视角覆盖各行

① 厦门 电子档案移交接收实现“一站式”管理［N］. 中国档案报，2021－01－25（2）.

② 黄舒晴．福州 数字档案馆（室）建设列入市“十四五”规划［N］. 中国档案报，2021－05－31（2）.

③ 成都市档案馆电子档案在线管理平台项目通过验收［N］. 中国档案报，2021－04－19（2）.

业、各领域的电子文档管理问题，而电子文件的单套制归档管理模式、技术与系统更是选题之重。[①]

在国家档案局年末公布的2021年度优秀科技成果奖励名单中，共有优秀科技成果二等奖10项、三等奖16项。2021年度优秀科技成果奖主题词词云如图1所示。[②] 从中也可以发现，电子档案及其管理、服务、机制建设以及相关的大数据技术等，是2021年获奖项目的核心关键词。具体来讲，涉及“电子档案管理”主题的获奖成果研究内容包括电子档案的可靠性、凭证性、单轨制、归档、一体化、系统开发、备份中心建设等方面。

图1　2021年度国家档案局优秀科技成果奖项目主题词词云

（二）基于学术成果的分析

截至2021年12月31日，中国知网上以“电子文件”或“电子档案”为篇名的有效期刊论文共312篇、硕士论文共4篇。其中，学位论文集中关注电子文件的单套制归档趋势。[③] 而期刊论文在新《档案法》、“十四五”规划以及电子文件“单套制”等多重背景驱动下，对不同行业、领域的电子文件归档和电子档案管理及其细节进行了更为详细的讨论。

从发文主体所在学科来看，档案学科仍然是探讨电子文件管理问题的主导学科，但随着电子文件管理在不同领域的重要性愈发得到共识，计算机、高等教育、

① 国家档案局技术部.2021年度国家档案局科技项目拟立项项目公示［EB/OL］.（2019-04-30）［2021-11-21］. https：//www.saac.gov.cn/daj/tzgg/201904/d7981b265cec4b0b97975d2339eeb71d.shtml.

② 李俊哲，等.档案实务｜2021年度国家档案局优秀科技成果奖名单正式发布：数据分析来啦！［EB/OL］.（2021-12-21）［2021-12-29］. https：//mp.weixin.qq.com/s/5M6AMjv5T9VWDc7DIoHR5w.

③ 王敬野.电子文件单套制归档研究［D］. 辽宁大学，2021.

医疗卫生、经济、法学等不同学科也开始从自身视角出发探讨电子文件管理在本学科的支撑与应用问题。尤其是电子文件管理高度的技术依赖性，使得计算机科学也成为电子文件管理研究的一大支柱学科。如图 2 所示。

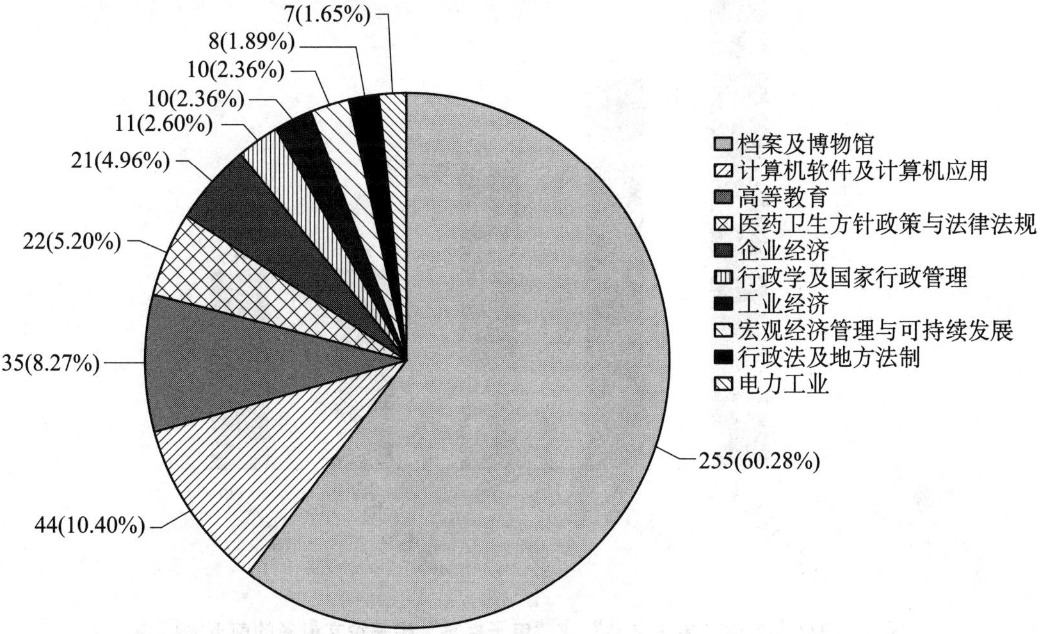

图 2　2021 年“电子文件”或“电子档案”相关研究的发表学科分布

从发文主体所在机构来看，高校是开展电子文件管理问题研究的集中地。2021 年，发表电子文件或电子档案相关论文最多的前五大机构中（如图 3 所示），有四个机构为高校，其中中国人民大学 2021 年共发表了 10 篇相关论文，高居榜首。辽宁省档案馆作为档案机构代表也为 2021 年的电子文件管理理论研究贡献了重要力量。

通过内容精读，本文剔除篇名含“电子文件”或“电子档案”而内容相关度低的文章，从 305 篇文章中统计 2021 年电子文件管理的理论探讨主题。如图 4 所示，2021 年从高校视角出发探讨电子文件归档和电子档案管理是第一大热点，尤其是高校内最为重要的学籍档案、会计档案和电子照片等被多次讨论。连同高校电子档案，企业电子档案、医院电子档案、会计电子档案、政务电子文件、人事电子档案以及其他行业或专业的电子文件、电子档案相关讨论，占据了 2021 年相关研究论文的三分之一以上，足见在业务环境中探讨电子文件或电子档案管理的重要性。

另外，随着区块链技术的成熟以及应用场景的普及化，区块链技术在电子档案

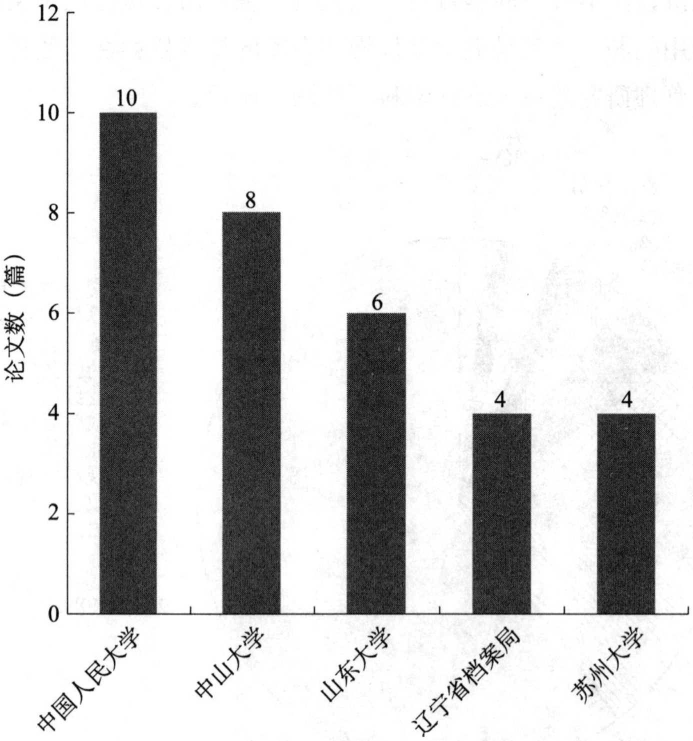

图 3　2021 年发表“电子文件”或“电子档案”相关论文最多的前五大机构

管理中的应用也成为研究热点，不仅反映在 2021 年的国家社科基金立项中，也反映在期刊论文的选题中，截至 2021 年 12 月已有 27 篇论文分析了区块链技术在电子文件归档和电子档案管理中的具体应用问题。此外，电子文件与大数据、电子档案管理与数据管理、电子文档管理的信息系统开发、电子档案的信息安全等具有高度技术相关性的选题也被热烈讨论。

2021 年是新《档案法》和档案“十四五”规划发布与实施的关键年，在这两大时代背景下探讨电子档案法律证据属性以及法律效力，自然不可避免。同时因为新《档案法》确定了电子档案与纸质档案具有同等的法律地位，如何开展电子文件的单套制归档和电子档案的单套制管理，或者基于实践工作中的现实条件选择实施电子档案与纸质档案的“双套”融合管理，都是目前学界正在激烈探讨的问题。

当然，电子文件归档或电子档案管理还有很多重点难点问题，包括“四性”保障问题、长期保存问题，以及新技术应用下的自动分类、鉴定、组织等问题，并未在 2021 年的学界讨论中得到解决，未来仍需更多具有创新视角的探讨与研究。

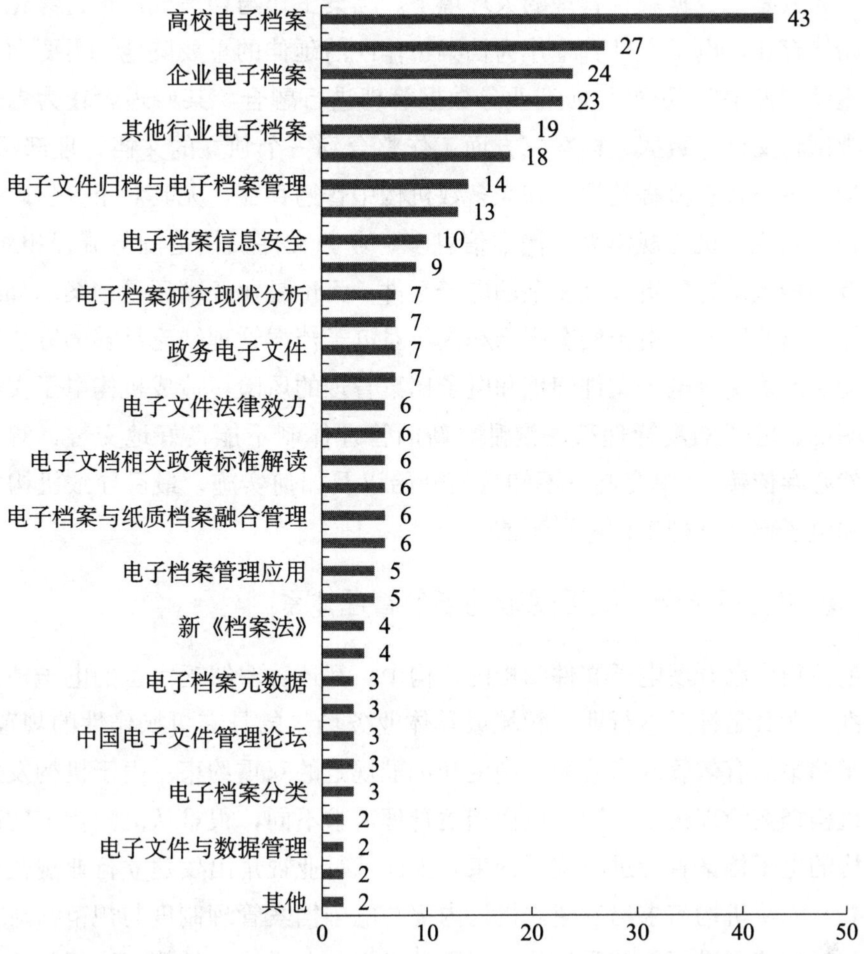

图4　2021年“电子文件”或“电子档案”期刊论文研究选题分布

四、当前我国电子文件管理的问题与痛点

(一) 理念转变不积极，缺乏主动的协同管理意识

在“互联网＋”的国家战略与“数字中国”的建设背景下，各行各业向数字化、智能化转型都已然是当下趋势，但在转型过程中不同组织机构对电子文件归档和电子档案管理的重要性有不同的认知，也因此将电子文件归档和电子档案管理任务部署在不同的机构管理层级。作为传统业务数据聚合管理的档案部门，承担电子文件归档和电子档案管理职责的主动性与能力略显弱势。很多机构存在业务文件归档意识不到位、归档主动性欠缺的问题，也缺乏完善的制度对已归档的电子档案进

行管理。尤其是在数据融合管理的大环境下，档案工作与档案部门被边缘化、弱化的挑战始终存在，电子文件管理作为档案工作向前延伸的重要阵地，需要向机构业务前端主动“伸手”，积极与前端业务数据管理进行融合。某些理念较为先进的企业，已尝试将文件、数据、档案三方面工作整合到一个独立的文档管理部门。[①] 但传统机构设置与管理流程的惯性在大多数机构中普遍存在，尤其对于大型政府部门和国有企业来说，机构规模大、档案信息多，业务文件归档范围与流程相对固化，对于已有归档范围外的更多元复杂的电子文件，无论是业务端还是档案端都缺乏归档主动性。与此同时，由于档案部门和人员对电子档案管理缺乏足够的方法与技术认知，无法准确衡量电子文件归档和电子档案管理的风险，造成机构电子文件归档范围不明确、电子档案管理秩序混乱，新旧管理体制不能良好地交替，对“双套制”仍然心存依赖，“单套制”不知从何开始以及如何实施，最后导致机构电子文件归档和电子档案管理工作停滞不前。

（二）法规制度不健全，缺乏规范的场景管理体系

当前在很多已开展电子文件归档的机构中，都还普遍缺乏完备的电子档案管理规范标准，尤其是针对本行业、领域或具体业务场景的具有可操作性的规范标准。实现电子档案的有效管理需要管理制度和标准规范的双重约束。由于机构发展速度不同、机构档案管理传统不同、机构档案管理需求不同，很难从国家标准的高度对所有机构的电子档案管理进行统一约束，因此从行业视角出发建立行业规范就显得尤为重要，而从机构需求出发建立机构内部的电子档案管理制度与规范，对机构内电子档案管理流程进行约束和优化，就更是必需。电子档案的管理流程相比传统纸质档案的管理流程，对前端控制、全程管理的要求更高，一旦管理流程缺乏科学性，就很容易导致前端电子文件归档不顺利、电子档案长期保存无法保障等问题，更不用说电子档案在满足业务需求上的开发利用了，因此很难充分发挥机构电子文件和电子档案的优势，也难以支持机构的数字化转型。以核电行业为例，核电企业电子文件与电子档案存在复杂性、系统性、集成性、连续性等特点，现有的电子文件归档与电子档案管理规范中缺少对这些特点的认知与针对性举措，加之现有核电企业电子文件管理制度体系建设滞后，纸质和电子混用的文档管理制度体系严重束缚了电子文件的规范化管理。因此亟须建立覆盖核电企业管理、技术和业务的全方位的电子文件制度体系，并诉诸信息系统对核电企业电子文件单轨制管理进行全流

---

① 蔡盈芳．企业档案工作的创新与发展［J］．档案学通讯，2021（1）：16－20.

程控制。[①]

（三）技术应用不严谨，缺乏安全的综合管理系统

相比传统纸质档案管理，电子档案管理对档案人员的技术水平要求更高，对管理人员应用相关系统和工具保障电子档案安全的能力也要求更高。当前机构电子文件归档和电子档案管理尚在发展过程中，相关的安全措施不够完备，很多机构业务系统中的电子文件归档模块或接口以及电子档案管理系统存在安全隐患，一旦遭遇非法入侵，电子档案的真实性、完整性与长期可用性都将遭到威胁，无法保障，甚至整个机构信息体系都会面临崩溃的危险。与此同时，由于电子档案管理系统需要与众多机构业务系统和其他管理系统相衔接，将面对来源复杂、结构多样的归档数据，此时对机构不同部门的档案访问权限进行严格控制，也是保障机构电子文件和电子档案安全的重要步骤。一旦机构电子档案管理系统缺少规范性建设与开发，对电子档案管理和利用权限划分不严谨，就很容易造成机构甚至国家信息泄漏，造成不可挽回的损失。

（四）分类组织不合理，缺乏高效的精细开发利用

归档电子文件格式的多样性导致电子档案的种类和结构的复杂度越来越高，而现有的电子档案分类组织方法仍然延续着人工环境中对纸质档案的分类组织逻辑，无法对电子档案进行合理的分类，更无法跨越电子档案之间的种类和格式限制，对多来源、多类型的电子档案进行融合性组织，因此造成电子档案的查询利用效率低，严重削弱了电子档案的优势。与此同时，当前电子文件和电子档案的利用，普遍还局限于简单的检索、浏览等基本操作，尚无法对电子文件和电子档案的内容进行细颗粒的分析、挖掘与利用，无法帮助用户从大量的电子档案中探寻规律、发现问题，更无法直接支撑前端业务的需求并为机构决策提供支持。

五、未来我国电子文件管理的趋势与展望

回顾2021年电子文件管理的实践与理论发展，可以发现，在经历了电子文件法律地位的确立后，国内电子文件管理整体趋于精细化和理性化。但面对仍然存在的电子文件管理难点和痛点，未来在更新技术和环境的推动下，学界与业界必然会

① 查凤华．核电企业电子文件制度体系研究［J］．北京档案，2021（11）：34－36．

对电子文件管理进行更加多面多维的研究与探索。

(一) 理论研究趋势

综合当前电子文件管理的理论研究现状以及业界对电子文件管理理论发展的呼吁，未来电子文件管理的理论研究趋势大体包括以下几个方面。

一是对电子文件“单套制”归档的精细化解读。在新《档案法》以及“十四五”规划的指导下，“单套制”已经成为电子文件归档实践的必然趋势。而要在电子文件归档实践中对“单套制”进行趋势认知，就必须首先准确理解什么是“单套制”。就概念而言，“单套制”是指电子设备生成的档案仅以电子方式进行保存。和纸质档案管理相比，电子档案管理更具有便捷性，且符合前端业务数字化转型的整体趋势，因此在电子档案管理过程中强调“单套制”符合当前的业务发展需求和档案管理目标。做好电子文件“单套制”的精细化解读，尤其是“单套制”与“双套制”的区分理解，对于支持电子文件归档和电子档案管理新旧制度交替并为新制度建设提供理论支撑，尤为重要。

二是对电子档案的可信性的深入研究。虽然电子档案等同于纸质档案的法律凭证作用已经得到充分认可，但电子档案易被篡改的特点还是使得电子档案的可信性相比纸质档案显得先天不足。因此，电子档案的可信性研究始终是学界的一大热点。目前，电子档案的可信性研究主要集中在对电子档案可信性的概念解读、电子档案可信性保障方法等方面，还缺少电子文件可信性检测、评估以及标准建设等方面的研究，尤其缺少从行业业务出发对不同类型电子档案的可信性的深入研究。

三是对电子档案与数据管理的协同研究。随着业务数据化和数据业务化趋势的不断融合加强，机构电子档案管理已经很难脱离数据管理的整体框架，电子档案将成为机构数据资产的重要组成部分，被纳入机构数据管理的总体战略中统一规划。这时，就需要对电子档案与业务数据之间的关系、电子档案管理与数据管理之间的关系、电子档案管理部门与数据管理部门之间的关系进行深入探讨，着力探索电子档案管理与数据管理的协同之路。

(二) 实践发展趋势

在国家“互联网+”、新基建与“数字中国”等战略推动下，电子文件管理的实践发展，必将更多关注新技术应用场景下电子文件如何为业务赋能。

一是电子文件管理中的新技术应用实践。近 10 年来，电子文件管理实践的发展始终伴随着新技术的发明与创新，尤其在电子文件信息安全保障、电子文件上

“云”、电子文件长期保存等方面，充分结合并运用了网络技术、云计算以及载体格式技术等。如今人工智能、机器学习、语义网等新技术的快速发展，必然会对电子文件管理实践造成更大冲击，电子文件管理与现代技术之间的关系势必更加紧密。对不同新技术在电子文件管理过程中的应用场景、应用原理和应用方法等进行探索，将成为一段时间内电子文件管理实践的必然主题。

二是电子文件管理中的标准体系建设实践。加快电子文件管理的标准化建设是多年来学界与业界的共识，也是始终制约电子文件管理发展的难点。加强电子文件管理的标准化建设，要从电子文件、电子文件管理、电子文件管理环境三个方面入手。电子文件方面的标准，将主要规范电子文件的范围、格式与元数据等；电子文件管理方面的标准，将主要规范电子文件管理的顶层设计、基层建设与制度流程等；电子文件管理环境方面的标准，则将主要规范电子文件管理系统或平台的功能及其建设开发方式等。

三是电子文件管理的行业场景化实践。随着行业数字转型的普及，电子文件管理在不同专业领域的重要性被不断认可，政府、高校、企业、事业单位等机构都正在将电子文件管理纳入机构战略规划之中，行业电子文件管理也面临着很多特殊领域和场景下的问题与挑战。例如，电子政务环境下的电子证照、医疗领域中的电子病历、高校环境中的电子学籍以及企业中的业务归档数据等，都是在实践中产生的专门电子文件，需要在更精确的专业知识指导下开展电子文件管理实践。

2021 年中国档案技术应用与创新发展报告

杨建梁[1,2]

1. 中国人民大学信息资源管理学院，北京　100872

2. 中国人民大学档案事业发展研究中心，北京　100872

摘　要：科学技术是第一生产力，围绕 2021 年档案技术应用及创新发展，本报告就 2021 年国家档案局科技项目立项、2021 年我国档案科技专利申请情况进行了分析。通过分析国家档案局科技项目立项情况，本报告揭示了国家局对我国档案科技发展及技术应用场景的要求和着力点。通过分析档案科技专利申请情况，本报告对我国档案技术应用及创新的实践规律进行了解读。根据分析结果，笔者进一步结合国家对档案科技发展的要求和实践，对人工智能技术在档案领域的典型应用场景及应用逻辑进行了深入分析和介绍。

关键词：档案技术；档案科技；技术应用；主题挖掘；专利分析

作者简介：杨建梁，博士，讲师、师资博士后，研究方向为信息资源管理、文本挖掘，电子邮箱 rucyjl1991@ruc. edu. cn。

一、引　言

2021 年 6 月，中共中央办公厅、国务院办公厅印发《“十四五”全国档案事业发展规划》。规划指出，“十四五”期间我国档案事业要“坚持改革创新。适应新时代发展步伐，突出创新引领，以改革精神推动档案实践、理论、制度全面创新，推动档案工作与新技术深度融合，为档案事业发展提供持久动力”，要以“档案信息化发展保障机制进一步完善，档案信息化建设进一步融入数字中国建设，新一代信息技术在档案工作中的应用更为广泛，信息化与档案事业各项工作深度融合，档案管理数字化、智能化水平得到提升，档案工作基本实现数字转型”为发展目标。档案技术应用及创新是档案事业发展的重要支撑，是在新一代信息技术广泛应用背景下档案工作转型的重要抓手。为此，本报告重点对国家档案局科技项目立项、档案科技专利和典型技术应用进行了分析和介绍，以描绘 2021 年我国档案技术应用及创新发展的整体特征。

二、2021年国家档案局科技项目立项分析

2021年6月4日，国家档案局公示了2021年科技项目立项名单，名单中包括一百余家单位申请的125项科技项目。[①] 国家档案局档案科技项目立项是我国档案技术应用及创新发展的重要风向标，体现了国家对于档案技术发展的需求和导向。本报告通过对2021年国家档案局科技项目立项的项目名称进行文本挖掘和分析，利用关键词分析、主题共现等方法，尝试分析了2021年国家档案局科技项目所体现出的档案技术应用及创新的特点，以揭示国家局对我国档案科技发展及技术应用场景的要求和着力点。

(一) 国家档案局科技项目立项主题分布

笔者首先围绕立项单位进行简要梳理。可以发现，在这125项科技项目中，有75项为多机构合作项目，58项有企业参与，34项有高校参与。企业与高校共同参与的项目共计11项。笔者进一步对立项关键词进行了分析。具体来说，笔者通过二元词组和关键词作为主题词候选列表，通过文本分析工具对主题词的词频进行了统计，结合人工编码的方式，确定了相关主题词，并进一步通过词云的方式进行了可视化，形成了2021年国家档案局科技项目立项主题词词云（如图1所示）。从图1中可以看出，2021年国家档案局科技项目立项主题主要包括档案资源开发、数字档案馆、档案保护、档案数据管理、智能鉴定、长期保管、开放审核、档案资源共享、档案数据治理和单套制管理等。相关主题主要涉及人工智能、知识图谱、区块链、自然语言处理、深度学习、资源可视化等信息技术。

为了进一步探究国家档案局科技立项项目主题之间的关联和分类，笔者进一步采用主题共现网络分析的相关方法对立项主题进行了分析。具体来说，笔者首先对项目名称文本数据进行清洗，按频率筛选多元词组，结合人工筛选的方式，获得项目名称的主题词。进一步根据主题词及其在同一个题目中出现频次，构建了主题共现矩阵。然后基于主题共现矩阵构造了主题共现网络。国家档案局科技立项的主题网络如图2所示，其中网络节点为主题词，网络中的边为主题共现频率，用以表达

---

① 国家档案局科技信息化司 .2021年度国家档案局科技项目拟立项项目公示[EB/OL].（2021-06-09）[2021-12-20]．http：//www.dajs.gov.cn/art/2021/6/9/art_81_56054.html.

图1 2021年国家档案局科技项目立项主题词词云

主题关联强度。为了进一步对主题关系进行量化分析，笔者采用网络社群发现的相关算法①，基于共现关系对主题词进行网络聚合。结果发现，本年度国家档案局科技立项主题可以分为以下几类。第一类是以电子文件、档案管理、长期保存、归档、区块链等主题词为代表的科技项目，这些项目以电子文件、电子档案管理系统为核心，重点探究电子环境下文件归档、长期保管、“四性”保障等问题。第二类是以档案数据、创新、服务、档案保护等主题词为代表的科技项目，这些项目以档案数据为核心，重点探究基于档案数据的服务策略和档案保护等问题。第三类是以档案资源、开发利用、资源共享、开放审核等主题词为代表的科技项目，这些项目以档案资源开发利用为核心，重点探究基于档案资源的利用模式、档案开放审核、档案资源共享等问题。除了面向档案业务的技术及应用研究，本年度的档案科技立项还涉及少数在2020年新修订的《中华人民共和国档案法》（简称新《档案法》）和档案事业“十四五”规划的背景下的数字化档案治理研究。

从主题关系网络中还可以发现，档案管理、电子文件、归档、管理系统、长期保存存在着较为紧密的关联；档案数据、数据、创新、服务、策略存在着较为紧密的关联；档案资源、开发利用、人工智能、共享、开放、开放审核存在着较为紧密的关联；档案馆、数字档案馆、治理、档案法存在着较为紧密的关联。上述关联呈现出法规、标准、技术、系统和管理相互结合，共同致力于档案事业的整体特征。

---

① LAMBIOTTE R，DELVENNE J C，BARAHONA M. Laplacian dynamics and multiscale modular structure in networks [J]. arXiv preprint arXiv：0812.1770，2008.

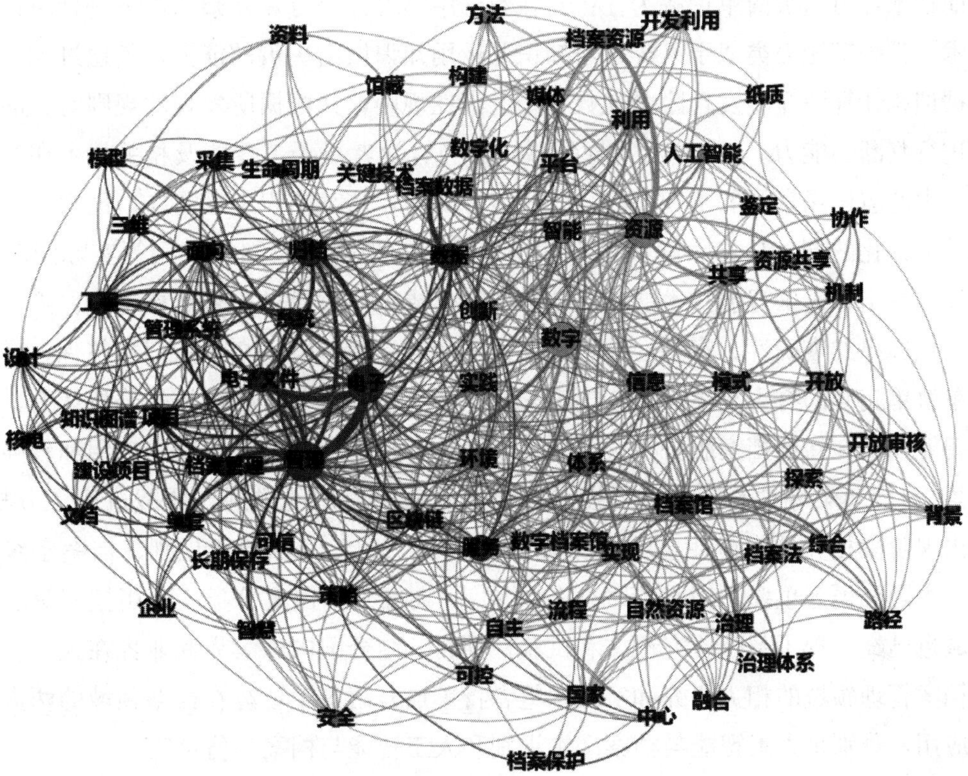

图2　2021年国家档案局科技立项主题关系

(二) 档案技术应用与创新热点讨论

在2021年6月发布的《"十四五"全国档案事业发展规划》中，特别强调要"积极探索知识管理、人工智能、数字人文等技术在档案信息深层加工和利用中的应用"，"加强大数据、人工智能等新一代信息技术在数字档案馆（室）建设中的应用，推动数字档案馆（室）建设优化升级"①。在2021年国家档案局科技项目中，有包括"人工智能技术在军贸武器装备档案数据资源管理利用中的研究"等16个基于人工智能技术的项目。近年来有关人工智能与档案管理的研究正在成为学界和业界所关注的热点。结合国家对档案科技发展的需求和实际情况，报告将重点对人工智能技术在档案领域的应用及创新进行分析。

近年来，机器学习与深度学习的研究与应用发展迅速，国内外目前所流行的人工智能技术多以机器学习和深度学习为核心。以机器学习和深度学习为核心的人工

① 中办国办印发《"十四五"全国档案事业发展规划》[EB/OL].（2021-06-08）[2021-12-20]. https://www.saac.gov.cn/daj/yaow/202106/899650c1b1ec4c0e9ad3c2ca7310eca4.shtml.

智能技术，可以被简单理解为让机器在数据中学习并获得在复杂条件下进行决策的技术。其关键能力类似于人类学习知识并运用知识做出决策的能力，是通过大量的数据训练让算法模型发现隐藏在数据中的潜在规则，并根据所发现的规则对新的样本进行判断的能力。[①] 在档案管理领域，已经有学者对人工智能及相关技术在档案领域中的应用场景开展了相关研究。张斌等认为，档案知识工程需要借助大人工智能等工程化的理念与方法解决档案知识获取、知识表示及知识应用等实际问题。[②] 史江等指出，人工智能技术能够对档案数字化成果的质量进行智能检查，保障档案数字化成果的准确性、完整性和可用性；还能够应用于电子文件的归档整理，形成对单轨单套制的有力支撑。[③] 陈忠海等通过对档案新技术发展特征的分析认为，人工智能技术在新型档案服务模式、智慧档案馆升级上有着较为丰富的应用和较强的前景。[④] 杨建梁等对人工智能类技术在档案管理中应用的进展与挑战进行了分析，提出现阶段相关技术应用主要集中在手写档案识别、隐私档案识别、档案密级划分、主题分类等重要的档案管理业务领域。[⑤] 在国外，档案分类、利用控制等多个领域也已经出现了系列研究论文和试验性项目。结合国内外学界和业界在人工智能与档案管理领域的相关研究和实践，笔者将重点介绍人工智能在档案领域的两类创新应用，分别是人工智能与档案文本识别和人工智能与档案价值鉴定。

1. *人工智能与档案文本识别*

档案文本识别是实现档案数据化的重要组成部分。档案文本识别是通过光学字符识别和手写文本识别将档案扫描件中的文字内容转变为机器可直接分析、检索和计算的文本内容，是智能化档案管理和开发利用的重要基础性工作。目前，人工智能技术在档案印刷扫描件和手写档案扫描件的识别上均有了一定的应用。

对于档案印刷扫描件，由于字符与字符之间有着明显的间隙，光学字符识别技术能够对文字进行初步分割和判断。但是仅通过光学字符识别技术，整体识别率往往比较低。在这种场景下，引入人工智能及相关技术，可以有效地对光学字符识别后的初步结果进行矫正，让结果更加准确。[⑥] 人工智能技术中的自然处理语言模型，

---

① 周志华．机器学习［M］．北京：清华大学出版社，2016.

② 张斌，高晨翔，牛力．对象、结构与价值：档案知识工程的基础问题探究［J］．档案学通讯，2021（3）：18-26.

③ 史江，罗紫菡．“智能＋”时代档案管理方法创新探讨［J］．档案学研究，2021（2）：54-59.

④ 陈忠海，李婷婷．从档案学核心期刊看档案新技术应用研究现状与趋势［J］．档案学研究，2019（5）：10-15.

⑤ 杨建梁，刘越男．机器学习在档案管理中的应用：进展与挑战［J］．档案学通讯，2019（6）：48-56.

⑥ 祝成．人工智能技术在档案数据化工作中的应用分析［J］．中国档案，2021（4）：64-65.

可以通过计算初步识别出来的词与词共同出现的概率，根据上下文语义判断哪些词更有可能出现在当前位置，从而实现对光学字符识别结果的矫正。在印刷体档案内容识别上，人工智能技术的应用已经较为广泛，部分头部企业已经形成了产品化的技术服务。

对于手写档案扫描件，由于字符与字符之间没有清晰的间隔，字符的样式也并不规范，光学字符识别技术本身难以分辨出哪些字符是独立的，既无法正确地分割这些字符，更不能将手写字符与文字编码进行对应。这种情况下，往往需要文字分割算法去判断独立字符在扫描件中的范围，通过深度卷积神经网络等人工智能模型对字符进行分析和判断，从而实现对文字的初步识别。在完成初步识别后，同样进一步通过人工智能技术中的自然语言处理模型对结果进行矫正。手写档案扫描件的识别更加复杂，在国内仅有部分研发能力较强的企业开展了相关工作。在国外，有研究者对手写历史档案开展了试验性研究，如Firmani等通过将机器学习技术中的深度卷积神经网络和自然语言处理模型相结合，逐步将罗马教廷秘密档案的手写内容自动转录为计算机内存储的文字。①

总的来说，目前人工智能技术在档案文本识别上扮演了重要的角色。随着人工智能技术的发展和档案数据化开发的需求不断增加，基于人工智能技术的档案文本识别应用会更加丰富，可能会进一步形成针对特定类型、特定主题、特定来源档案的文本智能识别技术。

2. 人工智能与档案价值鉴定

鉴定被认为是档案管理最具挑战性的环节，面对不断变化的社会环境和技术环境，什么样的方法最符合文件档案管理的要求，历史上曾经出现过若干争论。面对单轨制环境下大规模数据态电子文件，有学者提出利用自动化手段进行价值鉴定，以提高档案价值鉴定的效率和标准化程度。王洋提出了基于黑白名单的档案智能鉴定方法，利用文件内容和元数据中的特征信息，通过黑白名单进行基于内容的过滤，可以达到相比于人工鉴定更准确、更高效的鉴定效果。② 杨建梁提出了基于深度学习的数字文书档案智能鉴定的方法，提出利用深度学习及相关技术让机器尽可能地充分理解档案中包含的内容，并结合相关规范和标准，让机器自动给出价值鉴

① FIRMANI D，MAIORINO M，MERIALDO P，et al. Towards Knowledge Discovery from the Vatican Secret Archives. In Codice Ratio-Episode 1：Machine Transcription of the Manuscripts ［C］//Proceedings of the 24th ACM SIGKDD International Conference on Knowledge Discovery & Data Mining. New York：Association for Computing Machinery，2018：263－272.

② 王洋．基于黑白名单的档案智能鉴定方法研究［J］. 档案学研究，2021（3）：121－126.

定的决策建议。①

在我国目前档案价值鉴定的实践场景下，基于人工智能的档案价值鉴定具有较强的实践意义。将人工智能技术应用于档案价值鉴定，主要借助于人工智能技术能够让经过数据训练的机器在复杂条件下做出接近甚至超过人类的判断这一优势。具体来说，通过大规模的特定主题或来源的档案对人工智能算法模型进行训练，能够让人工智能算法学会从档案内容、来源、职能等信息到档案价值的逻辑映射。这个过程类似于人大量阅读，形成价值认知的过程。当人工智能算法形成从档案内容、来源、职能等信息到档案价值的映射后，人工智能就能够初步实现对档案价值的判断。需要注意的是，档案价值鉴定在档案工作中意义重大，不应该由人工智能算法模型来完全决定一份档案的去留。人工智能给出的鉴定意见是用于辅助鉴定人员开展鉴定的。人工智能在给出鉴定意见的同时，还应给出做出这种鉴定的理由。在实践方面，国外已经有综合档案馆开展了相关项目，国内部分研发实力较强的企业或技术能力较强的综合档案馆也已经开展了相关工作。

三、2021 年档案科技专利分析

发明专利是一个领域技术发展的重要体现，也体现了整个社会对该领域的技术需求和关注点。为了进一步揭示 2021 年我国档案技术应用及创新发展特点，笔者采集了 2021 年 1 月 1 日至 12 月 31 日间公开申请的共计 2 642 项档案领域发明专利，结合专利分析的相关方法与工具，对发明专利的提名、摘要、分类、所在区域、所属机构等数据进行分析，以期深入揭示 2021 年我国档案技术应用及创新的区域发展特征、机构人才特征、IPC 分类特征和主题分布特征，从而更好地把握和解读我国档案技术应用及创新的实践规律。

（一）区域发展特征

笔者首先分析了档案科技领域专利在我国各省份分布情况，以各个省级行政区域的专利申请总量作为分析依据。一般情况，申请专利数量较多的省份，对该领域有足够的重视程度，或拥有绝对的优势。由于少数专利申请信息中未包含申请地信息，故仅统计有相关信息的专利申请。

---

① 杨建梁．基于深度学习的数字文书档案保管期限智能化划分研究［J］．档案学通讯，2021（4）：108－112.

分析结果表明，我国内陆各省级行政区域的档案专利申请规模呈现明显的东高西低的整体特征。华东地区是档案专利申请的主要阵地，其次是华南和华北地区，然后是华中、东北、西南和西北地区。这种分布形态与我国经济发展的总体趋势以及人口分布有着一定的相似之处，也在一定程度上说明了档案科技的发展需要以经济和人才为基础和支撑。在直辖市方面，北京市在档案专利申请上远远领先于其他直辖市，这与北京的文化中心和科技创新中心的战略定位有一定关系。

表1显示了我国各省级行政区域2021年档案科技专利的具体申请规模。可以看出，我国档案专利申请具有明显的头部效应，专利申请规模最多的五个省份（山东、广东、江苏、浙江、北京）在2021年共计申请专利1 440项，占全国档案专利申请数的一半以上，达到54.5%。这背后折射出的是在上述省份初步形成了档案科技研发的人才队伍和档案技术应用的市场需求，体现了档案科技事业在上述省份的发展势头。

表1　我国各省级行政区域档案专利申请数量

省（市、区）	专利数量
山东	591
广东	307
江苏	200
浙江	175
北京	167
河南	128
河北	103
上海	73
安徽	70
辽宁	69
四川	69
湖北	66
江西	59
陕西	59
黑龙江	51
福建	51
贵州	45
内蒙古	39
湖南	39

续表

省（市、区）	专利数量
广西	33
吉林	32
云南	29
天津	27
山西	23
甘肃	23
新疆	15
宁夏	11
台湾	5
青海	4
西藏	2
合计	2 565

注：未能在相关专利数据库中统计到本年度海南、重庆、香港、澳门的档案科技专利，这些专利合计 77 项。

（二）机构人才特征

为了探究档案专利申请机构和人才发展特征，笔者进一步分析了该领域专利申请人类型分布和申请人数分布的情况，以及不同类型的申请人申请专利数量的情况。笔者统计整理了各类申请人申请专利的数量，结果如表 2 所示。可以看出，2021 年我国档案专利申请的主力是企业，专利申请数量为 1 300 项，占总数的 49.2%。其次是个人申请，专利申请数量为 827 项，占总数的 31.3%。再次是高等院校，专利申请数量为 501 项，占总数的 20.0%。申请人最少的类型是社会组织，专利申请数量为 14 项，占总数的 0.5%。此外，多机构联合申请的专利为 138 项，其中企业与高校联合申请的专利为 25 项。

表 2　2021 年档案专利申请人类型统计

申请人类型	专利数量
企业	1 300
个人	827
院校	501
组织	14
合计	2 642

由于企业对于档案技术有着直接的研发和应用需求，在档案专利申请上，企业占比最大。笔者进一步统计了各企业档案专利申请所涉及的发明人数。一般情况，某个机构所申请的相关专利涉及的发明人越多，说明该申请人在该领域掌握更多的高级人才，具有绝对的优势。反之，该申请人在该领域没有太多的发言权。笔者选取了发明人数前十的企业，如表 3 所示。

表 3　2021 年企业申请档案专利的发明人数前十

申请人	发明人数
国家电网有限公司	240
深圳供电局有限公司	47
国网河北省电力有限公司	30
国家电网有限公司大数据中心	27
国家电网有限公司客户服务中心	26
中国工商银行股份有限公司	25
国网河南省电力公司	24
国网辽宁省电力有限公司营销服务中心	22
国网山东省电力公司潍坊供电公司	22
浙江大华技术股份有限公司	21
合计	484

从表 3 中可以看出，国家电网有限公司占有最多的发明人数，共计 240 名。但是，发明人数排名第三的国网河北省电力有限公司、排名第四的国家电网有限公司大数据中心、排名第五的国家电网有限公司客户服务中心、排名第七的国网河南省电力公司、排名第八的国网辽宁省电力有限公司营销服务中心、排名第九的国网山东省电力公司潍坊供电公司，均属于国家电网的子公司或地方分公司，属于国家电网的机构体系。此外，南方电网下属的深圳供电局有限公司在表中排名第二。由此可以看出，电网系企业在档案技术领域积累了大量人才，在档案技术领域有着较为雄厚的人才储备和技术实力。除了电网系，银行（中国工商银行股份有限公司，排名第六）和物联网企业（浙江大华技术股份有限公司，排名第十）在档案领域也有着较为丰富的人才积累。从上述分析中我们可以进一步推断，电网、银行和物联网企业对于档案技术创新应用和档案科技人才有着较大的需求。

通过对专利发明人的分析，笔者获得了高等院校申请档案专利数前十名，结果如表 4 所示。结果显示，在申请专利数量前十的高等院校中，大部分为职业技术院校。齐鲁师范学院 2021 年在高等院校中申请档案专利规模最大，为 21 项。淄博职业学院申请规模其次，为 11 项。江苏经贸职业技术学院排名第三，为 7 项。

表 4　2021 年高等院校申请档案专利数前十

高等院校	专利数量
齐鲁师范学院	21
淄博职业学院	11
江苏经贸职业技术学院	7
重庆电子工程职业学院	6
滨州学院	6
中山大学中山眼科中心	5
陕西科技大学镐京学院	5
湖南有色金属职业技术学院	5
贵州电子信息职业技术学院	5
贵州城市职业学院	5
合计	76

（三）IPC 分类特征

IPC 分类是《国际专利分类表》的简称，是国际通用的专利文献组织、分类和检索工具。对 IPC 分类号的分析是专利分析的重要内容。通过对 IPC 分类号的分析，能够相对直接地看出特定领域的专利所解决的问题和所依托的技术。笔者对所采集到的 2 642 份专利的专利号进行了统计和分析，以期发现档案科技专利主要致力于哪些问题，主要依托于哪类技术，从而对我国 2021 年档案科技专利的研发方向有一个较为宏观的认识。需要说明的是，外观设计类专利没有 IPC 分类号，而且笔者所采集到的专利数据中有一部分专利的 IPC 分类号存在缺失，因此用于 IPC 分析的专利共计 2 022 项。

笔者对 2021 年 IPC 专利的主分类小类进行了统计，结果如表 5 所示。从表 5 中可以看出，2021 年档案科技专利所属类别整体可以分为四个 IPC 大类（A、G、B、H）。第一是家具设备类，即分类号 A47B。有 1 052 项专利属于该类别。这一类在档案领域主要包括各类新型档案柜、档案架等纸质档案存储设施。第二是数据处理技术及信息系统类，即 G06F、G06Q、G06K 和 G16H，有共计 660 项专利属于该类，其中包含了一般的数据处理技术及信息系统和特定领域的数据处理技术及信息系统。这一类专利在档案领域主要包括各类新型档案信息系统、档案处理技术、档案保存设备等。第三是文件夹、装订图册、贮存设备类，即分类号 B42F、B42B、

B65D和B65G。这一类在档案领域主要包括各类新型档案装订技术、新型档案盒等。第四是通信类，即分类号H04N。这一类在档案领域主要是各类新型档案信息传输技术和设备。

表5　2021年档案科技专利IPC分类统计

主分类小类	IPC释义	合计
A47B	A：人类生活必需品 A47：家具；家庭用的物品或设备；咖啡磨；香料磨；一般吸尘器 A47B：桌子；写字台；办公家具；柜橱；抽屉；家具的一般零件	1 052
G06F	G：物理 G06：计算；推算或计数 G06F：电数字数据处理（基于特定计算模型的计算机系统入G06N）	243
G06Q	G：物理 G06：计算；推算或计数 G06Q：专门适用于行政、商业、金融、管理、监督或预测目的的数据处理系统或方法；其他类目不包含的专门适用于行政、商业、金融、管理、监督或预测目的的处理系统或方法	218
B42F	B：作业；运输 B42：装订；图册；文件夹；特种印刷品 B42F：单页的临时装订；文件夹；文件卡片；检索用具（阅读桌入A47B19/00；书支架入A47B23/00）	167
G16H	G：物理 G16：特别适用于特定应用领域的信息通信技术［ICT］ G16H：医疗保健信息学，即专门用于处置或处理医疗或健康数据的信息和通信技术［ICT］	116
G06K	G：物理 G06：计算；推算或计数 G06K：数据识别；数据表示；记录载体；记录载体的处理（印刷本身入B41J）	83
H04N	H：电学 H04：电通信技术 H04N：图像通信，如电视	51
B42B	B：作业；运输 B42：装订；图册；文件夹；特种印刷品 B42B：单页，成叠纸或帖码的永久性装订，或永久性把物品订在其上（一般钉钉或钉U形钉入B25C、B27F；配页或永久性装订二者兼做的机器入B42C1/12；单页的临时装订入B42F）	37

续表

主分类小类	IPC 释义	合计
B65D	B：作业；运输 B65：输送；包装；贮存；搬运薄的或细丝状材料 B65D：用于物件或物料贮存或运输的容器，如袋、桶、瓶子、箱盒、罐头、纸板箱、板条箱、圆桶、罐、槽、料仓、运输容器；所用的附件、封口或配件；包装元件；包装件	28
B65G	B：作业；运输 B65：输送；包装；贮存；搬运薄的或细丝状材料 B65G：运输或贮存装置，例如装载或倾卸用输送机、车间输送机系统或气动管道输送机（包装用的入 B65B；搬运薄的或细丝状材料如纸张或细丝入 B65H；起重机入 B66C；便携式或可移动的举升或牵引器具如升降机入 B66D；用于装载或卸载目的的升降货物的装置如叉车入 B66F9/00；不包括在其他类目中的瓶子、罐、罐头、木桶、桶或类似容器的排空入 B67C9/00；液体分配或转移入 B67D；将压缩的、液化的或固体化的气体灌入容器或从容器内排出入 F17C；流体用管道系统入 F17D）	27
合计		2 022

笔者进一步根据 IPC 小类的专利数量绘制了矩阵树（见图 3）。结合表 5 和图 3 可以发现，2021 年档案科技专利中，有一半以上是面向纸质档案管理的设备和技术（如档案柜、档案盒、档案装订）。这与前面国家档案局科技项目立项情况呈现

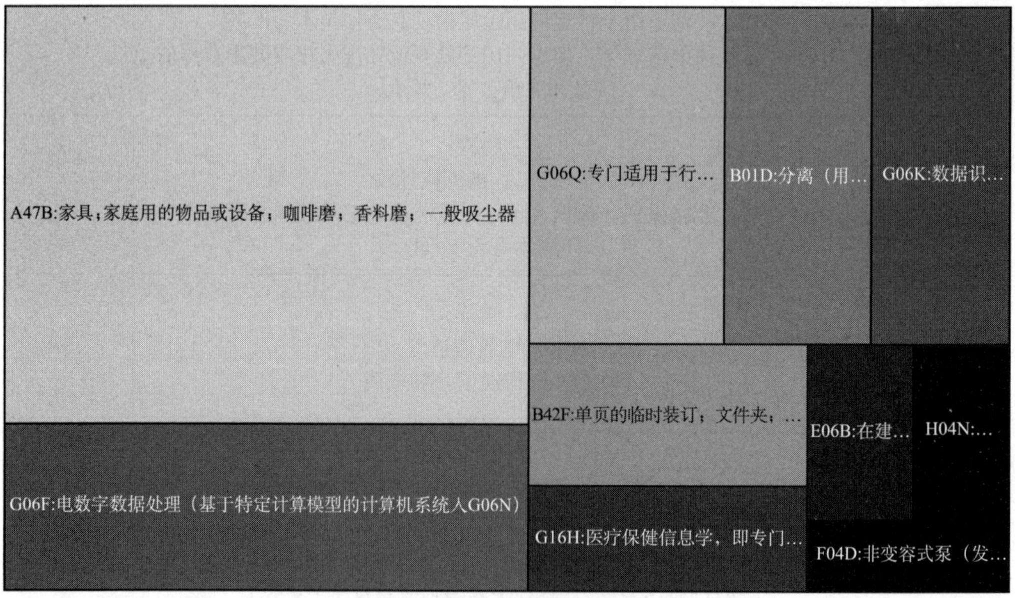

图 3　2021 年档案科技专利 IPC 小类矩阵树

出了明显的差异，这种差异可能源自现实档案管理的技术问题和国家对档案技术的发展要求之间的差距。笔者接下来将对档案科技专利的摘要内容等信息进行分析，以期进一步揭示档案科技专利的主题分布特征。

（四）主题分布特征

通过对档案科技专利的题名、摘要、技术关键词进行分析，采用统计、抽取、编码、筛选、建模等方式，获得专利的主题词。通过对主题词进行词频分析，获得档案科技专利涉及的主题。通过对主题进行共现分析，获得档案科技专利的分类分布特征。

笔者首先对档案科技专利的技术关键词、摘要和题名进行了分析。具体来说，笔者将摘要和题名中的二元词组和技术关键词作为主题词候选列表，使用文本分析工具对主题词的词频进行了统计，结合人工编码的方式，确定了专利的主题词，并进一步通过词云的方式进行了可视化。图 4 为 2021 年档案科技项目的主题词词云。

图 4　2021 年档案科技专利主题词词云

从图 4 中可以看出，2021 年档案科技专利的主题围绕档案管理可以分为三类。第一类是有关纸质档案管理设备设施的发明专利，包括新型档案柜及其部件、新型档案盒、档案袋。第二类是有关档案管理信息系统的发明专利，包括档案管理系统、档案数据库、档案数据处理技术。第三类是有关数字档案管理硬件的发明专利，比如数字档案存储介质、档案管理服务器和处理器。相比于国家档案局科技立项的主题，档案科技专利的主题更加分散，所解决的问题更加面向实际管理场景。

为了进一步探究档案科技专利主题之间的关联和分类，笔者采用主题共现网络分析的相关方法对专利主题进行了分析。首先对专利题名、摘要和技术关键词等文本数据进行清洗，按频率筛选多元词组，结合人工筛选和编码，获得能代表专利主题的主题词。进一步根据主题词在同一份专利文件中出现的频次，构建了主题共现矩阵。然后基于主题共现矩阵构造了主题共现网络（如图 5 所示），其中网络节点为主题词，网络中的边为主题共现频率，用以表达主题关联强度。为了进一步对主题关系进行量化分析，笔者采用网络社群发现算法对主题词进行网络聚合。

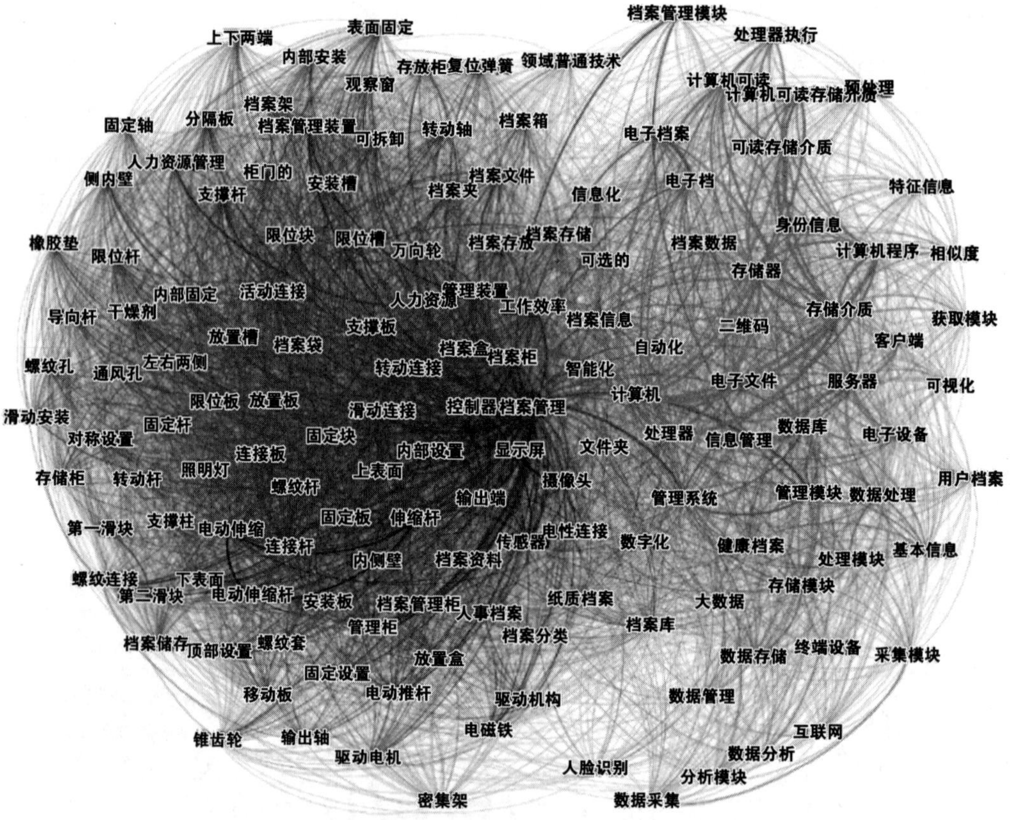

图 5　2021 年档案科技专利主题关系

从图 5 中可以看出，2021 年档案科技专利的主题以档案管理为中心，呈现出面向纸质档案管理和数字档案管理的明显差异分化。以“档案管理”主题节点为核心，网络左侧是面向纸质档案管理的专利主题，可以发现其主要包括档案柜及其部件的研发、档案馆（室）设备的研发、档案盒及部件的研发等。其中左上节点偏向与纸质档案管理有关的机械设备和相关技术，左下节点偏向与纸质档案管理的电器设备和相关技术。网络右侧是面向数字档案管理技术和设备的专利主题，主要包括数字档案管理系统的研发、数字档案加工和处理技术的研发、档案数据库的研发、档案服务器和存储设备的研发。其中右下节点偏向数字档案管理和处理技术，右上节点偏向数字档案硬件。

总的来看，2021 年档案科技专利的主题呈现出纸质档案管理设备与数字档案管理技术两个大类。在大类内部，各主题之间相互关联较为紧密。而在大类之间，各研发主题的关联相对较少。相比于国家档案局科技立项的主题，档案科技专利主题的专业性偏弱，实践性较强，主要面向特定领域的具体问题，尤其关注纸质档案管理设备与技术上的研发。对于纸质档案的管理，国家档案局科技项目主要涉及档案保护方面的内容，而较少涉及档案柜、档案盒等实体管理工具方面的内容。

四、我国档案技术应用与创新现存问题

（一）档案科技产学研融合程度较低

产学研融合是科技发展与应用的重要支撑。良好的产学研融合，可以依托高校和研究机构开展科学研究，进一步与企业合作实现技术应用和市场化，再将市场化效果反馈给高校和研究机构，为高校和研究机构继续开展研究和培养人才提供基础和保障，从而形成技术研发的良性循环。而产学研融合的基础便是校企合作的规模。通过对 2021 年国家档案局科技项目立项的分析，笔者发现在本年度获得立项的 125 个档案科技项目中，75 项为多机构合作，58 项有企业参与，34 项有高校参与。企业与高校共同参与的项目仅有 11 项，占全部项目的 8.8％。而在 2021 年的 2 642 项档案科技专利申请中，多机构联合申请的专利仅有 1 386 项，其中企业与高校联合申请的专利仅有 25 项，占全部专利申请的 0.95％。科技项目与专利申请的机构数据显示，2021 年在档案科技领域，高校与企业的合作规模较低，档案科技的产学研融合程度十分有限。这种情况不利于档案技术研究的落地，不利于档案科技的创新，更不利于档案科技的长期良性发展，推动档案科技的产学研融合势在必行。

（二）档案信息化技术研发聚焦不足

新《档案法》明确要求“各级人民政府应当将档案信息化纳入信息化发展规划，保障电子档案、传统载体档案数字化成果等档案数字资源的安全保存和有效利用”，“电子档案与传统载体档案具有同等效力，可以以电子形式作为凭证使用”。与之相呼应，《“十四五”全国档案事业发展规划》专门将“加快推进档案信息化建

设，引领档案管理现代化”作为“十四五”期间档案事业的一项主要任务。可以发现，国家层面对档案信息化事业的发展要求并没有在2021年的档案科技专利申请情况中得到反映。根据笔者对档案科技专利IPC分类特征和主题分布特征的分析，一半以上的专利是面向纸质档案管理的设备和技术。而对面向纸质档案管理的设备和技术，如档案柜、档案盒、档案装订技术等的研发，与国家档案事业发展存在偏差。专利申请呈现出对档案信息化技术聚焦不足的问题。

(三) 新一代信息技术应用体系缺失

《“十四五”全国档案事业发展规划》明确指出，要“重点开展新一代信息技术在档案管理中的应用、大数据环境中电子文件与电子档案一体化管理、电子档案长期安全保存、档案信息资源共享利用、自主可控环境下档案数字资源管理、档案数据治理、超低能耗档案馆建设、传统载体档案保护和修复等重大课题研究”。其中，新一代信息技术在档案管理中的应用被放在了首要位置。根据笔者对国家档案局科技项目立项和档案科技专利申请的分析，大数据、人工智能等新一代智能化信息技术在档案事业的重要领域，如长期保管、开放审核、档案开发利用等领域，已经有了初步应用。但是目前新一代信息技术的应用相对零散，尚未形成体系。技术应用体系以需求为导向，将新技术的技术能力进行分解和对应，形成指南式的应用框架，便于高校、研究机构、企业、档案馆结合具体研究问题或管理需求进行深入探索和分析。然而相关部门和研究机构也缺乏针对新一代信息技术的整体性研究和应用体系设计。这就导致了新技术在档案领域中的应用潜力难以完全释放，压抑了新技术与档案事业的深度融合。

五、促进我国档案技术应用与创新的对策建议

(一) 促融合，推落地——促进档案科技产学研融合，推动档案技术应用落地

针对档案科技产学研融合程度较低的问题，笔者认为相关部门应当出台相应的政策促进档案科技产学研融合，推动档案技术应用落地。只有让产学研深入融合，才能营造档案技术研发、应用、创新和培才的良性循环。笔者建议相关政策可以以下述要点为抓手：第一，鼓励高校和研究机构、企业、档案馆开展合作项目，提高对产学研合作项目的资助水平。第二，充分发挥人才评价“指挥棒”作用，提高档案科技专利申请和立项与产学研合作成果在档案领域人才评价中的比重。第三，建设档案科技中介体系，链接科学研究和技术落地，充分发挥科技中介的服务、评

估、经纪和咨询等功能，为各档案科技创新实体提供专业化对接服务。

（二）依规划，明方向——依据档案事业“十四五”规划，明确档案科技发展方向

针对档案信息化技术研发聚焦不足的问题，笔者认为相关部门应当进一步细化档案事业“十四五”规划中的科技发展部分，结合实际需求明确档案科技发展方向。笔者建议相关工作可以以下述要点为抓手：第一，相关部门可以组织业内专家依据档案事业“十四五”规划，进一步编制“十四五”档案技术发展指南，明确档案科技发展方向。而地方综合档案馆、中央及地方企业可以围绕国家局的指南或档案事业“十四五”规划，进一步面向实际需求形成本单位的档案技术应用和研发计划。第二，相关部门应组织档案科技创新实体进一步学习档案事业“十四五”规划的相关内容，深入理解国家档案事业发展目标。

（三）树标杆，建体系——树立档案智能化管理标杆，构建智能技术应用体系

针对新一代信息技术应用体系缺失的问题，笔者认为相关部门应当进一步强调新一代智能信息技术对于档案事业发展的重要作用，树立档案智能化管理标杆，并构建档案智能技术体系，推动新技术与档案领域的深度融合。笔者建议相关工作可以以下述要点为抓手：第一，相关部门牵头开展档案智能化管理标杆单位评比工作，树立标杆样板机构，充分发挥标杆作用，鼓励各单位推进档案智能化管理。第二，相关部门可以组织专家学者针对新一代智能信息技术开展整体性研究，分析新一代信息技术在档案领域的典型应用和潜在场景，形成新一代智能信息技术在档案领域的应用体系。通过新技术的应用体系指引新技术的应用与创新发展，以新技术的应用体系带动档案领域自身的技术创新，并进一步以技术革新带动管理变革。

2021年中国副省级市及以上档案网站建设评估报告

夏天[1,2] 张宁[1,2] 王晨阳[1] 路敏[1] 何苗[1]

1. 中国人民大学信息资源管理学院，北京 100872

2. 中国人民大学档案事业发展研究中心，北京 100872

摘 要： 基于档案机构改革背景和互联网发展趋势，通过专家论证和实践分析，形成2021年档案网站评估的指标体系和评分细则，涵盖资源服务、业务建设和网站设计三大指标；通过人工两轮测评，获取我国副省级市及以上档案网站的整体发展状况，并给出对应的发展建议，为档案管理部门进一步推动档案发展建设并提升档案服务水平，提供决策参考。

关键词： 档案网站评估；指标体系；档案网站建设

作者简介： 夏天，博士，副教授，研究方向为电子文件管理、信息检索，电子邮箱 xiat@ruc. edu. cn；张宁，博士，副教授，研究方向为档案学基础理论；王晨阳，硕士研究生，研究方向为自然语言处理、知识图谱；路敏，硕士研究生，研究方向为企业档案、电子文件单轨制、档案信息化；何苗，硕士研究生，研究方向为政府开放数据、健康信息学、文化遗产。

前 言

为进一步了解档案机构改革背景下全国副省级市及以上档案网站建设现状，促进档案网站规范建设与管理，创新档案业务监督指导方式，国家档案局科技信息化司委托中国人民大学信息资源管理学院开展2021年度全国副省级市及以上档案网站建设绩效评估工作。本次评估立足于档案机构改革背景及互联网应用发展新趋势，结合档案网站建设现状，通过实践分析与多轮专家论证，制定形成了以用户体验为中心的指标体系，并以此为基础开展测评工作，形成《2021年度我国副省级市及以上档案网站建设评估报告》，报告从资源服务、业务建设和网站设计三个方面介绍了我国副省级市及以上档案网站的整体建设情况。本报告为完整报告的删减版本。

一、评估工作概述

（一）评估工作背景

自 2018 年 2 月 28 日《中共中央关于深化党和国家机构改革的决定》发布以来，我国地方档案部门进行了机构改革，主要改革方向是将档案局划归省（市）委办公厅管理，档案馆作为省（市）属事业单位。改革后档案馆重新回归公共文化服务机构这一定位，工作职能聚焦于档案征集、保管和向公众提供利用服务。2021 年 6 月，中共中央办公厅、国务院办公厅印发《“十四五”全国档案事业发展规划》，明确提出要“开展副省级以上综合档案馆网站及移动服务端绩效评估工作。优化副省级以上综合档案馆业务建设评价机制，进一步推动业务建设评价向市县两级综合档案馆延伸”。

在此背景下，为全面了解我国档案网站建设现状，把握档案网站发展方向，促进档案网站科学建设、规范管理，更好地发挥档案工作在“十四五”新时期对党和国家各项事业的基础性、支撑性作用，本项目组开展了对全国副省级市及以上档案网站的测评工作。

（二）评估工作原则

指标体系设计遵循体系科学、指标可测、差异可比和动态导向四大原则。在本次评估过程中，本项目组着重考虑了以下因素：

（1）评分规则清晰明确，简洁易懂。

（2）评分指标可以被有效衡量。

（3）减少主观性的评价指标，体现指标体系的客观性、规范性。

（4）指标体系符合网站的实际建设情况。

（5）所列指标尽量可控，测试人员能够有效获得与指标相关的信息并可做出明确判断，不可控因素只作为参考。

（6）指标体系覆盖《政府网站发展指引》所规定的政府网站应具备的四大功能：信息发布、解读回应、办事服务、互动交流。

（7）适应档案机构改革发展方向，适当提高档案馆公共文化服务职能的指标权重。

(三)评估工作对象

本次评估对象为46个副省级市及以上档案网站,详见表1。相较于往年档案网站评估对象,2021年新增了“大连档案史志网”和“哈尔滨市档案馆”,由于本次测评期间“南京档案网”及“长春档案信息资源网”处于升级维护期,故未纳入测评范围。

表1 评估工作对象及网址一览表

序号	档案网站	网址
1	中国第一历史档案馆	http://www.lsdag.com/
2	中国第二历史档案馆	http://www.shac.net.cn/
3	天津档案方志网	http://www.tjdag.gov.cn/
4	北京市档案信息网	http://www.bjma.org.cn/
5	福建档案信息网	http://www.fj-archives.org.cn/
6	江苏档案	http://www.dajs.gov.cn/
7	甘肃档案信息网	http://www.cngsda.net/
8	安徽省档案馆	http://www.ahda.gov.cn/
9	贵州档案方志信息网	http://www.gzdafzxx.cn/
10	海南省档案信息网	http://www.hainan.gov.cn/szfbgt/sdaj/
11	内蒙古档案	http://www.archives.nm.cn/
12	广东省档案馆	https://www.da.gd.gov.cn/
13	湖北档案信息网	https://www.hbda.gov.cn/
14	浙江档案	http://www.zjda.gov.cn/
15	深圳市档案馆	http://www.szdag.gov.cn/
16	山东档案信息网	http://dag.shandong.gov.cn/
17	杭州档案	http://www.hzarchives.gov.cn/
18	成都市档案馆	http://cdarchive.chengdu.gov.cn/
19	武汉市档案馆	http://www.whda.org.cn/
20	广西档案信息网	http://www.gxdag.org.cn/
21	江西档案信息网	http://www.jxdag.gov.cn/
22	四川档案	http://www.scsdaj.gov.cn/
23	黑龙江档案信息网	http://www.hljdaj.gov.cn/
24	宁波档案	https://www.nbdaj.gov.cn/
25	西安档案网	http://www.xadaj.gov.cn/
26	吉林省档案信息网	http://www.jlsda.cn/

续表

序号	档案网站	网址
27	青岛档案信息网	http：//www. qdda. gov. cn/
28	云南档案网	http：//www. ynda. yn. gov. cn/
29	上海档案信息网	http：//www. archives. sh. cn/
30	湖南省档案局/馆	http：//sdaj. hunan. gov. cn/
31	辽宁省档案馆	http：//www. lnsdag. org. cn/
32	宁夏档案服务网	http：//www. nxda. org. cn/
33	沈阳市档案馆	http：//dag. shenyang. gov. cn/
34	陕西档案信息网	http：//daj. shaanxi. gov. cn/
35	广州市国家档案馆	http：//www. gzdaj. gov. cn/
36	山西省档案馆	http：//www. sxsdaj. gov. cn/
37	河北省档案馆	http：//www. hebdag. org. cn/
38	济南档案信息网	http：//www. jndaxxw. gov. cn/
39	重庆档案信息网	http：//jda. cq. gov. cn/
40	厦门市档案局/馆	http：//www. xmda. gov. cn/
41	河南档案信息网	http：//www. hada. gov. cn/
42	西藏自治区档案馆	https：//da. xzdw. gov. cn/
43	新疆档案信息网	http：//www. xjaa. gov. cn/
44	青海档案网	http：//www. qhda. net/
45	哈尔滨市档案馆	http：//www. hrbdag. org. cn/
46	大连档案史志网	http：//www. da. dl. gov. cn/

（四）评估工作过程

本次评估工作分为六个步骤：前期准备、指标设计、确定指标权重、确定评分细则、实施测评和数据分析。本报告基于此形成。

1. 前期准备

2020年11月到2020年12月，调研我国副省级市及以上档案网站建设情况，研究相关政策文件，从整体上了解我国档案事业发展情况。在此基础上，项目组成员制订本次评估的整体计划及工作安排，同时确定指标体系调整的相关原则，重点包括减少主观性指标、指标可控、满足《政府网站发展指引》。

2. 指标设计

2020年12月到2021年2月，修订、完善2020年制定的档案网站评价指标体系。项目组成员召开多次线上、线下讨论会议，参考国家档案局、天津市档案馆、中国第一历史档案馆等多位专家及中国人民大学信息资源管理学院多位师生的建议，结合2020年网站评估中发现的问题，对指标进行修订和完善。

3. 确定指标权重

2021年2月到2021年3月，对修订后的指标测评项赋予合理权重。项目组遵循“资源为王、服务为本、技术为用”的原则，结合往年指标测评项的权重情况以及档案网站的发展现状，对各级指标权重进行了一定调整。

4. 确定评分细则

2021年3月到2021年4月，精确细化各指标测评项并制作测评细则表。项目组在确定各级指标项权重后，将三级指标项具体细化为明确可测的测评项，同时进行权重分配，确保测评的科学性、准确性、可行性。

5. 实施测评

2021年4月到2021年5月，根据新档案网站评价指标体系对46个副省级市及以上档案网站进行测评打分。此阶段主要是按照评估工作方案，采用网络爬虫自动抓取和人工网页浏览的双重采集方法，结合第三方工具，对档案网站进行了一轮预测评和两轮正式测评，形成测评数据。预测评主要根据2020年档案网站测评结果排名，选取排名靠前和靠后的几个网站进行预测评，检验新修订后的指标体系能否有效反映各档案网站建设情况差异，并根据预测评结果进一步优化指标体系。两轮正式测评则主要邀请中国人民大学信息资源管理学院的多位硕士研究生，依据新指标体系对46个档案网站进行交叉打分，确保每个网站至少被测评3次，并针对前两轮测评结果差异较大的网站进行重新测评，以保证测评结果的客观性。

6. 数据分析

2021年6月到2021年7月，使用SPSS、Excel等工具，从指标得分、指标排名等维度对多轮测评形成的数据进行统计，并选取部分有代表性的档案网站进行重点分析，在此基础上总结出我国副省级市及以上档案网站建设现状，结合《政府网站发展指引》及《“十四五”全国档案事业发展规划》，针对不足提出发展建议。

二、测评指标构建

新修订的指标评价体系在继承和发展已有研究成果的基础上，通过专家咨询、学术研讨、实践验证和反馈调整等方式，逐步确定了由资源服务、业务建设和网站设计三个一级指标所构成的指标体系，同时结合Web 3.0时代网站发展的新特点、新趋势，以及档案机构改革背景下对档案网站的建设要求，对二级指标、三级指标进行了大幅调整。项目组根据指标构建原则和专家意见，确定了指标权重及其测评细则。

（一）指标体系变化

新修订的指标体系以档案机构改革发展方向为指引，结合当前的技术环境，在保留资源服务、业务建设、网站设计三个一级指标名称的基础上，删除了部分主观性较强、受不可控因素影响较大、难以观测或需要借助第三方工具进行测评的指标，大幅精减了二级指标和三级指标数量：二级指标由2020年的21个调整为13个，三级指标由65个调整为34个。在指标修订过程中，项目组一并调整了部分指标的顺序或级别，更改了部分指标名称或内容等。

在权重方面，项目组未调整一级指标的比例分配，即资源服务占比50%，业务建设占比20%，网站设计占比30%；但对二级指标和三级指标进行了调整。具体指标和权重变化如下。

1. 资源服务

2020年的“1. 资源服务”指标共包括9个二级指标，24个三级指标。2021年的“1. 资源服务”指标仅设4个二级指标，12个三级指标。主要变化如下：

（1）新增一个二级指标。在档案机构改革背景下，为突出档案馆公共文化服务职能并结合多数网站设置了“档案文化”专栏这一实际情况，新增“1.3档案文化”二级指标。

（2）删除了多个三级指标。主要删除了原“1.2.5检索结果及整合程度”“1.3.3检索级别及结果”“1.3.4数据时间范围”“1.8.2数据组织程度”等指标，原因在于上述指标在测评过程中难以测量。

（3）更改了部分指标的级别，重新划分部分指标类别。将原“1.6地方信息”“1.8学术资源”“1.9网上课堂”等指标整合后统一归入现“1.3档案文化”中，将原“1.2.6在线帮助”和“1.3.5在线帮助”合并归入现“2. 业务建设”指标下。

在权重设置方面，“1. 资源服务”的权重未做调整。现“1.1入馆指南（10%）”沿用原“1.1资源介绍（10%）”的权重，现“1.4资源多样性（10%）”沿用原“1.4多媒体资源（10%）”的权重；“1.2档案查询（45%）”的权重为原“1.2在线档案查询（25%）”和“1.3现行文件服务（20%）”的权重的总和；将现“1.3档案文化”的权重设置为35%。详见表2和表3。

表 2　2020 年资源服务指标设置及权重分配表

一级指标	二级指标	三级指标
1. 资源服务（50%）	1.1 资源介绍（10%）	1.1.1 馆藏一览（40%）
		1.1.2 特色档案（60%）
	1.2 在线档案查询（25%）	1.2.1 数据量（25%）
		1.2.2 查检方式（20%）
		1.2.3 查询点（15%）
		1.2.4 检索级别（10%）
		1.2.5 检索结果及整合程度（20%）
		1.2.6 在线帮助（10%）
	1.3 现行文件服务（20%）	1.3.1 数据量（30%）
		1.3.2 查检方式（20%）
		1.3.3 检索级别及结果（20%）
		1.3.4 数据时间范围（20%）
		1.3.5 在线帮助（10%）
	1.4 多媒体资源（10%）	1.4.1 照片档案（40%）
		1.4.2 视听档案（60%）
	1.5 网上展览（10%）	1.5.1 3D 展厅（40%）
		1.5.2 专题与视频展厅（60%）
	1.6 地方信息（10%）	1.6.1 历史文化信息（40%）
		1.6.2 旅游资源信息（30%）
		1.6.3 美食、名人轶事（30%）
	1.7 网上预约（5%）	
	1.8 学术资源（5%）	1.8.1 数据量（60%）
		1.8.2 数据组织程度（40%）
	1.9 网上课堂（5%）	1.9.1 内容与形式（50%）
		1.9.2 更新时间与浏览次数（50%）

表3　2021年资源服务指标设置及权重分配表

一级指标	二级指标	三级指标
1. 资源服务（50%）	1.1 入馆指南（10%）	1.1.1 馆藏介绍（40%）
		1.1.2 查档指南（60%）
	1.2 档案查询（45%）	1.2.1 开放档案（30%）
		1.2.2 检索方式（20%）
		1.2.3 高级检索（10%）
		1.2.4 检索结果（25%）
		1.2.5 预约查档（15%）
	1.3 档案文化（35%）	1.3.1 地方记忆（30%）
		1.3.2 编研成果（15%）
		1.3.3 宣传教育（10%）
		1.3.4 网上展览（30%）
		1.3.5 特藏档案（15%）
	1.4 资源多样性（10%）	

2. 业务建设

2020年的“2. 业务建设”指标共包括6个二级指标，14个三级指标。2021年的“2. 业务建设”指标仅设5个二级指标，6个三级指标。主要变化如下：

（1）删除了一个二级指标。结合机构改革和各省市数字转型推进的实际情况，档案馆网站主要的职能是向社会提供公共文化服务，而许多省市政务公开、网上业务办理可通过政府的数字一体化平台实现，因此2021年的指标体系中删除了原“2.3 网上办公”指标。

（2）变更了两个二级指标名称。结合当前网站栏目设置情况，将原“2.4 政策法规标准”改为现“2.3 政策法规介绍”，原“2.6 公众参与”改为现“2.5 互动交流”。

（3）更改了部分三级指标内容。现“2.4 档案征集”和“2.5 互动交流”下的三级指标较去年有所调整，将原“2.5.2 在线征集”变更为现“2.4.2 专题档案征集”，而“2.5 互动交流”依据交互平台划分为“2.5.1 在线交互”和“2.5.2 移动服务平台交互”，添加“2.5.3 内容下载”用以测评档案网站是否提供了足够的资源给用户利用。

在权重设置方面，“2. 业务建设”的权重未做调整，二级指标和三级指标的权重都有所调整。在删除原“2.3 网上办公”指标的基础上，对其原有的25%指标权重进行了重新分配，“2.4 档案征集”的指标权重由10%提高到30%，“2.5 互动交流”的指标权重由25%提高到30%。其中，“2.4 档案征集”的重点放在“2.4.2 专题档案征集”模块，指标权重为40%，“2.5 互动交流”的重点则是“2.5.1 在线交互”，指标权重为50%，着重考察档案网站的互动交流能力。详见表4和表5。

表4　2020年业务建设指标设置及权重分配表

一级指标	二级指标	三级指标
2. 业务建设（20%）	2.1 机构简介（10%）	2.1.1 机构简介（50%）
		2.1.2 入馆指南（50%）
	2.2 新闻动态（15%）	
	2.3 网上办公（25%）	2.3.1 网上业务办理（50%）
		2.3.2 政务公开（30%）
		2.3.3 业务培训（20%）
	2.4 政策法规标准（15%）	2.4.1 法规标准（50%）
		2.4.2 政策解读（50%）
	2.5 档案征集（10%）	2.5.1 征集办法（30%）
		2.5.2 在线征集（35%）
		2.5.3 征集展示（35%）
	2.6 公众参与（25%）	2.6.1 网上咨询（20%）
		2.6.2 自媒体交互（40%）
		2.6.3 文档下载（20%）
		2.6.4 联系方式（20%）

表5　2021年业务建设指标设置及权重分配表

一级指标	二级指标	三级指标
2. 业务建设（20%）	2.1 机构简介（10%）	
	2.2 新闻动态（15%）	
	2.3 政策法规介绍（15%）	
	2.4 档案征集（30%）	2.4.1 征集办法（30%）
		2.4.2 专题档案征集（40%）
		2.4.3 征集展示（30%）
	2.5 互动交流（30%）	2.5.1 在线交互（50%）
		2.5.2 移动服务平台交互（30%）
		2.5.3 内容下载（20%）

3. 网站设计

2020 年的“3. 网站设计”指标共包括 6 个二级指标，27 个三级指标。2021 年的“3. 网站设计”指标仅设 4 个二级指标，16 个三级指标。主要变化如下：

（1）增加部分三级指标。IPv6 作为下一代互联网的技术基础，与 IPv4 相比除了具有更大的地址空间，还拥有更快的路由机制、更好的业务性能以及更高的安全性，档案网站应顺应互联网发展趋势，推动向 IPv6 过渡，所以项目组新增了“3.1.3 IPv6 兼容性”。

（2）删除了部分指标。原“3.4 影响力”“3.5.1 脚本攻击风险”等指标难以直接测评或需要借助第三方测量工具进行测评，所以予以删除。

（3）更改了部分指标的级别，重新划分了部分指标的类别。将原“3.1.2 访问响应时间”“3.2.6 链接有效性”并入现“3.1 可访问性”；将原“3.2.3 导航”“3.2.4 站内检索”“3.2.7 设备适配性”“3.2.8 无障碍浏览”并入现“3.2 易用性”；网页标签、域名地址等与网站规范相关的指标并入现“3.3 规范性”。

在权重设置方面，“3. 网站设计”的权重未做调整。由于现“3.1 可访问性”综合了原“3.1 可达性（15%）”和“3.2 可访问性（20%）”，故将其权重设置为 35%；现“3.3 规范性”与原“3.6 Web 规范”权重一致；现“3.4 外观设计”与原“3.3 外观设计”权重一致。详见表 6 和表 7。

表 6　2020 年网站设计指标设置及权重分配表

一级指标	二级指标	三级指标
3. 网站设计（30%）	3.1 可达性（15%）	3.1.1 信息入口位置（40%）
		3.1.2 访问响应时间（20%）
		3.1.3 访问稳定性（20%）
		3.1.4 URL 规范性（20%）
	3.2 可访问性（20%）	3.2.1 内容框架（15%）
		3.2.2 网站地图（10%）
		3.2.3 导航（20%）
		3.2.4 站内检索（20%）
		3.2.5 语种（5%）
		3.2.6 链接有效性（10%）
		3.2.7 设备适配性（15%）
		3.2.8 无障碍浏览（5%）

续表

一级指标	二级指标	三级指标
3. 网站设计（30%）	3.3 外观设计（15%）	3.3.1 配色（20%）
		3.3.2 标识（20%）
		3.3.3 版面（15%）
		3.3.4 布局方式（15%）
		3.3.5 打印输出友好性（15%）
		3.3.6 多媒体展示友好性（15%）
	3.4 影响力（15%）	3.4.1 被收录情况（50%）
		3.4.2 被链接情况（25%）
		3.4.3 转载分享（25%）
	3.5 隐私与安全（15%）	3.5.1 脚本攻击风险（50%）
		3.5.2 隐私保护申明（50%）
	3.6 Web 规范（20%）	3.6.1 语义网规范（30%）
		3.6.2 Web 语法规范（30%）
		3.6.3 浏览器兼容能力（20%）
		3.6.4 搜索引擎优化（20%）

表 7　2021 年网站设计指标设置及权重分配表

一级指标	二级指标	三级指标
3. 网站设计（30%）	3.1 可访问性（35%）	3.1.1 响应时间（30%）
		3.1.2 链接有效性（20%）
		3.1.3 IPv6 兼容性（15%）
		3.1.4 访问安全性（15%）
		3.1.5 搜索引擎友好性（20%）
	3.2 易用性（30%）	3.2.1 网站导航（30%）
		3.2.2 站内检索（25%）
		3.2.3 设备适配性（25%）
		3.2.4 无障碍浏览（20%）
	3.3 规范性（20%）	3.3.1 网页标签（30%）
		3.3.2 语义网描述（25%）
		3.3.3 域名地址（25%）
		3.3.4 隐私保护声明（20%）
	3.4 外观设计（15%）	3.4.1 展现协调性（30%）
		3.4.2 布局合理性（40%）
		3.4.3 栏目科学性（30%）

（二）指标体系细则

2021年指标体系做了较大调整，评分规则也随之变化，详见表8。

表8　指标体系主要内容

一级指标	二级指标	三级指标	评分规则
1. 资源服务（50%）	1.1 入馆指南（10%）	1.1.1 馆藏介绍（40%）	应介绍馆藏资源的数量、内容、类型等相关情况。
		1.1.2 查档指南（60%）	应提供查档程序、预约方式、利用要求及开馆时间、交通路线、联系方式等相关信息。
	1.2 档案查询（45%）	1.2.1 开放档案（30%）	应提供在线可检索档案目录及全文数据，可以不同形式分类展现并可显示数量，宜提供现行文件资源。
		1.2.2 检索方式（20%）	应提供关键词检索，宜提供分类检索。
		1.2.3 高级检索（10%）	宜提供组合检索、二次检索等高级检索功能，并可按照相关性、时间等排序方式呈现检索结果。
		1.2.4 检索结果（25%）	检索结果应准确、完整，应包括档案题名、时间、档号等主要字段。
		1.2.5 预约查档（15%）	应具备网上预约查档功能。
	1.3 档案文化（35%）	1.3.1 地方记忆（30%）	应介绍本地方志，呈现地方记忆；宜介绍当地地理、沿革、风俗、物产、人物、名胜等信息，以及相关著作、大事记等内容。
		1.3.2 编研成果（15%）	应提供本馆编研成果介绍或展示；宜提供相关出版物目录信息，宜提供部分刊物的在线阅读。
		1.3.3 宣传教育（10%）	应面向公众提供档案知识、文化常识等相关资源，应提供爱国主义教育资源；宜提供线下参观、体验、讲座等教育活动信息。
		1.3.4 网上展览（30%）	应提供专题展览，宜采用图文展览、视频展览、三维模拟展览、VR展览等多种展览方式。
		1.3.5 特藏档案（15%）	应对本馆特藏档案进行适当展示。
	1.4 资源多样性（10%）		应提供图片、音频、视频等多种形式的资源，如声像档案、照片档案等。

续表

一级指标	二级指标	三级指标	评分规则
2. 业务建设（20%）	2.1 机构简介（10%）		应介绍基本情况，宜包括本馆概况、领导班子、职能介绍、内设机构和下属机构等内容。
	2.2 新闻动态（15%）		应及时发布国家、本省（市）和本馆档案工作动态、通知公告等，宜以视频、图片等多种形式提供信息。
	2.3 政策法规介绍（15%）		应提供与国家、本省（市）和本馆档案工作和利用服务相关的政策法规，宜按照类别呈现。
	2.4 档案征集（30%）	2.4.1 征集办法（30%）	应提供关于档案征集的相关规定，包括方式、办法和范围等；宜提供在线征集的通知公告、联系方式等信息，宜发起专题档案征集活动。
		2.4.2 专题档案征集（40%）	宜发起突发事件、重大活动等专题档案征集活动。
		2.4.3 征集展示（30%）	应展示征集成果或典型案例。
	2.5 互动交流（30%）	2.5.1 在线交互（50%）	应具备与公众之间的交互功能，如在线咨询、留言板、在线调查、服务评价、反馈投诉等，并应定期整理，及时答复。相关问题可按照主题、关注度等进行分类汇总，并形成问答知识库。
		2.5.2 移动服务平台交互（30%）	应提供本馆微信公众号、微博或手机 App 等移动服务平台跳转的链接或二维码。
		2.5.3 内容下载（20%）	应提供文件下载功能，宜提供网页内容的复制、打印、下载等功能。

续表

一级指标	二级指标	三级指标	评分规则
3. 网站设计（30%）	3.1 可访问性（35%）	3.1.1 响应时间（30%）	主要页面访问平均响应时间应不超过 2 秒。
		3.1.2 链接有效性（20%）	应确保内外部链接安全有效；宜包括下属机构和上级机构、同级机构等相关链接；不应存在“无效链接”“错误链接”和“非法链接”。
		3.1.3 IPv6 兼容性（15%）	访问应支持 IPv6 协议。
		3.1.4 访问安全性（15%）	访问宜采用 HTTPS 协议。
		3.1.5 搜索引擎友好性（20%）	内容应尽可能多地被搜索引擎收录；在主流搜索引擎中搜索网站名称或网址，网站应排在返回结果的前列；宜提供 robot. txt 文件明确可被搜索引擎收录的资源。
	3.2 易用性（30%）	3.2.1 网站导航（30%）	导航排布应合理且分类全面，导航标签应与网页内容保持一致；服务入口和资源检索入口应明确；宜提供网站地图功能。
		3.2.2 站内检索（25%）	站内检索应准确、完整，宜支持相关性、时间等多种结果排序方式。
		3.2.3 设备适配性（25%）	应在手机、平板、电脑等不同终端设备上均有良好的显示效果，应避免额外安装组件、控件或插件。
		3.2.4 无障碍浏览（20%）	应对音视频、图片等内容提供必要的文字描述，便于无障碍辅助软件对网页内容的自动识别朗读；宜提供无障碍浏览通道，帮助盲人、老人等群体获取信息。
	3.3 规范性（20%）	3.3.1 网页标签（30%）	应在页面中以规范的格式设置相关标签。
		3.3.2 语义网描述（25%）	宜采用语义网描述语言，增强网页内容的机器可读能力。
		3.3.3 域名地址（25%）	域名地址应规范，应以 gov. cn 或 org. cn 为后缀，宜以本地区、本部门机构名称拼音（缩写）或英文对应的字符串作为域名的主要部分。
		3.3.4 隐私保护声明（20%）	应有隐私保护声明，内容应包括对用户信息的收录内容、隐私保护安全性说明等。

续表

一级指标	二级指标	三级指标	评分规则
3. 网站设计（30%）	3.4 外观设计（15%）	3.4.1 展现协调性（30%）	色调、字体、行间距、布局等应总体协调，宜保持统一风格；应与浏览器有较好的兼容性。
		3.4.2 布局合理性（40%）	布局应科学合理、层次分明，应明确划分头部标识区、中部内容区和底部功能区。头部标识区宜包括网站名称、域名、宣传语等内容，中部内容区应遵循阅读习惯进行合理布局，底部功能区宜包括网站标识、主办单位、ICP 备案编号等内容。
		3.4.3 栏目科学性（30%）	栏目名称应准确直观，不宜过长，应清晰体现栏目内容或功能，栏目设置应科学合理，体现网站职能。

三、测评结果排名

本项目组通过对比各个网站在不同指标项上的表现，统一分析标准，将测评得分划分为四个不同的等级：得分 80 分及以上为优秀，70～80 分（不含）为良好，60～70 分（不含）为合格，60 分（不含）以下为待提升。为了解当前档案网站整体建设情况，项目组对档案网站测评的总体得分以及三个一级指标的得分进行划分，并统计相应等级网站数量，结果如表 9 所示：

表 9　等级数量统计表

	优秀	良好	合格	待提升
综合评估	2	8	18	18
资源服务	5	13	8	20
业务建设	8	17	10	11
网站设计	0	7	12	27

（一）综合评估排名

在综合评估中，等级为优秀的仅 2 个，等级为良好的有 8 个，等级为合格的有 18 个，等级为待提升的有 18 个。

整体来看，地域特征表现明显，西部地区、东北地区得分普遍较低，整体表现一般，78%的网站得分在 70 分以下，进步空间较大。详见表 10。

表 10　副省级市及以上档案网站排名表

网站名称	总分	排名
宁波档案	81.85	1
天津档案方志网	80.93	2
青岛档案信息网	75.17	3
西安档案网	75.15	4
福建档案信息网	73.40	5
北京市档案信息网	73.02	6
甘肃档案信息网	72.62	7
江西档案信息网	71.90	8
内蒙古档案	71.05	9
江苏档案	70.36	10
黑龙江档案信息网	69.80	11
贵州档案方志信息网	69.55	12
武汉市档案馆	69.17	13
浙江档案	68.77	14
中国第二历史档案馆	68.37	15
济南档案信息网	67.96	16
成都市档案馆	67.00	17
杭州档案	65.97	18
辽宁省档案馆	65.65	19
安徽省档案馆	65.62	20
广东省档案馆	65.45	21
山东档案信息网	63.31	22
上海档案信息网	62.80	23
湖北档案信息网	62.02	24
深圳市档案馆	61.87	25
陕西档案信息网	61.80	26
云南档案网	61.30	27
河南档案信息网	60.88	28
湖南省档案局/馆	59.98	29

续表

网站名称	总分	排名
河北省档案馆	59.10	30
海南省档案信息网	58.43	31
广州市国家档案馆	58.09	32
山西省档案馆	57.52	33
沈阳市档案馆	57.29	34
重庆档案信息网	57.25	35
四川档案	56.94	36
哈尔滨市档案馆	56.19	37
中国第一历史档案馆	55.04	38
大连档案史志网	51.29	39
吉林省档案信息网	51.29	40
厦门市档案局/馆	50.08	41
青海档案网	49.23	42
新疆档案信息网	48.55	43
宁夏档案服务网	47.14	44
广西档案信息网	47.05	45
西藏自治区档案馆	43.02	46

（二）资源服务排名

在“1. 资源服务”一级指标评估中，等级为优秀的有 5 个，等级为良好的有 13 个，等级为合格的有 8 个，等级为待提升的有 20 个，合格率超过 50%。详见表 11。

表 11　资源服务指标排名表

网站名称	资源服务	排名
天津档案方志网	85.73	1
西安档案网	84.28	2
江西档案信息网	83.75	3
宁波档案	83.38	4
青岛档案信息网	81.39	5
浙江档案	78.63	6
甘肃档案信息网	78.42	7

续表

网站名称	资源服务	排名
福建档案信息网	78.32	8
内蒙古档案	77.83	9
中国第二历史档案馆	76.94	10
武汉市档案馆	76.87	11
上海档案信息网	74.16	12
杭州档案	73.13	13
北京市档案信息网	72.46	14
湖北档案信息网	72.41	15
黑龙江档案信息网	71.55	16
中国第一历史档案馆	71.07	17
辽宁省档案馆	70.31	18
济南档案信息网	69.69	19
安徽省档案馆	68.52	20
贵州档案方志信息网	66.12	21
深圳市档案馆	63.92	22
河南档案信息网	63.24	23
江苏档案	63.19	24
广东省档案馆	61.40	25
山东档案信息网	60.67	26
重庆档案信息网	59.61	27
成都市档案馆	59.01	28
四川档案	57.63	29
陕西档案信息网	56.89	30
哈尔滨市档案馆	55.05	31
厦门市档案局/馆	54.97	32
云南档案网	54.78	33
河北省档案馆	52.48	34
广西档案信息网	52.43	35
新疆档案信息网	51.39	36
吉林省档案信息网	49.99	37
广州市国家档案馆	49.43	38

续表

网站名称	资源服务	排名
海南省档案信息网	47.70	39
青海档案网	47.33	40
山西省档案馆	47.28	41
沈阳市档案馆	46.96	42
湖南省档案局/馆	45.52	43
大连档案史志网	45.36	44
宁夏档案服务网	41.05	45
西藏自治区档案馆	40.80	46

(三)业务建设排名

在“2. 业务建设”一级指标评估中,等级为优秀的有 8 个,等级为良好的有 17 个,等级为合格的有 10 个,等级为待提升的有 11 个。

良好及以上的网站比例超过 50%,多于其他两个一级指标。第一名西安档案网的得分超过 90 分,得分 40 分以下的有吉林省档案信息网、哈尔滨市档案馆、西藏自治区档案馆。详见表 12。

表 12 业务建设指标排名表

网站名称	业务建设	排名
西安档案网	91.17	1
福建档案信息网	89.83	2
北京市档案信息网	86.33	3
河北省档案馆	86.17	4
甘肃档案信息网	85.00	5
云南档案网	85.00	6
内蒙古档案	84.67	7
四川档案	80.50	8
宁波档案	79.17	9
中国第一历史档案馆	77.83	10
浙江档案	76.83	11
湖北档案信息网	76.67	12
贵州档案方志信息网	76.17	13

续表

网站名称	业务建设	排名
安徽省档案馆	75.17	14
天津档案方志网	74.83	15
上海档案信息网	73.33	16
重庆档案信息网	73.17	17
新疆档案信息网	73.08	18
中国第二历史档案馆	72.83	19
杭州档案	72.83	20
辽宁省档案馆	72.83	21
深圳市档案馆	72.00	22
黑龙江档案信息网	71.33	23
山西省档案馆	70.83	24
山东档案信息网	70.50	25
武汉市档案馆	69.17	26
广州市国家档案馆	67.96	27
厦门市档案局/馆	67.70	28
青海档案网	67.00	29
青岛档案信息网	64.67	30
济南档案信息网	62.33	31
宁夏档案服务网	60.83	32
广东省档案馆	60.50	33
广西档案信息网	60.50	34
海南省档案信息网	60.50	35
大连档案史志网	59.08	36
江西档案信息网	58.67	37
江苏档案	58.67	38
沈阳市档案馆	58.67	39
陕西档案信息网	55.67	40
湖南省档案局/馆	55.17	41
河南档案信息网	54.50	42
成都市档案馆	46.00	43
吉林省档案信息网	35.83	44
哈尔滨市档案馆	32.60	45
西藏自治区档案馆	31.83	46

(四) 网站设计排名

在"3. 网站设计"一级指标评估中，等级为优秀的有 0 个，等级为良好的有 7 个，等级为合格的有 12 个，等级为待提升的有 27 个。

所有网站得分均在 80 分以下，第一名湖南省档案局/馆的得分为 74.17 分。85%的网站得分在 70 分以下，不合格率超过 50%。详见表 13。

表 13　网站设计指标排名表

网站名称	网站设计	排名
湖南省档案局/馆	74.17	1
云南档案网	73.90	2
宁波档案	73.08	3
成都市档案馆	72.22	4
海南省档案信息网	72.14	5
北京市档案信息网	71.40	6
天津档案方志网	70.21	7
江苏档案	69.32	8
广东省档案馆	67.29	9
沈阳市档案馆	66.58	10
黑龙江档案信息网	64.51	11
山西省档案馆	64.38	12
贵州档案方志信息网	64.08	13
青岛档案信息网	63.81	14
广州市国家档案馆	63.71	15
福建档案信息网	62.24	16
西安档案网	61.47	17
武汉市档案馆	60.89	18
济南档案信息网	60.29	19
山东档案信息网	59.14	20
内蒙古档案	59.13	21
大连档案史志网	59.04	22
杭州档案	58.92	23
浙江档案	57.86	24

续表

网站名称	网站设计	排名
安徽省档案馆	57.53	25
深圳市档案馆	57.14	26
吉林省档案信息网	56.97	27
河北省档案馆	55.89	28
广西档案信息网	55.13	29
西藏自治区档案馆	54.89	30
江西档案信息网	54.82	31
甘肃档案信息网	54.68	32
陕西档案信息网	53.72	33
四川档案	53.42	34
辽宁省档案馆	52.94	35
新疆档案信息网	52.29	36
中国第二历史档案馆	51.99	37
重庆档案信息网	51.14	38
哈尔滨市档案馆	50.88	39
河南档案信息网	50.33	40
宁夏档案服务网	49.61	41
湖北档案信息网	49.28	42
青海档案网	45.83	43
上海档案信息网	45.19	44
中国第一历史档案馆	43.78	45
厦门市档案局/馆	43.64	46

四、测评数据概述

2021年档案网站评价指标体系主要以资源服务为主，业务建设和网站设计为辅。其中资源服务指标权重为50%，业务建设指标权重为20%，网站设计指标权重为30%。其中“资源服务”和“业务建设”得分超过指标体系总平均分，而“网站设计”得分情况则较差，详见图1。整体来看，各指标得分都不理想，有较大提升空间。

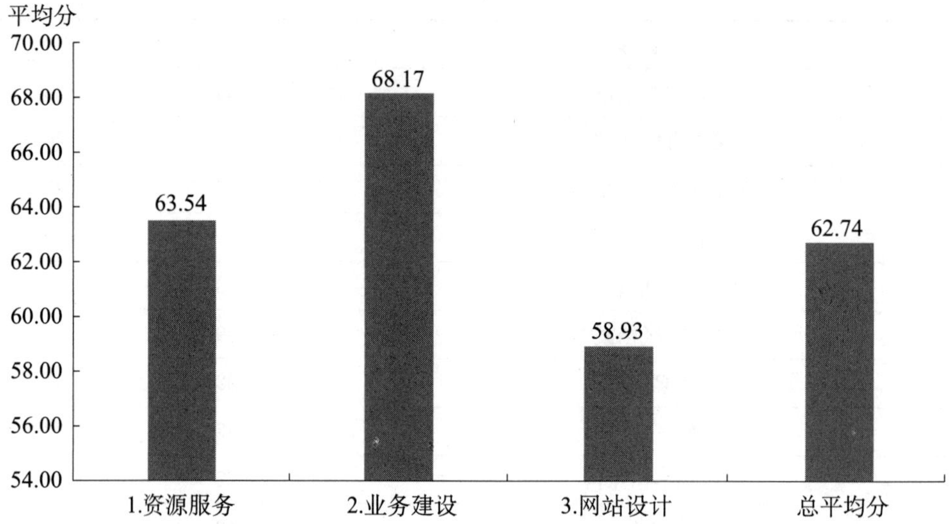

图1　一级指标平均分

（一）资源服务

档案网站资源服务与查询利用服务是档案网站建设的核心内容，也是基础内容。档案网站作为档案局/馆与公众交互的线上桥梁，应尽可能满足公众对档案资源的线上需求，在可利用的范围内提供丰富的档案资源。评估档案网站向公众提供档案信息资源与查询利用服务情况，是档案网站评价指标体系的重要内容。

资源服务的4个二级指标平均分情况如图2所示："1.1入馆指南"指标的平均得分为85.82分，整体得分较高，处于优秀等级；"1.2档案查询"指标的平均得分为47.21分，低于60分，有较大提升空间；"1.3档案文化"指标的平均得分为72.58分，整体表现良好；"1.4资源多样性"指标的平均得分为83.17分，超过80分，处于优秀等级，整体表现较好。

（二）业务建设

业务建设部分主要评估档案馆是否利用网站向用户介绍档案业务概况，辅助开展档案业务工作。用户通过网站，应当能明晰档案馆的职责、组织架构及档案相关法律法规等；档案馆也应当充分利用档案网站，做好与用户的互动和交流。

业务建设的5个二级指标平均分情况如图3所示："2.1机构简介"指标的平均得分是94.75分，整体得分较高，处于优秀等级；"2.2新闻动态"指标的平均得分是75.99分，整体处于良好等级；"2.3政策法规介绍"指标的平均得分是76.31

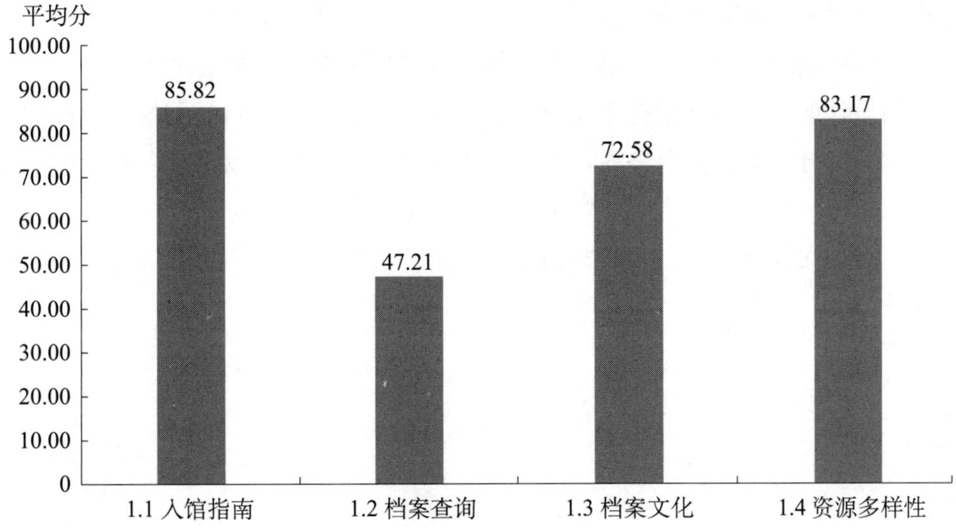

图 2　资源服务二级指标平均分

分，整体表现良好；“2.4 档案征集”指标的平均得分是 59.97 分，整体平均分略低于合格线；“2.5 互动交流”指标的平均得分是 56.85 分，低于 60 分，整体表现较差，有较大提升进步空间。

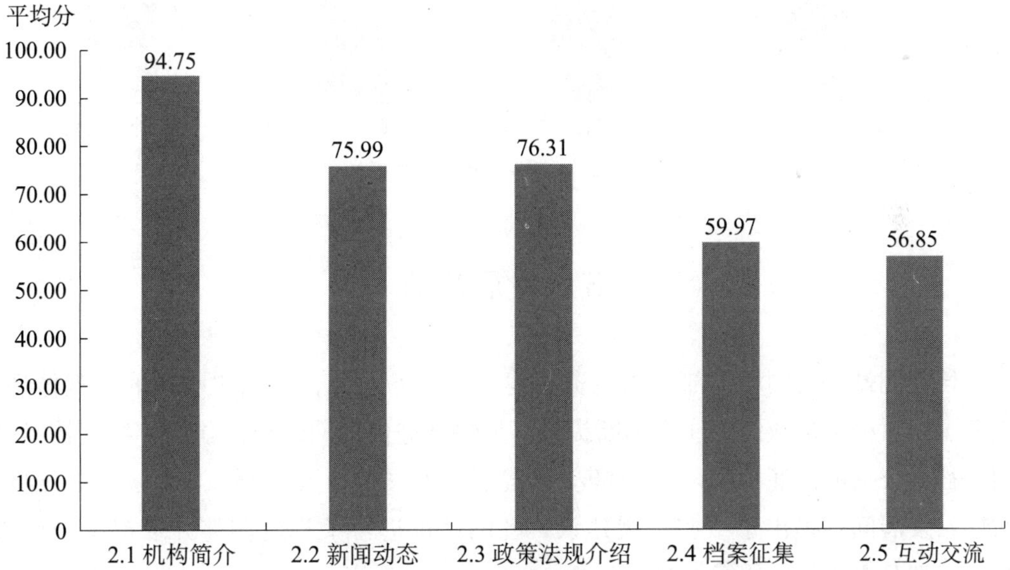

图 3　业务建设二级指标平均分

（三）网站设计

作为为公众提供公共文化服务的政府类网站，档案网站在保障资源服务和完善业务模块建设的同时，也应重视网站的安全性、美观性及实用性建设。网站设计部分主要评估网站的可访问性、易用性、规范性和外观设计美观实用性。

网站设计的 4 个二级指标平均分情况如图 4 所示："3.1 可访问性"指标的平均得分是 58.68 分，略低于合格线，整体表现有待提升；"3.2 易用性"指标的平均得分是 62.24 分，略高于合格线；"3.3 规范性"指标的平均得分是 37.35 分，整体表现较差，有较大提升进步空间；"3.4 外观设计"指标的平均得分是 81.68 分，整体表现优秀。

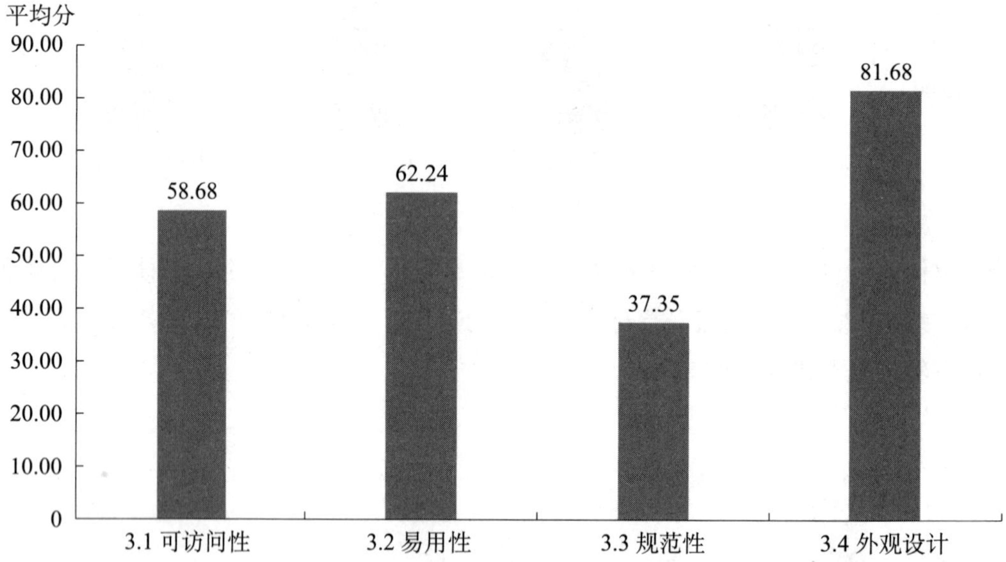

图 4　网站设计二级指标平均分

五、发展建议

档案网站是我国档案部门档案资源建设、政务办公、信息化水平的直观体现。随着国内对档案事业的关注度不断提升，加快推进档案网站规范建设，搭建档案部门与社会公众的沟通桥梁，成为推动档案事业发展的重要举措。2020 年项目组针对网站发展问题提出了一些发展建议，各网站都进行了一定调整并取得了一定进步，但部分方面仍需继续加强。

(一) 优化网站检索查档功能，满足公众需求

第一，加强档案在线查询功能建设。建议各档案网站注明可检索档案的目录或范围，在现有档案网站查询功能的基础上，进一步提供如组合检索、二次检索等高

级检索功能，并将检索结果按照利用者需求进行输出。同时，鼓励档案网站学习先进做法，提供一站式检索功能，对所辖区域内的档案馆资源实现统一检索，避免检索孤岛。此外，针对部分不宜直接在网站公开的档案，应在满足疫情防控要求的前提下，完善线上预约及线下查档相结合的方式，在提高档案馆工作效率的同时，节省利用者时间，提升用户满意度。

第二，积极建设地方特色专题档案。为更好地发挥档案网站的文化宣传和教育功能，扩大馆藏档案的利用范围，除了具备基本的信息展示及查询功能外，档案网站还应具有一定的地方特色，吸引更多的社会公众关注。同时还可以采取“线上＋线下”的方式，通过档案网站线上提供展览，线下举办参观、体验、讲座等教育活动，更好地突出档案的价值。

第三，通过多种形式展现档案资源。相较于传统的“图片＋文字”的形式，视频、音频等形式更加易于引起公众的兴趣。因此可以借助多种技术手段如AR、VR及不同社交平台如微博、微信公众号、短视频平台等来展现馆藏档案信息，使公众可以随时随地在线参观档案馆，摆脱传统到馆模式下的时间、空间限制。目前有部分档案网站如天津档案方志网已提供在线参观方式，而大部分网站仍存在技术手段落后、展现形式单一的问题，需进一步完善。

（二）利用网站辅助业务建设，加强互动交流

第一，充分利用档案网站介绍本馆的机构概况并及时更新新闻动态，宣传、解读相关政策法规，加深公众对档案馆的了解，提升社会公众对档案工作和档案公共服务部门的认知。

第二，利用档案网站辅助开展档案接收与征集工作。为落实《“十四五”全国档案事业发展规划》中提出的“应归尽归、应收尽收”方针，积极响应其提出的“加大关系国家安全、国计民生、公共服务、新兴产业等重点行业档案收集工作，健全重大活动、突发事件应对活动档案工作机制，着力健全重特大事件应急处置档案管理机制，做好相关材料归档和档案接收、征集、整理工作，鼓励开展口述材料、新媒体信息的采集”的要求，各档案网站应积极开展档案征集工作，并做好档案征集成果的展示和宣传工作。

第三，以用户为中心，拓宽交流渠道。在2021年的测评中，“2.5互动交流”的平均分仅为56.85分，说明目前大部分档案网站与用户的互动交流功能建设仍需加强。档案网站向公众进行宣传的同时，也应该注重收集用户的建议和反馈信息，除传统的通过电话、邮件等方式进行相关问题的咨询与回答外，还可以建立专门

的、可复用的问答库，将常见问题及其回答罗列在网站上以供用户参考，优化用户体验。

第四，鼓励网站提供个性化服务功能，引入账号登录机制，实现档案资源的个性化检索、收藏、大众标记等用户功能，同时精准捕捉用户的个性化需求，改进档案网站的组织方式和档案资源的种类与数量，提升用户体验。

（三）引导网站科学合理建设，提升用户体验

第一，确保档案网站内外部链接安全、规范、有效、合法。在本次测评过程中，部分网站存在所指向的外部链接失效的问题，影响了用户体验。因此，各档案网站应确保网站内部所提供信息的有效性和合法性，建议定期检查其指向的外部链接，避免出现外部链接无法打开的情况。

第二，突出站内检索入口，完善站内检索功能。随着档案网站信息的不断丰富，各档案网站亟须设置站内检索入口，实现站内检索功能，方便公众快速查找网站已发布的信息，缩短查找时间并提高查准率。

第三，继续加强无障碍浏览功能建设。档案网站应始终坚持以用户为中心的原则，参照中华人民共和国信息产业部发布的《信息无障碍—身体机能差异人群—网站设计无障碍技术要求》的相关标准，不断完善语音朗读、放大字体、全屏显示等无障碍浏览功能的建设，满足部分具有视觉、听觉等障碍的公众对档案利用的需求。

第四，规范网页标签。为顺应互联网发展趋势，各档案网站应采用语义网描述语言，增强网页内容的机器可读能力，并提供隐私保护声明，明确说明在网站提供服务时是否收集以及如何收集、使用、存储和分享用户的相关信息，注重用户隐私保护，一定程度上减少用户隐私权纠纷。

（四）建议出台权威性指导文件，强化指引作用

截至目前，有关档案网站评价的理论探讨和实践探索，主要由高校和省市级档案馆展开，缺少政策指导，评估目标和度量指标的科学性和权威性存在局限，导致评估成果的实践应用价值大打折扣。

网站建设并非只是将信息呈现在网站上供人浏览，其背后的信息组织、语义关联，对于未来档案利用智能化具有重要的支撑作用，而这种结构化组织由于其隐于页面内部而不易被人察觉，需要有配套的文件引导方可引起足够重视。国务院办公厅于 2017 年印发《政府网站发展指引》，明确提出政府网站要以机器可读的数据格

式提供数据接口，开放数据目录，强调对 W3C 标准的遵从，并对隐藏在网页背后的栏目标签和内容页标签的规范性提出了具体要求。在用户信息获取行为方面，新媒体所起到的信息入口作用愈加明显，问答式检索逐步被用户接受。信息技术、用户信息获取行为以及国家指导政策的快速变化，都需要档案部门进一步强化对网站以及其他信息交互媒介的建设。

基于上述变化，项目组建议国家档案局尽快出台权威性指导文件，引导档案部门强化包括档案网站在内的用户交互平台的建设，进一步提升智能时代的档案服务能力。

除上述建议外，在今后的档案网站测评中，可以将网上查档受理、档案资源共享、网站安全防护等指标纳入测评范围，使测评指标体系更加完整，同时不断优化档案网站测评方法，使得测评结果更加科学、合理、可信。

2021年中国档案社交媒体发展报告

周文泓[1,2]　黄小宇[3]　田国庆[3]　熊小芳[3]

1. 中国人民大学信息资源管理学院，北京　100872

2. 中国人民大学档案事业发展研究中心，北京　100872

3. 四川大学公共管理学院，成都　610044

摘　要： 基于微信、微博、抖音三大平台的调查显示，我国2021年的档案社交媒体得到长足发展，主要体现为多层级覆盖档案机构，拓展传播网络；有效创新档案活动，升级服务职能；多维度推进社会互动，建设亲民形象。同时，档案社交媒体同样表现出一定的不足，即社交媒体应用网络扩张不够、应用设计有限、应用运营体系化不足等。由此，提出结合我国实际情境的档案社交媒体发展展望：强化社交媒体认知，提升深度应用意识；加强制度建设，促进深度应用；对照社交媒体特质，优化应用设计；升级运营模式，推进互动式应用。

关键词： 档案机构；社交媒体；档案服务

作者简介： 周文泓，博士，副教授，研究方向为网络空间的档案化管理、电子文件管理，电子邮箱 zwhdcc@126.com；黄小宇，本科生，研究方向为档案社交媒体的应用；田国庆，本科生，研究方向为人工智能与档案管理；熊小芳，本科生，研究方向为人工智能与档案管理。

一、引　言

（一）背景

国内档案机构对社交媒体的应用开始于2011年银川、抚顺等地的档案局（馆）入驻新浪微博（以下统称微博）①，随后更广泛地应用了新出现的各类社交媒体如微

① 文传玲，张晓宇，周文泓．社交媒体在国家数字档案资源整合与服务中的应用：基于美国档案与文件署的案例研究［J］．兰台世界，2020（3）：22－26.

信公众号、抖音等。经由10年左右的发展，各级各类档案机构在不同的社交媒体平台开设账号[①]，应党与国家各项事业所需，建立了开放、亲民、服务的档案机构形象。随着延伸向第三方网络平台的传播矩阵的日趋扩充，档案机构在运营社交媒体的方式及其带来的成效上拥有了更多可能。

（二）调查思路

为有效了解我国档案社交媒体发展状况，明确现有进展与优化方向，本项目对我国档案社交媒体发展展开调查。经由预调查，本项目对不同社交媒体平台以及对应的档案社交媒体账号及其运营有了初步认识后，设置调查思路如下。

1. 调查平台

（1）微博：档案机构最早开设账号的平台。

（2）微信公众号：目前档案机构运营最为活跃的平台。

（3）抖音：近年流量最大的社交媒体平台之一，档案机构正陆续进驻。

2. 调查对象

目前选定为档案主管部门、国家档案馆、企事业单位的档案馆。需要说明的是，档案学术机构、档案企业等不在统计范畴中。

3. 调查内容

一是档案社交媒体的总体情况，包括账号数量及其地区分布。二是代表性档案社交媒体运营情况，主要涉及发布的内容、形式、频率、传播效果等。

需要说明的是：（1）针对不同的平台，统计的内容有所区别。（2）在代表性账号选取方面，对于微博，选择一个月之中所发布信息的当天互动量均大于5的账号，对于微信公众号，按照档案微平台研究选取2021年10月份在排行榜上位列前30的符合上述界定的档案机构，对于抖音，则选择2021年10月份还在发布视频的账号。（3）调查在2021年11月展开，统计的是2021年1至10月的数据。

① 任越，路璐．美国国家档案馆档案文化活动的特色分析及启示［J］．档案学通讯，2020（4）：96－102.

二、我国档案社交媒体发展现状

(一)我国档案机构社交媒体发展总体情况

经由对现下社交媒体平台的初步调查，本项目选取微信、微博、抖音三大平台对档案机构如各级档案行政机构、各类公共档案馆、企事业内部档案机构的社交媒体应用情况进行调研。现从各平台账号的数量、地区分布、功用三方面梳理其总体情况。

首先，从账号数量来看，各平台总量相差较大且活跃度存在偏向。具体而言，微信公众号 457 个，其中大多数活跃度较高；微博账号 273 个，几乎无活跃度；抖音账号 14 个，其中部分具有一定活跃度。

其次，从账号地区分布来看，各地区均有一定建设，整体而言东部较多，中西部也有部分省份积极参与（见图 1）。具体来说，(1) 在微信平台上（见图 2)：各省（不含港澳台）都有档案机构开通微信公众号；其中江苏公众号最多，共 37 个，新疆和西藏最少，仅 1 个；东部的江苏、上海、山东、北京、福建、浙江，中部的河南、湖北和西部的四川、陕西、内蒙古各自均有 20 个及以上的公众号。(2) 在微博平台上（见图 3)：大部分省份各自均有微博账号；其中浙江微博账号最多，有 34 个，青海、西藏、重庆均无档案机构开设微博账号；东部的浙江、山东、江苏、广东，中部的河南、江西，西部的四川、甘肃、陕西各自均有 10 个及以上的微博账号。(3) 在抖音平台上（见图 4)，开设账号的省份较少，仅有东部的北京、山东、福建，中部的吉林、湖北、河北和西部的云南、陕西、广西；其中云南和北京最多，各自均有 3 个，四川、浙江、江苏等未开通。

最后，从账号功用来看，档案机构所设社交媒体账号是其同其他档案机构、档案专业人员、社会公众等交互的窗口。通过微信公众号的推文、微博的博文和抖音的短视频，各档案机构既积极传播相关业务活动，如档案机构的工作动态、档案知识的普及、档案原件的分享等，也会向公众传播非档案业务相关的重要信息，如习近平主席的动态、新冠肺炎疫情相关通知等。这有利于相关信息受到更多关注，从而发挥档案机构的价值与作用，推动档案机构服务能力的升级。

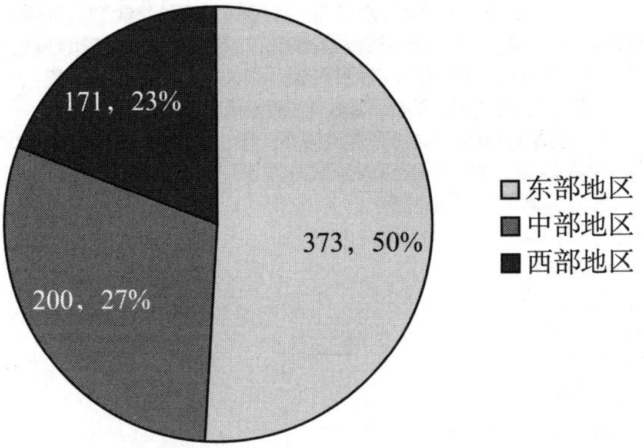

图1　档案机构社交媒体账号地区分布

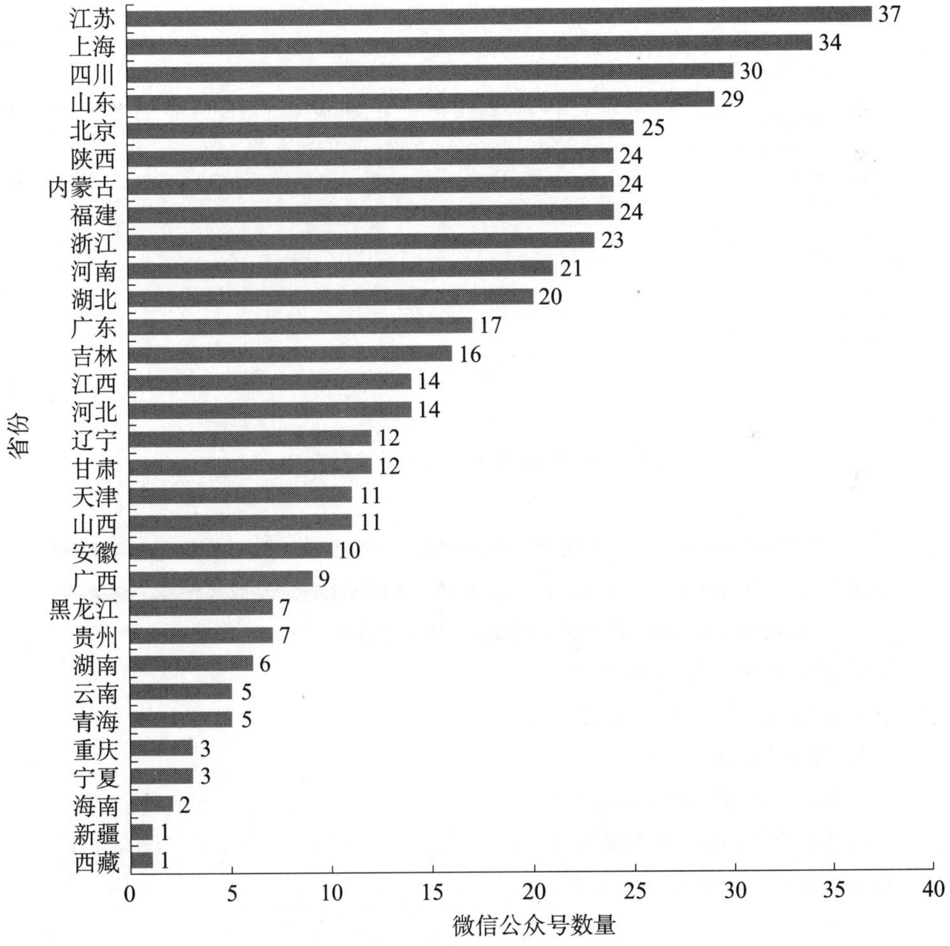

图2　各省档案机构微信公众号数量统计

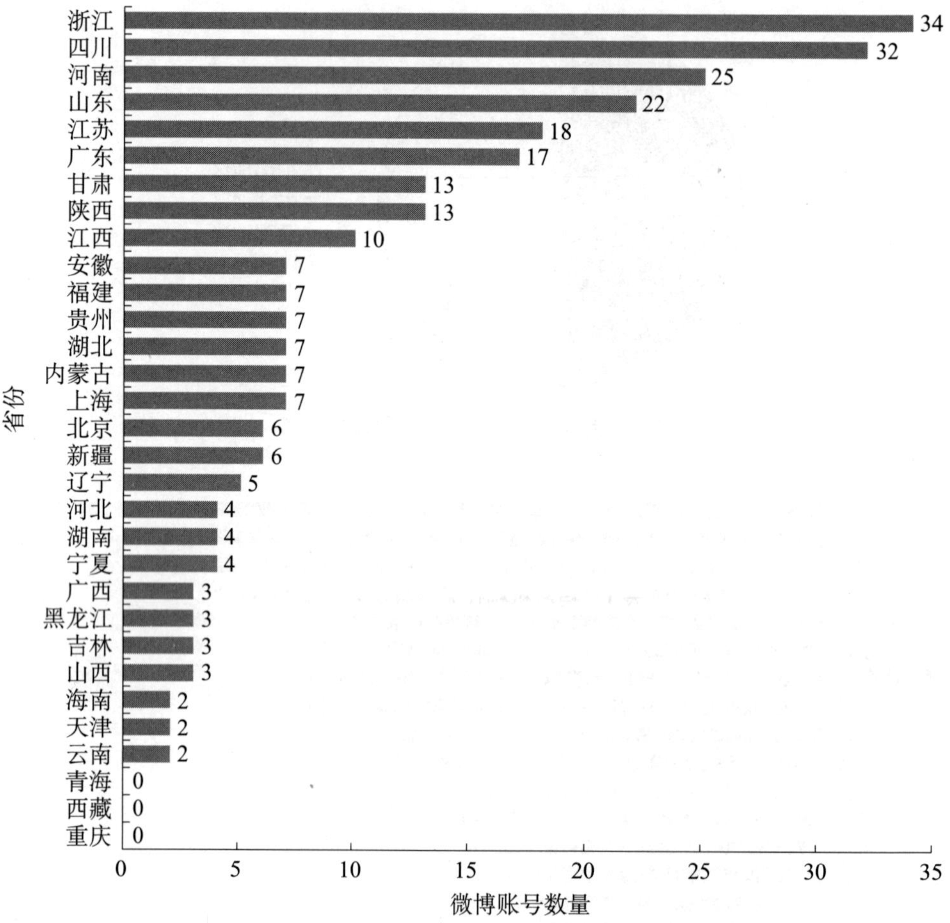

图 3　各省档案机构微博账号数量统计

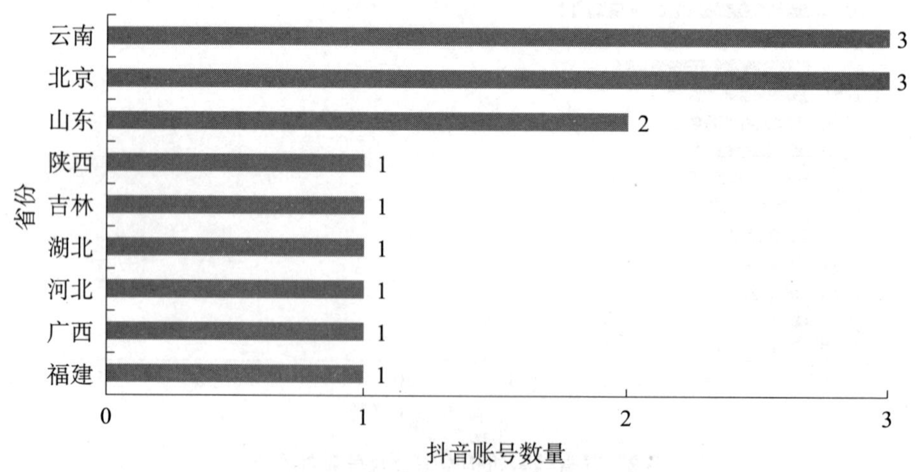

图 4　各省档案机构抖音账号数量统计

（二）国内代表性档案机构的社交媒体运营情况

为深入研究国内档案机构的社交媒体运营情况及成效，本项目在考虑各平台账号数量及账号活跃度的基础上选出代表性社交媒体账号进行调研，具体考量过程及结果如下：

（1）相关微信公众号数量多且活跃度高，通过参考经档案领域人员基于第三方专业评测平台进行数据统计分析而定期发布的全国档案微信公众号影响力排行榜，筛选出10月榜单中的前30名作为调研对象（见表1）。

（2）微博平台虽账号数量较多，但活跃度尤其是互动程度过低，故此处未选取代表性账号。

（3）抖音平台相关账号数量少，剔除在10月未更新的，筛选出5个账号（见表2）。

表1　档案机构代表性微信公众号

序号	公众号名称	所属机构
1	金山记忆	上海市金山区档案局
2	国家档案局	中央档案馆（国家档案局）
3	福建档案	福建省档案局
4	吴江通	苏州市吴江区档案馆
5	宣威档案	宣威市档案局
6	苏州档案	苏州市档案馆
7	皇史宬	中国第一历史档案馆
8	记忆南通	南通市档案馆
9	上海交大档案文博管理中心	上海交通大学
10	宁波档案	宁波市档案局（馆）
11	档案春秋	上海市档案馆
12	江西档案	江西省档案馆
13	浙江省档案馆	浙江省档案馆
14	国网档案	国网中兴有限公司
15	三明档案	三明市档案局
16	记忆浙江	浙江省档案局（浙江省档案馆）
17	西电记忆	西安电子科技大学
18	江苏档案	江苏省档案馆

续表

序号	公众号名称	所属机构
19	杭州档案	杭州市档案局（杭州市档案馆）
20	唐山档案	唐山市档案馆
21	枣庄档案	枣庄市档案馆
22	秦风档案	陕西省档案馆
23	中国石油大学档案馆	中国石油大学（华东）档案馆
24	成都档案	成都市档案馆（成都市政府公开信息服务中心）
25	民国大校场	中国第二历史档案馆
26	记忆泰州	泰州市党史方志办公室（泰州市档案馆）
27	冀小兰	河北省档案局（河北省档案馆）
28	佛山档案方志	佛山市档案馆
29	潍坊档案	潍坊市档案馆
30	燕山大学档案馆 校史馆	燕山大学

表 2　档案机构代表性抖音账号

序号	抖音账号名称	所属机构
1	马龙档案	曲靖市马龙区档案馆
2	淄博市档案馆	淄博市档案馆
3	荔浦市档案馆	荔浦市档案馆
4	漳州档案	漳州市档案局
5	北航档案与文博馆	北京航空航天大学档案与文博馆

经由对以上账号在 2021 年 1 月至 2021 年 10 月间发布的信息的调研，其具体运营情况及成效显示如下：

1. 微信公众号运营情况

首先，要厘清微信公众号的运营情况，需明晰发布推文的内容、形式和数量。具体来说：

（1）从推文内容来看，包括工作动态、档案分享、档案产品、档案相关、档案征集、档案科普、非业务相关七类主题（具体解释及示例见表 3）。其中占比较高的是档案产品、非业务相关和工作动态主题，分别为 30%、27%、24%，均占比 25%左右；占比较居中的是档案相关主题，为 13%；占比较低的包括档案分享、档案科普和档案征集主题，其中档案征集主题最少，仅占 1%（见图 5）。

表 3　档案机构微信公众号推文主题概览

推送主题	内容解释	具体示例
工作动态	记录本机构及机构工作人员组织、参与的业务及行政活动，包括党建、档案业务以及机构工作人员的文化建设等日常活动。	福建档案《省档案馆开展国庆节前安全、防控等检查》
档案分享	档案机构基于自身馆藏，利用图文、视频或VR 展览等形式分享与传播某一主题相关档案资源。	成都档案《流动的党史档案馆——“百年历程 档案记忆”巡展今天亮相啦!》
档案产品	档案产品有两种类型。一是以档案资源为基础，利用多媒体技术进行开发，制成视频、音频，并辅以知识性文字进行阐述；二是以档案资源或馆藏为引子，讲述历史故事。	国家档案局《百集微纪录・红色档案【永远在路上】新中国反腐第一案》；记忆泰州《红色档案｜泰州学生的五四传单》
档案相关	档案相关内容着重于利用除档案以外的其他具有记忆或记录属性的信息资源或实物，如非物质文化遗产、手工艺品、风土人情、建筑等具有地域特色的内容，讲述其发展历史等情况。	佛山档案方志《这些佛山村落的美，一起来细细品味》
档案征集	档案机构发布的档案征集通告以及征集结果。	吴江通《“忆峥嵘岁月，颂建党百年”——吴江红色档案史料征集启事》
档案科普	主要介绍档案、档案工作的相关基本知识、优秀档案工作实践分享、政策与工作规范等。	潍坊档案《视频｜文书档案移交进馆(一)》
非业务相关	非该档案机构的业务和活动。	宣威档案《关于加强近期疫情防控和开展新冠病毒疫苗加强免疫接种的通告》

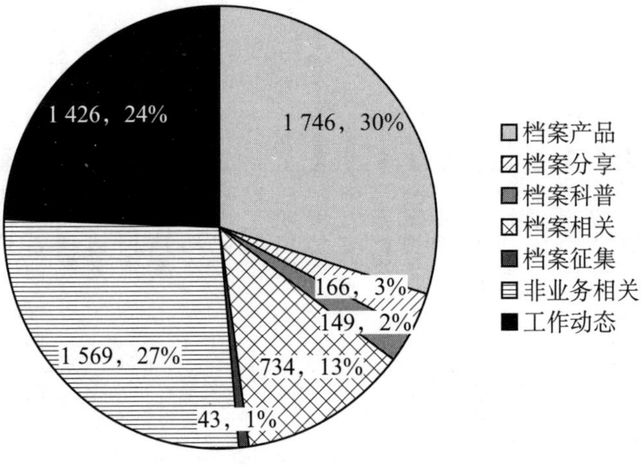

图 5　档案机构微信公众号推文主题分布

（2）从推文形式来看，包括图文、图文＋视频、图文＋音频、图文＋VR、图文＋视频＋音频、图文＋H5、图文＋视频＋H5 七种，可见图文是推文的基本表现形式。其中多数推文仅采用图文这一种形式，占比高达 80％；另一些推文也同视频或音频这两种较为常见的形式结合，占比分别为 17％、3％；此外，图文与特殊形式如 VR、H5 的组合或与多种形式的结合如同时含有图文、视频、音频的情况也有所体现，但占比极少（见图 6）。

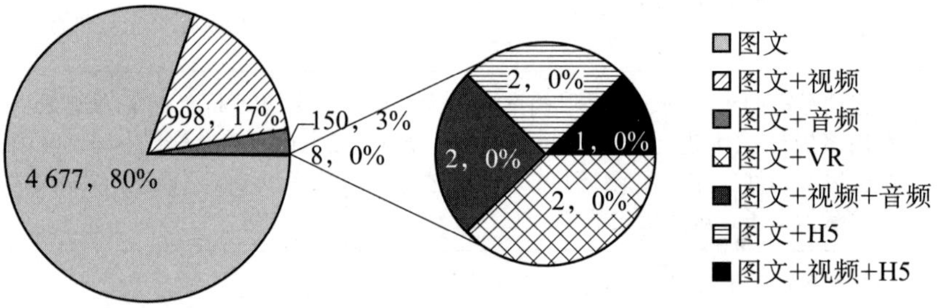

图 6　档案机构微信公众号推文形式分布

（3）从推文数量来看，总量方面，“福建档案”10 个月内共发布 1 217 篇推文，数量最多；发布最少的是“三明档案”，仅有 16 篇；整体而言，多数公众号的发文量在 100 篇左右（见图 7）。相应地，平均每周发文量最高和最低的分别是“福建档案”和“三明档案”，为 28 篇和 0.4 篇，其他公众号多在 3 篇左右（见图 8）。

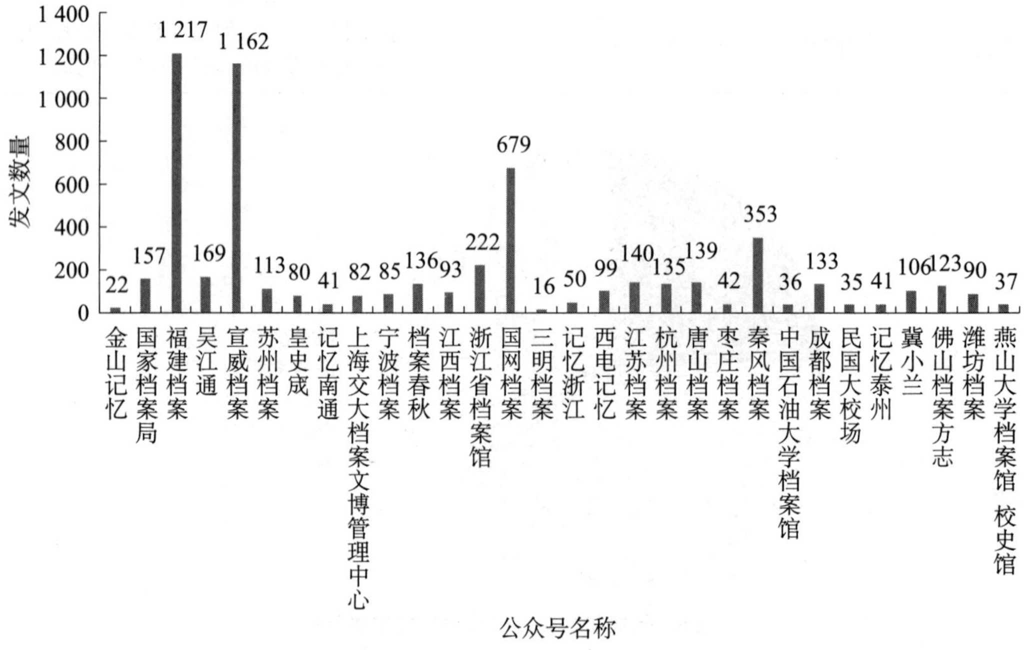

图 7　各档案机构微信公众号发文总量

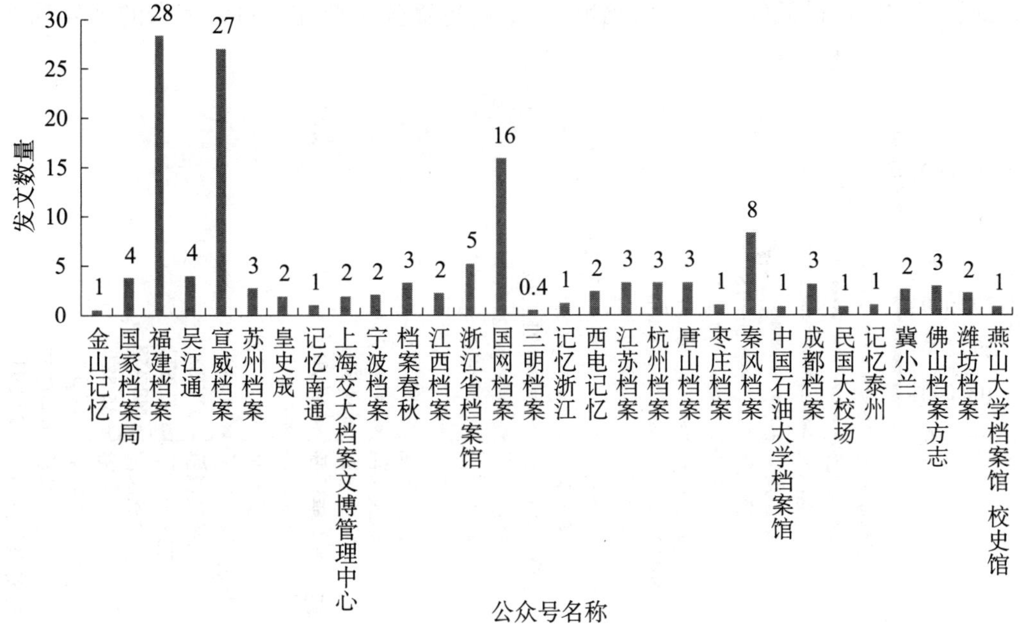

图 8　各档案机构微信公众号平均每周发文量

其次来看成效方面，对推文的阅读量、在看量和点赞量的统计分析能够显示出各机构微信公众号的影响力。具体情况如下：

（1）阅读量。从总量来看，整体而言较为可观。阅读量在 30 万次以上的有“金山记忆”“福建档案”“吴江通”“宣威档案”和“档案春秋”，其中最高的是“金山记忆”，拥有 540 694 次；在 3 万次以下的仅有“燕山大学档案馆 校史馆”，为 23 893 次；其他公众号大约拥有 10 万次的阅读量（见图 9）。对应于此，平均每周阅读量在 7 000 次以上的和在 700 次以下的微信公众号同上，其他则在 2 500 次左右（见图 10）。聚焦到每篇推文的平均阅读量则显示出不同的结果。其中最高的仍是“金山记忆”，每篇平均有 572 次的阅读量，与其他微信公众号形成断崖式落差；最低的是“宣威档案”“秦风档案”和“成都档案”，每篇平均仅有 6 次；其他公众号推文每篇在 30 次左右（见图 11）。

（2）在看量。总量相对可观。在 1 万个以上的包括“金山记忆”“吴江通”“苏州档案”和“佛山档案方志”，其中仍是“金山记忆”最多，拥有 14 337 个在看量；极少的包括“中国石油大学档案馆”和“燕山大学档案馆 校史馆”，分别是 326 个和 324 个；其他普遍具有 2 000 个左右在看量（见图 12）。平均每周的在看量则与总量相对应。较高的在 300 个左右，最低的仅有 8 个，其他多分布在 50 个左右（见图 13）。此外，每篇推文的平均在看量，“金山记忆”仍旧以每篇推文 652 个在看量居于首位；最低的是“宣威档案”，平均每篇仅 1 个在看量；其余的多浮动在 20 个左右（见图 14）。

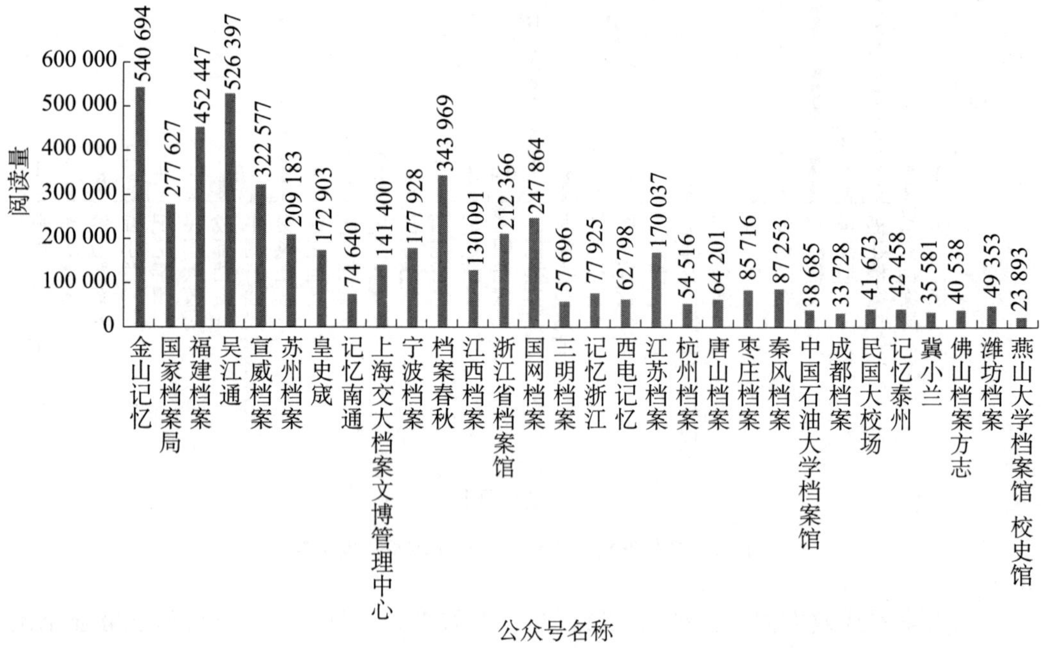

图 9　各档案机构微信公众号推文阅读总量

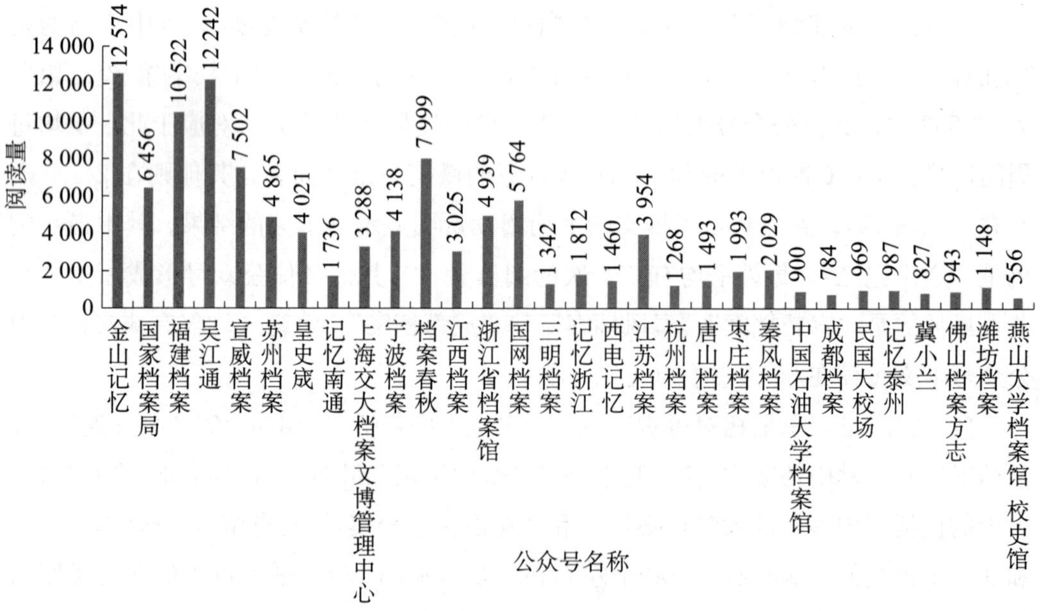

图 10　各档案机构微信公众号推文平均每周阅读量

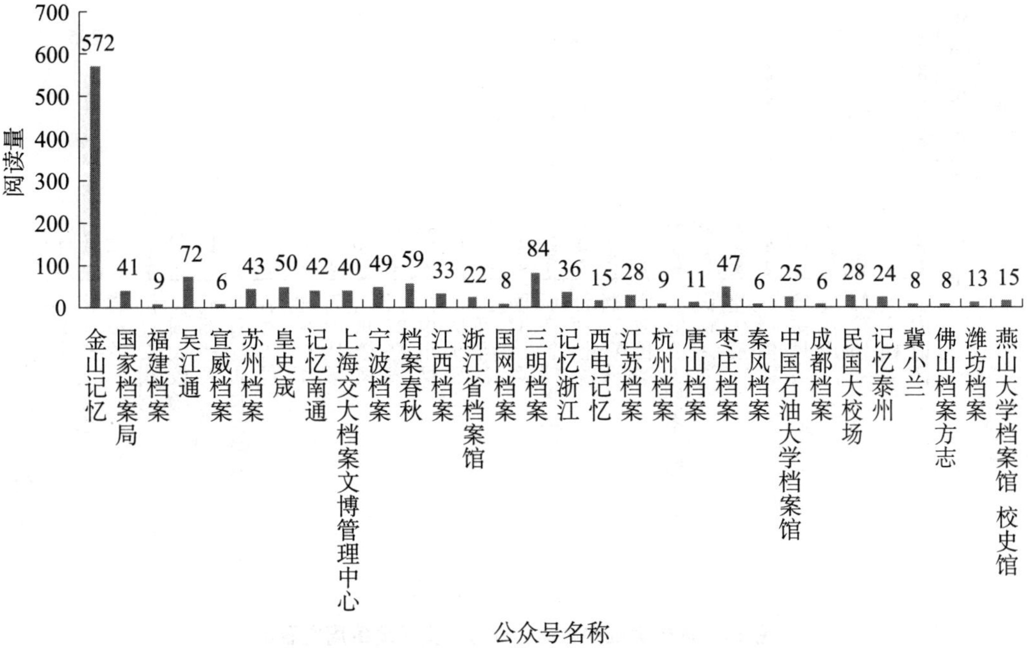

图 11　各档案机构微信公众号推文平均每篇阅读量

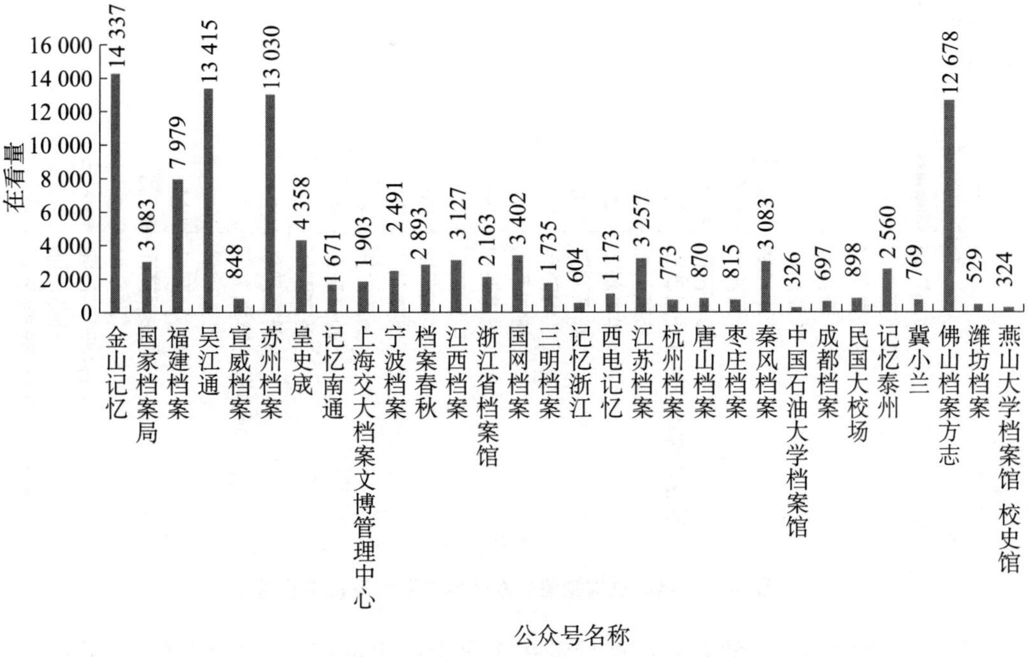

图 12　各档案机构微信公众号推文在看总量

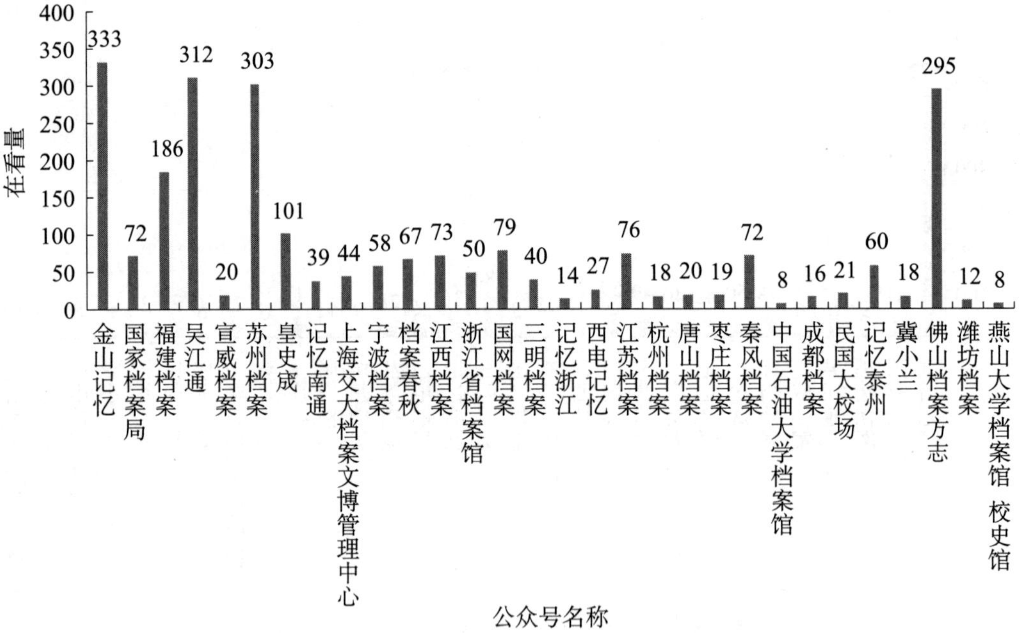

图 13　各档案机构微信公众号推文平均每周在看量

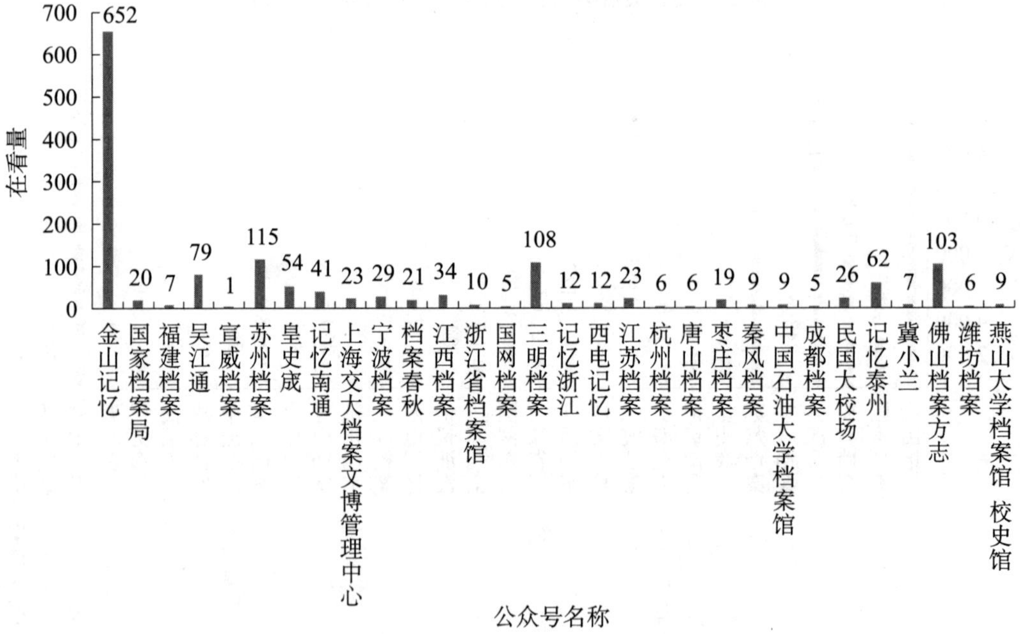

图 14　各档案机构微信公众号推文平均每篇在看量

(3) 点赞量。从总量上看，点赞量在 1 万个以上的有“金山记忆”“吴江通”“苏州档案”“国网档案”和“佛山档案方志”，其中最高的依旧是“金山记忆”，总点赞量为 15 869 个；在 800 个以下的有“记忆浙江”“冀小兰”和“燕山大学档案

馆 校史馆”，其中“记忆浙江”以749个点赞量位列最末；其他的多在2 000个左右（见图15）。对应而言，平均每周点赞量在200个以上及20个以下的公众号同上，其他多分布在50个左右（见图16）。此外，聚焦于每篇推文的平均点赞量，“金山记忆”仍旧以721个的数据位列第一，最低仍是“宣威档案”，平均每篇仅有1个点赞量，其他的则大约有30个点赞量（见图17）。

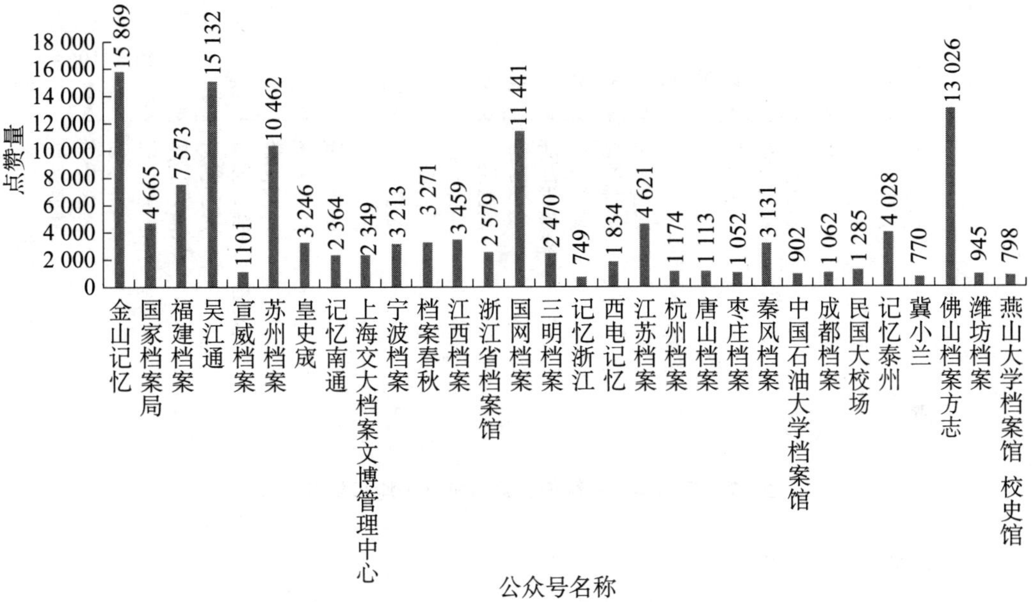

图15　各档案机构微信公众号推文点赞总量

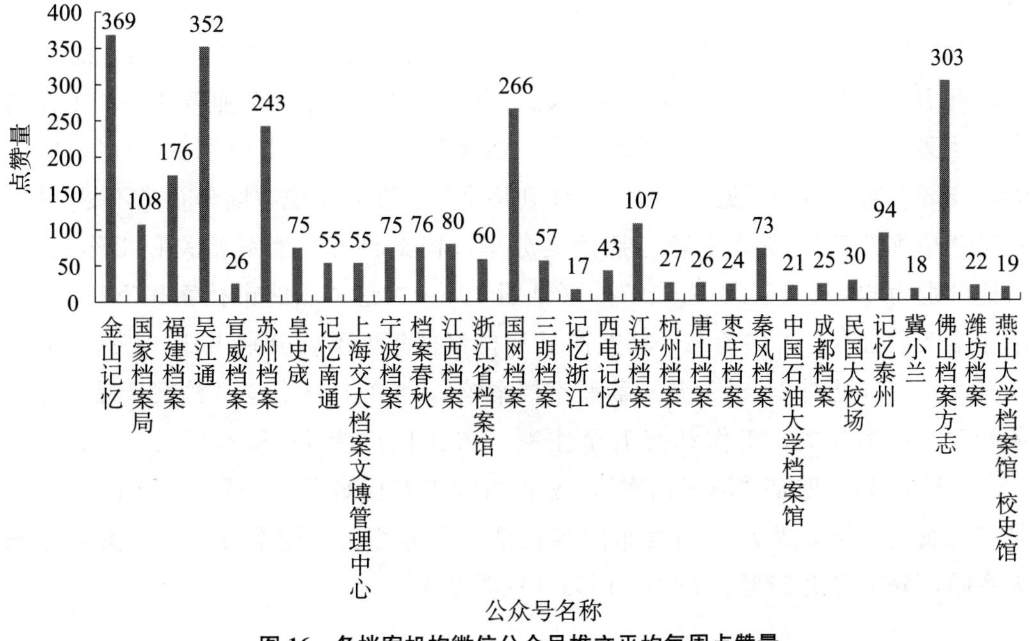

图16　各档案机构微信公众号推文平均每周点赞量

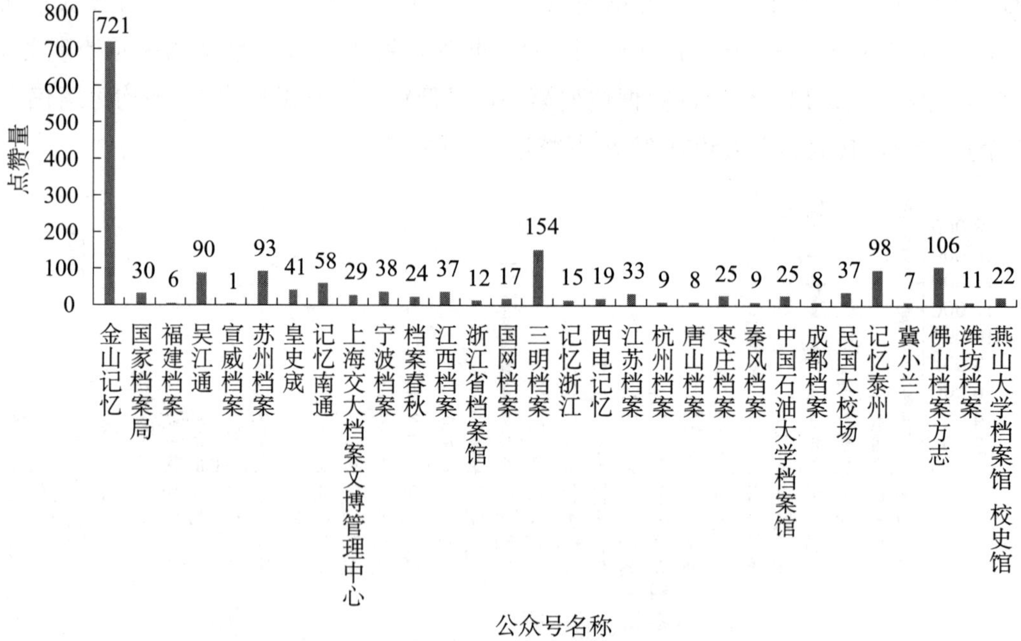

图 17 各档案机构微信公众号推文平均每篇点赞量

2. 抖音账号运营情况

首先，档案机构抖音账号的运营情况可由其视频发布的内容、数量和频率显示。具体如下：

(1) 在发布内容上，与微信公众号推文相同，也可分为七大主题。总体而言，有70%的视频均以档案分享为主题，占比最高；其他如非业务相关、工作动态、档案科普、档案产品、档案相关、档案征集主题占比分别为11%、6%、6%、3%、3%、1%（见图18）。具体到每个抖音账号来说主题分布又不尽相同。一是“马龙档案”，所含主题包括档案分享、档案科普、档案相关和工作动态，占比分别为69%、15%、9%、7%（见图19）。二是“淄博市档案馆”，所含主题包括档案分享、工作动态、档案产品和档案征集四类，分别占比41%、33%、15%、11%（见图20）。三是“荔浦市档案馆”，含有档案分享、档案产品、非业务相关、档案相关、工作动态五个主题，占比依次为71%、11%、9%、6%、3%（见图21）。四是“漳州档案”，发布内容仅有档案分享主题（见图22）。五是“北航档案与文博馆”，所发布内容包括非业务相关、档案分享、档案科普三大主题，分别占比51%、36%、13%（见图23）。

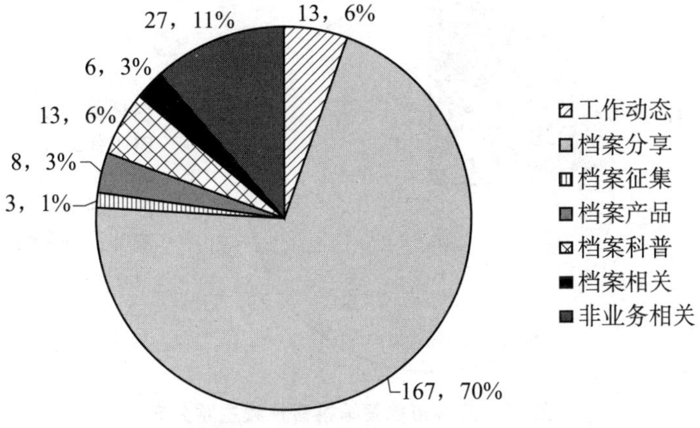

图 18　档案机构抖音账号发布视频数主题分布

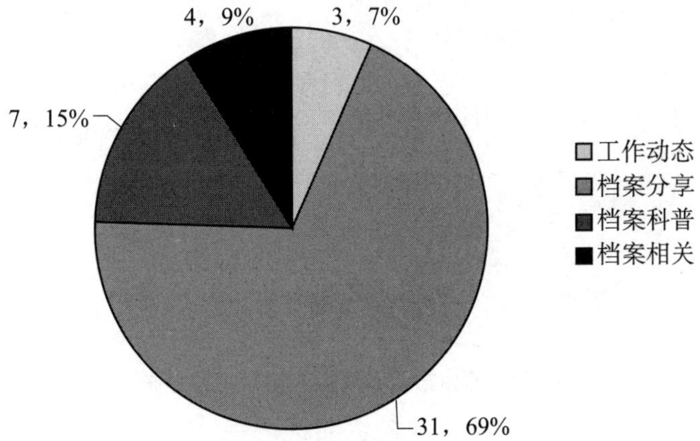

图 19　曲靖市马龙区档案馆抖音视频主题分布

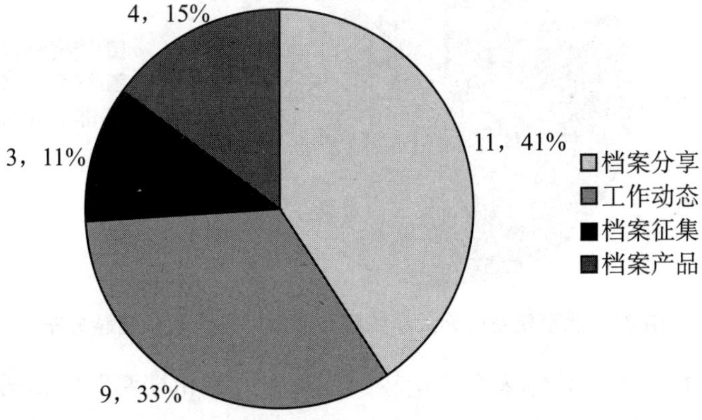

图 20　淄博市档案馆抖音视频主题分布

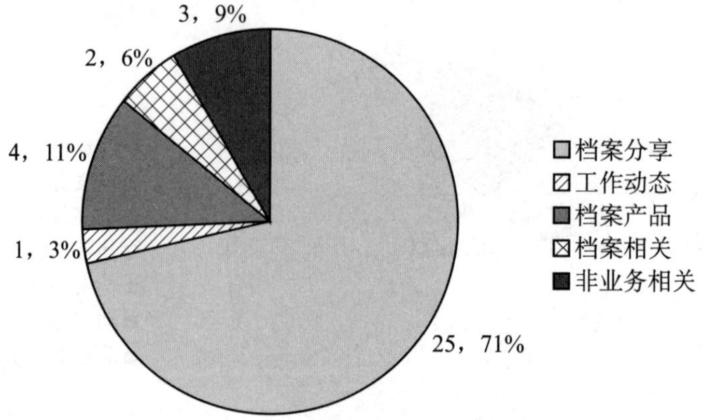

图 21　荔浦市档案馆抖音视频主题分布

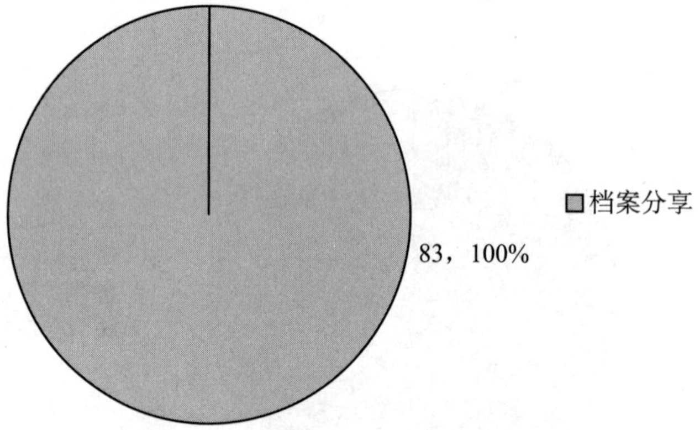

图 22　漳州市档案局抖音视频主题分布

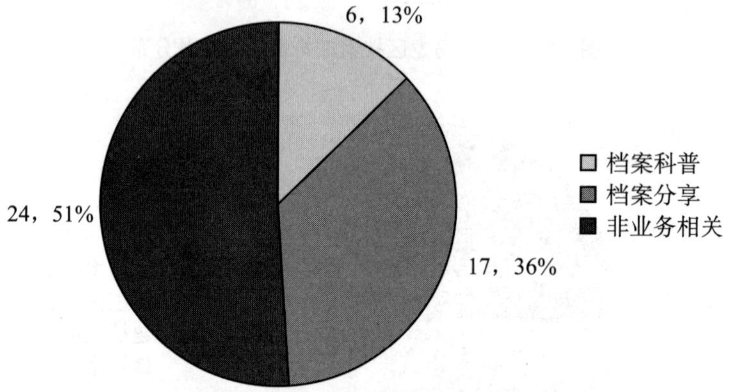

图 23　北京航空航天大学档案与文博馆抖音视频主题分布

(2) 在发布数量上，总体来看数量较少。其中“漳州档案”发布最多，共 83 个视频；发布最少的是“淄博市档案馆”，为 27 个；其他账号的发布数量在 30～50 个之间(见图 24)。

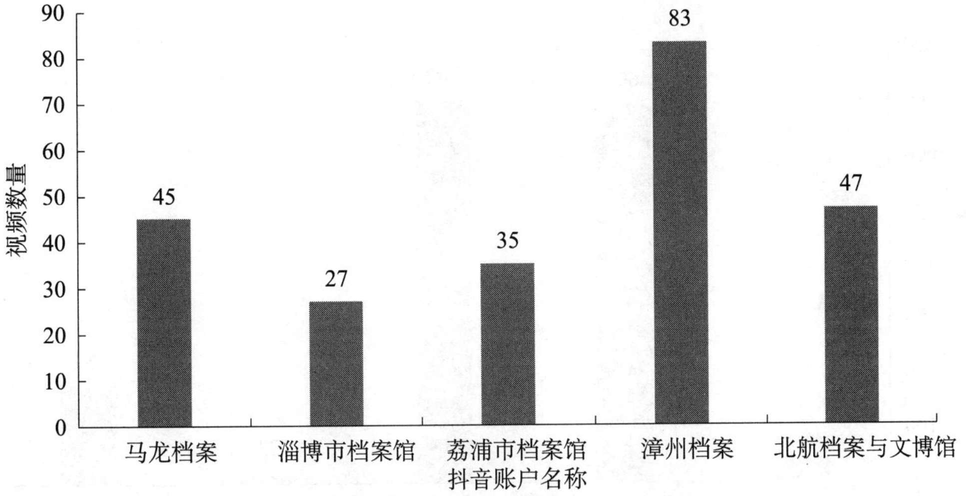

图 24　各档案机构抖音账号发布视频数量总计

（3）在发布频率上，整体而言较低。其中“马龙档案”1—2 月平均 2 天发布 1 个视频、3—10 月平均 1 月发布 2 个视频；“淄博市档案馆”5—6 月平均 2～3 天发布 1 个视频，7—10 月平均 1 月发布 1 个视频；“荔浦市档案馆”1—3 月、7—10 月平均 1 月发布 2 个视频，4—6 月平均 5 天发布 1 个视频；“漳州档案”更新较为稳定，平均 4 天发布 1 个视频；“北航档案与文博馆”也较为稳定，平均 5 天发布 1 个视频。

其次，档案机构抖音账号的运作成效主要可由点赞量显示。就总量而言，整体来看较少。其中点赞量最高的是“荔浦市档案馆”，为 24 580 个；最低的是“漳州档案”，仅有 1 889 个点赞量（见图 25）。各档案机构抖音账号平均每个视频的点赞量排名与总量相同，最高仍为“荔浦市档案馆”，每个视频达 702 个点赞量，最低依旧是“漳州档案”，每个视频仅 23 个点赞量（见图 26）。

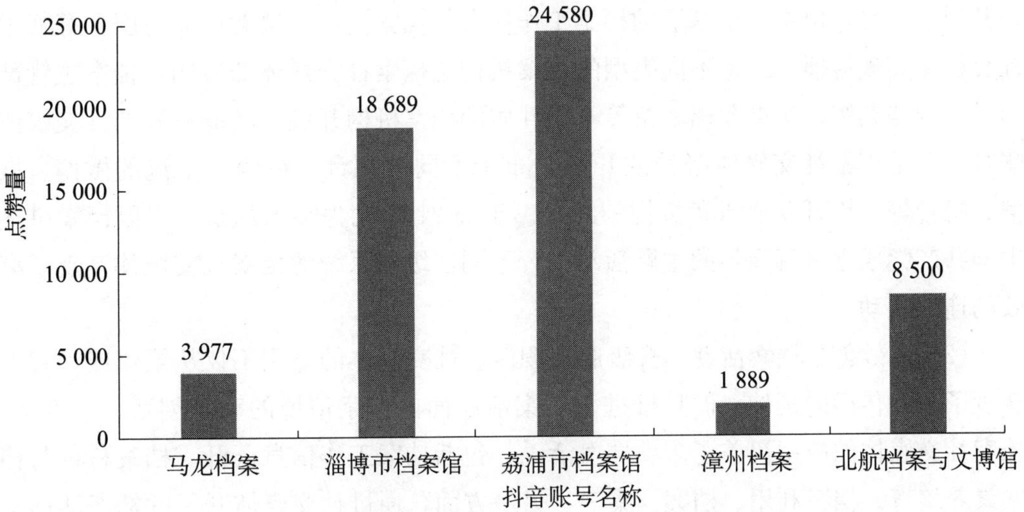

图 25　各档案机构抖音账号发布视频点赞量总计

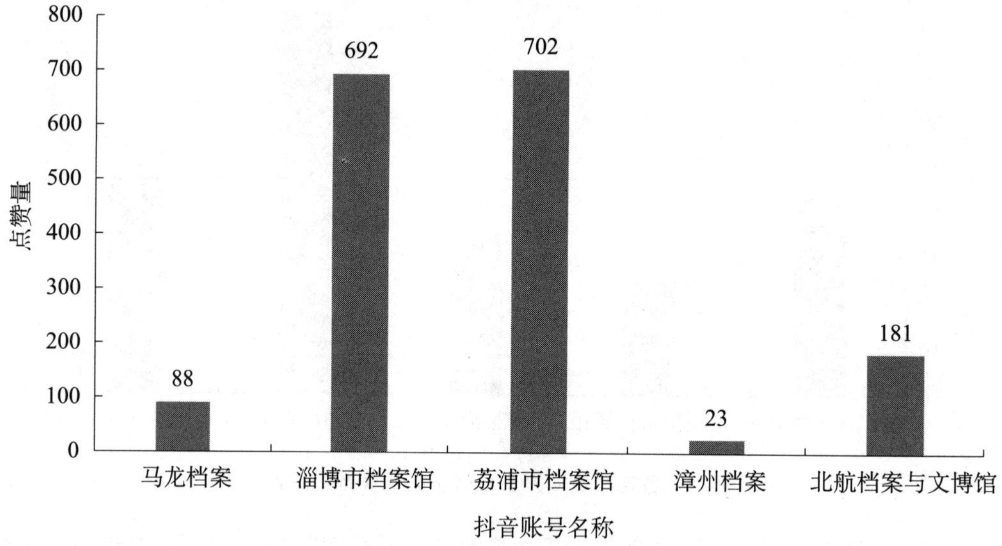

图 26 各档案机构抖音账号发布视频平均点赞量

三、我国档案社交媒体发展成效与局限

(一) 成效

总的来看，我国档案机构对社交媒体的应用颇有成效，主要体现为：

(1) 多层级覆盖档案机构，拓展传播网络。在 10 年左右的发展历程中，档案机构逐步形成了多层级、多类型、多平台的社交媒体应用网络，由此拓展了档案机构的传播空间、方式、模式。一是从国家档案局至部分县级档案主管部门或档案馆均开通了账号，由中央至基层的档案工作信息、档案资源、档案产品与服务等通过社交媒体实现传播。二是不同类型的档案机构正探索社交媒体的应用，档案主管部门、综合档案馆、企事业档案馆等不同性质的档案机构开设了功能各异的社交媒体账号。三是档案社交媒体账号的开设分布于不同的平台，在较为主流的微博、微信、抖音等，均可发现档案机构的踪迹。于 2021 年尤为突出的是，在以档案讲述中国共产党成立一百周年的主题活动中，不同层级与系统的档案社交媒体实现了有效的连通联动。

(2) 有效创新档案活动，升级服务职能。社交媒体的应用不仅从渠道或形式上实现了档案传播的延伸，而且推进了档案活动面向数字情境的动态创新。一方面，档案社交媒体的应用覆盖了多项档案活动，包括档案工作信息公开、档案科普与档案素养培育、档案利用、档案征集等。另一方面，通过社交媒体开展的档案活动实现了创新。如在档案产品与服务上，国家档案局基于社交媒体特质开发了档案微视频以庆祝建党百年，这既为公众发现档案与学习历史提供了高质量的知识资源，也为档案利用探索了可视化叙事的路径。2021 年，档案社交媒体就在庆祝中国共产党成立一百周年的长线主题中，由各级各类档案馆创新设计与实施了各类项目。

（3）多维度推进社会互动，建立亲民形象。通过从自建网站、实体档案机构延伸向有着广大流量的社交媒体平台，档案机构亦深入把握社交媒体平台的互动本质，推进立足档案工作的社会互动，建立起更加丰富的亲民形象。一方面，从代表性账号的传播数据如阅读量、点赞量可发现，档案机构依托社交媒体实现了一定程度的传播受众拓展。另一方面，通过在社会记忆共建共享的框架下基于具体人物、地区、故事等多元具化场景的“以档案讲故事”的基本方法，面向公众征集档案，结合实时热点的档案科普，等等，档案机构从不同方面与层次呈现了档案与档案工作。

（二）局限

尽管取得了一定的实践成效，但对照社交媒体的运营要求、其他领域的社交媒体应用情况，档案社交媒体还存在有待优化之处。

（1）社交媒体的应用网络需进一步扩张。从覆盖面来看：一是尽管微信、微博均有数以百计的档案账号，但相比于档案机构的规模而言，占比依然较低。二是相较于其他领域在政务微博、政务公众号数以十万计的规模中的占比，档案机构同样缺乏显示度。例如，图书馆、博物馆的运营规模与影响力就更加显著，在各项政务社交媒体的报告中都被纳入了分领域的调查。三是相比于其他领域，档案机构的社交媒体未充分形成网络化的行业矩阵。无论是统一性的发声、多元化的互补，还是传播力的叠加，均欠缺面向档案事业整体的贯通协同。四是从现有运营投入来看，档案社交媒体的应用相对单一，偏重于微信公众号。相较之下，社交媒体属性更强的微博和内容设计更为复杂的抖音的活跃档案账号偏少。而在同样有着广泛受众的知乎、豆瓣、B 站等，档案账号则更是零星分布甚至几近于无。

（2）社交媒体的应用设计有限。一方面，档案社交媒体的总体功能偏重于面向社会的输出，公众参与和协同不足，社交媒体的特质未凸显。目前档案社交媒体的功能主要是向行业、社会分享专业进展、工作动态、基本的档案利用和资源共享，互动功能多限于档案征集，而社交媒体围绕热点、兴趣、人物等推动流量、内容的互动没有被充分融合于功能设计中。例如，相近行业如文博社交媒体会在微博上设计可持续的互动话题或结合社会热点的短期热议话题，这在档案社交媒体中相对少见。另一方面，各项功能的内容设计相对简单。一是档案专业属性的凸显不足。部分账号为收获流量，其运营内容并非围绕档案机构的职能与业务展开。例如，微信公众号运营处于前30的账号中，同档案或档案工作无关的推送超过40%。二是即便围绕档案或档案工作发布内容，设计层次也有限。例如，通过社交媒体要实现的资源共建共享，档案征集的方式主要是发布通知，而资源共享则更多是提供简要介绍，以档案讲故事的可视化叙事仅在少量账号中得到应用。

(3) 应用运营尚需体系化。一方面，平台的可持续运营有限。这主要是指部分档案机构由于运营效果有限，没有充分发现问题与优化运营策略，选择放弃社交媒体平台。以微博为例：我国档案机构使用微博收效甚少，部分档案机构账号已停止更新；部分档案机构亦没有从基本零互动、粉丝量少等问题中展开运营优化，所发布的内容质量不高，如主要发布所在地区的天气信息、地区整体的动态等；部分档案机构本身就处于不定期更新的状态。另一方面，可持续运营的问题也显示出部分档案机构的运营没有充分理解社交媒体的本质及其要求。不同平台有各自的定位、功能、受众，要求档案机构设计系统的运营方案。例如，微博作为以内容为主的社交媒体平台，碎片化、互动性、话题性的要求较高，微信则以人际社交为主，两个平台的使用方式就不可完全一样。从目前的使用现状来看，部分档案机构显然未能达到差异化运营的要求。其内在原因还是在于档案机构对社交媒体本身的认识不足。

四、我国档案社交媒体发展展望

档案社交媒体将伴随档案事业的互联网+战略、档案信息化建设、档案社会化进程而日趋深入与扩大。目前档案机构社交媒体在应用网络、应用设计、应用运营等方面的局限，指向的是社交媒体在档案工作中的定位引领、制度规范、方法指导、路径保障等方面的不足。因而，对档案社交媒体的发展可在此基础上做出如下展望。

(一) 强化社交媒体认知，提升深度应用意识

档案社交媒体应用在本质上是档案工作在新社会与技术环境转型中的延伸、创新和升级。社交媒体的应用不仅是工具层面的，也应当识别出该技术背后的创造理念。只有对照档案事业需求来认识社交媒体是什么，从意识本源解决为何用社交媒体的问题，才能实现社交媒体在档案领域全面、深度、持续的应用。因而，档案机

构应从如下两方面加深对社交媒体的认识：

一方面，对社交媒体的应用不应只是传统服务的“物理”迁移，而应当伴随时代精神的变化，融入关注人文的理念，将社交媒体开放、参与、分享与社区化的特点发挥至极致。档案机构对社交媒体的应用在很大程度上是为了服务于公众，与公众需求密切相关，因而需要将人文情怀融入对社交媒体的使用，这也能够推动档案机构通过社交媒体实现更好的社会互动。① 因而，须加强对立足于社交媒体应用的传播理论与方法的学习乃至研究。这不仅要求明确社交媒体的特征，形成合适的应用方案，而且要求通过社交媒体应用进一步认识与理解媒介的发展趋势和规律，从而将经验持续应用于动态变化的媒介群落中。

另一方面，应充分调查与明确档案机构在我国整体档案事业框架下应用社交媒体的需求，从而厘清为什么用社交媒体与怎么用社交媒体的基本思路。例如，在“十四五”规划的引导下，档案工作走向社会、融入社会、引入社会的趋向与档案三大体系的建设，无一不需要使用社交媒体这一重要工具，这就需要各个档案机构结合自身职能与日常工作形成具体的需求方案，为社交媒体应用方案奠定基础。

（二）加强制度建设，促进深度应用

战略性的政策导向与具体制度的细化指导所形成的社交媒体应用制度体系是社交媒体可持续应用的依据性保障，能确保更多档案机构应用、能用社交媒体开展档案工作，从而有效推进社交媒体的深度应用。

一方面，要从整体上布局档案机构应用社交媒体的战略。结合我国《“十四五”全国档案事业发展规划》《关于加强和改进新形势下档案工作的意见》，以及与“互联网＋”和新媒体相关的政策，社交媒体的使用应当得到自顶层发端的统筹规划。② 随后，从国家到地方，应围绕档案利用、档案传播、档案资源建设等工作建立面向社交媒体应用的战略框架，制定档案机构多元化应用社交媒体的目标、原则以及相应的方法。由此，可以促进各档案机构在档案整体事业发展和集中式的档案管理体制下统筹社交媒体的应用，从而形成更具功能效力的优势互补的网络化矩阵。

另一方面，由国家档案局至地方档案主管部门、档案馆，应帮助制定辅助性政策，帮助机构明确应用社交媒体的步骤和注意事项，针对机构职员发布信息的语

① 袁倩．关于美国社交媒体战略的人文关怀与档案服务路径创新的思考［J］．档案与建设，2019（2）：42－45.

② 魏扣，李子林，张嘉禾．国外档案馆应用社交媒体开展公共服务实践及其启示［J］．档案学通讯，2018（2）：81－86.

言、内容、形式、流程、责任人等方面制定指南与要求。例如，全流程规范延伸至社交媒体运营前，在开设每个账号之前需要先设计并提交针对每个平台的运营方案，通过审核后才能开设账号。①

（三）对照社交媒体特质，优化应用设计

档案工作对社交媒体的需求很复杂，只有针对不同方面的目标和需求，与适合的社交媒体平台有效匹配，才能达成有叠加效应的应用成果。这需要从三个方面做好准备：

第一，做好开放包容的理念准备。既要做好准备将档案工作与信息通信技术相结合，积极将档案工作导向数字化；也要对社交媒体有更高的开放度与包容度，社交媒体的功能处于不断的拓展与变化中，能够积极发现新的平台并适当采用是前提。

第二，明确档案工作的需求，明晰当前与未来的工作方向，对内容有整体和微观的双重把握，从档案资源“三大体系”的建设出发，融合“创新、协调、绿色、开放、共享”的发展理念，从数字档案馆建设、档案传播和服务、档案专业能力建设与人才培养、档案社会化等方面做好档案工作的需求分析，明确要用社交媒体做什么。

第三，全面深入认识社交媒体，明晰每一类社交媒体的功能、特点、受众、运营特点等，深度分析不同社交媒体应用于档案工作的哪些方面、不同工具如何协同使用。② 当前，我国的微信、微博、今日头条、知乎、豆瓣等都是重要的社交媒体平台，寻求方案以借用这些平台开展档案工作，将有助于创新与优化档案工作。例如，应重启对微博的有效使用，对接微博内容社交的特点，加强有重点、可持续、多形式、碎片化、话题多元的运营内容设计；我国也有类似于 GitHub 这样的开发者社区，我国档案馆可以在该平台上注册政府档案馆的官方账号，不定期分享档案有关社交媒体运营的项目和资源，面向广大技术人员和档案人员，接受并实践其修改意见，实现技术上的交流沟通；知识分享平台如知乎也是值得关注的平台，以政府名义设立档案馆账号，积极回答知友有关我国档案的问题，并主持档案专栏或者 Live 讲座，将促进我国档案馆向亲民、友好、专业的人民之友方向发展。

---

① 周文泓，黄榆涵，洪页子，等．档案机构对社交媒体的多元化应用探究：基于 NARA 的调查与启示［J］．档案学研究，2018（3）：71-76.

② 周耀林，路江曼．论社交媒体下档案服务的创新［J］．档案学通讯，2014（6）：45-49.

(四) 升级运营模式，推进互动式应用

社交媒体运营机制有利于全过程多方面保障档案工作深入应用社交媒体，尤其是有助于社交媒体推动档案工作中的社会参与。从目前运营不足的情况来看，两个方面的优化是重点：

一方面，采用定量分析的方法帮助评估社交媒体的应用效果，从而最大限度提升档案社交媒体的到达率和参与档案工作的转换率。一是可借鉴发达国家所配备使用的社交媒体数据分析仪表和度量标准，分析平台使用效果，以在有限资源范围内配置使用最优平台。二是通过分析平台数据和用户信息，设计相应的推送方案，以此优化传播效果。[①] 三是及时追踪与发现时事热点[②]，积极与历史故事融合，用老档案来讲述新故事。

另一方面，加强团队建设。一是制定翔实的员工社交媒体应用能力培养方案，明确在社交媒体管理方面员工的专业发展的作业范围、必要的培训和技能，以及可用到的平台或工具。[③] 二是注重团体参与，包括支持跨档案机构各部门的社交媒体社区间的合作，通过在线研讨会、电话会议、谷歌视频群聊上的教学会议等加强社交媒体运营方面的经验交流。

① 贺军．移动社交背景下的档案信息服务推进策略研究［J］．档案学研究，2018（2）：72－78．

② 李宗富，马园懿．美国国家档案与文件署视频平台运营的内容、特点及启示［J］．北京档案，2021（8）：43－47．

③ 张江珊．美国国家档案馆社交媒体策略发展的比较研究及启示［J］．档案学研究，2018（4）：117－122．

中国档案文献遗产工程建设发展报告

王玉珏[1]　徐拥军[2,3]　郭若涵[2]　王兴广[2]　朱娅[1]　辛子倩[1]

1. 武汉大学信息管理学院，武汉　430072

2. 中国人民大学信息资源管理学院，北京　100872

3. 中国人民大学档案事业发展研究中心，北京　100872

摘　要：中国档案文献遗产工程是我国珍贵文献遗产确定、保护、管理与开发利用的系列计划和措施，是中国开展世界记忆项目的组成部分。当前，中国档案文献遗产工程以"国际—地区—国家—地方"名录体系建设为核心，注重借助制定相关政策、规范评审程序、编纂珍贵文献和开展学术研究等多点发力。本报告基于文献调研和实践访谈，对2021年中国档案文献遗产工程建设的新动态予以归纳，同时发现中国档案文献遗产工程建设存在对文献遗产重视程度不够、法律标准规范缺乏、资源后续开发动力不足、地区发展不平衡性凸显、人才和资金保障不足等问题，从五个方面提出其发展趋势，即"引领者"姿态逐步展现、政策体系不断完善、社会关注度显著提升、"数字遗产"热度走高、现实困境有所缓解。

关键词：中国档案文献遗产工程；世界记忆项目；文献遗产

作者简介：王玉珏，博士，副教授，研究方向为档案学基础理论、档案记忆理论、文献遗产保护，电子邮箱 yujue.wang@whu.edu.cn；徐拥军，博士，教授，研究方向为档案学基础理论、企业档案与知识管理；郭若涵，博士研究生，研究方向为档案学基础理论，文献遗产保护；王兴广，硕士研究生，研究方向为档案学基础理论；朱娅，本科生，研究方向为文献遗产保护；辛子倩，本科生，研究方向为文献遗产保护。

2021年，联合国教育、科学及文化组织（United Nations Educational, Scientific and Cultural Organization，后简称"教科文组织"）世界记忆项目（Memory of the World Programme）结束了此前的全面审查工作，出台了新版《世界记忆项目总方针》[General Guidelines of the Memory of the World (MoW) Programme]、《世界记忆项目国际咨询委员会章程》(Statutes of the International Advisory Committee of the "Memory of the World" Programme)。同时，联合国教科文组织围绕

文献遗产的保护召开了系列研讨会，并开启了新一轮的《世界记忆名录》申报、评审。该国际文献遗产项目的“重启”，得到了我国档案主管部门及馆藏机构的支持、响应。

此外，2021 年恰逢新修订的《中华人民共和国档案法》实施、《“十四五”全国档案事业发展规划》出台。其中，“档案文献遗产影响力提升工程”被写入《“十四五”全国档案事业发展规划》专栏 7，成为未来五年档案工作的重要方向之一。在国家档案局的引领下，我国各级各类档案部门积极响应，一方面将“档案文献遗产工程”及“遴选、推送各级各类文献遗产名录”纳入各地区“十四五”档案事业发展规划，另一方面围绕已入选《世界记忆名录》《世界记忆亚太地区名录》《中国档案文献遗产名录》的文献遗产开展资源建设、开发利用工作。

此处需要说明的是本报告中关于“档案文献遗产”与“文献遗产”概念的使用问题。尽管中国档案文献遗产工程使用“档案文献遗产”一词，但其并非遵循“档案文献遗产”之意。相反，“文献遗产”才是整个工程在实际操作过程中所使用之意，具体原因如下：一是中国档案文献遗产工程是世界记忆项目的配套实践，而世界记忆项目本身所关注即为文献遗产，并非将其限定在档案领域。新修订的《世界记忆项目总方针》明确规定：“文献遗产指对一个社群、一种文化、一个国家或整个人类具有重大和持久价值的单一文献或一组文献”。由此可见，其所指“文献遗产”并非特指“档案”。二是从《中国档案文献遗产名录》来看，《本草纲目》《黄帝内经》等古籍的入选侧面印证了此处所言“档案文献遗产”实则为“文献遗产”，诸多入选文献因其原始记录性的缺乏，无法被称为“档案文献遗产”。三是从“中国档案文献遗产工程”的官方英译名来看，“China Documentary Heritage Programme”同样未使用“archives”或“archival”等词，如此翻译是为与世界记忆项目保持一致还是出于其他原因尚不可知，但这也在一定程度上反映了组织者对“档案文献遗产”一词本身的“不自信”。据此，本报告只在表达“中国档案文献遗产工程”“中国档案文献遗产名录”等专有名词，引用其他原文表述，或确是表达“档案文献遗产”之意时才使用“档案文献遗产”一词，其余均使用“文献遗产”一词。

一、中国档案文献遗产工程建设概况

（一）一个核心：“国际—地区—国家—地方”名录体系建设

我国于 1997 年开始申报《世界记忆名录》，2010 年开始申报《世界记忆亚太地区名录》。截至目前，共有 13 项文献遗产入选《世界记忆名录》，12 项文献遗产入选《世界记忆亚太地区名录》，其中《本草纲目》《黄帝内经》《侨批档案－海外华侨银信》《元代西藏官方档案》《清代澳门地方衙门档案（1693—1886）》《近现代中国苏州丝绸档案/近现代苏州丝绸样本档案》6 项文献遗产分别入选两个名录。2002 年，我国首次开启《中国档案文献遗产名录》申报与评选工作，现已进行四轮，共有 142 件（组）文献遗产入选，为国际和地区级名录的申报提供了重要素材。

1. 国际层面：《世界记忆名录》

1995 年 5 月 3 日至 5 日，世界记忆项目国际咨询委员会（International Advisory Committee，IAC）第二次会议在法国巴黎召开，确定建立《世界记忆名录》（Memory of the World Register）。1997 年，《世界记忆名录》收录了第一批文献遗产，此后每两年评选一次。[①] 自 1997 年首次评选至 2017 年（2019 年暂停评选，2021 年恢复评选），共有 125 个国家（或地区）的 432 项文献遗产入选《世界记忆名录》。

1997 年，《中国传统音乐录音档案》入选《世界记忆名录》，成为中国文献遗产申报《世界记忆名录》的开端。截至 2017 年，中国共有 13 项文献遗产入选《世界记忆名录》，入选数量位居世界第八，如表 1 所示。

表 1　中国入选《世界记忆名录》情况表

编号	入选年度	文献遗产名称	年代
1	1997	中国传统音乐录音档案	通代
2	1999	清代内阁秘本档	清代
3	2003	纳西东巴古籍	通代
4	2005	清代科举大金榜	清代
5	2007	清代“样式雷”建筑图档	清代
6	2011	本草纲目	明代
7	2011	黄帝内经	西汉
8	2013	元代西藏官方档案	元代
9	2013	侨批档案-海外华侨银信	清代、民国、新中国成立后
10	2015	南京大屠杀档案	民国、新中国成立后
11	2017	清代澳门地方衙门档案（1693—1886）	清代
12	2017	近现代中国苏州丝绸档案	民国、新中国成立后
13	2017	甲骨文	商代

① 卜鉴民，王玉珏．传承人类记忆遗产［M］．苏州：苏州大学出版社，2021.

2. 地区层面:《世界记忆亚太地区名录》

《世界记忆亚太地区名录》(Asia/Pacific Memory of the World Register)是2008年由世界记忆项目亚太地区委员会(Memory of the World Committee for Asia/Pacific)建立,并由其负责审核评定的地区级文献遗产名录,每两年评选一次。① 其间,时任国家档案局副局长李明华曾担任世界记忆项目亚太地区委员会主席(2014—2018)②,国家档案局交流合作司司长王红敏担任名录分委员会成员(2018—2022)③。截至2018年,《世界记忆亚太地区名录》共收录了亚太地区25个国家(或地区)的57项文献遗产,中国文献遗产占比超过20%。自2010年《黄帝内经》《本草纲目》以及《天主教澳门教区档案文献(16—19世纪)》入选《世界记忆亚太地区名录》以来,截至2018年,我国共有12项文献遗产入选,如表2所示。

表2 中国入选《世界记忆亚太地区名录》情况表

编号	入选年度	文献遗产名称	年代
1	2010	本草纲目	明代
2	2010	黄帝内经	西汉
3	2010	天主教澳门教区档案文献(16—19世纪)	明代、清代、民国
4	2012	侨批档案-海外华侨银信	清代、民国、新中国成立后
5	2012	元代西藏官方档案	元代
6	2014	赤道南北两总星图	明代
7	2016	近现代苏州丝绸样本档案	民国、新中国成立后
8	2016	孔子世家明清文书档案	明代、清代、民国
9	2016	澳门功德林寺档案和手稿(1645—1980)	清代、民国
10	2016	清代澳门地方衙门档案(1693—1886)	清代
11	2018	四部医典	明代、清代、民国
12	2018	南侨机工档案	民国

3. 国家层面:《中国档案文献遗产名录》

2000年,中国积极响应联合国教科文组织世界记忆项目号召,建立《中国档

① 卜鉴民,王玉珏. 传承人类记忆遗产[M]. 苏州:苏州大学出版社,2021.

② 中华人民共和国国家档案局. 联合国教科文组织世界记忆工程亚太地区委员会第六次全体会议在广州召开[EB/OL]. (2014-05-22)[2021-12-04]. https://www.saac.gov.cn/daj/yaow/201405/0101281c3f534c6ba43bbbe831aa8a8f.shtml.

③ Memory of the World Committee for Asia and the Pacific. Organization Structure [EB/OL]. [2021-12-04]. http://www.mowcapunesco.org/about/organization-structure/.

案文献遗产名录》，成为世界上最早建立世界记忆项目国家名录的国家。① 2002年3月，国家档案局组织召开“中国档案文献遗产工程”国家咨询委员会评审会，审定通过48件（组）文献遗产入选《中国档案文献遗产名录》，其中《清代内阁秘本档中有关17世纪在华西洋传教士活动的档案》入选《世界记忆名录》。2003年10月，第二批《中国档案文献遗产名录》公布，收录35件（组）文献遗产，其中《纳西东巴古籍》入选《世界记忆名录》。2010年2月，第三批《中国档案文献遗产名录》公布，收录30件（组）文献遗产，其中《黄帝内经》《本草纲目》入选《世界记忆名录》和《世界记忆亚太地区名录》。2015年5月，第四批《中国档案文献遗产名录》公布，收录29件（组）文献遗产，其中《孔子世家明清文书档案》《四部医典》入选《世界记忆亚太地区名录》。总体来说，我国文献遗产具有数量丰富、时间跨度大、空间分布广、涉及领域多、民族特色与时代特色鲜明等特点。

从评选结果来看，我国34个省级行政区中共有28个省（直辖市、自治区）的文献遗产入选《中国档案文献遗产名录》，大多数档案部门高度重视、积极参与。入选文献遗产数量最多的是江苏省，其次是四川省和浙江省。其中，每批均有文献遗产入选的省级行政区共有6个，分别是江苏、四川、浙江、云南、西藏和黑龙江。除港澳台之外，大陆仅有江西、河南和海南三省至今无一项文献遗产入选。如表3所示。

表3　我国34个省级行政区地方各级综合档案馆入选《中国档案文献遗产名录》的数量情况

省级行政区	入选件数				
	第一批	第二批	第三批	第四批	总计
江苏省*	4	1	3	4	12
四川省*	3	2	2	3	10
浙江省*	3	2	3	1	9
云南省*	3	2	1	1	7
西藏自治区	1	1	2	3	7
内蒙古自治区	2	1	0	4	7
辽宁省	2	2	0	2	6
河北省	2	1	0	3	6
黑龙江省	1	1	2	1	5
上海市*	1	1	0	2	4
山东省*	1	0	1	2	4

① 中华人民共和国国家档案局．《中国档案文献遗产名录》：第一部世界记忆国家名录［EB/OL］．(2011-12-31)［2021-12-31］．https：//www.saac.gov.cn/daj/lhgjk/201808/6e185037dc1d49599ad7594cd29e7f6e.shtml.

续表

省级行政区	入选件数				
	第一批	第二批	第三批	第四批	总计
广东省*	1	1	1	0	3
湖北省*	1	1	1	0	3
甘肃省	1	0	1	1	3
贵州省	1	0	1	1	3
吉林省	2	0	0	1	3
天津市	2	0	1	0	3
湖南省*	1	0	1	0	2
青海省	1	1	0	0	2
安徽省	1	1	0	0	2
北京市	2	0	0	0	2
新疆维吾尔自治区	1	1	0	0	2
山西省	0	1	0	1	2
福建省*	0	0	1	0	1
宁夏回族自治区	1	0	0	0	1
重庆市	1	0	0	0	1
广西壮族自治区	0	1	0	0	1
陕西省	0	0	1	0	1
江西省*	0	0	0	0	0
河南省	0	0	0	0	0
海南省	0	0	0	0	0
香港特别行政区	0	0	0	0	0
澳门特别行政区	0	0	0	0	0
台湾地区	0	0	0	0	0

注：1. 联合申报项目重复统计。

2. 不包括中央档案馆、中国第一历史档案馆、中国第二历史档案馆、外交部档案馆、国家图书馆等申报单位的入选件数。

3. “*”表示当前该地区已创建本省（自治区、直辖市）档案文献遗产工程。

4. 地方层面：省市级名录

受国家文献遗产工程影响，我国地方文献遗产工程也相继启动。截至目前，我国 34 个省级行政区中已有 11 个创建了省级名录（见表 4），颁布了本省文献遗产评选办法，并通过积极申报《中国档案文献遗产名录》、编纂出版地方珍贵文献汇编等形式推动文献遗产工程建设发展。

早在2002年，浙江即颁布《浙江档案文献遗产工程实施办法》，规定了申报办法、评选流程以及相关管理、保护和利用要求，成为首个颁布文献遗产评选办法的省份，并于2003年评选出15项文献遗产入选《浙江省档案文献遗产名录》。① 随后，江苏、福建、上海等地相继开展地方名录体系建设。最近一次评选结果公示由上海市发布，2021年9月，上海市档案局公布了入选第三批上海市档案文献遗产名录的10项珍贵档案。②

表4 我国34个省级行政区创建省级名录体系的情况

类别	省级行政区
已创建省级名录体系的行政区（11个）	浙江、上海、湖南、山东、江苏、四川、云南、广东、福建、江西、湖北
未创建省级名录体系的行政区（23个）	北京、天津、河北、黑龙江、吉林、辽宁、河南、安徽、陕西、山西、甘肃、宁夏、重庆、贵州、广西、海南、内蒙古、青海、新疆、西藏、台湾、香港、澳门

此外，我国地方名录体系建设主要集中在省级行政区，绝大部分省级以下行政区的名录体系建设尚未起步。在已经开展文献遗产工程建设的省级行政区内，各地市往往通过参与申报入选本省文献遗产名录的方式，开展相关的文献遗产发掘、整理、保护等工作。据调查，当前我国仅有青岛、苏州、常州、盐城、无锡和连云港等市创建了地市级名录。

（二）多点发力、多方推动

由于国家层面《世界记忆遗产申报、保护和利用管理办法》还在研究制定过程中，因此，我国当前文献遗产的建设工作多集中于“国家—地方”层面。通过制定文献遗产保护及评审相关政策、编纂珍贵文献汇编、开展入选文献遗产研究等活动，组织档案主管部门、馆藏机构及学术科研力量共同推动我国文献遗产保护与建设工作。③

1. 制定文献遗产相关政策

（1）制定《〈中国档案文献遗产名录〉入选标准》。为唤醒和加强全社会的文献

① 卜鉴民，王玉珏．传承人类记忆遗产［M］．苏州：苏州大学出版社，2021.

② 孙云．10项珍贵档案昨天入选第三批上海市档案文献遗产名录［N］．新民晚报，2021-09-27.

③ 中华人民共和国国家档案局．《“十四五”全国档案事业发展规划》解读（八）：参与世界记忆项目 提升档案文献遗产影响力［EB/OL］．（2021-10-11）［2021-12-05］．https://www.saac.gov.cn/daj/lhgjk/202111/44ec51486e68457095411fd26d07656f.shtml.

遗产保护意识，有计划、有步骤地开展行动，国家档案局于2000年正式启动“中国档案文献遗产工程”。随后，国家档案局制定了《〈中国档案文献遗产名录〉入选标准》，该标准认为档案文献价值的确定没有绝对的评价尺度，其影响大小、重要程度等主要取决于与其他档案文献的比较。它规定了确定档案文献遗产的文化价值具体可从以下七个方面入手，即时间、主题内容、地区、民族与人物、形式与风格、系统性、稀有性。①

（2）出台地方档案文献遗产相关政策。自《中国档案文献遗产名录》评审工作开始以来，各地纷纷颁布本地区文献遗产评选办法，如浙江省在2002年出台首个省级文献遗产评选办法——《浙江档案文献遗产工程实施办法》。随后，江苏、福建等11个省级行政区，青岛、苏州、常州等个别地市也出台了各自的文献遗产评选办法，明确规定对本地区文献遗产提供有计划、有针对性的保护措施，并在经费和技术等方面给予特殊扶持。例如，《湖南省档案文献遗产评选管理办法》第十六条规定：“全省各级档案行政管理部门应积极做好档案文献遗产保护工作，有计划地开发档案文献遗产文化产品，开展档案文献保护宣传、学术活动和相关培训。为档案文献遗产保管者提供保护技术、保管装具、修复、数字化以及宣传、展示、展览等服务。”②

2. 规范文献遗产评审程序

在评选程序方面，目前已颁布评选办法的省级行政区均采用“自主申报、专家评审”的模式，定期组织评选工作。由在申报范围内的单位或个人根据相关要求自主准备申报材料，报送至文献遗产评选委员会（部分省份称作咨询委员会）进行评审，该委员会通常由档案学、文献学、历史学以及其他与文献遗产价值审定有关的专家、学者组成。经审定入选的文献遗产需报送至省级档案主管部门进行审核，主管部门批准后即确定本省该批次名录内容，并颁发证书。此外还要通过新闻媒体向社会公布评选结果，部分省份还会对名录进行汇编出版。同时，入选本省名录的文献遗产将被优先推荐申报《中国档案文献遗产名录》。

3. 编纂珍贵文献遗产汇编

在我国创建“中国档案文献遗产工程”、遴选《中国档案文献遗产名录》之前，各省虽然已有意识对馆藏珍品进行整理编纂和出版，但未形成规模。直到国家档案局大力引导，地方珍贵文献遗产编纂出版才成井喷态势，珍品、精品文献汇编层出

① 国家档案局．《中国档案文献遗产名录》入选标准［EB/OL］．（2021-02-18）［2021-12-05］．https://www.saac.gov.cn/mowcn/cn/c100333/202102/07cdf4a7fe4e403ca1679e8b14b8b9d6.shtml.

② 湖南省档案局．湖南省档案文献遗产评选管理办法［EB/OL］．（2016-03-18）［2021-12-05］．http://sdaj.hunan.gov.cn/sdaj/dayw_78261/bzgf_2/201603/t20160317_2963481.html.

不穷，且颇具规模。

自 1995 年至 2015 年，国内公开出版的地方珍贵文献汇编共有 33 部，华东地区的江苏、浙江、上海三地出版的作品数量占比最高。其中，香港零至壹出版有限公司出版的八省《中国档案精粹》（安徽、云南、吉林、辽宁、黑龙江、内蒙古、河北、浙江）精装本，江苏、山东两省档案局（馆）组织编纂的档案精品丛书，即 14 卷本《江苏省明清以来档案精品选》和 18 卷本《山东档案精品集》等较为典型，对于记录和反映地方历史进程，彰显本地档案资源建设丰硕成果具有重要意义。例如，《江苏省明清以来档案精品选》包含的内容不仅全部是首次披露的原始档案，并且拥有专有出版权，在数字化和数据库建设中具有不可替代的优势；《太仓档案精品选》是公开出版的 33 部珍品档案汇编中唯一一部县级档案编纂成果。[①] 2021 年，为纪念建党百年和中国第二历史档案馆建馆 70 周年，中国第二历史档案馆编辑出版《中国第二历史档案馆馆藏档案精粹》，将入选《世界记忆名录》《中国档案文献遗产名录》等的文献遗产全部收录。

4. 开展文献遗产学术研究

当前，我国档案学领域的专家学者通过申报科研项目积极开展文献遗产学术研究。例如，武汉大学信息管理学院周耀林教授开展 2017 年度国家社科基金重大项目“边疆民族地区濒危少数民族档案文献遗产保护及数据库建设”，深入调研少数民族档案文献遗产保护现状和需求，构建具有保护属性的少数民族档案文献遗产数据库等[②]；北京市人文北京研究基地执行主任徐拥军教授开展 2018 年度北京市社会科学基金研究基地重点项目“2022 年北京冬奥会文献遗产的保护与传承”，研究继承、保护和利用冬奥会文献遗产的理论和策略，为国际奥林匹克运动的可持续发展贡献出独特的中国力量；武汉大学信息管理学院王玉珏副教授获批 2020 年度国家社科基金青年项目“世界记忆项目建设体系与中国策略研究”，致力于围绕世界记忆项目开展系统研究。

二、2021 年中国档案文献遗产工程建设新动态

（一）政策制定

1. 国家层面给予高度重视

2021 年 4 月，联合国教科文组织执行局第 211 次会议审议通过了《世界记忆项

① 赵彦昌．世界记忆工程与中国地方档案事业发展 [J]．档案与建设，2017 (1)：4 - 7.

② 全国哲学社会科学工作办公室．边疆民族地区濒危少数民族档案文献遗产保护及数据库建设中期检查报告 [EB/OL]．(2019 - 12 - 13) [2021 - 12 - 05]．http：//www.nopss.gov.cn/n1/2019/1213/c417960 - 31505538.html.

目总方针》，标志着该项目此前进行的全面审查和法律框架重塑工作告一段落。对此，在2021年4月14日外交部例行记者会上，发言人赵立坚坚定表达了我国支持世界记忆项目改革的立场，希望通过推进世界记忆项目健康发展，发挥我国在加强国际合作、促进世界和平上的作用。[①] 2021年7月，《世界记忆名录》正式开启新一轮的申报与评审工作。

2021年6月，中共中央办公厅、国务院办公厅印发《“十四五”全国档案事业发展规划》，为我国下一阶段档案事业发展指明方向。其中，在“（八）深入推进档案对外交流合作，提升国际影响力和贡献力”部分，明确提出“积极参与联合国教科文组织世界记忆项目。加强与联合国教科文组织世界记忆项目秘书处和国际咨询委员会合作，积极参与世界记忆项目亚太地区委员会各项活动”“促进世界记忆项目与联合国教科文组织其他遗产项目协同发展”等要求。[②]

《“十四五”全国档案事业发展规划》充分彰显了国家对档案事业发展的高度重视，重点指出档案部门要深化对外交流合作，积极参与联合国教科文组织牵头组织的各类项目，以提升我国文献遗产的国际影响力，这同我国当前所面临的国际发展趋势相契合。虽然我国经济实力不断提升，国际影响力日益增强，但在掌握国际话语权方面较西方国家仍处于相对弱势地位，提升国家文化软实力和国际影响力是破除西方话语封锁的重要手段之一。档案部门应深刻认识文献遗产对于增强文化自信、讲好中国故事、展示中国形象等方面的积极意义，充分利用联合国教科文组织这一重要平台，通过参与申报《世界记忆名录》《世界记忆亚太地区名录》等方式不断提升我国文献遗产在国际舞台上的知名度与影响力。

2. 地方层面积极响应号召

浙江、福建、云南、上海等地积极响应《“十四五”全国档案事业发展规划》号召，将推动文献遗产的建设和保护利用明确写入本地区“十四五”档案事业发展规划。

《浙江省档案事业发展“十四五”规划》明确提出：“继续实施国家和省重点档案保护开发项目，高质量完成《抗日战争档案汇编》（浙江卷）编纂工作，积极申

① 国家档案局．外交部发言人答复世界记忆项目改革有关问询［EB/OL］．（2021-04-19）［2021-12-05］．https：//www.saac.gov.cn/daj/lhgjk/202104/487be9fb107d45bb827bd903bf93642d.shtml.

② 国家档案局．中办国办印发《“十四五”全国档案事业发展规划》［EB/OL］．（2021-06-08）［2021-12-05］．https：//www.saac.gov.cn/daj/yaow/202106/899650c1b1ec4c0e9ad3c2ca7310eca4.shtml.

报中国档案文献遗产和世界记忆项目。”① 杭州市紧跟浙江省发展步伐，在《杭州市档案事业发展“十四五”规划》中指明要“培育一批具有杭州特色的档案文化精品，积极申报档案文献遗产项目”②。

福建省以“加强福建学术中心建设”和“增进档案对外交流合作”为切入点，积极谋划文献遗产工程建设工作。《福建省“十四五”档案事业发展规划》明确提出要“完善档案文献遗产管理机制，推动我省档案文献遗产申报工作”“加强与其他世界记忆项目学术中心及记忆机构之间的交流合作”“拓展与海丝沿线国家和地区档案馆、图书馆、博物馆等文献遗产保管单位的交流合作”“提升侨批档案文献遗产的国际影响力”③。此外，2021年10月12日，福建省人民政府第94次常务会议通过了《福建省侨批档案保护与利用办法》，于2021年12月1日起施行。④ 该办法着眼于侨批档案保护管理和科学开发利用各个方面，对职责设置、管理制度建设、安全保护机制、共享利用体系建设、研究开发等进行规范，使侨批档案管理利用有章可循。

云南省和上海市在本地区“十四五”规划中展现了持续推动地方文献遗产名录建设发展的积极态度。云南省提出：“持续开展‘云南记忆名录’评选，对列入《世界记忆亚太地区名录》、《中国档案文献遗产名录》和《云南记忆名录》的馆藏珍贵档案及其他重要档案开展预防性保护。”⑤ 上海市表示，将“动员各方力量继续开展‘中国档案文献遗产’申报和‘上海市档案文献遗产’评选工作，加强相关研究，深入挖掘珍贵档案文献遗产的历史文化内涵。积极做好优秀档案文化传播项目评选推介工作”，强调“本市档案保管单位所藏‘中国档案文献遗产’‘上海市档案文献遗产’以及其他珍贵档案完成预防性保护”⑥。

---

① 浙江省发展和改革委员会．省发展改革委 省档案局关于印发《浙江省档案事业发展“十四五”规划》的通知［EB/OL］．（2021－06－24）［2021－12－05］．http：//www.zj.gov.cn/art/2021/6/24/art_1229540815_4671280.html.

② 中共杭州市委，杭州市人民政府．中共杭州市委办公厅 杭州市人民政府办公厅关于印发《杭州市档案事业发展“十四五”规划》的通知［EB/OL］．（2021－09－26）［2021－12－05］．http：//www.hangzhou.gov.cn/art/2021/9/26/art_1345197_59042334.html.

③ 福建省档案局．福建省档案局 福建省发展和改革委员会印发《福建省“十四五”档案事业发展规划》［EB/OL］．（2021－11－03）［2021－12－05］．http：//www.fj-archives.org.cn/dazw/bsdt/202111/t20211103_295443.htm.

④ 福建省人民政府．福建省侨批档案保护与利用办法［EB/OL］．（2021－10－14）［2021－12－05］．http：//www.fj.gov.cn/zwgk/zxwj/szfwj/202110/t20211014_5718823.htm.

⑤ 云南省人民政府．省委办公厅、省政府办公厅印发《“十四五”云南省档案事业发展规划》［EB/OL］．（2021－10－16）［2021－12－05］．http：//www.yn.gov.cn/zwgk/zcwj/swwj/202110/t20211016_229341.html.

⑥ 上海市档案局．《上海市档案事业发展“十四五”规划》［EB/OL］．（2021－08－31）［2021－12－05］．http://www.chinaarchives.cn/home/category/detail/id/36247.html.

（二）实践领域

1. 世界记忆项目中国国家委员会主动发挥引领作用

（1）搭建基于文献遗产保护的中外合作与交流平台。搭建基于文献遗产保护的中外合作与交流平台，既有利于交换经验、促进我国档案事业发展，又能展现中国负责任的大国形象和积极作为的大国姿态，对维护国际正义和人类共同进步具有积极作用。

在人类命运共同体的价值观感召下，特别是面对当前新冠肺炎疫情肆虐全球的时代背景，中国作为世界上重要的政治实体之一，理应担负保护世界文献遗产、守护人类共同记忆的国际责任。为发挥中国在世界记忆项目中的引领作用，2021 年 9 月 7 日，国家档案局和联合国教科文组织世界记忆项目联合举办了“新冠肺炎疫情和后疫情时期加强非洲记忆机构适应能力”线上国际研讨会。会议上中方介绍了其有效推进疫情防控档案科学管理的举措和做法，为突发公共卫生事件档案科学管理和共享利用提供了值得借鉴的中国方案，为提升非洲记忆机构在新冠肺炎疫情和后疫情时期的适应能力建设贡献了中国力量。①

（2）开通世界记忆项目中国国家委员会网站。2021 年 4 月 30 日，下设于国家档案局官网的联合国教科文组织世界记忆项目中国国家委员会网站（https：//www. saac. gov. cn/mowcn/cn）正式上线。时逢“联合国教科文组织世界记忆项目中国国家委员会”成立 25 周年，该网站围绕“世界记忆项目”“中国档案文献遗产工程”“记忆名录”“学术中心”等内容进行宣介，全面呈现我国文献遗产的申报、管理、保护、学术研究与开发利用情况，积极传播、推广中华优秀文化遗产。

该网站以图文并茂的方式分批向公众开放展示入选《中国档案文献遗产名录》的文献遗产，详细介绍《世界记忆名录》的申报规则和流程，并公布相应文件和申报表，为各文献保管单位申报各级名录提供便利。此外，网站还实时更新世界范围内与联合国教科文组织世界记忆项目有关的政策、活动、会议、展览，刊载部分相关的专题论文和研究成果，为档案专业人员提供有价值的资讯信息和研究参考。②

2. 各方力量积极参与推进文献遗产工程建设

在世界记忆项目改革发展的关键一年，我国档案部门、学术中心、高校、科研

① 中华人民共和国国家档案局 . 国家档案局和联合国教科文组织共同举办“新冠肺炎疫情和后疫情时期加强非洲记忆机构适应能力”线上国际研讨会［EB/OL］.（2021 - 09 - 10）［2021 - 12 - 05］. https：//www. saac. gov. cn/daj/lhgjk/202109/b4e4e87c681043209c248f57444a3ce9. shtml.

② 中华人民共和国国家档案局 . 世界记忆项目中国国家委员会网站上线［EB/OL］.（2021 - 04 - 30）［2021 - 12 - 05］. http：//www. gov. cn/xinwen/2021 - 04/30/content_5604115. htm.

机构等积极响应国家号召，以多种形式积极参与中国记忆遗产体系建设，并取得了一定的进展和成就。

（1）世界记忆项目学术中心建设如火如荼。世界记忆项目学术中心是文献遗产工程建设不可忽视的一股力量，致力于加强与记忆保管、研究机构交流合作，推广世界记忆项目成果，促进世界记忆与世界文化、自然遗产，以及非物质文化遗产项目协同发展。

2021年4月20日，为推动“海上丝绸之路”申报联合国教科文组织世界遗产项目，开展世界记忆项目文献遗产保护与利用计划，助力粤港澳大湾区文化交流和岭南文化传播，广东省人民政府参事室（文史研究馆）、广东省粤港澳合作促进会、澳门城市大学（澳门世界记忆学术中心）、澳门文献信息学会和广州十三行博物馆联合主办了“海上丝路·双城忆——清代广州十三行之广州与澳门印迹”图片展览暨学术研讨会。[①] 此为广州十三行博物馆首次走出南粤的展览，通过回顾十三行历史、深挖粤商文化，再现广州与澳门共建海上丝绸之路的历史，有助于推动十三行走向世界，密切与世界记忆项目的合作和共同发展。

2021年6月，福建省档案馆和晋江市档案馆联合在晋江梧林侨批馆设立的“世界记忆项目福建学术中心实践基地”，成为福建省侨批文化宣传推广示范点。该基地结合晋江市档案馆“征集＋展览”“编纂＋研究”和梧林侨批馆“侨批＋文化”工作模式的优势，积极配合世界记忆项目福建学术中心的各项工作，建设以侨批档案为主、地方特色为辅的文献遗产保护研究和宣传展示平台，以有效发挥实践基地的社会教育功能，并促进联合国教科文组织世界记忆项目在福建的推广。[②]

苏州市工商档案管理中心、世界记忆项目苏州学术中心联合武汉大学信息管理学院师生团队，共同编写了《传承人类记忆遗产——联合国教科文组织世界记忆项目研究》。2021年11月25日，世界记忆项目苏州学术中心应邀参加了世界记忆项目科特迪瓦学术中心战略规划研讨会，分享了苏州学术中心的基本情况、实践路径，并总结提出了对世界记忆项目的一些建议。[③]

（2）针对文献遗产的“连续性”开发不断深化。

---

① 世界记忆项目中国国家委员会．“海上丝路·双城忆——清代广州十三行之广州与澳门印迹”图片展览暨学术研讨会在澳门举办［EB/OL］．（2021－05－19）［2021－12－05］．https：//www.saac.gov.cn/mowcn/cn/c100445/202105/e289d1c3f1034a8b9cd91c8976f43d80.shtml.

② 王敏霞．世界记忆项目福建学术中心实践基地落户晋江［EB/OL］．（2021－06－21）［2021－12－05］．https：//www.fjdaily.com/app/content/2021－06/21/content_1054091.html.

③ 苏州市工商档案管理中心．苏州学术中心参加科特迪瓦学术中心战略规划研讨会［EB/OL］．（2021－11－30）［2021－12－05］．https：//mp.weixin.qq.com/s/oRRYaskDL4DInopZw3dc3g.

一是持续推动文献遗产名录建设。

2021 年 7 月 27 日，黔南布依族苗族自治州召开水书申遗交流暨学术研讨会，就水书申遗工作推进情况进行汇报与讨论，旨在深入挖掘入选《中国档案文献遗产名录》《国家珍贵古籍名录》和《国家级非物质文化遗产名录》的“水书文献和水书习俗”所蕴含的深厚文化内涵，借助第 44 届文化遗产大会的东风，促进水书文化研究传播和影响力提升，推动水书申遗工作，力争早日成功申报《世界记忆名录》。①

上海市档案文献遗产名录建设工作在 2021 年取得新进展。上海市档案馆于 2021 年 9 月公布了入选第三批《上海市档案文献遗产名录》的 10 项珍贵档案。其中，《“旧上海特别市政府大楼”原始建筑图纸档案》《中国近代民族保险公司保单汇集》等充分彰显了上海在中国近代化、城市化进程中的独特魅力。②

二是进一步深化文献遗产“衍生品”建设。

2021 年 10 月，由国家档案局组织编写、南京出版社出版的《世界记忆名录——南京大屠杀档案》（全 20 册）荣获第五届中国出版政府奖（中国新闻出版领域最高奖）。这既是中国出版政府奖设立以来档案类图书的首次获奖，也是南京大屠杀相关图书的首次获奖。③ 此外，相关人员表示，中国第二历史档案馆与上海交通大学东京审判研究中心合编的《中国对日战犯审判档案集成》（共 102 卷）由上海交通大学出版社于 2020 年出版，也是《南京大屠杀档案》开发利用的典型范例。

2021 年 3 月 8 日，福建省档案馆组织入选《世界记忆名录》的侨批档案参加联合国教科文组织驻曼谷办事处举办的“历史中的女性”（Women in History）线上展览。该展览同时在 3 月 9 日亚太地区“共建和平”（Together for Peace，T4P）网络研讨会上进行宣传。这批展品反映了中国东南沿海侨乡女性在特殊历史背景下的角色担当和共同记忆，有助于提升人们对文献遗产的保护意识，促进性别平等。④

2021 年 3 月 29 日，中共泉州市委宣传部、泉州市档案局、泉州市档案馆、泉州市教育局、泉州市侨联、泉州市文联、泉州晚报社、泉州广播电视台联合举办首

① 韩延洁．我州召开水书申遗交流暨学术研讨会［EB/OL］．（2021－07－28）［2021－12－05］．http：//www. qiannan. gov. cn/xwdt/qnyw/202107/t20210728_69320115. html.

② 曹胜梅，赵刚，等．第三批上海市档案文献遗产和优秀档案文化传播项目评选揭晓［EB/OL］．（2021－09－28）［2021－12－05］．https：//www. archives. sh. cn/zxsd/202109/t20210928_45314. html.

③ 中国档案报．《世界记忆名录——南京大屠杀档案》（全 20 册）获中国出版政府奖［EB/OL］．（2021－10－28）［2021－12－05］．https：//www. saac. gov. cn/daj/yaow/202110/91e44d862f5b4cc1a292db6f0ea823c4. shtml.

④ 福建省档案馆编研开发处．侨批档案亮相联合国教科文组织驻曼谷办事处举办的“历史中的女性”线上展览［EB/OL］．（2021－03－10）［2021－12－05］．http：//www. fj-archives. org. cn/dazw/bsdt/202103/t20210310_294719. htm.

届“世界记忆遗产·侨批”主题文学创作大赛，面向全球华人征集与“世界记忆遗产·侨批”相关题材的原创文学作品，深入挖掘侨批档案中的文化信息与精神财富。[①] 2021年10月14日，福建省泉州侨批馆开馆暨首届“世界记忆遗产·侨批”主题文学创作大赛颁奖仪式在泉州古城核心区陈光纯故居举办，标志着由泉州市档案部门筹建的侨批馆正式对外开放，也标志着首个“福建侨批展示基地”正式落地，是泉州市加强世界遗产文化保护开发和推进泉州海丝名城建设的创新举措。[②]

福建省档案馆联合国家档案局、福建省广播影视集团摄制的侨批纪录片《百年跨国两地书》，于2021年10月15日至17日播出。[③] 该纪录片深入解读侨批档案背后中国国际移民的群体记忆和家国情怀，让侨批档案走入了公众视野。

(3)“文献遗产”相关学术研究成果不断充实。

成功入选《世界记忆名录》《世界记忆亚太地区名录》《中国档案文献遗产名录》的文献遗产具有较强的学术价值，利用率较高。例如，四川省档案馆2020年档案利用119 973卷（件）次，其中学术研究（含《清代四川巴县档案中的民俗档案文献》）98 100卷（件）次；福建省档案馆围绕《侨批档案-海外华侨银信》，完成福建省社会科学规划项目“福建侨批与申遗”“福建华侨史档案目录汇编”和国家档案局科技项目“世界记忆视野下福建侨批档案的整理与开发研究”等3项课题，编辑出版《福建侨批档案文献汇编》《百年跨国两地书：福建侨批档案图志》《福建侨批档案目录》《中国侨批与世界记忆遗产》等多部书籍。

世界记忆项目苏州学术中心持续产出，发表《徽州文书档案保护利用经验对苏州丝绸档案的启示》《争第一 创唯一 树品牌——为苏州社会主义现代化档案强市建设贡献力量》等文章，并联合武汉大学信息管理学院等共同编写《传承人类记忆遗产——联合国教科文组织世界记忆项目研究》，通过广泛深入的政策与文献研究，梳理世界记忆项目的发展历史与运作机制、阐述其理论基础与价值理念、分析其建设情况和中国参与该项目的姿态、贡献与收益。[④]

此外，武汉大学信息管理学院周耀林教授等发表《“世界记忆项目”的发展与前瞻：基于国际咨询委员会会议的视角》，从坚持以联合国教科文组织为导向、结

---

① 首届“世界记忆遗产·侨批”主题文学创作大赛征稿启事［EB/OL］.（2021-04-07）［2021-12-05］. https：//www.qzwb.com/gb/content/2021-04/07/content_7083596.htm.

② 郭喜忠．福建泉州 首个“福建侨批展示基地”泉州侨批馆开馆［N］．中国档案报，2021-11-11（002）.

③ 一纸牵故土，两地话相思，侨批纪录片《百年跨国两地书》播出后收获良好反响［EB/OL］.（2021-11-05）［2021-12-05］. https：//www.saac.gov.cn/mowcn/cn/c100445/202111/3e6da60f5fa74fb6aef01c9a8edf8991.shtml.

④ 卜鉴民，王玉珏．传承人类记忆遗产［M］．苏州：苏州大学出版社，2021.

合各国具体发展战略、积极吸收新兴科学技术、利用“+”文化的新热潮四个方面对“世界记忆项目”进行展望。① 武汉大学信息管理学院王玉珏副教授等围绕世界记忆项目、《“十四五”全国档案事业发展规划》撰写了系列论文，包括《联合国教科文组织文献遗产保护政策体系研究》《记忆遗产的历史正义与政治挑战——世界记忆项目发展中的变革与重塑》《〈“十四五”全国档案事业发展规划〉解读：档案服务国际传播能力建设》等。福建师范大学社会历史学院王小云副教授等，发表《新时代我国“世界记忆”校园推广策略研究》，阐述我国入选《世界记忆名录》的文献遗产的校园推广情况与困境等，并提出有针对性的推广措施。② 山东大学历史文化学院闫静副研究员等发表《奥运会文献遗产保护与传承的基本理论研究》，从奥运遗产理论、文化遗产理论、后现代档案学理论、数字人文理论的视角探讨奥运会文献遗产的保护与传承。③

三、中国档案文献遗产工程建设的现存问题

笔者在文献研究的基础上，重点对中国第一历史档案馆、中国第二历史档案馆、江苏省档案馆、四川省档案馆、浙江省档案馆、西藏自治区档案馆、苏州市档案馆、世界记忆项目福建学术中心、世界记忆项目苏州学术中心等进行深度访谈，发现中国档案文献遗产工程建设虽已取得巨大成绩，但仍存在如下一些不足。

（一）对文献遗产重视程度不够

相较于非物质文化遗产传承发展工程建设如火如荼的热潮，中国档案文献遗产工程建设进展迟缓。这在一定程度上缘于我国对文献遗产价值认知不充分。联合国教科文组织倡议发起“世界记忆项目”，其愿景之一即为“提高全世界对文献遗产存在和意义的认识”。然而，整个社会对文献遗产重视不够，档案部门也尚未深刻认识到档案申遗背后蕴含的深层次经济、文化与社会价值。具体表现为：

一是《中国档案文献遗产名录》评选工作自 2015 年停摆至今，仍未有重启之势。回看四批《中国档案文献遗产名录》公布时间，分别为 2002 年、2003 年、2010 年、2015 年，可见该工作尚未形成常态化机制，这在一定程度上有碍于“文

① 周耀林，周协英．“世界记忆项目”的发展与前瞻：基于国际咨询委员会会议的视角［J］．图书馆杂志，2021（2）：61－73.

② 王小云，谢咏含，林君雅．新时代我国“世界记忆”校园推广策略研究［J］．档案学研究，2020（4）：97－103.

③ 闫静，曾静怡．奥运会文献遗产保护与传承的基本理论研究［J］．北京档案，2021（1）：13－17.

献遗产热”的产生及其持续性发展。

二是文献遗产收藏机构申请《世界记忆名录》热情不足。据调研，多数机构受制于视野、能力等，从未开展此项业务，且面对 2021 年重启的《世界记忆名录》申报，普遍表示“暂无申报计划”。

三是宣传推广不到位、开放渠道不畅通，导致大众对文献遗产保护与利用的参与感和认同感普遍较低。

更有甚者，一些人由于自身缺乏相关意识与法律知识，趁机炒作、收购或贩卖文献遗产，造成不良社会影响。比如，在黔南地区，赶集小贩公开摆摊收购珍贵水书现象较为严重。

（二）相关法律标准规范缺乏

在国家层面，我国已出台《中华人民共和国档案法》《中华人民共和国文物保护法》《中华人民共和国非物质文化遗产法》《博物馆管理办法》等，对文化遗产所有权、管理方法、保护措施等内容进行规制。但我国尚未出台专门针对文献遗产的法律法规，且已有政策也不够系统、完善。主要表现为：

一是全盘引进国际政策，未根据我国实际情况做出细化与调整。尽管国家档案局已对联合国教科文组织的《关于保存和获取包括数字遗产在内的文献遗产的建议书》《世界记忆项目总方针》等进行翻译引介，但既未做相关宣讲解读，也未做“本土化”吸收借鉴。相关档案馆工作人员均表示：“不太熟悉《世界记忆名录》申报条件、评审流程与入选标准。”

二是缺乏全流程管理视角，只聚焦于对评选规则的设置。一方面，当前我国与文献遗产直接相关的政策仅有《〈中国档案文献遗产名录〉入选标准》，且该标准设定较为粗疏，评审流程不透明，导致部分档案馆“困惑重重”；另一方面，文献遗产后续保护和利用等尚“无规可依”。反观相近领域，早在 2006 年，文化部就已出台《国家级非物质文化遗产保护与管理暂行办法》（中华人民共和国文化部第 39 号令），对“列入国务院批准公布的国家级非物质文化遗产名录中的所有非物质文化遗产项目”的保护与管理做出规范。

在地方层面，虽然浙江、江苏、上海等地制定了《浙江档案文献遗产工程实施办法》《江苏省珍贵档案文献评选办法》《上海市档案文献遗产申报办法》等，对申报对象、评选办法、入选标准、管理保护和开发利用措施予以明确，但不同地区出台的文献遗产评选标准略显单一、内容重复度高、地方特色不突出，针对博物馆、图书馆等其他文化记忆机构参与其中的制度保障也有待加强。

（三）资源后续开发动力不足

尽管我国已先后公布四批《中国档案文献遗产名录》，但其传播效果与社会影响力始终有限。选取“百度”搜索引擎，检索关于“中国档案文献遗产”与“中国非物质文化遗产”的网页，分别获得699万个结果和6 290万个结果，两者热度立见高下。笔者通过网络调研，发现部分文献遗产信息获取难度较大，能够检索到的资料也较零散。以“清朝同治年间绘制的《六省黄河堤工埽坝情形总图》”为例，所获信息仅有“入选第三批《中国档案文献遗产名录》”“入选山东省首批珍贵档案文献遗产名录”等新闻报道，其他开发信息所见甚少。这在一定程度上反映出我国文献遗产的数字化开发、网络化宣传、创造性利用极为有限，具体表现为：

一是短时性特征突出。评选结果公布之后，相关机构选取社会关注度较高的文献遗产进行宣传报道，待热度散去之后，多“杳无音信”。例如，“宁化府益源庆历史档案”自2015年入选第四批《中国档案文献遗产名录》后，几已“不见踪影”。

二是同质化宣传严重。不同文献遗产在宣传内容、形式等方面趋同，多采用新闻报道等方式对其进行简单介绍、图片展示等，对背后所涉历史缘由、文化内涵等少有提及。

三是单一化开发明显。诸如文化创意研发、数字编研、数字人文应用等新时代背景下的创新性开发策略不足。例如，某档案馆工作人员表示：“暂未建立文献遗产数据库。”在基本数据库尚未建立的情况下，数字化开发难以开展。

（四）地区发展不平衡性凸显

一方面，各地区入选《中国档案文献遗产名录》的文献遗产数量分布不平衡。在34个省级行政区（含港、澳、台）中，江苏、四川、浙江、云南、西藏、内蒙古等地入选数量较多，而福建、河南、江西、海南等地入选数量很少，甚至为零。如江苏省独立（联合）申报成功数量高达12件（组）（尚不包含中国第二历史档案馆），四川省10件（组），福建省仅1件（组）。其中，少数民族地区的文献遗产入选数量相对较多，如四川省《凉山彝族自治州毕摩文献》《阿坝藏族羌族自治州茂县羌族刷勒日文献》，云南省《纳西族东巴古籍》《卡瓦山佤族酋长印谱》，等等。

另一方面，各地区名录体系建设情况不平衡。中国档案文献遗产工程初步搭建起“国际—地区—国家—地方”四级名录体系。作为前三级名录的“后备军”，地方文献遗产名录建设至关重要。但是，调研显示，目前尚有黑龙江、吉林等23个省级行政区（含港、澳、台）未创建文献遗产名录，四级名录体系之间并未形成有效衔接。澳门、北京、福建、苏州四地建有世界记忆项目学术中心，文献遗产建设水平明显较高，其他地区则鲜有成效。

(五) 人才和资金保障不足

当前，文献遗产馆藏机构专门从事保护和修复的工匠型人才，兼具档案学、历史学、文化遗产、现代信息技术知识的复合型人才，以及跨文化交流的国际型人才短缺。某档案馆工作人员指出："人才断档是当前面临的一个较大难题。由于相关经验没有传承下来，加之精通外语又熟悉馆藏的人员比较少，相关工作开展困难。""因人员更替，存在一定断层现象，加之近年未开展此项申报工作，年轻队伍缺乏实际操作经验。"这使得中国档案文献遗产工程在抢救性保护、信息化建设、持续性开发、国际交流合作等诸多方面举步维艰。

此外，文献遗产前期申报和后续开发资金来源有限，相关档案馆工作人员均提到"需要必要且稳定的资金支持"。亦有档案馆工作人员表示："因档案馆自身资金、人力有限，大概率需要联合其他机构合作开发。"这在一定程度上反映了档案机构在文献遗产资源建设资金方面的较大需求。

四、中国档案文献遗产工程建设未来展望

(一)"参与者"角色不断深入，逐步展现出"引领者"姿态

中国作为世界记忆项目改革的坚定支持者，将在未来进一步开展"国内—国外"联动，在加强中国文献遗产输出、提升国际影响力的同时，借鉴国外文献遗产建设的优秀成果，加强国际交流合作，引领世界记忆项目的发展。

首先，宣介世界记忆项目，加大普及力度，鼓励更多机构积极申报《世界记忆名录》；其次，输送专业人才任职于世界记忆项目国际咨询委员会、亚太地区委员会等相关国际组织，增加国际记忆遗产治理中的"中国身影"；最后，积极响应世界记忆项目号召，展现大国担当。多加举办类似于国家档案局和世界记忆项目联合举办的"新冠肺炎疫情和后疫情时期加强非洲记忆机构适应能力"线上国际研讨会等活动，充分贡献"中国智慧"与"中国方案"。

(二) 政策体系不断完善，标准化与规范化有所加强

根据已出台的国家与地方"十四五"档案事业发展规划，可以看到全国各地对推进档案文献遗产工程建设的积极态度。各省市主要从推动文献遗产项目积极申

报、持续发展地方文献遗产名录、做好文献遗产的预防性保护、促进文献遗产的对外交流四个方面出发助力文献遗产发展，具有突出的引领与指导意义。

然而，我国尚未制定针对文献遗产的专门法律法规。相较之下，非物质文化遗产领域在这方面已较为完善：以《中华人民共和国非物质文化遗产法》为核心，配套出台有《国务院办公厅关于加强我国非物质文化遗产保护工作的意见》（国办发〔2005〕18号）等一系列行政法规与《国家级非物质文化遗产代表性传承人认定与管理办法》（中华人民共和国文化和旅游部第3号令）等一系列部门规章。未来，建议在全国人大常委会指导下，由国家档案局作为牵头单位，联合文化和旅游部等单位，以《关于保存和获取包括数字遗产在内的文献遗产的建议书》等国际政策为指引，合理借鉴其他相关领域立法经验，制定出台类似于《国家级非物质文化遗产保护与管理暂行办法》、《世界文化遗产保护管理办法》（中华人民共和国文化部第41号令）等的文献遗产管理办法。另外，在后续修订《中华人民共和国档案法》及其实施办法，以及《中华人民共和国文物保护法》《中华人民共和国公共图书馆法》《中华人民共和国非物质文化遗产法》等时，注意引入文献遗产保护视角，补充"开展文献遗产资源普查"等相关条款。另外，建议国家档案局与文旅部合作完善文献遗产标准体系，不局限于制定《古籍修复技术规范与质量要求》《古籍函套技术要求》等只与古籍资源相关的文献遗产标准。应基于全程管理视角对中国档案文献遗产工程涉及的保护原则、分类管控、后续开发等内容予以明确，推进其科学化、规范化建设。

（三）社会关注度显著提升，宣传推广方式多元化

一方面，以专题数据库建设为核心的文献遗产资源共建共享势在必行。国家档案局、地方档案主管部门应在对文献遗产资源进行普查的基础上，推动其数字化、信息化建设，联合建立面向社会开放共享的专题数据库，为社会各界利用提供便利。例如，世界记忆项目英国国家委员会围绕26项入选国际名录与62项入选国家名录的文献遗产资源建设专题数据库，分为"公民与权利""战争与和平""电影与照片""殖民史""工业、创新和科学""文学史""国家、宗教和权力"七大模块对其进行详细展示。每一项文献遗产均会链接至相关网页，内容丰富而多样。

另一方面，"平铺直叙"的宣传与开发思路亟待转换，引入数字人文、文化创意产品开发等形式，创新文献遗产的"亮相方式"。例如，韩国高度重视对本国文献遗产的认同与传承，通过书籍出版、影视创作、开展"直指日"相关庆典活动等方式，推动入选《世界记忆名录》的文献遗产成为本国城市文化名片；南非组织开

展非洲岩画艺术数字档案、纳尔逊·曼德拉记忆、五百年档案、南非文化观察站和数字创新南非等多个项目，促进文献遗产广泛传播与深度开发。

(四)“数字遗产”热度走高，双元保护格局基本形成

《关于保存和获取包括数字遗产在内的文献遗产的建议书》的出台彰显出世界对数字遗产的重视，中国学者针对数字遗产保护和记忆遗产数字化有所探索，但总体起步较晚、进展较缓，且实践项目单一，数字存储与保护技术的成熟度有待提升。

相较而言，国际社会在数字遗产领域实践经验相对丰富。联合国教科文组织曾出台《保存数字遗产宪章》《保存数字遗产指导方针》等国际政策。美国NDIIPP计划、澳大利亚PANDORA计划、欧洲NEDLIB项目、德国NESTOR项目、日本WARP项目等亦开展得如火如荼。未来，我国应进一步关注数字遗产建设工作，在借鉴传统文献遗产保护与管理经验的基础上实现数字遗产理论与实践的发展创新，推动形成基于传统载体与数字载体的文献遗产双元保护格局。

(五)现实困境有所缓解，保障力度加深

一方面，档案部门与世界记忆项目学术中心、高等档案院校等联合申报各级名录，共同建设实习基地，加快培养具有跨文化交流能力、掌握多类型知识的复合型高级人才。目前，我国共有澳门、北京、福建和苏州等4家世界记忆项目学术中心，这些都是世界记忆项目在中国的“代言人”与“宣导者”。例如，北京学术中心成立后，先后开展了北京记忆数字资源平台建设、高迁古村数字记忆、中国古代档案库房建筑探秘等代表性研究项目，积攒了宝贵的文献遗产保护与开发利用经验。通过合作方式充分激发人才培养、经验传承等潜能势在必行。

另一方面，建议国家档案局建立中央财政、地方财政、民间资金共同支持的专项经费来源渠道，重点支持亟须保护和开发的文献遗产。例如，2012年财政部、文化部印发《国家非物质文化遗产保护专项资金管理办法》(财教〔2012〕45号)，保证“非遗”建设资金到位。另外，某档案馆相关人员建议：“仿照国家档案局《抗战档案汇编》工作经验，由国家档案局建立专项资金和专家库，引导各省对未列入的多加挖掘，对已列入的深入研究、宣传，促使党委政府重视，扩大社会知晓度。”

2021 年中国档案高等教育发展报告

杨文[1,2]　张斌[1,2]

1. 中国人民大学信息资源管理学院，北京　100872

2. 中国人民大学档案事业发展研究中心，北京　100872

摘　要：中国档案高等教育发展主要历经了萌芽时期（1934 年—1948 年）、创建时期（1949 年—1965 年）、停滞时期（1966 年—1977 年）、恢复发展时期（1978 年—1996 年）、繁荣发展时期（1997 年至今）阶段，建成了当今世界上规模最大、体系最完整的现代化档案教育体系。本报告在回顾中国档案高等教育演进历程的基础上，基于广泛的问卷调查、文献调查、网络调查，运用翔实的数据和案例，系统阐述了 2021 年中国档案高等教育在院校专业布局、师资队伍建设、课程建设、教材建设、教学改革创新、学生培养、教育特色等方面的现状，总结了中国档案高等教育发展存在的档案教育受到外部环境冲击、档案高等教育发展极不平衡、档案教育规模滞后于社会需求、档案专业本科招生面临挑战、档案专业课程体系有待优化等问题，这些问题迫切需要从明确档案学专业教育定位、加强档案学专业教育反思、优化档案学专业教育布局、创新档案人才培养体系、积极应对学科更名挑战等方面加以应对。

关键词：中国；档案学专业；档案教育；高等教育

作者简介：杨文，博士，讲师、师资博士后，研究方向为档案学基础理论、信息资源管理，电子邮箱 yangwen28@ruc.edu.cn；张斌，博士，教授，研究方向为档案学基础理论。

基金项目：本成果受到国家社科基金“加快构建中国特色哲学社会科学学科体系、学术体系、话语体系”研究专项项目“新时代中国特色图情学基本理论问题研究”（19VXK09）支持。

一、中国档案高等教育发展调查说明

（一）调查目的

为全面深入了解中国档案学专业高等教育的发展情况，摸清 2021 年中国档案学专业高等教育在学科、专业、师资队伍、课程、教材、教学改革、学生培养等方面的现状，为“十四五”时期及以后档案学专业高等教育的发展提出建议，助力中国档案学专业高等教育高质量发展，笔者受教育部高等学校档案学专业教学指导委员会委托，在中国人民大学档案事业发展研究中心的支持下开展了 2021 年全国档案学专业高等教育发展情况调查。

(二) 调查对象

本次全国档案学专业高等教育发展情况的调查对象为中国大陆地区开办有档案学本科教育、硕士教育、博士教育的高校，共计 37 所，按照高校校名首字笔画排序依次为：上海大学、上海师范大学、山东大学、山西大学、广西民族大学、天津师范大学、云南大学、中山大学、中国人民大学、北京联合大学、四川大学、辽宁大学、辽宁科技学院、吉林大学、扬州大学、西北大学、西藏民族大学、华中师范大学、安徽大学、苏州大学、武汉大学、国防大学、呼和浩特民族学院、郑州大学、郑州航空工业管理学院、河北大学、南开大学、南昌大学、南京大学、贵州师范学院、盐城师范学院、浙江大学、韩山师范学院、黑龙江大学、湖北大学、湘潭大学、福建师范大学。

(三) 调查方法

本次调查主要采取问卷调查的方式，辅以网络调查和文献调查。问卷于 2021 年 11 月 30 日—12 月 2 日通过电子邮件和微信消息的方式，发送至 37 所高校档案学专业的负责人或相关教师，截至 2021 年 12 月 31 日，发出问卷 37 份，收回 37 份，回收率 100%，回收的问卷数据有效。

(四) 调查内容

本次调查侧重于 2021 年中国档案学专业高等教育的现状。调查内容的时间范围为 2021 年 1 月 1 日至 2021 年 11 月 30 日。调查问卷有 15 项，包括 14 项客观问卷 [《国内档案学专业基本情况调查表》《国内档案学学科建设情况调查表》《2021 年国内档案学专业教师情况调查表》《国内档案学一流专业建设情况调查表》《国内档案学专业课程开设情况调查表》《2021 年国内档案学教材出版情况调查表》《2021 年国内档案学专业教师承担教改项目情况调查表》《国内档案学专业培养学生总数量调查表（自成立本专业至今）》《2021 年国内档案学专业在读学生总数量调查表》《2021 年国内档案学专业招生情况调查表》《2021 年国内档案学专业本科毕业生就业情况调查表》《2021年国内档案学专业硕士毕业生就业情况调查表》《2021年国内档案学专业博士毕业生就业情况调查表》《2021年国内档案学专业师生国际化交流情况调查表》〕和1项主观问卷（《2021年国内档案学专业学科发展特色调查表》）。以上调查内容基本涵盖了院校专业布局、师资队伍建设、课程建设、教材建设、教学改革创新、学生培养等情况，数据和信息采集来源于各高校实际情况，能够较为真实地反映2021年中国档案学专业高等教育的现状。

二、中国档案高等教育发展历程回顾

(一) 萌芽时期 (1934年—1948年)

1934年湖北私立武昌文华图书馆学专科学校（简称"文华图专"）档案管理特种教席的设立，标志着中国档案教育的起步。1940年春，当时国民政府教育部批准在该校开设档案管理专科，学制为两年，由此开创了我国正规档案学专业教育的先河。[①] 1942年，文华图专在国民政府教育部的支持下，开办附设教育部指办档案管理短期职业训练班，开创了中国档案职业培训和教育。文华图专在开办档案学专业教育的15年时间里，培养了各类档案管理人才500余人，为我国档案学的发展储备了人才。[②] 总的来看，文华图专的兴办与发展对中国档案教育起到了积极的促进作用。

(二) 创建时期 (1949年—1965年)

中国现代意义上的档案学专业高等教育主要始于新中国成立以后。1952年4月，中共中央决定委托中国人民大学开办档案专业；4月24日，中共中央办公厅和中央组织部向全国发出了《关于中国人民大学档案工作训练班招生的通知》；11月15日，中国人民大学专修科档案班举行了开学典礼，档案班的创立标志着新中国第一个高等档案教育机构的诞生。[③] 1953年9月，中国人民大学将档案班扩展为档案专修科。1955年4月，中国人民大学根据国务院和高等教育部的决定，在档案专修科的基础上创办历史档案系，9月开始招收第一届本科生，学制为4年，开设基

① 何振，杨文．浅论毛坤先生对我国近现代档案事业的贡献［J］．档案学通讯，2015（6）：86-91.

② 邵金耀．档案教育起源探究［J］．档案学通讯，2006（1）：71-74.

③ 中国人民大学档案学院资料室．中国人民大学档案学院校友录（1952—1992）［M］．北京，1992.

础课和专业课23门。档案高等教育层次由专科上升至本科，标志着新中国档案学高等教育的正式建立。[①②] 中国人民大学历史档案系的成立，为中国档案学专业高等教育的发展奠定了良好基础，至“文化大革命”以前，中国人民大学历史档案系共毕业六届本科生570人。[③]

（三）停滞时期（1966年—1977年）

1966年“文化大革命”开始后，中国人民大学档案学专业教学工作受到了严重干扰，档案教育被迫中断，历史档案系停止招生。中国人民大学在1970年被停办，历史档案系档案教育教学工作最终被迫全面终止，档案教育事业发展遭受严重挫折。

（四）恢复发展时期（1978年—1996年）

党的十一届三中全会成功召开后，中国档案高等教育事业在经历了短暂的恢复期后得到了迅速发展，档案人才培养单位逐渐由中国人民大学拓展到全国范围。1978年7月，中国人民大学恢复办学，历史档案系也得到恢复，并改名为档案系，9月开始招生。之后，档案学专业高等教育机构在全国逐渐增多。1983年国家档案局印发的《一九八三年至一九九〇年档案事业发展规划》提出，要“加强档案专业教育”，并要求各省、自治区、直辖市档案部门协助各大学办好档案学教育。1985年，国家教育委员会和国家档案局专门在《关于发展和改革档案学教育的几点意见》中提出，要“积极稳步地发展高等教育”。1986年，国家档案局印发《档案事业发展“七五”计划（1986—1990）》，强调“稳步发展高等教育”。1991年，国家档案局印发《全国档案事业发展十年规划和“八五”计划纲要》，提出“高等教育稳定规模，提高质量”。在国家各项事业建设对档案人才需求增长的现实刺激和国家档案局关于档案教育政策的科学指导下，至1996年，全国先后有中国人民大学、北京联合大学、郑州航空工业管理学院、四川大学、辽宁大学、上海大学等26所高校开设了档案学本科教育，有中国人民大学、浙江大学、四川大学、苏州大学、国防大学、中山大学6所高校开设了档案学硕士教育，有中国人民大学1所高校开设了档案学博士教育（见表1）。

---

① 中国人民大学档案学院资料室．中国人民大学档案学院校友录（1952—1992）［M］．北京，1992：4.

② 中国人民大学信息资源管理学院．中国人民大学信息资源管理学院简史（1952—2012）［M］．北京，2012：8.

③ 同②12.

(五) 繁荣发展时期(1997年至今)

一门学科在国家学科、专业目录中的层级位置可以反映一门学科的地位。①1997年,国家教委组织的全国高校档案学教学指导委员会在南京大学成立,这有效规范了档案学专业高等教育的教学计划、课程设置、教学大纲、教材建设。②同年,国务院学位委员会和教育部联合颁布了《授予博士、硕士学位和培养研究生的学科、专业目录》,该文件把档案学列为"图书情报与档案管理"一级学科之下的二级学科,标志着"档案学"正式从历史学科门类跨入管理学门类,这极大地拓展了档案学高等教育的办学空间。如今,我国已经建立了完善的本科、硕士、博士档案学专业人才培养体系,开设档案学本科教育的高校有35所,开设档案学硕士教育的高校有32所,开设档案学博士教育的高校有20所(含挂靠其他学位点招生)(见表1)。其中,南开大学、华中师范大学、河北大学、郑州大学等有图书情报与档案管理一级学科博士学位点。黑龙江大学在文献信息学下招收博士,山东大学在历史学下招收博士,但在2021年11月30日前并未实质招收档案学博士。浙江大学在公共信息资源管理方向招收博士,辽宁大学在法律史(司法档案整理与研究)方向招收博士,安徽大学在历史学院中国史方向招收博士,湖北大学挂靠中国史博士点设档案与文献研究博士招生方向,这4所高校已经在招收和培养博士。2021年12月10日,国务院学位委员会发布的《关于对〈博士、硕士学位授予和人才培养学科专业目录〉及其管理办法征求意见的函》(学位办便字20211202号)显示,档案学所在一级学科"图书情报与档案管理"拟更名"信息资源管理"。③如果此次更名成功,则必将对中国档案学专业高等教育产生深远影响。

表1 中国档案学专业高等教育开设时间(以本科开设时间排列)

院校名称	本科设置时间	硕士设置时间	博士设置时间
中国人民大学信息资源管理学院	1955	1982	1993#
北京联合大学应用文理学院	1978	2018	—
郑州航空工业管理学院信息管理学院	1978	2013	—
四川大学公共管理学院	1981	1987	—

① 潘连根.正确认识档案学的学科地位[J].浙江档案,2018(9):16-18.

② 南言.国家教委档案学教学指导委员会在宁成立[J].档案与建设,1997(5):4.

③ 国务院学位办发布新版14大学科门类专业目录![EB/OL].(2021-12-30)[2022-01-05].https://new.qq.com/rain/a/20211230A0480F00.

续表

院校名称	本科设置时间	硕士设置时间	博士设置时间
辽宁大学历史学院	1981	1997	2019 *
天津师范大学管理学院	1981	2002	—
浙江大学公共管理学院	1981	1987	2006 *
上海大学图书情报档案系	1982	2003	2021 #
安徽大学管理学院	1983	2001	2014 *
广西民族大学管理学院	1983	2001	—
黑龙江大学信息管理学院	1983	2000	2015 *
苏州大学社会学院	1983	1994	—
山东大学历史文化学院	1983	2003	2020 *
河北大学管理学院	1983	2006	2018 #
云南大学历史与档案学院	1984	1999	2003 *
武汉大学信息管理学院	1984	1999	2005 #
南昌大学人文学院	1985	2006	2015 *
西北大学公共管理学院	1985	2010	—
西藏民族大学管理学院	1985	2013	—
南京大学信息管理学院	1986	1998	2011 #
国防大学政治学院	1986	1995	2005 #
吉林大学管理学院	1986	2000	2010 #
中山大学信息管理学院	1986	1995	2012 #
郑州大学信息管理学院	1987	2006	2021 #
湖北大学历史文化学院	1993	2006	2010 *
湘潭大学公共管理学院	1993	2006	2018 #
福建师范大学社会历史学院	1998	2006	—
南开大学商学院	2000	2003	2018 #
扬州大学社会发展学院	2000	2019	—
上海师范大学人文学院	2002	2011	—
辽宁科技学院管理学院	2005	—	—
盐城师范学院历史与公共管理学院	2005	—	—
贵州师范学院历史与档案学院	2012	—	—
呼和浩特民族学院公共管理学院	2013	—	—
韩山师范学院历史文化学院	2014	—	—

续表

院校名称	本科设置时间	硕士设置时间	博士设置时间
山西大学经济与管理学院	—	2010	—
华中师范大学信息管理学院	—	2014	2017#

注：“—”表示未招生或未开设学位点，“#”表示拥有图书情报与档案管理一级学科博士学位授予权，“*”表示无图书情报与档案管理一级学科博士学位授予权，但是挂靠其他相近学科或专业进行招生。

三、2021 年中国档案高等教育发展现状

(一) 院校专业布局

从档案学院校专业布局来看，华东地区开设档案学专业高等教育的高校最多，开设档案学专业本科、硕士、博士教育的高校数量均处于领先位置，西北地区开设档案学专业高等教育的高校最少，开设了本科教育和硕士教育的各仅有 1 所高校，是全国唯一没有开设档案学专业博士教育的地区（见图 1）。

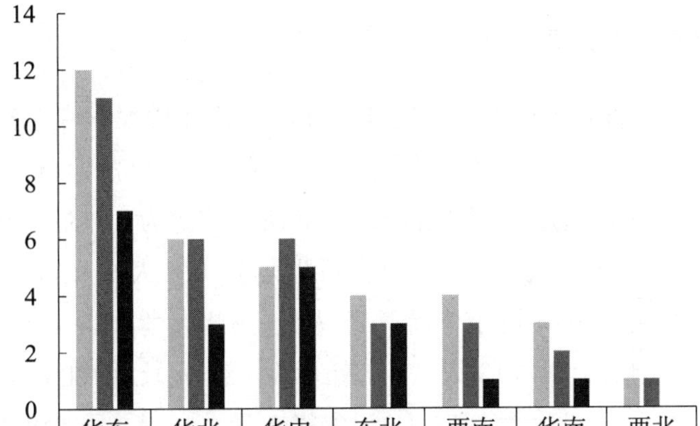

	华东	华北	华中	东北	西南	华南	西北
本科教育层级学校数量	12	6	5	4	4	3	1
硕士教育层级学校数量	11	6	6	3	3	2	1
博士教育层级学校数量	7	3	5	3	1	1	0

图 1　2021 年中国档案学专业高等教育地区分布情况

从档案学学科建设来看，中国人民大学的档案学科为国家重点学科，武汉大学的图书情报与档案管理为国家重点学科，广西民族大学和苏州大学的档案专业为国家级特色专业，国防大学、四川大学、浙江大学、上海大学、郑州大学、湘潭大学、中山大学、南昌大学、广西民族大学、山西大学、福建师范大学、天津师范大学、南开大学、吉林大学、云南大学共 15 所高校的档案专业被认定为省级重点学

科、优势特色（A类）学科或被列入教育高地或培优（培育）专项计划；国防大学档案学专业为全军特色学科；省级（包含全军级）以上重点特色学科在全部档案学科点中占比48.65%。在国家“双一流”学科建设中，中国人民大学、武汉大学和南京大学图书情报与档案管理学科进入2017年国家创建“双一流”学科计划，黑龙江大学、湘潭大学图书情报与档案管理学科分别于2016年和2018年进入省级创建“双一流”学科计划；上海师范大学、北京联合大学、山东大学、黑龙江大学、河北大学等5所高校的档案专业被认定为校级重点学科。

从档案学专业建设来看，自2019年国家和各地启动“一流”专业建设工作以来，截至2021年11月底，已有中国人民大学、云南大学、湘潭大学、上海大学、黑龙江大学、苏州大学、吉林大学、南京大学、中山大学、郑州航空工业管理学院10所高校的档案学专业入选为国家级一流本科专业建设点，北京联合大学、福建师范大学、南昌大学、安徽大学、广西民族大学、郑州大学、辽宁大学、四川大学、天津师范大学9所高校的档案学专业入选为省级一流本科专业建设点。国家和省级“一流”专业在35所开设本科档案学专业的院校中占比54.29%。

（二）师资队伍建设

从我国档案学专业教师数量来看，2021年档案学专业教师人数已经达到414人（见表2），教师人数介于4人到23人之间，37个教学单位档案学专业教师人数平均约为11人，超过11人的高校有18所，依次为：中国人民大学（23人）、上海大学（21人）、湘潭大学（18人）、湖北大学（18人）、山东大学（16人）、北京联合大学（16人）、韩山师范学院（15人）、扬州大学（14人）、郑州航空工业管理学院（13人）、国防大学（13人）、云南大学（13人）、浙江大学（13）人、广西民族大学（12人）、西北大学（12人）、安徽大学（12人）、武汉大学（11人）、南昌大学（11人）、苏州大学（11人）。

从我国档案学专业教师职称来看，2021年档案学专业教师中，已有教授143人，副教授154人，共占教师队伍的71.74%。

从我国档案学专业教师学历来看，2021年档案学专业教师中，已有博士286人，硕士105人，共占教师队伍的94.45%，较2018年增长2.92%。

表2　1978—2021年中国档案学专业教师队伍情况

年份	教师总数	教师职称			教师学历			外籍
		正高	副高	中级	博士	硕士	本科	
1978[a]	60	—	—	—	—	—	—	—

续表

年份	教师总数	教师职称			教师学历			外籍
		正高	副高	中级	博士	硕士	本科	
1985[b]	178	2	12	—	—	—	—	—
2000[c,d]	326	47	144	108	26	93	—	—
2005[e,f]	300	73	121	—	84	117	—	—
2006[g]	302	—	—	—	97	121	—	—
2007[h]	305	—	—	—	113	118	—	—
2008[i]	307	84	118	—	129	111	—	—
2010[j]	314	88	118	—	157	—	—	—
2013[k]	301	89	122	90	167	86	48	
2018[l]	366	116	144	—	238	97	—	2
2021	414	143	154	107	286	105	26	1

注："—"表示数据不详。

a. 冯惠玲．改革开放40年中国档案高等教育的历史性跨越［J］．档案学通讯，2018（6）：4－9.

b. 裴桐．当代中国的档案事业［M］．北京：中国社会科学出版社，1988：342.

c. 苏玉文．高等学校档案专业教育发展态势［J］．中国档案，2000（9）：42－43.

d. 蒋冠，桑毓域．关于全国档案学专业高等教育发展情况调查的统计与分析（上）［J］．档案学通讯，2010（1）：69－72.

e. 徐拥军，张斌．中国档案高等教育发展现状调研与对策分析［J］．档案学研究，2011（5）：80－88.

f. 蒋冠，桑毓域．关于全国档案学专业高等教育发展情况调查的统计与分析（上）［J］．档案学通讯，2010（1）：69－72.

g. 蒋冠，桑毓域．关于全国档案学专业高等教育发展情况调查的统计与分析（上）［J］．档案学通讯，2010（1）：69－72.

h. 蒋冠，桑毓域．关于全国档案学专业高等教育发展情况调查的统计与分析（上）［J］．档案学通讯，2010（1）：69－72.

i. 徐拥军，张斌．中国档案高等教育发展现状调研与对策分析［J］．档案学研究，2011（5）：80－88.

j. 徐拥军，张斌．中国档案高等教育发展现状调研与对策分析［J］．档案学研究，2011（5）：80－88.

k. 冯惠玲．档案学专业高等教育发展情况调查报告［M］//中国档案学会．2014年档案事业发展研究报告集．北京：中国文史出版社，2014：218－220.

l. 冯惠玲．改革开放40年中国档案高等教育的历史性跨越［J］．档案学通讯，2018（6）：4－9.

（三）课程建设

从课程建设来看，中国档案学本科课程包括六大类：一是专业核心课程，主要包括档案学概论、档案管理学、档案事业史（中国、外国）、档案文献编纂（档案资源开发利用）、科技档案管理学、电子文件管理、文书学（公文写作与管理）、秘书学、档案保护技术学、专门档案管理、外国档案管理、电子政务、知识管理、档案法学基础。二是档案信息化课程，主要包括数字档案馆、档案信息化（档案信息检索）、办公自动化、档案数据服务。三是信息管理基础课程，主要包括信息资源管理（信息管理基础、信息管理概论）、信息组织与检索利用、管理信息系统、信息政策与法律、信息咨询与决策、信息分析。四是数据管理与开发课程，主要包括政务（政府）数据治理、数字保存与管护（网络存档）、数据科学、数据库技术与应用（数据库原理及应用）、数据管理基础、数据获取与组织、数据可视化、数据挖掘、档案与数据管理。五是数字人文课程，主要包括数字人文导论、Python 程序设计、虚拟现实与 3D 空间、多媒体技术与应用、Web 编程技术与开发（网站设计与管理）、计算机文字图像处理、文本挖掘、元数据与资源描述、多媒体技术、档案记忆与数字人文。六是特色化课程，此类课程主要由各个高校结合地方特色和研究特色开设，如武汉大学的档案文献遗产保护、信息计量，北京联合大学的声影北京与北京史，贵州师范学院的贵州历史与文化、西南少数民族档案管理学，黑龙江大学的东北地方史，上海师范大学的上海史，山东大学的中国古文字学、中国通史・中国古代史、世界通史・世界古代史、史学概论，上海大学的社群档案，南开大学的新文科智能计算基础，等等。

从档案学本科课程设计来看，有两个较为明显的变化：一是档案与数据的融合催生了数据管理与开发课程。有 24 所高校的课程中包括“数据”课程，其中南开大学（5 门）、天津师范大学（4 门）、西北大学（3 门）、河北大学（3 门）所开课程中包括“数据”的课程超过 3 门，南京大学、上海大学、上海师范大学、四川大学、郑州大学、福建师范大学所开课程中包括“数据”的课程为 2 门。二是数字人文研究热催生了数字人文类课程。目前中国人民大学、山东大学、上海大学、天津师范大学、南开大学、郑州大学 6 所高校已经开设了数字人文或数字人文导论课程。

从研究生课程建设情况来看，其课程设计呈现出研究型、专题性、跨学科、前沿性、特色化等突出特点。一是研究型课程，如档案学研究方法、经典文献导读、档案法规研究、学术论文写作指导、文献学研究、信息管理研究方法、图书情报与档案管理研究方法、信息获取与公平研究。二是专题性课程，如文化遗产与档案专题研究、信息资源管理专题研究、信息资源开发与服务专题、电子文件管理专题、明清档案专题研究、台湾档案研究专题、古籍整理与保护专题。三是跨学科课程，如数据、文件与电子证据，档案、信息与数据治理，档案、媒介与社会治理，数据挖掘与分析。四是前沿性课程，如档案学理论前沿、数据科学与大数据技术、图书情报档案学基础理论与前沿、档案学前沿问题研究、前沿讲座。五是特色化课程，如现代智库与信息机构管理。

（四）教材建设

据调查，2021年有7所高校共出版档案学教材14部，中国人民大学、国防大学、北京联合大学各出版3部，武汉大学出版2部，广西民族大学、四川大学、中山大学各出版1部（见表3）。

表3　2021年中国档案学教材出版情况

序号	学校	教材名称	出版社
1	中国人民大学	档案管理学基础（第四版）	中国人民大学出版社
2		文书学（第四版）	中国人民大学出版社
3		档案管理学（第五版）	中国人民大学出版社
4	国防大学	××××档案工作理论与实践	国防大学出版社
5		重大××行动任务中的档案管理	国防大学出版社
6		××办公与××档案设备管理	国防大学出版社
7	北京联合大学	文书学	中国文史出版社
8		档案工作综合实践教程（第二版）	首都经济贸易大学出版社
9		档案学专业课程思政教学案例集	首都经济贸易大学出版社
10	武汉大学	档案法学基础	武汉大学出版社
11		档案管理概论（第二版）	武汉大学出版社
12	广西民族大学	公文组织与管理教程（第2版）	武汉大学出版社
13	四川大学	档案管理教学案例选编	四川大学出版社
14	中山大学	数字档案馆与信息技术	中山大学出版社

注：“×”表示信息涉密。

（五）教学改革创新

教学改革创新是丰富和发展档案高等教育的有力推手。2021年我国档案学专业教育教学改革研究项目获得立项57项（见表4）。有5项系教育部首批新文科研究与改革实践项目（国家级）（见表5），其中，中国人民大学2项，武汉大学、上海大学、郑州航空工业管理学院各1项，其主题是数字人文、档案学专业新文科建设、大数据与档案学、档案学政产学研协同育人、新文科教学模式创新。有11项系省级教育教学改革项目（见表6），其中，郑州航空工业管理学院4项，上海大学2项，南开大学、辽宁大学、山西大学、韩山师范学院、辽宁科技学院各1项，以上教改项目主题主要包括档案学新文科建设、档案学专业课程思政、档案学专业人才培养体系与模式、档案学课程建设等。有36项系校级教育教学改革项目，其中，北京联合大学、辽宁大学、南开大学、天津师范大学各5项，山东大学4项，郑州大学3项，湖北大学、四川大学各2项，上海师范大学、华中师范大学、辽宁科技学院、吉林大学、盐城师范学院各1项，以上教改项目的主题包括档案学专业课程思政、档案学专业新文科建设、数智时代档案学专业课程体系建设与人才培养模式创新、信息资源建设与信息检索、档案学专业“金课”建设等。有5项系院级教育教学改革项目，其中，吉林大学4项，武汉大学1项，其主题主要为档案学专业课程思政、档案学教材建设、融合区块链技术的档案学创新型人才培养等。

表4　2021年我国档案学专业教育教学改革研究项目立项情况

教改项目级别	国家级	省级	校级	院级
教改项目数量	5	11	36	5

表5　2021年教育部首批新文科研究与改革实践项目（国家级）

单位	负责人	项目名称	类型
中国人民大学	冯惠玲	新兴数字人文专业建设探索与实践	新文科专业建设探索与实践
中国人民大学	刘越南	档案学专业新文科建设实践	经管法领域新文科建设实践
武汉大学	陆伟	大数据赋能时代图情档专业建设创新研究	新文科专业建设探索与实践
上海大学	金波	档案学专业政产学研协同育人机制创新与实践研究	政产学研协同育人机制创新与实践
郑州航空工业管理学院	郝伟斌	基于虚拟仿真技术的新文科教学模式创新与实践	融合现代信息技术的教师教学方法创新与实践

表6　2021年省级教育教学改革项目立项情况

学校	项目名称
郑州航空工业管理学院	郑州航空工业管理学院新文科（档案学）实习实践基地
	河南省虚拟仿真实验一流课程：档案陈列虚拟仿真实验
	档案学新文科建设虚拟教研室
	科技档案管理学课程思政样板课
上海大学	记忆思政：红色资源在高校实践教学中的应用
	图书情报与档案管理类（档案学专业）课程思政教学指南
南开大学	数字档案馆
辽宁大学	“双万计划”下辽宁省档案学专业人才培养体系建设的研究与实践

续表

学校	项目名称
山西大学	“一体多翼式”信息管理与信息系统专业人才培养模式改革
韩山师范学院	“档案学概论”课程教学改革
辽宁科技学院	基于1+X证书制度的档案学专业应用型本科人才培养模式的改革与实践

从2021年获得立项的57项教改项目来看，其主题主要聚焦在三个方面：一是档案学新文科建设。二是档案学专业课程思政建设。三是数智时代档案学专业课程体系建设与人才培养模式创新。这三个主题契合了国家新文科建设、课程思政建设、数字中国建设的政策话语导向，占所有立项教改项目主题的75.44%。

从档案学新文科建设来看，档案学新文科建设是国家新文科建设在档案学专业中的具体实践。2020年11月，由教育部高等教育司指导、教育部新文科建设工作组主办的新文科建设工作会议在山东大学召开。会议重点研究了新时代中国高等文科教育创新发展举措，发布了《新文科建设宣言》，对新文科建设做出全面部署。2021年3月2日，教育部发布《教育部办公厅关于推荐新文科研究与改革实践项目的通知》，要求全面推进新文科建设，构建世界水平、中国特色的文科人才培养体系，形成了《新文科研究与改革实践项目指南》，对档案学新文科建设产生了深入而广泛的影响。2021年获得立项的教改项目中共有14项“新文科”项目。此外，2021年8月16日，湖北大学举办了新文科背景下档案学学科创新与发展研讨会，来自全国各地的40余名专家学者参会探讨新文科背景下档案学学科创新和发展路径。①

从档案学专业课程思政建设来看，档案学专业课程思政建设是有效回应“培养什么样的人、如何培养人、为谁培养人”的根本问题的具体实践。习近平总书记指出：“要用好课堂教学这个主渠道……提升思想政治教育亲和力和针对性，满足学生成长发展需求和期待。”② “要坚持显性教育和隐性教育相统一，挖掘其他课程和教学方式中蕴含的思想政治教育资源，实现全员全程全方位育人。”③ 2020年，教育部印发的《高等学校课程思政建设指导纲要》，强调课程思政建设要在所有高校、所有学科专业全面推进，发挥每门课程的思政作用，提高高校人才培养质量。以上关于课程思政的重要论述与政策都在档案学专业课程思政建设中发挥了重要引导作

① 向正鹏．学校举行新文科背景下档案学学科创新与发展研讨会［EB/OL］．（2021-08-16）［2022-01-05］．https：//www.hubu.edu.cn/info/1075/36170.htm.

② 习近平在全国高校思想政治工作会议上强调：把思想政治工作贯穿教育教学全过程 开创我国高等教育事业发展新局面［J］．教育文化论坛，2016（6）：144.

③ 习近平主持召开学校思想政治理论课教师座谈会强调 用新时代中国特色社会主义思想铸魂育人 贯彻党的教育方针落实立德树人根本任务 王沪宁出席［J］．党建，2019（4）：4-5.

用。2021年获得立项的教改项目中有15项“课程思政”项目。2021年5月16日，教育部高等学校档案学专业教学指导委员会在青岛举行了“新文科背景下高校档案学专业课程思政建设”研讨会，与会专家结合各高校在档案学专业课程思政建设方面的经验与探索，分析了档案学专业在课程思政建设中所具有的鲜明特色和专业优势，广泛讨论了课程思政建设对档案学专业人才培养和专业发展的重要意义，四川大学乔健教授、上海大学金波教授、中国人民大学徐拥军教授、湘潭大学王协舟教授、郑州航空工业管理学院朱兰兰教授、山东大学曲春梅教授，分别做了“基于课程思政的应用文科专业思政建设初探——以档案学专业为例”“档案学专业课程思政建设与思考”“档案学专业‘课程思政’建设的价值与方法”“新文科背景下的课程思政建设——湘潭大学档案学专业的认识和实践”“档案学一流课程建设与课程思政”“新文科背景下课程思政建设与档案学专业人才培养”主题报告；辽宁大学赵彦昌教授、黑龙江大学任越教授、山东大学闫静副研究员、郑州大学孙大东副教授分别分享了在“中国档案史”“文书与档案管理”“档案管理学”“档案学跨学科研究导论”等课程教学中的课程思政建设经验。在研讨会上，教育部高等学校档案学专业教学指导委员会成立了“全国高校档案学专业课程思政联盟”，还发布了《全国高校档案学专业课程思政建设宣言》（简称“青岛宣言”）。①

从数智时代档案学专业课程体系建设与人才培养模式创新来看，数智时代档案学专业课程体系建设与人才培养模式创新是对数智时代人才培养的回应。在数字环境下，信息技术的迭代与演进迫使档案工作进行变革，尤其是以互联网、云计算、大数据、人工智能为代表的技术，对档案工作的环境、理念、模式等产生了深刻的影响，迫切要求革新档案学专业课程体系建设与人才培养模式。2021年发布的《国民经济和社会发展第十四个五年规划和2035年远景目标纲要》，明确提出要加快数字化发展，建设数字中国，迎接数字时代，以数字化转型整体驱动生产方式、生活方式和治理方式变革。这给档案学专业人才培养带来了挑战与机遇，我国档案学专业高等教育机构积极响应，不断优化课程体系设计，探索人才培养新模式。2021年获得立项的教改项目中有14项“课程体系”项目。

（六）学生培养

1. 培养学生总量

据调查，截至2021年11月30日，37所高校共计培养学生51 596名，其中本

---

① 任燕飞．新文科背景下高校档案学专业课程思政建设研讨会在青岛举行［EB/OL］．（2021-05-17）［2022-01-05］．https：//history.sdu.edu.cn/info/1277/21396.htm.

科生 45 364 名，硕士生 5 749 名，博士生 483 名（见表 7）。

从档案学本科生培养人数来看，郑州航空工业管理学院培养的档案学本科生数量最多，为 4 963 人，培养本科生数量大于等于 3 000 人、小于 4 000 人的有 1 所高校，是上海大学，约 3 000 人；培养本科生数量大于等于 2 000 人、小于 3 000 人的有 3 所高校，依次为北京联合大学、中国人民大学、西北大学；培养本科生数量大于等于 1 000 人、小于 2 000 人的有 15 所高校，依次为广西民族大学、辽宁大学、四川大学、黑龙江大学、安徽大学、河北大学、南昌大学、天津师范大学、武汉大学、湖北大学、郑州大学、苏州大学、云南大学、中山大学、福建师范大学。

从档案学硕士生培养人数来看，中国人民大学培养的硕士生最多，达到了 750 人；培养硕士生达到 700 人的还有云南大学；培养硕士生超过 200 人、不到 700 人的有 7 所高校，依次为上海大学、辽宁大学、广西民族大学、安徽大学、武汉大学、湘潭大学、四川大学；培养硕士生超过 100 人、不到 200 人的有 9 所高校，依次为中山大学、苏州大学、山东大学、河北大学、湖北大学、黑龙江大学、郑州大学、浙江大学、南昌大学。

从档案学博士生培养人数来看，中国人民大学培养的档案学博士生数量最多，达到了 213 人，占培养博士生数量的 44%。培养档案学博士生人数排在前列的，还有云南大学（60 人），武汉大学（56 人），南京大学（46 人），培养档案学博士生人数排在前四位的高校培养博士生数量占总数的 77.64%。

表 7　中国档案学专业培养学生人数情况（自成立本专业至今）（以本科生人数排序）

学校	培养本科生人数	培养硕士生人数	培养博士生人数
郑州航空工业管理学院	4 963	62	0
上海大学	3 000	438	19
北京联合大学	2 800	67	0
中国人民大学	2 072	750	213
西北大学	2 000	60	0
广西民族大学	1 833	357	0
辽宁大学	1 830	400	4
四川大学	1 800	204	0
黑龙江大学	1 650	133	0
安徽大学	1 628	348	5
河北大学	1 600	140	0

续表

学校	培养本科生人数	培养硕士生人数	培养博士生人数
南昌大学	1 500	105	5
天津师范大学	1 500	70	0
武汉大学	1 480	270	56
湖北大学	1 450	140	4
郑州大学	1 225	120	0
苏州大学	1 200	160	0
云南大学	1 200	700	60
中山大学	1 189	173	19
福建师范大学	1 120	80	0
吉林大学	910	80	12
扬州大学	910	67	0
浙江大学	850	112	14
湘潭大学	720	210	10
辽宁科技学院	673	0	0
国防大学	600	52	16
盐城师范学院	600	0	0
贵州师范学院	570	0	0
山东大学	552	160	0
上海师范大学	537	52	0
西藏民族大学	426	10	0
南开大学	258	60	0
南京大学	240	99	46
韩山师范学院	240	0	0
呼和浩特民族学院	238	0	0
山西大学	0	40	0
华中师范大学	0	30	0
合计	45 364	5 749	483

2. 在读学生情况

据调查，2021 年中国档案学专业在读学生共计 6 454 人，本科、硕士、博士的人数依次为5 101人、1 203人、150人（见表8）。各高校档案学专业在读本科生的人数介于30人至347人之间，超过100人、不到200人的高校共有26所，超过200人、不到300人的高校共有7所，超过300人的高校共有2所，人数最多的是郑州航空工业管理学院，有347人。各高校档案学专业在读硕士生的人数介于5人至210人之间，排在前五位的高校依次是云南大学（210人）、湘潭大学（100人）、上海大学（86人）、中国人民大学（73人）、辽宁大学（73人）；其他高校中，在读硕士生人数超过30人的高校共有13所。各高校档案学专业在读博士生人数介于2人至39人之间，14所高校有在读博士生，人数由多到少依次为：中国人民大学39人，南京大学24人，云南大学18人，上海大学12人，武汉大学、湘潭大学各10人，吉林大学9人，中山大学8人，浙江大学5人，湖北大学4人，国防大学、南昌大学、安徽大学各3人，辽宁大学2人。

表8　2021年中国档案学专业在读学生统计

项目	本科生	硕士生	博士生
人数	5 101	1 203	150

3.2021年招生情况

据调查，2021年中国档案学专业招收学生共计1 586人，其中本科生1 079人、硕士生457人、博士生50人（见表9）。从本科招生人数来看，由于受大类招生政策的影响，以上本科生招生人数中，包括苏州大学大类招生60人，郑州航空工业管理学院大类招生111人，南开大学按照惯例大类招生预计档案学专业分流30人；山东大学按历史大类招生未分专业，不包括在内。从硕士生招生人数来看，招生人数介于1人至70人之间，招生人数超过20人的有8所高校，依次是云南大学（70人）、中国人民大学（41人）、湘潭大学（35人）、扬州大学（31人）、辽宁大学（30人）、广西民族大学（28人）、上海大学（27人）、北京联合大学（26人）。从博士生招生人数来看，中国人民大学11人，南京大学7人，云南大学、武汉大学各5人，吉林大学、湘潭大学各4人，上海大学、浙江大学各3人，湖北大学和辽宁大学各2人，中山大学、国防大学、南昌大学、安徽大学各1人。

表9　2021年中国档案学专业招生情况

项目	本科生	硕士生	博士生
人数	1 079	457	50

4.2021年就业情况

据调查，2021年中国档案学专业毕业生1 637人（见表10），32所高校本科毕业生共 1 256 人（浙江大学、国防大学、山西大学、西藏民族大学、华中师范大学 2021 年无本科毕业生），31 所高校硕士毕业生 361 人（北京联合大学、贵州师范学院、韩山师范学院、呼和浩特民族学院、辽宁科技学院、盐城师范学院 2021 年无硕士毕业生），7 所高校博士毕业生 20 人（中国人民大学 9 人，武汉大学、南京大学各 3 人，吉林大学 2 人，国防大学、中山大学、浙江大学各 1 人）。

从 2021 年档案学毕业生就业情况来看（见图 2），本科毕业生去向按照人数由多到少依次为：企业（40.45%）、升学（18.39%）、事业单位（12.1%）、党政机关（2.55%）。就业率达到 100%的高校共有 7 所，依次为：中国人民大学、云南大学、上海大学、湘潭大学、河北大学、南开大学、湖北大学。硕士毕业生去向按照人数由多到少依次为：事业单位（42.66%）、企业（30.19%）、党政机关（11.63%）、升学（4.99%）。就业率为 100%的高校有 25 所。博士毕业生去向按照人数由多到少依次为：事业单位（以高等院校与科研院所为主，85%）、企业（10%）。7 所高校的就业率均为 100%。

表 10　2021 年中国档案学专业毕业生就业情况

项目	毕业人数	就业率	党政机关	事业单位	企业	升学	其他
本科	1 256	90%	32	152	508	231	333
硕士	361	97%	42	154	109	18	38
博士	20	100%	0	17	2	0	1
合计	1 637	95.67%	74	323	619	249	372

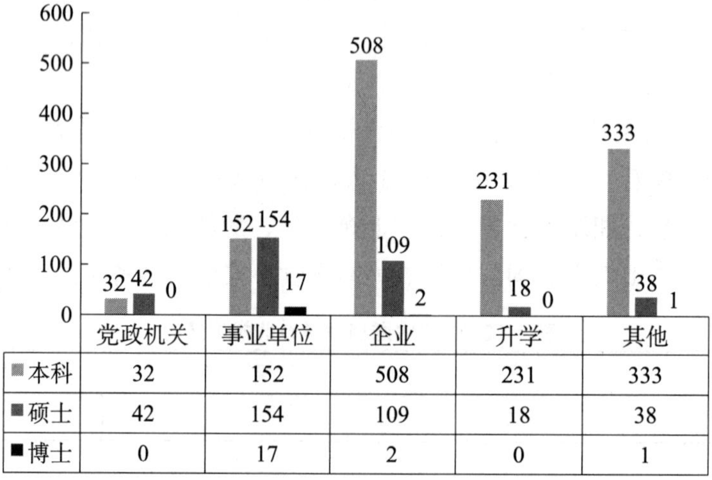

图 2　2021 年中国档案学专业毕业生就业领域分布图

（七）档案学教育特色

档案学教育特色是指各个高校结合自身现实境况与发展愿景打造的档案学专业教育教学模式，包括课程体系、教学体系、人才培养体系等，是各个高校建设发展的独特之处。总的来看，主要体现在以下五个方面。

一是打造契合学科特长的档案专业教育。譬如武汉大学与联合国教科文组织、法国档案学院建立了长期密切合作关系，建立了跨国档案人才培养体系，并在档案文献遗产保护、数字人文等方面形成了教学特色；南京大学通过国际化课程建设，以及与英国剑桥大学，美国匹兹堡大学、印第安纳大学，澳大利亚南澳大学等20余所海外知名高校相关院系构建双边合作与联合培养方案，为学生建立“校门到校门”的跨文化学习途径；郑州航空工业管理学院根植于航空工业档案事业，形成了包含建设项目档案管理、制造业数据管理、企业档案信息化等领域的科技档案管理特色；南开大学基于在信息管理领域的研究优势建立了丰富的信息管理课程模块，在培养掌握现代信息技术和管理科学知识的专业人才方面特色鲜明；湖北大学连续十年开展老科学家史料采集项目，130名师生踏遍30个省市参与文献搜集、整理、编研和项目管理，育人成效显著。

二是打造融合人文历史的档案学专业教育。譬如南昌大学推进人文历史与档案相结合，构建了具有人文底蕴的档案人才培养模式；山东大学依托综合性大学平台，与计算机科学、历史学、语言学等学科及东亚数字人文团队等开展交叉教研探索，同时与档案馆、大数据局等开展合作教学，培养创新型人才。

三是打造兼具地方特色的档案专业教育。譬如安徽大学在地方特色档案，尤其是徽州档案和中国档案学史等方面形成了自己的教育优势和特色；辽宁大学吸收了教师和本硕博学生参与建立的“《黑图档》档案整理与研究”工作坊，育人成效显著；韩山师范学院基于丰富的地方文献资料和侨批资源开展档案专业人才培养；黑龙江大学突出地方史与地方文献内容的教学与实践，开设了东北地方史课程和黑龙江记忆的课程模块。

四是打造具有民族特色的档案学专业教育。譬如云南大学以服务边疆发展为目标，基于民族特色开设了民族档案资源保护与开发、文化遗产建档与文献保护、地方文献和民族档案整理等课程，助力边疆民族地区社会经济文化事业的发展；广西民族大学基于区位优势，面向民族地区和中国-东盟区域合作培养档案人才；贵州师范学院依托地方档案、民族档案及红色档案等特色档案资源开展人才培养；呼和浩特民族学院依托内蒙古边疆地区和民族地区的优势，打造具有历史文化特色和民族特色的档案学专业。

五是打造集合政产学研的档案专业教育。譬如天津师范大学形成了“产教研协同，多学科融通”的人才培养模式，构建了“资源+技术+创意”的档案资源开发创新创业实践教学模式；辽宁科技学院联合企业和档案行业，探讨“1+X”证书制度下档案专业与现代信息技术融合发展，构建了“课证融通”的人才培养模式；中山大学依托珠三角地区人文荟萃、经济发达、社会开放的区域优势，与政府和多家企业部门建立了合作关系，搭建了信息安全与电子文件研究院、档案科学技术研究院、中山大学-同略科技档案与信创联合研究中心多个平台，实现了实践教学与政产学研的紧密结合；北京联合大学开展校政合作，长期探索协同育人模式，建立了2个国家级实验教学中心、4个专业实验室和42个校外人才培养基地，形成了政产学研协同育人的应用型人才培养模式。

以上五种特色鲜明的档案学教学模式，体现了中国档案学专业在教育教学体系建设方面的不懈探索。

四、中国档案高等教育发展现存问题

(一) 档案教育受到外部环境冲击

从当前中国档案高等教育发展现状来看，有关法律法规、政策制度、国家战略、学科改革等一系列外部环境的变化，对档案高等教育的目标、定位、理念等产生了重要的影响和冲击。

第一，档案法律法规和政策对档案高等教育发展提出新目标和新要求。如新修订的《中华人民共和国档案法》把“推进国家治理体系和治理能力现代化”作为立法取向和目标，提出要“加强档案工作人才培养和队伍建设，提高档案工作人员业务素质”。《“十四五”全国档案事业发展规划》将“加快推进档案人才培养，提升档案智力支撑能力”列为核心任务，提出要“推动档案学科建设”，实施“人才强档工程”，建设“档案智库”等。以上规定要求档案高等教育主动对接其目标设定，围绕推进国家治理体系和治理能力现代化的需要，加强师资队伍建设，探索和优化档案高等教育体系，提升教育水平和质量，为国家档案事业高质量发展提供强有力的人才支持。

第二，社会数字化加速变革和转型要求档案高等教育加快数字转型步伐，探索建立适应数字时代的现代化档案学教育体系。从37所高校档案学专业的本科、硕士、博士课程设置来看，当前以互联网、大数据、云计算、区块链、人工智能等为代表的新一代信息技术已经初步与其教学内容相结合，并且已经在部分高校形成固定的教学模块，但是档案高等教育仍然难以跟上社会的数字化转型步伐、难以满足档案工作数字化转型需要。2021年发布的《中华人民共和国国民经济和社会发展第十四个五年规划和2035年远景目标纲要》提出迎接数字时代，加快数字化发展和建设数字中国的战略目标，强调要以数字化转型整体驱动生产方式、生活方式和治理方式变革。在此背景下，以数字理念、数字发展、数字治理、数字安全、数字合作等为主要内容的数字生态将会日益丰富，档案事业的数字化转型与变革在不断加速，迫切要求中国档案高等教育从理念到实践积极融入数字中国建设，更新教学内容，创新教学方式，推动数字化转型发展。

第三，国家高等教育体系改革对档案高等教育发展提出新要求。近几年，国家先后颁布了《关于深化本科教育教学改革全面提高人才培养质量的意见》《关于加快新时代研究生教育改革发展的意见》等一系列政策，不断深化高等教育体系改革，对高等教育育人导向、规模结构、培养方式、课程建设等提出了明确要求，并在具体工作层面围绕“培养什么样的人、如何培养人、为谁培养人”，深入推进“三全育人”工作、国家一流本科课程建设工作、课程思政建设工作、全面推进新文科建设工作和交叉学科建设工作等等。这些政策和部署对档案学高等教育发展具有明确的规范、导向作用，要求档案高等教育探索契合新时代的人才培养模式，建设档案学专业金课，促进档案学专业新文科建设和课程思政建设，加强与相关专业的融合和跨学科教育探索（如计算档案学、数字人文和历史文献学等）。

第四，学科改革、学科评估和布局直接影响档案高等教育发展水平和建设质量。一是档案学所在的一级学科将由“图书情报与档案管理”更名为“信息资源管理”，这使得一级学科属性、学科使命、学科目标得以明确，有利于促进信息、管理、人文、技术的融合，将会在很大程度上提升档案学的学科地位和话语影响，拓展档案学专业的办学空间。但需要注意的是，一级学科更名同时也给档案高等教育带来一系列严峻挑战，这些挑战，极有可能会从单纯的学科问题逐渐延伸到教育问题，档案高等教育教学体系与结构、社会地位与影响等将会面临更大的压力。二是学科评估影响档案学专业高等教育发展空间，近几年浙江、山东、云南等部分高校为了提升相关学科评估排名，将档案学专业撤销或合并到其他专业，以充实其他主流或优势学科，严重挤压了档案学教育的生存空间。

（二）档案高等教育发展极不平衡

发展不平衡是中国档案高等教育长期存在的一个显著问题，从调研结果来看

（见图 1、表 11），主要表现在三个方面。

第一，从各个省份档案教育布点来看，西北地区 5 个省份，仅有 1 所学校培养档案人才，而重庆、青海、海南、甘肃、宁夏、新疆等省份没有一所高校开设档案学专业。

第二，从全国各地区教育层次来看，西北地区仅有 1 所高校培养档案学硕士，并且是全国各地区中唯一缺少档案学博士教育的地区，西南地区和华南地区分别仅有 1 所高校培养档案学博士，不能满足档案工作对专业人才的巨大需求。

第三，从全国各地区在读学生师生比来看，全国档案学专业的平均师生比为 1∶15.59，西南、华南、东北、西北地区师生比均低于平均数，相比华东、华北和华中地区，其余四个地区的教师面临更大的教育教学压力，华东地区的师生比最高，为 1∶11.66，西南地区的师生比最低，为 1∶27.62，前者是后者的两倍有余。

表 11　2021 年中国档案学专业高等教育地区分布表

项目	华东	华中	华北	东北	西南	华南	西北
省份数量	7	3	5	3	5	3	5
学校数量	12	6	7	4	4	3	1
师资情况	145	74	77	36	37	33	12
培养学生（总量[a]）	14 515	10 740	9 808	5 692	4 970	3 811	2 060
在读学生	1 690	1 151	993	710	1 022	668	220
在读学生师生比	1∶11.66	1∶15.55	1∶12.90	1∶19.72	1∶27.62	1∶20.24	1∶18.33

[a] 指自成立本专业至今。

（三）档案教育规模滞后于社会需求

随着经济社会进入高质量发展的新阶段，国民经济建设和社会发展对档案专业人才的需求越来越强烈。然而，目前我国档案高等教育的规模还难以满足社会各方面对档案人才的需要。

从社会对档案的人才需求来看，一方面，近几年全国公检法机构、党政机关单位、企事业单位、高校和科研院所等因为各种业务与研究工作的需要，对档案人才的需求愈加迫切；另一方面，全国各级档案主管部门和各类档案馆也对复合型、高素质的档案专业人才需求迫切。

从档案专业人才的供给侧来看，我国每年培养的档案专业人才有限，并且档案管理专业硕士设置存在空白，导致人才供给严重不足。例如“十三五”期间共有高校档案学专业毕业生 9 596 人，全国 7 182 家档案主管部门和各级各类档案馆，平均每家只能分到约1.34名档案学专业毕业生。[①] 尽管2021年全国有1 637名档案学专业毕业生，但仍难以满足社会需求。根据2021年《光明日报》“光明调查”栏目针对全国档案学人才培养现状的调研所得出的“一才难求”“档案专业人才供不应求，高等教育规模有待进一步壮大”的结论[②]，也印证了这样的观点。

(四) 档案专业本科招生面临挑战

档案学专业本科招生作为档案高等教育的起点，不仅是我国档案高等教育的主体，而且在档案高等教育结构中居中心地位。从调研来看，档案学专业本科招生面临如下挑战。

第一，档案学专业招生受到大类招生政策的严重影响。随着全国各地新高考的实施和国家教育理念与政策的变化，越来越多的高校陆续开始实行大类招生，据不完全统计，37所高校中已经有中国人民大学、南京大学、武汉大学、山东大学、南开大学、浙江大学、四川大学、苏州大学、郑州航空工业管理学院等高校实行了大类招生，主要包括按学科招生（如历史类、管理类、信息管理类）、按基地班或（社会科学）实验班模式招生两种模式，学生报考专业由原来的单个专业点扩大到整合的专业群。但是大类招生政策对档案学专业而言并不友好，略显小众且冷门的档案学，在与之捆绑招生的热门专业面前，很难成为学生二次专业选择的首选，招生面临严峻挑战。

第二，档案学专业对学生的吸引力不强。家长、学生对学档案就只能埋头故纸堆整理档案的刻板认知也会降低学生报考档案学专业的意愿。

(五) 档案专业课程体系有待优化

新一代信息技术的迅速发展及其在档案领域的广泛应用，直接引起档案工作的内外环境发生深刻变化，档案工作面临从传统载体管理向数字管理转型升级的巨大挑战，迫切要求创新档案工作理念、方法、模式，加快全面数字转型和智能升级。这对档案专业人才培养提出了更高要求，迫切要求各个高校更新课程体系，增加技术类、信息类、数据管理类课程，培养兼具人文、管理、技术知识的复合型档案人才。但从调研情况来看，一方面，大部分高校的本科生课程缺乏系统的信息技术类课程体系设计，不利于学生技术素养的培养与提升；另一方面，数据管理类课程设

---

① 徐拥军，李孟秋．“十四五”时期档案高等教育发展之策［J］．北京档案，2021（10）：24－26．

② 王昊魁，王琎．如何让档案人才不再“小众”“稀缺”［N］．光明日报，2021－11－11（7）．

计较少，开设2门及以上数据管理课程的高校仅有10所，开设1门或未开设数据管理课程的高校有27所，这不利于学生数据素养的提升。

五、中国档案高等教育发展的对策建议

(一) 明确档案学专业教育定位

教育是国之大计，在新的时代和社会背景下，明确教育定位是办好档案学专业教育的关键。

第一，站位要高。档案学教育要以“为党育人，为国育才”为目标，不仅要关注专业本身，而且要关注党和国家重大战略部署，重点围绕“培养什么样的人、如何培养人、为谁培养人”这一根本问题，把专业建设和专业教育置于国家治理体系，扎根中国大地，主动把党和国家的发展需要和教育强国要求融入档案学办学目标。

第二，格局要大。档案学教育要以办好人民满意的教育为目标，既要关注被育之人，又要关注育人之人；既要重视眼前发展，又要考虑长远发展；既要守好专业阵地，又要重视专业拓展；既要重视教育形式，又要重视教育效果；既要重视特色发展，又要重视全面发展；系统考虑档案学教育发展，做到紧跟时代与传承传统相结合、服务社会与坚守独立相结合，最终实现档案学专业整体发展。

第三，视野要广。档案学教育要以实现价值塑造、能力培养、知识传授、全球视野培养为目标，直面问题，立足国内，展望国际，兼收并蓄，推进通专融合，重视吸收新知识、新经验，与国际和国内一流对标、对表，综合设计档案人才培养体系。

(二) 加强档案学专业教育反思

加强对档案学专业教育的反思是中国档案高等教育得以保持活力和实现提升所必需的。从1952年中共中央决定委托中国人民大学开办档案学专业至今，中国现代意义上的档案高等教育已经走过了70年的历程，经过几代人的努力，已经建成了世界上教育规模最大、体系最完整、人才培养最多的现代化档案高等教育体系。高等教育的使命是随着时代的发展而变化的，在过去的70年里，中国档案高等教育伴随着新中国的建设与发展，为国家从站起来到富起来，再到强起来，提供了档案人才支撑，为国家档案事业繁荣贡献了力量。如今，站在新时代，档案高等教育不仅需要反思过去70年的办学经验，总结档案教育发展规律，而且要结合新时代

发展背景和教育强国的现实需求，反思档案学专业教育现有的人才培养目标、课程结构与体系、人才培养模式、教学组织形态存在的局限性，全面系统梳理档案学专业教育新的研究对象、研究范式及社会需求，积极探索档案学专业教育改革、发展与创新的理念和思路①，如实现档案学教育的数字化转型、探索档案学与数字人文的契合与互动、完善立足于“信息资源管理”学科的教育教学体系等。

2021 年 12 月 17 日，中央全面深化改革委员会第二十三次会议审议通过了《关于深入推进世界一流大学和一流学科建设的若干意见》，会议强调，办好世界一流大学和一流学科，必须扎根中国大地，牢牢抓住人才培养这个关键，坚持服务国家战略需求，优化学科专业和人才培养布局，打造高水平师资队伍，深化科教融合育人。为此，档案高等教育也需要在反思办学经验和办学局限的基础上，坚持问题导向，紧抓主要矛盾，全面对接国家战略需求，深化教育体系改革，促进科教融合，拓宽档案人才培养方式、方法与路径，致力于提升档案人才培养数量和质量，满足党和国家各项事业发展对档案人才的需要。

（三）优化档案学专业教育布局

优化档案学专业教育布局，通过适当扩大办学规模，拓展档案人才培养方式是满足社会对档案人才需求的关键。

第一，扩大档案人才培养单位，尤其要争取在 6 个尚未开设档案学本科及以上层次教育的省份开设档案学专业，进一步优化档案学教育教学布局，争取每个省份至少有 1 所培养档案人才的高等院校。

第二，尽快开设档案管理专业硕士学位，或者在图书情报专业硕士学位下增设档案管理方向。国务院学位委员会《关于对〈博士、硕士学位授予和人才培养学科专业目录〉及其管理办法征求意见的函》，改变了原来《学位授予和人才培养学科目录》（2018 年 4 月更新）分开排列学术学位和专业学位授予和人才培养目录的习惯，首次将专业学位“图书情报”与学术学位“信息资源管理”并列，这在一定程度上提升了图书情报专业学位的地位与影响。在现代大学教育体系中，学科是专业的安身立命之所。档案高等教育相关院校应把握国家扩大专业硕士招生规模的机遇，根据《“十四五”全国档案事业发展规划》提出的“开展档案管理专业学位研究生教育”，团结力量，凝聚共识，推进开设档案管理专业硕士学位，扩大档案人

① 冯惠玲，连志英，曲春梅，等．回顾与前瞻：“十三五”档案学科发展调查和“十四五”档案学重点研究领域展望［J］．档案学通讯，2021（1）：4－15．

才培养规模。

第三，档案事业发展离不开档案人才培养，档案高等院校要在招生指标、师资力量等方面，给予档案学专业政策和资源支持，同时扩大对档案学专业的宣传，提升办学内涵和增强办学特色，增强档案学专业对本科生的吸引力。

(四) 创新档案人才培养体系

创新档案人才培养体系，拓展教学内容，丰富人才培养方式，是适应时代发展和社会需求变化的重要方式。

第一，优化档案学专业课程体系设计。一方面，要充分考虑学科发展和社会对档案人才的需求，结合社会数字化转型、一级学科更名、数字人文发展、新文科建设和课程思政建设等，在本科、硕士、博士等不同教育层次增加教学模块或相关内容；另一方面，要把握国家一流专业建设的契机，打造“金专、金课、金师”。

第二，打造特色人才培养项目。丰富档案学专业育人体系，增强档案学专业吸引力，提升档案学教育质量。如中国人民大学依托“数字记忆”厚重人才培养计划，融合人文理念和科学精神，把档案学专业知识、传统文化、信息资源和信息技术的教育，科研能力、创新意识和实践能力的培养，以及国情教育、道德养成等融入全过程；启动“双数计划”——“未来数据人才计划”“数字人文菁英计划”，适应大数据时代，培养高端数据管理人才和数字人文研究型人才。四川大学创设以“未来档案实验室”“兰台研习社”等本科生社团为依托的专业型第二课堂，效果显著，独树一帜。湘潭大学借鉴工程教育认证国际经验，以学生为中心反向设计人才培养方案和培养流程，严格对接教学质量国家标准，通过构建“课程设置—毕业要求”对应关系矩阵，将人才培养目标细化为具体的毕业要求。北京联合大学以“+文化”为课程思政抓手，突出课程中的文化育人要素，建设声影北京、北京地方档案文献研读、历史文书学、北京史、图书馆档案馆空间文化等北京文化特色课程群，形成具有鲜明地方特色与文化底蕴的专业特质。

第三，强化档案学专业特色教育。档案学专业教育担负着培养“为党管档、为国守史、为民服务”的档案人才的神圣使命，因此档案学专业教育要树立专业自信，挖掘档案文化和历史基因，在体现中国特色、地域特色、行业领域特色等方面，进一步创新和丰富档案学专业人才培养体系，打造多元化档案人才培养模式。

第四，推进档案人才国际化培养。档案人才国际化培养是建设档案强国的重要组成部分，是提升档案教育质量的重要方式。迫切需要立足于中国档案高等教育事业高质量发展和中国档案学话语体系构建，在合理吸收档案人才培养的国际经验的基础上，借助国际档案理事会相关平台、国际档案界相关学术交流活动、国内外档案学人才联合培养等，为档案人才培养搭建平台和创造机会，致力于培养高层次、复合型、具有国际视野的优秀档案学专业人才。

（五）积极应对学科更名挑战

学科是高等教育赖以生存和发展的基础，积极应对一级学科更名给档案高等教育带来的挑战，是未来稳固档案高等教育地位和继续保持其高速繁荣发展所必需的。早在 2010 年，中国档案学会就曾组织专家学者对该问题进行过研究，认为在信息资源管理学科背景下发展档案学专业，有利于从该学科的优势领域吸取营养，有利于滋生新的学科领域与方向，有利于顺应社会信息化发展的要求与趋势而得到快速发展。[①] 如今十多年过去了，专家学者们的研究正在逐渐成为现实，国家已经对“图书情报与档案管理”一级学科更名为“信息资源管理”征求意见。在此背景下，亟须积极应对学科更名带来的挑战。

第一，积极接受和适应学科更名及其带来的各种影响。“图书情报与档案管理”一级学科更名，是国家基于国民经济建设与发展战略、高等教育发展规律和信息资源管理工作需要慎重做出的决定，因此各个高校及其教师需要坚持着眼长远，面向未来，服从国家大局，主动适应学科名称变化所带来的各种积极影响和消极影响。一方面要通过加强与信息资源管理学科下各二级学科的交流和互动，建立彼此之间的逻辑关联、理论关联、知识关联、实践关联，提升档案学对信息资源管理学科的贡献力；另一方面要不断加强档案学科内涵建设，加快构建立足于信息资源管理学科的档案学学科体系、学术体系、话语体系，提升档案高等教育的影响力，实现强基固本。

第二，打造学科领域高峰与服务社会发展相结合。学科与专业相互支撑、相互促进、相互耦合[②]，面对一级学科名称的更改和二级学科体系的变化，档案学专业要树立学科自信和专业自信，坚持打造学科领域高峰与服务社会发展。一方面，从学科建设来看，档案学科既要向内深挖历史与文化基因，又要向外拓展研究范畴和丰富研究范式，以此激发新的学科增长点，并优化档案学知识体系、研究体系、理论体系、思想体系，提升档案学科建设水平与质量，扩大档案学在信息资源管理学科中的影响力。另一方面，从服务社会发展来看，服务社会发展是档案学天生的属

---

① 中国档案学会档案学基础理论学术委员会（执笔人：王协舟，彭海艳，陈艳红，唐思慧，蒋冠）. 档案学教育发展的研究报告［C］//中国档案学会. 回顾与展望：中国档案事业发展研究报告. 北京，2010：208－244.

② 钟秉林，马陆亭，贾文键，等. 大学发展与学科建设（笔谈）［J］. 中国高教研究，2019（9）：12－15.

性与使命。习近平总书记强调："档案工作存史资政育人，是一项利国利民、惠及千秋万代的崇高事业。"档案学学科建设和专业建设都要为档案工作的需要服务，要突出服务国家需要、社会需求，只有在真正的重大需求面前，档案学科的发展才能找到突破口，才能获得持续发展的动力并彰显其价值。①

第三，建立适应信息资源管理趋势的档案教育体系。针对一级学科更名，档案高等教育要赢得主动，就必须提前布局，基于信息资源管理发展趋势优化档案教育体系。具体而言就是要在保留和强化档案学教育特色的前提下，基于信息资源管理学科的发展趋势与方向，优化师资结构、丰富教学体系、更新知识体系、创新教育模式、重视教育评价，建立学科预警和警示制度，避免为了迎合新变化而"赶速度、铺摊子、求规模"②。

① 王战军，张微．新中国成立70年来我国高校学科结构调整：政策变迁的制度逻辑［J］．中国高教研究，2019（12）：36-41.

② 杜玉波．加快推进大学治理体系现代化［N］．光明日报，2020-04-07（13）.

2020—2021年中国档案学研究发展报告

连志英[1,2]　陈怡[1]　孙寒晗[1]　余敏[1]

1. 中国人民大学信息资源管理学院，北京　100872

2. 中国人民大学档案事业发展研究中心，北京　100872

摘　要： 本报告综合应用多种研究方法，对2020年及2021年两年《档案学通讯》《档案学研究》刊发的及人大复印报刊资料《档案学》转载的所有学术论文、省部级及国家级项目立项、省部级科学研究优秀成果及国家档案局获奖项目、学术著作进行分析，发现2020年及2021年中国档案学研究呈现较鲜明的本土化及跨学科特点，档案治理、新档案法解读、电子文件管理、档案与数字人文、古文书学、档案资源服务利用、科研档案与科研数据、档案教育等主题是学界关注焦点。在"十四五"期间，档案学还需进一步加强本土化研究，构建中国特色的档案学学术体系，在强化档案管理中对技术的应用的同时，关注人的需求，突出档案学的人本主义精神，此外，还需进一步加强跨学科的合作与研究，并积极促进档案学研究成果转化，发挥档案学服务社会的功能。

关键词： 档案学研究；档案学科；学科发展

作者简介： 连志英，博士，教授，研究方向为档案学基础理论、数字档案资源开发、档案法学和信息文化，电子邮箱 ellen_lian@hotmail. com；陈怡，硕士研究生，研究方向为网络空间档案化管理、数字人文；孙寒晗，本科生，研究方向为档案利用与服务、"非遗"档案管理、社群档案；余敏，硕士研究生，研究方向为数字人文、数字记忆。

2020年，由冯惠玲教授牵头的档案学科调研组对"十三五"期间（2016—2020年）中国档案学研究的发展情况进行了全面梳理和分析，提出了"十四五"期间值得进一步研究的八大研究领域。① 本报告拟在此基础上，梳理、分析2020年及2021年两年间中国档案学研究现状，并展望中国档案学研究未来发展趋势。

---

① 冯惠玲，连志英，曲春梅，等．回顾与前瞻："十三五"档案学科发展调查和"十四五"档案学重点研究领域展望［J］．档案学通讯，2021（1）：4-15．

一、数据来源及分析方法

（一）数据来源

本报告的数据来源主要有三方面。

一是学术期刊论文。主要包括 2020 年 1 月至 2021 年 12 月两年《档案学通讯》《档案学研究》两本 CSSCI 来源期刊刊发的及人大复印报刊资料《档案学》转载的所有学术论文，经筛选去重，去除非学术性论文的文章（会议通知、期刊公告、新闻报道等），共得学术论文 504 篇。其中《档案学通讯》论文 182 篇、《档案学研究》论文 244 篇、人大复印报刊资料《档案学》转载论文 78 篇。

二是省部级及国家级项目。主要包括 2020 年及 2021 年国家社会科学基金、国家自然科学基金、教育部及国家档案局项目。截至 2021 年 11 月 30 日，两年中档案学科国家社会科学基金项目立项数为 41 项，国家自然科学基金项目立项数为 2 项，教育部项目立项数为 5 项，国家档案局科技项目立项数为 245 项。

三是省部级科学研究优秀成果及国家档案局获奖项目。2020 年教育部颁布的第八届高等学校科学研究优秀成果奖中，档案学获奖项目有 2 项；2020—2021 年国家档案局共评出优秀科技成果奖 46 项，其中 2020 年评选出二等奖 7 项、三等奖 13 项，2021 年评选出二等奖 10 项、三等奖 16 项，两年的特等奖与一等奖均空缺。

四是学术著作。本报告分别在超星-读秀知识库和当当图书网中以“档案”为关键词检索出版时段为 2020 年 1 月至 2021 年 11 月的档案学著作，经筛选，去除非学术性著作（档案文献汇编、教材、工具书、案例集、论文集等）后，得到 41 部档案学学术著作。

（二）分析方法

本报告主要的研究方法如下。

一是“遥读”与“细读”相结合的方法。主要用于对期刊论文的主题分析。

首先，综合运用数据可视化工具 CiteSpace、VOSviewer 和 Pajek 对文献进行“遥读”。从中国知网中将文献数据按照 RefWorks 格式导出，并使用 CiteSpace 内置格式转换工具将其转换为 Web of Science（WOS）格式以方便后续数据导入。因部分文献数据存在表述不统一等情况，为方便软件分析，我们对数据进行了规范化处理，如将“中山大学资讯管理学院”表述为“中山大学信息管理学院”，将“中国人民大学数据工程与知识工程教育部重点实验室”“中国人民大学电子文件研究中心”“中国人民大学 CIO 研究中心”“中国人民大学数字人文研究中心”“中国人民大学智慧城市研究中心”合并表述为“中国人民大学信息资源管理学院”，将“国家档案局干部教育中心”“国家档案局科学技术研究所”“国家档案局科研所”“国家档案局技术部”合并表述为“国家档案局”，将“武汉大学信息资源研究中心”“武汉大学政务管理研究中心”合并表述为“武汉大学信息管理学院”，将“四川大学公共管理学院秘书档案系”表述为“四川大学公共管理学院”，将“上海大学海峡两岸档案与文献研究中心”“上海大学图书情报系”“上海大学图书情报档案系”合并表述为“上海大学图书情报档案系”，将“上海师范大学人文学院”表述为“上海师范大学人文学院信息管理系”，将“南昌大学历史系”“南昌大学人文学院历史系”合并表述为“南昌大学人文学院”，将“黑龙江大学信息资源管理研究中心”“黑龙江大学信息管理学院”合并表述为“黑龙江大学信息管理学院”。为避免重复计算，若一人同时注明高等院校及其下设研究中心时，仅保留高等院校。CiteSpace 工具主要用于分析研究机构以及关键词词频，VOSviewer 和 Pajek 工具主要用于对研究主题的聚类分析，分析参数选取工具为推荐常规设置，针对研究机构主要根据论文发表数量及中心度等参数进行分析，针对研究主题则以期刊关键词词频统计与主题聚类进行分析。

其次，对文献进行“细读”，即人工阅读 449 篇论文，结合数据可视化工具分析结果，进一步明确 2020—2021 年中国档案学研究关注的主题。

二是编码法。主要用于对项目及著作主题的分析。鉴于项目及著作数量并不多，对其进行主题分析主要采取手工编码方法抽取主题。

二、研究现状

(一) 档案学学术期刊论文分析

1. 期刊论文研究力量布局分析

通过 CiteSpace 对论文所属机构进行统计，并结合对发表数量与中心度的分析显示，高等院校是档案学研究的主体力量。在发文量排名前 20 的机构中，19 家为高等院校及其下设研究中心，档案主管部门及档案馆类别下仅有国家档案局 1 家机构。其中，研究力量最为突出的是中国人民大学信息资源管理学院，发文量位居第一，中心度达到 0.34。上海大学图书情报档案系亦是较突出的发文机构，以 46 篇的发文量与 0.10 的中心度位列第二。此外，山东大学历史文化学院、武汉大学信息管理学院、四川大学公共管理学院、云南大学历史与档案学院、中山大学信息管理学院、郑州大学信息管理学院、广西民族大学管理学院、湖北大学历史文化学院为发文量排名前10的机构（见图1、表1）。

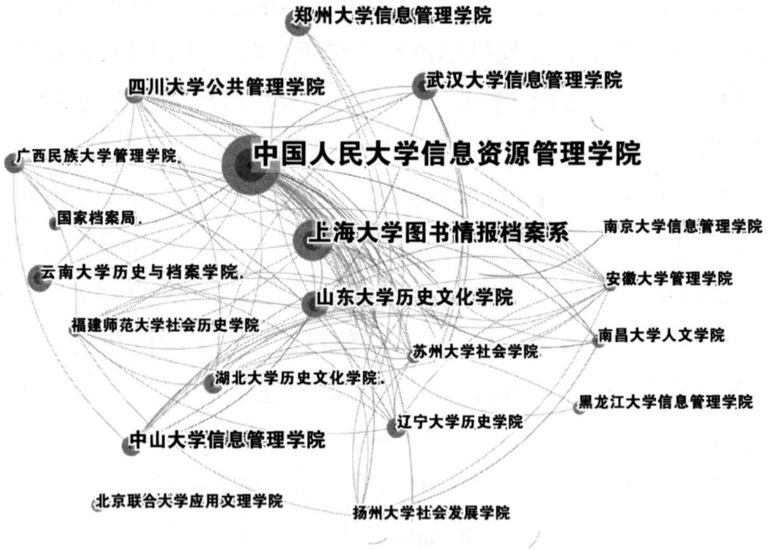

图1　机构力量分布

表1　发文量排名前20的机构

序号	机构名称	发文量	中心度	序号	机构名称	发文量	中心度
1	中国人民大学信息资源管理学院	115	0.34	11	国家档案局	14	0.00
2	上海大学图书情报档案系	46	0.10	12	南昌大学人文学院	11	0.02
3	山东大学历史文化学院	24	0.09	13	苏州大学社会学院	11	0.03
4	武汉大学信息管理学院	23	0.05	14	辽宁大学历史学院	11	0.01
5	四川大学公共管理学院	18	0.05	15	黑龙江大学信息管理学院	11	0.00
6	云南大学历史与档案学院	18	0.02	16	安徽大学管理学院	10	0.06
7	中山大学信息管理学院	17	0.05	17	南京大学信息管理学院	9	0.00
8	郑州大学信息管理学院	16	0.03	18	福建师范大学社会历史学院	9	0.01
9	广西民族大学管理学院	14	0.06	19	北京联合大学应用文理学院	8	0.00
10	湖北大学历史文化学院	14	0.04	20	扬州大学社会发展学院	7	0.00

与“十三五”期间各机构发文量相比，中国人民大学、上海大学、山东大学、武汉大学、四川大学、云南大学、中山大学的发文量排名变化不大，郑州大学、广西民族大学和湖北大学发文量排名有所提升；在档案主管部门及档案馆中，国家档案局的研究力量凸显。

虽然 CiteSpace 工具分析显示研究机构大多具有一定中心度，但通过人工阅读我们发现，机构中心度大多体现为机构与其下设的研究中心之间的关联度，跨学校或跨学科的合作较少。

2. 期刊论文研究主题分布

我们首先使用 CiteSpace 对期刊论文的关键词进行统计，因为关键词频次能在一定程度上反映研究领域的热点情况，而关键词中心度则表示它控制的关键词之间信息流的数量以及对整个网络资源的控制程度。[①] 删除“档案”这一出现次数多且无特指意义的词，按照关键词频次进行排名，排名前 20 的关键词有：电子文件、数字人文、档案管理、档案馆、档案学、档案工作、档案数据、档案法、档案利用、大数据、区块链、知识服务、档案治理、知识图谱、电子档案、档案服务、机构改革、档案信息、数字记忆、企业档案（见表 2）。

表 2　出现频次排名前 20 的关键词

序号	关键词	频次	中心度	序号	关键词	频次	中心度
1	电子文件	25	0.20	11	区块链	10	0.02
2	数字人文	23	0.32	12	知识服务	9	0.20
3	档案管理	21	0.29	13	档案治理	9	0.01
4	档案馆	19	0.31	14	知识图谱	9	0.37
5	档案学	18	0.15	15	电子档案	8	0.04
6	档案工作	17	0.11	16	档案服务	8	0.06
7	档案数据	12	0.16	17	机构改革	7	0.07
8	档案法	11	0.03	18	档案信息	7	0.13
9	档案利用	11	0.05	19	数字记忆	6	0.02
10	大数据	10	0.11	20	企业档案	6	0.06

这些高频词在一定程度上能反映当下中国档案学研究关注的焦点。为进一步提炼研究主题，我们使用 VOSviewer 和 Pajek 对关键词进行聚类分析，操作步骤如下：(1) 从知网中将文献数据按照 EndNote 格式导出后，再导入 EndNote 转换为

① 肖荻昱．基于 CiteSpace 的图书馆智库服务研究可视化分析［J］．图书馆工作与研究，2018（11）：94－99．

RIS 格式导出；(2) 使用 Python 对导出的 RIS 文件进行数据处理，给每个关键词放置“KW-”前缀，以便 VOSviewer 读取；(3) 导入 VOSviewer，选择共现频率为 1，再导出为 Pajek 格式；(4) 导入 Pajek，进行关键词共现网络处理，将 Unicode 转化为中文，再导出至 VOSviewer 进行可视化展现（见图 2）。

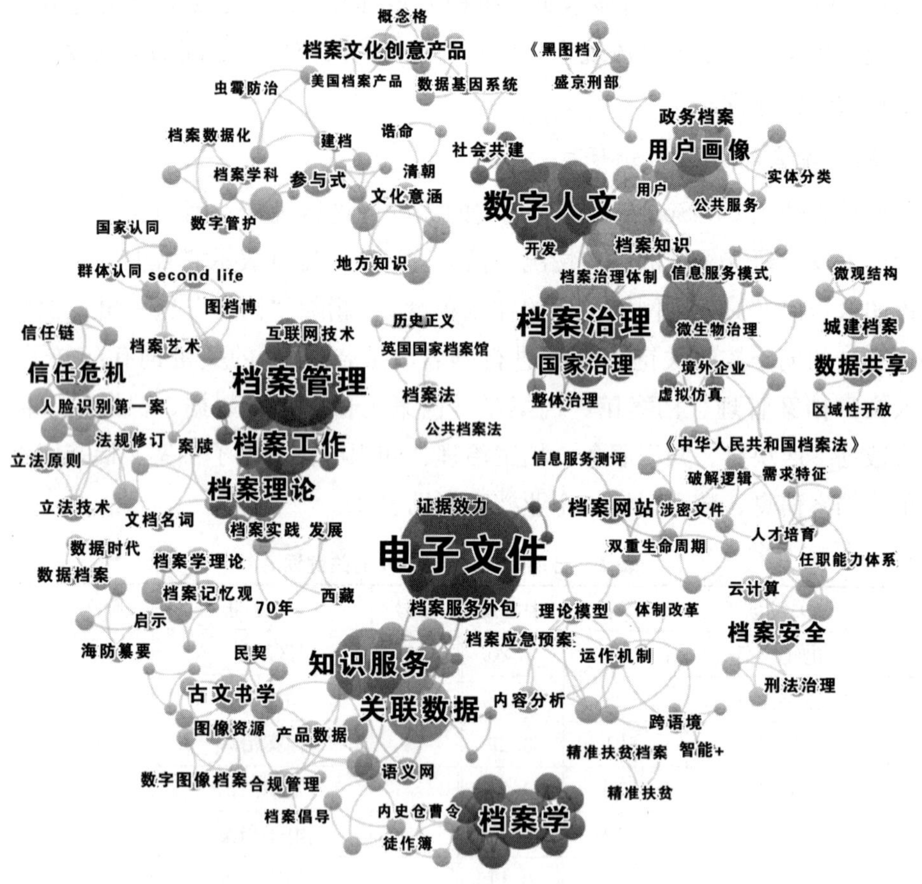

图 2　关键词聚类图

用 VOSviewer 与 Pajek 分析数据后聚类形成 61 个网络，我们依照聚类大小筛选保留前 18 个，选择该聚类中 weight〈Links〉最大的关键词为该聚类标签，聚类下的具体关键词见表 3。

表 3　关键词聚类表

聚类号	聚类标签	关键词
1	电子文件	10 号令；信息安全；区块链；单轨制；数字档案；智能鉴定；档案服务外包；档案服务机构；档案管理系统；档案鉴定；电子数据；电子文件；电子档案系统；电子证据；电子证据保全；证据保全；证据效力；证据立法

续表

聚类号	聚类标签	关键词
2	数字人文	价值挖掘；共生；名人档案；建构；开发；数字人文；数字记忆；新冠肺炎疫情；档案范式；档案认同；档案记忆；电影档案；社会共建；跨学科；重大突发事件
3	档案管理	中国石油；互联网技术；企业档案；利用服务；安全伦理；数据管理；档案机构；档案管理；民生公司；治理现代化；电子档案管理；融合管理；资源体系；近代企业
4	用户画像	信息利用；信息整合；信息服务；公共服务；媒体融合；政务档案；文旅融合；智能服务；档案馆；模型设计；用户；用户画像；研学旅行
5	档案工作	公共危机生命周期；单士元；意识形态安全；数字转型；明清档案；档案实践；档案工作；档案理论；档案目录学；突发公共卫生事件；计算档案学；责任；路径
6	知识服务	归档；抗战档案；数字档案馆；智慧档案馆；档案知识工程；档案知识库；档案获奖项目；知识服务；知识资源聚合；社群档案；社群档案与遗产组织；美国；资源可视化
7	档案治理	国家治理；国家治理现代化；整体治理；档案治理；档案治理体制；档案治理体系；档案治理能力；档案资源；治理体系；治理能力；现代化
8	档案学	专业教育；中国人民大学；实践；杜威；档案学；经验；经验哲学；职业教育；苏联专家；高等教育
9	档案信息服务	信息服务模式；区块链思维；实验教学；档案信息服务；档案信息资源；档案展览；档案教育；沉浸理念；虚拟仿真；金课
10	关联数据	关联数据；敦煌遗书图像；本体；档案著录；档案著录编码标准；知识组织；语义化重组；语义特征层次模型；语义网；资源描述框架
11	档案服务	公共卫生；卫生防疫档案；应急决策；应急管理；数字视频档案；服务模式；档案服务；档案知识；用户交互；精准化服务
12	科学数据	参与式；建档；数字化；数字管护；数据监管；文化遗产；生命周期模型；科学数据；科研档案
13	档案安全	云计算；刑法治理；政务云；数字网络时代；档案安全；档案犯罪；电子档案；风险管理
14	信任危机	人脸识别第一案；信任危机；信任重建；信任链；后真相时代；平衡理论；数字档案信息；数字记录
15	数据共享	元数据驱动；区域性开放；医院档案；城建档案；政务服务驱动；数据共享；数据素养
16	古文书学	古文书学；后现代主义；契约文书；档案学基础理论；民契；民间文书；组织理论

续表

聚类号	聚类标签	关键词
17	档案网站	信息服务测评；国家档案馆；教育功能；教育模块；期望-满意指数；档案网站
18	档案文化创意产品	关联规则；档案商店；档案文化创意产品；概念格；用户需求；美国档案产品

为进一步提炼和明确研究主题，我们对文献进行了人工“细读”，结合 VOSviewer 与 Pajek 的关键词聚类，确定了过去两年档案学期刊论文主要关注的主题如下。

一是档案治理研究。这一主题下关注的焦点主要有：第一，关于档案治理本体的研究。包括对档案治理概念体系的研究①，对档案治理思维与治理实践本质②、档案治理能力③的研究，对档案治理的研究现状、未来图景及其实现路径的研究④。第二，关于档案治理机制的研究。包括重大公共危机治理中档案工作的参与机制研究⑤、全球化背景下中国参与国际档案治理的路径研究⑥、对多元主体参与档案治理的机制与路径的研究⑦、档案数据安全治理的策略⑧与治理能力成熟度模型构建⑨研究、档案馆文化治理的功能与运行机制研究⑩、档案馆现代化档案治理体系构建研究⑪、对机构改革背景下档案局馆协同机制的研究⑫，以及对企业非结构化文档数据治理机制的研究⑬。

二是新《档案法》研究。这一主题主要聚焦于：第一，对新《档案法》的进步性⑭的解读。如从档案利用角度论述新《档案法》的科学性⑮，以及对新《档案法》

① 张帆，吴建华．国家治理现代化视域下档案治理概念体系研究 [J]. 档案学研究，2021 (1)：23-31.

② 倪丽娟．档案治理问题思考 [J]. 档案学研究，2021 (1)：58-63.

③ 常大伟．国家治理现代化视阈下我国档案治理能力建设研究 [J]. 档案学通讯，2020 (1)：109-112.

④ 李宗富，董晨雪，杨莹莹．国家档案治理：研究现状、未来图景及其实现路径 [J]. 档案学研究，2021 (4)：17-24.

⑤ 张斌，杨文．论重大公共危机治理中档案工作的参与机制：以新冠肺炎疫情防控治理为例 [J]. 档案学通讯，2020 (5)：4-12.

⑥ 杨智勇，贺奕静．全球化背景下中国参与国际档案治理的路径探析 [J]. 档案学研究，2020 (2)：37-42.

⑦ 李孟秋．整合视角下多元主体参与档案治理的机制与路径 [J]. 档案学通讯，2021 (2)：12-19.

⑧ 金波，杨鹏．大数据时代档案数据安全治理策略探析 [J]. 情报科学，2020 (9)：30-35.

⑨ 周林兴，韩永继．档案数据安全治理能力成熟度模型构建研究 [J]. 中国档案，2020 (12)：79.

⑩ 周林兴．论档案馆的文化治理研究 [J]. 档案学研究，2020 (1)：73-78.

⑪ 沈洋，赵烨橦，张卫东．现代化档案治理体系构建研究：以国家档案馆为主体的视角 [J]. 浙江档案，2020 (10)：17-19.

⑫ 陈忠海，刘东斌，吴雁平．机构改革背景下档案局馆协同机制探讨 [J]. 档案学通讯，2021 (4)：4-9.

⑬ 张宁，冷秀斌，梁帆．企业非结构化文档数据治理探究 [J]. 档案学研究，2020 (6)：97-103.

⑭ 嘎拉森．新《档案法》的进步性 [J]. 档案学通讯，2020 (6)：107-108.

⑮ 马仁杰，潘文珂．从档案利用角度论新修订《档案法》的科学性 [J]. 档案与建设，2020 (11)：9-12，93.

中总体国家安全观[①]和习近平国家安全思想[②]的体现的分析。第二，对新《档案法》存在的问题的辨析。如从行政法视角分析新《档案法》的局限[③]，以及新《档案法》在档案权属立法上存在的缺陷[④]、在司法认定实践中的效用困惑[⑤]、在公民利用档案权利救济制度方面需完善之处[⑥]、在域外适用中存在的问题[⑦]等。

三是档案学基础理论研究。这一主题下关注的焦点主要有：第一，对档案学新概念及核心概念的阐释。如对“档案数据”[⑧⑨⑩]、“档案数据化”[⑪⑫]、“计算档案学”[⑬]、“档案数据治理”[⑭⑮⑯]等新概念的内涵进行解释和阐述，以及对我国“档案”概念的历史意涵[⑰]及其根本作用[⑱]的考察。第二，对我国档案学研究的反思。冯惠玲教授等对我国“十三五”期间档案学研究的特点、成就及不足进行了梳理和分析，并展望了“十四五”期间档案学重点研究领域。[⑲] 于英香对我国学界对档案学研究技术取向的批判进行了反思。[⑳] 第三，对西方档案学理论的研究。如黄新荣、曾萨对谢伦伯格的文件双重价值鉴定理论在信息时代的合理性进行了批判性反思，提出了档案价值多元模型。[㉑] 张衍、黄清晨重新审视了后保管理论与文件连续体理

① 王英玮，杨千．总体国家安全观视角下《中华人民共和国档案法》的安全理念［J］．档案学研究，2020（6）：78－85.

② 邢栋．习近平国家安全思想对新《档案法》“档案安全”条款的指导意义［J］．档案学通讯，2020（6）：105－107.

③ 徐琳，王和民．行政法视角下的档案立法探讨［J］．档案学通讯，2020（5）：85－90.

④ 孙军．新《档案法》档案权属的立法缺陷及影响：以企业档案管理为视角［J］．档案学研究，2021（6）：47－51.

⑤ 周林兴．《档案法》的效用困惑及完善路径［J］．档案学通讯，2020（6）：101－103.

⑥ 连志英，古楠珂，周眙．我国公民利用档案权利救济制度之完善［J］．档案学通讯，2021（3）：71－77.

⑦ 孙大东，彭登辉．《中华人民共和国档案法》域外适用问题探析［J］．档案学研究，2021（1）：64－69.

⑧ 赵跃，石郦冰，孙寒晗．“档案数据”一词的使用语境与学科内涵探析［J］．档案学研究，2021（3）：24－32.

⑨ 金波，添志鹏．档案数据内涵与特征探析［J］．档案学通讯，2020（3）：4－11.

⑩ 高晨翔，牛力．国内“档案数据”研究述评［J］．档案学研究，2020（5）：11－18.

⑪ 赵生辉，胡莹．档案文本结构化：概念、原理与路径［J］．中国档案，2020（7）：77.

⑫ 赵跃．大数据时代档案数据化的前景展望：意义与困境［J］．档案学研究，2019（5）：52－60.

⑬ 周文泓，代林序，贺谭涛，等．计算档案学的内涵解析与展望［J］．档案学研究，2021（1）：49－57.

⑭ 金波，杨鹏．大数据时代档案数据治理研究［J］．档案学研究，2020（4）：29－37.

⑮ 刘越男．数据治理：大数据时代档案管理的新视角和新职能［J］．档案学研究，2020（5）：50－57.

⑯ 杨茜茜．概念、内容与定位：我国档案数据治理研究的理论坐标［J］．档案学研究，2021（6）：28－34.

⑰ 沈蕾，吴晓红．帐簿说视角下的清代“档案”概念新探［J］．档案学通讯，2021（4）：77－85.

⑱ 丁海斌，颜晗．论档案的根本作用是人类群体思维的重要经验基础：兼论档案从哪里来到哪里去［J］．档案学通讯，2020（1）：41－47.

⑲ 冯惠玲，连志英，曲春梅，等．回顾与前瞻：“十三五”档案学科发展调查和“十四五”档案学重点研究领域展望［J］．档案学通讯，2021（1）：4－15.

⑳ 于英香．档案学研究技术取向批判的再思考［J］．档案学通讯，2021（1）：21－28.

㉑ 黄新荣，曾萨．双重价值论面临的挑战与档案价值理论的重构［J］．档案学研究，2021（2）：4－12.

论的关系，提出文件连续体理论是对后保管理论内容的充实与完善的观点。① 吕文婷在解析文件连续体理论四个核心术语的基础上，指出我国档案界仅从档案管理实践角度理解文件连续体理论是十分片面的，偏离了核心思想，是对文件连续体理论的误读。② 徐拥军等分析了后现代主义思潮对档案理论与实践的影响，并解读了后现代档案学理论的主要内容③、理论贡献④与实践应用⑤。第四，对档案与身份认同的研究。主要针对档案在族群认同⑥、性别身份认同⑦、国家认同⑧中的作用与实现机制等主题开展研究。

四是电子文件管理研究。电子文件管理研究主要关注：第一，新技术在电子文件管理中的应用。包括从技术和管理的双向视角对文件档案管理部门是否应当及如何应对可能到来的区块链应用大潮进行探讨⑨，基于区块链技术构建文件档案管理可信生态⑩、电子文件真实性保障系统模型⑪和电子证据保全模式⑫，基于黑白名单技术以实现电子档案智能鉴定⑬，以及基于深度学习实现对数字文书档案保管期限的智能化划分⑭。第二，电子文件管理方法与模式的变化。包括从“双套制”到

---

① 张衍，黄清晨．后保管理论与文件连续体理论关系的重新审视［J］．档案学研究，2020（1）：25－31．

② 吕文婷．文件连续体理论核心术语解析：兼论我国档案学语境下的误读［J］．档案学研究，2020（3）：25－31．

③ 徐拥军，王露露．后现代档案学理论的主要内容［J］．档案学研究，2020（6）：47－52．

④ 徐拥军，李子林，李孟秋．后现代档案学的理论贡献与实践影响［J］．档案学通讯，2020（1）：31－40．

⑤ 郭若涵，徐拥军．后现代档案学理论在突发公共卫生事件档案管理中的应用［J］．档案学通讯，2020（3）：60－67．

⑥ 陆阳，蔡之玲．档案在族群认同中的价值旨归、功能认知与机制阐释［J］．档案学研究，2021（6）：13－20．

⑦ 闫静，刘洋洋．酷儿理论视角下档案与性别身份认同的冲突与和解［J］．档案学研究，2021（6）：21－27．

⑧ 高胜楠，吴建华．档案与国家认同：理论基础、作用维度与现实路径［J］．档案学研究，2021（6）：35－40．

⑨ 刘越男，张一锋，吴云鹏，等．区块链技术与文件档案管理：技术和管理的双向思考［J］．档案学通讯，2020（1）：4－12．

⑩ 王平，李沐妍，刘晓春．区块链视角下文件档案管理可信生态的构建［J］．档案学研究，2020（4）：115－121．

⑪ 石进，薛四新，赵小柯．基于区块链技术的电子文件真实性保障系统模型研究［J］．图书情报知识，2019（6）：111－119．

⑫ 聂勇浩，张炘．基于区块链的电子证据保全模式研究：以广州互联网法院为例［J］．档案学研究，2021（5）：28－36．

⑬ 王洋．基于黑白名单的档案智能鉴定方法研究［J］．档案学研究，2021（3）：121－126．

⑭ 杨建梁．基于深度学习的数字文书档案保管期限智能化划分研究［J］．档案学通讯，2021（4）：108－112．

"单套制"的转变[①]、电子档案单轨制业务过程中的重点和难点问题[②]、构建业务系统与档案管理系统归档集成框架[③]、基于公证保全模式实现电子文件法律证据价值维护[④]，以及电子数据和电子文件法律规制比较[⑤]等研究。

五是古文书学研究。这一主题集中于对特定历史时期形成的不同的古文书的特点、功能及其反映的文书运作机制等开展研究。如吴佩林等梳理了明代孔府档案中手本的特殊作用与地位[⑥]，张全海对太平天国纪年民契的特点进行了研究[⑦]，齐继伟以"徒作簿"为例对秦代县行政文书的运作机制进行了研究[⑧]，李殷对唐代奏议文书的形态及其功能开展了研究[⑨]。此外，还有研究对明代帖文[⑩]、清代民国时期徽州地区冥契文书[⑪]等有所考察和探究。

六是档案与数字人文研究。这一主题主要关注：第一，数字人文与档案工作的理论关联。如李子林等梳理了美国数字人文与档案领域的合作历程[⑫]，厘清了档案工作与数字人文的关联，探讨了数字人文对我国档案领域的影响[⑬]。牛力等分析了档案工作参与数字人文建设的意义、模式与技术类型。[⑭] 第二，数字人文技术和理念在档案资源整理与开发中的应用。如汤萌、赵思渊在上海交通大学图书馆馆藏文献的整理与数据库建设实践中，借助数字人文工具与技术探究民间文书的数字化建设与资源挖掘。[⑮] 杨冠灿、卢小宾利用"北京记忆-京剧脸谱"网站建设案例证明了

① 苏焕宁，陈永生．从强制"双套制"到任意"单套制"：电子文件归档中理想和现实的互动与创新［J］．档案学通讯，2020（4）：71－78.

② 薛四新．电子档案单轨制管理的关键问题研究［J］．浙江档案，2020（7）：17－20.

③ 王强，吴志杰．业务系统与档案管理系统归档集成框架：构建与内涵解析［J］．档案学通讯，2020（6）：45－53.

④ 余亚荣，张照余．基于公证保全模式的电子文件法律证据价值维护研究［J］．档案学研究，2020（4）：110－114.

⑤ 彭插三．电子数据和电子文件法律规制比较研究［J］．档案管理，2019（6）：16－19.

⑥ 吴佩林，吴伟伟．明代孔府档案中的"手本"［J］．档案学通讯，2020（2）：80－87.

⑦ 张全海．太平天国纪年民契汇考［J］．档案学研究，2021（1）：144－148.

⑧ 齐继伟．秦代县行政文书运作研究：以"徒作簿"为例［J］．档案学研究，2021（3）：127－134.

⑨ 李殷．唐代奏议文书的形态与功能［J］．档案学通讯，2021（2）：90－97.

⑩ 刘伟杰．明代帖文考释［J］．档案学通讯，2021（6）：68－76.

⑪ 陈姝婕，张美芳，胡玲玲．清代民国时期徽州地区冥契文书探析：以中国人民大学博物馆藏徽州冥契为例［J］．档案学通讯，2021（6）：77－84.

⑫ 李子林，龙家庆，王玉珏．交流与合作：美国数字人文与档案领域的互动及启示［J］．档案学研究，2020（2）：130－137.

⑬ 龙家庆，王玉珏，李子林，等．数字人文对我国档案领域的影响：挑战、机遇与对策［J］．档案学研究，2020（1）：104－110.

⑭ 牛力，刘慧琳，曾静怡．档案工作参与数字人文建设的模式分析［J］．档案学通讯，2020（5）：62－67.

⑮ 汤萌，赵思渊．民间文书的数字化建设与资源挖掘：以上海交通大学图书馆馆藏为中心［J］．档案学通讯，2020（6）：14－21.

面向数字人文的京剧脸谱图像数字资源构建的可行性。[①] 房小可等研究了基于数字人文的档案编研新方法。[②] 项洁、洪一梅基于数字人文取径对台湾淡新档案的重整进行了分析。[③④] 梁继红立足于数字人文推动下历史档案整理的时代转型，提出了历史档案整理应走向单个文本并将历史档案整理视作历史解释的观点。[⑤⑥] 牛力等设计了基于语义的档案知识聚合模式，并以吴宝康名人档案资源为例对该模式进行了实证研究。[⑦] 李珊珊、梁钰唯基于国内外电影档案相关数字人文项目现状，设计了基于数字人文的电影档案资源共建共享平台开发框架。[⑧]

七是档案资源服务研究。这一主题主要关注的问题有：第一，档案知识服务。如杨建梁、祁天娇提出电子文件知识图谱既是电子文件数据化的一种方式，又是电子文件知识服务的技术与资源基础。[⑨] 牛力等基于知识工程视角对档案知识服务的模式及机制进行了研究。[⑩] 周耀林等基于公共卫生应急管理的特点，提出了面向公共卫生应急管理的档案知识服务发展对策。[⑪] 夏天、钱毅基于档案知识组织现状和语义网与关联数据的思想，构建了面向知识服务的档案数据语义化重组模型。[⑫] 第二，新技术和新理念在档案信息服务中的应用。如谢玉雪融合可视化理论、叙事学理论拓展了数字档案资源服务的内涵。[⑬] 蔡盈芳等将用户画像技术应用于企业用户在办理政务服务事项过程中涉及的各类信息分析中。[⑭] 霍朝光等将知识图谱技术应

① 杨冠灿，卢小宾．面向数字人文的京剧脸谱图像数字资源构建［J］．档案学通讯，2020（3）：38－44．

② 房小可，谢永宪，王巧玲．基于数字人文的档案编研方法新探［J］．档案学研究，2020（5）：138－142．

③ 项洁，洪一梅．数字人文取径下的淡新档案重整与分析（上）［J］．档案学通讯，2020（6）：4－13．

④ 项洁，洪一梅．数字人文取径下的淡新档案重整与分析（下）［J］．档案学通讯，2021（1）：44－48．

⑤ 梁继红．走向文本的历史档案数字整理：历史追溯与时代转型（上）［J］．档案学通讯，2021（5）：95－103．

⑥ 梁继红．走向文本的历史档案数字整理：历史追溯与时代转型（下）［J］．档案学通讯，2022（1）：60－66．

⑦ 牛力，展超凡，高晨翔，等．人物事件导向的多模态档案资源知识聚合模式研究［J］．档案学通讯，2021（4）：36－44．

⑧ 李姗姗，梁钰唯．数字人文视域下电影档案资源的建构与开发［J］．档案学研究，2021（2）：68－74．

⑨ 杨建梁，祁天娇．从电子文件到知识图谱：电子文件知识服务新途径［J］．档案学通讯，2020（2）：10－19．

⑩ 牛力，高晨翔，韩小汀．模式与机制：知识工程视点下的档案知识服务研究［J］．档案学研究，2021（2）：96－103．

⑪ 周耀林，吴化，刘丽英，等．面向公共卫生应急管理的档案知识服务研究［J］．档案学研究，2021（2）：89－95．

⑫ 夏天，钱毅．面向知识服务的档案数据语义化重组［J］．档案学研究，2021（2）：36－44．

⑬ 谢玉雪．数字档案资源的可视化叙事服务研究［J］．档案学研究，2020（3）：122－128．

⑭ 蔡盈芳，李子林，虞香群．基于企业用户画像的政务档案信息整合利用模型设计［J］．档案学研究，2021（2）：125－131．

用于分析与新冠肺炎疫情相关的开放公文，构建了新冠肺炎政策知识图谱。①

八是档案教育研究。这一主题主要涉及新背景下对档案学教育的反思。包括对档案学专业融入“课程思政”建设的研究②、新文科背景及数字人文背景下档案学课程教学的方法创新③，以及数字人文背景下档案学专业学生的数据素养的培育④⑤和数字人文教育发展现状⑥等。

九是科学数据与科研档案研究。这一主题主要关注的问题有：第一，实现科学数据与科研档案的协同管理。包括论证档案领域参与科学数据监管的缘起、现状与动因⑦，探究科学数据和科研档案管理协同的框架与路径⑧。第二，创新科研档案的管理方法。如构建知识图谱驱动的科研档案大数据管理系统，实现档案资源的智能采集、语义化组织与档案大数据的统计分析⑨；探讨数字管护视域下科研档案管理创新的合理性与可能路径⑩。

十是档案安全研究。这一主题主要关注的问题有：第一，在法治层面保障档案安全。通过对我国档案犯罪案件刑事惩治的实证考察发现当前问题⑪，确保档案安全需要《刑法》的有力保护，要做好《档案法》与《刑法》的有效衔接⑫，包括证据实体衔接⑬和立法与司法的程序衔接⑭等。第二，在器物层面保障档案安全。如“三位一体”安防系统建设⑮，将双区块链应用于电子档案管理系统中以确保电子档

① 霍朝光，钱毅，祁天娇．基于开放公文的新冠肺炎政策知识图谱构建与分析［J］．档案学通讯，2021（2）：53－62.

② 徐拥军，熊文景．档案学专业融入“课程思政”建设的理路探析［J］．档案学通讯，2021（2）：20－25.

③ 王晓园，徐辛酉，刘娟娟，等．新文科背景下档案学专业非理论讲授方法及其效度考核［J］．档案学通讯，2021（1）：102－104.

④ 聂云霞，肖坤．数字人文视域下档案学专业学生数据素养培育探析［J］．档案学通讯，2020（3）：95－103.

⑤ 锅艳玲，饶圆，王小云，等．数字人文视角下档案学本科生数据素养培育研究［J］．档案学通讯，2021（1）：100－102.

⑥ 刘芮，谭必勇．立足本土与跨界融合：欧美数字人文教育发展现状及启示［J］．档案学通讯，2020（3）：104－112.

⑦ 于英香，张雅颉．“档案参与”科学数据监管：缘起、现状与动因［J］．档案学研究，2021（2）：104－110.

⑧ 何思源，刘越男．科学数据和科研档案的管理协同：框架和路径［J］．档案学通讯，2021（1）：49－57.

⑨ 雷洁，赵瑞雪，李思经，等．知识图谱驱动的科研档案大数据管理系统构建研究［J］．数字图书馆论坛，2020（2）：19－27.

⑩ 李甜．数字管护（Digital Curation）视域下科研档案管理创新研究［J］．档案学研究，2021（3）：113－120.

⑪ 姚明．档案犯罪刑事惩治研究：反思与重构：基于最高人民法院公布案件的实证分析［J］．档案学研究，2020（5）：44－49.

⑫ 蒋云飞．论档案行政执法与刑事司法衔接机制的完善［J］．档案学通讯，2021（5）：78－86.

⑬ 仝其宪．论档案行政执法与刑事司法衔接中的证据转换［J］．档案学通讯，2020（5）：99－104.

⑭ 仝其宪．数字网络时代档案安全保护的刑法治理研究［J］．档案学研究，2021（3）：33－39.

⑮ 周浩，庞海涛，李洪，等．新形势下军工档案馆（库）“三位一体”安防系统建设研究［J］．档案学研究，2020（1）：122－125.

案管理系统中的信息安全①。

(二)省部级及国家级项目和获奖项目情况分析

1. 国家社科基金立项情况分析

2020 年档案学科共获国家社科基金立项 16 项，2021 年为 25 项（见图 3)。相较于“十三五”期间档案学科年均立项 16 项而言，2020 年及 2021 年档案学科的立项数量稳中有升。

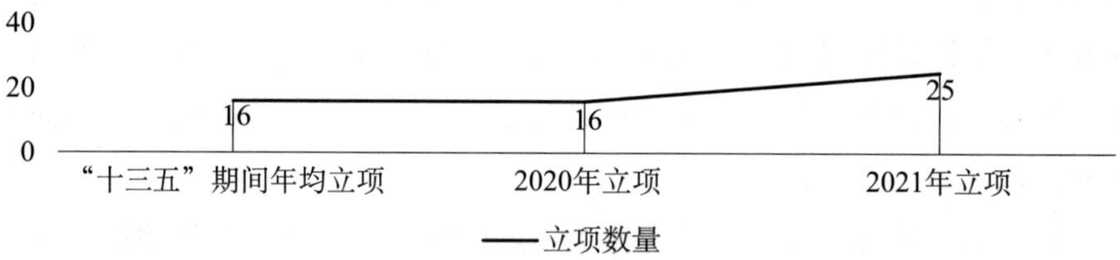

图 3 档案学科国家社科基金立项数量统计

41 项项目中，包括重大项目 1 项，重点项目 2 项，一般项目 27 项，青年项目 9 项，西部项目 2 项（见图 4)。其中，重点项目及青年项目立项数量与“十三五”期间年均立项数量持平。需要指出的是，2020 年一般项目数量有了较大突破，而 2021 年一般项目立项数量较“十三五”年均立项数量增长了近一倍。西部项目“十三五”期间仅立项 1 项，尽管 2020 年并无增长，但 2021 年已有 2 项立项，超过“十三五”立项数量。

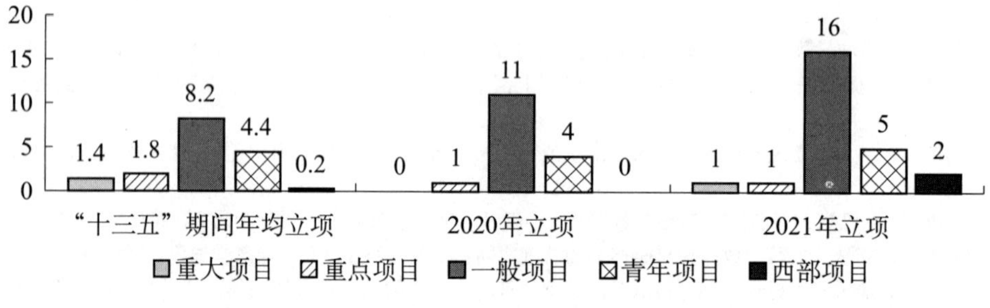

图 4 国家社科基金各类项目不同时期分布对比

(1) 研究力量布局。从立项数量来看，2020 年和 2021 年间高等院校仍是主要研究力量，未有档案部门承担国家社科基金项目。其中，中国人民大学与上海大学立项数并列第一，安徽大学位列第二，武汉大学、上海师范大学、苏州大学、湘潭

① 左晋佺，张晓娟．基于信息安全的双区块链电子档案管理系统设计与应用［J］．档案学研究，2021（2）：60-67.

大学与河北大学并列第三（见表4）。从地理分布来看，东部地区机构立项数25项，占比61.0%；中部地区机构立项数11项，占比26.8%；西部地区机构立项数5项，占比12.2%。东部地区机构在国家社科基金立项上居领先地位。

表4　2020—2021年国家社科基金项目立项数达2项及以上的机构

立项机构	项目数	占立项总数比（%）
中国人民大学	5	12.2
上海大学	5	12.2
安徽大学	3	7.3
河北大学	2	4.9
苏州大学	2	4.9
武汉大学	2	4.9
湘潭大学	2	4.9
西藏民族大学	2	4.9

（2）研究主题及词频分析。为了解立项项目关注的主题，我们首先对项目词频进行分析。在利用停用词表筛除“基于”“根据”等无实义词语的前提下，利用Python提取档案学科国家社科基金项目题名中词频排名前100的词语并生成词云图（见图5）。由高频词可见，历史档案文献编研、档案数据治理、以非物质文化遗产档案为主体的档案资源协同共建与共享、以电子文件单轨制管理为主线的档案事业数字化转型、以新兴技术为手段的档案管理实践研究是2020年及2021年档案学科国家社科基金项目关注的选题。

图5　2020—2021年档案学科国家社科基金项目题名高频词词云图

为进一步确定国家社科基金项目关注的主题，我们对 41 项国家社科基金项目名称进行手工提取关键词并编码，得出以下研究主题（见表 5）。

（1）档案文献整理和研究。包括对地域性档案文献如西藏、仙居、湘江流域、鄂尔多斯等地特色档案文献的研究，也包括对特定机构如文华图专、云南陆军讲武堂的档案文献的研究，对特定人物如盛宣怀档案文献的研究，以及对特定门类档案文献如《黑图档·档案房》的研究。

（2）综合档案馆建设。集中关注综合档案馆服务能力的提升和文化功能的实现。

（3）档案数据治理。在国家大数据战略背景之下，档案数据价值日益凸显。立项项目主要关注档案数据开发利用，以及在确保数据质量的条件下实现档案资源细粒度和深度挖掘；同时以国家安全观为视角，强调构筑档案数据安全治理体系。

（4）"非遗"档案资源建设。在"非遗"档案资源建设研究中，多元协同模式是关键词，以跨机构、跨系统、分层集群融合等创新机制为"非遗"档案资源整合与建设提供基础支持。另外，申报《世界记忆名录》与申报"非遗"项目是传承优秀传统文化、扩大中国文化影响力、提升档案学科地位的重要举措，对"非遗"与世界记忆项目的研究也是学界较为关注的主题。

（5）电子文件与电子档案管理。包括对电子文件单套制理念、施行条件、实现模型与技术应用的研究，电子文件长期保存与归档研究，以及将电子文件管理置于数字政府、"互联网＋"等背景下，探索契合国情、具有中国特色的电子文件归档之法。

此外，国家社科基金项目关注的主题还有档案治理、档案开放与鉴定、社群档案研究等。

表 5　2020—2021 年社科基金档案学科项目主题分布

项目研究主题	项目数	占立项总数比（%）
档案文献整理和研究	10	24.4
档案数据治理	5	12.2
综合档案馆建设	4	9.8
"非遗"档案资源建设	4	9.8
电子文件与电子档案管理	4	9.8
档案治理	2	4.9
档案开放与鉴定	2	4.9
档案资源知识挖掘	2	4.9
档案服务能力建设	2	4.9
新技术融入档案管理	1	2.4

续表

项目研究主题	项目数	占立项总数比（%）
档案文化要素研究	1	2.4
档案术语研究	1	2.4
档案学史	1	2.4
社群档案研究	1	2.4
世界记忆项目研究	1	2.4
总计	41	100.0

简而言之，档案学科国家社会基金项目申报数量总体呈现稳定上升趋势；高校依旧是承担国家社科基金项目研究的主要力量，中国人民大学、上海大学等高校的档案学科研究实力突出，东部地区研究实力较强、中西部地区较弱的不均衡局面依然存在；立项主题较为多样，并体现了较强的本土化特征。

2. 国家自然科学基金立项情况分析

截至 2021 年 11 月 30 日，国家自然科学基金项目仅有“多源异构电子会计档案的智能化关键技术研究”与“褪变感光影像档案修复保护中表面微观形貌变化与光学机理研究”2 项档案学相关项目，分别来自中国科学院自动化研究所和陕西师范大学。因项目数量少，缺乏进一步分析的必要和意义。档案学科国家自然科学基金申报数量较少主要是受档案学学科属性影响，多数研究人员倾向于申报国家社科基金项目。

3. 教育部项目立项情况分析

截至 2021 年 11 月 30 日，在教育部项目中，2020 年档案学科立项数为 4 项，2021 年仅有 1 项。在 2020 年档案学科 4 项立项中，重大课题攻关项目与重点项目各 1 项，其余 2 项为一般项目中的规划基金项目。2021 年仅公布 1 项青年基金项目。以上项目立项单位分别为南京大学、辽宁大学、安徽师范大学、北方工业大学、郑州大学。研究主题主要涉及历史档案整理与研究、档案的社会化开发利用、档案内容挖掘与知识发现、档案治理四类。档案学科教育部项目立项数量少主要是因为项目申报规则的调整，根据现有的教育部项目申报规定，如果申报者已经获得国家级项目资助或已经申报了国家级项目，就不得再申请教育部项目，这导致了很多研究者要么因已获得国家级项目资助从而没有资格再申报教育部项目，要么因未获得国家级项目立项而首选申报国家级项目，所以放弃申报教育部项目。

4. 国家档案局科技项目立项情况分析

(1) 研究力量布局。2020—2021 年国家档案局科技项目承办单位中，档案馆与企业是主要力量，占立项数的63%；高校、档案局等机构也承担了部分项目（见图6）。以档案馆和企业为主要研究力量的构成也反映了国家档案局科技项目偏重于实践而非理论。

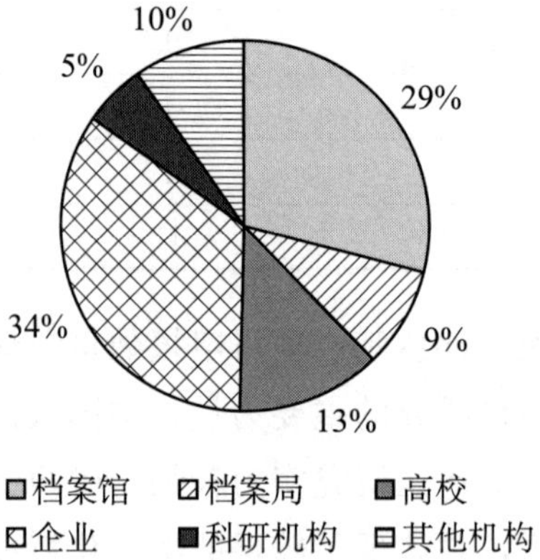

图6　2020—2021年国家档案局科技项目立项单位分布

在档案馆中，浙江省档案馆、上海市档案馆等东部地区的档案馆研究力量较突出，中西部地区的广西壮族自治区档案馆、湖北省档案馆、成都市档案馆表现也较为突出；同时，中国人民大学信息资源管理学院和中国广核集团也是国家档案局科技项目研究的主力军（见图7）。

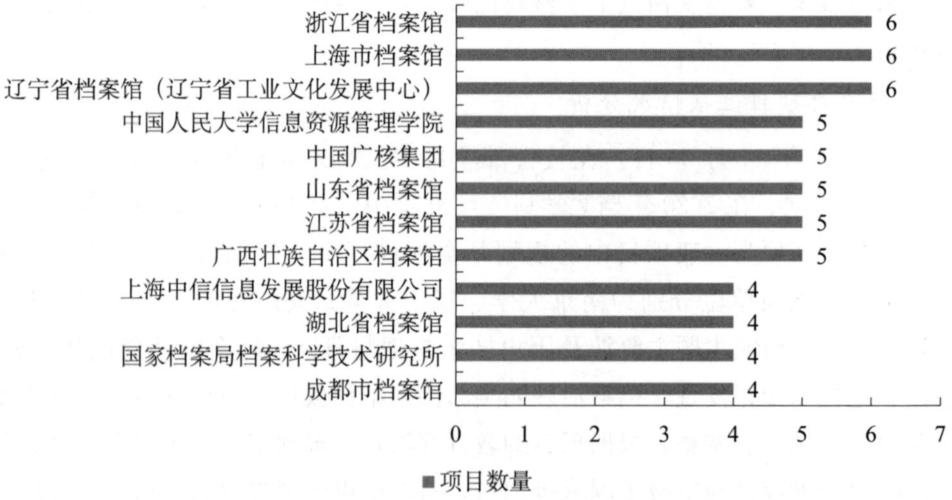

图7　2020—2021年国家档案局科技项目立项数达3项以上的机构

（2）项目主题及词频分析。我们同样以Python作为词频统计工具，并利用停用词表将“基于”“根据”“为例”等无实义词语排除在统计范围外，提取国家档案局科技项目题名中使用频率排名前100的词语并生成词云图（见图8）。由高频词可见，电子文件单套制管理、新兴技术尤其是区块链技术在档案管理中的应用，以及档案资源整合与共享，尤其是档案数据资源跨机构、跨部门共享是国家档案局科技项目关注的焦点。此外，档案数字化、人工智能技术的应用、纸质档案长期保存技术、库房安全管理技术等也是研究的重点。

图8　2020—2021年国家档案局科技项目题名高频词词云图

为进一步明确研究主题，我们同样对项目名称进行手工提取关键词并编码，共提取了“新技术融入档案管理”“档案管理数字化转型”“电子文件与电子档案单轨制管理”“档案安全保护”“档案资源建设与共享”“档案工作体制机制”“档案管理实践”“电子文件归档研究”“档案数据管理”“档案部门建设”“档案开放鉴定研究”“档案治理”“档案资源知识挖掘”“数字档案馆建设”“电子文件采集研究”“电子文件四性研究”“电子文件长期保存研究”“文档一体化管理研究”等主题（见表6）。对这些主题进行进一步的整合，大体可提炼出以下研究焦点。

第一，与词频相呼应，档案事业数字化转型是近两年国家档案局科技项目关注的焦点。具体主题包括：1）电子文件与电子档案单套制；2）新兴技术，如区块链技术、人工智能、大数据挖掘技术、智慧平台搭建、量子通信技术等在档案管理中的应用；3）档案数据管理与开发，包括以工程项目档案为主的科技档案数据、政府机构审计数据、历史档案电子数据，以及受2020年初至今的新冠肺炎疫情影响而形成的突发公共卫生事件档案数据的管理和开发。4）三维数字模型的全生命周期管理、长期保存、归档技术等。

第二，档案安全保护也是研究的重要主题，主要包括传统载体或特殊载体档案的长期保存与修复技术、害虫等负面环境因素的治理、库房改造升级、档案保护中心建设、档案信息系统与项目安全管理。以纸质档案为主的传统载体档案的长期保存仍是档案工作关注的重点，相关项目申报数每年差别不大，选题也有一定的相似性。但近年来受数字环境影响，面向信息系统与数字化档案项目的档案安全保护研究也被提上了日程。

第三，档案资源建设、共享与知识挖掘类研究主题。该主题既有对“非遗”档案、历史档案、民生档案等传统档案资源建设、开发利用的进一步探索，也有基于建党一百周年及新冠肺炎疫情等社会背景而开展的红色档案教育资源开发利用、疫情防控档案资源建设与开发的研究。

第四，档案治理研究。该主题主要关注将档案事业自身发展与国家治理、社会治理、乡村振兴、精准扶贫、“互联网＋”等国家政策相融合，不断提升档案治理水平。

表 6　2020—2021 年国家档案局科技项目主题分布

项目研究主题	项目数	占立项总数比（%）
新技术融入档案管理	47	19.2
档案管理数字化转型	30	12.2
电子文件与电子档案单轨制管理	30	12.2
档案安全保护	27	11.0
档案资源建设与共享	26	10.6
档案工作体制机制	15	6.1
档案管理实践	13	5.3
电子文件归档研究	12	4.9
档案数据管理	10	4.1
档案部门建设	9	3.7
档案开放鉴定研究	8	3.3
档案治理	4	1.6
档案资源知识挖掘	4	1.6
数字档案馆建设	3	1.2
电子文件采集研究	2	0.8
电子文件四性研究	2	0.8
电子文件长期保存研究	2	0.8
文档一体化管理研究	1	0.4
总计	245	99.8

5. 教育部第八届高等学校科学研究优秀成果奖（人文社会科学）情况分析

2020年12月10日，教育部颁布了第八届高等学校科学研究优秀成果奖，其中档案学获奖项目有2项，即冯惠玲教授的《中国信息资源产业发展与政策》与金波教授的《数字档案馆生态系统研究》，这两项成果均获得著作论文奖一等奖。因数据量太少，故不做进一步分析。

6. 国家档案局优秀科技成果奖情况分析

（1）研究力量布局。2020—2021年国家档案局优秀科技成果奖获奖单位分布较广，既包括国家档案局和地方档案局馆，也包括企业、高校、科研机构和其他机构，且合作趋势日益凸显。其中企业、档案馆与档案局是主要研究力量，占获奖数的75%；高校、科研机构等机构也承担了部分项目（见图9）。以企业、档案馆与档案局为主要研究力量的构成也反映了国家档案局科技项目偏实践而非理论。

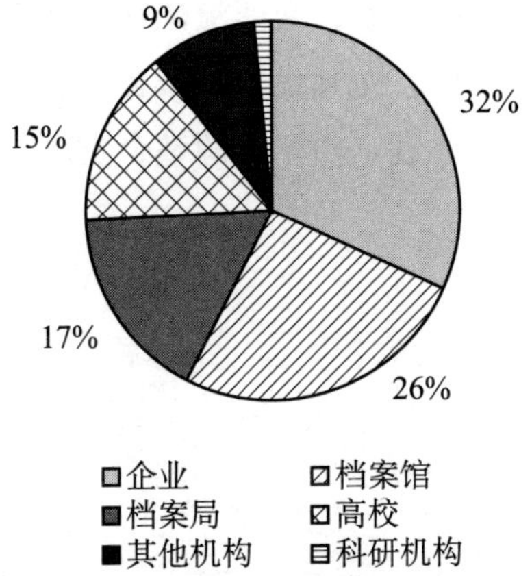

图9 2020—2021年国家档案局优秀科技成果奖获奖单位分布

在档案馆中，福建省档案馆、四川省档案馆等南方地区的档案馆研究力量较突出，北方地区的山东省档案馆、河南省档案馆表现较为突出；同时，中国人民大学信息资源管理学院和福建博通软件有限公司也是国家档案局优秀科技成果奖获奖的主力军（见图10）。

（2）研究主题及词频分析。我们仍以Python作为词频统计工具，并利用停用词表筛除“档案”“建设”“基于”“根据”“为例”等无实义词语，提取国家档案局优秀科技成果奖获奖项目题名中使用频率排名前100的词语并生成词云图（见图11）。由高频词可见：首先，与前述2020—2021年国家档案局科技项目立项相呼应，电子档案管理是获奖项目的重要研究方向，包括电子档案的接收、备份、检索，电子档案的可靠性与信任机制，文档管理一体化及科研档案与电子档案的协调

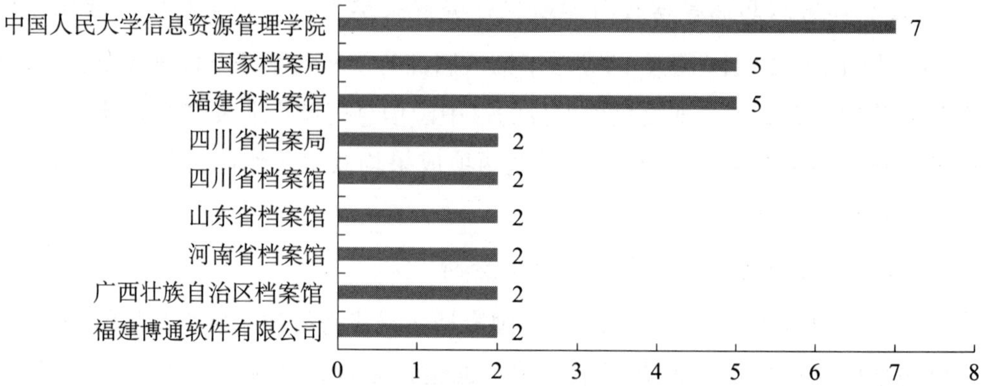

图 10　2020—2021 年国家档案局优秀科技成果奖获奖数为 2 项以上的机构

管理，等等。

其次，档案工作智能化是获奖项目的又一焦点，主要包括围绕工作流程创新的文档智能归档、智能管理、智能检索、智能编研系统及智能库房建设等研究方向。

最后，档案服务能力的建设，尤其是查档服务、政务服务等公共服务能力的提升，档案学术交流知识服务的促进，档案资源整合贡献与服务机制的建设，也是获奖项目关注的焦点问题。

图 11　2020—2021 年国家档案局优秀科技成果奖获奖项目题名高频词词云

（三）档案学著作分析

档案学著作分析主要集中于对其研究主题的分析，由于无法通读所有著作，考虑到标题可以在很大程度上集中反映著作的中心主题，而主题词出现频次又可以反映其研究热度，因此我们以标题为主要依据，人工提取整合主题词，并统计出现次数大于等于 2 的主题词。

出现次数大于等于 2 的主题词有 7 个：档案管理、档案学基础理论研究、专门档案管理、档案信息服务与资源共享、少数民族档案、数字档案资源安全管理、历史档案整理研究（见表 7）。

表 7　2020—2021 档案学著作主题词频次

序号	主题词	频次
1	档案管理	5
2	档案学基础理论研究	5
3	专门档案管理	4
4	档案信息服务与资源共享	4
5	少数民族档案	3
6	数字档案资源安全管理	3
7	历史档案整理研究	2

1. 档案管理及专门档案管理方面的著作研究

该主题的著作主要包括两方面的内容：一是立足于档案工作实践，探讨新时代背景下档案管理如何抓住创新机遇，转型升级，迎合时代发展浪潮，如张斌等的《科技档案工作体系研究》、邵海丽的《档案管理与应用创新研究》、张杰的《信息时代下档案管理工作创新研究》；二是对专门档案管理（高校人事档案管理、工程档案管理、医院档案管理）较为关注，如汤昌元的《均衡思维下的工程档案管理研究与实践》、李东红的《信息时代档案管理研究》等。

2. 档案学基础理论方面的著作研究

该主题的著作主要集中于档案学核心理论的内涵拓展、演变态势及档案学学科史等方面的研究。如任越的《档案双元价值理论及其实证研究》、王向女的《档案鉴定理论演化规律研究》、徐辛酉的《档案社会控制功能研究》、闫静的《1949 年至 1966 年的中国档案学——作为一门独立学科的创建》。

3. 档案资源建设与信息服务方面的著作研究

该主题的著作主要包括档案记忆资源建设、档案解密及如何在新一代技术应用背景下构建档案信息服务模式，推进我国档案资源共享进程。如丁华东的《城乡档案记忆工程推进机制研究》、张臻的《我国涉密档案解密管理体系研究》、杨智勇的《智慧城市背景下的档案信息服务模式研究》、张林华等的《基于区域性远程服务实践的档案资源共享研究》。

4. 少数民族档案方面的著作研究

该主题的著作主要围绕少数民族档案学科建设、少数民族档案资源建设与开发利用、少数民族档案文化对外传播、少数民族档案记忆功能等方面进行研究。如陈子丹的《中国民族档案学专题研究》、郑慧的《瑶族档案文化对外传播路径研究》、余厚洪的《基于族群凝聚视域的浙江畲族档案记忆研究》。

5. 数字档案资源安全管理方面的著作研究

该主题的著作主要结合当前数字档案资源安全管理现状，剖析存在的风险隐患，进而提出相应的安全策略。如聂云霞的《数字档案资源生态安全研究》、张玉霄的《数字档案信息资源安全管理研究》、张艳欣的《我国档案生态安全应急管理机制研究》。

6. 历史档案整理方面的著作研究

该主题的著作主要结合档案学、文献学、历史学等众多学科的方法理论对特定的历史档案进行整理研究。如赵彦龙的《西夏档案及其管理制度研究》、张阳的《秦皇岛港藏民国时期开滦英文人事档案整理与研究》。

三、中国档案学研究的特点及不足

(一) 中国档案学研究的特点

通过对档案学期刊学术论文、科研项目立项、获奖科研项目，以及档案学著作的分析可见，2020 年及 2021 年中国档案学研究关注的主题大致与冯惠玲教授等提出的“十四五”期间需重点研究的八大领域的范围一致，体现了中国档案学研究的前沿性。此外，通过对上述研究主题分布的分析可见，2020 年及 2021 年中国档案学研究还呈现本土化及跨学科性两大明显特点。

1. 本土化

过去两年中国档案学研究呈现了极强的本土化特色，即立足于中国本土的档案现象开展研究，这主要体现在“档案治理”“中国古文书学”“档案教育”“电子文件单轨制”等主题的研究上。

如“档案治理”这一概念可谓中国独创，是中国档案事业融入国家发展、支撑国家治理能力与治理体系现代化目标实现的重要体现。我国《“十四五”全国档案事业发展规划》中将“全面推进档案治理体系建设，提升档案治理效能”作为“十四五”期间档案事业发展的首要任务，对“档案治理”这一主题的关注反映了中国档案学研究立足本土、服务国家需求的重要特点。

而“中国古文书学”在档案学界之外的中国文史学界和国际汉学界已有成为显学之势，但也是中国档案学的传统研究领域。目前这一领域还存在很大研究空缺。对中国古文书学的研究不仅能进一步丰富和发展中国档案学理论体系，也能在今天的数智时代为历史档案数据化整理及数字人文提供重要的方法论支撑。因此，“中国古文书学”成为我国当下档案学研究关注的焦点也是中国档案学研究本土化和学科自觉性不断提升的重要体现。

“档案教育”这一主题是全球档案界共同关注的焦点，而中国档案学紧密结合中国档案教育的背景及面临的挑战，对新文科及数字人文等背景下的档案教育进行了反思，并结合国家当前教育需求，对将课程思政融入档案教育进行了深入思考。此外，随着整个社会及政府数字转型，“电子文件单轨制”的推进和实施也是中国档案学界急需关注和研究的主题。因此，现有的研究主题体现了中国档案学研究本土化的特点。

2. 跨学科性

过去两年中国档案学的研究主题具有较强的跨学科性特点，这主要体现在“电子文件管理”“档案资源服务”“档案与身份认同”“档案与数字人文”等主题上。在“电子文件管理”和“档案资源服务”领域主要体现为一些突破性技术，包括人工智能、区块链等在电子文件管理及档案资源开发与服务中的应用，这些主题是当下也是今后很长一段时间档案工作的重要内容。我国《“十四五”全国档案事业发展规划》将“加快档案资源数字转型”“深入推进档案利用体系建设，充分实现档案对国家和社会的价值”列为主要任务，这些主题的研究往往需要跨学科的知识。“档案与身份认同”属于档案学与社会学、人类学等学科的跨学科主题，“档案与数字人文”则体现了档案学与数字人文的交叉和融合。这些跨学科主题既反映了中国档案学人对于档案学研究前沿的敏感性，也折射了当下档案学研究现象的复杂性。

（二）中国档案学研究中的不足

基于2020年和2021年的研究现状分析，也可看出中国档案学研究仍存在一些需提升之处，特别是一些主题的研究内容还有待进一步深化。如“档案治理”这一主题中现有研究较多地关注对“档案治理本体”的研究，对于如何实现档案事业支撑国家治理能力及治理体系现代化方面的探讨还不够；对“电子文件”这一主题的研究着重于探讨区块链技术在电子文件管理中的应用，对于人工智能技术的应用以及电子文件单轨制的实施现状和推进策略等的研究欠缺；对“档案资源服务”主题的研究还需要进一步加强对突破性技术，尤其是人工智能技术在档案资源服务中的应用及影响的研究。对这些主题的深入研究会对研究者提出较高要求，这也凸显了跨学科研究团队的重要性，但目前中国档案学界在这方面较为欠缺。

四、中国档案学研究的趋势展望

习近平总书记指出：“当前中国处于近代以来最好的发展时期，世界处于百年未有之大变局，两者同步交织、相互激荡。”面对百年未有之大变局，中国档案学人还需继续努力。

（一）加强本土化研究，构建具有中国特色的档案学理论体系

本土化研究应该立足于国家、社会及中国档案行业和档案学科的发展需求，直面在这些发展中面临的挑战和问题。随着中国社会治理及社会数字化转型的持续推进，“档案治理”“文件档案管理数字化转型”等主题仍将是未来很长一段时间中国档案学研究的重要领域；而档案承载了中华文明与文化，开发、再现、传承和传播档案中承载的优秀中华文明和文化也是中国档案学人的重要使命，因此，“中国古文书学”“档案与数字人文”“数字记忆”以及“突破性技术和新理念在档案资源的开发和服务中的应用”等主题也将是中国档案学研究的重要领域。在新文科背景下档案学应如何发展，以及对档案教育应如何进行改革和创新也是需要进一步加强研究的领域。对这些研究领域的研究一定要扎根于我国实践，并开出具有中国特色的档案学理论之花。

而要构建具有中国特色的档案学理论体系，还需要对中国传统的档案学理论与实践进行系统的梳理、分析，因此，“中国档案事业史”尤其是“中国档案思想史”也应是中国档案学研究的重要领域。对这一重要领域的研究还需具有世界视野，即要考察同一时期中国档案学理论和实践与国外档案学理论和实践之间的异同和互动，以期促进中国与其他国家档案学理论和思想的交流和对话，故“中外档案学思想比较研究”也应是中国档案学研究的重要领域。

（二）重视“人”的需求，体现档案学研究的人文主义

档案与“人”关系密切，档案学研究还应关注档案领域中涉及的“人”的需求，因此，“档案与记忆”“档案与身份认同”等主题也应是中国档案学将来需要继

续关注的主题。在档案资源开发与服务领域，不仅要深化对技术应用的研究，还应加强对如何基于“人”的需求来开发档案资源及提供档案信息资源服务的研究。同样，在文件档案管理领域，在关注技术应用的同时，也需要关注由此引起的伦理问题，以及如何消除或预防算法等突破性技术在档案管理中的应用可能带来的社会不公问题。而在档案开放与档案利用中，如何实现权力与权利之间的平衡也应是学界继续关注的问题。

（三）关注跨学科问题，实现档案学与其他学科的双向互动

现代社会的日益复杂性造就了复杂的社会现象，对这些复杂社会现象的研究往往需要多个学科的理论和方法。中国档案学人需要关注这些复杂的社会现象，并思考档案学在其中能有何作为。在此过程中不能只是单向地引进其他学科的理论与方法，中国档案学还应能作为理论和方法的输出方。比如在数字人文研究中，就需要思考档案学能为数字人文提供哪些理论和方法支撑；在开发科研数据以支持科技创新领域，也需要思考档案学能为此提供哪些支撑。

（四）服务社会需求，实现档案学研究成果转化

任何理论都来源于实践，又服务于实践。中国档案学研究除了需要扎根于国家、社会及中国档案行业和档案学科的发展需求，直面在这些发展中面临的挑战和问题以外，还需加强成果的转化，切实为解决现实的挑战、问题，满足现实需求服务。这就需要中国档案学人形成合力，创建具有中国特色的研究平台和稳定的研究团队，加强对长线的研究项目、重大项目的攻关能力，积极发挥档案学人协同创新及服务社会需求的作用。

五、结　语

本报告主要展现的是 2020 年和 2021 年这两年的中国档案学研究图景，通过这一图景可以看到中国档案学在本土化及跨学科研究上取得的最新进展和存在的不足，这可为“十四五”期间中国档案学研究的发展提供一定的参考和借鉴。

行业报告

2021 年中国高校档案工作发展报告

张朝晖[1]　郑川[1]　向禹[1]　杨桂明[2]　吴玫[3]

1. 中南大学档案技术研究所，长沙　410083

2. 北京师范大学档案馆，北京　100082

3. 南京大学档案馆，江苏南京　210008

摘　要：为了解我国高校档案事业的发展状况，分析现存问题，为档案主管部门提供决策依据，报告对全国 178 所高校展开问卷调查和电话调查，并运用图表分析、对比研究、词云分析等方法。通过对档案治理体系建设、档案利用体系建设、档案安全体系、档案信息化建设、档案人才队伍建设等方面的调查分析，我国高校档案事业发展呈现如下特点：专题档案资源不断丰富，档案利用服务创新发展，档案宣传教育丰富多彩，档案管理模式与技术进一步创新。我们也发现高校档案行业存在数字档案管理进展缓慢，档案宣传平台建设滞后，档案安全有待筑牢，档案服务商品牌力不强等问题。同时各高校对未来档案工作发展做出了规划：建设目标更加明确，档案资源进一步丰富，档案服务体系更加完善，档案信息化朝着单套制发展，队伍建设和基础进一步夯实。

关键词：高校档案；档案工作；发展报告

作者简介：张朝晖，硕士，副研究员，研究方向为档案编研与文化，档案事业管理，电子邮箱 dagacsu@qq. com；郑川，硕士，副研究馆员，研究方向为档案信息化技术及档案信息系统；向禹，硕士，研究馆员、教授，研究方向为档案信息化技术及档案信息系统，档案信息资源开发，现代图书情报档案基础理论与应用研究。杨桂明，硕士，研究馆员，研究方向为档案基础理论、档案信息资源开发；吴玫，硕士，研究馆员，研究方向为档案编研与文化，档案基础理论。

高等学校档案（简称高校档案），是指高等学校从事招生、教学、科研、管理等活动直接形成的对学生、学校和社会有保存价值的各种文字、图表、声像等不同形式、载体的历史记录。高校档案工作是高等学校重要的基础性工作，是国家人才培养过程中各环节、各方面的原始记录过程，高校档案工作水平也直接体现了高校的管理与服务水平，其重要性不言而喻。2021 年的高校档案工作虽然也精彩纷呈、亮点多多，但是作为国家档案事业重要组成部分的高校档案工作的发展却不均衡，与国家、社会的要求存在明显的差距，通过该次调查，以期全面全方位来展示我国高校档案事业发展状况，直面高校档案工作现存问题，以促进我国高校档案事业高质量发展。

由于编制我国高校档案事业发展报告尚属首次，经验不足，加上问卷设计比较仓促，指标设计上还存在一些不合理的地方，指标体系构建与分析方法的运用还未能全面反映高校档案工作，将在下一个年度的发展报告中进行完善。

一、前　言

本次调查工作在中国高等教育学会档案工作分会的支持下，面向全国 2 740 所高校发放问卷（不含港澳台，不含成人高校），每所高校填写一份问卷，回收有效问卷 178 份，样本率为 6.5%。如图 1 所示，从高校地域来看，受访高校来自 18 个省市，覆盖率为 58%，东北、华北、华中、华东、华南、西北、西南等地区均有高校参与；从高校层次来看，双一流高校、普通高校、高职院校都有学校参与。此次笔者对数据进行清洗整理分析，以可视化图表直观展示 2021 年高校档案工作发展状况，文中不排序的指标中学校排名不分先后。

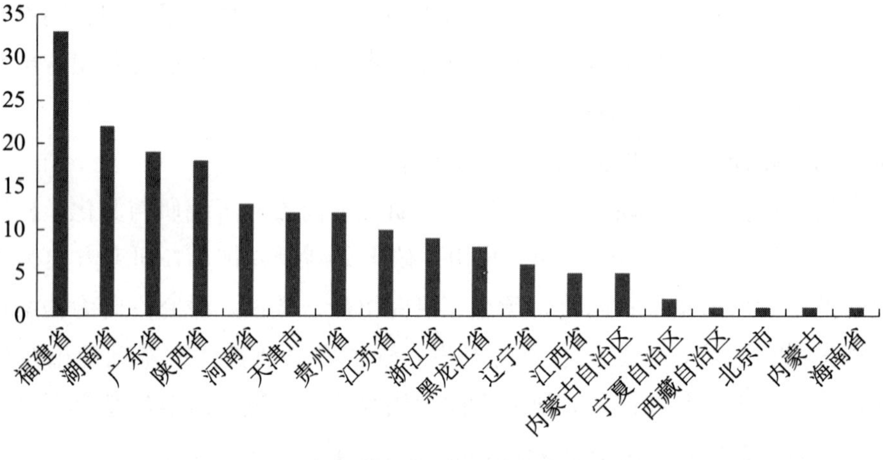

图 1　参与调查的 178 所高校省市分布

二、2021 年全国高校档案事业发展基本情况

（一）档案治理体系建设

从各高校档案馆建制来看，如图 2 所示，设独立档案馆的占 44.14%（含校史

馆合署）；挂靠学校办公室的占46.37%；与图书馆等合并的有9.60%，如西安交通大学、西安电子科技大学、东北石油大学、大连海事大学、内蒙古大学、江苏海洋大学、西安外事学院、西藏民族大学、广州新华学院、同仁学院、湖南艺术职业学院、包头轻工职业技术学院、丽水学院、天津市职业大学、陕西铁路工程职业技术学院、厦门软件职业技术学院、陕西学前师范学院等17所高校。

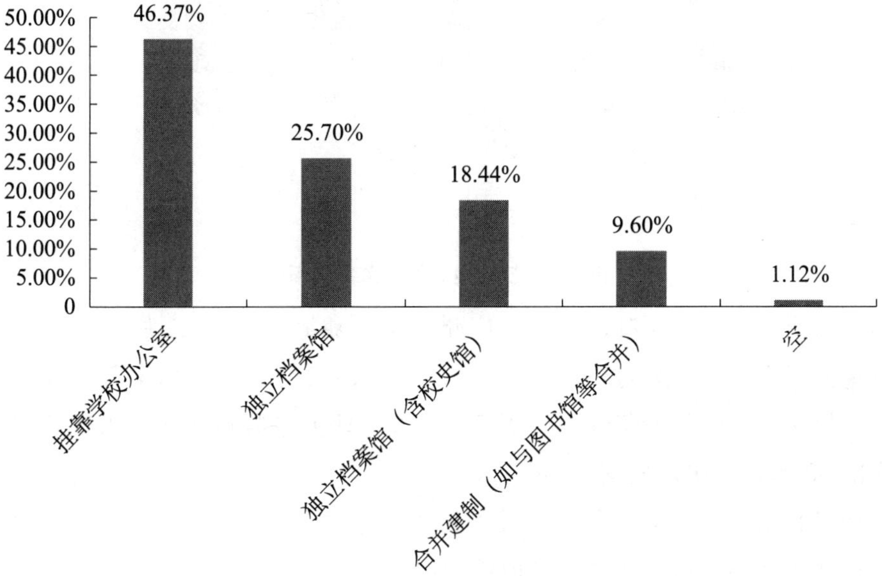

图2　档案馆整体建制情况

从档案工作体系来看，88.27%的高校建立了全校统一领导的档案工作体系；实现全校档案业务指导和检查的高校达79.89%；建立二级档案室的有34.64%；建立档案应急预案的67.04%；按教育部27号令实施部门立卷的达到71.51%，如图3所示。而学生档案管理较为复杂，尚未形成统一的管理模式，由校档案馆管理的有19.66%，校档案馆与院系共同管理的占26.4%，院系管理的占47.19%，学生工作部门等其他职能部门管理的有5.62%。对于人事档案，校档案馆管理的占20.22%，人事部门管理的占78.65%。而会计档案，校档案馆管理的占69.1%；财务部门管理的占29.21%。

（二）档案利用体系建设

在档案年利用量方面，受访的178所高校2021年接待档案利用52.6万人次，校均接待0.296万人次；档案利用年接待量超万人次的占6.2%，包括中南大学、北京师范大学、东南大学、西安交通大学、河南师范大学、温州医科大学、福建师

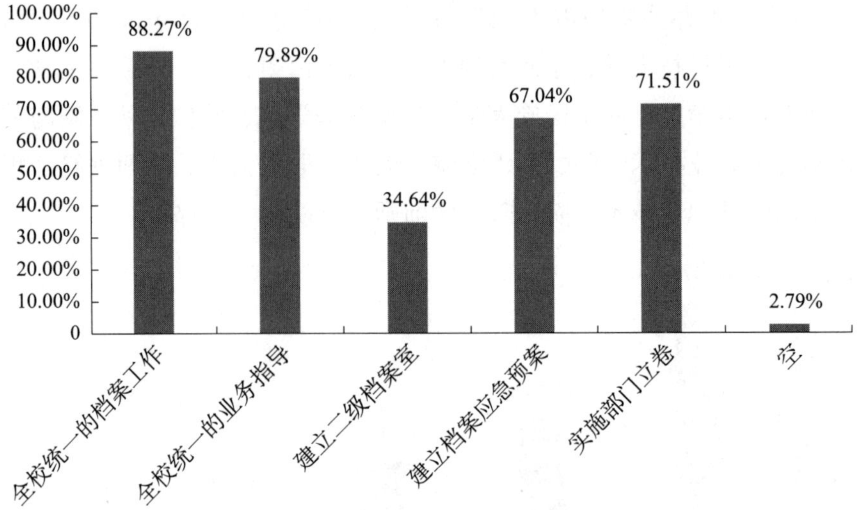

图 3　高校档案工作体系部分指标

范大学、郑州大学、泉州师范学院、广州大学、湘潭大学等 11 所高校。档案利用年接待量低于 1 000 人次的高校有 66 所，占 37.1%。天津音乐学院、福建幼儿师范高等专科学校、广州新华学院、福建华南女子职业学院低于 100 人次。档案展览参观人次 68.4 万人次，校均 0.38 万人次。

在档案利用方式方面，所有高校均可以现场办理档案业务，46.07%的高校实现了远程在线办理，远程预约现场取件的占 37.64%。

在档案利用服务层次方面，如表 1 所示，几乎所有高校都能提供档案副本服务，以实现档案凭证价值；87.64%的高校能提供档案信息服务，以实现档案信息价值；知识服务是指从各种显性和隐性知识资源中按照人们的需要有针对性地提炼知识和信息内容，搭建知识网络，为用户提出的问题提供知识内容或解决方案的信息服务过程，是一种以用户需求为中心的、面向知识内容和解决方案的服务，有 57.87%的高校开展过档案知识服务，提升了档案信息资源开发利用层次。

表 1　高校档案服务层次比例

选项	小计	比例
凭证服务（提供档案副本）	169	94.94%
信息服务（如专题咨询、查证等）	156	87.64%
知识服务（为用户提供有用的信息和知识）	103	57.87%
（空）	4	2.25%
本题有效填写人次	178	

（三）档案安全体系建设

在档案馆舍建筑方面，受访的178所高校有独立馆舍的102所，占57.3%；非独立馆舍的56所，占31.46%。50%的高校认为其档案馆符合《档案馆建筑设计规范》《档案馆建设标准》等。

在档案密集架使用方面，如图4所示，29.21%的高校未用密集架；64.04%的高校使用普通密集架；使用智能密集架的仅占5.06%，如中山大学、北京师范大学、温州医科大学、哈尔滨学院、河南理工大学、延安大学、宁波大学、天津市职业大学、宁夏医科大学。

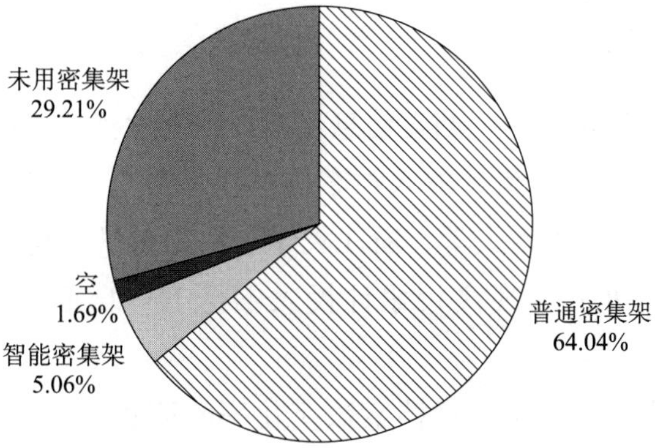

图4　全国高校密集架使用情况

在档案馆消防系统建设方面，如图5所示，8.38%的高校未建立消防系统，16.76%采用水喷淋消防系统，采用高压细水雾的占7.82%，采用气体灭火系统的达41.34%，采用其他消防方式的占24.58%。

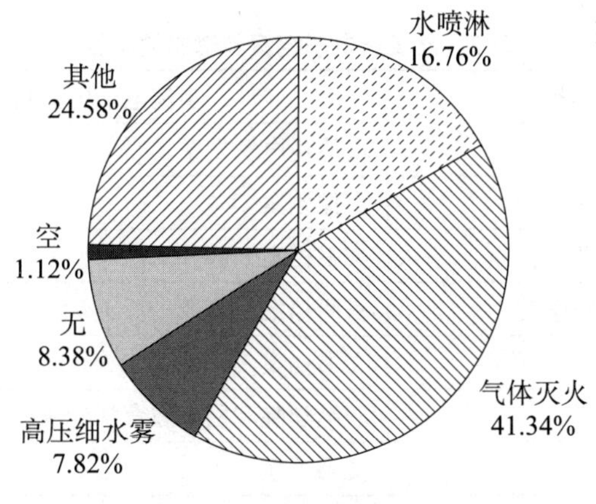

图5　全国高校档案馆消防系统建设情况

在档案库房安防系统建设方面，65.73%的高校安装了视频监控系统；12.36%的高校采用红外报警防盗系统；5所高校建设了RFID管理系统来保障实体档案的精细化安全管理，占2.81%，有中南大学、河南理工大学、河南工程学院、宁波大学、东北大学。

在档案库房环境管理方面，59.55%的高校实现了库房恒温恒湿，31.46%的高校建设了温湿度采集系统，23.6%的高校建设了库房环境监测系统。

在档案数据备份方式上，44.38%的高校实现了自动备份，51.12%的高校仍然采用手工备份。在档案异质异地备份方面，14.61%的高校实现了异地备份，31.46%的高校实现了异质备份。

(四) 档案信息化建设方面

在档案信息化建设投入上，档案信息化建设纳入学校信息化规划的占75.82%。截至2021年底，178所高校累计投入档案信息化经费1.73亿元，校均97.1万元；其中超过1 200万元的有中南大学、浙江大学、中山大学，超700万的有西安交通大学、陕西师范大学等，97所高校累计投入不足100万元，6所高校信息化经费为0。

在档案数字化方面，对于存量档案数字化率的调查，受访高校中有46所高校未填写此项，已填报的132所高校存量档案数字化率平均为48.9%。数字化率超过90%的高校为21所。在档案数字化方式方面，采用自助式的31.46%，采用外包方式的57.87%。在档案数字化技术应用方面，应用双层PDF技术的32.58%，应用OFD文档技术的8.43%，实现全文检索的46.63%。11所高校实施了部分电子文件单套制，占9.55%，如表2所示。

表2　已实施电子档案单套制的高校

序号	学校	实施电子单套制的档案类型
1	湘潭大学	增值税电子发票
2	黑龙江科技大学	声像档案
3	西安外事学院	文书档案（部分）
4	湖南人文科技学院	科研档案、声像
5	福建工程学院	文书档案
6	西安交通大学	职继学院和网络教育学生成绩单和毕业生登记表
7	武夷学院	文书档案
8	沈阳农业大学	教学档案

续表

序号	学校	实施电子单套制的档案类型
9	福建医科大学	文书档案
10	东南大学	声像档案
11	天津理工大学	照片档案

实现电子文件接收的高校占56.18%，采集元数据的占28.65%。但是按照《文书类电子档案检测一般要求》(DA/T 70—2018)，实现电子档案“四性”检测的高校仅占17.98%。

有35.96%的高校档案管理系统对接了学校其他业务系统；建设了档案知识库的占9.55%，如郑州大学、黑龙江科技大学、盐城幼儿师范高等专科学校、江西应用科技学院、河南工程学院、贵州大学、陕西师范大学、福建农林大学、天津科技大学、湖南开放大学、东南大学、福建师范大学、西安电子科技大学、浙江财经大学、周口师范学院、南开大学、泉州师范学院等17所高校。

在数字档案馆（室）建设方面，目前仅郑州轻工业大学挂牌全国示范数字档案室。有的省市建立了省市示范性数字档案馆（室）评测标准，如图6所示，8.43%的高校获得省市示范性数字档案馆挂牌，如浙江大学、温州医科大学、台州科技职业学院、宁波大学、浙江中医药大学、浙江财经大学、郑州师范学院、天津科技大学、西安电子科技大学。

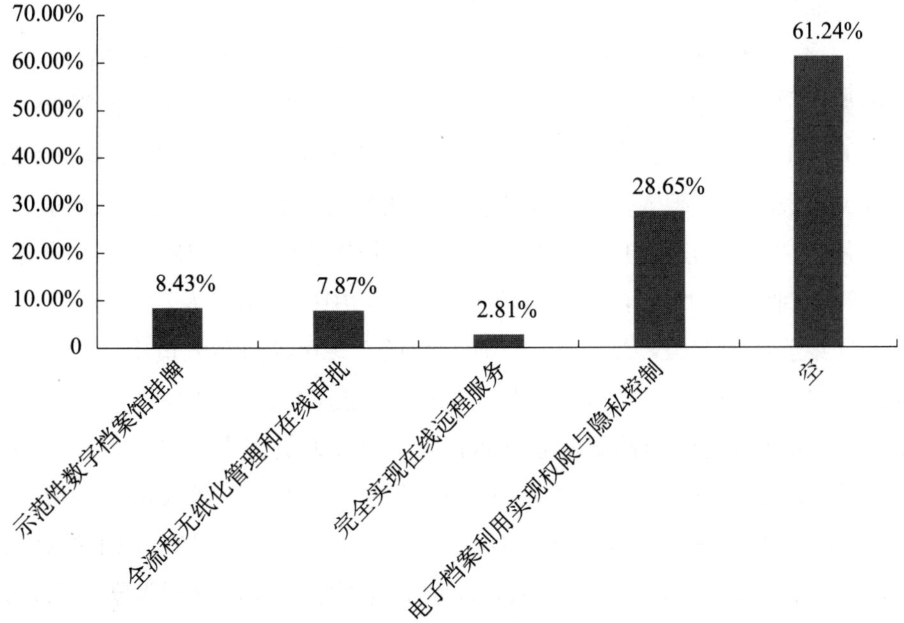

图6　数字档案馆建设情况简图

如图 6 所示，数字档案馆实现全流程无纸化管理和在线审批的仅占 7.87%，包括中南大学、东南大学、西安电子科技大学、河海大学、大连理工大学、南昌航空大学、西藏民族大学、哈尔滨学院、江西应用科技学院、郑州工程技术学院、湖南中医药大学、沈阳农业大学、浙江音乐学院；完全实现在线远程服务的仅 2.81%，如中南大学、西安电子科技大学、郑州大学、哈尔滨工程大学、黑龙江科技大学。电子档案利用实现权限与隐私控制的高校有 28.65%。在数字档案馆的档案检索功能方面，实现门类检索的达到 67.98%，实现全文检索的仅有 45.51%，逻辑组配实现专业检索的仅为 19.66%，建设了知识检索系统的有 5.62%，如表 3 所示。

表 3　数字档案馆档案检索功能情况

选项	小计	比例
门类检索	121	67.98%
全文检索	81	45.51%
专业检索	35	19.66%
知识检索	10	5.62%
（空）	39	21.91%
本题有效填写人次	178	

（五）档案人才队伍建设

在人员编制方面，受访的 178 所高校，档案人员总编制数为 1 017 个，平均每所高校 5.71 个，编制数超 20 个的有 6 所高校，其中东南大学 24 个，浙江大学和贵州大学均为 23 个，中山大学 22 个，西安交通大学 21 个，北京师范大学 20 个。在岗人数总值为 1 020 人，平均值为 5.73 人，与编制数基本相当，有的学校缺编，有的学校有少量缓聘、临聘人员。在岗人员中，男性总人数为 242 人，平均值为 1.36 人，男性仅占 23.7%，低于全国档案行业，其中宁夏大学 12 人（占全馆人数 63%），华南农业大学 10 人，北京师范大学 8 人，中山大学 8 人。

在人员年龄结构方面，受访的 178 所高校的 1 020 名档案人员中，50 岁以上人员 305 人，占 29.9%；30 岁～50 岁人员 636 人，占 62.4%；30 岁以下人员 79 人，占 7.7%。年龄结构与全国档案行业整体相当，年轻人员偏少。

在人员学历结构方面，受访的 178 所高校的 1 020 名档案人员中，博士为 46 人，占 4.5%，其中 29 所学校档案馆有博士 1 名以上，有 3 名博士以上的高校 4 所（中山大学 5 人，哈尔滨工程大学 4 人，北京师范大学 3 人，南开大学 3 人）；硕士为 479 人，占 47.0%；本科为 422 人，占 41.4%；专科及以下 73 人，占 7.2%。

对比国家档案局2020年度的基本情况数据，各级档案主管部门和综合档案馆研究生或相当于研究生学历人员占9.3%（含双学士、研究生班、硕士、博士），高校档案人员队伍的研究生比例是全国综合档案人员的5倍。

在人员专业结构方面，图书情报与档案管理专业和信息管理专业203人，占19.9%，其中超过5人的高校有东南大学8人，河海大学7人，湘潭大学6人，泉州师范学院5人，江苏第二师范学院、西北工业大学、温州医科大学、浙江大学、天津师范大学、南开大学均为4人；计算机及相关学科123人，占12.1%；历史及相关学科206人，占20.2%。

三、2021年全国高校档案工作的亮点

（一）专题档案资源不断丰富

调查表明，各高校在2021年积极开展红色档案、扶贫与乡村振兴、新冠肺炎疫情防控、中国共产党建党100周年、其他重大活动等专题档案资源建设情况，如表4所示。此外，还有57所学校开展了其他专题档案资源建设，如毕业生合影、校庆、教学评估、党史主题教育活动、西迁口述档案、习总书记视察暨大、全国少数民族传统体育项目运动会、厦门大学百年校庆专项档案、本土生态资源影像档案、粤港澳大湾区体育节、“十四运”档案、G20峰会——浙江音乐学院“音乐文化之旅”、角落档案专题、学生学籍档案专题等等。

表4　各高校2021年专题档案资源建设图

选项	小计	比例
红色档案库	36	20.22%
扶贫与乡村振兴	39	21.91%
新冠肺炎疫情防控	62	34.83%
建党100周年	38	21.35%
其他重大活动专题	57	32.02%
（空）	60	33.71%
本题有效填写人次	178	

西安交通大学围绕国家社科基金重大委托项目“西迁精神的历史意义与时代价值”，开展“口述西迁”项目，建设“西迁精神文献资料库”，与陕西省档案局合作开展“大西迁口述档案建设工程”，联合其他高校档案馆共同整理开发西迁档案资

源，参与央视“全国讲解员大赛”，多篇文章在《中国教育报》、人民网发表。福建技术师范学院建立校友照片及信息库。宁夏大学启动口述档案工作，采录52位创校初期的教学、科研、管理一线工作老领导、老教师，出版口述档案成果《贺兰山下种树人》第一辑和第二辑。东北大学开展“东工记忆”口述专项研究，系统梳理东工建立以来的学科谱系及重要成就。西北农林科技大学编辑出版“西农精神”专著3部，已完成熊运章、毛绳绪、侯介仁等60余人口述历史和采访工作。大连理工大学、陕西师范大学、浙江中医药大学、淮阴师范学院等许多高校均开展了人物档案建设和口述档案采集。

中南大学的《百年守护，人民至上——档案见证中南大学湘雅医学百年抗疫史》、哈尔滨工程大学的《一份校报记录的初心与使命》入选国家档案局全国百佳视频作品。哈尔滨工程大学的“传承创新哈军工红色文化服务育人纪实集”项目入选2021年度高校思想政治工作有关培育建设项目——“高校思想政治工作研究文库”。

（二）档案利用服务创新发展

46.43%的高校部分实现在线服务，在线远程服务占总业务比重超过50%的高校有中南大学、北京师范大学、南昌航空大学、福建农林大学、同仁学院、宁波大学、西北大学、天津工业大学、西安电子科技大学等。实现在线远程服务的业务范围主要集中在在线咨询、公证证明、查证核实、出国翻译，而档案类型为文书、教学、基建、科研、人事类档案。所有档案业务完全实现在线远程服务的有中南大学。

此外档案服务创新的还有天津财经大学档案馆与校友办有效联动，结合“我为群众办实事”，出台校友服务指南。西安电子科技大学开发“西电记忆”快递信封，《致校友的一封信》《西电记忆宣传册》等饱含西电元素的文创类产品，举办“档案话百年”系列活动。江苏海洋大学在新生中开展“对话未来 四年有约”活动，到毕业时再开展信件启封仪式，活动已坚持5年。宝鸡文理学院的照片档案管理利用获得陕西省档案局多次表彰。哈尔滨工程大学持续开展志愿服务系列活动，深入二级单位进行档案答疑解惑，为大连船舶重工集团数百校友提供协助，在其档案认证补充工作中上门递送证明材料。延安大学通过优秀教师教材展展现教师的研究和开发能力，拓展教师创新精神。浙江中医药大学档案馆推出“移动档案”App手机终端查档服务。

（三）档案宣传教育丰富多彩

2021年，87%的高校开展了丰富多彩的各类档案宣传活动，47.75%的高校档案馆开展了建党100周年档案宣传，65.73%的高校开展了“6·9”国际档案日活动，69.1%的高校举办了新《档案法》的贯彻学习和宣传，30.9%开展了其他档案宣传活动。档案宣传活动词云图，如图7所示。

图7 各高校2021年开展档案宣传活动词云图

中南大学举办“百年初心路 红色使命行”专题档案展览，展览分为“革命理想高于天”“雄关漫道真如铁”“披肝沥胆多壮志”“顶天立地担使命”“红星照耀新征程”等5个篇章，通过21个红色记忆点、152份珍贵史料，呈现了中南人在烽火岁月中投笔从戎，以敢教日月换新天的豪情，锤炼出革命理想高于天的红色信仰。

哈尔滨工程大学编研“胸怀千秋伟业 恰是百年风华——庆祝建党100周年图片展”并策划组织省内高校联展活动，为全省高校提供党史学习教育的鲜活载体，约20万人次的高校师生参观展览，接受集中教育，并为汤原县永发乡校师生捐赠“胸怀千秋伟业，恰是百年风华”画册；围绕国际档案日“档案话百年”主题，在哈尔滨市燎原街道省军区社区举办党史展览走进社区，服务百姓活动；参展海洋高校红色档案故事主题展览。

郑州大学开展“档案话百年”主题征文活动、举办“学党史、知校史、明校情、强信念、勇担当”校史讲解员大赛选拔赛和决赛。大连理工大学举办“中国共产党事业中的大工奋进路红色基因展”，发布《档案馆2021届毕业生的一封信》《毕业生档案全攻略》等为毕业生提供档案信息利用服务。温州医科大学举办“红色基因 薪火相传”主题人物展、“永远跟党走”建党与思政教育主题展。

西藏民族大学举办以“档案话百年——从历次党代会视角重温西藏民族大学发展历程”为主题的图片档案展，邀请十八军老战士、该校离休干部朱庆春老师口述十八军进藏与西藏和平解放史。西北工业大学举办“档案话百年”西北工业大学今昔变迁百幅图片展。广州新华学院发布推文、制作建党100年明信片。广州中医药大学“历年毕业合影展”，见证在党领导下的国家从贫穷到富强、高等教育从弱小到壮大的过程。

河海大学举办“党在高校一百年展览”，包括微党课（传承百年，红色启航）、微视频（河海校史中的红色记忆）、视觉档案（逐梦海洋——海洋高校档案里的红色故事）、档案故事（档案节目《打井市长的两年扶贫之旅》、扶贫工作手稿背后的故事、赤诚之心做扶贫的第一书记）。陕西师范大学挖掘红色档案，宣传红色教育家刘泽如。厦门大学撰写“厦大革命遗址故事”和“厦大红色记忆”专栏文章。东北大学录制“九一八”专题教育、“赤子丹心——讲述东北大学王肃烈士的故事”微视频。

浙江大学举办“风雨兼程 百年筑梦——浙江大学党史档案文献展”。包头轻工职业技术学院组织全校档案员参加“档案话百年”线上档案知识竞答活动。西北大学、西北农林科技大学均举办校史中的红色记忆展。

东南大学拍摄《读东大档案话英雄佳史》微视频，发布红色档案征集公告，撰写东大的红色档案故事《真理耀东南，初心照梅庵——中国社会主义青年团第二次全国代表大会在东南大学梅庵召开》，举办名师捐赠等系列活动。河南财经政法大学制作展板宣传典藏十年学生活动、校史大讲堂，开展档案馆开放日活动，等等。

内蒙古工业大学在校园内利用多种形式如电子显示屏滚动播放档案宣传标语，用展板展示该校的历史沿革和文艺演出等宣传活动，积极传播红色文化、档案文化，大力营造建党百年的浓厚氛围。闽江学院与福建省档案局、福州市档案局、福州市档案馆联合举办档案普法“进校园”活动。哈尔滨工程大学航天日科普活动“春雨教育科普扶智计划”扶智乡村中小学生在行动在巴彦县张甲洲红军小学举办“放飞梦想 我心飞翔”航天科普研学活动。宁夏大学举办了“奋进的足音——镜头里的宁夏大学”主题摄影展。

西安交通大学结合党史学习教育举办“西安交通大学党史图片实物展”“西迁巾帼展”等各类展览21项。宁夏大学打造“党史与校史记忆”品牌，坚持以“沙枣树”精神为主题，挖掘和利用党史教育资源，打造“红色”党性教育品牌。西北农林科技大学的于右任教育思想纪念馆，成为宣传学校历史文化的窗口、校史教育的基地、校园文化的亮点，现为全国青少年爱国主义教育基地，入选全国首批“港澳青少年游学基地”。

(四) 档案管理模式与技术创新

在技术应用创新上，中南大学在完善远程服务系统的基础上建设自助服务系统，建设电子档案单套制运行环境。哈尔滨工业大学建设内网、外网双网系统，设备档案网上归档、审批，开发网站采集系统进行网站信息采集归档。浙江财经大学推进干部人事档案数字化，建设 VR 校史馆。郑州大学档案信息化三期完成档案管理系统与教务系统链上的可信归档，实现教务系统归档自动化，满足归档范围内的电子文件自动收集及有效管理，业务过程保障电子档案的来源可靠、程序规范、要素合规，在国内高校率先基于 GIS 技术搭建郑州大学基建档案可视化管理平台。西北工业大学建立“电子档案全流程监控管理系统”档案管理信息化平台，将多个档案管理系统整合，为单套制归档打造平台。嘉应学院探索建立二级学院档案数据（元数据）采集、提交的平台。东北大学建设虚拟校史馆。

在档案管理模式创新上，天津中德应用技术大学搭建学生学籍档案信息化管理平台，确定“由相关职能部门统筹，各学院整理立卷，档案馆负责收、管、存、用相结合的工作机制”及“运用两个立卷主体体系，按照学生学籍管理流程，平行组卷、共同完成卷宗组合”的二级档案管理模式。南方科技大学建立档案、校史、文博三馆合一的职能部门。西安医学院用件/卷起止号取代盒号，先到先归，打破了相同类目下归档不及时的局面。厦门大学按学校部署成立“文博管理中心”，挂靠档案馆，筹备学校展馆群统一管理工作。泉州华光职业学院文化展馆成群（博物馆群）。

四、我国高校档案工作发展现存问题

(一) 数字档案管理进展缓慢

对于数字态档案的利用，16.85%的高校实现了系统自动隐私处理；50.56%的高校通过运用工具对数字档案进行隐私处理；未填写此项的有 32.58%。数字档案管理实现元数据采集、电子档案封装、数字签名的分别占 24.16%、15.73%、6.74%。

在电子档案单套制建设方面，全国高校电子档案单套制建设进展缓慢，如图 8 所示。已经在建设电子档案单套制的仅占 2.25%，如东南大学的声像档案，三明学院和福建工程学院的文书档案，西安医学院声像和文书档案均开展了试验。超过 70%的高校，暂无该计划。

数字档案管理是未来发展方向，高校档案行业在数字档案管理方面尽管已经有了一些探索，但较全国其他档案行业，进展较为缓慢。建议高校档案行业进一步明确发展方向和目标，将数字档案管理列为主要建设内容。

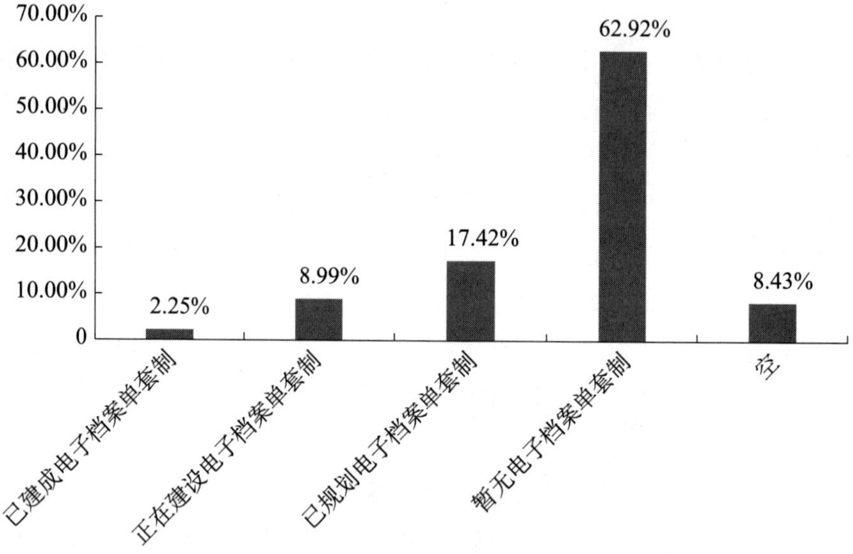

图 8　全国高校电子档案单套制建设进展情况

（二）档案宣传平台建设滞后

除了举办专题宣传活动和展览以外，档案网站和新媒体平台则是档案馆日常开展档案和档案工作宣传的窗口。数据显示，只有 58.43%的高校建立了档案网站，23.6%建立了档案公众号等新媒体平台。更新频率小于一周的，仅有 23.6%。目前，档案宣传平台建设不足、访问量不高、绝大多数高校档案媒体平台更新较慢。档案宣传平台访问量，如图 9 所示。

档案宣传平台是档案行业与外界沟通的桥梁，由于档案及档案信息具备内向性，使得社会对档案及档案工作了解不够深入，导致档案行业发展出现一些客观问题。档案宣传是让社会了解档案及档案工作的重要途径，从而实现档案及档案工作价值。档案宣传也是个系统工程，包括档案网站、新媒体平台、举办展览等等多种形式，宣传内容包括档案与档案信息、档案工作、档案人员队伍、档案法规标准等等。各高校需要重视档案宣传平台的建设和信息更新。

（三）档案安全有待筑牢

西安交通大学建立健全档案安全管理责任制，提高应急处置执行能力，推进纸质档案保护和修复进程，健全档案信息系统安全保密防护体系，实现电子档案异质异地备份。西北农林科技大学建立健全档案安全工作应急预案，落实《档案馆安全

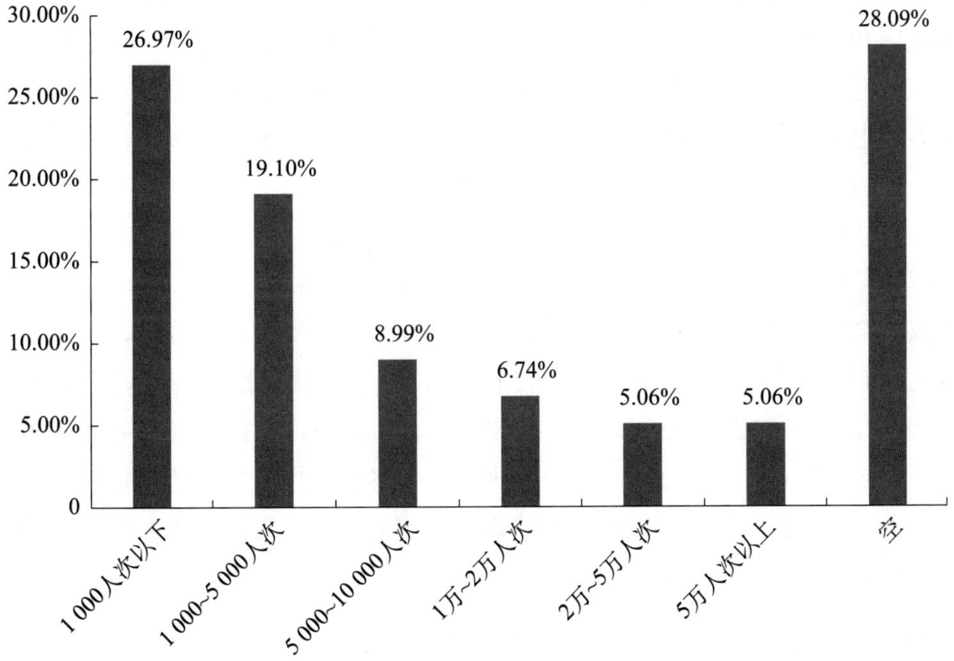

图9　各高校档案宣传平台访问量

风险评估指标体系》，加强档案库房安全精细管理，定期开展档案馆库设施设备安全风险检查。建立档案服务外包安全监管机制，加强对数字化信息系统建设等重点领域的监管，严格落实《档案信息系统安全保护基本要求》，建立健全档案信息管理系统安全保护体系，推进数字档案资源异质备份，完成全部重要数字档案资源异质备份超过50%。加强个人信息保护，提升档案数字资源安全管理能力，健全档案信息系统安全保密防护体系。

但从2.3节可以看出，高校档案安全仍然有待筑牢。部分高校的档案机构为非独立馆舍；近一半高校档案馆建筑不符合《档案馆建筑设计规范》《档案馆建设标准》；仍然有部分高校档案馆未建立消防系统，一些学校档案馆消防系统不符合标准；库房环境未安装视频监控与防盗系统；数据备份也未实现异质异地。在档案实体安全、档案数据安全、档案信息安全等诸多方面仍有较大的提升空间。

(四) 档案信息化建设极不均衡

通过数据分析，133所高校所使用的档案软件品牌达32个，如图10所示。其中超过2所学校使用的品牌有20个，如采用湖南德立信的高校有21个占15.8%，南京中坦、南大之星、南京轩恩均为14个，各占10.5%。

结合 2.4 节的调查结果可以看出，高校档案工作虽然在信息化建设方面取得了一些进展和成绩，但在信息化质量、技术应用、服务层次、档案系统功能等方面参差不齐，有些高校档案信息化建设甚至还相当落后。这与档案信息化经费投入有直接关系，也可能与高校档案馆提出的需求有一定关系，但有些问题与档案服务商也存在一定关系。如：（1）在档案数字化技术应用方面，应用双层 PDF 技术的仅 32.58%，应用 OFD 文档技术的仅 8.43%，实现全文检索的只有 46.63%；（2）实现电子文件接收的高校占 56.18%，采集元数据的占 28.65%；（3）电子档案利用实现权限与隐私控制仅 28.65%。在数字档案馆的档案检索功能方面，实现门类检索的达到 67.98%，实现全文检索的仅有 45.51%，逻辑组配实现专业检索的仅为 19.66%，建设了知识检索系统的有 5.62%。诸如此类。提供档案服务的这些企业的规模、技术储备、研发实力、服务水平、对档案行业标准的理解与把控等等各不相同，也直接导致了高校档案信息化建设极不均衡，也使得高校档案馆在选择服务商时很困惑。

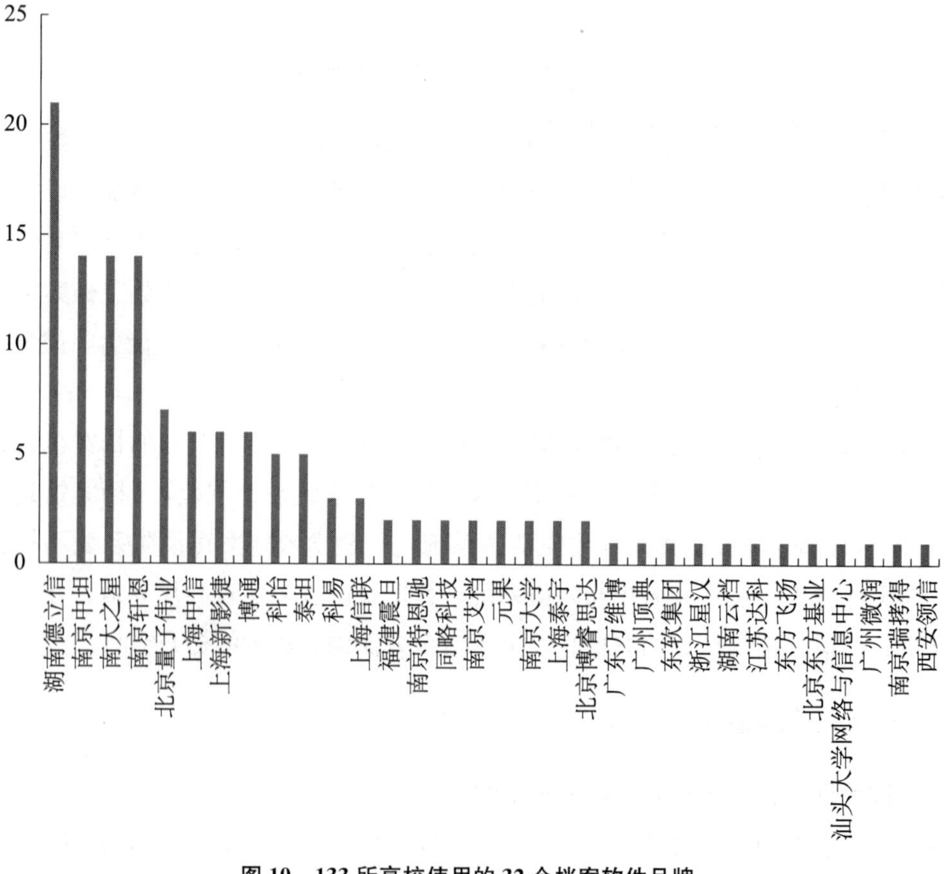

图 10　133 所高校使用的 32 个档案软件品牌

在档案数据化加工服务商方面，有的学校用到多家服务商，最多的达到 4 家，绝大部分是用了一家数据化服务商，用到多家服务商的均按多个服务商进行统计。共有 100 所学校填报了数据，服务商就多达 60 家企业，相对于档案软件品牌，档案数据化加工门槛较低，导致品牌效应不明显。仅 16 家企业有超过 2 所以上的学校客户，其中湖南德立信 24 个占 24%，南京轩恩 5 个，量子伟业 4 个，如图 11 所示。

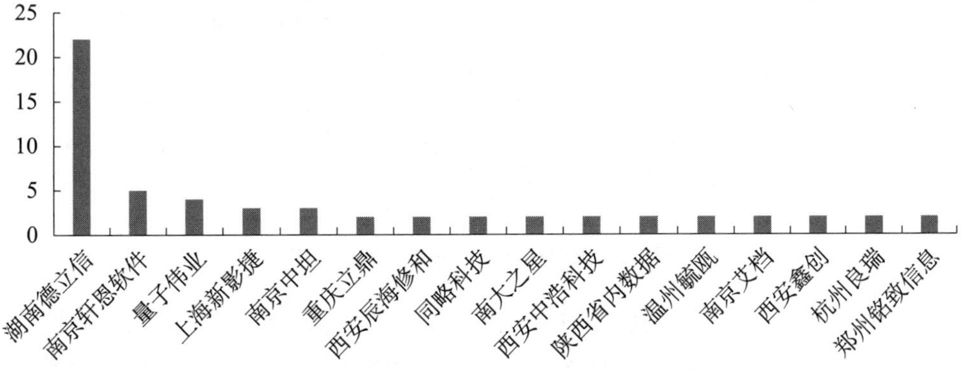

图 11　客户超过 2 家以上的档案数据化加工服务商

各高校在进行档案信息化项目建设时，先明确档案信息化目标以及必须要实现的技术指标，再对档案服务企业进行全面了解。而如何规范档案服务企业的服务标准、提升档案行业自律等等是档案学界、业界以及档案行政主管部门都应该思考的问题。

五、我国高校档案工作的未来展望

相比工作亮点，在问卷中填报“档案工作未来规划”的高校有 127 所，占 71%。2021 年是全国档案工作值得铭记的时刻，习近平总书记、李克强总理先后对档案工作作出重要批示，新修订《档案法》实施，《“十四五”全国档案事业发展规划》印发，红色档案、新冠肺炎疫情档案、扶贫与乡村振兴等专题档案建设，中国共产党建党 100 周年档案展览等都增强了档案人员的职业自信。高校档案界也受到鼓舞和感到振奋，明确了未来建设目标和发展方向。对该问题的答案进行词频分析，得到词云图（见图 12）。

（一）建设目标更加明确

以习近平新时代中国特色社会主义思想为指引，深刻领悟批示精神，切实加强

图 12　高校档案工作未来规划词云图

使命感、责任感，贯彻实施新修定的《档案法》、《“十四五”全国档案事业发展规划》，全面推进档案治理体系和档案资源体系、档案利用体系、档案安全体系建设，促进档案事业高质量发展，为国家治理体系和治理能力现代化建设贡献档案力量。

到 2025 年，中山大学档案馆将达到建筑面积 2 万平方米，满足未来 20 年档案存储需求，建成国内高校一流的档案馆和数字档案馆。西安交通大学将健全档案信息系统安全保密防护体系，实现电子档案异质异地备份，提升学术研究水平，推动校史文化研究走专业化、团队化和系统化道路。西藏民族大学档案工作质量和服务水平取得实质性进展，形成与西藏经济发展和学校整体发展水平相适应的档案事业发展新格局。

西北工业大学、河南师范大学将创建“国家示范性数字档案馆”。陕西师范大学建成陕西省示范性数字档案馆。岭南师范学院拟建成粤西档案示范单位，建成数字档案馆，推进电子档案单轨制管理，开通适用于移动终端的档案 App、微信服务，搭建多元化的档案信息服务体系。嘉应学院推进电子档案单套制建设。宁夏大学档案馆将建设成为西部一流的大学档案馆。

河南财经政法大学拟建设档案馆、校史馆和博物馆三馆合一的智慧型馆。河海大学加强档案深层次的编研，推出河海文化品牌编研成果，加快推进智慧档案馆建设，实现档案服务智慧化、自动化、智能化。商丘师范学院计划建设形成档案管理、校史弘扬、文博建设“三位一体”的综合发展模式。贵州大学开展校园文化提升建设项目，将校园内一批历史建筑申报为省级文物保护单位。温州医科大学将建设规范型、服务型、文化型、研究型档案馆。哈尔滨工程大学力争在档案资源建设质量、档案利用服务水平、档案治理效能和管理现代化程度上达到全国高校先进水平。

（二）档案资源进一步丰富

多数高校将树立“大档案”意识，应归尽归、应收尽收。郑州大学提出“强化各领域电子文件归档工作”“全面开展电子档案移交接收工作，实现电子档案应收尽收”。哈尔滨工程大学拓展档案资源收集范围，加强重大活动、突发事件应对活动档案收集，优化馆藏档案结构，探索档案价值鉴定和评估机制。江西应用科技学院到2025年，实现馆藏数比2020年翻番，完成档案业务建设评价工作，力争达到省级规范档案馆以上。大连理工大学加强国家重大项目的专项档案、重点学科的发展档案、杰出师生校友的事迹档案、立德树人工作的案例档案等特色档案的收集，进一步优化馆藏结构，丰富馆藏资源。

（三）档案服务体系更加完善

多数高校在档案服务方式上开始规划在线远程服务系统，建设档案服务大厅等。中南大学、哈尔滨工程大学等在不断完善远程在线服务的基础上，朝自助服务和个性化服务方向努力，在服务内容上，深入挖掘和研究档案资源，及时精准地为学校各部门决策提供参考，提升档案知识服务能力。郑州师范学院以“服务·创新”为主题，以档案数字化建设和档案资源建设为重点，努力向其他高校看齐。东北石油大学计划尝试档案预约、远程查询等。西安交通大学研究师生的个性化需求，实现网络和手机终端查档利用，探索业务咨询24小时智慧答疑；天津大学加大传播规律研究，办好档案馆官方微信公众号，影响力保持在全国高校档案馆公众号前10名以内。

（四）档案信息化朝着单套制发展

多数高校将档案信息化纳入本单位信息化发展规划，保障档案信息化建设依法依规开展。华南农业大学在学校智慧校园规划建设框架下，重点推进传统载体档案数字化，加强电子文件归档和电子档案管理，建设馆藏数字资源、业务管理、在线服务、网上展示等数字档案室四大平台。岭南师范学院将启动数字档案馆建设第三期“干部人事档案管理系统建设项目”，实现人事档案专网专线的在线利用。天津财经大学从数字化档案馆逐步向智慧档案馆转型，在个别部门开展电子档案单套制、单轨制管理试点。佳木斯大学单套制归档探讨试行，继续推行远程业务办理。

哈尔滨工程大学积极探索知识管理、人工智能、数字人文等技术在档案信息深层加工和利用中的应用。

(五) 资源投入进一步加大

哈尔滨工程大学通过加强学术研究和业务学习，为了切实提升同志们的职业自信，不定期开展“提升职业自信”系列培训和讲座，帮助同志们开阔视野，提升自信。湘潭大学规划档案大楼建设，湖南女子学院按标准建设规范化的档案馆。江苏第二师范学院建设校史馆。南京工程学院建设五千平方米新馆。

中国企业档案工作发展报告

张卫东[1]　李松涛[1]　高梦凡[1]

1. 吉林大学商学与管理学院，长春　130012

摘　要： 对过去一年企业档案工作进行全面梳理，对于推动企业档案工作高质量发展，提升企业档案治理效能具有重要意义。本报告立足当前政策环境、法律环境及技术环境，采用文献分析和案例分析方法，针对企业档案的治理体系、技术应用、数字档案馆室建设及档案资源开发利用等内容进行系统分析，总结现状、提出问题、进行展望，为企业档案工作决策提供参考。

关键词： 企业档案；档案治理；“十四五”规划；《档案法》

作者简介： 张卫东，博士，教授，研究方向为档案学理论及应用，电子邮箱 wdzhang@jlu.edu.cn；李松涛，博士研究生，研究方向为档案学理论及应用；高梦凡，硕士研究生，研究方向为档案学理论及应用。

2021年是“十四五”开局之年，我国企业档案工作在《“十四五”全国档案事业发展规划》的指导下朝着专业化、一体化、集约化的方向发展。本报告旨在通过对企业档案工作所处新环境、企业档案工作取得新进展、企业档案工作发展新方向等角度对全国企业档案工作发展进行全景式梳理，为企业档案工作的进一步开展提供参考。

一、我国企业档案工作面临的新环境

随着《“十四五”全国档案事业发展规划》颁布、2020年新修订的《中华人民共和国档案法》（简称新《档案法》）实施、新《档案法》实施办法呼之欲出、现代信息技术应用迭代发展等实践进展，企业档案工作面临着新的政策环境、法律环境以及技术环境，为企业档案工作的发展提出了新的机遇与挑战。

（一）政策环境

2021年5月，中共中央办公厅、国务院办公厅印发《“十四五”全国档案事业发展规划》(简称《规划》)为新时期全国档案事业发展提出了新的目标。其中对于企业档案管理工作提出了具体要求，主要体现在以下四个方面。

1. 企业需进一步完善档案管理体系，适应现代档案治理体系的构建

中国共产党十八届三中全会提出“国家治理体系和治理能力现代化”的重大命题，档案事业作为党和国家各项工作的重要组成部分，构建现代化的档案治理体系是档案事业发展的重要方向。《规划》明确提出，应全面推进档案治理体系建设，提升档案治理效能，健全档案管理体制机制。

企业作为市场经济和档案管理的重要主体，应进一步完善档案管理体系，适应现代档案治理体系的构建。加强企业档案治理体系，是保障企业内部的档案治理权威、稳固档案治理规则、丰富档案治理形式、健全档案治理机制等诸多工作有效实现的重要基础。①

企业档案管理体系需要从档案治理对象与治理内容入手，进一步开展企业档案馆室治理、企业档案数据治理以及企业档案安全治理等多项工作，推进企业档案工作向更深入、全面、精细的方向发展。

2. 企业档案工作需进一步加强档案资源建设，构建完善的资源体系

《规划》提出，应深入推进档案资源体系建设，全面记录经济社会发展进程，拓展档案资源收集范围，加大关系国家安全、国计民生、公共服务、新兴产业等重点行业档案收集工作。

企业档案资源体系建设是企业档案管理工作核心内容之一，也是记录企业发展历程的核心手段。企业档案资源包含了企业发展历程的全部信息，它不仅是我国经济档案资源体系中的重要部分，更是企业核心数据资源的重要载体。为了生动、全面地记录企业的发展历程以及加强对企业发展的数据支撑能力，企业应当完善档案资源体系建设，进一步拓展档案资源收集范围、加强档案资源质量管控、优化馆藏档案结构以及加快档案资源数字转型。

3. 企业档案工作需进一步加快信息化进程，提升档案工作效率

《规划》指出加快推进档案信息化建设，引领档案管理现代化。加快企业档案信息化工作，是企业顺应数字化转型的内在要求，是实现企业档案工作现代化的必要手段，对于有效提升档案工作效率，进一步发挥档案效能具有重要意义。做好企业档案信息化建设，应搭建适应企业业务发展需求的软硬件基础设施网络，应加快

① 常大伟．政策语境下的档案治理及其推进策略：基于《“十四五”全国档案事业发展规划》及相关政策的分析［J］．山西档案，2021（5）：79－85．

企业档案的数字化归集、管理与利用工作，应充分利用大数据等现代信息技术实现对数字档案的深度挖掘与知识发现，应在制度设计、意识提升、人才保障方面做出相应的安排。

4. 企业档案工作需推进档案科技创新，在管理模式、技术方法、项目建设等方面先试先行

《规划》中提出企业需加快推进档案科技创新，助力档案工作转型升级，完善档案科技创新和应用机制。完善档案科技规划管理，改进科技项目组织、评价方式，加强科技项目全过程监管，提高档案科技管理质量。

企业作为我国科技创新的重要阵地应当率先实现科技档案创新，发挥自身优势，在管理模式、技术方法、项目建设等方面先试先行。企业应将数字化技术和手段应用在企业档案管理工作流程中，推动企业档案数字化进程，实现档案工作智能化、标准化、数字化。在新一代信息技术在档案管理中的应用、大数据环境中电子文件与电子档案一体化管理、企业档案信息资源共享利用、企业档案数据治理等领域，企业应积极探索，开展示范项目，推动企业档案工作进一步发展。

（二）法律环境

新《档案法》2021 年 1 月 1 日起正式施行，这是档案工作适应国家治理体系和治理能力现代化要求，走向依法治理、走向开放、走向现代化的重要标志。[①] 新《档案法》针对企业的档案管理作出规定，在完善企业的档案管理责任机制、建立健全档案资源体系以及加强企业档案的信息化建设等方面起到了积极的作用。

1. 新《档案法》要求企业档案工作建立档案工作责任制

新《档案法》第十二条明确了企业应当按照国家规定建立档案工作责任制，应当依法健全档案管理制度。企业应按照国家规定在企业内部制定全员档案工作责任清单，并进一步明确档案工作领导责任、管理责任和执行责任。企业档案管理工作的主要负责人对企业档案工作负总责，领导档案工作有效开展，并组织研究和协调解决企业内部的档案工作重大问题和重要事项。此外，各企业应当建立健全企业档案管理制度，确定企业内部档案工作的组织架构、机构成员、职责分工，并明确基础设施、档案管理、信息化建设等工作要求。

① 中华人民共和国档案法 .（2020-06-20）[2022-06-13]. https：//www. saac. gov. cn/daj/falv/202006/79ca4f151fde47oc996becOd50601505. shtml.

2. 新《档案法》细化了企业文件材料的归档范围，要求建立健全档案资源体系

新《档案法》中第十三条指出，反映企业主要研发、建设、生产、经营和服务活动，以及维护企业权益和职工权益的文件材料，应当纳入企业归档范围。[①]

新《档案法》对企业文件材料的归档范围做出了明确而具体的规定，为企业构建全覆盖的档案资源体系提供了指导。企业档案资源体系的构架，不仅应遵循新《档案法》等法律法规的具体规定，还要结合企业发展实践，对全面反映企业发展沿革，具备典型性、代表性、系统性等特征的档案资源收集齐全完整，为档案管理与开发利用等环节提供资源基础。

3. 新《档案法》要求企业健全档案安全工作机制

新《档案法》第四十二条明确了企业应实时监督检查档案信息的安全保障情况。企业应依法建立、健全档案安全工作机制，加强档案安全风险管理，提高档案安全应急处置能力。

新《档案法》敦促企业完善安全管理体系，并建议采用监督检查的方法，消除企业档案安全隐患。这极大确保了企业档案的可用性、真实性、完整性和安全性，为企业档案资源的安全管理筑牢新防线。

（三）技术环境

随着现代信息技术在档案工作中应用场景和程度不断拓展和深化，企业档案工作面临着日益复杂的技术环境。云计算、大数据、人工智能、区块链等技术在企业档案工作中有广阔的应用空间。在此背景下，企业档案工作必须合理运用新技术，服务于企业中心工作及核心业务，为企业高质量发展助力护航。

1. 企业应加速现代信息技术在档案工作中的应用

随着现代信息技术的深入发展和广泛应用，企业档案工作正经历着数字化的深刻变革。企业档案的信息化进程离不开现代信息技术的应用。一方面，现代信息技术在企业档案工作中的应用场景和应用范围得到拓展，电子文件全生命周期管理都深深地打上了技术的烙印；另一方面，现代信息技术应用过程中，需要和企业实践工作不断融合发展，以更好适应企业档案工作的现实需求。

2. 企业应加快数字档案馆（室）建设步伐

随着我国科技现代化进程的逐步推进，数字档案馆（室）的建设已成为全国企

---

① 中华人民共和国档案法．(2020-06-20)［2022-06-13］. https：//www.saac.gov.cn/daj/falv/202006/79ca4f151fde47oc996becOd50601505.shtml.

业档案管理工作的重点建设领域。《规划》中明确指出深入开展企业数字档案馆（室）建设，并完成50家企业集团数字档案馆（室）建设试点。加强大数据、人工智能等新一代信息技术在数字档案馆（室）建设中的应用，推动数字档案馆（室）建设优化升级。因此企业应加快数字档案馆（室）的建设步伐。

企业数字档案馆（室）建设应基于信息技术手段实现企业档案管理平台的数字化应用，企业需要根据自身的规模、经营方式、档案管理需求、已有技术手段综合搭建个性化企业档案管理平台；实现企业档案管理精细化，明确档案管理流程，确保档案数据的安全，避免由于人为操作失误而导致的企业档案丢失或损害的风险。企业还应在建设数字档案馆（室）的过程中，通过对现有档案资源的整合，挖掘出企业档案资源的潜在信息，从而提升企业市场竞争力，为企业适应现代化转型提供基础。

二、我国企业档案工作的主要进展

“十三五”以来，在新《档案法》及《规划》的指导下，我国企业档案管理工作趋近规范化、合理化，并依托新兴的数字技术在管理方法和模式上取得了一定突破。据国家档案局统计，截至2021年12月，我国各企业于“十三五”期间申报科技项目1 438项，其中列入计划的科技项目共483项，均创历史新高。这些优秀案例在企业档案的治理体系、技术应用、数字档案馆（室）建设及法治化管理等方面为企业档案工作提供了重要参考，如表1所示。

表1　国家档案局企业档案工作优秀案例评奖数量统计

	一等奖	二等奖	三等奖	优秀奖	特别奖
2017	5	10	15		1
2018	6	10	15		
2019	10	20	30	80	
2020	0	7	13		

（一）企业档案治理体系逐步健全

档案治理体系的核心内容主要集中在治理法治化和多元共治两大方面。构建完善的企业档案管理体系机制和通过多元主体参与企业档案治理，是推进企业档案治理体系现代化进程的必要手段。

以中国石油集团为例，从搭建企业档案治理体系的总体框架来看，中国石油集团的档案管理部门按照“两个纵向一致、两个横向协同”的思路构建档案制度网络（体系）。“两个纵向一致”是指，首先按照“集团总部—专业公司—地区公司”的三级管理架构，其次是按照“工作规章—管理制度—业务规范”的三级制度体系构建不同层次的档案制度。“两个横向协同”是指，一是根据档案门类或管理流程制定不同的档案制度，保持档案与制度之间的协同一致，二是将档案管理要求融入企业业务制度当中，保持档案管理制度与其他业务制度的协同一致。①

从中国石油集团的企业档案治理体系的改进效果来看，中国石油集团在档案制度体系建设的探索中取得了较好的成效，不仅将中国石油档案工作的管理创新成果和理念进行全面融合，而且有力支持了企业档案管理工作的创新和业务的协同发展，还全面增强了全集团档案工作的管控能力，初步实现档案工作专业化和集约化发展目标，有力提升了企业档案治理的现代化水平。②

建立履行档案工作监督指导与企业档案管理的双重职责体系。很多企业根据自身规模，将档案管理模式、档案工作责任制、企业档案资源体量等指标纳入企业年度考核内容。同时通过建立可追溯的企业档案管理体系，明确和规范了企业产权和管理，促进企业经营能力的提升，对企业档案进行有效利用和规范化管理。以国网陕西电力集团为例，该企业近年来积极开展各直属单位的档案管理工作考核评价，并根据企业内部的档案管理规范制定了符合集团自身特点的考核指标，采取各部门单位内部自评、业绩自动采集得分和专家考评团队现场复评相结合的方式，采用统一标准和尺度，公平、公开、公正地对档案管理部门进行考核评价。该集团对各部门的档案工作指导、检查、监督与考核工作同时展开，并将各档案部门考核评价结果纳入电网集团各单位企业负责人年终业绩考核指标体系中，实现了将企业档案工作考核评价和主管人员薪酬挂钩。此项档案管理工作考评机制的创设与实践，使国网陕西电力集团的档案管理整体水平得到了显著提升。③

（二）企业数字档案馆（室）建设取得新进展

数字档案馆（室）的建设是企业档案数字化转型的重要基础。自 2016 年起，国家档案局选定一批企业开展了企业数字档案馆（室）建设试点工作，成果显著。截至 2021 年，国家档案局先后通过了对 47 家试点单位的企业电子文件归档和电子

---

① 王强．治理现代化背景下的企业档案制度体系建设：基于中石油的案例研究及启示［J］．档案学研究，2020（4）：50－55.

② 同①.

③ 赵珊．档案工作考核评价机制的实践与创新［J］．陕西档案，2021（4）：31－33.

档案管理试点以及37家试点单位的企业数字档案馆（室）建设试点的验收工作。如交运集团有限公司、国泰君安证券股份有限公司、国家电网有限公司、中国石化工程建设有限公司等企业建设的数字档案馆，华能集团数字档案馆等均取得了显著成效。[①] 其中，交运集团通过构建企业数字档案馆[②]，在满足ERP系统中车辆数据定时归档的同时，实现了全员信息查阅共享，大幅度提高了企业内部的办公效率。中国兵器工业档案馆着眼于档案信息化发展的未来走向，与集团公司总部数字档案管理的切实需求紧密联系，对推动兵工档案数字化、信息化建设具有重要意义。[③] 此外，企业数字档案馆（室）的成功建立与运行为高校、政府机关以及其他企事业单位提供了平台搭建、技术发展以及运营维护的范例，促进国内档案馆的数字化转型，进而推动整个档案行业的发展。

在新冠肺炎疫情防控常态化时期，企业数字档案馆（室）建设工作起到了重要作用。交通银行数字档案馆的建设和发展，便利了职工在居家办公期间浏览系统、及时获取所需档案信息[④]；中交集团数字档案馆提供疫情防控、企业生产经验和管理经济效益等多方面的档案检索功能，保证抗击疫情文件材料的可用性、真实性和完整性[⑤]；国家电网有限公司通过开发微信小程序，实现与公司数字档案馆的数据互通，使档案工作人员可以在线鉴定审核和疫情防控相关的文件资料，进一步提高了疫情防控专题文件材料收集的便捷性[⑥]。

企业数字档案馆在对企业档案的存储、保护、发展和利用等业务环节中作用明显。档案数字化的过程中使用数字化文件代替档案原件，既可以避免在查阅过程中遭到破坏，也可以异地保存数字化副本，同时还可以利用数字化技术修复受损图像和视频等档案资源。在档案利用的过程中，企业数字化的建设可以通过网络传输同时为多个利用者提供一份数字化档案文件，提高利用效率，缩短查阅时间。企业数字馆（室）的建设催生了数字档案管理一体化平台，将“知识管理”的概念引入档案管理工作中，为管理层的决策以及员工层的执行工作提供档案参考和资讯，更好地发挥了企业档案的价值。企业数字档案馆以数字化和网络化的形式通过引导员工增强对企业档案的了解，有效地展示了企业文化，宣传了企业价值，增强了员工的

---

① 郭水文．中央企业产融结合发展实践研究：以国家电网公司为例［J］．金融理论探索，2018（2）：52－61.

② 王鹏．青岛交运集团数字档案馆建设试点项目通过国家档案局验收［J］．山东档案，2019（5）：53.

③ 张小燕，李萌．中央企业集团档案开发利用工作模式研究：中国兵器工业集团档案信息资源开发利用实践与认识［J］．机电兵船档案，2019（6）：26－28.

④ 李豪，企业数字档案馆．上海市交通银行股份有限公司，2020－01－16.

⑤ 邢变变．新《档案法》规制下档案专业人员职业进阶研究［J］．档案与建设，2020（9）：17－20.

⑥ 陈丽，卫祥，李瑞琪．电网企业信息化项目档案利用实践［J］．中国档案，2021（4）：61.

认同感，提升了企业影响力。

(三) 电子档案单套制管理初见成效

电子档案单套制管理在企业及其所承担的大型建设项目中起到了先试先行的示范效应，大批企业和工程建设项目业主单位在单套制改革过程中积累了诸多宝贵经验。如国泰君安证券公司推行的“综合理财管理平台业务电子档案单套制管理”，该集团的非现场业务电子档案（文件）归档管理体系已相对成熟。疫情蔓延期间，国泰君安针对客户的非现场业务办理需求增多。为避免由客户流失导致的效益下降，国泰君安推行针对非现场业务档案的单套制管理模式，在保障合规要求的前提下，实现了“闭环式”业务办理，明显缩短客户的业务办理时间，使得企业的工作效率得到了整体性提升。[①] 广东交通厅所属的深中通道大型建设项目，以数据管理和可视化技术引入为重点，建立统一的技术数据平台，协同各参建单位实施工程项目电子数据单轨制管控与归档收集，同时开展数据资源的有效利用，取得了大量创新性经验和理念。[②] 华润电力内黄风电建设项目，以数据清理和工程建设流程改进为基础，以电子签章与区块链技术为依托，实施工程项目全流程电子数据管控，为同类项目实现电子档案单轨制管理积累了具有推广价值的宝贵经验。[③] 三峡集团白鹤滩水电站工程项目采用“特定人员、规定时间、指定地点”三位一体的理念及相关管理与技术手段，实现了大型工程项目施工现场质量评验电子文件形成、流转的线上一体化及单套制归档。[④]

(四) 企业档案技术应用能力逐步加强

企业档案信息化建设成果显著，企业档案工作应用信息化技术的能力不断增强。

1. 区块链技术在企业档案工作中得到广泛应用

区块链技术具有去中心化、开放性、自治性、信息不可篡改和匿名性的优点，在实现档案安全治理等方面具有显著优势。中石化集团作为大型企业集团电子档案单轨制试点单位，依托其会计业务管控平台基础和区块链技术，率先实现了企业会

---

① 聚焦行业先进经验 创新电子档案管理：第十一届“中国电子文件管理论坛”综述 [J]. 北京档案，2020 (12)：4-5.

② 燕鹏，舒忠梅．基于BIM技术的大型建设项目电子档案协同管理 [J]. 北京档案，2021 (7)：31-33.

③ 蒋术．数字档案馆建设探索与实践：以中国华能为例 [J]. 北京档案，2021 (12)：30-33.

④ 陈慧，南梦洁，刘晗．政产学研协同创新视角下档案机构知识传递研究：以2018—2020年国家档案局科技项目为例 [J]. 知识管理论坛，2021 (5)：282-291.

计业务电子数据单轨制管理。[①] 东港瑞云数据技术有限公司将区块链技术与电子会计档案管理进行有机结合，形成了企业档案云管理平台，致力于解决中小微企业电子票据报销、纳税管理和归档的全过程电子化和自动化问题，并在实际应用中赋能中小微企业发展，产生了良好的示范效果。瑞云公司发布了"e 存"App，为区块链平台解决了中小微企业档案"一站式"管理的问题，在推动档案信息化发展的同时大大提升了企业档案管理工作的效率。[②]

2. 知识图谱、本体、语义网等信息组织技术开始应用于企业档案的开发利用工作

企业在对档案资源的开发利用过程中，运用了现代信息化技术，并通过建设企业档案管理一体化平台以及对档案的数字化存储、知识组织、可视化呈现等操作挖掘了企业档案价值，为企业创造了更大的经济效益。人保寿险对客户档案进行数字化管理和应用，通过建立多维度的数字化客户档案系统，结合大数据技术实现为每位客户制定专属画像，大大提升了公司的数字化运营水平。[③] 上海城投水务集团有限公司供水分公司利用地理信息系统建设供水官网的档案，以全方位整合信息数据库，精细化掌控城市"大动脉"。[④] 中建一局集团建设发展有限公司开发大数据电子档案智能分析系统以提升企业管理水平。[⑤]

3. 信息技术助力企业档案安全体系的构建

信息安全管理日益成为企业档案管理体系中的重要组成部分。针对涉密文档，许多大型企业加强了智能库房的建设，在身份认证、人员权限、出入库等方面从技术和机制方面给予安全保证。企业通过在档案数据内容后附加 MAC 码和电子签名技术保障了档案数据信息的完整性和保密性，同时应用 SSL VPN 技术以及数据协议防止数据传输过程中的内容泄露。国内一些大型互联网公司如腾讯、网易等企业通过搭建防火墙、划分网络隔离，以及引入全新的数据转变、加密及隐私保护技术规避了企业档案管理存储阶段的风险，这些企业还通过采用面向网络、日志的审计技术以及全新的数据追溯技术预防了企业内部的重要档案数据信息遭受记录篡改、恶意窃取等安全性问题。

---

① 杨虹．区块链在油气行业的应用与发展建议［J］．世界石油工业，2020（6）：6-12.

② 李奎涛，任晓康．电子会计档案领域区块链技术应用探索：以东港瑞云中小微企业档案管理云平台为例［J］．中国档案，2021（2）：30-31.

③ 曹园．人保寿险 J 分公司客户关系管理优化对策研究［D］．南京：南京邮电大学，2021.

④ 金琳．上海城投：打造卓越的基础设施和公共服务整体解决方案提供商［J］．上海国资，2021（10）：66-68.

⑤ 巨鹏飞．中建一局产业转型期大项目部制管理模式研究［D］．西安：西安科技大学，2019.

（五）企业档案资源开发利用工作有新突破

在新的技术环境下，企业档案资源的开发利用工作在承担社会责任、开发多媒体企业档案展览资源、企业档案文化资源利用、运用信息化技术等方面取得了重大进展。

1. 企业档案工作服务中心大局工作能力增强

为庆祝中国共产党建党100周年，各企业档案部门开展了卓有成效的实践活动，如表2所示。此外，中交集团组织开展了建党100周年“凝百年之辉，筑兰台之梦”档案系统微视频评选活动。① 评选的优秀作品深度挖掘了档案价值，讲述建党100周年以来，公司在档案工作中涌现的先进人物与感人事迹，发挥了档案工作对企业的基础性支撑作用。中铁十四局二公司整理了铁道兵时代的相关档案，包括公文材料、人员名册、生产报表以及一些学习资料，将这些“红色”档案变为企业的“红色资源”，除了在公司荣誉室面向员工展出，还正准备通过空中课堂让每一位员工进行学习，帮助更多党员干部了解党和企业的发展历史，从中汲取精神力量，凝练改革发展的动力。② 在抗击新冠肺炎疫情的过程中，中国商飞上飞院对各类文件进行在线审批归档，降低了全体员工直接接触频率，从而极大降低了疫情的传播风险。中国航发航材院档案中心利用数字档案馆检索系统查询关于护目镜防雾剂研制相关档案资料，并按照相关规定为检测中心提供借阅服务，助力一线科研人员开展相关验证试验研究。③

表2 2021年度经济科技档案资源开发利用庆祝建党百年特别案例

序号	案例形成单位	案例名称	案例推荐单位
1	大连万达集团股份有限公司（北京总部）	活化红色历史档案，铸造“延安红街”品牌，弘扬爱党爱国精神——万达集团档案部门利用党史档案资源助力企业发展	北京市档案局
2	自然资源部	档案发声再现建党百年海洋成就，蓝色印记绽放科技档案文化魅力	自然资源部

① 周拯民．档案话百年开局谱新篇：2021年“国际档案日”系列宣传活动综述［J］．中国档案，2021（6）：38-39.

② 刘志宏，张照行．以红色档案为支撑建设红色企业文化的探索与实践［J］．档案天地，2021（11）：58-59，8.

③ 邱艳．新时代加强档案应急治理体系和治理能力建设的对策研究：基于新冠肺炎疫情事件的视角［J］．科技传播，2021（17）：37-41.

续表

序号	案例形成单位	案例名称	案例推荐单位
3	中国船舶技术档案馆	赓续红色血脉，名舰恭贺百年——档案助力完成“长江”舰1∶1复原工作	中国船舶集团有限公司
4	国家电网有限公司	旗帜领航创伟业，抚今追昔感党恩——国家电网公司庆祝建党百年档案展	国家电网有限公司
5	南光（集团）有限公司［中国南光集团有限公司］	建设南光历史文化馆，赓续红色初心使命，创造境外央企档案工作价值	南光（集团）有限公司［中国南光集团有限公司］

2. 企业档案编研和展览的形式日益多样

数字化转型时期，多媒体档案资源正日益成为企业向社会展示企业发展变革与文化风貌的重要载体。企业围绕国内外重大事件，以企业的健康持续发展为出发点，运用大数据时代所提供的资源采集、编辑和发布平台，对多媒体资源进行了组织和重组，集文字、图像、音频、视频等多类型的资源信息为一体，运用新型档案资源编研方式呈现多元化的编研成果。例如：上汽关于“开发多媒体档案资源，为企业文化建构、播种、扎根”的探索[①]；合肥城市轨道交通有限公司提出“创建声像档案同步利用，打造地铁建设文化精品”[②]；青岛港集团有限公司在改革开放40周年之际提出“挖掘音像档案，制作《青岛港凤凰传奇四十年》史料精品”[③]。这些形式丰富的企业多媒体档案资源不仅为企业树立了良好形象，也为描绘企业单位所处地区的城市风貌作出了贡献。

3. 企业档案资源开发利用助力企业文化效益

企业档案文化资源承载着企业的发展历史，体现了企业的文化传承。在企业档案文化资源开发利用过程中，企业依托现有的档案储备，针对不同群体对档案文化资源的需求，研发基于用户体验的档案文化资源；企业加强了与其他文化部门的合作，将企业文化与国家传统文化结合起来，营造一种文化氛围，在宣传企业文化的同时结合国家传统文化精髓，传递文化价值；企业还开发出多元化的档案文化产品，通过开展档案文化活动，使员工身临其境地体验企业档案文化带来的愉悦。例如昆明中药厂公司的“挖掘非遗档案，传播中药文化”的探索，采取“政府＋媒

① 黄膺竹．企业档案文化创意产品开发研究［D］．湘潭大学．2020．

② 同①．

③ 同①．

体+企业”的开发方式，走出了一条深度化、系列化发掘档案信息资源的道路，使中医药知识嵌入百姓生活，展示了中华民族独特的文化魅力。[①]

三、我国企业档案工作未来展望

通过对企业档案工作面临的环境及其工作进展的梳理，可以发现，企业档案工作已初显成效。随着《规划》的进一步推进，企业档案工作应从企业档案治理现代化、企业档案工作的数字化及企业档案工作协同化等方面着力，开创企业档案工作新局面。

（一）与体系建设相结合，推进企业档案治理现代化

1. 构建现代化的企业档案治理体系

企业档案治理体系的构建是档案治理工作的有机组成部分。构建现代化企业档案治理体系是推进新阶段我国档案事业发展的重要抓手。现代化企业档案治理体系建设内容包括现代化新视角与新思维的建立、企业档案的体系制度建设、企业档案业务体系建设、统筹与组织机制建设、监督与管理体系建设、反馈机制建设等诸多方面。[②]

国家档案事业管理层面，应组织有关力量，依托企业数字档案馆建设、电子档案和建设项目电子文件单轨制归档等试点项目所取得的创新做法，及时总结经验教训，并用之于电子档案管理的业务标准和管理规定的设计与建设中，转换并创新工作思维，摆脱传统手工管理经验的束缚，形成数据管理的理念，从而有效引领各行业企业档案工作适应新时代发展的需要。各单位应立足于企业内部，根据国家顶层设计和相关的法规标准，比对自身企业的工作进展，并依托企业自身的性质、制度及现状，对企业内部的档案管理体系制度进行优化升级。企业应根据构建现代档案治理体系的要求，构建完善的制度体系、探索企业档案工作责任制、将档案治理与企业档案数据治理有机结合、将企业档案治理建设与企业治理体系构建相融合。此外，企业着力构建完善的现代化企业档案业务体系，还需着眼于企业档案工作的动态监督与审查，以现代化企业档案治理体系为统领，将企业档案资源体系、企业档案利用体系和企业档案安全体系有机协同，进一步实现对现代化企业档案治理体系

① 徐骁．企业非物质文化遗产档案式保护研究［D］．昆明：云南大学，2017.

② 常大伟．国家治理现代化视阈下我国档案治理能力建设研究［J］．档案学通讯，2020（1）：109－112.

构建的良性促进。

2. 完善企业档案工作法规和标准体系

其一，夯实政策基础。根据《规划》和有关法规标准，有关部门应尽快制定或修订相应的法律规章制度以健全我国企业档案工作的运行机制。其二，巩固法律基石。有关部门还需要以新《档案法》为法律准则，加强对企业系统中电子档案管理规范标准的编写制定，出台 MES、ERP 等工程技术系统的企业电子档案管理规范。其三，创新管理规范。国家应当加强持续推进对三维电子档案管理技术方法的研发，制定或修订相对应的企业电子档案管理规范标准。①

3. 构建企业档案治理效能评价标准体系

构建科学的企业档案治理效能评价标准是提高现代企业档案治理效能的有力手段之一，对加快推进企业档案治理现代化建设具有重要意义。② 企业应当适时在企业内部开展档案治理效能评估工作。评估标准应重点考虑企业档案治理的系统性、合规性、先进性、有效性和适用性等维度。档案治理效能评价体系应从制度上确保企业档案治理工作合规合法，在保证与企业内部其他业务相融合的同时，能够更加科学有效地开展企业档案治理相关工作，根据评价结果及时开展企业档案治理模式的改进和调整。

4. 完善企业档案人才队伍体系

在“十四五”的背景下，档案治理工作若要实现全方位的现代化转型，就必须引进大批知识结构丰富且具有多学科知识背景或掌握多技能的复合型档案管理人才。当前各大企业的档案领域领军人才极度稀缺，在该领域具有统筹规划能力的人才更显不足，中高端技术人才较少，企业档案管理者创新性缺乏。因此，在“十四五”期间，企业档案人才队伍的建设重点，并非在团队人员数量的扩张，而应在人才质量上下功夫，多培养企业档案领域的复合型人才、中高端型人才和领军型人才。

如要在企业集团内部建立一支档案专业领军人才队伍，各大型企业集团就需要建立企业档案工作技术负责制，并通过改进畅通企业的档案人员专业技术职务评审渠道，鼓励企业档案人员评聘职称，以此提高企业内部人员对企业档案管理工作的积极性，达到推进企业档案治理现代化进程的目的。

---

① 蔡盈芳．企业档案工作的创新与发展［J］．档案学通讯，2021（1）：16－20.

② 张卫东，张乐莹．我国档案治理能力评价体系研究［J］．浙江档案，2021（4）：26－28.

(二) 与业务建设相结合，深化企业档案数字化转型

1. 全面推进企业数字档案馆（室）建设

“十四五”期间，企业档案数字化工作应树立全方位、全范围、全流程的管理理念，以企业数字档案馆（室）建设为主要抓手，全面促进企业档案数字化转型升级。企业数字档案馆（室）建设作为企业档案工作数字化转型的渠道和成果，能够为企业档案工作建立数字化、集成化和智能化的管理平台与服务平台。当前企业数字档案馆（室）建设仍存在着馆室建设要素不健全、信息系统接口不兼容、信息系统防范不到位等多重难题[①]，解决这些瓶颈将成为未来企业数字档案馆（室）建设的重点。

首先，从国家层面，要继续做好顶层设计，持续推动企业档案工作示范项目及企业数字档案馆（室）试点的实施开展，完善和细化相关建设标准。其次，从企业层面，企业管理者要充分认识到数字档案馆（室）建设的意义，要充分整合现有技术手段和平台，按照国家标准建设高质量的数字档案馆（室）。同时，企业应在结合自身实际和特色的基础上，积极探索“业务驱动型”数字档案馆（室）的建设模式，切实发挥数字档案馆（室）建设对企业发展的基础性支撑作用。

2. 逐步加强企业档案数据资产建设

在知识经济形态下，记录型数据已然成为知识的最主要来源。其中，企业档案数据是企业核心资源的重要载体。企业档案数据资产是在企业各项活动中形成的，归企业所属并受控归档存储的，且能为企业未来发展提供有利信息资源支持的企业核心数据资源。[②] 因此，只有对企业档案数据施以合理有效的管理，才能最大限度发挥企业的数据资产价值。目前企业管理者对企业档案数据资产的认识仍存在一定局限，企业档案数据尚未得到有效治理，严重阻碍了企业对档案数据集成与利用的程度，限制了档案数据资源的价值实现。

企业档案数据资产管理既是数字经济形态下档案管理工作实现数字化转型的关键，又是扫清企业档案数据与企业内部其他数据之间障碍的重要手段，更是企业数据资产保值增值的必由之路。企业有义务从主数据的视角出发，主动迎合数据资产管理的发展趋势，妥善处理企业档案数据管理中的不统一、不规范、不合理等问题

① 刘开蒙．企业数字档案室建设问题与对策分析［J］．北京档案，2021（7）：28－30．

② 张宁，宫晓东．企业档案数据资产概念的辨析与确立［J］．档案学研究，2017（6）：57－60．

环节。[①] 因此，企业档案管理人员利用主数据管理，不仅仅是针对企业内部的硬件和软件设施进行改进，更是将数据作为重要资产管理的思想和办法，为企业数据资产管理工作打下扎实根基。[②]

（三）与跨域建设相结合，加强企业档案工作协同化

1. 企业档案管理系统与企业办公系统的协同

打通企业中电子档案管理系统与办公系统的接口，加强电子档案管理系统与企业办公系统的协同关系，是助推系统服务在企业应用层面取得重大突破的切实途径，同时也是提升企业业务服务能力的重要手段。企业需要充分认识到档案管理与企业内部办公系统协同的重要意义，着力解决企业内部信息系统之间的“信息孤岛”现象，加强信息系统的协同建设和集成管理，因地制宜地推进电子档案文件与企业办公系统的协同建设，实现企业业务流、数据流、工作流的无缝对接与高效管理。

2. 档案数据与企业数据管理的协同

档案数据管理的理念在企业档案管理实践中得到进一步应用和深化。在“以应用为中心”到“以数据为中心”理念的作用下，企业逐步认识到档案数据资源的重大价值。企业档案管理部门在档案数据管理实践中，由于缺乏有效的协同，企业内部层面并不能实现不同部门之间的统一，各部门之间存在交流的壁垒，在一定程度上限制了企业数据的协同管理。企业应积极推动电子文件全归档、企业档案资源全数据化、档案数据在全企业内部共享利用的“三全模式”，以实现档案数据与企业数据管理的协同。

3. 企业档案知识服务与企业发展的协同

档案作为企业重要的知识资源已经成为共识。企业档案作为企业内部实现知识服务的重要载体和工具，在战略规划制定、新产品研发、市场开拓、品牌建设等企业重大决策活动中发挥着重要的知识凭证和情报保障价值。因此，企业档案开发利用工作，应以充分发挥企业档案的知识功能为出发点，为企业发展提供支撑和保障作用。

企业作为开展档案知识服务的重要阵地，需要打破其原有的“传统档案应用”思想，树立“档案大数据观”，以“数据级”的视角洞悉企业档案资源，深挖企业

① 张宁．主数据驱动视角下的企业档案数据资产管理［J］．档案学研究，2019（6）：47－52．

② 徐拥军．企业档案资产管理的方法和策略［J］．求索，2018（2）：66－75．

档案知识，实现企业业务与档案知识真正意义上的协同。[①] 企业要树立知识资产观，进一步架构档案知识管理的流程，推动企业档案知识管理流程更加高效、流畅运转，提升企业档案工作在企业发展中的地位和作用。

近年来，随着《规划》的颁布与新《档案法》的实施，我国企业的档案管理工作已在治理体系、技术应用、资源利用等诸多方面取得初步成效。企业应进一步落实《规划》对企业档案管理提出的新要求，以新《档案法》及其配套法规作为工作指导，树立更成熟的档案管理理念、构建更高效的档案管理体系、应用更先进的档案管理技术，充分挖掘企业档案的价值，为企业发展和经济建设作出更大贡献。

① 周耀林，常大伟. 我国档案大数据研究的现状分析与趋势探讨 [J]. 档案学研究，2017 (3)：34-40.

中国石油石化行业档案工作发展报告

王强[1]　吕海民[2]　任雪飞[3]

1. 中国石油天然气集团有限公司，北京　100007

2. 中国石油化工集团有限公司，北京　100020

3. 中国海洋石油集团有限公司，北京　100010

摘　要：中国石油石化行业是关系国家经济命脉的国家战略产业，石油石化档案工作覆盖企业改革发展各个领域，延伸至生产经营管理各个层面，在企业高质量发展中发挥着重要的独特价值。“十三五”时期，石油石化行业档案工作围绕企业改革发展中心，体制机制实现新突破，制度体系有了新进展，资源建设取得新成效，管理能力踏上新台阶，关键领域迈出新步伐，信息化建设取得新突破，研究能力得到新提升，史志编研取得新成果，各方面实现创新发展。2021 年，中国石油石化行业认真贯彻落实习近平总书记关于档案工作重要批示，制定“十四五”档案工作发展规划，加强全系统业务指导，强化重点领域档案全过程管理，开展国家科技重大专项档案绩效评价，加强红色档案资源开发以及档案编研，各项工作取得新成绩。与此同时，创建世界一流能源企业目标、全面深化改革和“双碳”行动、企业治理现代化、数字化转型智能化发展对档案工作提出的更高要求，亟须基于共享协同理念，强化档案治理体系建设；推进石油档案与业务融合，优化档案制度体系；围绕数字石油建设目标，推动档案工作数字化转型；发挥石油档案数据价值，构建档案资源开发利用体系。

关键词：石油石化；档案工作；数字化转型；高质量发展

作者简介：王强，硕士，研究馆员，研究方向为企业档案数字化转型与治理现代化，电子邮箱 wq01@cnpc. com. cn；吕海民，本科，高级工程师，研究方向为企业档案规范化、工程项目档案管理；任雪飞，本科，中级政工师，研究方向为企业档案资源建设与利用服务。

中国石油石化行业作为国家战略产业，关系着国家经济命脉。中国石油天然气集团有限公司（简称中国石油）、中国石油化工集团有限公司（简称中国石化）、中国海洋石油集团有限公司（简称中国海油）是经国务院批准成立的特大型国有企业，是集国内外油气勘探开发和新能源、炼化销售和新材料、支持和服务、资本和金融等业务于一体的综合性国际能源公司，在石油石化行业占据主体地位。石油石化行业是高科技、高投入、高风险的行业，石油石化档案作为国有企业资产和生产要素的重要组成部分，覆盖企业改革发展各个领域，延伸至生产经营管理各个层面，不仅包括管理类档案、会计档案、工程建设项目档案，而且还包括勘探开发档案、科研档案等大量的专业档案和电子档案，档案门类众多、卷帙浩繁、数量巨大，是巨额投资换来的宝贵财富，是科学研究和业务开展的重要基础和前提条件，是另一种“石油”资产，更是国家工业发展版图中的重要资产。档案工作是记录石油历史、服务企业发展、传承石油文化的基础性工作，在企业高质量发展中发挥着重要的独特价值。

一、石油石化行业“十三五”档案工作发展概况

“十三五”时期是石油石化行业档案工作发展的重要时期，档案工作紧紧围绕企业改革发展中心，牢牢把握档案治理体系和档案资源体系、档案安全体系、档案利用体系建设，全面创新体制机制，不断提升管理和服务水平，完善基础设施和制度规范，各方面实现稳步发展。

（一）档案基础设施得到新改善，体制机制实现新突破

石油石化企业认真贯彻中办、国办《关于加强和改进新形势下档案工作的意见》，按照“统一领导、分级管理”的原则，着力推动工作专业化、管理集约化。集团总部和所属企业加强对档案工作的组织领导，明确各级档案工作负责人，切实把档案工作纳入发展规划和年度工作计划，纳入企业管理制度和工作环节，纳入各项工作考核检查内容和相关人员考核范围，建立与现代企业制度相适应的档案工作组织和管理体系。中国石油于 2017 年 4 月成立中国石油档案馆，履行档案业务管理和全集团档案业务指导监督职能。中国石油大庆油田推进“档案馆＋专业中心”的专业化管理模式，长庆油田“一馆四中心”集约化管理持续深化，新疆油田积极探索“油公司”模式下档案管理共享中心建设，吉林油田将档案工作纳入绩效考核和“三基”评价机制，不断理顺档案管理体制机制。到 2020 年底，中国石油所属企业 153 家，共有专兼职档案人员 11 386 人，其中专职档案人员 2 787 人；中国石化所属企业 149 个，专兼职档案人员 4 534 人，其中专职档案人员 1 341 人。中国海油在总部和所属单位增加档案人员编制，明确业务量较大的一类所属单位增设

1～2 名专职档案人员，二、三类所属单位配备兼职档案人员的工作要求，目前所属企业 165 家，专兼职档案人员 1 050 人，其中专职档案人员 293 人。

石油石化企业持续加强档案安全保管和保护，档案馆库设施设备持续改善，部分单位新建、改建档案馆（楼）相继投用，档案实体安全和信息安全保障能力进一步提升，“十三五”期间实现档案安全“零事故”目标。中国石油馆库面积达 58 万平方米，较 2015 年增长 5.45%，所属独山子石化等 28 家单位新建了档案库房，渤海装备等 29 家单位对库房进行扩建改造。中国石化馆库面积达 36.8 万平方米，较 2015 年增长 5.3%。中国海油馆库面积达 4.25 万平方米，较 2015 年增长 4.4%。

（二）档案制度体系进一步完善，规范化水平取得新进展

石油石化企业将制度建设作为提升档案治理现代化的重要内容，“十三五”时期初步构建了具有石油石化特色的档案制度体系。中国石油编制《档案管理手册（2020 版）》《建设项目档案管理指南（2017 版）》，将新理念融入管理实践，管理流程进一步优化；制定发布《归档电子文件元数据规范》等 9 项企业标准，构建了具有石油特色的“工作规章—管理制度—业务规范（企业标准）”三个层次档案制度体系；不断加大“档案＋业务”融合力度，将档案工作要求嵌入工程建设、合同、质量、招投标、审计、科研等管理制度，在各项业务前端引入档案管理理念。中国石化制定和修订《档案管理办法》《业务系统电子文件归档管理规范》《建设项目档案验收细则》《档案工作评价规定》等 17 项管理制度，发布《企业档案分类规则》《电子文件归档元数据规范》等 8 项企业标准，编制《中国石化档案管理实务手册》。中国海油根据公司制度去冗的要求，完善档案管理办法、资产与产权变更档案管理、上中下游建设项目档案管理、境外档案管理、声像实物及电子档案管理、档案内部专家管理等方面的制度 8 项，制度的系统性、协调性进一步增强。

（三）档案资源建设取得新成效，基础业务呈现新气象

石油石化行业具有重视档案工作的优良传统，早在 20 世纪 60 年代，石油工业部部长余秋里就指出，“进行石油勘探和油田开发，要高度重视和精心录取第一性资料，反复进行综合分析和研究实验，搞清地下情况，制定和实施正确的勘探方针和开发方案。否则，主观认识与客观实际不符，就会碰钉子”，并要求取全取准“20 项资料 72 个数据”。“十三五”期间，石油石化行业始终将资源建设作为根本，加大建档力度，不断丰富馆藏。从资源存量来看，中国石油馆藏纸质档案 2 464 万卷、4 462 万件，排架长度 96 万米，较 2010 年分别增长 36.9%、27.5%和 25%；

电子档案 248.8TB，五年累计提供档案利用 680 万卷、1 000 万件，为各项业务发展提供了有力支持。中国石化馆藏纸质档案 1 500 万卷、2 356 万件，排架长度 77.9 万米，较 2010 年分别增长 12.7%、34.4%和 5.2%；电子档案 359.2TB。五年累计提供档案利用 413.2 万卷、579 万件。中国海油馆藏纸质档案 194.38 万卷、357.98 万件，排架长度 12.31 万米，电子档案 36TB。

与此同时，中国石油研究“大档案”资源体系建设框架与路径，在勘探开发档案方面，截至 2020 年底，所属油气田企业共有地质资料档案库房 150 个，馆藏纸质地质资料 160 万卷、磁带 130 万盘；共有岩芯岩屑库房 40 个，总计岩芯 120 万米、岩屑 34 万盒，涵盖油气勘探开发生产全过程。2017 年至 2018 年，16 家油气田企业全部获得自然资源部“原始实物地质资料委托保管单位”复核，档案工作有力支撑了国内油气增储上产。在科研成果和专利档案方面，建立科研成果档案 1.2 万余卷，其中奖励成果档案 2 100 余卷、鉴定成果档案 2 400 余卷、科研课题档案 8 000 余卷；建立专利档案 2.5 万余卷，为科技兴油和科技创新提供了支撑。中国海油所属油气田企业共有地质资料档案库房 13 个，馆藏纸质地质资料 26.3 万卷、64.5 万件、磁带 36.7 万盘；共有岩芯岩屑库房 9 个，总计岩芯 2.9 万米、岩屑近 9 万盒。

(四) 档案管理能力迈上新台阶，服务水平有了新提升

石油石化企业通过制定档案工作“十三五”规划、印发年度工作要点、召开工作会议、开展协作组活动、组织培训、加强档案专项验收、开展工作评价等一系列措施，促进档案管控水平不断提高。

中国石油大力实施“管理创新工程”和“全面创优计划”，推进档案基础业务均衡发展。持续开展档案工作评价，全系统 A、B 级单位达到 100%。突出重点工程建设项目档案管理，牢固树立“建精品工程、创一流档案”理念，建立“前端介入、同步实施、验收把关”模式和全程管控机制。“十三五”期间，中国石油组织或委托组织完成长庆油田 100 万方生产运行库工程、南疆天然气利民工程、云南石化 1 300 万吨/年炼油项目、华北石化炼油质量升级与安全环保技术改造项目、西气东输三线天然气管道西段工程等 698 个项目档案专项验收，其中一类项目 35 个、二类 92 个、三类 176 个、四类 395 个，统筹安排专家 3 490 人次，总计验收项目档案约 139 万卷件，为项目竣工验收和运行保障提供了有力支撑。中国石化完善档案监督考核机制，将档案工作纳入单位绩效、党建考核等工作中，保证档案部门具有履行职责所必需的业务考核评价、检查、验收、责任追究等监督指导手段；积极推

进线上档案业务指导，采用线上、线下相结合考核方式，确保各项管理制度得到有效执行。“十三五”期间，中国石化组织完成466项集团公司级工程项目档案专项验收，优秀率较“十二五”末提升20.4%，验收率达到100%、一次合格率96%以上。中国海油进一步加强对所属单位建设项目档案工作的过程指导、检查和培训，选派内部档案专家赴现场指导检查及参与项目验收工作，保证建设项目档案质量，为后期项目运营及专项审计等工作提供保障。

(五) 境外档案管理纵深推进，关键领域迈出新步伐

中国石油、中国石化、中国海油都是大型综合性国际能源公司，“十三五”以来，通过明确境外档案工作发展思路、建立匹配的境外档案管理架构、健全境外档案工作制度体系、采取灵活的境外档案管理策略、抓住境外档案管理关键环节、推动境外档案工作数字化转型等措施，在体系构建、模式研究、试点推广等方面取得重要进展和重大成果，为海外业务高质量发展贡献档案力量。

中国石油以《境外档案管理模式研究》软课题研究为契机，认真总结国际合作实践经验，对乍得、委内瑞拉等7国海外项目开展现场调研，对标世界一流能源企业，深入剖析境外档案管理现状和主要问题，提出境外文件档案一体化管理模式和提升计划。2018年2月，所属中油国际公司成立后勤保障中心档案模块，负责为境外80个项目提供专业化服务；2019年12月，中国石油档案管理系统（E6）境外局域网版（中文版、英文版）在乍得项目公司上线运行；2020年11月，中油国际西非公司试点实施《中国石油境外建设项目文档管理办法》及7个配套规范。中国石化修订《中国石化境外档案管理规定》。中国海油编制《中国海油境外档案管理办法》，规范和加强境外机构档案管理，满足境外资产监管需要，切实维护国家和企业权益。

(六) 大力推进档案信息化，数字档案馆（室）建设取得新突破

石油石化企业将档案信息化纳入集团信息技术总体规划，同步推进，坚持档案业务与信息化建设有机融合，大力推进电子文件归档和数字档案馆（室）建设。

中国石油早在2011年就建成以数字档案为基础、网络利用为目标的全集团统一的档案管理系统。“十三五”期间，先后与电子公文、财务管理、合同管理等业务系统集成对接，实现业务数据在线自动归档，特别是电子会计档案管理在国家首批33个试点单位中首家通过验收。2020年，以档案管理系统2.0项目为抓手，自主研发建设中国石油数字档案馆并通过国家档案局验收，创新了集团型企业档案信

息化建设模式。国家档案局验收结论为:“中国石油试点工作扎实有力,数字档案馆体量大、覆盖范围广,为所属企事业单位、各业务领域档案资源集中管理和共享利用搭建了统一平台,为央企集团数字档案馆建设树立了标杆和榜样。”新冠肺炎疫情以来,通过数字档案馆开展线上归档和利用,助力疫情防控和复工复产,有力保障了油气主营业务顺利开展。

中国石化将档案信息化建设纳入集团信息化发展规划,按照“数据+平台+应用”的建设模式,打通公文、财务、物资等专业业务域,实现业务协同和数据共享。档案管理系统应用覆盖率达100%,企业电子文件归档与电子档案管理,企业数字档案馆(室)建设,电子发票电子化报销、入账、归档3个试点项目通过国家档案局验收;物资招投标系统电子文件归档试点工作有序推进;探索应用区块链技术对电子档案的真实性进行验证,实现电子文件全流程管控,人工智能、大数据、区块链和5G等新技术在档案信息化中的应用有新突破,业务系统电子文件归档、电子档案单套制管理、档案数据存储安全水平有新提升。

中国海油启动集团统建档案系统的立项研究工作,推进增值税电子发票电子化报销、入账、归档试点工作,基于财务共享平台,调整、优化、规范全流程,形成可推广、复制的经验与做法。

(七)坚持档要重研,档案研究和创新能力迈上新台阶

石油石化企业瞄准国内一流、国际一流目标,将创新作为档案工作发展的第一动力,牢固树立核心信息资源管理理念,在档案管理体制、管控模式、管理手段和技术方法等方面不断研究创新,构建了具有石油特色的档案工作体系,建立了集中统一的档案资源管理平台,提升了档案工作专业化管理水平。

中国石油5年间获国家档案局优秀科技成果、经济科技档案工作创新案例、全国企业档案信息资源开发利用优秀案例、建设项目档案工作专题片、建设项目档案微视频等各类评选奖励21项。主要奖项有:2016年,冀东油田“数字档案室建设研究与应用”获国家档案局优秀科技成果三等奖;2018年,西南油气田“安岳气田磨溪区块龙王庙组气藏60亿立方米/年开发地面工程档案工作纪实”获国家档案局建设项目档案工作专题片一等奖;2019年,中国石油案例成果“核心信息资源管理理念引领中国石油档案工作创新发展”获国家档案局一等奖;2020年,“中国石油档案工作数字化转型助力企业价值创造”“中国石油创新境外档案管理模式有力保障境外油气业务优质发展”“国家级页岩气示范区数字化移交及在线归档实践”三个案例分别获全国经济科技档案工作创新一类、二类和三类案例;2020年,中

国石油参与的国家社会科学基金青年项目“国有企业境外档案监管体系研究”获国家档案局优秀科技成果二等奖。

中国石化多次获国家档案局优秀科技成果、全国企业档案信息资源开发利用优秀案例、建设项目档案微视频等各类评选奖励。2017 年，中国石化案例成果“纪念中国石化成立 30 周年系列活动”获全国企业档案信息资源开发利用优秀案例二等奖；2019 年，广州分公司案例成果“传承历史文化弘扬企业精神——纪念广州石化成立 45 周年系列档案展”获全国企业档案信息资源开发利用优秀案例二等奖，中国石化案例成果“纪念中国石化成立 35 周年主题展览”、华北油气分公司案例成果“深耕细作物探科技档案，助力企业扭亏为盈健康发展”、胜利油田分公司案例成果“从档案资源中追寻企业发展的源泉”获全国企业档案信息资源开发利用优秀案例三等奖，胜利油田分公司《〈见证胜利〉——青东 5 工程项目建设纪实》、江汉油田分公司《火凤燎原耀“涪气”》获建设项目档案微视频优秀奖，石油勘探开发研究院“中国石化油气地质资料管理及共享利用”获科技创新成果三等奖；2020 年，开展以“档案见证小康路、聚焦扶贫决胜期”为主题的征文活动，获国家档案局颁发的优秀组织奖。

中国海油在建设项目档案微视频征集活动中，连续两年都有作品荣获二等奖、三等奖、优秀奖和入围奖，尤其是 2019 年，中国海油推荐的海洋石油工程股份有限公司《向海而生——海工人记忆中的奇迹工程》在 526 部作品中荣获二等奖。中国海油在国家档案局组织的“凝百年之辉，筑兰台之梦”主题微视频征集活动中，《档案见证渤海油田发展》《用平凡成就非凡——记中海油“贪吃蛇”系统研发历程》在全国 2 000 多部作品中入围前 200 部，其中《档案见证渤海油田发展》受天津市委办公厅邀请在天津市档案局网站及公众号平台中展播。中国海油还组织所属单位积极申报全国企业档案工作管理创新优秀案例，2 个案例荣获优秀奖，中国海油获组织奖。

（八）推进档案资源开发利用，史志编研取得新成果

石油石化企业坚持“编研、征集、展示、交流”四位一体，突出石油特色和时代特征，有步骤地开展企业史、志、鉴、专项编研等深度编研工作，有效服务和支撑企业文化建设和石油精神传承。

中国石油联合相关部门和高等院校，整合各方资源和力量，逐步建立集团公司史志编研体系。“十三五”期间，紧扣重大历史节点和重要历史时刻策划专项史志编研工作，组织编纂出版《石油华章——中国石油改革开放 40 年》《石油精神——

文献石油70年》《石油印记——中国石油“第一”“之最”》《玉门油田80年——数说玉门·图说玉门》等系列图书，用档案文献印证中国石油辉煌成就。《石油华章》在中国石油召开的纪念改革开放40周年、庆祝重组成立20周年座谈会上首发，《石油精神》在中国石油举办的第三届石油精神论坛上发布。《石油华章》《玉门油田80年》分获2019年、2020年石油石化企业管理现代创新优秀著作特别奖。《年鉴》是中国石油组织编纂，全面、系统、客观记述集团公司发展和成就的大型资料性、权威性编年书和工具书，连续出版24卷、3 300余万字、1.6万余页，付印10万余册，年鉴工作在央企名列前茅。中国石油加强编研成果展示和转化，参与组织由国家档案局中央档案馆与工业和信息化部共同主办的“不忘初心、奋发图强——新中国工业档案文献展”，大庆站巡展在铁人王进喜纪念馆举办。2019年，在中国石油大厦古代近代厅和当代厅两个展厅基础上，又相继建成中国石油档案工作成果展、中国石油“第一”“之最”展、“不忘初心、牢记使命”石油职工家书展等专题展厅，成为感受中国石油、认知中国石油、走进中国石油的重要窗口。同时，以家书展为契机，深挖家书背后的故事，完成《家书·油情》编写出版，形成集收集、展览、研究、出版、交流为一体的石油家书文化体系，打造了全国首创的行业家书品牌。所属企业认真落实《集团公司史志工作管理规定》，编研出版《辽河油田50年》《新疆石油工业史料选辑——塔里木卷》《四川油气田珍档荟萃——红村记忆》《抚顺石化公司日侵历史档案研究》等一大批编研成果，成为传承石油历史、弘扬石油精神的重要载体。

中国石化组织完成《石化荣光》一书的编撰工作，用档案史料展现中国石化始终听党指挥、为党尽责，艰苦创业、矢志奋斗，为构建现代石化工业体系、保障国家能源安全、改善人民群众生活、促进经济社会发展作出的历史性贡献，在实现党的第一个百年奋斗目标征程中谱写的光辉石化篇章；组织中国石化成立35周年“不忘初心、牢记使命、永远奋斗”主题教育展览工作，集团党组对展览给予充分肯定；积极参与筹备改革开放40周年大型展览，对中国石化在改革开放40周年伟大历程中的重大事项、重大决策部署、重大改革开放举措进行梳理，完成展览第五部分“大国气象”第二单元《基础设施单元展览大纲》有关文稿修改、展览图片及页岩气压裂车组模型的提供工作。“十三五”期间，中国石化编辑出版各类文献1 947种。

二、石油石化行业2021年档案工作发展情况

2021年是中国共产党成立100周年，是“十四五”规划开局之年，石油石化行

业全面贯彻新发展理念，坚持系统观念，在推进档案治理体系、档案资源体系、档案安全体系和档案利用体系建设方面取得新成绩。

(一) 认真贯彻落实总书记关于档案工作重要批示

在庆祝中国共产党成立100周年的重大历史时刻，2021年7月6日，习近平总书记作出重要批示，石油石化企业积极认真贯彻落实。中国石油2021年8月16日召开党组会（扩大）及董事长办公会，其中一项主要内容就是学习习近平总书记重要批示和中央领导同志有关要求，集团公司党组书记、董事长戴厚良强调："要认真学习习近平总书记关于档案工作的重要批示精神，落实好新修订的《档案法》，加强档案资源、利用、安全和治理体系建设，推动数字化转型，保持集团公司档案工作继续走在央企前列。特别要用好公司红色档案，讲好自力更生、艰苦奋斗的创业故事，增强'我为祖国献石油'的使命担当。"中国石油印发《关于转发〈国家档案局关于认真学习贯彻习近平总书记重要批示的通知〉的通知》（综管函〔2021〕8号），就深入学习贯彻习近平总书记重要批示提出具体要求。中国石化要求各单位把学习贯彻习近平总书记重要批示作为当前和今后一个时期重要的政治任务，将批示迅速传达到档案部门全体干部职工，并将各单位贯彻落实情况纳入集团公司党建考核内容。中国海油印发《关于贯彻落实习近平总书记对档案工作重要批示精神的通知》，提出要将贯彻落实总书记重要批示精神与学党史有机结合，与贯彻落实"十四五"全国档案事业规划深度融合，从七个方面提出具体要求：把学习贯彻习近平总书记重要批示精神作为重要政治任务抓紧抓实抓好；做贯彻落实习近平总书记重要批示精神的坚定践行者、执行者和推动者；多维度谋划，确保贯彻落实习近平总书记重要批示取得成效；提高政治站位，强化档案姓党，坚定能源报国使命，做好档案工作；围绕四"好"目标，以制度为保障，以技术为手段，记好留好管好用好档案资源；逐步实现档案单套制无纸化管理，推动绿色低碳转型；坚持底线思维，强化风险防控，保障档案安全。

(二) 制定档案工作中长期发展规划

档案工作中长期发展规划对石油石化企业档案工作具有重要引领作用，是有力推进档案工作高质量发展的关键举措。中国石油围绕集团公司"两个阶段、各三步走"战略目标，提出档案工作2035年发展远景和"十四五"期间30项重点任务，通过实施"三大工程"（一体两翼工程、四梁八柱工程、五化升级工程），建设"四大体系"（档案治理体系、资源体系、安全体系和利用体系），构建集团公司档案工作新格局；提出要把中国石油档案馆全面建成“四个中心、三个基地”，成为国内能源行业一流、央企示范表率档案馆，所属企业建成20家左右在本省（自治区、直辖市）有重大影响、各项工作名列前茅的行业一流档案馆（室）。中国石化“十四五”期间，紧密围绕集团公司深入实施世界领先发展方略，提升全员档案意识，进一步理顺和完善档案管理体制机制，优化档案资源结构，推进档案资源开发和利用，全面有效提升档案服务能力，持续加强档案信息化建设，全方位筑牢安全防线，依靠科技创新强基兴档，建设梯队合理的复合型队伍，打造与世界领先洁净能源化工公司相适应的档案工作发展新格局，依据《规划》提出了20项重点任务。中国海油围绕集团公司总体发展思路，明确“十四五”时期档案工作“夯实基础，稳步提升”的工作目标，从治理体系、利用体系、安全体系、信息化建设、重点项目档案管理及队伍建设等六个方面分别设定子目标及具体工作措施。

（三）加强全系统档案业务监督指导

石油石化企业均在不同程度上加强了对全系统档案业务的指导工作。中国石油召开2021年档案工作视频会议，传达全国档案局长馆长会议精神，回顾总结集团公司“十三五”档案工作成果，明确“十四五”发展思路。中国海油进一步加强档案片区管理，以五个工作片区为抓手，带动全系统档案工作提升，形成集团层面档案工作会议及培训、片区档案工作会议及培训、片区档案组长会议三个层级的业务管理及指导模式。2021年，中国海油根据档案管理专项提升工作规划，将总部各部门及所属单位的档案管理工作情况纳入绩效考核，通过现场调研、检查，发布档案工作提示函及档案检查意见等方式，督促各单位收好、管好、用好档案资源。

（四）强化重点领域档案全过程管理

石油石化企业聚焦服务主营业务，加强重点领域档案管理。中国石油档案部门与工程管理部门联合加强工程建设项目档案管理：一是将档案管理要求全方位融入项目管理制度。在《中国石油集团工程建设项目管理规定》中，将文档管理作为风险控制的独立章节；将档案管理要求纳入中国石油《工程建设项目设计管理办法》《工程建设项目总图管理办法》《工程建设项目总承包管理办法》等工程管理制度，有力促进了“管工程必须同时管档案”原则的实施。二是制定《中国石油集团工程建设项目档案管理办法》。按照全程管理、全员管理、管理创新的理念，全面规范项目档案工作职责与分工、一般要求、项目文件管理、项目档案管理、项目档案验收、监督与责任等内容。三是联合开展项目文档过程检查。制定集团公司重点工程档案工作检查计划，组织相关部门对广东石化炼化一体化等项目档案检查，参与工程管理部门组织的项目文档过程检查。中国石化加强对项目档案验收工作的监督、指导，依靠企业档案管理专家力量，有序推进验收工作。通过完善《中国石化建设项目档案验收细则》，修订《建设工程项目档案管理规范》，编制《中国石化工程项目档案验收指南》，举办项目档案管理培训班，会同项目管理部门推进档案验收规范运行，严格验收检查等措施，统一验收标准，提高验收质量和工作效率，确保项目档案完整、准确、系统、规范和安全。中国海油根据集团公司工程项目分级管理模式，进一步加强建设项目档案的分级管理，强化事前指导、过程监督检查、末端验收。编制《上游建设项目档案管理办法》，形成上中下游建设项目档案管理制度的全链条。

（五）开展国家科技重大专项档案绩效评价

“大型油气田及煤层气开发”国家科技重大专项是国务院颁布的《国家中长期科学和技术发展规划纲要（2006—2020 年）》中确定的 16 个国家科技重大专项之一，也是唯一由企业牵头组织实施的重大专项。2021 年，中国石油牵头，中国石化、中国海油密切配合，制定国家科技重大专项档案整理标准及评分细则，高质量完成“十三五”期间 2020 年结题的 71 个项目 258 个课题的档案绩效评价，有力保障国家科技重大专项顺利完成国家验收任务。

（六）深入挖掘红色档案资源开展档案编研

开展档案编研是实现档案价值的重要途径。2021 年，石油石化企业结合庆祝中国共产党成立 100 周年，深入挖掘红色档案资源开展档案编研，取得显著成效。

中国石油加强编研力度，一是编纂出版《石油经典永流传》。为深入学习贯彻习近平总书记作出的大力弘扬石油精神重要批示精神，充分发挥中国石油红色档案资源优势，讲好石油档案故事，中国石油档案馆组织编写出版《石油经典永流传·数说经典》《石油经典永流传·图说经典》，选取 100 件大事、100 张经典瞬间图片，重温党史中的石油经典，展现“石油工人心向党”的坚实足迹，弘扬“我为祖国献石油”的使命担当。二是编纂出版《中国石油组织史资料（1949—2020）》。该丛书集中展示了中国石油工业 70 多年来的组织建设工作成果，对集团公司组织史资料编纂工作具有里程碑式的意义，为中国共产党百年华诞献礼。国家档案局副局长、中央档案馆副馆长付华出席新书发布会。到 2021 年底，丛书已完成总部卷、企业卷、基层卷系列图书 203 部 348 卷册的出版工作，累计 1 500 余人参与总部卷资料征集和编纂，1万余人参与企业卷、基层卷编纂，总出版字数逾1.7亿字。三是围绕建党百年开展档案工作微视频征集评选、企业档案信息资源开发利用案例评选、《中国档案》杂志感言征文等系列活动。中国石化分别在总部大楼和昌平会议中心两地举办“永远跟党走”主题展览，通过606张图片、86件文献、50余件实物，突出展现了中国石化为党、为国家、为人民作出的历史性贡献。

三、石油石化行业档案工作发展形势

当今世界正经历百年未有之大变局，我国正处于实现中华民族伟大复兴关键时期，我国发展面临的国内外环境正发生深刻复杂变化。这对保障国家能源安全、推动能源高质量发展提出了新的更高要求。2021年10月21日，习近平总书记考察调研胜利油田时强调：“石油能源建设对我们国家意义重大，中国作为制造业大国，要发展实体经济，能源的饭碗必须端在自己手里。”这是对历史经验的深刻总结，是着眼现实的深刻洞察，更是面向未来的深刻昭示。① 在全力保障国家能源安全，奋力开创世界一流企业建设中，石油档案日益成为国家和企业基础性战略资源，档案工作领域更加广泛、内容更加丰富、需求更加多样，地位和作用越来越重要，档案工作发展面临新的形势与任务。

(一) 创建世界一流能源企业目标对档案工作提出新任务

石油石化企业正在以创建世界一流示范企业为目标，实现“三个领军”“三个领先”“三个典范”，不仅给档案工作发展带来重要机遇，也对档案工作现代化国际化提出更高要求。为此，必须充分认识新形势下档案工作的重要地位和作用，积极探索建立与世界一流能源企业目标相适应的档案管理体系，开创档案工作新局面。

(二) 全面深化改革和“双碳”行动对档案工作提出新挑战

按照中央关于深化国有企业改革和油气体制改革的新要求，石油石化企业全面深化改革创新与提质增效正处于关键时期，全面深化改革涉及档案机构、职能、编制的调整，涉及档案管理理念、思维和模式的调整。随着碳达峰、碳中和行动方案的提出，石油石化企业正在深入推动能源革命，新能源已成为新的发展方向和增长

① 任平. 能源的饭碗必须端在自己手里：论推动新时代中国能源高质量发展 [N]. 人民日报，2022-01-07 (5).

点。在此背景下，档案工作要紧跟企业深化改革发展和能源转型升级的步伐，加强对石油档案工作属性和规律的认识，不断改进企业档案工作管理理念与管理模式。

（三）企业治理现代化对档案工作提出新要求

推进公司治理体系和治理能力现代化，是石油石化企业全面深化改革总目标的重要内容，也是推进公司转型发展、高质量发展的必然要求。档案工作在石油石化企业建设发展中具有基础性、支撑性作用，如何有效服务和支撑公司治理体系和治理能力现代化成为展现和发挥档案工作价值的重要契机，同时，如何提升档案治理体系和治理能力现代化已成为现实课题。

（四）数字信息技术革命对档案工作提出新课题

随着工业 4.0、中国制造 2025 等工业化发展战略的推进，特别是云计算、大数据、人工智能和物联网技术在企业经营管理和生产运行中的广泛应用，石油石化企业提出了数字化转型、智能化发展目标。档案工作正在经历一个从接收保管纸质档案到电子档案，从管档案实体到管档案数据，从手工操作到信息化智能化操作，从档案资源分散利用到共享集成利用的变革过程。这些变化为石油石化企业档案工作数字化转型升级注入了发展动力，也提出了如何进行数据归档、发挥数据价值等新课题。

面对新的形势与任务，石油石化行业档案工作中制约高质量发展的观念障碍、制度缺陷、技术瓶颈等问题依然突出，主要表现在：一是档案管理体制机制与石油行业高质量发展目标不适应，档案治理体系和治理能力现代化水平需要提升；二是石油档案工作与业务工作融合程度还不够深入，档案制度体系仍需完善；三是档案工作数字化转型没有完全融入企业数字化转型战略，数字档案资源建设有待加强；四是档案开发利用模式和力度还不能满足企业发展需要，档案数据价值没有得到充分发挥。

四、石油石化行业“十四五”档案工作发展改进建议

在新时期，石油石化企业档案工作应重点围绕国家发展战略、公司发展规划和业务发展需求，以提升档案治理能力和档案服务能力为目标，坚持制度治档、创新兴档、人才强档，构建有效的现代企业档案治理体系，实现档案工作全面数字化转型，提升档案资源开发能力，推动档案工作迈上新的台阶，为保障国家能源安全、

推进世界一流综合性国际能源公司建设和创建世界一流示范企业提供有力支撑。

(一)基于共享协同理念,强化档案治理体系建设

强化档案治理体系建设是适应国家治理现代化的内在要求,也是系统谋划新时期石油石化企业档案工作高质量发展的必然要求。《“十四五”全国档案事业发展规划》将“档案治理效能得到新提升”作为首要发展目标。实现档案治理现代化需要以档案部门为主导,转变管理本位观念;以社会参与为协同,规范社会行为方式;以技术创新为突破,提升综合治理能力。①

一是树立档案治理理念。聚焦构建完善的现代企业档案治理体系目标,树立档案治理思维和理念,从价值层面到具体实践层面构建起涵盖档案管理体系、制度体系、资源体系、利用体系、安全体系、人才体系、创新体系的档案治理框架,探索档案依法治理、系统治理、协同治理、技术治理、风险治理的思想理念和实践路径,有力推动石油石化企业档案治理现代化。

二是优化档案组织体系。需进一步明确档案部门在企业发展中的定位,适时调整和优化企业档案组织机构设置,强化企业档案部门的专业属性。根据石油石化企业全球档案治理、企业档案数字化转型、企业档案资产开发利用与服务、企业品牌和形象塑造等需要,赋予企业档案部门更加有效的档案业务管理与档案业务监督职责和权力,提高档案机构和档案专业人员的履职能力。

三是探索档案共享管理模式。中国石油、中国石化、中国海油都属于大型集团企业,档案管理体制是按照“统一领导、分级管理”的原则设置,即按照行政管理单位组织体系建立相应档案机构(档案馆、室、中心等),特点是“大而全、小而全”。以大庆油田为例,油田二级单位档案室 44 个,三级单位档案室 330 个,低水平重复建设问题非常突出。这种模式不仅造成档案资源的条块分割、重复保管,也不利于规避安全风险,不利于资源整合,不利于人才队伍建设,不利于整体管理水平的提高。随着石油企业全面深化改革的深入,机构扁平化的趋势日益明显,机构越来越精干高效,特别是企业数字化转型的深入推进必然要求组织管理模式向着平台化和共享服务转型,基于共享理念,探索实施专业化、集约化管理,是优化档案管理体制机制的重要举措和发展方向。

(二)推进石油档案与业务融合,优化档案制度体系建设

2020 年新修订的《中华人民共和国档案法》规定“坚持中国共产党对档案工

---

① 徐拥军,熊文景.档案治理现代化:理论内涵、价值追求和实践路径[J].档案学研究,2019(6):12-18.

作的领导”，对强化档案工作组织保障、建立档案工作责任制、健全档案安全工作机制等作出具体规定，为档案工作变革与转型、创新与发展提供了法律保障，也对企业档案工作提出了更高要求。石油石化企业应抓住贯彻落实新《档案法》的有利契机，基于战略思维开展制度体系设计、基于系统思维开展制度体系构建、基于法治思维开展制度体系实施、基于开放思维开展制度体系变革。①

一是将档案工作要求融入企业管理制度。石油石化企业应聚焦档案治理体系和治理能力现代化，主动适应公司深化改革和业务发展的需要，将公司各项重要改革措施和档案制度的制修订结合起来，推进档案工作与公司业务发展同规划、同部署；建立覆盖档案工作全生命周期的档案制度体系，做到档案制度建设与公司深化改革相衔接、与公司业务发展需要相匹配，通过制度建设激活和发挥档案制度在公司治理体系和治理能力现代化中的基础和支撑作用。

二是加强档案与业务的流程融合。以“数据全记录、业务全覆盖、过程全监控、责任全追溯”为着眼点，积极配合业务部门深入推进业务活动全流程电子化运转，同步推进档案工作融入业务流程，通过管理制度将档案归档和管理的要求与标准前置到业务系统的文件形成阶段；按照“多平台融合、多系统共享”的思路，推动文档一体化建设，促进档案系统与其他系统融合，逐步推进档案管理系统与综合办公平台、经营管理平台、生产与经营平台、服务支持平台、安全管理平台等的对接，按照流程化、规范化、标准化要求，促进档案流与业务流的融合，实现对文件档案的全生命周期管理。

三是建立完善的档案制度体系。按照管理体系文件的要求，集团总部要率先建立由“工作规定—管理文件—管理标准”构成的档案制度体系文件，突出行政管理、基础业务、数字化建设、开发利用与服务、安全管理、综合保障等档案工作主线，着力加强档案单套制管理、档案收集整理、档案安全保管、档案规范移交、档案开放利用、档案信息共享、数字档案馆建设、电子档案异地备份、科技档案、境外档案等档案工作的重点领域和薄弱环节的制度设计。

（三）围绕数字石油建设目标，推动档案工作数字化转型

在石油石化企业数字化转型、智能化发展的背景下，石油石化企业档案部门应把握机遇，参照企业档案工作数字化转型的整体框架，实施档案资源数字化、业务

① 王强．治理现代化背景下的企业档案制度体系建设：基于中石油的案例研究及启示［J］．档案学研究，2020（4）：50－55.

流程数字化、管控模式数字化、利用服务数字化、管理能力数字化的转型方向和路径，运用构建愿景、规划蓝图、敏捷实施与持续优化的转型方法，充分运用新技术推动档案工作数字化转型升级。①

一是积极推进数字档案馆建设。以建设全国示范数字档案馆为目标，逐步推进档案数字化管理向档案数据化管理转变，重点推进云计算、区块链、人工智能等新技术在数字档案馆建设中的深入应用，促进档案管理系统与其他业务系统的有效衔接，进一步加大对数字档案资源的归档力度。可按照数字档案馆的“数字—数智—数治”演进之路②，实现档案资源协同共治和数据赋能档案服务。

二是大力推动电子档案单套制管理。分专业、分步骤推进电子公文、电子合同、电子会计、工程设计、工程施工、勘探开发档案的单套制管理，提升档案管理效率和效益。

三是构建档案数据治理体系。顺应油气田数字化、档案工作数字化转型趋势，以档案数据治理为中心，积极推动档案工作数字化转型纳入公司数据治理体系，开展档案数据治理，重点围绕档案数据质量管控、开发利用、数据开放、数据处置、数据安全、长期保存等方面，构建起包括档案数据治理主体、治理技术、治理制度等为核心要素的档案数据治理框架，推动档案数据治理系统的有效运行。

(四) 发挥石油档案数据价值，构建档案资源开发利用体系

石油石化企业档案部门管理着海量档案数据，要积极应对数字时代给档案工作带来的环境变化和需求变化，利用信息技术，提高档案开发利用能力，继而实现业务层、知识层、文化层的多元化、高层次档案开发利用，实现“档案赋能企业发展”的目标。

一是打造档案资源共享工程。进一步加强集团级、区域级、企业级档案资源整合，构建横向到边、纵向到底的档案资源体系，使全集团档案资源“可控、可见、可用”，建立“一站式”检索平台，为各层级、不同主体的档案利用提供档案资源检索和共享平台。

二是打造档案数据产品工程。在建立档案数据资源目录数据库、全文数据库基础上，积极运用数字技术加强对档案数据的深度加工、聚合与开发。联合专业部门制定档案数据产品开发规划，分专业、分领域、分层级、分主题开展档案数据产品

---

① 王强．企业档案工作数字化转型：实践探索与理论框架 [J]. 浙江档案，2020 (9)：16－20.

② 杨智勇，谢雨欣．数字档案馆的“数字—数智—数治”演进之路：基于《“十四五”全国档案事业发展规划》的分析 [J]. 档案与建设，2021 (8)：57－61，71.

的开发，发挥档案数据对科研攻关、油气田勘探开发、工程项目建设、市场运营、国际化经营等方面的支撑作用，如建立重大科技专项档案专题数据库、单井档案数据库、岩心档案专题数据库、石油工业文化遗产档案数据库、安全生产事故档案专题数据库、著名石油石化人物数据库等。

三是打造档案知识服务工程。按照大研究工作思路，建立所属单位档案与史志研究分会，形成“集团总部档案与史志研究会—地区公司分会”总分结合的研究纵向体系，联合石油石化企业以及高等院校、研究机构等社会力量建立横向研究体系，共同开展档案研究。在编纂大事记、年鉴、史志、组织史基础上，开展石油工业历史、企业重大事件、石油文化建设等方面的专题研究，在石油企业文化建设、石油精神传承等方面不断推出高质量的研究成果。

2021年中国核电行业档案工作发展报告

邱杰峰[1]

1. 福建福清核电有限公司，福清　350318

摘　要：我国核电行业档案工作的核心是助力国家实现“碳达峰、碳中和”的重大战略，在核电行业数字化转型过程中发挥数字化信息资源的支撑作用。通过人工智能等新一代信息技术的应用，在核电行业数字化转型后，将核电数字化文档资源转化成为核电行业的数字化资产，为核电行业“十四五”规划目标的实现提供数据支持和知识服务。2021年，核电行业在档案工作方面举措多样，特点突出，形成了以“六度”为核心的工作内容，在核电行业数字化转型过程中起到了重要支撑作用。核电行业档案部门通过“通脉络”“拟人脑”“敏身手”的思路，以“数据-信息-知识交互转化”的方式，形成了核电档案的智能服务能力，培育了一支具有“两化融合”能力的档案人才队伍，研发了一批优秀的核电档案科技成果。伴随着我国第三代核电机组“华龙一号”研发设计和建成投产，“华龙出海”这一核电“走出去”国家战略对核电行业档案智能化管理和创新应用提出了更高要求，这就需要核电行业档案部门持续深化人工智能等新一代信息技术应用，促进人工智能技术与文档管理业务的深度融合，在智慧核电建设中发挥档案的独特作用。

关键词：核电；档案；数字化；智能化；知识服务

作者简介：邱杰峰，硕士，研究馆员，研究方向为档案信息化与智能化，电子邮箱 qiujf@cnnp. com. cn。

一、我国核电行业概况

随着我国城镇化、现代化的发展，对电力需求将持续增长，预计2030年全社会用电量将比现在增加一倍。核电作为安全、清洁、高效的能源选择，必将成为未来能源的重要支撑。我国的核电政策，既符合国情，也符合世界大趋势。“华龙一号”作为我国完全自主品牌的核电技术，也随核电“走出去”的国家战略，走向世界走向国际。

(一) 核电是我国实现碳达峰、碳中和的重要力量

实现碳达峰、碳中和，是以习近平同志为核心的党中央统筹国内国际两个大局作出的重大战略决策，是着力解决资源环境约束突出问题、实现中华民族永续发展的必然选择，是构建人类命运共同体的庄严承诺。近期，联合国欧洲经济委员会发布报告指出，核能是低碳电力和热能的重要来源，有助于实现碳中和。如果将利用核能排除在外，世界将不能实现已经商定的二氧化碳减排目标。中国作为核电大国，在迈向核电强国的道路上所探索的核电新技术、新模式、新路径和新方向，如今正在引领世界核电发展的新潮流，也必将成为我国实现“双碳”目标的重要力量。[①]

(二) 核电是我国抢占世界科技前沿的重要组成

在新时期，大力发展先进核能技术，抢占世界科技前沿，将有助于我国解决“卡脖子”问题，提升我国整体的科学技术水平。我国是世界上少数几个具有完整的核工业体系的国家之一，并在此基础上形成了完整的核电产业链。经过30余年的努力，我国核电实现了规模化发展。近年来，我国核能技术水平实现了跨越式发展，核能自主创新能力得到显著提升，在推动我国核能装备制造升级换代、保障核能安全利用方面发挥了积极作用。形成自主三代大型先进压水堆技术品牌“华龙一号”“国和一号”以及具有第四代特征的高温气冷堆技术；大力推进先进核技术研发，陆上小型堆、海上浮动堆、四代堆等新一代核能系统研发与国际水平基本同步；积极推进核聚变研究，并走在了世界前列，探索开展国际创新合作，参与国际热核聚变实验堆建设。

(三) 我国核电运营能力全球领先

截至2021年6月30日，我国大陆在运核电机组共51台，装机容量为5 327.495万千瓦，居全球第三位。自1991年12月15日，我国自主设计、建造和运营管理的第一座核电站投运以来，我国核能发电量累计已超2.6万亿千瓦时。在2020年的世界核电WANO综合指数排名中，全球400台参评核电机组，有83台机组获得满

① 高彬，白云生．“双碳”目标下我国核电积极有序发展的思考［EB/OL］．（2021-09-15）［202-06-13］．http：//snnrsa.org.cn/news/4062.html.

分，其中有28台来自中国。我国在运核电站的安全水平和运行业绩良好，没有发生过国际核与放射事件分级表（INES）二级及以上的事件或事故；运行水平不断提高，主要运行特征参数好于世界平均水平，一批指标达到世界先进水平。

(四) 核电文档是核安全的重要保障

合格的人、合格的设备、合格的文档是保证核电工程质量的三大要素。根据法规要求，从事核电工作的每一个人都应得到正确的、合格的文档，并按文档的要求开展工作，在工作过程中形成符合要求的质量记录。所以说，凡事按文档的要求是核安全的保障，世界上不少核电人因事件是由文档误用引起的，所以严格执行文档的要求、凡事有据可查是核电厂的生命线。

二、2021年我国核电行业档案工作发展的特点

2021年，我国核电行业在“十四五”规划中提出了“智能核电”“智慧核电”的建设目标。为了适应核电行业智能化、智慧化要求，核电行业在“十四五”档案工作规划中，也提出了数字化转型的目标。在“十四五”开局之年，核电行业围绕规划目标，在核电文档数字化、智能化和知识管理方面取得了一批成果，形成了可复用的管理经验与知识沉淀，具有鲜明的核电特色和时代特点。

(一) 行业协会积极推动，拓展了核电行业档案工作的广度

核电行业档案工作的发展得到了中国核学会、中国核能行业协会等社会组织的大力支持。2021年，中国核学会、中国核能行业协会积极推动核电行业档案标准的编制、核电行业档案人员的培训、核电行业档案成果的交流，成为核电行业档案工作的重要推动力。

2021年5月1日，为了有序开展核电文档领域的经验反馈与共享交流，实现行业合作共享共赢，推动核电建设管理水平提升，中国核能行业协会核电建设同行评估与经验交流技术委员会信息和文档管理领域工作组正式成立。此举旨在通过开展核电文档领域交流、共享建设管理经验和良好实践，为核电同行评估活动提供专家支持，促进行业绩效提升。

2021年6月29日，中国核能行业协会核电建设同行评估与经验交流技术委员会信息和文档管理领域工作组，以视频会议形式召开文档智能化规划评审会。来自国家档案局、核工业档案馆等单位的专家对核电企业文档智能管理顶层设计规划进

行评审。项目将采用以机器视觉为核心的新技术取代人工处理，将文档管理制度和经验固化为人工智能程序，将日常文档管理工作中重复、烦琐的人工劳动交由应用系统去处理，让文档机器人代替人工完成大量程序性操作，从而提高了工作的可靠性，减少了文档管理流程对人员的依赖。

通过行业协会的积极推动，核电行业文档管理经验得到更广泛的传播，文档管理的成果得到更广泛的推广，有效拓展了核电行业档案工作的广度。

（二）建立档案绩效体系，提升了核电行业档案工作的高度

在中国核能行业协会的组织下，对照国际标准并结合我国核电发展的特点，核电行业编制了《核行业文档管理指标和评价体系》。本标准明确了文档管理的具体指标、每个指标的含义、统计方法以及管理目标，规定了文档工作评价的流程、评价的组织、评价的方法、评价的指标项、评价报告的模板，主要用于指导核行业组织实施文档评估，帮助管理主体查找短板，提升文档管理水平。

在标准中，描述了衡量文档管理控制的一组数据信息，完整的指标由名称、定义、基础数据、计算方法、状态评价准则等组成；制定了文档管理指标体系，用来考察、跟踪和评价企业文档管理领域主要管理活动状况及效果。

中广核集团公司已经建立本企业的《文档管理指标和评价体系》，包括指标体系的建立、指标数据的收集计算、指标结果的分析评价与对标，通过指标管理提升企业档案工作业绩。

同时，通过核电行业档案绩效体系的建立，核电行业档案工作实现了国际对标和要求提高，大力提升了核电行业档案工作的高度。

（三）落实文档数字化转型目标，提升了核电行业档案工作的纬度

2021年1月，中国电力联合会发布了团体标准《核电工程数据移交》。该标准结合了我国核电行业数字化、智能化技术发展实际，进行了广泛的调查研究，总结、吸收了国际同行的管理经验，涵盖了工程数据所涉及的各方面技术内容，内容全面、可操作性强，与有关标准相协调，达到了国际领先水平。

国家电投上海核工院以公司战略需求为牵引，以数字化思维构建数字文档管理体系，打造核电“智慧文档4.0”，如图1所示。该目标主要包含资源数字化——聚合核心业务全生命周期数字化资源、管控信息化——建立标准的文档管理体系和平台、赋能智慧化——实现文档资源智慧化管控与赋能，实现文档管理的数字化转型。

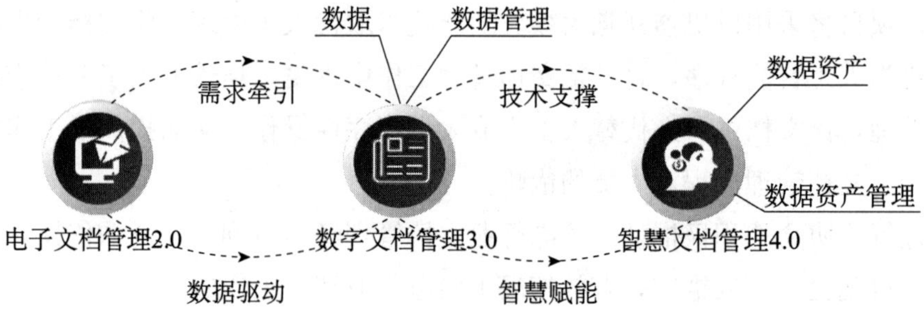

图 1　国家电投上海核工院文档数字化转型规划

中广核工程有限公司根据业务转型发展需求，以及国家《“十四五”全国档案事业发展规划》，发布了《文档数字化转型三年（2021—2023 年）实施方案》，文档业务主要从管理体系数字化、资源建设数字化、平台工具数字化、利用服务数字化、管理能力数字化方面转型，如图 2 所示。

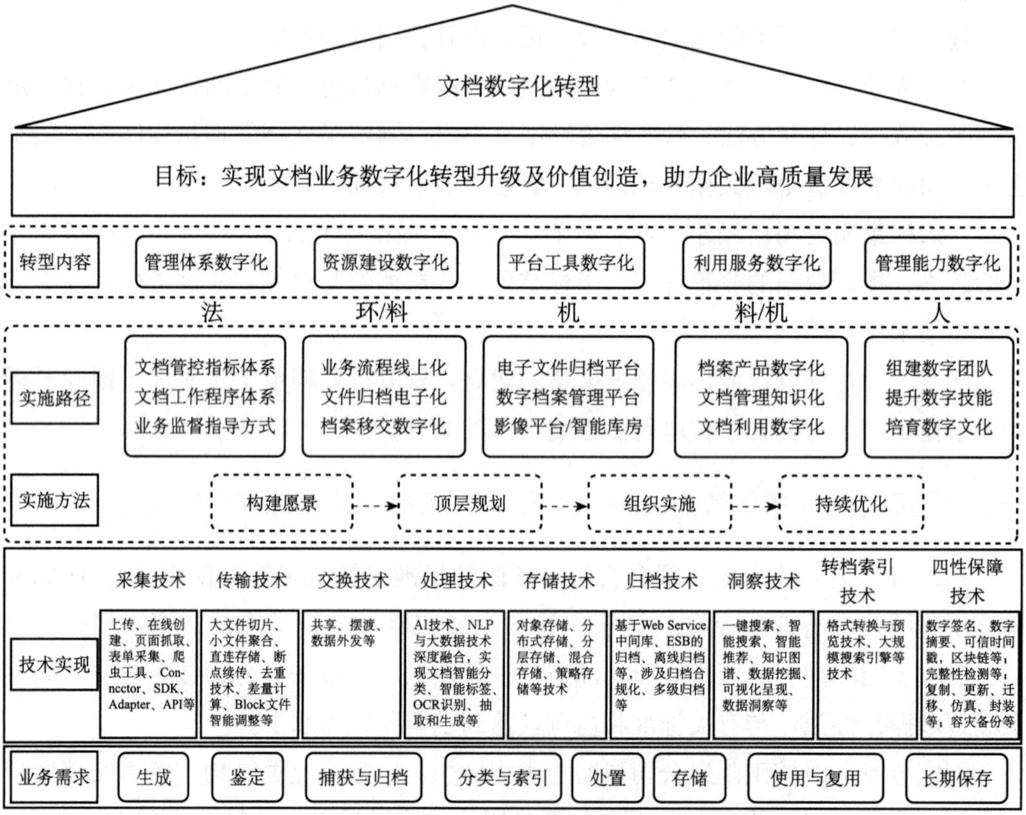

图 2　中广核工程有限公司文档数字化转型规划

中核集团福建福清核电有限公司牵头编制了团体标准《核电工程数据移交》，在“华龙一号”全球首堆项目建设中实现了工程文件数字化移交，包括三维工程数据的移交。通过工程文件数字化移交，实现了档案管理从平面到二维再到三维的转变，大大提升了核电行业档案工作的纬度。

（四）积极应用智能技术，提升了核电行业档案工作的精度

与核电业务的数字化、智能化趋势相一致，核电文档管理的数字化、智能化转型也是一个长期规划。核电行业档案从事人员在理论方面研究了文档和业务双生命周期及相应数据的交互融合关系，针对业务和文档工作相脱节的现状给出了初步解决方案。随着文档管理单套制在各行各业的普遍推行，核电企业将产生和管理数量更为繁巨的电子文档，这些电子文档与多模态业务数据的交互关系将更为复杂，因此，基于“数字连续性”的核电大数据全方位、多向度及一体化治理综合集成模式将是未来研究的重点和难点。

2021年，核电行业以核电文档AI中台技术应用为核心，集成了光学字符识别（OCR）、自然语言处理（NLP）、图像识别等主要的AI技术，实现了知识抽取、特征识别、智能问答和知识可视化等档案智能化应用功能。中核集团福建福清核电有限公司《基于机器人技术的智慧文档管理》获2021年（第十五届）发电企业信息化技术与应用创新金牌成果一等奖，《机器人技术在文档智能管理中的应用研究》获得2021年度国家档案局优秀科技成果二等奖。深圳中广核工程设计有限公司申报的《基于新技术应用的核电工程设计数据治理创新和实践》获得2021年电力行业两化融合优秀解决方案AA级。

通过智能技术的应用，核电行业的文档管理目标、服务对象、服务方式更加精准，大大提升了核电行业档案工作的精度。

（五）积极开展文档知识管理，提升了核电行业档案工作的亮度

基于国际原子能机构（IAEA）对核电知识管理的要求，核电行业在知识管理方面积极对标国际标准和良好实践，围绕知识管理尤其是文档知识管理开展了诸多工作。

2021年4月，中核集团福建福清核电有限公司与中国人民大学信息资源管理学院签署战略合作协议，成立核行业文档知识管理联合实验室，双方围绕核行业文档的价值开发和知识利用，以档案理论研究带动文档知识管理研究的主体思路为方向，推动人工智能技术在核行业文档管理领域的创新应用，全面促进核行业文档的价值开发和知识利用，打造校企“强强联合”的典范。

2021年6月10日，中广核集团组织召开文档领域知识管理专题研讨和培训会，集团旗下24家成员公司参会。会议邀请了北京大学光华学院教授董小英和集团内

部知识管理专家对红沿河公司知识工程项目进行评审，并由董小英教授做了“数字化时代的知识管理与创新”培训，集团旗下 5 家成员公司介绍了本单位知识管理经验，并从文档专业视角分享关于知识管理的思考和实践。

2021 年 10 月 19 日，中国核能行业协会主办的核电文档知识管理培训研讨会召开。会议邀请了中国人民大学信息资源管理学院副院长牛力作主题讲座，分享了《从数字到智慧：面向高质量发展的企业文档知识工程研究与应用》研究成果，以丰富的案例从智慧导向、数据导向等四个方面介绍智能时代企业文档知识工程未来发展的方向和全新的概念等，从信息技术实施的视角为企业开展文档知识管理和文档增值利用服务提供全新思路和方法。会议邀请了来自中核集团、中广核集团的领域专家进行文档知识管理的经验分享。

核电行业通过文档知识管理的研究与实践，形成了一批特色鲜明的工作成果，效果突出、亮点纷呈，大大提升了核电行业档案工作的亮度。

（六）将党建工作融入档案管理，提升了核电行业档案工作的温度

习近平总书记在全国国有企业党的建设工作会议上指出：“坚持党的领导和加强党的建设，是我国国有企业的优良传统，是国有企业的‘根’和‘魂’，是我国国有企业的独特优势。”在全国国有企业党的建设工作会议召开后，核电行业就如何推进党建深度融入档案管理，把党建成效转化为档案工作优势，进行了多方面的实践与探索。

2021 年 6 月 9 日是第 14 个“国际档案日”，适逢中国共产党成立 100 周年，为深入贯彻落实习近平总书记“让历史说话、用史实发言”的重要指示精神，用档案资料见证中国共产党的百年辉煌，中广核集团档案部门深入挖掘红色档案资源，主动服务党史学习教育和庆祝建党百年工作大局，创新开展了一系列丰富多彩的宣传活动。国家电投档案部门制作了《党史中的档案工作》，鼓励档案工作者汲取继续前进的智慧和力量，做好“为党管档、为国守史、为民服务”的档案工作。中核集团档案部门以项目筹备到投产运营的若干重要事件为切入点，通过珍贵的档案展现一代代核电人将宏伟蓝图变为美好现实的奋斗历程。

总之，核电行业通过党建融入档案管理，让核电行业员工感受到了档案的力量、档案的温度，大大地提升了核电行业档案工作的温度。

三、当前我国核电行业档案工作面临的挑战

习近平总书记曾经指出，大数据发展日新月异，我们应该审时度势、精心谋

划、超前布局，力争主动。核电行业档案工作作为信息化工作的重要组成部分，在新时代环境下也面临着许多的困难和挑战。为此，核电行业迫切需要树立危机意识，识别数字环境下档案工作的挑战，立足传统业务优势和创新发展需求，探索与新时代环境相适应的档案工作发展模式。

（一）涉外项目标准规范的滞后性，影响了核电行业档案工作的速度

随着我国核电“走出去”国家战略的实施，一批核电建设项目在国外落地。在核电建设项目包括档案管理实施过程中，总能遇到管理活动没有标准规范作为依据的情况，在一定程度上制约了核电行业档案工作的发展。为此，核电行业也对标国际先进经验，建立市场化、多元化的机制，鼓励、引导中国核学会、中国核能行业学会等社会机构，组织核电团体标准的编制工作，切实实现标准的服务职能，为我国核电事业包括核电档案工作的发展提供有力的制度保障。

（二）双轨运行的机制，增加了核电行业档案工作的成本

目前，核电行业档案管理处于“双轨”运行状态，也就是实行纸质档案与电子档案双套制。在这种机制下，档案管理者的工作量大大增加，工作成本增大。如何处理好电子档案和纸质档案的关系，优化双套制管理，是核电行业档案从业者需要解决的重要问题。[①] 中广核工程设计有限公司进行了核电工程设计文档单轨制的研究，依托信息化技术手段，实现业务流程重构，融合全过程管理、前端控制和文档一体化管理理念，实现有效节约公司成本、提升工作效率的管理目标。

（三）档案从业者技能不足，制约了核电行业档案工作的水平

随着核电行业档案数字化、智能化、智慧化的发展，对档案从业者的技能要求越来越高，不仅要熟悉档案管理的专业知识，也要掌握自然语言处理、OCR识别、计算机视觉、机器学习、深度学习、智能查询、用户画像、数据可视化和数据存储等技术，才能通过核电知识库建设，形成核电文档智能服务、智慧服务的能力。[②] 目前，核电行业档案从业者在这方面的技能，还不能支撑核电文档管理智能化、智慧化转型的要求。

---

① 张斌．数字环境下我国档案工作面临的挑战及对策［EB/OL］．（2020－04－21）［2021－09－17］．https://k.cnki.net/CInfo/Index/3753.

② 邱杰峰．智慧核电文档管理［M］．北京：中国原子能出版社，2021.

四、未来我国核电行业档案工作发展的趋势

核电行业在“十四五”期间将积极落实习近平总书记提出的“档案工作走向依法管理、走向开放、走向现代化”的要求①，逐步完善核电行业标准规范，做到依法治档。在核电行业实施档案知识共享，做好经验反馈。通过现代化技术，完成档案工作的数字化转型，实现核电档案管理的智能化、智慧化。

（一）体系建设是核电行业档案工作的根本保障

核电行业档案工作要走向依法管理，治理体系建设起着关键作用。经过“十三五”时期的建设，核电行业档案工作体制机制得到理顺，档案工作责任制进一步明确，核电行业标准规范体系建设也渐趋完整。但是，面对走向法治、全面推进企业档案治理体系建设，提升企业档案治理效能，构建档案工作新格局的要求②，核电行业在以下三个方面还需要进一步提升。

一是健全核电行业档案工作评价体系。通过对标国际先进经验并结合我国核电发展的特点，建立健全核电行业档案工作评价体系，加强核电行业档案管理部门的履职能力，使核电行业的档案资源发挥更大的作用。

二是完善核电行业标准规范。编制并发布《核电项目工程档案验收规范》《境外核电项目工程档案验收规范》等行业标准，使得核电行业的档案管理规范更加完整，效能更加突出。

三是加强对核电行业档案管理的监督。尤其是在核电行业数字档案馆建设过程中，建立在线监督平台，提升档案治理体系的网络化和精细化。

（二）知识共享是核电行业档案工作发展的内生动力

核电行业档案工作要走向开放，知识共享是核心。核电行业是一个“一损俱损”的行业，实现知识共享是大家共同的愿望。我国核电行业所推行的卓越核安全文化中，基本原则之一便是“倡导学习型组织”，而知识管理的目的是确保知识获取渠道的畅通，实现知识的广泛交流、共享和创新。核电行业对各种知识经验进行

---

① 徐拥军，嘎拉森．“三个走向”：从《“十四五”全国档案事业发展规划》看档案工作发展趋势［J］．图书情报知识，2021（6）：4－11．

② 国家档案局经科司．《“十四五”全国档案事业发展规划》解读（三）：构建企业档案工作新格局［N］．中国档案报，2021－9－9（3）．

积累、挖掘、管理和有效应用，将对核电行业的创新发展起到有力的推动作用。

例如，在核电设备维修活动中，可以利用知识库，针对设备故障诊断的特点，采取相应的故障诊断方法，即将核电厂部件状态与遗传算法中的群体相联系，利用专家知识和核电厂信号对群体进行约束，使该群体在诊断过程中不断发展变化，从而找出适合条件的个体，达到故障诊断的目的。

（三）智能智慧是核电行业档案工作发展的未来趋势

核电行业档案工作要走向现代化，就是要发挥人工智能的作用，实现核电行业档案工作的智能化、智慧化。人工智能是一个庞大的技术体系，每一种小的技术都可以应用在不同环境中，产生不同的效果。在核电厂的文档管理系统中，有多个可以应用人工智能技术的点，不同的 AI 技术在这些不同的应用场景中能够带来不同的好处，从多角度多方面改善核电厂的生产加工效率和办公作业能力。

未来，核电行业要基于核电文档智能服务的业务场景需求，以机器学习、深度学习作为核心基础，在文档智能管理方面进行更加广泛的应用，完成对文档的识别、知识提取和关联乃至进一步分析挖掘及可视化，以支撑行业智能服务的具体功能实现。在此过程中，自然语言处理、OCR 识别、计算机视觉、机器学习、深度学习、智能查询、用户画像、数据可视化和数据存储等底层数据管理技术将成为核电文档智能管理中更为适用、常见的技术。在实际应用中，基于知识图谱的自动问答系统将成为核电行业档案服务的新方式，知识图谱使得数据更好地以接近人类认知的形式被组织和理解，能够在精准化问答服务中起到关键作用。

2021 年中国档案服务外包行业发展报告

李海涛[1]　朱光亚[1]

1. 中山大学信息管理学院，广州　510006

摘　要： 首先系统分析了 40 多年来我国档案服务外包行业经历了发展初期、国外档案服务企业进入并规模化融入我国市场阶段、国内外档案服务企业共生发展阶段，呈现出起步晚、发展快、地区发展不平衡、基于主营业务拓展市场等行业发展特点。其次通过调研访谈剖析了 2021 年度疫情背景下我国档案服务外包行业各类企业发展现状及问题。最后指出了我国档案服务外包行业监管力度将持续加强，竞争逐步规范，行业逐步转型升级，服务纵深发展，行业发展呈规模化，突发公共事件档案应急服务能力持续增强，档案教育培训体系将逐步完善的发展趋势。

关键词： 档案服务；外包；发包；行业

作者简介： 李海涛，博士，教授，研究方向为档案管理、电子文件管理、档案服务外包、企业档案管理、政府信息资源管理，电子邮箱 lihait9@mail. sysu. edu. cn；朱光亚，硕士研究生，研究方向为档案服务外包。

档案服务外包是指某一机构将原本由自身承担的部分业务剥离出来，以合同方式委托给其他机构完成，以降低成本、提高效率的行为。① 自改革开放初期商业性档案代管机构出现至今，我国档案服务外包行业经历了 40 多年的发展历程。40 多年来，我国档案服务外包行业发展经历了哪些阶段，各阶段又呈现出什么样的发展特点，疫情对我国档案服务外包行业发展的影响程度如何，后疫情时期我国档案服务外包行业发展又将何去何从，针对上述问题，报告系统地开展了梳理分析。

---

① 档案服务外包工作规范第 1 部分：总则 [EB/OL]. (2020-05-28) [2021-11-03]. https://www.saac. gov. cn/daj/hybz/202005/13c44a4c7bb847ada280e460d3db5a5b/files/516cae755eda4519a55ac61e6848dbac. pdf.

一、40 年来我国档案服务外包行业发展概述

(一) 发展阶段

自改革开放初期商业性档案代管机构出现至今，我国档案服务外包行业发展主要经历了发展初期，国外档案服务企业进入并规模化融入我国市场，国内外档案服务企业共生发展等阶段。[①]

1. 国内档案服务外包行业发展初期（1980—2002 年）

改革开放初期《中华人民共和国档案法》（1987）、《关于加快发展第三产业的决定》等的颁布实施为该阶段我国档案服务外包行业发展提供了法律与政策支持。其间部分私营企业投资构建了早期我国商业性档案代管机构，但因市场门槛低、资质不足、服务能力有限、软硬件条件简陋，相关机构仅能满足短期少量的档案社会化存管服务。同时该时期，以档案行政部门为主导，我国第一批档案部门经济实体，如天津得安公司、甘肃档案用品服务中心开始创办；部分档案中介机构，如福建万方科技发展有限公司、深圳市世纪科怡科技发展有限公司等也纷纷出现[②]，为我国档案服务外包行业发展奠定了基础。

2. 国外档案服务企业进入并规模化融入我国市场阶段（2002—2006 年）

21 世纪初，随着市场细分与服务升级，部分民间资本及人才加入。瞄准我国档案服务外包市场日益增长的需求与服务供给不足的矛盾，以铁山（Iron Mountain）档案文件管理公司为代表的国外服务企业于 2002 年开始规模化进入我国市场。2002—2006 年国外档案服务企业规模化融入我国市场并达到高峰，陆续形成了如信安达、铁山档案文件管理（上海）有限公司、欧斯吉、嘉柏等国内知名档案服务企业（见表 1）。外资规模化融入中国市场，带来了新的档案服务经营管理思路及模式，拉动了国内档案服务外包需求的同时也培育了我国档案服务外包行业。[③]

① 李海涛，张蕴怡．我国档案保管外包服务行业发展现状、问题及对策［J］．档案学通讯，2020（4）：57－64.
② 吴佳迪．中国档案服务业企业发展历程研究［D］．沈阳：辽宁大学，2018.
③ 同①.

表1　早期融入国内市场的国外档案服务企业

公司	信安达	铁山档案文件管理(上海)	欧斯吉	嘉柏
创立时间	2002年	2004年	2003年	2004年
总部	上海	上海	上海	上海
业务	文件保存、磁带保存、文件扫描及安全销毁等	文件整理、检索、装订、托管寄存、仓储保管、销毁、扫描数字化服务及相关管理咨询	文档储存扫描、机密要件的保护及安全销毁、整理运输以及数字化等	国际高端物流服务,档案文件资料仓储或运输
客户	保险、银行、金融、制造、会计、咨询、工程、高科技等行业	客户群体广泛,大型高端品牌企事业单位、社会团体等	金融行业	客户群体广泛,大型高端品牌企业、政府、事业单位、家庭或个人
服务特点	具有国内较大份额的档案服务市场,获政府许可的档案文件管理服务供应商	为全球范围内的企事业提供储存、保护、管理信息和资产的服务	服务遍及9国,拥有50年发展经验,为客户提供“全天候”文档处理	提供集代收、仓储、验货、打包、运输、目的地派送等于一身的综合文档存管服务,国内有30个城市分部,服务遍及350个国家和地区

3. 国内外档案服务企业共生发展阶段(2006—2021年)

该阶段包含外资企业收购兼并期(2006—2009年)与国内档案服务企业独立发展期(2010—2021年)。在外资企业收购兼并期,鉴于本土企业地缘、政治及业务优势,外资企业曾一度开展对本土企业的兼并,但因兼并后控股问题存在争议,相关兼并成功率不高。此外规模较大的在华相关外企间因主营业务不同,兼并成功概率偏低。在国内档案服务企业独立发展期,通过学习借鉴国外档案服务企业管理模式与经营思路,2010年后我国档案服务企业逐渐增多且发展态势良好,形成了如银雁科技、量子伟业、东港瑞云、中信外包、申江万国、航星永志等国内知名档案服务企业(见表2)。[①] 以我国服务外包TOP100的企业银雁科技为例,目前该企业在全国200多个城市设立了分支机构,已在60个城市建设标准库房,自主知识产权近100项。

① 李海涛,张蕴怡.我国档案保管外包服务行业发展现状、问题及对策[J].档案学通讯,2020(4):57-64.

表2 当前我国部分知名档案服务企业

公司	银雁科技	量子伟业	东港瑞云	中信外包	申江万国	航星永志
创立时间	1996年	1999年	2015年	2010年	2011年	2002年
公司总部	深圳	北京	北京	北京	北京	北京
主营业务	文档整理、寄存保管、管理咨询、收集与传递、数字化、安全销毁与文档用品销售	档案业务咨询、数字档案馆室、智慧档案馆库、档案资源数字化、档案及文件资料寄存托管、BPO（商务流程外包）等档案行业全产业链的综合服务	金融服务外包及数据处理、档案软件开发、数字化加工服务及存储	各类档案的整理、存储、调阅、查询、形式转换、销毁	文档全流程外包服务、档案管理系统开发、RFID研发中心及大数据存储与应用等	人事信息和文档信息全生命周期服务，包含档案管理人才培训、咨询规划、组工一体化平台、人事管理平台、档案数字化加工、综合档案管理软件、智能无人档案库房、档案管理智能硬件、软硬件运维、驻场服务
主要客户	中资及外资银行、保险公司、政府机构、企事业单位、上市公司	国家部委、中央企业、军队及军工、综合档案局馆、高校、制造、金融、地产、通信、能源等	金融行业与政府职能部门	金融、政府、企业、医疗机构、法律或会计事务	金融机构、大中型企事业单位	组织系统、国家部委、国资企业、金融机构、高校、人才服务中心、综合档案馆

（二）发展特点

1. 起步晚但发展迅速

国外档案服务外包行业起步于20世纪50年代，主要表现为商业性文件中心，而我国档案服务行业则源自改革开放初期的商业性档案代管机构。自2002年外资企业进入我国至今，我国档案服务企业发展大致经历了以下发展时期：一是外资企业融入时期，打破了我国传统档案存管由政府各级档案部门、企事业单位的垄断。以申请人员编制基建经费，自建馆库自我管理的模式，带来档案服务新的理念、内容及模式，培育了早期档案服务外包市场，也催生了一批国内档案服务企业。二是外资企业收购兼并时期。在国内初期经营中，外资企业以兼并收购等方式寻求信息、市场、资源的合作。由于兼并控股问题存在争议，兼并多在外企之间进行，本土与外企之间的收购案例偏少。三是我国档案服务企业蓬勃发展时期。本土企业兴起的原因客观上在于民营企业档案服务市场需求特别是政府体制改革后持续增加，刺激了本土企业转向投资。2010 年前后国内档案服务企业蓬勃发展，相关企业先后经历了与外资企业合作，后独立发展的模式。如银雁、中信集团开展档案服务初期都曾与外资企业德安合作，随着德安被铁山档案文件管理公司收购，银雁与中信集团基于前期合作经验自主开展档案服务。本土企业利用地缘优势，在保有相对稳定的市场份额的同时，逐步完成了档案服务的细分与升级，根据“天眼查”可知目前我国开展档案服务的企业数量已有 10 万余家。

2. 地区发展不平衡

从所处地域来看，我国档案服务企业主要分布于我国东部、京津冀、长三角、珠三角地区。如图 1 所示，自 1980 年以来的 42 年间，河北省、浙江省、广东省三省档案服务外包行业企业数量遥遥领先，中西部地区以湖北省、四川省为典型较为突出，但地区整体企业数量较少。造成地区发展不平衡的主要原因有二，一是经济因素。京津冀、长三角与珠三角地区走在我国经济发展前列，经济的快速发展与稳定增长形成了大量的档案服务需求，吸引越来越多的档案服务企业纷纷落地。二是历史因素。档案中介机构盛行时期，上海、深圳、浙江等地的档案服务业发展就因为卓越的地理位置、经济条件等优势领先于其他地区，数量较多、类型丰富。如东软、中信、量子伟业、银雁等知名档案服务企业均选择上海、北京、深圳落户。但是随着市场的扩张、各地政府政策的支持、其他地区的经济发展等诸多因素，档案服务企业地区发展不平衡的现状在逐渐改善。

3. 基于主营业务支撑拓展行业市场

国内档案服务企业业务开展近三成多受其主营业务或衍生业务支撑，具有相对稳定的市场份额，如东港瑞云、豪波公司主营业务为印刷业，银雁科技和申江万国公司主营业务为金融与房地产。具体包含两种类型：一是主营业务的衍生业务，如东港瑞云面向客户印刷品交付前的保管及库房建设需求，衍生出相关产品的存管服务；二是主营业务的保障性业务，如银雁科技主营业务为银行票据的传递，为保障金融财会凭证的长期利用，衍生出存管服务业务。因此 40 多年的发展中，不同主体参与其中。档案服务企业现有业务模式也保障了其较为稳定的市场份额。但长期囿于本行业领域单链式发展，可能因业务单一化存在业务难以持久发展的风险。因

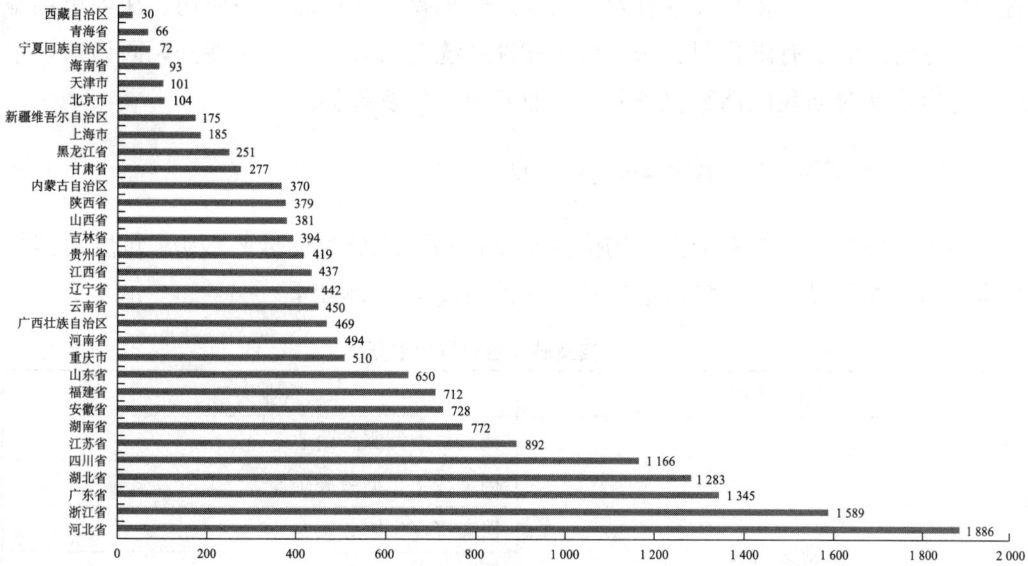

	河北省	浙江省	广东省	湖北省	四川省	江苏省	湖南省	安徽省	福建省	山东省	重庆市	河南省	广西壮族自治区	云南省	辽宁省	江西省	贵州省	吉林省	山西省	陕西省	内蒙古自治区	甘肃省	黑龙江省	上海市	新疆维吾尔自治区	北京市	天津市	海南省	宁夏回族自治区	青海省	西藏自治区
■企业数量	1886	1589	1345	1283	1166	892	772	728	712	650	510	494	469	450	442	437	419	394	381	379	370	277	251	185	175	104	101	93	72	66	30

图 1 1980—2021 年全国各省市档案服务外包企业数量统计

注：香港、澳门、台湾未在此次统计范围。

资料来源：天眼查系统。

此保持本行业领域稳定业务的同时，产业化发展模式成为近年来行业发展特点之一。部分档案服务企业所提供的服务源于企业主营业务下游或衍生业务，相应行业集中于金融、物流、银行、证券领域。基于企业上游或主营业务的支撑保持原有市场份额的同时，该类企业积极拓展市场，如随着市场档案数字化、数据证据保全需求的增加，早期主营业务为档案寄存的银雁科技等逐渐将服务主营业务延伸至档案管理系统软件开发领域，申江万国依托自主产权数据库基地逐渐将档案数据存管作为服务主营业务。

二、2021 年我国档案服务外包行业发展现状

首先通过超星、知网、天眼查、企查查等数据库，结合档案主管部门行政备案、《中国档案服务业企业名录》等，获取我国档案服务企业分布结构、管理、财务、业务等基本信息；其次以北京、上海、广州、深圳、珠海等京津冀、长三角和珠三角地区的北京量子伟业、上海信联信息发展股份有限公司、上海泰宇信息技术

有限公司、广州慧信档案技术有限公司、广州惠森档案用品有限公司、深圳市银雁科技服务集团股份有限公司、珠海泰坦软件系统有限公司为对象展开调研访谈，重点探讨后疫情时期我国档案服务外包行业发展现状及趋势。

(一) 2021 年度我国档案服务企业类型

参考宗培岭关于档案中介机构按生成途径和职能分类标准[①]，2021 年度我国档案服务企业类型可从三种维度进行划分（见表 3），具体如下。

表 3 档案服务企业类型划分

划分维度	企业类型
业务内容	档案整理型服务企业
	档案数字化型服务企业
	档案寄存型服务企业
	档案咨询型服务企业
	档案教育培训型服务企业
	档案用品销售型服务企业
企业性质	国有型档案服务企业
	中外合资型档案服务企业
	民营型档案服务企业
业务比重	单一型档案服务企业
	衍生型档案服务企业

一是按照业务内容可分为档案整理、数字化服务、寄存服务、档案咨询、教育培训与用品销售等几类档案服务企业。其中档案整理型服务企业是指将客户待整理的归档文件进行分类、排序、编号、编目等[②]，帮助客户完成归档整理工作的相关企业；档案数字化型服务企业是指根据客户要求，利用数据库、数据压缩、扫描等技术，将纸质档案和声像档案等转化为数字档案信息，并提供数据存储或软件开发型服务的相关企业[③]；档案寄存型服务企业是为客户提供档案寄存场所装具及日常管理的相关企业；档案咨询型服务企业是为客户提供档案管理决策、对接承发包方需求、档案企业发展规划咨询服务等的相关企业；档案教育培训型服务企业主要是

① 宗培岭．档案中介服务业的现状分析［J］．浙江档案，2005（9）：11－13．

② 归档文件整理规则［EB/OL］．（2018－06－20）［2021－11－08］．https：//www. saac. gov. cn/daj/hybz/201806/b305d0d06b864f81bdad2bbc4672bc9d/files/9e059b683ad44ed992bc7680e1c26d2c. pdf.

③ 档案数字化光盘标识规范［EB/OL］．（2018－06－20）［2021－11－08］．https：//www. saac. gov. cn/daj/hybz/201806/38001f54f4cc4a70ab4bac4d24d92a8c/files/09676ff52e304dbab7b2ec8680e918ae. pdf.

从事组织培训、教材开发，专业人才劳务输出与派遣等服务的相关企业。档案用品销售型服务企业主要是从事档案密级存储设备、档案保护设备、档案装具、档案包装材料等档案用品营销类企业。①

二是按企业性质可分为国有、中外合资与民营等档案服务企业。其抗压与风险防控能力从强到弱。全国范围内来看，国有性质的相关企业如佛山市档案管理中心有限公司等，民营性质的相关企业如上海信联信息发展股份有限公司等，中外合资型档案服务企业如铁山数据管理咨询（北京）有限公司等。

三是按业务比重可分为单一与衍生型服务企业。其中单一型服务企业，无上游或主营业务支撑，市场抗压及抵御风险能力较弱。衍生型服务企业多由企业主营或上游业务衍生而来，受企业主营或上游业务支撑，具有相对稳定的客户群体与市场份额，市场抗压及风险抵御能力较强，类似企业如银雁科技。该公司依托上游主营的金融服务业务，开展由金融服务衍生而来的金融财会档案寄存、保管、利用等业务。

（二）2021年我国档案服务外包行业企业新增情况

2021年我国档案服务外包企业新增数量，如图2所示。一方面，2021年全国各省市档案服务企业数量均有所增长，但各地新增数量差距偏大，东部地区新增企业数量较多；另一方面，2021年我国档案服务企业新增速度逐步放缓，较之2020年同比下降4.8%。2021年我国档案服务外包企业新增情况具体分析如下：

一是档案服务企业主要集中于京津冀、长三角、珠三角地区的格局未改变。如图2所示，浙江、广东近两年新增企业数量始终处于前列。尽管京津冀地区近两年来增量较少，但40年来的发展，该地区档案服务企业总量仍处在全国前列。部分档案服务企业如北京量子伟业、北京航星永志、上海中信、深圳银雁等以北京、深圳、上海等的总部为依托，向我国中西部地区拓展，业务辐射全国。

二是中西部地区逐渐发力，档案服务企业数量稳步增长。如湖北连续两年档案服务企业新增数量位居全国前五；河北2021年企业新增数量位居第五，同比增长达20%。西部以四川为例，2020年企业新增数量超过广东，位居第二，2021年同比增长3.64%。这表明随着中西部地区经济水平的提升以及档案服务外包行业标准规范的颁布实施，档案服务外包市场不断拓展，行业发展逐步规范。

长三角、珠三角以及京津冀地区档案服务企业数量持续增长，但长三角同比增

---

① 赵佳琦．我国档案服务业企业发展基本状况及存在问题研究［D］．沈阳：辽宁大学，2018.

长下降，珠三角及京津冀地区同比增长态势良好。

2021年长三角地区档案服务企业新增速度减缓，如上海，较之一年前，该地区2021年新增企业数量同比下降34.62%。这从侧面反映了该地区档案服务外包市场趋向饱和，市场竞争激烈。珠三角及京津冀地区企业数量则持续保持稳定增长态势。其中较之2020年，2021年天津相关企业新增高达133.33%，增长率为全国第一。

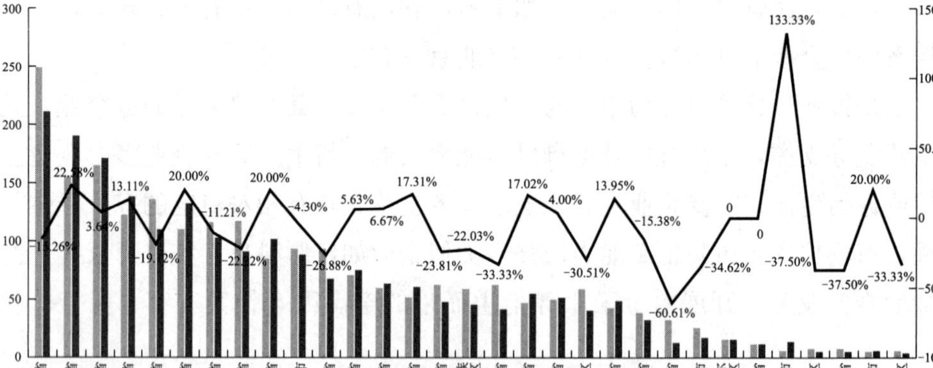

	浙江省	广东省	四川省	湖北省	江苏省	河北省	湖南省	福建省	安徽省	重庆市	河南省
2020年新增数量	249	155	165	122	136	110	116	117	85	93	93
2021年新增数量	211	190	171	138	110	132	103	91	102	89	68
2021年度同比增长	−15.26%	22.58%	3.64%	13.11%	−19.12%	20.00%	−11.21%	−22.22%	20.00%	−4.30%	−26.88%

	山东省	陕西省	云南省	贵州省	广西壮族自治区	江西省	辽宁省	吉林省	内蒙古自治区	山西省
2020年新增数量	71	60	52	63	59	63	47	50	59	43
2021年新增数量	75	64	61	48	46	42	55	52	41	49
2021年度同比增长	5.63%	6.67%	17.31%	−23.81%	−22.03%	−33.33%	17.02%	4.00%	−30.51%	13.95%

	甘肃省	黑龙江省	上海市	新疆维吾尔自治区	海南省	天津市	宁夏回族自治区	青海省	北京市	西藏自治区
2020年新增数量	39	33	26	16	12	6	8	8	5	6
2021年新增数量	33	13	17	16	12	14	5	5	6	4
2021年度同比增长	−15.38%	−60.61%	−34.62%	0	0	133.33%	−37.50%	−37.50%	20.00%	−33.33%

图2 2021年我国档案服务外包行业企业新增统计图

注：香港、澳门、台湾未在此次统计范围。

资料来源：天眼查系统。

(三) 疫情对我国档案服务外包行业的影响

受新型冠状病毒肺炎疫情的影响，我国档案服务外包行业发展受到一定影响，表现为业务量减少、业务开展难、资金流断裂、产品研发经费投入降低、复工人员减少、薪酬发放延期等问题。2020年，在党中央坚强正确领导下，我国疫情防控取得了良好成效，疫情防控进入常态化阶段。① 总体来看疫情对于档案服务企业因其业务类型、服务对象、项目周期、主流业务不同影响程度各异，具体如下：

1. 档案整理业务受影响大

疫情对于该类企业的影响包括：(1) 档案整理业务属劳动密集型且是处于相对

① 抗击新冠肺炎疫情的中国行动[EB/OL].(2020-06-07)[2021-11-27]. http://www.gov.cn/zhengce/2020-06/07/content_5517737.htm.

密闭场所开展的服务。近距离接触、面对面交互、档案载体易污染传播等因素，增加了疫情扩散风险。为了保证档案整理安全，便于客户查档与监管，通过进驻发包方工作场地开展档案整理业务，客观上也受到服务对象疫情防控政策等因素的影响，时常推迟或取消。(2) 档案整理型服务企业多采用贴付服务成本，交付业务获取项目资金的运维模式。受疫情影响，业务量减少造成了该类企业资金回流放缓，增加了资金链断裂负债率提升的风险。因此疫情对档案整理型服务企业的影响较大。

2. 档案数字化业务受影响大

常规档案数字化业务开展包括取档、拆盒、拆订、档案材料数字化、(图像、信息) 校对、装盒、装订、数字化后整理、重新入库等流程。由于项目开展流程多、周期长，为保证档案安全与监管，该类业务同样需要提供驻场服务。因此疫情对于该类企业的主要影响包括人员健康、业务开展与档案载体安全等方面。另外档案数字化业务还包括相关配套软件系统开发维护服务，随着线下业务转向线上，相关系统等服务产品负荷加重，疫情期间相应的系统运维压力加大，线上沟通不畅，工作效率降低等问题增多。综上，该类企业受疫情影响也较大。

3. 档案寄存业务受影响小

相较上述企业，疫情对于档案寄存业务为主的企业影响较小。因为档案寄存业务通常一次性交接，寄存档案利用率偏低，且利用优先采用线上查阅，服务交互人员接触较少。但如果库房疫情防控设施不健全，则仍存在档案载体受污染传播的风险。常态化疫情防控背景下，为提升库房疫情防控能级，除了传统的档案库房保护措施外，库房硬件及管理成本投入增加的客观需求一定程度影响该类企业的战略规划。

4. 档案装具销售业务受影响较大

档案装具销售企业大多采用线上销售模式，其所受影响主要表现在档案装具生产材料供应与产品输送上。后疫情时期，疫情散状复发现状对于物流链的影响一定程度影响该类企业业务增长及资金运转，如档案装具原材料的生产、供应、销售受到物流影响，一定程度影响了该类企业的原料供应、产品生产销售速度以及资金回笼速度。疫情初期，该类企业受影响程度较大，随着疫情防控态势向好，当前该类企业生产销售已基本恢复到了疫情前产能。

5. 档案教育培训业务受影响大

疫情期间相关档案服务企业业务多转为线上，尽管短期内业务量显著增加，但存在以下问题：(1) 传统线下如档案整理、编目、数字化处理等培训，易形成共情学习场域，培训效果优于在线培训。(2) 疫情期间部分培训系统多为临时开发，存在专业度不够、功能不全、缺乏配套方案、培训管理经验不足等问题；此外大部分用户对于在线培训接受度不高①等原因，使得该类企业培训综合效果不佳，相关业务后期减缓甚至停滞。疫情对于该类企业的影响较大。

综上，结合疫情期间业务量、资金运转、业务实施难度以及企业综合效益等因素综合分析，疫情对档案整理型服务企业的影响最大，档案数字化与教育培训型服务企业次之，档案用品销售与寄存型服务企业影响相对较小。

（四）疫情对我国档案服务外包行业的影响成因分析

1. 疫情对我国不同类型的档案服务企业均有影响，但总体来看并未造成大量档案服务企业破产倒闭

具体原因分析如下：

其一，客观来看我国疫情防控整体态势良好，后疫情时期部分地区散状复发疫情对档案服务企业业务开展不会造成显著影响。疫情期间市场累积的服务发包需求将拉动后疫情时期档案服务外包行业快速复苏并稳步发展。

其二，档案服务企业业务开展多采用预算制模式，即以年为单位，企业与发包方间以全备精细的预算支持业务项目开展。其中较长周期的预算项目包括档案数字化、档案存管、档案整理及档案服务人员外派等。以档案数字化业务为例，因为其业务流程复杂，且对设备技术有一定要求，通常该类项目持续周期较长。档案服务人员外派业务则是帮助定制机构开展档案整理、保管、移交等业务的专业人员输送服务，通常该类服务周期较长。档案服务外包行业预算制模式保证了企业资金有效的运转，削弱了疫情对于该类企业的不利影响。

2. 疫情对于发展初期且无主流业务支撑的小微型档案服务企业影响显著

具体原因如下：

其一，业务开展困难。相关业务如档案整理等，多以线下开展为主，疫情期间相关业务开展频次较低，即便开展，安全检疫程序复杂，效率偏低。同样档案载体污染后增加了线下业务的传染风险。业务开展受阻则影响项目进程，长远来看，资金运转不畅影响了企业生产运维。

其二，业务量减少且服务模式亟待拓展。一方面，虽然大部分企事业单位、政府机构等采用预算制模式购买服务，但也存在部分未纳入预算或预算不完备的发包

---

① 周蓉蓉，王家凝，黄舒翎．“互联网＋”背景下高校网课的使用情况研究［J］．山西农经，2018（7）：112－116．

方。加之疫情期间防疫投入增加且档案管理短期业绩显示度弱等原因，政府企事业机构规划中档案服务外包需求减弱，客观降低了档案服务外包业务总量。另一方面，因线下业务受疫情影响难以正常开展，为满足客户业务需求，档案服务企业急需开发线上业务，而小微企业受人力、资金所限，无法拓展相应服务模式，相关业务无法开展。

其三，企业人员流失。小微型档案服务企业通常无上游主流业务与长期项目支撑。资金难以有效回笼易导致人员薪酬无法按时支付，员工离职率自然增高。同时受疫情影响，企业裁员成为趋势，高校毕业生或实习生无法顺利入职，不利于行业劳动力有效增补。

其四，企业生存发展成本增大。疫情防控期间，除人工、经营（房租、水电、物业管理费等）等固定成本外，如企业复工成本（购买防疫设备及人员补贴与保险），员工流失造成的新员工招募培训时间及人力成本等导致档案服务企业各项开支均有所增加。业务减少，业务结项与接项周期整体推迟，业务开展模式改变等诸多因素，造成了该时期企业资金回笼率低，无形中增加了我国档案服务企业的生存成本。

三、后疫情时期我国档案服务外包行业发展趋势

尽管疫情给我国档案服务外包行业发展带来一定影响，但行业组织、技术、标准、市场、规范等层面40多年的积累，推动了后疫情时期我国档案服务外包行业转型化、规范化、升级化、规模化的发展趋势，具体表现为以下方面：

（一）监管力度加强，行业竞争逐步规范

近年来随着配套法规政策的完善，市场价格及档案服务流程逐步透明化。较之原先，行业服务中的“利益寻租”“客户关系维护”等无序竞争行为减少，“属地化企业”数量及非法侵占专利成果的行为也在减少。调研发现，2021年以来我国档案服务外包行业发展环境逐步“净化”，行业呈现持续向好的发展趋势，其内在原因如下：

1. 国家标准规范引导力度不断加强

《“十四五”全国档案事业发展规划》（简称《规划》）提出“进一步加强对非国有企业、社会服务机构档案业务指导，引导档案服务企业健康有序发展”[①]，从目标

① 中办国办印发《“十四五”全国档案事业发展规划》[EB/OL].（2021-06-08）[2021-11-07]. https://www.saac.gov.cn/daj/yaow/202106/899650c1b1ec4c0e9ad3c2ca7310eca4.shtml.

层面为加强档案服务外包行业监管指明方向。同时《档案保管外包服务管理规范》（DA/T 67—2017）、《档案服务外包工作规范第 1 部分：总则》（DA/T 68.1—2020）从目标与原则、战略管理、资源管理、业务管理以及安全管理五个维度，逐步引导规范档案服务企业建设。《档案服务外包工作规范第 4 部分：档案整理服务》等行业标准，也将在新的五年规划内颁布实施。上述政策规范相继出台，并将逐步形成目标明确、操作可行的政策规范体系，进一步引导企业健康规范发展。

2. 社会团体自建自理能力有所提升

《规划》鼓励社会团体等开展组织管理相关标准制定或修订工作。完善档案行业协会等社会团体，依照市场规律，监管服务档案服务企业的职能，成为“十四五”期间档案社会组织发展的趋势。如 2021 年 11 月，我国副省级市第一家档案行业协会——广州市档案行业协会成立，标志着行业协会在联系档案服务发承包方，结合行业规范职能，配合档案主管部门，搭建交流平台，孵化行业精英，促进行业发展中的职能逐步完善。[①] 但综合来看目前我国尚未形成如国际档案信息管理协会（PRISM International）等具有成熟运维模式的联盟性档案行业协会[②]，且中西部地区档案行业协会仍处于发展初期，缺乏成熟配套的规章制度，存在运维主体日常工作开展无规律等诸多问题。未来发展中，我国档案行业协会等社会组织在与档案主管部门“政会”关系协调、机构职能完善、合作平台搭建、行业标准建设等方面仍需着力完善。

3. 行业市场自我调节能力增强

行业发展早期，档案服务外包方因不熟悉业务规范，以“低价作为招标关键标准”的服务购买导向，使得部分档案服务企业忽略服务质量及基本服务成本，“迎合”市场，一定程度影响行业健康发展。随着我国档案服务外包市场逐步成熟，各项服务价格逐渐透明，发包方对于服务质量及服务性价比的要求也逐步提升。以降低质量“低成本”服务的市场策略已非提升企业市场份额的主要手段。优质保量的服务才能保持稳定的市场份额已成为行业共识。加之外包业务招投标流程逐步规范透明化，一定程度减少了行业“定标”“陪标”乱象。传统通过经营“客户关系”获取业务的档案服务企业生存空间也随着“客户关系”的瓦解及“行业白名单”的形成逐渐受到挤压。

---

① 广州市档案行业协会正式成立，将推动广州档案事业高质量发展［EB/OL］.（2021-11-05）［2021-11-15］. https：//www.sohu.com/a/499445960_161795.

② 蔡盈芳.《档案服务外包工作规范》解读［J］. 中国档案，2018（1）：34-35.

（二）产业转型升级，服务纵深发展

40 多年来我国档案服务外包行业经历了从单一型到复合型服务，从纸质档案整理寄存到数字化加工、档案管理系统开发、电子文档保全服务的转变，这与市场需求的改变密不可分。2021 年以来，档案服务行业产业转型持续升级，表现为以下方面：

1. 由传统低技术、劳动密集型档案存管业务向技术含量高的研发型服务方向发展

以档案信息系统开发为例，调研发现 2021 年以来，长、珠三角地区档案服务企业布局档案信息系统研发，资本投入及市场回报持正向增长。如较之 2020 年，2021 年深圳银雁科技在档案信息系统研发上投入增长高达 100%，销售额增长初年实现盈亏平衡。这与国家及地方档案信息化发展政策推进及业务模式革新密切相关。如《规划》明确提出机关、团体、企事业单位应将档案信息化建设纳入地方“十四五”规划；广东省档案局《2021 年全省档案工作要点》指出“持续推进数字档案馆（室）建设，积极参与电子公文、政务数据、电子票据、建设项目等电子文件单套归档试点”[①] 等。在档案服务外包行业向信息化、技术化转型中，早期布局并持续投入，或主干业务为档案信息系统研发的档案服务企业相对占优。该类企业依托高校科研院所，在巩固现有产品的同时按照市场需求细分产品，不断吸收人工智能、区块链等技术，加快产品升级。

2. 由纸质档案整理数字化加工业务向档案数据关联、知识管理、智慧开发等档案信息组织方向发展

调研发现珠三角地区档案服务企业面向金融证券企业的档案数据开展了主题标引及业务规则关联组织服务，有效提升了企业档案数据检索效率。京津冀地区档案服务企业面向能源部门领导决策支撑需求，提供了档案数据开发及关联服务；长三角地区档案服务企业面向社会组织管理部门，开展了社区流动人口档案数据分析及管理对策服务等。随着大数据、区块链、物联网技术的发展，发包方业务系统管理能级不断提升，档案知识管理、档案数据关联、档案内容智慧开发等客户深度需求，将进一步促进档案服务企业完成服务升级，转向档案信息组织挖掘等深层内容服务。如量子伟业致力于通过运用物联网、云计算等新兴技术，感知、挖掘多元化

① 广东印发 2021 年全省档案工作要点［EB/OL］.（2021－02－22）［2022－06－13］. https://www.saac.gov.cn/daj/c100238/202102/9a92704fd1064156b06832c1dc198367.shtml.

档案信息资源，经综合分析和提炼萃取形成智慧信息服务于决策、管理等日常情景。[①]

3. 由档案收集整理保管利用人工服务向档案管理全流程智能化服务方向发展

调研发现长、珠三角地区档案服务企业智能化服务业务逐步推广。以浙江省为例，《浙江省档案事业发展“十四五”规划》明确了“加强档案数据管理与应用，开展智慧档案馆建设试点，拓展智慧档案应用场景”[②]，该地区档案服务企业近年来纷纷增加了档案智能管理系统研发、智慧库房建设等业务内容。智能化档案馆室建设也是当前档案服务转型升级的重要表现，其智能化服务增长主要体现在档案馆智能设备研发上。以深圳市某档案密集架生产企业为例，其智能档案密集架研发已完成了从第一代红外感应到第二代智能触摸，再到第三代远程调控的转型。长三角地区的档案库房建设企业智能档案库房调控系统迭代产品已推广至长、珠三角地区各级党政司法机关、事业单位、建设部门、国企央企等。

（三）多元服务需求增长，行业呈规模化发展趋势

随着多元服务需求的增长以及企业规模化经营策略的推进，我国档案服务行业发展将呈现以档案产业园为主要形式的规模化发展趋势。档案产业园构想可追溯至2018年，3年来北京、上海、广州、佛山、东莞等地各类档案产业园模式初步形成。如2019年上海宝山档案科技产业园就是在国家及上海市档案局、宝山区政府的支持下，采用一体化服务模式构建的档案服务产业基地，业务涉及档案设备、寄存、数字化加工、管理培训等。[③] 多元服务需求与单一服务业务之间的矛盾，将进一步促进我国档案服务外包行业规模化发展，并将衍生出以下发展路径：(1) 面向发包方如纸质档案整理、数字化加工、档案信息系统开发的系列服务需求，不同企业通过优势业务强强联合，形成基于该需求的链式服务组合。其优势在于通过合作与规模化服务，提升大型项目的中标率并集中解决客户“链式”需求，降低生产成本。路径实现的关键在于解决服务流程再造以及服务受上层业务限制等问题。(2) 通过领军服务企业的组织，多家企业形成规模化组合。其优势也是通过规模化运作提升市场份额以及服务效益。不同之处在于领军企业的组织与救济作用，即通

---

① 量子伟业［EB/OL］.［2022-01-26］. http：//www.pde.cn/PDEPORTAL2015/portal/html/index.html?v=2.

② 省发展改革委 省档案局关于印发《浙江省档案事业发展“十四五”规划》的通知［EB/OL］.（2021-06-24）［2021-11-16］. http：//www.zj.gov.cn/art/2021/6/24/art_1229540815_4671280.html.

③ 上海档案产业园简介［EB/OL］.［2021-11-20］. http：//www.dacyy.com/about/.

过资金、人力、策略等多种方式扶持组织内部企业共同发展。档案服务外包行业规模化发展模式及规模化发展中的企业良性竞争秩序将在实践中不断完善。

(四) 突发公共事件档案应急服务能力持续增强

突发公共事件是指突然发生造成或者可能造成重大人员伤亡、财产损失、生态环境破坏和严重社会危害，危及公共安全的紧急事件，包括自然灾害、事故灾难、公共卫生事件以及社会安全事件。[①] 突发公共事件对档案安全威胁由来已久，保障档案资源安全是开展档案服务的基础，也是增强档案服务企业服务能力的着力点，主要包括以下方面：

1. 增强突发公共卫生事件档案应急服务能力

以新冠肺炎疫情为代表的突发公共卫生事件正在改变传统档案服务外包行业的服务模式。疫情防控常态化背景下，作为国家档案服务体系的有力补充，档案服务企业应被进一步纳入国家档案应急服务体系。相关企业通过完善应急预案，为突发公共卫生事件提供档案寄存、数字化、系统建设、咨询决策等保障性应急服务，重点增强面向发包方的应急档案系统开发服务能力、档案保护修复及相关设备产品的应急供给能力。

2. 增强突发自然灾害事件档案应急服务能力

自然灾害突发性强，破坏性大，对档案资源极易造成重大损失。如2021年7月郑州特大暴雨后大批医疗、城建档案因服务企业缺乏配套机制和储备无法提供服务而受损的案例，表明档案服务企业还需增强突发性自然灾害档案修复、整理等应急服务能力。因此完善包括灾前档案应急预案咨询、灾中档案应急存管、灾后档案修复等服务内容，提高档案服务企业应急服务能力也是档案服务企业未来发展的着力点。

(五) 档案教育培训体系将逐步完善

当前我国档案学高等教育人才培养目标与档案服务外包行业人才需求存在偏差。例如，广州市档案局记录备案的档案服务企业中，从业人员多由档案劳务公司派遣，采用合同聘用制。人员年龄层次以20～35岁居多，占比约85%。其中绝大多数从业人员为大专及以下学历，档案学本科及以上学历人员占比不足10%，专业

① 国家突发公共事件总体应急预案［EB/OL］.（2006-01-08）［2021-11-22］. http：//www.gov.cn/zhuanti/2006-01/08/content_2614770.htm.

人才数量与行业需求存在差距，档案服务企业人员流失严重，从业人员专业素养偏低、流动性强、人才匮乏。调研发现，随着档案行业协会成立及服务模式完善，以行业协会为中心，以业务项目为导向，以职业院校为基地的我国档案教育培训体系将进一步完善，具体表现为以下方面：

1. 专业人才定制化培养模式将逐步兴起

当前我国档案学高校将培养档案管理型人才作为目标，与档案服务企业技能型人才需求之间存在偏差。高校档案学毕业生多以党政、国企、事业单位为就业首选，加之人才流失率高，导致档案服务外包行业人才需求存在较大空缺。为弥补行业人才匮乏，保障人才供给，珠三角地区部分企业开始依托域内大中专职业院校，根据项目人才技能需求，通过定制化培训模式打造行业专属人才“蓄水池”。《规划》中“建立职业技能实训基地，探索档案技能型人才培养新路径”明确了下一个五年我国档案职业教育的发展方向。以此为契机，结合档案服务外包行业人才供需现状，面向行业需求的专业人才定制化培养模式将逐步兴起。

2. 企业培训重心将转向新技术的学习及应用

信息技术改变着党政机关企事业单位的档案管理能级，也在持续推动下游档案服务企业服务从物理、文件级向数据、规则级管理能级转变。信息技术革新带来了档案服务企业管理的模拟、数字、数据三态管理空间。模拟态管理空间下，档案服务企业培训重点在于纸质档案的管理规范及技术工具学习，重在提升企业维持档案实体的有序能力。而数字态管理空间下，培训重点在于电子档案的管理，相关规范及技术工具学习，重在提升以文件为中心，固化电子档案内容的能力。而数据态管理空间下，培训重点在于档案数据的关联、组织、挖掘，重点提升将业务规则作为主要对象的描述与管理能力。①

3. 校企互动将进一步增强

随着我国政府“放管服”政策及电子文件单轨制管理模式持续推进，档案服务企业与高校多维合作将逐步增强。档案主管部门通过减少对档案服务企业于新业务领域开拓及多元合作中的行政审批，降低了企业市场运维的行政成本。单轨制管理模式推动了档案服务企业管理能级从传统档案实体序化保存的物理能级向电子档案内容还原的文件管理能级跃迁。优良的外部环境与内生动力将促使档案服务企业在服务内容、服务模式上创新转型，因此加强与高校档案科研部门合作也成为必然趋

---

① 钱毅．从“数字化”到“数据化”：新技术环境下文件管理若干问题再认识［J］．档案学通讯，2018（5）：42－45.

势。2021 年该趋势已初步呈现，调研发现，北京、上海、武汉、广州、苏州等地多家档案服务企业联手中国人民大学、上海大学、武汉大学、中山大学、苏州大学等高校档案教学科研机构，开展包括档案科技项目联合申报、档案信息系统开发、档案行业协会构建、智慧档案馆库建设、文化遗产保护等多种形式合作。可以预见，该趋势将在拉动企业服务能级转型的同时促进档案主管部门及行业协会“政会”关系改革，稳步提升行业从业人员职业素养。即企业通过“引进来”策略，利用高校师资开展企业人才定期培训，提升从业人员理论技能；促进高校科研机构通过参与培训，完善教学案例，针对档案服务企业发展中的“痛点”“难点”展开目标性研究。

附　　录

2021年中国档案事业大事记

赵彦昌[1]　王琳[1]整理

1. 辽宁大学信息资源管理学院，沈阳　110136

作者简介：赵彦昌，硕士，教授/博士生导师，辽宁大学信息资源管理学院院长，研究方向为中国档案史、明清档案整理与研究，电子邮箱 zhaoyanchang1978@163.com；王琳，硕士研究生，研究方向为明清档案整理与研究。

大事记编例：

1. 信息来源：编写“2021年中国档案事业大事记”的信息来源为国家档案局网站、中国档案资讯网、中国档案网、中国档案学术网、中国人民大学信息资源管理学院网站、档案那些事儿公众号以及全国各省市档案馆网站。

2. 收录标准：围绕涉及全国档案事业发展的“大事”进行遴选，或涉及全国档案工作，或涉及档案行业动态，或涉及高校档案学专业，或为代表性或体现特色，但“常事”不录。

3. 详略得当：对于传播甚广随处可见众人皆知的“大事”，能简则简，点到即止，欲详知此事，随手搜之可得；对于一些重要但未得到普遍关注的“大事”，尽量展现较为全面的信息或线索，特为留痕。

一、2021年1月

1月1日，新《中华人民共和国档案法》实施。2020年6月20日，第十三届全国人大常委会第十九次会议审议通过了新修订的《中华人民共和国档案法》，国家主席习近平签署第四十七号主席令予以公布，自2021年1月1日起正式施行。这是《档案法》1988年1月1日施行以来的首次修订，有助于进一步发挥档案和档案工作在推进国家治理体系和治理能力现代化中的基础性作用，为新时代档案事业高质量发展提供坚强法治保障。《档案检查工作办法》（档发〔2020〕5号）开始实施。中国第一历史档案馆开放3个满文档案（满文起居注、满文上谕档、满文寄信档）全文检索数据库并公布20万条馆藏档案目录。

1月6日，国家档案局宣传处李凤洲处长和中央电视台《国家记忆》栏目组郭晓清编导等来到中国人民大学信息资源管理学院进行采访、拍摄。为建党100周年献礼，国家档案局和中央电视台《国家记忆》栏目组摄制档案事业开创及发展的系列纪录片。

1月7日，中央档案馆国家档案局印发2020年全国档案局长馆长会议文件。

1月11日，国家林业和草原局、国家档案局印发《国有林场档案管理办法》(林场发〔2021〕3号)。

1月13日，中国档案学会召开年终工作总结会议，国家档案局副局长付华出席会议并讲话。

1月14日，浙江省档案学会召开九届一次常务理事会暨专委会负责人会议；湖北省档案局、省档案馆联合印发《关于开展新冠肺炎疫情防控档案目录报送工作的通知》。

1月16日，湖南省委书记许达哲在省委办公厅《关于全国档案局长馆长会议精神及我省贯彻落实意见的汇报》上作出批示："要重视档案工作，用好档案资源，推进档案事业高质量发展。"省委常委、省委秘书长张剑飞也作出批示："要抓好全国档案局长馆长会议精神的落实，贯彻落实好达哲书记批示精神"。

1月19日，国家档案局办公室印发《2020年国家重点档案保护与开发项目绩效评价的通知》(档办函〔2021〕13号)。

1月21日，国家档案局颁布2020年度国家档案局优秀科技成果奖励的通知。

1月28日，中国福利会、上海宋庆龄研究会、上海市档案馆举行"203档案"整理研究利用工作座谈会。

1月29日，国家档案局批准深圳市数字档案馆为"全国示范数字档案馆"，批准天津市等12家数字档案馆为"国家级数字档案馆"；国家档案局档案干部教育中心印发2021年档案教育培训计划的通知。

二、2021年2月

2月5日，财政部、国家档案局、国家税务总局明确了增值税电子专用发票全流程电子化管理操作等有关问题，来源合法、真实的电子专票作为电子会计凭证与纸质会计凭证具有同等的法律效力，可作为电子档案进行保存归档。

2月7日，国家档案局印发《关于做好2021年建设项目档案工作有关事项的通知》《关于征求〈乡镇档案工作办法(征求意见稿)〉修改意见的通知》。

2月8日，国家档案局办公室印发《关于开展2021年国家档案局科技项目立项工作的通知》。

2月18日，国家档案局印发《国家档案局办公室关于组织申报2021年度国家重点档案保护与开发工程项目的通知》；中国档案学会发布关于“档案纪念建党100周年”学术论坛征文的通知。

2月19日，中国福利会英文历史档案研究取得突破性进展。

2月20日，国家档案局办公室印发《关于开展国家重点档案重大专题开发项目验收工作的通知》，计划在2021年集中组织开展项目验收工作，为“十四五”时期档案保护与开发工作开局起步创造良好条件。

2月22日，国家档案局办公室印发《关于2021年制定修订档案行业标准项目申报的通知》；国家档案局办公室、财政部办公厅、商务部办公厅和国家税务总局办公厅联合发布《关于进一步扩大增值税电子发票电子化报销、入账、归档试点工作的通知》，拟再选定一批单位开展增值税电子发票电子化报销、入账、归档试点工作，形成示范效应。

2月23日，国家档案局档案干部教育中心印发《关于举办2021年档案专业人员岗位培训班（在线）的通知》。

2月24日，国家图书馆2021年继续面向全国组织申报革命文献与民国时期文献整理项目工作，其内容涉及档案馆藏民国档案。

2月25日，国家档案局印发《关于报送档案宣传工作有关材料的通知》。

2月26日，国家档案局印发《关于进一步明确区域性国家重点档案保护中心有关事项的通知》。

三、2021年3月

3月5日，国家档案局组织召开第三批电子发票试点工作推进会。

3月7日，国家社会科学基金重大项目“满族民间历史档案资料整理研究与数据库建设”开题论证会暨“中华民族共同体形成、发展视域下的满族民间历史档案资料整理研究”学术论坛在东北大学秦皇岛分校举行（线上）。

3月9日，国家市场监督管理总局、国家标准化管理委员会联合发布了《电子档案管理系统通用功能要求》（GB/T 39784—2021），该标准将于2021年10月1日起实施。

3月11日，“学史明理 学史增信 学史崇德 学史力行”——中央档案馆国家档案局召开党史学习教育动员会。根据会上公布的《档案馆局开展党史学习教育实施工作方案》部署，馆局党史学习教育将贯穿今年全年，将深入挖掘中央档案馆馆藏档案资源，通过筹办“百年恰是风华正茂”主题档案文献展、编辑《100个档案故事讲述党的历史》、合作拍摄百集微纪录片《红色档案——走进中央档案馆》等工作，配合中央和厅里党史学习教育安排部署，充分利用红色档案全面宣传党的历史，弘扬伟大精神，传承红色基因。

3月15日，国家档案局批准《中国地震局机关文件材料归档范围和文书档案保管期限规定》。

3月17日，国家档案局批准《中国工程物理研究院总部管理类文件材料归档范围和档案保管期限表》。

3月17日至20日，国家档案局组织验收三门核电一期工程项目档案。

3月22日，钟南山院士委托其妹钟黔君向广东省档案馆捐赠廖月琴女士纪录片《提灯四十载》。

3月24日，中共中央办公厅、国务院办公厅印发《关于进一步深化税收征管改革的意见》，电子发票归档工作写入中央文件。

3月26日，国家档案局印发《关于〈2021年全国档案宣传工作要点〉的通知》。信息联盟 iConference2021“档案教育论坛”（Archival Education Session）在线上召开。本次线上会议共四个发言，其中两项研究来自中国人民大学信息资源管理学院。信息联盟 iConference2021 首开档案教育论坛，线上教学、学科建设、课程改革、社媒传播成为热点。

3月29日，国家档案局批准《中国电子信息产业集团有限公司总部管理类文件材料归档范围和档案保管期限表》。

四、2021年4月

4月1日，国家档案局印发《关于征求〈档案馆照明设计规范〉等9项档案行业标准项目意见的通知》《关于征求〈脱贫攻坚档案和疫情防控档案归集工作实施方案（征求意见稿）〉意见的函》。

4月7日，国家档案局组织召开脱贫攻坚档案和疫情防控档案归集工作座谈会。

4月9日，国家档案局发布档案馆安全风险评估体系。

4月12日，国家档案局批准广东省交通运输厅、广东交通职业技术学院、山东省档案馆机关数字档案室为“全国示范数字档案室”；印发《关于报送“十三五”

时期国家档案局优秀科技成果有关材料的通知》。

4 月 15 日，根据 2021 年全国档案宣传工作要点和国际档案日系列宣传活动安排，即日起至 7 月 31 日，面向全国档案工作者开展“宝葫芦杯”2021 年国际档案日主题征文活动。

4 月 16 日，档案学专业课程思政教学指南编撰高层研讨会在上海大学宝山校区乐乎楼大学厅举办；国内首款运用区块链技术研发的档案一体机在安徽合肥问世；国家档案局办公室发布《关于开展“追寻先烈足迹”短视频网上征集展示活动的通知》。

4 月 19 日至 21 日，国家档案局在京召开《乡镇档案工作办法》修订研讨会。

4 月 20 日，国家档案局公布政府信息公开工作 2020 年度报告；国家发展改革委等 21 个部门 20 日发布《国家基本公共服务标准（2021 年版）》，2021 年版标准明确为辖区内常住居民（指居住半年以上的户籍及非户籍居民）建立统一、规范的电子居民健康档案。

4 月 21 日，国家档案局组织召开全国档案宣传工作会。会议强调，各级档案部门要认真学习贯彻习近平总书记关于宣传思想工作的重要思想，牢牢把握档案宣传工作的正确方向和目标任务，要持续推动学习宣传贯彻习近平新时代中国特色社会主义思想走深走实走心，要善于从档案的视角宣传党的创新理论，引导干部职工在看得见、摸得着的变化中感悟思想伟力、领悟精神实质、把握实践要求。

4 月 22 日，中央档案馆发布《关于十九届中央第五轮巡视整改进展情况的通报》。根据中央统一部署，2020 年 5 月 16 日至 6 月 30 日，中央第十三巡视组对中央档案馆进行了常规巡视。2020 年 8 月 18 日，中央巡视组向中央档案馆反馈了巡视意见。按照巡视工作有关要求，现将巡视整改进展情况予以公布。国家档案局印发《脱贫攻坚档案和疫情防控档案归集工作实施方案》。

4 月 23 日，中央档案馆国家档案局离退休老同志与青年代表座谈会在国家档案局阜外办公区召开。

4 月 25 日，由中国档案学会、中国人民大学、福建省档案局、福建省档案馆、福建省电子信息集团、福建省档案学会主办，福建省档案学会、福建省数字福建云计算运营有限公司承办的第四届数字中国建设峰会“档案赋能数字社会”论坛在福建省福州市召开。

4 月 25 日至 27 日，国家档案局组织召开专业档案工作座谈会暨“国家专业档案管理制度建设方略研究”课题初审会。

4 月 26 日，国家档案局组织召开档案法配套法规制修订研究课题中期评估会议；“李大钊革命活动”学术论坛在北京市档案馆召开。

4月27日，中央档案馆国家档案局召开“集中学习周”动员会。中央档案馆馆长、国家档案局局长陆国强在会上作学习动员。作为首场学习活动，全国政协委员、中央档案馆原馆长、国家档案局原局长李明华在会上作了题为“从中央档案馆馆藏看我们党的奋斗历程”讲座。

4月30日，世界记忆项目中国国家委员会网站上线。2021年是“联合国教科文组织世界记忆项目中国国家委员会”成立25周年，为了更好地传播中华优秀文化遗产，发挥已入选记忆名录的中国文献遗产的宣传和教育作用，传播世界记忆项目4个学术中心的研究成果，下设于国家档案局官网的“联合国教科文组织世界记忆项目中国国家委员会”网站于本日正式上线（https：//www. saac. gov. cn/mowcn/cn）。

五、2021年5月

5月7日，南京大学中国社会科学研究评价中心通过公众号“CSSCI”发布了《CSSCI来源期刊目录（2021—2022）》（https：//mp. weixin. qq. com/s/rvfvkq3-6IQM1-iOVqeZjw）。《档案学研究》《档案学通讯》作为来源期刊继续入选该目录。

5月8日下午，中国人民大学信息资源管理学院原党总支书记王德俊先生向中国人民大学信息资源管理学院捐赠第13届国际档案大会主报告、辅助报告等系列珍贵资料。

5月10日，国家档案局印发《关于开展2021年度国家档案局优秀科技成果奖励工作的通知》。

5月11日，国家档案局印发《关于征集重特大事件应急处置档案工作典型案例的函》。

5月12日，国家档案局批准《中华全国供销合作总社机关文件材料归档范围和文书档案保管期限规定》。

5月15日，中国人民大学信息资源管理学院5位档案学博士研究生胡玲玲（导师张斌教授，题目《档案社会治理功能研究》）、李子林（导师张斌教授，题目《记忆型数字人文参与模式研究——基于档案馆视角》）、杨文（导师张斌教授，题目《档案与国家治理研究》）、熊文景（导师徐拥军教授，题目《档案正义论》）、杨静（导师黄霄羽教授，题目《档案馆用户培育》）进行博士学位论文答辩。

5月16日，由教育部高等学校档案学专业教学指导委员会主办、山东大学历史文化学院承办的“新文科背景下高校档案学专业课程思政建设”研讨会在山东青岛举行，“新文科背景下高校档案学专业课程思政建设”研讨会强调档案学课程思政在新文科建设中占有重要地位，要抓住档案学专业特色优势，探讨新文科建设与课程思政建设的新方法、新思维、新理念，实现专业教育与思政教育的有机融合，会议发布《全国高校档案学专业课程思政建设宣言》，来自国内30所高校的50余位专家学者参加了此次会议。

5月17日，中国人民大学信息资源管理学院4位档案学博士研究生蔡梦玲（导师张美芳教授，题目《纸质文献实体信息备案库的建设研究》）、李冰（导师张美芳教授，题目《纸质档案修复技术集成研究》）、梁艳萍（导师唐跃进教授，题目《明代题本制度研究》）、李军（导师胡鸿杰教授，题目《关于连续基质的档案本体研究》）进行博士学位论文答辩。

5月18日至19日，国家档案局举办脱贫攻坚档案和疫情防控档案归集工作培训班。

5月19日，中国档案学会、浙江省档案学会联合主办，上海市、江苏省、安徽省档案学会协办的“数字化改革与档案工作整体智治”专题研讨会暨第一次长三角地区档案学术讨论会在杭州召开。

5月21日，国家档案局批复2021年国家重点档案专项资金任务预算。

5月26日，国家档案局印发《关于发布〈财产保险业务档案管理规范〉等7项行业标准（含修改单）的通知》。经全国档案工作标准化技术委员会审查通过，并经国家档案局批准，以下7项标准（含修改单）予以发布（标准电子版将在国家档案局网站上登载），自2021年10月1日起实施：《财产保险业务档案管理规范》（DA/T 86—2021）、《档案馆空调系统设计规范》（DA/T 87—2021）、《产品数据管理（PDM）系统电子文件归档与电子档案管理规范》（DA/T 88—2021）、《公务电子邮件归档管理规则》（DA/T 32—2021替代DA/T 32—2005）、《档案级可录类光盘CD-R、DVD-R、DVD+R技术要求和应用规范》（DA/T 38—2021替代DA/T 38—2008）、《档案馆高压细水雾灭火系统技术规范》（DA/T 45—2021替代DA/T 45—2009）、《绿色档案馆建筑评价标准》（DA/T 76—2019）修改单。

5月28日，中央档案馆国家档案局组织召开《中国档案》创刊70周年座谈会。

5月30日，中国科学技术协会第十次全国代表大会部分修改通过。

5月31日，中共中央办公厅、国务院办公厅印发《“十四五”全国档案事业发展规划》，对未来五年档案事业发展进行了总体谋划、部署；国家档案局印发《关于进一步加强当前档案安全工作的通知》；与财政部、商务部、国家税务总局联合印发《关于确定电子发票电子化报销、入账、归档试点单位数量的通知》。

六、2021 年 6 月

6 月 1 日，国家档案局印发《关于 2016—2020 年度国家重点档案目录基础体系建设任务成果验收意见的通知》；国家档案局令第 16 号《重大活动和突发事件档案管理办法》开始实施；国家市场监督管理总局、中国国家标准化管理委员会发布的《党政机关电子公文归档规范》（GB/T 39362—2020）开始施行；国家档案局办公室发布《关于开展 2021 年国际档案日“档案话百年”主题活动的通知》。

6 月 2 日，国家档案局在南京召开《企业档案管理规定》修订讨论会；兵器工业档案馆受中国兵器工业集团有限公司综合管理部委托，对 13 家子集团和直管单位开展了档案工作评价现场检查，建立档案工作检查常态化机制。

6 月 4 日，国家档案局印发《关于报送档案科技工作有关情况的通知》；2021 年度国家档案局科技项目拟立项项目公示。

6 月 7 日，国家档案局印发《关于认真学习贯彻实施〈“十四五”全国档案事业发展规划〉的通知》。档案工作是维护党和国家历史真实面貌、保障人民群众根本利益的重要事业。经验得以总结，规律得以认识，历史得以延续，各项事业得以发展，都离不开档案。为推动“十四五”时期档案事业高质量发展，适应国家治理体系和治理能力现代化要求，根据党的十九届五中全会精神和《中华人民共和国国民经济和社会发展第十四个五年规划和 2035 年远景目标纲要》，制定本规划。庆祝党的百年华诞 喜迎国际档案日“学党史 点亮心中红船”网上宣传活动在京启动。

6 月 7 日至 30 日，2021 年国际档案日“档案话百年”主题活动——网上档案知识竞答开始。

6 月 9 日，由国家档案局主办、中国档案学会承办的“6・9”国际档案日专题讲座在国家档案局举行。作为今年国际档案日系列宣传活动的重要组成部分，国家档案局副局长付华主持讲座，中国浦东干部学院刘哲昕教授作了题为“从资本与政治的关系看中国特色社会主义发展史”的专题讲座。刘哲昕教授从“什么叫作社会主义”这个问题讲起，从社会主义的历史渊源、为什么要坚持社会主义道路、政治应该如何正确对待资本、人民应该如何有效制约政治等方面进行了阐述。中国档案报社承办的全国档案系统“凝百年之辉，筑兰台之梦”主题微视频展播活动正式上线。

6 月 10 日，企业境外档案安全管理研讨会在北京亦庄举行；国家档案局原副局长刘国能先生向中国人民大学信息资源管理学院捐赠两千余册档案及文史类图书。

6 月 11 日，国家档案局下达《2021 年度国家档案局科技项目计划》，确定 2021 年度国家档案局重点科技项目。

6 月 15 日，国家档案局印发《关于进一步做好脱贫攻坚档案和疫情防控档案工作的通知》；批准天津市滨海新区档案馆、山东省威海市档案馆数字档案馆为“全国示范数字档案馆”。

6 月 17 日，由中国档案学会、中国人民大学档案学院、上海市档案馆联合举办的“档案见证历史巨变——庆祝建党 100 周年”学术论坛在上海召开。

6 月 18 日至 20 日，由西北大学公共管理学院主办，民族档案学术协作网、云南大学历史与档案学院协办的“第四届全国民族档案学术研讨会暨 2021 图情档前沿问题青年学者论坛”在西北大学召开，会议主题为“区域协调发展中的文献资源开发与公共文化服务”。

6 月 21 日，中国人民大学信息资源管理学院“2021 年全国优秀大学生夏令营”入营名单公布。

6 月 22 日，由江苏省档案学会主办，苏州市档案馆、苏州市档案学会承办的“红色档案文献保护与开发学术研讨会”在苏州召开。

6 月 25 日，中央档案馆国家档案局“光荣在党 50 年”纪念章颁发仪式在京举行。按照庆祝中国共产党成立 100 周年活动的总体部署，党中央在“七一”之际，首次向党龄达到 50 年、一贯表现良好的老党员颁发“光荣在党 50 年”纪念章，全国将有 710 多万名老党员获颁纪念章。首次颁发后，一般每年“七一”都将集中颁发一次纪念章。经认真统计核实，中央档案馆国家档案局共有 120 名在党 50 年以上的优秀老党员，党龄最长的达 82 年。

6 月 28 日，电子发票电子化报销入账归档试点工作在全国全面铺开。水利部规范性文件《水利工程建设项目档案管理规定》（水办〔2021〕200 号）开始施行。俄驻华大使向国家档案局转交历史档案。俄罗斯驻华大使安德烈·杰尼索夫向陆国强转交了俄罗斯联邦档案署署长阿尔基佐夫给陆国强的信，亲手将俄罗斯联邦档案署查找到的中国共产党早期历史档案一一递到陆国强手中，并予以讲解。陆国强表示，非常感谢俄方档案部门克服新冠肺炎疫情影响，在短时间内查找整理出这些珍贵的历史档案。在喜迎中国共产党建党 100 周年之际，这份礼物可谓珍贵，体现了俄罗斯政府和俄罗斯档案同行对中国共产党建党 100 周年的真诚祝福。我们一定保管好、利用好这些珍贵档案资料，并发挥好它们的价值，让中国人民了解俄罗斯人民对我们的深情厚谊。双方还就此前签订的《2021—2025 年中俄档案合作分委会大纲》涉及的相关工作进行了沟通。双方一致认为，今年是《中俄睦邻友好合作条约》签署 20 周年，将为中俄两国档案领域合作提供非常有利的条件，推动两国档案部门之间的合作在更高水平、更深层次上持续发展。

6 月 29 日，国家档案局办公室发布《关于征集 2021 年度经济科技档案资源开发利用案例的通知》。

七、2021 年 7 月

7 月 1 日，推荐性国家标准《OFD 在政府网站网页归档中的应用指南》(GB/T 39677—2020) 正式实施。

7 月 2 日，中国历史研究院“兰台青年学者计划”项目申报公告。

7 月 5 日，世界记忆项目中国国家委员会网站发布最新修订的《世界记忆项目总方针》中文译文；第三届全国高校档案学专业青年骨干教师研修班在南京大学正式开班，由教育部高等学校档案学专业教学指导委员会主办、南京大学信息资源管理学院承办，来自全国 19 所高校档案学专业 29 名青年教师齐聚南京大学，进行为期一周的研修学习，研修班旨在通过专家讲座、学术研讨和现场教学等形式，拓展研究视野、交流教学经验、增进学术积淀，提升档案学专业青年教师综合素质。

7 月 6 日，习近平总书记对档案工作作出重要批示，国家档案局通知要求认真学习。习近平总书记的重要批示如下：

> 值此中国第一历史档案馆新馆开馆之际，向你们表示热烈的祝贺！档案工作存史资政育人，是一项利国利民、惠及千秋万代的崇高事业。希望你们以此为新起点，加强党对档案工作的领导，贯彻实施好新修订的档案法，推动档案事业创新发展，特别是要把蕴含党的初心使命的红色档案保管好、利用好，把新时代党领导人民推进实现中华民族伟大复兴的奋斗历史记录好、留存好，更好地服务党和国家工作大局、服务人民群众！

早在 2003 年，时任浙江省委书记的习近平同志视察浙江省档案局（馆）时指出“档案工作是一项非常重要的工作，经验得以总结、规律得以认识、历史得以延续，各项事业得以发展，都离不开档案。在全面建设小康社会的进程中，档案工作显得越来越重要”，并指示档案工作要“走向依法管理、走向开放、走向现代化”。重要指示成为指引档案工作和档案事业发展的根本遵循，特别是 2014 年国家档案局组织全国档案系统深入学习贯彻以来，不断成为推动新时代全国档案事业发展的行动指南。2020年6月，新修订的档案法明确要坚持党对档案工作的领导，生动展示了人民群众共建共享档案事业发展成果的价值追求，突出体现了档案工作现代化的鲜明导向，树立了坚决守住档案安全底线的坚定决心。新修订的档案法通篇贯穿着习近平总书记关于档案工作“三个走向”的重要指示精神，体现了新时代中国特色社会主义档案法治建设的重要成果，必将为新时代档案工作制度完善、实践探索、全面发展提供坚强的法治保障。

7月8日，“继承百年传统，赓续红色血脉——红色文献整理与研究”学术研讨会在上海外国语大学举行，由《图书馆杂志》、国家图书馆出版社和上海外国语大学共同主办，上海外国语大学党委宣传部、上海外国语大学图书馆共同承办，广州大典研究中心协办；“庆祝建党百年 弘扬革命精神——‘新四军与南京’史迹展”在中国第二历史档案馆开幕，由中国第二历史档案馆与南京市委宣传部、市委党史办、南京市博物总馆联合开展。

7月10日，由国家档案局、中央档案馆主办，陕西省档案局、陕西省档案馆协办，西安市档案局、西安市档案馆承办的“不忘初心 牢记使命——庆祝中国共产党成立100周年档案文献展”在西安市档案馆开展。

7月12日，国家档案局印发《关于申报2022—2023年度〈世界记忆（国际）名录〉的通知》；中国航空发动机集团有限公司2021年档案工作会在京召开，会议全面总结了公司“十三五”期间档案工作，分析了目前存在的主要问题，部署了“十四五”期间的工作任务；中国人民大学信息资源管理学院“2021年全国优秀大学生夏令营”优秀营员名单公示。

7月15日，《中俄睦邻友好合作条约》签署20周年，档案领域合作纳入中俄联合声明；由中国档案学会和中共马鞍山市委、马鞍山人民政府主办的“区块链技术应用与档案信息化转型升级”学术论坛在安徽省马鞍山市举行。

7月19日，国家档案局印发《关于征求〈非国有企业形成但限制或需审批出境数据信息范围（征求意见稿）〉意见的函》。“百年恰是风华正茂”主题档案文献展在中国第一历史档案馆开展，丁薛祥参观展览。展览聚焦党史上的重大事件、重要会议、重要人物，用一份份珍贵的历史档案、一幅幅精彩的图片、一幕幕鲜活的影像，生动展现了中国共产党的奋斗历程和伟大成就，具体讲述了中国共产党人坚守初心使命的感人故事，深刻诠释了我们党不断取得胜利的成功密码和力量所在。这次展出的500多件档案中近半数为首次公开。展览将在中国第一历史档案馆新馆和中央档案馆同步展出。

7月20日至21日，全国档案工作标准化技术委员会第二十九次年会在北京召开。

7月20日至22日，河南省档案馆新馆经历了惊心动魄的48小时防汛救灾。

7月22日，《中老友谊的历史见证——广西江滨医院援外史料选编》合作备忘录签署；国家档案局组织召开《全国档案馆设置原则和布局方案》修订工作座谈会。

7月24日，由教育部高等学校档案学专业教学指导委员会主办，西藏民族大学、西藏自治区档案局、西藏自治区档案馆承办的2021年教育部高等学校档案学专业教学指导委员会年会暨第三十届档案学专业系主任联席会议在拉萨召开，会议主题为“构建档案学高等教育高质量发展体系”。

7月27日，国家档案局印发《关于认真学习贯彻习近平总书记重要批示的通知》，要求各级档案部门把学习贯彻习近平总书记重要批示作为当前和今后一个时期重要政治任务，深刻体悟党中央和总书记对档案工作的高度重视和亲切关怀，深入学习领会习近平总书记重要批示精神和中央领导同志关于学习贯彻工作的指示要求，迅速掀起学习贯彻习近平总书记重要批示的热潮，坚决把思想和行动统一到习近平总书记重要批示精神上来，增强“四个意识”、坚定“四个自信”、做到“两个维护”，学批示、见行动、开新局。

7月28日至30日，《档案学通讯》杂志社主办，湖南德立信科技发展有限公司协办的2021年档案学术论文写作培训班暨理论前沿研讨会在湖南长沙举办。

7月29日，教育部高等教育司公示了首批新文科研究与改革实践项目拟立项项目名单，中国人民大学信息资源管理学院冯惠玲教授担任项目负责人的“新兴数字人文专业建设探索与实践”入围新兴文科专业建设探索与实践类，由中国人民大学信息资源管理学院刘越男教授担任项目负责人的“档案学专业新文科建设实践”入围经管法领域新文科建设实践类。由上海大学图书情报档案系金波教授担任项目负责人的“档案学专业政产学研协同育人机制创新与实践研究”获得立项。

八、2021年8月

8月5日，国家档案局印发《藏中和昌都电网联网等2项工程项目档案验收意见》。

8月6日，国家档案局印发《大区档案电子版档案数据规范》《关于报送综合档案馆馆库建设情况的通知》。

8月9日，国家档案局印发《关于成立〈中苏经济关系档案汇编（1949—1959

年)〉编辑委员会和查找相关档案的函》。

8月11日，国家档案局发布了《全国档案工作标准化技术委员会第二十九次年会纪要》。《纪要》提到7项标准列入2021年档案行业标准制修订计划：《档案数字资源备份实施规范》《电影胶片档案数字化规范》《ERP数据归档和管理规范》《银行业务档案管理规范》《科学技术研究课题档案管理规范》《档案馆恒温恒湿空调工程施工、调试及验收标准》《档案展览工作规范》。中国第一历史档案馆新馆已于近期开馆，现处于试运行阶段。新馆内部常设展览均已完成布展，其中"盛载千秋——明清档案装具陈列展"等展览，将在条件具备后向社会开放。由中国人民大学信息资源管理学院主办、湘潭大学公共管理学院承办的第五届中国档案学博士论坛征文通知发布。

8月16日，在教育部高等学校档案学专业教学指导委员会的指导下，由湖北大学历史文化学院主办的新文科背景下档案学学科创新与发展研讨会在线上召开。新文科有两个基本内涵，一是文科要为理工科提供基本人文素养，二是理工科要为文科提供技术支撑。档案学学科在技术与文化的交叉融合中具有较好的基础，应抓住新文科背景下学科建设的需求，谋划新的档案学科的形态、生态及实现路径，共同为档案学科的发展贡献智慧、出谋划策。国家档案局批准《新兴际华集团有限公司总部管理类文件材料归档范围和档案保管期限表》。

8月20日，国家档案局印发《关于征求〈档案行政处罚程序暂行规定（修订草案）（征求意见稿）〉修改意见的函》。国家档案局局务会议审议通过国家档案局令第18号《乡镇档案工作办法》。为进一步规范国有企业资产与产权变动中的档案处置工作，国家档案局对《国有企业资产与产权变动档案处置暂行办法》进行了修订，并以国家档案局令第17号形式发布《国有企业资产与产权变动档案处置办法》，自2021年11月1日起实施。

8月31日，国家档案局批准浙江省宁波市慈溪市、舟山市岱山县、绍兴市嵊州市、温州市洞头区、宁波市江北区、宁波市余姚市、金华市东阳市、衢州市衢江区数字档案馆为"国家级数字档案馆"。

九、2021年9月

9月1日起，皇史宬开始接待机关事业单位、档案系统、高校等预约参观；全国信息技术标准化技术委员会秘书处发布《关于征求〈信息技术 OFD档案应用指南（征求意见稿）〉国家标准意见的函》。

9月3日，国家档案局印发《关于举办深入学习贯彻习近平总书记重要批示精神专题研讨班的通知》。国际档案理事会ICA公布了《档案术语共同宣言》（The Universal Declaration on Archives Terminology）。《档案术语共同宣言》由ICA项目培训组顾问玛格丽特·克罗基特（Margaret Crockett）编写，瑞典中部大学教授卡伦·安德森（Karen Anderson）和ICA推广专家组主席克劳德·罗伯托（Claude Roberto）审核。《档案术语共同宣言》是专门为2019年9月推出的ICA线上课程“理解和使用《档案共同宣言》”（Understanding and Using the UDA）而制定的，这门线上课程是初学者级别的课程，适用于任何想要了解并运用《档案共同宣言》的人。

9月4日，全国哲学社会科学工作办公室公布“2021年国家社科基金年度项目和青年项目立项结果”。档案学类获批重点项目1项（黄霄羽），一般项目16项（赵彦昌、周林兴、肖秋会、仇壮丽、张兴旺、周乌云、刘婧、戴旸、李颖、聂云霞、倪代川、张照余、麻新纯、史斌、宋雪雁、孙大东），青年项目5项（马立伟、祁天娇、张臻、杨建梁、苏焕宁），信息来源仅限于“图书馆·情报与文献学”一级学科所立项目。

9月7日，由国家档案局和联合国教科文组织世界记忆项目联合举办的“新冠肺炎疫情和后疫情时期加强非洲记忆机构适应能力”线上国际研讨会成功召开。江苏省档案馆与江苏省档案馆如皋电影史料馆在江苏档案信息网联合推出“红色电影展播”专栏。电影史料馆从馆藏中精选了经数码修复的《野火春风斗古城》《地雷战》《小兵张嘎》《青春之歌》等24部超清画质的经典红色老电影。

9月14日至16日，国家档案局组织召开《抗日战争档案汇编》交流研讨会。

9月22日，《乡镇档案工作办法》正式公布。国家档案局令第18号《乡镇档案工作办法》已经2021年8月20日国家档案局局务会议审议通过，于9月22日公布，自2022年1月1日起施行。

9月22日至27日，新疆维吾尔自治区档案馆、区域性国家重点档案保护中心（新疆）在乌鲁木齐市举办了西北五省区文书档案修复技术培训班。

9月23日，中国科学技术信息研究所、上海大学图书情报档案系、上海大学数字人文研究与发展中心主办的2021年全国数字人文与数字资源组织学术研讨会在上海召开（线上线下结合）。

9月23日至25日，苏州中国丝绸档案馆在第十届中国苏州文化创意设计产业交易博览会举办《第七档案室》之“追踪者的倒计时”实景解谜活动，将两千平方米的展厅化为密室，推广档案教育文化创意创新项目。

9月24日，国家档案局印发《关于征求〈全国档案馆设置原则和布局方案（修订稿）〉意见的通知》。

9月25日至26日，北京大学信息管理系、图情档39青年学者沙龙主办的2021年图书情报与档案管理研究生教育论坛暨青年学者论坛、第十四届全国图书馆学博士生论坛举行，采用线上为主、线上和线下结合的方式。

9月27日至30日，中央档案馆国家档案局在京举办深入学习贯彻习近平总书记重要批示精神专题研讨班。

9月29日，国家档案局印发《关于〈各级国家档案馆档案开放办法（征求意见稿）〉等2项规定征求意见的通知》。

9月30日，《档案共同宣言：评估工具》（Universal Declaration on Archives Evaluation Tool）发布，同时配套发布的还有《〈档案共同宣言：评估工具〉使用指南》（Guidelines for Using the Universal Declaration on Archives Evaluation Tool），为《档案共同宣言：评估工具》的填写提供指导。评估工具围绕《档案共同宣言》的主要内容，选择了21项评估重点，提出31个问题，为评价机构档案或文件管理工作提供参考标准。

十、2021年10月

10月1日起，实施《档案馆空调系统设计规范》（DA/T 87—2021）。

10月8日，中国兵器工业档案馆组织召开档案馆2021年度科研课题开题评审会。

10月10日至15日，国家档案局组织检查组赴内蒙古、江苏、甘肃开展档案工作综合检查。

10月11日，国家档案局印发《关于企业电子文件归档和电子档案管理试点、企业数字档案馆（室）建设试点通过验收单位名单的通知》《关于在中国浦东干部学院举办第13期档案领导干部培训班的通知》《关于组织开展第三批建设项目电子文件归档和电子档案管理试点工作的通知》《深入学习贯彻习近平总书记重要批示精神专题研讨班辅导报告》；中俄人文合作委员会档案合作分委会第五次会议以视频会议形式召开。

10月12日，中国人民大学信息资源管理学院2022年“申请-考核制”博士生招生工作方案中档案学博士生导师为冯惠玲、张斌、刘越男、徐拥军、黄霄羽、钱毅、连志英、梁继红。

10月14日，由中国人民大学信息资源管理学院发起的“2021信管院长论坛”在北京成功举办。论坛以“新时代信息资源管理人才培养：机遇与对策”为主题，来自全国图书情报与档案管理一级学科16个博士点在内的21家主要培养单位的院长、系主任和学科点负责人参会，围绕人才培养策略、师资队伍建设、资源建设、人才培养协作思路、评价体系以及人才培养沟通机制等议题展开了热烈的对话和交流。

10月15日，李克强总理关心档案事业的视频迅速走红网络。李克强总理在考察时听到人群中有学生高喊学习“档案”专业时，马上指出：“档案很重要，档案记录着历史，承载着文明。整理档案是需要有科学精神的!”2021年第18届中国信息资源管理论坛开幕，围绕“变革与创新：面向2035年的信息资源管理”论坛主题，全国图书情报与档案管理领域的著名专家、学者汇聚一堂，在五场一级学科高端论坛中，探讨我国信息资源管理的变革与创新之道，促进中国特色信息资源管理学科体系、学术体系、话语体系的建设。

10月16日上午，中国人民大学档案事业发展研究中心（Archival Undertaking Development Research Center）成立大会暨首届中国档案事业发展论坛在中国人民大学举办。为贯彻落实《“十四五”全国档案事业发展规划》精神，打造中国特色新型档案智库，更好地为党和国家档案事业发展提供智力支撑，中国人民大学决定成立档案事业发展研究中心。

10月18日至29日，国家档案局组织举办华北地区档案保护技术培训班。

10月19日至22日，第17届数字资源长期保存国际学术会议（17th International Conference on Digital Preservation，简称iPRES2021）在中国科学院文献情报中心召开。iPRES2021以“增强型数字生态系统中的数字保存”为主题，采用线上与线下混合模式召开，共有36个国家460多位国内外业界研究人员注册参会，并有中国、美国、英国、德国、荷兰、新西兰、丹麦、爱沙尼亚、澳大利亚、奥地利、法国、瑞士等10多个国家60余名专家学者在28场次会议上分别作学术报告。

10月22日，国家档案局批准《国家邮政局机关文件材料归档范围和文书档案保管期限规定》。

10月22日至25日，由中国档案学会档案学基础理论学术委员会和《档案学通讯》杂志社主办，辽宁大学历史学院、辽宁大学中国档案文化研究中心、沈阳市档案文化研究中心承办的2021年档案学基础理论学术委员会学术年会暨辽宁大学档案学专业创办40周年纪念会议在沈阳召开。本次会议以“新文科背景下的历史档案整理与研究”为主题，共有来自中国档案学会、高等院校、档案馆、档案期刊杂志社专家学者以及辽宁大学档案学师生共130余人参与本次学术年会。

10月23日至24日，第二届地方文献与图书馆史研究研讨会于成都市召开。会议主题为“地方文献与图书馆史”，由国家社科基金重大项目“清末民国时期图书馆事业档案整理与研究”课题组和四川大学公共管理学院主办，国家图书馆出版社、《四川大学学报》和《中华文化论坛》协办。

10月25日，国家档案局印发《关于全国综合档案馆建设等有关工作情况的通报》。

10月25日至28日，首届ICA主办的线上会议——“赋能知识社会”顺利召开。来自中国的“如何促进公众参与数字记忆项目？——‘我的北京记忆’项目经验”（How to Promote Public Participation in Digital Memory Project? The My Peking Memory Project Experience）和“基于区块链的档案数据真实性保障方法研究”（Ensuring the Authenticity of Archival Data Using Blockchain Technology）两项项目发言入选会议。

10月26日，国家档案局印发《关于报送档案科技项目进展情况和立项建议的通知》。

10月28日，“党的档案事业发展历史展”正式开展，国家档案馆局与中国人民大学党委联合举行党史学习教育集体学习活动；经上海市十五届人大常委会第三十六次会议表决通过，新修订的《上海市档案条例》予以公布，自2021年12月1日起施行。

10月28日至29日，第28届国际科学实践大会召开，我国档案科研人员参会并作报告。本次大会主题为“信息社会的档案管理——为人民、社会和国家服务的数字化转型”。来自中国、俄罗斯、芬兰、哈萨克斯坦等13个国家的130余位代表参加会议，围绕“档案管理：问题、任务、前景”“服务人民和社会的档案馆：档案利用的现代发展趋势”等主题作学术报告。中国国家档案局交流合作司携档案科学技术研究所组织承办中国区会务，并通过远程会议形式参加大会。

十一、2021年11月

11月1日，国家档案局令第17号《国有企业资产与产权变动档案处置办法》施行。

11月2日，中国第二历史档案馆举行成立70周年纪念会。

11月2日至4日，国家档案局组织举办华东地区档案保护技术培训班。

11月4日，国家档案局印发《“十四五”国家重点档案保护与开发工程实施方案》。

11月9日，国家档案局召开2021年国际档案日主题征文评审会。

11月12日，国家档案局印发《关于报送2021年重点工作情况和2022年工作打算的通知》《关于征求〈非国有企业形成的对国家和社会具有重要保存价值的档案范围（征求意见稿）〉意见的函》《关于参加国际档案理事会东亚地区分会2021年全体大会和研讨会视频会议的通知》。

11月15日至21日，2021年度国家古籍数字化工程专项经费拟资助项目在国家新闻出版署网站上进行公示。

11月16日，国家档案局印发《关于开展满蒙文历史档案摸底调查工作的通知》。

11月17日，中央档案馆国家档案局召开理论学习中心组学习扩大会议，专题学习党的十九届六中全会精神。

11月19日至21日，2021年第三届大数据服务与智能计算国际会议（BDSIC 2021）于中国厦门召开，就大数据服务和智能计算的研发、专业实践进行交流。

11月22日，中国人民大学信息资源管理学院黄霄羽教授主持的“吴宝康课程思政名师工作室”举办课程思政开放课堂“档案工作赋能中心大局”。

11月22日至23日，国际档案理事会东亚地区分会第15次全体大会召开，共同探讨档案抢救和保护战略。此次会议由韩国国家记录院承办，主会场设在韩国大田广域市，各东亚地区分会会员单位设分会场，研讨会主题为“档案抢救和保护战略：传统档案和数字档案的保护”。中国国家档案局局长陆国强委托中国国家档案局副局长王绍忠作为国际档案理事会东亚地区分会主席国代表致开幕辞。6个国家或地区的工作报告引发大家的浓厚兴趣。应对挑战的种种举措，不仅反映了各个国家和地区档案人的积极努力，而且展示了数字转型过程中针对不同载体、不同形式的档案的抢救与保护所取得的可喜成效。

11月23日至24日，国家档案局档案干部教育中心举办“十四五全国档案事业发展规划公益大讲堂”线上直播培训。课程包括：习近平总书记对档案工作重要批示专题辅导，“十四五”规划的重要意义、编制过程、主要内容以及要把握的重点问题，以“四个体系”建设为主线，解读“十四五”时期档案馆工作、机关档案工作、经济科技档案工作和档案科技信息化工作。

11月23日至25日，由印度尼西亚共和国国家档案馆主办的国际档案理事会东南亚地区分会2021年国际研讨会以视频形式召开。应主办方邀请，中国国家档案局档案馆（室）业务指导司司长刘芸以视频方式出席研讨会并作报告。此次研讨会的主题是“档案保护：记忆、疫情和技术”。会议从“档案作为文献遗产的作用”“以档案应对疫情的措施”和“档案数字化技术的应用”3个维度分析讨论档案机构和档案工作者在档案保护方面应作的努力。会议安排了3个主旨报告、11个分主题报告和3次分组讨论。近700名专家学者及观众参加会议。

11月27日，国家档案局派代表参加“2021年全球档案馆馆长论坛”。由新加坡国家图书馆档案馆管理局和国际图联亚洲及大洋洲地区分会共同主办的“2021年全球档案馆馆长论坛”以视频形式召开。中国国家档案局副局长、中央档案馆副馆长王绍忠代表国家档案局局长、中央档案馆馆长陆国强出席了论坛。论坛主题为“畅想未来：档案馆总体规划”。北京联合大学应用文理学院档案系主办档案学专业第十五届政产学研相结合研讨会，会议主题为“科技兴档、人才强档”工程的育人合作创新。

11月30日，全国档案科技工作会议以电视电话会议形式召开。会议总结“十三五”时期全国档案科技工作，部署“十四五”期间全国档案科技工作重点任务。

11月30日至12月6日，普林斯顿大学出版社将与北京大学人文与社会科学研究院合办两场“观象敦煌——罗氏档案中的莫高窟与榆林窟”论坛，围绕主题“敦煌‘罗氏档案’的整理与使用”和“国际视野下的敦煌学——作为史料的敦煌与作为空间的敦煌”展开。

十二、2021年12月

12月1日，全国数字档案馆建设推进会以电视电话会议形式召开。会议总结“十三五”时期全国数字档案馆建设工作，部署“十四五”时期全国数字档案馆建设重点任务。

12月2日，国家档案局办公室发布《关于征求〈企业档案管理规定（征求意见稿）〉意见的函》。

12月6日，国家档案局办公室印发《关于〈关于防范和惩治档案统计造假、弄虚作假责任规定（试行）〉的通知》；全国哲学社会科学工作办公室公布“2021年度国家社科基金重大项目立项名单”，西藏民族大学管理学院侯希文教授主持的“西藏及四省涉藏地区民主改革档案资料整理和民主改革史研究”获得立项（批准号：21&ZD216）。

12月10日，国家档案局办公室发布《关于2021年度全国经济科技档案资源开发利用案例评选结果的通报》。国务院学位办发布《关于对〈博士、硕士学位授予和人才培养学科专业目录〉及其管理办法征求意见的函》，其中涉及拟更名学科的有两个："图书情报与档案管理"一级学科更名为"信息资源管理"、"汉语国际教育"更名为"国际中文教育"。同时，包括"图书情报"在内的专硕地位得到提升，与一级学科并列。

12月14日，中国河南省与乌拉圭档案管理视频培训会议举行，这是继今年6月河南省档案馆与乌拉圭国家图书馆举行档案管理经验交流视频会以来，双方在档案领域的第二次合作交流。

12月16日，中国档案学会以视频会议形式召开"中国档案学会成立四十周年学术研讨会"。国家档案局副局长付华、中国档案学会理事长杨冬权出席会议并致辞，中国档案学会秘书长邓小军主持会议。研讨会围绕学习贯彻习近平总书记对档案工作的重要批示和《"十四五"全国档案事业发展规划》，探讨档案工作未来发展，徐拥军、傅荣校、蔡盈芳、王玉珏等4名档案专家学者作了学术报告进行了深入研讨交流。

12月17日，为加强档案统计工作，提高统计数据质量，国家档案局办公室举办档案统计业务培训班。

12月19日，由中国档案学会、中国文献影像技术协会主办的2021年海峡两岸档案暨缩微学术交流会以视频会议形式顺利召开。国家档案局副局长付华、台湾中华档案暨资讯微缩管理学会理事长许芳铭、中国文献影像技术协会理事长杨成斌、中国档案学会理事长杨冬权出席会议并致辞，开幕式由中国档案学会副理事长兼秘书长邓小军主持。本次交流会在国家档案局阜外办公区设主会场，各省、自治区、直辖市和副省级城市档案学会，中国文献影像技术协会会员、台湾中华档案暨资讯微缩管理学会会员等80余人在线上参会。

12月21日，国家档案局组织专家对已全部制作完成的《〈抗日战争档案汇编〉工作指南》进行验收；为深入贯彻落实习近平总书记关于"创新教育培训工作方式方法，提升教育培训工作科学化水平"的要求，国家档案局积极提高教育培训课程的信息化水平，围绕档案核心工作，结合实际需求，开启数字课程项目建设工作，多形式、多角度拓展培训资源。

12月22日，中央档案馆国家档案局召开理论学习中心组学习会，传达学习中央经济工作会议精神，围绕如何把贯彻落实习近平总书记对档案工作重要批示引向深入，抓好"十四五"全国档案事业发展规划的贯彻落实，持续加强党的建设和干部人才队伍建设，研究讨论明年工作的思路和举措。中央档案馆馆长、国家档案局局长陆国强主持会议并讲话。

12月24日上午，中国档案学会档案文化专业委员会成立大会以视频会议形式召开。中国档案学会副理事长兼秘书长邓小军、北京联合大学应用文理学院院长张宝秀出席会议并致辞。中国档案学会副秘书长黄浩民、刘峰，中国档案学会监事会秘书长牛力、监事沈蕾参加会议。北京联合大学应用文理学院档案系主任董焱主持会议。经大会选举，董焱当选为主任委员，周克华、周峰、李勇、吴晓红、赵彦昌、蒋好锋当选为副主任委员，宋立荣当选为秘书长。

12月28日，教育部社会科学司发布《教育部社科司关于2021年度教育部哲学社会科学研究重大课题攻关项目立项的通知》，云南大学历史与档案学院华林教授主持的“元明清时期中国边疆治理文献整理与数据库建设研究”获得立项（项目批准号：21JZD042）。

12月29日，中共中央组织部、人力资源社会保障部、财政部、国家邮政局、国家档案局五部门印发《关于〈流动人员人事档案管理服务规定〉的通知》（人社部发〔2021〕112号）。辽宁省档案学会第九届会员代表大会在辽宁省档案馆召开，李颖当选为理事长，魏秀君、赵彦昌、孙海燕当选为副理事长。

12月31日，辽宁大学成立信息资源管理学院（辽大党发〔2021〕91号）。“图情档学界”微信公众号发布2021年度中国图情档学界十大学术热点。2021年11月5日，热点评选活动在“图情档学界”微信公众号正式启动，经过热点条目征集、条目汇总整理、四大“评审团”评选投票、权威专家评议点评等诸多环节，最终评选出2021年度中国图情档学界十大学术热点如下：（1）中国特色图情档学科体系、学术体系、话语体系建设；（2）建党百年的红色资源整理与研究；（3）新发展格局下图情档事业高质量发展；（4）新文科背景下的图情档与数字人文融合研究；（5）数字中国战略背景下的智慧图书馆转型；（6）从信息素养到数字素养的国家行动与学术阐释；（7）世界变局之中的信息安全与数据治理；（8）健康中国战略中的健康信息学；（9）国家治理体系下的档案治理；（10）《“十四五”全国档案事业发展规划》的专业解读。

2021 年出版档案学论著目录

赵彦昌[1] 整理

1. 辽宁大学信息资源管理学院，沈阳　110136

作者简介：赵彦昌，硕士，教授/博士生导师，辽宁大学信息资源管理学院院长，研究方向为中国档案史、明清档案整理与研究，电子邮箱 zhaoyanchang1978@163. com。

1 月

国家档案局编：《〈电子文件归档与电子档案管理规范〉解读》，北京：中国文史出版社。

祝洁、刘小可主编：《河南省非物质文化遗产档案式保护与建设》，郑州：郑州大学出版社。

徐畅著：《长沙走马楼三国孙吴简牍官文书整理与研究》，北京：中国社会科学出版社。

郑慧著：《瑶族档案文化对外传播路径研究》，北京：民族出版社。

雷洁、李思经、赵瑞雪著：《基于知识图谱的科研档案管理研究》，北京：中国农业科学技术出版社。

2 月

钟文荣著：《宋代文书违法及防治研究》，上海：上海古籍出版社。

张林华等著：《基于区域性远程服务实践的档案资源共享研究》，武汉：武汉大学出版社。

朱天梅著：《乡村振兴视野下少数民族传统村落档案资源开发研究》，哈尔滨：黑龙江人民出版社。

刘思宇等编著：《国土资源专业档案数字化实务》，北京：地质出版社。

吴彧一、王爽、刘红著：《高校人事档案管理实务与创新》，延吉：延边大学出版社。

3 月

史金波著：《西夏军事文书研究》，兰州：甘肃文化出版社。

孙继民等著：《新发现古籍纸背明代黄册文献复原与研究》，北京：中国社会科学出版社。

曹树基著：《契约文书分类与释读》，广州：广东人民出版社。

王向女著：《档案鉴定理论演化规律研究》，武汉：武汉大学出版社。

苏君华著：《让文明得到更好的传承：公共文化服务体系中公共档案馆发展战略》，北京：社会科学文献出版社。

倪晓春：《家庭档案管理一本通》，北京：中国社会科学出版社。

4 月

张艳欣著：《我国档案生态安全应急管理机制研究》，北京：人民出版社。

中国第一历史档案馆编著：《明清珍档集萃》，北京：九州出版社。

金波等著：《档案多媒体编研研究》，上海：上海世界图书出版公司。

王健、徐拥军主编：《文书学（第四版）》，北京：中国人民大学出版社。

陈兆祦、和宝荣、王英玮著：《档案管理学基础（第四版）》，北京：中国人民大学出版社。

柳瞻晖、金洁峰、苏坚编著：《档案整理实务教程》，上海：上海大学出版社。

赵吉文、李斌、朱瑞萍著：《数字图书馆建设与档案管理》，汕头：汕头大学出版社。

5 月

吕元智著：《基于语义关联的数字档案资源跨媒体知识集成服务研究》，上海：上海世界图书出版公司。

陈子丹著：《中国民族档案学专题研究》，北京：社会科学文献出版社。

张笑峰著：《黑水城出土元代律令与词讼文书整理研究》，北京：中国社会科学出版社。

李雪婷著:《人事档案信息化建设与创新管理研究》,长春:吉林文史出版社。

李蕙名、王永莲、莫求著:《档案保护学与科技档案管理工作》,沈阳:辽宁大学出版社。

刘迎红著:《新民主主义革命时期中国共产党文书档案工作研究》,哈尔滨:黑龙江人民出版社。

6月

闫静著:《1949年至1966年的中国档案学——作为一门独立学科的创建》,北京:中国社会科学出版社。

赵彦昌、胡莹主编:《中国档案研究(第九辑)》,沈阳:辽宁大学出版社。

骆东平等著:《公民诚信守法档案制度构建实证研究》,北京:中国社会科学出版社。

杨智勇著:《智慧城市背景下的档案信息服务模式研究》,武汉:武汉大学出版社。

肖秋会编著:《档案管理概论(第二版)》,武汉:武汉大学出版社。

赵旭著:《档案信息化建设的理论与实践研究》,北京:科学技术文献出版社。

马振犊、王俊明主编:《中国第二历史档案馆馆藏档案精粹》,北京:九州出版社。

李国荣著:《明清国家记忆采撷》,北京:国家图书馆出版社。

白晓军主编:《山西精品档案解析》,太原:山西人民出版社。

潘运方、黄坚、吴卫红、陈光琳、陈璐著:《水利工程建设项目档案质量管理》,北京:中国水利水电出版社。

李青山、张洪生编著:《企事业单位干部人事档案数字化管理实务》,北京:中国水利水电出版社。

王舒雅著:《太平天国公文研究》,南京:南京大学出版社。

孙彦丛、郭奕、扶冰清著:《数字化时代的采集存储——电子影像&电子档案系统》,北京:中国财政经济出版社。

7月

王玉珏主编:《档案法学基础》,武汉:武汉大学出版社。

赵淑梅著：《数字时代档案保护技术变革与理论创新研究》，武汉：武汉大学出版社。

王英玮、陈智为、刘越男编著：《档案管理学（第五版）》，北京：中国人民大学出版社。

杨国桢著：《明清土地契约文书研究（第三版）》，北京：北京师范大学出版社。

8月

中央档案馆国家档案局编：《100个档案故事讲述党的历史》，北京：党建读物出版社。

杨连启著：《近代宫廷戏曲档案文献研究》，北京：北京时代华文书局。

袁晓川著：《政治秩序与行政效能——南京国民政府时期公文制度研究》，北京：社会科学文献出版社。

张晓培、瞿静主编：《2018年档案学学科发展研究报告》，郑州：郑州大学出版社。

徐朝钦、张晓培主编：《2019年档案学学科发展研究报告》，郑州：郑州大学出版社。

吴晓红主编：《档案工作综合实践教程（第二版）》，北京：首都经济贸易大学出版社。

中国第二历史档案馆编：《民国档案修复技术手册》，北京：九州出版社。

常艳丽著：《文化遗产信息资源数字化融合服务》，北京：经济科学出版社。

9月

陈海玉编著：《中国地方档案专题研究》，北京：社会科学文献出版社。

吴铮强著：《龙泉司法档案职权主义民事诉讼文书研究》，北京：中华书局。

孟烨著：《明代州县裁判与裁判文书研究》，北京：知识产权出版社。

王斐弘著：《敦煌契约文书研究》，北京：商务印书馆。

聂云霞著：《数字档案资源生态安全研究》，北京：社会科学文献出版社。

乔健、王萍主编：《档案管理教学案例选编》，成都：四川大学出版社。

沈蕾主编：《文书学》，北京：中国文史出版社。

胡元潮主编：《档案管理理论与实践——浙江省基层档案工作者论文集

(2021)》，杭州：浙江工商大学出版社。

徐建主编：《数字档案馆与信息技术》，广州：中山大学出版社。

10 月

国家档案局经科司编：《企业电子文件归档和电子档案管理试点案例集（全 2 册)》，北京：中国文史出版社。

曹必宏主编：《光辉历程：中国第二历史档案馆 70 年》，北京：九州出版社。

王巧玲主编：《档案学专业课程思政教学案例集》，北京：首都经济贸易大学出版社。

徐世荣著：《档案信息化建设与管理创新研究》，长春：吉林文史出版社。

张志东、徐国英著：《云南少数民族口述档案采集研究》，北京：社会科学文献出版社。

卜鉴民、王玉珏主编：《传承人类记忆遗产——联合国教科文组织世界记忆项目研究》，苏州：苏州大学出版社。

郑州市档案馆编：《郑州市档案局（馆）大事记（1948—2019)》，郑州：中州古籍出版社。

刘敏著：《档案工作实务研究》，北京：北京工业大学出版社。

梁美娟、李建成、张丽编著：《新时代背景下的档案管理与创新研究》，长春：吉林摄影出版社。

郭静著：《高校档案的社会化服务研究》，长春：吉林文史出版社。

中国华能集团有限公司组编：《陆上风电建设项目档案管理手册》，北京：中国电力出版社。

中国华能集团有限公司组编：《光伏发电建设项目档案管理手册》，北京：中国电力出版社。

11 月

丁华东著：《城乡档案记忆工程推进机制研究》，北京：人民出版社。

李颖著：《新媒体环境下档案公共服务机理与策略研究》，北京：人民出版社。

郭艳艳著：《宋代赦书研究》，北京：人民出版社。

孟烨著：《清代州县裁判文书研究》，北京：知识产权出版社。

鲁艳丽主编：《社会保险档案信息化工作实务》，北京：中国劳动社会保障出版社。

杨玲花著：《现代档案管理工作与保存策略研究》，北京：中国纺织出版社。

田亚慧、龚海洁、郝彦革著：《高校干部人事档案信息化管理研究》，长春：吉林大学出版社。

朱学芳等著：《图博档数字化服务融合：理论、方法、技术与实证》，南京：南京大学出版社。

郑珊霞著：《阅读推广与档案开发利用》，上海：东华大学出版社。

汤涛主编：《新探索 新实践 新研究：上海高校档案管理文集》，上海：上海三联书店。

徐欣云著：《传统村落档案"泛化"现象及管理模式研究》，杭州：浙江大学出版社。

12月

张斌等著：《科技档案工作体系研究》，北京：光明日报出版社。

吴佩林等著：《清代地方档案中的政治、法律与社会》，北京：中华书局。

吴佩林主编：《地方档案与文献研究（第五辑）》，北京：国家图书馆出版社。

张建著：《国家治理变迁中的基层刑事司法——以龙泉司法档案为中心的考察》，北京：中华书局。

陈子丹著：《少数民族濒危语言建档开发研究》，北京：社会科学文献出版社。

麻新纯、徐辛酉、归吉官著：《档案信息生态性保护理论与实现研究》，北京：北京理工大学出版社。

图书在版编目（CIP）数据

中国档案事业发展报告. 2022 / 中国人民大学档案事业发展研究中心著. --北京 ：中国人民大学出版社，2022.9
（中国人民大学研究报告系列）
ISBN 978-7-300-30916-3

Ⅰ. ①中… Ⅱ. ①中… Ⅲ. ①档案事业-研究报告-中国- 2022 Ⅳ. ①G279.2

中国版本图书馆 CIP 数据核字（2022）第 148552 号

中国人民大学研究报告系列
中国档案事业发展报告（2022）
中国人民大学档案事业发展研究中心　著
Zhongguo Dang'an Shiye Fazhan Baogao（2022）

出版发行	中国人民大学出版社		
社　　址	北京中关村大街 31 号	**邮政编码**	100080
电　　话	010－62511242（总编室）		010－62511770（质管部）
	010－82501766（邮购部）		010－62514148（门市部）
	010－62515195（发行公司）		010－62515275（盗版举报）
网　　址	http://www.crup.com.cn		
经　　销	新华书店		
印　　刷	唐山玺诚印务有限公司		
规　　格	185 mm×260 mm　16 开本	**版　　次**	2022 年 9 月第 1 版
印　　张	30 插页 1	**印　　次**	2022 年 9 月第 1 次印刷
字　　数	539 000	**定　　价**	119.00 元

图书在版编目（CIP）数据